**Kohlhammer
Urban**
-Taschenbücher

Band 592

Ludwig Holzfurtner

Die Wittelsbacher

Staat und Dynastie
in acht Jahrhunderten

Verlag W. Kohlhammer

Umschlag:
Der Pfalzgraf bei Rhein und Herzog von Bayern
Mainz, um 1330
Sandstein (Abguss)
Original: Mainz, Mittelrheinisches Landesmuseum
Abguss: München, Haus der Bayerischen Geschichte

Alle Rechte vorbehalten
© 2005 W. Kohlhammer GmbH Stuttgart
Umschlag: Data Images GmbH
Karten und Genealogien: Peter Palm, Berlin
Gesamtherstellung:
W. Kohlhammer Druckerei GmbH + Co. KG, Stuttgart
Printed in Germany

ISBN 3-17-018191-2

Inhaltsverzeichnis

Vorwort 11

Einleitung 13

I. Die Wittelsbacher bis zum Hausvertrag von Pavia
   (1030–1329).............................. 15

   1. *Die Anfänge*........................... 15
      Herkunft und Aufstieg.................. 15
      Die Herrschaftsgrundlagen.............. 18

   2. *Die frühen Herzöge (1180–1294)* 21
      Der Beginn: Otto I. und Ludwig I. (1180–1231) ... 21
      Herzog und Pfalzgraf – Otto II. (1231–1253) 32
         Dynasten und Nachbarn............... 32
         Die Ordnung des Landes.............. 34
         Wittelsbach und die Staufer......... 35
      Oberbayern, Pfalz und Niederbayern 42
         Die erste Landesteilung –
         Ludwig II. und Heinrich XIII. (1253–1294) 42
         Ludwig und Konradin................. 46
         Wittelsbach und Habsburg –
         Die Königswahl Rudolfs.............. 49

   3. *Die Zeit Ludwigs des Bayern (1294–1347)* 59
      Die Anfänge Ludwigs 59
         Feindliche Brüder: Ludwig IV. und Rudolf I. ... 59
         Ein König für Ungarn: Otto III...... 65
      Landesherr und Familienoberhaupt: Ludwig IV..... 68
         Die Ausschaltung des Bruders........ 68
         Der Hausvertrag von Pavia (1329) ... 72
         Der Kampf um Niederbayern und
         das Ausgreifen Wittelsbachs in das Reich 73
         Der Landesfürst..................... 78

König und Kaiser		80
Die Doppelwahl 1314 und ihre Folgen		80
Der Kampf gegen den Papst		83
Der Ausgang Ludwigs des Bayern		89

II. Die bayerischen Wittelsbacher ... 93

1. Zerfall und neue Einheit (1347–1508) ... 93
Die Erben Ludwigs des Bayern ... 93
    Die Söhne in der Gemeinschaft ... 93
    Der Verlust der Kurwürde ... 96
    Bayern und das Haus Luxemburg ... 97
    Die zweite Landesteilung ... 101
Der Wittelsbachische Hausstreit und
seine Überwindung ... 105
    Feindliche Vettern – Ludwig der Gebartete
und Heinrich der Reiche (1413–1450) ... 105
    Die Sammlung der Kräfte –
Albrecht III., Ludwig der Reiche
und Kurfürst Friedrich I. (1450–1479) ... 115
    Das Ende der Teilung – Albrecht IV.
(1465–1508) ... 125

2. Das konfessionelle Zeitalter (1508–1651) ... 130
Die Anfänge:
Wilhelm IV. und Ludwig X. (1508–1550) ... 130
    Fürst und Stände ... 130
    Bayern und die Anfänge der Reformation ... 137
    Kaiser, König und Reich –
mit und gegen Habsburg ... 144
Um Macht und Glaube: Albrecht V. (1550–1579) ... 159
    Die Stellung im Reich ... 159
    Der Kampf gegen die Stände ... 163
    Auf dem Weg zum katholischen Prinzip ... 173
Vormacht des katholischen Deutschland –
Wilhelm V. (1579–1597) ... 180
    Ein katholischer Fürst ... 180
    Bischöfe für das Reich ... 187
    Die Abdankung ... 191

Der Höhepunkt des konfessionellen Zeitalters – Maximilian I. (1597–1651)	193
Die großen Reformen	193
Der Beginn der Konfrontation	201
Der große Krieg	207
Der Friede	224

3. *Wittelsbach und Habsburg – der säkulare Konflikt (1651–1777)* 228

Bayern im Frieden – Kurfürst Ferdinand Maria (1651–1679)	228
Zwischen Habsburg und Bourbon	228
Bayern, die Niederlande, Spanien, ...? Max II. Emmanuel (1679–1726)	243
Zurück zu Habsburg	243
Um das Erbe Spaniens	251
Die Wittelsbachische Hausunion und das Österreichische Erbe	261
Der Traum von der Kaiserkrone – Karl Albrecht (1726–1745)	268
Die Vorbereitung	268
Der Erbfolgekrieg	275
Die Dämmerung der bayerischen Wittelsbacher – Maximilian III. Joseph (1745–1777)	281
Ausgleich mit Habsburg	281
Um die Neutralität	290
Der Einheit Wittelsbachs zu	295

III. Die pfälzischen Wittelsbacher 299

Gemeinsamkeiten und Unterschiede 299

1. *Vom Hausvertrag von Pavia bis zum Erlöschen der Heidelberger Kurlinie (1329–1559)* 302

Konsolidierung und Behauptung (1329–1400)	302
Die Erben Rudolfs	302
Ein König aus der Pfalz (1400–1410)	305
Die pfälzische Teilung (1410) und ihre Folgen	307
Die Heidelberger Kurlinie bis 1508	307
Ludwig III. (1410–1436)	307
Das Nebenland Neumarkt	310

>   Ein Vormund als Kurfürst – Friedrich I.,
>   „der Siegreiche" (1449–1476) 311
>   Der große Rückschlag – Philipp und der
>   Landshuter Erbfolgekrieg (1476–1508)......... 314
>   Der Ausgang der Heidelberger Kurlinie und
>   der Beginn der Reformation in der Pfalz 316
>   Ludwig V. (1508–1544) 316
>   Die Durchsetzung der Reformation –
>   Friedrich II. und Ottheinrich (1544–1559)..... 317

2. *Die Zeit der Glaubensspaltung –*
   die Kurlinie Simmern 1559–1685................ 320
   Die Vorgeschichte 320
   Zwischen Luthertum und Calvinismus –
   Friedrich III., Johann Casimir und Ludwig VI.
   (1559–1583)......................... 321
   Zurück zu Luther? – Ludwig VI............. 323
   Der Kuradministrator – Johann Casimir 325
   Die Pfalz als Führungsmacht des protestantischen
   Lagers 326
   Friedrich IV. (1583–1610)................. 326
   Die Katastrophe – Friedrich V. und
   der Dreißigjährige Krieg (1610–1632) 328
   Wiederaufbau und Behauptung –
   Der Ausgang der Linie Simmern 332
   Karl Ludwig (1648–1680) 332
   Karl II. (1680–1685)..................... 335

3. *Die Neuburger Kurlinie 1685–1743*.............. 336
   Die Vorgeschichte 336
   Neuburg als Kurlinie 338
   Philipp Wilhelm (1685–1690) 338
   Konfessionspolitik nach dem Westfälischen
   Frieden – Johann Wilhelm (1690–1716) 339
   Um die Einheit Wittelsbachs – Karl III. Philipp
   (1716–1742)......................... 341

4. *Die Linie Zweibrücken und ihre Nebenlinien bis 1799* .. 343
   Nebenland und Erben des Hauses 343
   Pfalz-Kleeburg –
   die „schwedischen Wittelsbacher" 344
   Pfalz-Birkenfeld 346

5. *Die Linie Pfalz-Sulzbach und der Ausklang der pfälzischen Linien* 347
   Die Vorgeschichte....................... 347
   Der letzte pfälzische Kurfürst – Karl Theodor
   (1743–1777) 348

IV. Ein Zwischenspiel am Ende des alten Reiches:
   Kurpfalz-Bayern (1777–1799) 350

V. Die Könige 367

1. *Das souveräne Königreich (1799–1864)* 367
   Das neue Bayern – Maximilian I. (1799–1825) 367
      Selbstbehauptung zwischen Österreich
      und Frankreich 367
      Ein neuer Staat 379
   Reformer, Romantiker und Autokrat –
   Ludwig I. (1825–1848) 384
      Ein aktiver Kronprinz 384
      Reformen der Reform................... 391
      Die „Seele des Staates"................. 396
      1848 405
   Zwischen Revolution und Reich –
   Maximilian II. (1848–1864) 407
      Verfassung, Soziales und Wissenschaft........ 407
      Großdeutsch, Kleindeutsch, Trias............ 417

2. *Bayern im Deutschen Reich (1864–1918)* 425
   Die Monarchie im Schatten................... 425
   Ein Märchenkönig?
   Ludwig II. (1864–1886) 426
      Das „Leiden am Reich"................. 426
      Die Tragödie........................ 432
   Das letzte Leuchten –
   Prinzregent Luitpold (1886–1912).............. 435
      Die Familie 435
      Ein Regent für das Volk................. 436
   Das Ende der Monarchie –
   Ludwig III. (1912–1918)..................... 440
      Bürgerkönig und „Millibauer"............. 440
      Krieg und Revolution 442

Epilog... 444

Quellen- und Literaturauswahl...................... 448

Stammtafeln

Tafel I:	Das Haus Wittelsbach bis zum Ende des 14. Jahrhunderts	462
Tafel II/III:	Die bayerischen Wittelsbacher im 15. Jahrhundert:	
	Die Linien Ingolstadt und Landshut..........	464
	Die Linie München	465
Tafel IV:	Die bayerischen Wittelsbacher von 1500–1777.......................	466
Tafel V:	Die rheinischen Pfalzgrafen aus dem Haus Wittelsbach bis zur Landesteilung 1410 ..	468
Tafel VI:	Die Heidelberger Kurlinie 1410 bis 1556	469
Tafel VII:	Die pfälzischen Nebenlinien im 15. Jahrhundert	470
Tafel VIII:	Die Kurlinie Pfalz-Simmern	471
Tafel IX:	Pfalz-Zweibrücken und die Kurlinie Pfalz-Neuburg..................	472
Tafel X:	Die Kurhäuser Pfalz-Sulzbach und Pfalz-Birkenfeld	473
Tafel XI:	Das Königshaus........................	474
Tafel XII:	Das Haus Wittelsbach – Übersicht über die Linien	476

Personen- und Sachregister 477

Karten

Karte 1:	Die bayerischen Teilherzogtümer im 15. Jahrhundert	106
Karte 2:	Die pfälzische Landesteilung 1410	308
Karte 3:	Die Entwicklung des kurpfälzischen Territoriums 1449-1500	312
Karte 4:	Die Verluste durch den Landshuter Erbfolgekrieg 1504/09.................	315
Karte 5:	Die Lande der Wittelsbacher im 18. Jahrhundert	345
Karte 6:	Bayern und die Oberpfalz im Jahre 1777	366
Karte 7:	Das Königreich Bayern 1819	378

Vorwort

Vor 825 Jahren, im September 1180, belehnte auf dem Hoftag zu Altenburg Kaiser Friedrich Barbarossa den Pfalzgrafen Otto aus dem Haus Wittelsbach mit dem Herzogtum Bayern. Damit begann der Aufstieg der bayerischen Dynastenfamilie unter die ersten Geschlechter des Reiches und die bedeutendsten Dynastien Europas. Als Herzöge von Bayern und Pfalzgrafen bei Rhein formten und führten sie nicht nur diese beiden Fürstentümer durch mehr als sechs Jahrhunderte, sie waren bis zum Ende des alten Reichs durchgehend ein gewichtiger Faktor seiner Politik. Sie stellten drei Könige bzw. Kaiser des Heiligen Römischen Reiches und regierten drei Generationen lang das Königreich Schweden, sie waren in der Zeit der Glaubensspaltung die Führer der beiden verfeindeten konfessionellen Lager, sie brachten zahlreiche Erzbischöfe und Bischöfe hervor und verfügten zeitweise über vier Kurstimmen; das Haus gab anderen europäischen und deutschen Staaten mehrere Kaiserinnen und Königinnen. Nach dem Ende des Alten Reiches regierten sie mit dem Königreich Bayern den drittgrößten Staat im Deutschen Bund und nach 1871 den zweitgrößten im Deutschen Reich. Keine Darstellung der deutschen Geschichte zwischen 1180 und 1918 kann ohne eine eingehende Berücksichtigung der Wittelsbacher auskommen.

In unseren mit historischen Gedenktagen vor allem für Ereignisse der Zeitgeschichte viel beschäftigten Tagen konnte der Jahrestag ihres Eintritts in die Geschichte des Reiches keine gesteigerte Aufmerksamkeit beanspruchen, zumal vor einem Vierteljahrhundert bereits das 800. Jubiläum desselben mit großem Aufwand begangen wurde. Seitdem ist jedoch eine neue Generation an historisch begeistertem Publikum nachgewachsen, für das dieser Band geschrieben wurde. Er soll dem Interessierten einen eingehenden Überblick über die Geschichte der Dynastie bieten, von dem aus er seine Kenntnisse vertiefen kann. Dieses Buch kann jedoch weder eine bayerische Geschichte – denn diese reicht trotz der langen Zeit, in der sie durch die Wittelsbacher bestimmt wurde, noch weit über deren Betrachtung hinaus – noch eine Geschichte der Pfalz sein; für beide liegen moderne Darstellungen vor, die allen Ansprüchen genügen und denen eine weitere hinzuzufügen vorerst kein Anlass besteht.

Auf die wissenschaftliche Kontroverse und die detaillierten Verweise auf Literatur und Quellen musste unter den Vorgaben, die die bewährte Gestaltung der Urban-Taschenbücher stellt, verzichtet werden; beides findet sich in der wissenschaftlichen Fachliteratur, die in einer Auswahl dem Band beigegeben ist. Sie zwang auch zuweilen zu einer übersichtlichen Kürze, die dem Leser entgegenkommen soll.

Für die verlegerische Betreuung des Bandes, die aufgrund des großen Umfanges an Material und Text manche Probleme und Schwierigkeiten mit sich brachte, danke ich Frau Monica Wejwar ebenso herzlich, wie ich auch dem Verlag Kohlhammer für die Anregung, diesen Band zu verfassen, verpflichtet bin.

München, im Sommer 2005   Ludwig Holzfurtner

Einleitung

Sagt man Wittelsbach, denkt man an Bayern. Das ist in mehr als einer Hinsicht auch gerechtfertigt; in Bayern traten die Wittelsbacher vor einem knappen Jahrtausend erstmals in das Licht der Geschichte, in Bayern vollzogen sie den Schritt in die Reihe der Reichsfürsten, und die Geschichte dieses Landes haben Fürsten aus dieser Familie nicht weniger als 738 Jahre lang, von 1180 bis 1918, bestimmt. Mehr als einmal standen sie dabei vor der Aufgabe, die politische Existenz dieses Landes zu retten – manchmal auch vor Vertretern der eigenen Dynastie – und es ist letztlich auch ihrer Initiative zu verdanken, dass es Bayern als politischen Begriff in seiner für die deutsche Geschichte einzigartigen räumlichen Kontinuität bis heute gibt; es war dies sogar die erste und schwerste Aufgabe, die sich den frühen Herzögen aus dem Haus Wittelsbach in den Jahrzehnten nach 1180 stellen sollte. „Bayern" ist auch der heute gebräuchliche Familienname der Wittelsbacher; das Oberhaupt des Hauses trägt offiziell den Namen „Herzog von Bayern", alle anderen nennen sich Prinzessin oder Prinz von Bayern. Das Land ist ihre Heimat, in der sie auch heute noch, inzwischen schon fast ein Jahrhundert nach dem Ende der Monarchie, ein hohes gesellschaftliches Ansehen genießen.

Dennoch ist aber diese historische Symbiose, die spätestens seit dem Ende des Zweiten Weltkriegs keine politische Dimension mehr besitzt, sehr wohl aber eine im Geschichtsbewusstsein des Landes, nicht die ganze Wahrheit. Einen ähnlichen Anspruch auf ein historisches Andenken könnten die Wittelsbacher auch in den Bundesländern Baden-Württemberg, in dem die ehemaligen Hauptstädte der Kurpfalz Heidelberg und Mannheim liegen, anmelden, und nicht minder im Saarland, dessen Staatsgebiet zum größten Teil auf dem Boden des früheren Herzogtums Zweibrücken liegt, ferner in Nordrhein-Westfalen, in dem das Herzogtum Jülich-Berg der Linie Pfalz-Neuburg aufgegangen ist, dessen Hauptstadt die heutige Landeshauptstadt Düsseldorf war, in Rheinland-Pfalz und in Hessen, sogar im Elsass befand sich wittelsbachischer Besitz. Das Fürsterzbistum Köln hatte vier Generationen lang einen wittelsbachischen

Erzbischof, und Schweden drei Generationen lang einen wittelsbachischen König. Und das alles ist immer noch nur das Wichtigste und Bedeutendste; zahlreiche Könige und Fürsten in Europa hatten über weibliche Vorfahren wittelsbachisches Blut in den Adern, genau wie auch der größte Teil des europäischen Hochadels unserer Tage in irgendeiner Weise noch mit ihnen verwandt ist. Das Haus Wittelsbach ist eine europäische Dynastie, und sie stieg in diesen Rang bereits spätestens in der dritten Generation nach ihrer Belehnung mit dem Herzogtum Bayern auf.

Die Geschichte des Hauses Wittelsbach ist eine der längsten kontinuierlichen dynastischen Traditionen Europas; manch anderes Haus, das auf eine ähnlich lange oder noch längere Geschichte zurückblickt, muss zwischen dem agnatischen und dem cognatischen Stamm eine Nahtstelle überbrücken, und die Synonymität mit einem politischen Begriff erreicht bei kaum einer anderen Familie diese Dauer. Diese lange Geschichte ist zwar nicht ohne Bruchlinien verlaufen, und sie kannte wie die Geschichte eines jeden anderen Dynastenhauses auch ihre Höhen und Tiefen. Ihre Basis blieben stets Bayern und die Pfalz am Rhein; die Wittelsbacher erlangten nie die Stellung einer Weltmacht wie Habsburg, und es gelang ihnen auch niemals, auf die längere Sicht Deutschland in ihrem Sinne zu formen, obwohl es einige Male versucht wurde. Dennoch kann ihre Geschichte als objektiv einzigartig dastehen.

I. Die Wittelsbacher bis zum Hausvertrag von Pavia (1030–1329)

1. Die Anfänge

Herkunft und Aufstieg

Woher kamen aber nun die Wittelsbacher? Der Name ist kein patronymischer Gentilname wie der der Welfen und auch kein Hilfsbegriff der neuzeitlichen Forschung, der im Mittelalter noch gar nicht gebraucht wurde, wie „die Ottonen". Die Wittelsbacher nannten sich indessen so, *de Widelinsbache* oder ähnlich; es handelt sich wie bei fast allen mittelalterlichen Dynasten um einen Beinamen, der ihnen aus einer ihrer Burgen zugewachsen war, in diesem Fall die Burg Wittelsbach bei Aichach, und der ebenfalls wie bei allen Dynasten ihrer Zeit nach lokalen Gesichtspunkten oder durch die Verlagerung des Schwerpunktes ausgetauscht werden konnte. Der Name Wittelsbach war auch nicht der erste, unter dem das Geschlecht in Erscheinung trat; er erscheint erst um 1115 in den Quellen, nachdem die erste Burg, nach der sie sich nannten, Scheyern, aufgegeben und im Stil der Zeit zum Familienkloster transformiert worden war. Als Namen führten sie „Wittelsbach" auch wieder nur einige Jahrzehnte und nur in einer ihrer drei Linien, die beiden anderen nannten sich nach den Burgen Dachau und Valley, und selbst die Linie Wittelsbach gebrauchte zeitweise daneben den Namen nach der Burg Wartenberg. Nach 1180 nahmen die Herzöge den Namen Bayern an, und den Namen Wittelsbach führte die pfalzgräfliche Linie bis zu deren Ende nach 1208; danach wurde er nicht mehr als offizielle Bezeichnung gebraucht, selbst die gemeinsame Herkunft der Glieder des weit verzweigten Geschlechts drückte sich im Gebrauch der Titulatur „Herzog von Bayern und Pfalzgraf bei Rhein" aus, auch wenn der Einzelne nur entweder das eine oder das andere oder sogar keines von beiden war.

Eine familieneigene *memoria*, der Historia Welforum oder der Ebersberger Chronik vergleichbar, haben die Wittelsbacher erst an der Wende vom 13. zum 14. Jahrhundert gefunden; die so genannte Scheyerer Fürstentafel leitet sie von den Karolingern ab, was für die nachfolgende Genealogie teilweise maßgeblich wurde, andere wieder suchten die Herkunft der Wittelsbacher bei den Agilolfingern. Beides ist aber durchsichtige Propaganda und dem Zweck des Herrscherlobes unterworfen; zu diesem Zeitpunkt sah man sich bereits in Konkurrenz mit den Habsburgern, die es zu übertrumpfen galt. Noch Hermann von Niederaltaich, dessen historiographische Arbeit durchaus politische Hintergründe hatte, wusste davon nichts. Die Herleitung der Wittelsbacher von den Luitpoldingern bei Otto von Freising beruht ebenfalls nicht auf historischem Wissen, der Bischof wollte sich an den wittelsbachischen Vögten rächen, indem er sie als Bluterben des verhassten Kirchenverderbers Arnulf hinstellte. Weiter kommt man mit alledem jedoch nicht, wir bleiben auf die belegten Tatsachen beschränkt. Sie sind leicht überschaubar: Seit etwa 1030 tritt in den Quellen ein Otto auf, der die Vogtei des Hochstifts Freising verwaltet und sich ab ungefähr 1070 Graf von Scheyern nennt; von ihm stammen nachweislich alle Wittelsbacher ab. Das klingt natürlich unbefriedigend, und die Wittelsbacher waren wie eben schon dargelegt auch nicht damit zufrieden; bis in das siebzehnte Jahrhundert ließen sie immer wieder nach ihrer früheren Herkunft suchen, die Ergebnisse der Bemühungen waren aber alle gleich lückenhaft. Die moderne Forschung, die um die Probleme der Abstammungstheorien wusste, setzte bei diesen dubiosen *memoriae* daher gar nicht erst an, sondern bemühte sich statt dessen um eine gesellschaftliche Einordnung der ersten Wittelsbacher; dabei wurde festgestellt, dass sie nicht wie die Babenberger oder Welfen, die Ebersberger oder Andechser an im zehnten Jahrhundert entfremdeten Kirchengut beteiligt waren, und dass sie auch über keine Güter im Osten Bayerns verfügten wie diese. Zusammen mit dem Fehlen einer eigenen *memoria* wurde aus diesen Gründen auch schon vermutet, die Vorfahren des Hauses wären noch gar nicht unter die bedeutendsten Dynasten Bayerns zu rechnen gewesen, sondern unter diese erst im elften Jahrhundert vorgestoßen.

Hier sollten aber nun doch zwei Umstände zu denken geben. Der erste quellenmäßig fassbare Vertreter der Familie, Otto, erweckt persönlich nämlich gerade nicht den Eindruck, als sei er ein *homo novus* in der Gesellschaft der bayerischen Dynasten gewesen. Die erste politisch relevante Stellung, in der er auftritt, ist die des Vogts des reich begüterten Hochstifts Freising. Das war jedoch eine der wichtigsten

Machtpositionen in Bayern, und vor ihm hatten sie die Grafen von Kühbach und die Eppensteiner innegehabt; erstere waren sogar mit den Ottonen verwandt gewesen und letztere haben es bis zur Würde der Herzöge von Kärnten gebracht, königsnahe Familien also beide, und in dieser Tradition ist wohl auch die Familie Ottos zu suchen. Gerade um die Mitte des elften Jahrhunderts geht bei der Ausübung der Vogtei bedeutender reichskirchlicher Institutionen die Tendenz eben nicht in die Richtung von den höher gestellten Familien zu den minder bedeutenden, sondern den umgekehrten Weg; fast überall lösen die Dynasten um diese Zeit die kleineren Edelfreien in den Vogteien ab. Weshalb hätte das gerade in Freising anders sein sollen? Otto war also zu dem Zeitpunkt seinen Vorgängern gesellschaftlich sicher ebenbürtig, und vermutlich waren es seine Vorfahren schon wenigstens eine oder zwei Generationen lang auch gewesen.

Den zweiten Anhaltspunkt liefert seine Ehefrau, die berühmte Stammmutter aller Wittelsbacher, Haziga. Um die Bedeutung dieser Ehe zu beurteilen, muss man wissen, aus welcher Umgebung diese Dame kam: Nach den Forschungen von Flohrschütz war sie die einzige Tochter aus der Ehe eines gewissen Babo von Scheyern und einer Tochter des letzten Grafen von Kühbach, die eben schon als Freisinger Vögte und Verwandte der Sachsenkaiser begegnet sind. Da die Kühbacher mit ihrem Großvater mütterlicherseits ausgestorben sind, war sie eine der Erben dieses reichen und mächtigen Geschlechts. Ihre erste Ehe passte ganz zu einer solchen Abkunft; sie war mit dem Grafen Hermann von Kastl verheiratet, der aus einer der bedeutendsten Dynastenfamilien auf dem bayerischen Nordgau stammte, und dessen Güter sich über ganz Bayern bis an den Alpenrand verteilten. Nach seinem Tod hinterließ er mit seiner Witwe Haziga eine der reichsten Frauen Bayerns; mit wem sie eine zweite Ehe eingehen wollte, konnte sie sich vermutlich aussuchen, und es wäre schon sehr merkwürdig, wenn ihre Wahl ausgerechnet auf einen Parvenu gefallen wäre.

Es kann angesichts dieser Tatsachen kein Zweifel darüber bestehen, dass der erste namentlich bekannte Wittelsbacher einer Familie entstammte, die schon einige Zeit zu den vornehmsten Geschlechtern des Landes gehörte, auch wenn uns konkret keine weiteren Zusammenhänge erschließbar sind. Aus verschiedenen Gründen sucht man ihre älteste Begüterung im Kelsgau, südlich der Stadt Kelheim. Weiter kommen wir jedoch mit einer exakten wissenschaftlichen Beweisführung nicht. Alles, was in frühere Jahrzehnte zurückreicht, führt in den Bereich der Spekulation; damit sind die Wittelsbacher unter den bayerischen Dynasten des hohen Mittelalters aber in guter

Gesellschaft, wir wissen auch nicht, woher die Andechser kamen, und selbst im günstigsten Fall wie bei den Luitpoldingern und Ebersbergern ist uns nicht mehr überliefert, als dass sie weitschichtig mit den Karolingern, genauer gesagt mit Kaiser Arnulf von Kärnten, verwandt waren, auf welchem Wege, ist uns allerdings auch verborgen. Derartiges kann für die Vorfahren Ottos natürlich ebenso gelten; Herzog Arnulf hatte mehrere Töchter, deren Nachkommenschaft uns nicht immer bekannt ist, und damit kann durchaus auch einiges an luitpoldingischem und in der weiteren Linie auch noch etwas karolingisches Blut in den Adern Ottos geflossen sein.

Diese Frage ist aus moderner Sicht eigentlich müßig, denn einen Gewinn konnte Otto aus einer so vornehmen Abkunft, so er sie denn aufweisen konnte, nur insofern ziehen, als sie ihn für sein Amt und seine vorteilhafte Heirat mit Haziga qualifizierte. Alles andere, was in seinen weiteren Lebensjahren und in den nächsten Generationen seiner Nachkommen folgte, hatte mit seiner Herkunft aber nichts mehr zu tun, das war harte Arbeit, und die Wittelsbacher waren dabei überaus erfolgreich. Otto gewann durch seine Heirat mit Haziga die Besitzungen ihres Vaters und damit die Burg Scheyern, nach der er sich fortan nannte. Das muss nicht bedeuten, dass er vorher keine Burg sein Eigen nannte; eine Verschiebung des Machtschwerpunkts, wie er durch Erbfälle oder infolge der Erwerbung großer Vogteien erfolgen konnte, führte auch bei anderen Familien oft zu einer Verlagerung des herrschaftlichen Mittelpunkts und damit zu einem Wechsel des Namens, die Dynastenfamilien benutzten meist mehrere Burgen gleichzeitig und benannten sich immer nach der nächstliegenden; die Andechser erscheinen in ihren Besitzungen in Franken zum Beispiel fast nur unter dem Namen Grafen von Plassenberg. Dass Otto sich nach seiner Heirat mit Haziga nur noch nach der Burg Scheyern nennt, bedeutet daher nicht, dass er erst jetzt zu einem Herrschaftszentrum gekommen war, wohl aber bedeutet es, dass er fortan hier seinen Machtschwerpunkt zu setzen gedachte. 45 Jahre später wurde die Burg Wittelsbach das neue Machtzentrum und der namengebende Ort.

Die Herrschaftsgrundlagen

Als eine der erfolgreichsten Nutznießer des mittelalterlichen Konzentrationsprozesses des adeligen Gutes verfügten die Wittelsbacher um 1180 über eine ausgedehnte Ansammlung von Hausgut zwischen Amper, Donau, Ilm und Lech; einiges davon war zwar im Jahre

1180 noch im Besitz der Dachauer Nebenlinie, deren Aussterben jedoch bereits abzusehen war. Der Besitz reichte noch weit über diesen Raum hinaus, teils nur in vereinzelten Gütern, teils auch in größeren Konzentrationspunkten. Eine dichte Besitzlandschaft hatte die Dachauer Nebenlinie Valley um das Mangfallknie aufbauen können, und im Würmtal sowie um Wartenberg südöstlich von Moosburg war die Hauptlinie Herr über ausgedehnten Grundbesitz, ebenso nördlich der Donau an Naab und Vils um die Burgen Lengenfeld, Stefling und Riedenburg. Bedeutender als diese respektable allodiale Macht waren aber ihre Rechte als Vögte; so verwaltete die Hauptlinie die Vogteien über ihre Hausklöster Scheyern und Indersdorf und die Linie Valley über Bernried; diese Stiftervogteien, wie man die Vogtei über ein Hauskloster nennt, brachten zunächst keine wesentliche Machtausdehnung mit sich, da der Besitz dieser Klöster zum größten Teil auch schon vor deren Gründung in ihrer Hand gewesen war, doch stellten diese auch nur den kleineren Teil der vogteilichen Macht des Hauses dar. Der größte Machtblock, den sie auf diesem Weg in die Hände bekommen hatten, war unter der Vogtei des Hochstifts Freising zusammengefasst, zu der sich nach und nach die über alle anderen Grundherrschaften der sich in viele Einzelinstitutionen aufgliedernden Freisinger Kirche gesellt hatten, als wichtigste wäre hier nur die über die Güter des Domkapitels zu nennen. Sie verwalteten ferner die Vogteien der Freisinger Eigenklöster Weihenstephan, Neustift und seit ungefähr 1170 auch Schäftlarn. Schon sehr früh hatten sie die Vogteien über die Hausklöster der Ebersberger, also Ebersberg und Geisenfeld sowie über das Kloster Kühbach erworben; hinzu kamen die Vogteien über Ilmmünster und Hohenwart, über die bayerischen Besitzungen des Klosters St. Ulrich und Afra und Augsburg und über die des Augsburger Domkapitels in Bayern. Auch außerhalb ihres Kernraumes hatten sie Vogteien inne, über Biburg, Mallersdorf und St. Mang in Regensburg, während sie ihren Machtraum nördlich der Donau durch die Vogtei über das Kloster Ensdorf vervollständigten. Es lässt sich eine Linie von diesem Ensdorfer Vogteigebiet aus über Lengenfeld, Kelheim, Freising nach Valley, von da waagrecht an den Lech, diesen dann flussabwärts bis an seine Mündung in die Donau, diese wiederum abwärts bis Vohburg und von da an über Riedenburg zurück bis Ensdorf ziehen, die einen Raum umgrenzt, in dem kein anderer Herrschaftsträger von Rang die Macht der Wittelsbacher stören oder beeinträchtigen konnte.

    Es kann keine Frage geben, innerhalb der Grenzen Bayerns waren die Wittelsbacher der reichste Grundherr und mächtigste Vogt – die insgesamt wohl größere Besitzmacht der Andechser, die einzigen, die ihnen in Bayern Paroli bieten konnten, lag zum größeren Teil außerhalb des Herzogtums. Die Familie hatte dieses Potential keineswegs von Anfang an besessen; es hat vielmehr den Anschein – der letzte Beweis hierfür steht noch aus – dass die Hauptmasse durch eine unternehmende Seitenlinie der Familie erworben wurde, die an der genuinen Machtstellung des Hauses, nämlich der Grafschaft im Kelsgau, selbst keinen Anteil hatte, und die durch einen günstigen Erbfall in den Besitz der Burg Scheyern, wenig später in den der Freisinger Hochstiftsvogtei und damit zu einer ersten Machtposition gekommen war. Zug um Zug, trotz aller teils subtilen, teils auch offenen Gegenwehr der Bischöfe hatten sie diese Rechte im Laufe des elften und zwölften Jahrhunderts erworben; daneben hatten sie mehrere bedeutende und reiche Grafenfamilien, die in diesem Zeitraum ausgestorben waren, beerbt. Offensichtlich schon von Anfang an darauf bedacht, ihre Herrschaft schlagkräftig zu organisieren, hatten sie diesen großen Machtkomplex zu einer im Sinne des Hohen Mittelalters modernen Herrschaft ausgebaut, und zwar schon zu einem Zeitpunkt, als die meisten der anderen Dynasten wohl noch gar nicht an eine solche Organisation gedacht hatten; befestigt durch strategisch geschickt lokalisierte Ministerialenburgen, wodurch sie sich auch ein beträchtliches militärisches Potential schufen, war die Machtgrundlage tatsächlich ein Instrument, das sich als tauglich erweisen sollte, aus dem über eineinhalb Jahrhunderte lang schwächelnden Herzogtum Bayern einen spätmittelalterlichen Staat zu formen.

Unter den Voraussetzungen, wie sie im Reich um diese Zeit sonst gegeben waren, wäre allein aus diesem Komplex bereits ein für die üblichen Verhältnisse des Reiches respektabler Staat erwachsen. Das hätte aber das Ende des Herzogtums Bayern bedeutet; den Namen hätte dabei wohl das Haus Wittelsbach weiter getragen, aber nicht mehr als Herzogtum, sondern unter der Bezeichnung, unter der sie schon vor 1180 in den Quellen erscheinen, nämlich als bayerische Pfalzgrafen. Der Staat der Wittelsbacher wäre als Pfalzgrafschaft Bayern ein bedeutendes Territorium des spätmittelalterlichen Reiches geworden wie etwa die Pfalzgrafschaft am Rhein oder die Markgrafschaften in Oberfranken, kaum aber das, was Bayern in der Geschichte geworden ist. Dass es anders kommen sollte, ist das Werk der Wittelsbacher, denen ihre Machtfülle nicht zur Grundlage ihres dynastischen Staatsgebildes wurde, sondern zum Fundament eines neuen Herzogtums Bayern. Das Herzogtum trug seinerseits zu dieser historischen Symbiose seinen Teil bei; das Amt des Herzogs von Bayern stellte seit den Tagen eines Herzog Arnulf eine von keinem anderen Herzog oder Fürsten des Reiches erreichte Fülle an Rechten dar. Um diese durchzusetzen, bedurfte es freilich einer persönlichen Macht des Herzogs. Gerade diese brachten die Wittelsbacher aber mit; selbst der kraftvollste unter ihren Vorgängern des letzten Jahrhunderts, Heinrich der Löwe, hatte das Land nur in einem inoffiziellen Bündnis mit den Dynasten regieren können, die Wittelsbacher konnten es notfalls sogar gegen diese.

Nach dem Sturz Heinrichs des Löwen 1180 belehnte Friedrich Barbarossa am 16. September zu Altenburg in Thüringen den Pfalzgrafen Otto von Wittelsbach mit dem Herzogtum Bayern. Er war bis dahin ein Mann seiner engsten Umgebung gewesen, hatte sich rückhaltlos für den König eingesetzt, als Pfalzgraf von Bayern die zweite Position im Land nach dem Herzog innegehabt und übernahm Bayern als Anhänger der Staufer, um dieses mächtige Herzogtum ihrem Königtum weiterhin zu sichern. Dass er damit der Geschichte des Landes eine neue Bahn zuwies, konnte er nicht wissen.

2. Die frühen Herzöge (1180–1294)

Der Beginn: Otto I. und Ludwig I. (1180–1231)

Die Tatsache, dass mit ihm für 738 Jahre die ununterbrochene Reihe von bayerischen Herrschern aus seinem Haus folgen sollte, hat Herzog Otto I. ein weit über dem Durchschnitt seiner Nachfolger liegendes historisches Gedächtnis, vielleicht sogar eine gewisse Popularität verschafft. Über seine vor dem Jahre 1180 vollbrachten Taten wie die kühne Erstürmung der Veroneser Klause wüssten weit weniger Menschen Bescheid, wären sie nicht die des ersten Herzogs von Bayern aus dem Haus Wittelsbach; sein Monument, eine gerüstete Gestalt hoch zu Ross, steht im Münchner Hofgarten vor dem ehemaligen Armeemuseum – wo es seiner militärischen Fähigkeiten wegen gut placiert war – und der heutigen Staatskanzlei, wohin es aus ideellen Gründen ebenso gut passt. Aber auch schon in früheren Jahrhunderten wies ihm das historische Gedenken einen besonderen Standort an; Kurfürst Maximilian I. gestand ihm sogar einen Platz unter den Gestalten der Kaisertreppe der Münchner Residenz zu, obwohl er die Krone des Reiches nicht trug und sie sonst ausschließlich den mit dieser Würde geschmückten Vorfahren des dynastiebewussten Herrschers vorbehalten war. Er war der Begründer der historischen Verbindung zwischen Wittelsbach und Bayern, und die galt Maximilian I. genug, um ihn unter die Bedeutendsten seiner Vorfahren einzureihen. Über historische Ereignisse aus seiner Herzogszeit wissen wir hingegen weit weniger; bekannt ist, dass sich ein großer Teil der bayerischen Grafen von seinem ersten Hoftag in Regensburg fern hielt. Das hatte nichts mit der Persönlichkeit des zum Herzog von Bayern aufgestiegenen Pfalzgrafen zu tun, der bereits eine bekannte Gestalt war und weit öfter als manch anderer in der zeitgenössischen Historiographie erscheint, sondern eher damit, dass sich das Interesse des einst so stammesbewussten bayerischen Adels am Herzogtum seit der Jahrtausendwende stetig abgekühlt hatte; das Sinnen und Trachten der Epoche galt dem Aufbau der eigenen dynastischen Adelsherrschaft, die möglichst die Stellung eines Reichsfürstentums aufweisen sollte. Darüber hinaus tritt Otto in den Quellen als Wahrer des Friedens im Lande auf, eine traditionelle Aufgabe des Herzogs; auf Schwierigkeiten mit dem hohen Adel scheint er dabei nicht gestoßen zu sein. Dass seine Tätigkeit nicht greifbarer wird, liegt daran, dass ihm vom Schicksal nur ganze drei Jahre Regierungszeit zugestanden wurden; 1183 starb er, etwa 66 Jahre alt. Zum Begründer der Landesherrschaft, die seine Dynastie in Bayern errichten sollte, konnte er damit nicht mehr werden, noch nicht einmal seine Nachfolge war gesichert. Es hat zwar den Anschein, dass mit der Belehnung Ottos I. das Herzogtum Bayern wie schon 1156 das Herzogtum Österreich erblich wurde; exakt wissen wir das nicht, denn erst 1208 wurde die Erblichkeit durch König Otto IV. bestätigt, was aber auch ein Zugeständnis des welfischen Königs gegenüber dem Herzog gewesen sein kann, der ja ein Parteigänger der Staufer war, um ihn an sich zu binden. Wie immer, die Erblichkeit bedeutete nicht mehr, als dass der Sohn eines verstorbenen Herzogs einen Anspruch auf die Belehnung mit dem Herzogtum seines Vaters hatte, doch war dieses Recht noch keine Selbstverständlichkeit, vor allem dann nicht, wenn dieser Sohn noch nicht im regierungsfähigen Alter stand. Genau dieses Problem stellte sich aber beim Tod des ersten wittelsbachischen Herzogs; Otto I. hatte nur einen einzigen Sohn, Ludwig, der bei seinem Tod erst zehn Jahre alt war. Barbarossa zögerte aber nicht, den Knaben mit dem Herzogtum zu belehnen und einer Vormundschaftsregierung zuzustimmen, sei es nun aus politischer Überlegung oder auch infolge eines Erbanspruchs; die Situation konnte ihm nur willkommen sein. Damit schien jedoch auch schon wieder gefährdet, was eben erst begonnen hatte, aber in dieser Situation musste sich nun die Systematik der in den hundert Jahren vor ihm aufgebauten Hausmacht der Wittelsbacher bewähren. Sie bewährte sich in der Tat; unter der Führung seiner Mutter, der energischen und tatkräftigen Agnes, einer Tochter des Grafen Ludwig II. von Loon – über die der fortan typische Name Ludwig in die Familie gekommen war – und mit Unterstützung seiner beiden Onkel, die sich die bayerische Pfalzgrafschaft seit 1180 teilten, konnten die Jahre bis zur Volljährigkeit des jungen Herzogs überbrückt werden, wohl auch deshalb, weil alles, was in Bayern Macht besaß, mit deren Sicherung beschäftigt war, und von der neuen Herzogsdynastie und der ihr innewohnenden Gefahr für diese hatte man offenbar noch nicht Notiz genommen.

Zehn Jahre nach dem Tod seines Vaters war Ludwig jedoch bereits eine politische Größe, an der niemand mehr vorbeikam. Fast vierzig Jahre Regierungszeit lagen vor ihm, und in diesen legte er zu einem großen Teil die Fundamente der wittelsbachischen Landesherrschaft. Anders als sein Vater war er als Heerführer weniger erfolgreich; er besaß zwar dessen Neigung zu einem auf sich selbst rücksichtslosen Einsatz im Kampf – womit er sich mehr als einmal persönlich in Schwierigkeiten bringen sollte – nicht aber war ihm dessen Umsicht und taktisches Können mitgegeben worden. Dafür erwies er sich in den Auseinandersetzungen seiner Regierungszeit mit ihren rasch wechselnden Fronten und Konstellationen nach anfänglichen Schwierigkeiten als ein Meister der politischen Taktik, der die vielen und sich oft überraschend ergebenden Wechselfälle der Geschichte seiner Zeit zu seinen Gunsten zu nutzen verstand. Was ihm ebenfalls zugute zu halten ist, ist ein beachtliches Talent als Organisator; die Eingliederung seiner territorialen Gewinne in den Verband des Herzogtums erfolgte derart reibungslos, dass er seinem Sohn ein im Sinn der Zeit wohlgeordnetes Staatswesen hinterlassen konnte, obwohl der Einigungsprozess noch nicht abgeschlossen war und nicht einmal er selbst sich in Ruhe auf diese Übergabe vorbereiten hatte können.

Dabei war der Anfang alles andere als gut zu bezeichnen. Im Jahre 1189 wurde Ludwig I. mündig, erst sechzehn Jahre alt, und er war mit seinem Regierungstritt bereits mitten in die Auseinandersetzungen geraten, die das beinahe zeitgleiche Aussterben der Burggrafen von Regensburg und der Grafen von Sulzbach in den Jahren 1188 und 1189 ausgelöst hatten. Damit konnte der von Barbarossa lang vorbereitete Ausbau der königlichen Stellung um die Stadt Regensburg und auf dem Nordgau durchgeführt werden; die Hinterlassenschaft der beiden Dynastenhäuser, vor allem ihre reichen Kirchenlehen, fielen an die Staufer, die Position der Bürger in der Stadt

Regensburg wurde durch den Kaiser gestärkt, der junge Herzog war dabei aber leer ausgegangen. Der Ausverkauf der herzoglichen Interessen in Bayern schien also auch unter der neuen Dynastie ebenso weiterzugehen wie in den beiden vorangegangnen Jahrhunderten. Als 1190 Friedrich Barbarossa auf dem Kreuzzug starb, zeigte es sich, dass nur er es immer noch vermocht hatte, die großen Dynastenhäuser einigermaßen im Zaum zu halten, indem er sie in seine Reichsidee eingebunden hatte. Die wahren Interessen der Dynasten waren sehr viel unmittelbarer und traten jetzt unverhüllt in den Vordergrund. Sein Sohn und Nachfolger, Heinrich VI., sah sich von Anfang an einer Fürstenopposition gegenüber, der sich neben dem Herzog Ottokar von Böhmen auch dessen Schwager, Graf Albert III. von Bogen anschloss, während sich die Herzöge von Bayern und Österreich fern hielten. Das gemeinsame Ziel der Verbündeten war nichts anderes als eine Revision der staufischen Reichslandpolitik, die sich ja nicht nur gegen die Interessen der Herzogtümer, sondern auch gegen die der Dynasten gerichtet hatte, so dass es ein Leichtes war, deren Unterstützung zu gewinnen. Die persönlichen Interessen des Bogeners waren unschwer zu erkennen; die staufischen Lehen waren seinem Herrschaftsbereich unmittelbar benachbart, und die Gelegenheit günstig, ihn zu erweitern. Ludwig bemühte sich zwar, seiner Aufgabe als Wahrer von Frieden und Recht im Lande gerecht zu werden, indem er einen tatsächlich auch von den Großen des Landes beachteten und besuchten Hoftag in Laufen abhielt, um den Konflikt beizulegen, doch konnte er den Bogener nicht aufhalten, sich die sulzbachischen Lehen anzueignen. Als sich der Herzog dagegen wandte, kam es zum Krieg. Mit böhmischer Hilfe konnte der Bogener den Herzog zurückwerfen; die Gegenoffensive der Herzöge von Österreich und Meranien – letzterer griff aus traditioneller Treue zu den Staufern ein – vermochte an der schwierigen Lage nichts zu ändern. Dem jungen Herzog drohte gleich zu Beginn seiner Regierung eine Niederlage, deren Folgen unabsehbar sein würden. In dieser Situation bewährte sich die ungeachtet der durch die staufische Politik bedrohten Interessen des Herzogs immer noch bewahrte Treue zu diesen. Heinrich VI. griff 1193 persönlich ein, zwang den Bogener nieder und gebot einen allgemeinen Waffenstillstand; Albert III. von Bogen wurde zum Reichsfeind erklärt und Ottokar von Böhmen seines Herzogtums enthoben. Er erreichte damit, Ludwig I. für die folgenden eineinhalb Jahrzehnte auf der Seite der Staufer zu halten.

Das Jahr 1193 war die Wende in der Geschichte Ludwigs I.; alles, was in der folgenden Zeit geschah, schlug sich zu seinem Vorteil aus.

Die Jahre bis zum frühen Tod Heinrichs VI. sahen Ludwig I. an der Seite des Königs; er trat auf den Hoftagen zu Würzburg und Mainz als sein Parteigänger auf und begleitete seine Züge nach Apulien und Sizilien. Bei diesen Unternehmungen ging es nicht um Reichs-, sondern allein um Familienangelegenheiten der Staufer, nämlich um die Sicherung ihres Erbes in Süditalien, was die enge Bindung unter Beweis stellt, die zwischen ihm und den Staufern in diesen Jahren bestand. Die Parteinahme des Herzogs hatte allerdings auch für den Kaiser ihren Preis; als die Landgrafen von Stefling 1196 ausstarben, griff er nicht wieder zu, wie dies sein Vater getan hätte, das Erbe der Steflinger fiel mit der Duldung Heinrichs an den Herzog. Dieser Gewinn war der Auftakt zur territorialen Schließung des Herzogtums, die für die kommenden Jahrzehnte die innere Geschichte des Landes bestimmen sollte.

1197 befand sich Ludwig I. mit dem Kaiser in Sizilien, um sich auf einen Kreuzzug vorzubereiten. Dort starb Heinrich VI. an der Malaria, an der er schon seit 1191 gelitten hatte. Wir wissen nicht, ob es für die Wahl des Bruders Heinrichs VI., Herzog Philipp von Schwaben, zum neuen König zwischen ihm und dem sterbenden Kaiser eine Absprache gab; es hätte einer solchen allerdings auch nicht bedurft, da es für Ludwig ohnehin keine Alternative zur staufischen Partei geben konnte. Der Zusammenhalt derselben war nun wichtiger denn je, denn mit dem Tod Heinrichs beginnt die schwierige Epoche in der Reichsgeschichte, die unter dem Begriff des staufisch-welfischen Thronstreits bekannt ist und das Ende der Stauferzeit einläuten sollte. Die west- und norddeutschen Fürsten wollten einen Wechsel der Königsdynastie, nicht zuletzt auch durch das Engagement der Staufer in Sizilien und durch die Parteinahme des Papstes gegen die Staufer bedingt; der Süden hingegen hielt an den Staufern fest. 1198 kam es daher zur Doppelwahl, als die nord- und westdeutschen Fürsten, vor allem die drei rheinischen Erzbischöfe, den Welfen Otto, einen Sohn Heinrichs des Löwen, zum König erwählten, die süd- und ostdeutschen dagegen Philipp von Schwaben, den jüngsten Bruder des verstorbenen Kaisers. An sich war bereits zu Lebzeiten Heinrichs VI. dessen Sohn Friedrich II. im Alter von zwei Jahren zum König gewählt worden, und Philipp hatte zunächst auch nur an eine Regentschaft bis zur Volljährigkeit Friedrichs gedacht, doch war im Zeichen der antistaufischen Opposition an einen Erhalt der Königskrone nur zu denken, wenn es einen handlungsfähigen König gab. Ludwig I. hatte zu den Wählern Philipps gehört und zog Gewinn aus dieser Haltung; als 1204 die Markgrafen von Cham ausstarben, die mit der Mark auf dem Nordgau kein herzogliches, sondern ein Reichslehen hinterließen, wurde ihm dies vom König übertragen, auch griff Philipp nicht in die weiteren Kämpfe in Bayern ein, die sich in den folgenden Jahren ergaben. Noch im selben Jahr gelang Ludwig ein weiterer Schlag gegen seine Rivalen in Bayern, und zwar gegen die Grafen von Bogen. Albert III., jener *homo ferox et bellicosus,* als den ihn Hermann von Niederalteich schildert, war 1198 gestorben. 1204 heiratete Ludwig die Witwe Alberts III., Ludmilla, die ihm zwei Jahre später als ältesten Sohn Otto II. gebar. Damit hatte er sich zumindest einen Ansatzpunkt zu einem Erwerb der Bogener Besitzungen geschaffen, auch wenn zu diesem Zeitpunkt noch nicht abzusehen war, dass sich dieser im weiteren Verlauf derart reibungslos gestalten würde, denn die nächste Generation der Bogener blieb ohne Nachkommen, so dass nun nur noch Otto, der Sohn Ludwigs und Ludmillas als Erbe der Bogener in Frage kam.

Das Verhältnis zwischen dem neuen König und Ludwig I. blieb ungetrübt. Otto IV. war keine große Konkurrenz für den angesehenen Philipp, er war bei seiner Wahl eher eine Verlegenheitslösung gewesen und vermochte sich nur durch weitgehende Zusagen an seine Anhänger wie die Erhebung Böhmens zum Königreich überhaupt zu halten. Seine Sache schien schon beinahe verloren, selbst der Papst war im Begriff, ihn fallen zu lassen, als ein Paukenschlag alles auf den Kopf stellte, und das war der gewaltsame Tod Philipps von Schwaben im Jahr 1208. Dieses Ereignis führte den Herzog von Bayern unmittelbar in die langwierigste Auseinandersetzung unter allen seinen Kämpfen gegen die Dynastenhäuser Bayerns, mit den mächtigen Grafen von Andechs, deren Hauptlinie sich seit 1180 Herzöge von Meranien nennen konnte; von ihrem Ausgang hing Gedeih und Verderb des Herzogtums ab, und sie sollte bis zum Tod Ludwigs I. 1231 noch in der Schwebe bleiben. Die Untat hatte unmittelbar zwar ein naher Verwandter Ludwigs, sein Vetter Pfalzgraf Otto, aus privaten Motiven begangen; der Königsmörder wurde wenig später auf der Flucht erschlagen, seine Güter fielen an den Herzog als seinen nächsten Verwandten. Doch war sie am Hof des Bischofs Ekbert von Bamberg geschehen, der ein Andechser war, wo sich Philipp aufhielt, um die Hochzeit seiner Nichte Beatrix mit Herzog Otto VII. von Meranien zu feiern, und außerdem war Markgraf Heinrich von Istrien, ebenfalls ein Andechser, zugegen gewesen. Sie alle hatten mit dem Mord nicht das Geringste zu tun, doch beschuldigte man sie, nicht zuletzt durch das Betreiben des Herzogs, allgemein der Mitwisserschaft. Begonnen hatte dieser Kampf so unvermittelt, dass es schwer fällt, etwas anderes anzunehmen als dass der Herzog die günstige Gelegenheit nutzte, die sich ihm unversehens bot. An sich war das Verhältnis zwischen dem Herzog und den Andechsern bis 1208 nicht schlecht gewesen, wenn auch eher eine gespannte Ruhe herrschte. Dem Herzog war es sicherlich ein Dorn im Auge, dass sich der Andechser in seiner Würde als Herzog von Meranien als Reichsfürst betrachtete und damit faktisch seine Grafschaften Andechs und Wolfratshausen sowie die Grafschaft Neuburg am Inn der Hoheit des Herzogs entzog, doch hatte er keine Gelegenheit, dagegen vorzugehen. Sie gehörten beide zur staufischen Partei, weswegen ihm der Andechser im Kampf gegen die Bogener zu Hilfe gekommen war; das war aber wohl auch schon alles, was sie aneinander band und den Frieden zwischen ihnen sicherte. Durch den Bamberger Königsmord entfiel jedoch die gemeinsame Bindung an die Staufer, und zum anderen sah Ludwig I. zum ersten Mal einen Ansatzpunkt, um gegen sie vorzugehen. Es war der Preis, den König Otto IV. an den Bayern für dessen nach dem Tod Philipps erfolgte Parteinahme zu zahlen hatte, dass er Ludwig die Reichslehen der Andechser zusprach. Auch als 1211 die Andechser nach dem Beweis ihrer Unschuld rehabilitiert und vom König wieder in Gnaden aufgenommen worden waren, gab er ihren Besitz nicht wieder heraus, was zu langen und wechselnden Kämpfen führen sollte.

Mit dem Jahr 1208 datiert auch der politische Seitenwechsel des Herzogs von Bayern, allerdings wandte er sich nicht einfach Otto als dem Überlebenden der zwei Könige zu, er betrieb vielmehr eine neue Königswahl, die nun durch seinen Einfluss zu einer einhelligen Wahl Ottos IV. wurde; es ging nicht so sehr um seine Person, sondern um den Frieden, nicht zuletzt aber für viele auch darum, das von ihm Erreichte zu sichern. Daraus vermochte Ludwig neuerlich Nutzen zu ziehen; nicht nur, dass Otto ihn in seiner Politik gegen die Andechser gewähren ließ, er brachte ihm den für die Zukunft des Hauses Wittelsbach bedeutendsten Gewinn ein, den Ludwig I. verbuchen konnte, nämlich die Pfalz. Dieser größte Erfolg der Wittelsbacher bis 1231 war von einer zum damaligen Zeitpunkt noch unabsehbaren Tragweite für die Geschichte nicht nur Bayerns, sondern des ganzen Hauses Wittelsbach auf viele Jahrhunderte hin. Der Pfalzgraf am Rhein, ein Welfe, war kinderlos, so dass seine Schwester Agnes die Erbin werden sollte. Diese wurde als Elfjährige mit dem fünf Jahre jüngeren Sohn Ludwigs, Otto, verlobt, so dass deren Kinder die Erben der Pfalzgrafschaft werden sollten. So über Erwarten groß der Gewinn im Augenblick sein mochte, so sehr es das Prestige des Herzogs steigerte, der in doppelter Würde zum reichsten, angesehensten und einflussreichsten unter den Reichsfürsten aufstieg, auf die lange Sicht erwies sich der Gewinn der Pfalz als ein zweischneidiges Schwert. Dem entspricht auch das Echo, das das Ereignis in den bayerischen Quellen hervorrief; wenn es überhaupt zur Kenntnis genommen wurde, so wurden keine Jubelchöre angestimmt, und eine Quelle verleiht der Befürchtung Ausdruck, Bayern sei der Pfalz unterworfen worden. Obgleich dies eine übertriebene Sorge war, so sollte sie sich insofern als begründet erweisen, als sich die Interessen der Herzogsdynastie von da an immer wieder aufzuspalten und zu verzetteln drohten. Die Pfalz erforderte Aufmerksamkeit; sie war als Territorium noch weniger entwickelt als das seinerseits noch lange nicht geschlossene Herzogtum Bayern. Die bereits zu diesem Zeitpunkt zur Pfalz am Rhein gehörenden Territorien hatten nur einen relativ kleinen allodialen Kern aus dem Besitz des Pfalzgrafen Hermann von Stahleck, mit denen die Entwicklung des ehemaligen karolingischen Hofamtes zu einer territorialen Herrschaft überhaupt erst ihren Anfang genommen hatte; in ihrer Mehrheit war die Pfalz ein Konglomerat aus verschiedenen Reichs- und Kirchenlehen, Burgbezirken und Dorfgerichten sowie Vogteien, darunter als bedeutendste die über das Hochstift Worms und das Kloster Lorsch. Das glich sich dadurch aus, dass die pfälzischen Territorien wirtschaftlich stark und reich waren: darüber hinaus waren sie durch ihre geographische Lage an Rhein und Neckar ungewöhnlich verkehrsgünstig und außerdem strategisch günstig gelegen. Die Pfalz lohnte also wohl der Mühe und des Aufwandes, und in der Tat war der bedeutendste territoriale Gewinn Ludwigs das Wormser Kirchenlehen am Neckar um die spätere Hauptstadt der Pfalz, Heidelberg.

Zunächst freilich musste dieser Gewinn erst noch realisiert werden, und die Gelegenheit dazu ergab sich nur zu bald. Schon seit 1211 mehrten sich im Reich die Stimmen, die für eine Abwahl Ottos, dessen Stern seit seinem unglücklichen Angriff auf Sizilien im Sinken war, und eine Wahl Friedrichs II. eintraten, und Ludwig I. war nicht die geringste unter ihnen. Im folgenden Jahr nahm der Staufer den Fürsten die Entscheidung insofern ab, als er die Initiative ergriff und in Deutschland erschien, das ihm praktisch ohne Schwertstreich zufiel. In Regensburg empfing er die Huldigung der süddeutschen Fürsten; Ludwig war unter ihnen. Die Zusicherung der eben erworbenen Anwartschaft auf die Pfalz war die Voraussetzung, dass Ludwig ungeachtet aller geschworenen Eide 1212/1213 auf die Seite des Staufers übertrat; 1214, unmittelbar nach der auf europäischer Ebene fallenden Entscheidung im Thronstreit, wurde er als Vormund des Erben der Pfalz, seines Sohnes Otto, mit der Pfalz am Rhein belehnt.

Ludwig I. war damit auf dem Höhepunkt seiner Macht angelangt. Wieder auf staufischer Seite, wurde er für mehr als ein Jahrzehnt zur führenden Persönlichkeit im Reich; dem konnte auch der Misserfolg des von ihm zu verantwortenden Vorstoßes auf Kairo während des Kreuzzuges 1221 keinen Abbruch tun. 1226 wurde er vom Kaiser zum Reichsgubernator und Vormund für den Kaisersohn und designierten König Heinrich (VII.) ernannt, den er in seinem Sinne zu beeinflussen erhoffte, bis hin zu den von ihm erhobenen Ansprüchen auf das Welfenerbe Heinrichs des Langen, des Bruders seiner Schwiegertochter, gegenüber deren Brüder. Das musste ihn allerdings in Konflikt mit seinem Mündel bringen; Heinrich (VII.) sah sich im Geiste seines Urgroßvaters Barbarossa und plante die Wiederaufnahme der Reichslandpolitik und eine Zurückdrängung der Fürsten, für die es aber längst zu spät war. In dem territorialpolitisch von allen Fürsten erfolgreichsten, eben Ludwig I., musste er sogar einen seiner Hauptgegner sehen, was zu einer Entfremdung zwischen ihnen führte. In der Folge kam es zur Fühlungnahme Heinrichs mit den Andechsern als dem gefährlichsten Gegner des Herzogs von Bayern; Ludwig hatte der geballten Macht des Königs und der Andechser, zu denen sich noch Friedrich der Streitbare von Österreich gesellte, nichts entgegenzusetzen und sah sich in seiner Politik gegenüber den Andechsern auf den Ausgangspunkt von 1208 zurückgeworfen.

Die Einigungspolitik Ludwigs war in all den Jahren seiner Reichspolitik nicht zum Stillstand gekommen. Er hatte dabei durchaus Erfolge zu verzeichnen gehabt wie die Gewinnung des für die Wirtschaft und die Finanzen des Herzogtums wichtigen Reichenhall. Das brachte ihn mit dem Erzbischof von Salzburg kriegerisch aneinander, der sowohl in dem äußerst einträglichen Salzgeschäft als auch hinsichtlich der territorialen Entwicklung in diesem Raum sein Konkurrent war. Nach langen Kämpfen einigte man sich 1219 und 1228 schließlich auf einen Vergleich, bei dem Salzburg alle Ansprüche auf Reichenhall aufgeben musste, dafür aber den Pinzgau als Herrschaftsbereich gewann. Dieser wäre zwar angestammter Besitz des Herzogs gewesen, doch Macht und Recht mussten stets nach allen Möglichkeiten austariert werden. Auch in seinem Kampf um Regensburg hatte er Vorteile verzeichnen können, wenngleich er auch hier Abstriche machen musste. Trotz aller Bemühungen konnte er nicht verhindern, dass die Stadt nicht mehr ein Teil seines Herzogtums war; sie wurde allerdings auch nicht wie Salzburg eine geistliche Stadt, der Herzog konnte wenigstens noch die Burggrafschaft erringen und den größten Teil der bischöflichen Besitzungen unter seine Vogtei bringen.

Im Zusammenhang mit diesen territorialpolitischen Erfolgen ist einiges anzumerken. Es sagt sich leicht, dass der Herzog die Herrschaften der aussterbenden Dynasten gewann, aber der Sachverhalt ist in Wahrheit komplexer. Wie jede Herrschaft des hohen Mittelalters waren diese keine fest gefügten Blöcke, sondern ein Konglomerat aus Rechten unterschiedlicher Qualität und verschiedener Herkunft. Insofern galt für Ludwig und auch noch seine Nachfolger das Prinzip der dynastischen Herrschaft fort, als sie sich immer wieder um im Einzelnen unbedeutend erscheinende Rechte bemühen mussten; ein Zollrecht da, ein Geleitrecht dort, eine kleine Vogtei dazwischen, Zug um Zug und Stück für Stück musste das Land der herzoglichen Herrschaft gewonnen werden. Immer wieder wird in Urkunden überliefert, dass sich der Herzog vom Eigenkloster eines ausgestorbenen Dynastenhauses zum Vogt wählen ließ; immer wieder entwand er einem Herrschaftskonkurrenten, vor allem den Bischöfen, ein lokales Herrschaftsrecht. Diese mühselige Kleinarbeit wird in der Forschung nur selten beachtet, sie stellt aber vielleicht sogar die größere Leistung dar als die spektakulären Erfolge. Und alles, was gewonnen wurde, musste in die Organisation des Landes eingebunden werden, unverzüglich und hastig; die verfemten Andechser hatten 1208 noch nicht einmal das Land verlassen, als sich schon die ersten Landrichter des Herzogs in ihren Burgen nachweisen lassen. Stützpunkte mussten gegründet werden wie Landshut, das die Wiedererrichtung der regensburgischen Burg in Teisbach verhindern sollte. Der Herzog agierte rastlos; noch immer war er nicht an eine Residenz gebunden, er reiste im Land ständig umher, von Pfalz zu Pfalz und von Kloster zu Kloster, richtete, urkundete, entschied. Das erforderte eine große Energie, zumal der Dienst am Reich ebenfalls seine Zeit erforderte.

Bei alledem war Ludwig vielleicht auch ein Visionär. Obwohl er in seiner Herrschaftspolitik eher dynastisch dachte und handelte, spiegelt sich in seiner Geschichte ein Wandel der Staatsauffassung wieder, ein Rückgriff auf längst vergangene Zeiten der bayerischen Geschichte. Es fällt auf, dass gerade in seiner Zeit die bayerische Stammessage, die in ihren Ansätzen schon im ausgehenden zwölften Jahrhundert entstanden sein dürfte, eine weite Verbreitung fand. Das Land besann sich wieder seiner bereits uralten Geschichte; die Zeit der Agilolfinger gewann wieder Bedeutung im Denken der bayerischen Geistesgrößen. Abt Hermann von Niederaltaich begann seine unvollendet gebliebenen *Annales ducum bavariae*, eine Geschichte der bayerischen Herrscher von Anbeginn. Eine besondere Rolle spielte dabei der karolingische König Karlmann, der Sohn Ludwigs des Deutschen, der Bayern als sein eigenes karolingisches Teilkönigtum im Reichsverband regiert hatte. Und hier ergibt sich ein direkter Bezug auf Herzog Ludwig I. Karlmanns Pfalz in Bayern war Altötting gewesen, dort liegt er auch begraben; in den Werken der Historiographie aus der Zeit Ludwigs spielt gerade dieser Umstand eine große Rolle, und er spielte sie auch für Ludwig I. selbst. Im Rahmen seiner Kämpfe gegen den Erzbischof von Salzburg entwand er ihm die Patronatsrechte über die Pfalzkapelle; wie man meinen könnte nicht mehr als ein kleiner Mosaikstein im seiner Herrschaftspolitik, wäre da nicht ein besonderer Umstand zu beachten. Ludwig begründete das alte Pfalzstift wieder, eine Gründung des Königs Karlmann, und verfügte, dass dort auch seine Grabstätte sein sollte. Diese Anknüpfung war bewusst, so viel ist sicher. Mehr wissen wir allerdings nicht, denn schon wenige Wochen nach diesem Akt fand er zu Kelheim den Tod; was er wirklich plante und wollte, bleibt ebenso sein Geheimnis wie die Hintergründe seines gewaltsamen Todes. Im September 1231 wurde er von einem Unbekannten auf der Kelheimer Donaubrücke ermordet; die Hintergründe der Tat blieben ungeklärt, da der Attentäter unmittelbar nach dem Mord von den Begleitern des Herzogs erschlagen wurde.

Herzog Ludwig I., der Kelheimer, wie er nach dem Ort seines rätselhaften Todes genannt wurde, war ohne Zweifel eine eindrucksvolle Gestalt. Seinen Zeitgenossen in Bayern erschien er nach der Überwindung der anfänglichen Schwierigkeiten als Garant des Friedens und der Sicherheit, als der er sich auch durchaus feiern ließ. Dass er stets auf seinen Vorteil bedacht war, kann man ihm nicht vorwerfen, das musste er sein, und es ging ihm, das zeigt seine Reminiszenz an König Karlmann, nicht nur um seine Größe, sondern auch um die Bayerns; dass diese Intention, was immer sich mit ihr in seinem Denken verbunden haben mochte, in den nachfolgenden Generationen des Hauses nur selten eine größere Rolle spielen sollte – dann allerdings, wie unter Maximilian I., konnte sie beherrschende Züge annehmen – lag nicht zuletzt auch an der ambivalenten Situation der Wittelsbacher als Herzöge von Bayern und Pfalzgrafen bei Rhein. Eine tiefere Verankerung hätte in den unmittelbar auf ihn folgenden Generationen des Hauses erfolgen müssen, doch schlugen deren Interessen andere Richtungen ein.

Er war bei alledem kein unsteter Politiker; den Staufern war er lange der verlässlichste Bundesgenosse, verlässlicher als der rheinische

Episkopat. Dass er sich 1208 dem Welfen Otto zuwandte, war kein Akt der Untreue gegen die Staufer; er musste im Reich den Frieden wahren und daher eine erneute Doppelwahl vermeiden. Schon weniger edel erscheint es, dass er diesen drei Jahre später wieder im Stich ließ, doch nun waren auch die Staufer wieder präsent, wurden die alten Bindungen wieder lebendig. Und von Heinrich (VII.) wandte nicht er sich ab, sondern dieser sich von ihm, um die Uhren der Geschichte zurückzustellen, wobei ihm Ludwig I., trotz allem ein Repräsentant der neuen Zeit, nur hinderlich sein konnte.

Herzog und Pfalzgraf – Otto II. (1231–1253)

Dynasten und Nachbarn
Zum Zeitpunkt des Todes Ludwigs I. war der Bestand des Hauses und die Fortführung der Dynastie in Bayern gesichert; zwar hatte auch er wieder nur einen Sohn, Otto, der ihm nach seinem gewaltsamen Ende 1231 nachfolgte, doch dieser war mit seinen fünfundzwanzig Jahren schon einige Jahre volljährig, und seine Gemahlin Agnes von der Pfalz hatte ihm bereits 1229 den ersten Sohn, Ludwig II. geboren. Die Ausgangslage für seine Politik war im Inneren des Herzogtums bereits deutlich besser als die seines Vaters, wenn auch noch weit von einer konsolidierten Verfassung entfernt. Er konnte auf eine inzwischen wesentlich besser ausgebaute Machtbasis zurückgreifen; an Tatkraft und taktischem Geschick stand er ihm in nichts nach. Herzog Otto II., der den von dem allgemeinen lateinischen Fürstenprädikat *illustris* abgeleiteten Beinamen *der Erlauchte* erhielt, kann trotz einiger Rückschläge und Probleme, die er bei seinem frühen Tod 1253 ungelöst hinterlassen musste, als der vorläufige Vollender der wittelsbachischen Landesherrschaft gelten, zu der sein Vater die Grundlagen geschaffen hatte.

In Bayern standen die Dinge im Jahre 1231 in den meisten für die territoriale Entwicklung des Landes wichtigen Fragen noch offen. Die latente Opposition gegen den Herzog, wie sie seitens der Bischöfe und der Dynasten geübt wurde, war trotz des Ansehens, das dieser im Reich genoss, ungebrochen; noch immer galt das Streben nach der eigenen, vom Herzog unabhängigen Herrschaft die vornehmste Aufgabe des hohen Adels, noch immer stand die Konsolidierung des Landes, von der alles abhing, in den Sternen. Aber schon ein Jahrzehnt später waren die meisten Probleme gelöst, die Macht der Dynasten war zum größten Teil gebrochen, und weitere zehn Jahre später war der Herzog praktisch allein der Herr im Lande. Die

Andechser waren mit dem letzten Herzog von Meranien, Otto VIII., 1248 ausgestorben; zu diesem Zeitpunkt waren sie, für die Staufer als Bundesgenosse uninteressant geworden, schon längst besiegt und hatten ihre Besitzungen im Herzogtum Bayern bereits verloren. Als Otto VIII. von Meranien auf seiner fränkischen Burg Niesten starb, war keiner seiner bayerischen Ministerialen mehr bei ihm gewesen. Einen Nachfolger, der die Kämpfe fortsetzen hätte können, gab es nicht mehr, da er keinen Sohn hatte, und die Ehemänner seiner sieben Töchter hatten allesamt in Bayern keinerlei Interessen. In ihren Sturz hatten die Andechser ihre Bundesgenossen im Kampf gegen den Herzog, die Grafen von Falkenstein und die Wasserburger, mitgerissen; der letzte Wasserburger, der als der Letzte im Mannesstamm Verwandte eigentlich der Erbe der Andechser gewesen wäre, kämpfte noch bis zum Tod Ottos II. gegen diesen, unterlag aber und irrte danach als entwurzelter Abenteurer durch das Reich und ganz Europa, bis er in der Fremde schließlich am Aussatz starb, während daheim längst auf seiner Burg an der Innschleife ein herzoglicher Richter amtierte.

Der Herzog war in allen Fällen der große Gewinner, wenn es ihm auch nicht immer gelang, die gesamte Erbmasse eines ausgefallenen Hauses einzuziehen. Insbesondere der Griff nach der verstreuten und größtenteils von den verschiedensten Herren zu Lehen gehenden Gütermasse der Andechs-Meranier blieb ihm in den meisten Fällen versagt; er gewann zwar die für den Bestand des Herzogtums wichtigsten Teile in ihren bayerischen Grafschaften; aber die Grafschaften im Inn-, Eisack- und Pustertal und die Brixener Hochstiftsvogtei konnte er nicht gewinnen. Dass ihre Einziehung nicht gelang – sie gingen vom Bischof von Brixen zu Lehen, der sich weigerte, sie an den Herzog von Bayern zu vergeben – leitete die Abspaltung dieses Teiles des bayerischen Stammesgebietes vom Herzogtum ein. Das Erbe fiel an den Schwiegervater Ottos VIII. von Meranien, den Grafen von Tirol, der damit sowie durch mehrere weitere Erbschaften zum mächtigsten Herren in dieser Alpenregion werden sollte. Seine Herrschaft gab dem Land auch den Namen, Tirol, als das es wohl noch mehr als ein halbes Jahrhundert lang nominell zu Bayern gehören sollte; verloren war es dem Herzog indessen genau genommen schon mit dem Ende der Andechser.

Hatte sich hier schon der Griff nach einem zum Herzogtum Bayern in seinen Grenzen des Jahres 1156 gehörenden Land als vergeblich erwiesen, so misslangen die Versuche, Bayern wieder in seine ursprünglichen Dimensionen nach Osten auszudehnen, noch deutlicher. Hier waren die Verhältnisse anders als im Süden; das Herzogtum Österreich gehörte seit 1156 nicht mehr zu Bayern. Dennoch schien sein Gewinn auf einen Schlag in greifbare Nähe gerückt, als Herzog Friedrich der Streitbare von Österreich, der letzte Babenberger, 1246 im Kampf fiel. Er war zu diesem Zeitpunkt nicht nur Herzog von Österreich, sondern auch der Steiermark. Herzog Otto II. hoffte, dieses auf dem Weg einer kaiserlichen Statthalterschaft an der Stelle Friedrichs II., der die erledigten Herzogtümer als Reichsland in eigener Hand behalten wollte, erwerben zu können; Friedrich, der die Pläne Ottos wohl erkannte, zögerte mit der Ernennung so lange, bis sich der König von Böhmen, Ottokar Przemisl, die beiden Herzogtümer mit Gewalt unterworfen und angeeignet hatte; ein Recht dazu vermeinte er aus dem Umstand ableiten zu können, dass er mit einer der weitschichtigen weiblichen Verwandten des letzten Babenbergers verheiratet war, die er im Übrigen bald nach dem Erreichen seiner Ziele verstieß. Da er sich auch durch eine schier grenzenlose Freigebigkeit aus dem Erbe der Babenberger die Unterstützung der oppositionellen bayerischen Bischöfe erkauft hatte, konnte Otto sich nicht durchsetzen und musste den Anspruch auf Österreich preisgeben.

Es stellte sich in all diesen Auseinandersetzungen, die für den bayerischen Herzog nicht glücklich verliefen, heraus, dass eine Vergrößerung Bayerns hin zu seiner ursprünglichen Ausdehnung illusorisch geworden war, und auch wenn sie geglückt wäre, wäre niemals wieder die alte Einheit herzustellen gewesen; das galt selbst für Österreich, das nächstgelegene und erst seit einem knappen Jahrhundert abgetrennte Stammesgebiet. Die politischen Einheiten, die aus dem bayerischen Stammesherzogtum im Lauf des letzten Jahrhunderts hervorgegangen waren, waren zu groß und zu komplex, um rasch und effizient in das bayerische Landesfürstentum eingegliedert zu werden, sie waren vor allem durch ihre Größe und durch ihre strategische Lage zu bedeutend. Eine territoriale Entwicklung Bayerns im Sinne einer Erweiterung war also nur noch im Kleinen möglich, dort wo begrenzte, überschaubare Herrschaften anfielen, um die sich meist wenige und nur selten auch wirklich Mächtige stritten. So sollte sich das Interesse der Wittelsbacher im weiteren Verlauf in erster Linie nach dem Westen, auf Schwaben wenden, wo in den folgenden Jahrzehnten, vor allem nach dem Ende der Staufer große Erfolge erzielt werden konnten.

Die Ordnung des Landes
Unter diesen Kämpfen und taktischen Auseinandersetzungen um die territorialen Gewinne des Hauses Wittelsbach lief indessen ein ande-

rer, für die bayerische Geschichte vielleicht noch viel wichtigerer Vorgang ab. Denn während Schritt für Schritt, zuweilen selbst unter der meist durch Kauf erfolgten Erwerbung der denkbar kleinsten Einheiten wie einzelner Bauernhöfe der Herzog die Herrschaft über das Land komplettierte, erhielt es auch seine feste, für die Zukunft über viele Jahrhunderte hinweg gültige Ordnung. Die Wittelsbacher, die sich schon beim Aufbau ihrer eigenen dynastischen Herrschaft als Meister der territorialen Organisation erwiesen hatten, übertrugen nun ihre Erfahrungen auf das Land. Das älteste, wohl erst in die frühen Regierungsjahre Ottos II. zu datierende Herzogsurbar lässt bereits eine durchgegliederte Ordnung des Herzogtums erkennen, obwohl auch große Herrschaften im Land zu diesem Zeitpunkt noch nicht in der Hand des Herzogs waren. Die dabei vorgenommene Gliederung nach Viztumamt, Gericht und Amt war bereits für die Zukunft bestimmend, die Aufteilung der Einnahmen nach Abgaben von Bauernhöfen, nach Zöllen und Marktgebühren, Vogteiabgaben, ja selbst nach einzelnen Fisch- oder Weiderechten spiegelt die Mühe des Staatsaufbaus jedoch wider, die vielfältigen Grundlagen einer mittelalterlichen Herrschaft zeigen sich also noch deutlich. Die Güter des Landesherrn waren in Kastenämtern zusammengefasst; oberster Regionalbeamter, und zwar die oberste Fiskalaufsicht ebenso wie erste Instanz für schwere Verbrechen war der Viztum – vom lateinischen Begriff *vizedominus* abgeleitet – der als der Stellvertreter des Herzogs in einer bestimmten Region zu betrachten ist. Die Viztumämter waren neue Einrichtungen, die ohne Rücksicht auf historische Zusammenhänge willkürlich nach modernen Gesichtspunkten installiert worden waren – später, im Zuge der Landesteilungen, wurden sie zur Grundlage für die Einteilung des Landes in geographische Begriffe. Anders verhielt es sich mit den Landgerichten, die die wichtigsten und für die meisten Untertanen auch einzigen Instanzen der Jurisdiktion des Herzogs waren. In der Funktion der Landrichter, die im Prinzip auf die Funktion der ministerialischen Richter, die die Grafen von Scheyern eingesetzt hatten, zurückgingen, vereinigten sich das alte Hochgericht der früheren Grafschaften mit der niederen Gerichtsbarkeit des Landesherrn als Feudalherrn über seine eigenen Besitzungen und Eigenleute ebenso wie mit der Gerichtsbarkeit, die der Herzog in seiner Eigenschaft als Vogt über viele geistliche Institutionen hatte.

Wittelsbach und die Staufer
Das Herzogtum Bayern war um 1250 immer noch im Werden, aber es war bereits eines der angesehensten Fürstentümer des Reichs,

auch ohne dass man dafür den Ruhm der rheinischen Pfalzgrafschaft in der Hand seines Landesherrn bemühen musste. Wer im Reich Politik machen wollte, kam an Bayern nicht vorbei, auch wenn es für sich allein keine Berge versetzen konnte; aber das konnte unter den Reichsfürsten dieser Zeit allenfalls der König von Böhmen. Der Kaiser, im fernen Sizilien residierend, konnte es selbst nicht, und der König, ob er ein Staufer oder einer der Gegenkönige war, konnte es erst recht nicht. Dass die Folge eine ständige Wendepolitik Bayerns zwischen den Welfen und den Staufern, zwischen dem Kaiser und dem Papst war, liegt in den Läufen der Zeit; wer sich selbst in diesen Jahrzehnten treu blieb, wechselte die Seiten nicht seltener als einer, der aktiv jede Wendung mit vollzog, sie wechselten um ihn. So erging es auch den bayerischen Herzögen; so oft sie sich seit dem Tode Barbarossas auf der Seite der Gegner der Staufer gesehen hatten, manchmal durch die Schuld der Staufer selbst, manchmal auch ohne diese, so oft fanden sie sich auch wieder auf ihrer Seite, und dazu bedurfte es nicht immer einer aktiven Politik, manchmal geschah dieser Wechsel durch ein schlichtes Abwarten.

Otto II. stand bei seinem Regierungsantritt gegen den König. Der war noch immer Heinrich (VII.), der mit den Andechsern und Babenbergern, zudem auch mit den bayerischen Bischöfen im Bündnis stand, letztere waren königsfreundlich, weil ihnen nur diese Allianz den Ausbau der eigenen Landesherrschaft gegenüber dem Herzog sichern konnte. Otto II. versuchte wiederholt, den Episkopat auf diplomatischem Wege aus diesem Bund zu lösen, doch diese Ansätze führten zu keinem Erfolg, so dass er schließlich 1233 zur Offensive überging und Herzog Friedrich von Österreich militärisch angriff. Seine anfänglichen Erfolge riefen wiederum Heinrich (VII.) auf den Plan, der mit einem Entlastungsangriff auf Bayern von Schwaben aus Otto zur Aufgabe des Österreichischen Feldzuges zwang. Die Lage war für Bayern brisant; der übermächtige Bund des Königs mit Andechs, Österreich und den Bischöfen engte seine Bewegungsfreiheit empfindlich ein, so dass nicht einmal die Fortsetzung der Politik seines Vaters gegenüber den Dynasten in Bayern gesichert erschien, die sich natürlich eher an das Bündnis gegen Bayern anzuschließen bereit waren als sie dem Herzog zuneigten.

Die Lösung des Problems kam beinahe unerwartet, sie brachte aber den Herzog wieder auf den prostaufischen Kurs seines Vaters, wenn auch nicht in der Form einer Einigung mit dem König, sondern durch eine Allianz mit dem Kaiser. Zwischen Friedrich II. und Heinrich (VII.) war es zu ernsthaften Zerwürfnissen gekommen, weil dieser sich auch noch nach 1231, als es zu Worms mit dem *statutum in favorem principum* zu einer Einigung zwischen Kaiser und Fürsten gekommen war, nicht in den Plan des Vaters einfügte, das Reich zu einem Fürstenstaat umzugestalten, sondern seine eigene Politik weiter verfolgte und in dem darüber ausbrechenden Streit mit dem Lombardenbund, dem erbittertsten Gegner seines Vaters in Italien, Fühlung suchte. 1235 zog der Kaiser selbst zur Lösung des Konflikts nach Deutschland; Verbündete gegen seinen Sohn zu finden, war nicht schwer, und vor allem Otto II. stellte sich ihm zur Verfügung, weil er keine Alternative hierfür mehr hatte; dass er sich auch seinen Gewinn davon erwartete, vor allem die Niederringung der Andechser und des Herzogs von Österreich, versteht sich von selbst. Die erneute Bindung an die Staufer wurde durch die Ehe des Kaisersohnes Konrad mit einer Tochter Ottos II. noch weiter gestärkt. Wie bedeutsam diese Verbindung für Bayern werden sollte, konnte Otto II. nicht ahnen, vorerst erschien ihm die Aussicht, Großvater eines künftigen staufischen Königs zu werden, schon interessant genug, denn dahin zielte dieses Bündnis; Konrad sollte 1237 zum neuen König gewählt werden, nachdem Heinrich (VII.) von der kaiserlich-bayerischen Macht geschlagen und gefangen genommen worden war; Otto hatte die Genugtuung, in seiner Eigenschaft als Pfalzgraf am Rhein seinen gefährlichsten Gegner in Haft zu nehmen. Nach jahrelanger Einkerkerung, zuletzt in Apulien, beendete Heinrich 1242 sein Leben durch Selbstmord.

Auch für Friedrich den Streitbaren kam scheinbar nun das politische Ende; 1236 war er der Reichsacht verfallen, und wenn er sich selbst in Wiener Neustadt auch noch verschanzen konnte, musste er doch die Besetzung Österreichs durch die kaiserlichen und bayerischen Truppen hinnehmen. Otto sah sich am Ziel seiner Wünsche; die Andechser waren nun isoliert, er konnte sich diesen als nächstes zuwenden – aber schon gleich darauf sah er sich durch den Kaiser schwer getäuscht. Friedrich II. dachte nämlich gar nicht daran, ihn mit Österreich zu belehnen oder ihn auch nur mit seiner Verwaltung zu betrauen, vielmehr sah er jetzt die Zeit gekommen, die staufische Reichslandpolitik wieder aufzunehmen; nicht nur Österreich und die Steiermark nahm er in die Verwaltung des Reiches, er akzeptierte auch die Wahl zum Tegernseer Vogt durch das Kloster, das sich auf diese Weise von der Vogtei der Andechser zu lösen und vor der des Herzogs zu sichern trachtete. Eine kaiserliche Vogtei im bayerischen Kernland konnte so wenig im Sinne Ottos II. sein wie die Umklammerung Bayerns durch die staufische Macht von allen Seiten, so dass er von selbst in das Lager der Staufergegner geriet; als Friedrich II. 1237 nach der Wahl Konrads zum König das Reich verließ – um es nie wieder zu betreten – hinterließ er einen tief verärgerten bayerischen Herzog, der sich mit Recht ausgenutzt und hintergangen fühlen musste.

Die Gegner der Staufer hatten durch die Parteinahme des Papstes gegen Friedrich II. eine bedeutende Stärkung erfahren. In Rom befürchtete man eine völlige Beherrschung Italiens durch den Kaiser, als dieser sich anschickte, mit Rückendeckung durch die deutschen Fürsten den Lombardenbund zu vernichten. Otto II. neigte immer mehr der päpstlichen Partei zu, schon deswegen, weil seine schwierigsten Gegner im Land, die Bischöfe, staufisch gesonnen waren; in dem Passauer Archidiakon Albert Beham hatte der Papst seinen einflussreichsten Agitator auf deutschem Boden in Bayern, und nicht zuletzt diesem geschickten Diplomaten war es zuzuschreiben, dass 1238 Otto II. schließlich sich offen gegen den Kaiser stellte und ein Bündnis zu seiner Abwahl zu errichten plante. Parteigänger fand er ausgerechnet in seinen erbittertsten Feinden von gestern, dem König von Böhmen – der über seine Mutter Ludmilla sein Verwandter war – und Friedrich den Streitbaren, der dadurch sein Land wieder gewinnen konnte. Über Bayern brach nun der staufisch-päpstliche Streit herein; während Otto sich um eine Königswahl bemühte, agitierten die Bischöfe, inzwischen vom Papst gebannt, offen gegen den Herzog, den sie reichlich verstiegen daran erinnerten, dass sein Großvater nur durch kaiserliche Gnade *ex infimo loco*, von ganz unten also, zum Herzog erhoben worden war, was natürlich barer Unsinn war, aber den Herzog persönlich verletzen musste. Noch mehr musste ihn erbosen, als Friedrich der Streitbare, der eben erst mit bayerischer Hilfe wieder in den Besitz Österreichs gekommen war, sich mit Friedrich II. verständigte und ihm gegen die Zusicherung seines Herzogtums die Anerkennung anbot; mit der Vermittlung der bayerischen Bischöfe gelang es ihm sogar, von Friedrich II. die Erhebung Österreichs und der Steiermark zum erblichen Königtum in Aussicht gestellt zu bekommen, nicht ohne durch die zugleich ins Auge gefasste Ehe mit der Nichte des Babenbergers sich eine Anwartschaft auf dieses Königreich zu erwerben, denn Friedrich der Streitbare hatte keine männlichen Nachkommen.

Letztlich war er es auch, der mit seiner Unstetheit Otto II. wieder auf die kaiserliche Seite brachte. Friedrich der Streitbare nutzte seine wiedererlangte Position aus, um sich am unteren Inn zu Lasten Bayerns auszuweiten; als er zu diesem Zweck mit Böhmen Fühlung nahm, und seine dem Kaiser angetragene Nichte nun dem König von Böhmen als Frau anbot, trübte sich das Verhältnis zwischen dem

Österreicher und Friedrich II. derart rasch, dass Otto seine Chance nur noch auf der staufischen Seite suchen konnte. Er erneuerte das Eheversprechen zwischen König Konrad und seiner Tochter Elisabeth, sehr zum Missfallen der Kurie, die den inzwischen aus Bayern ausgewiesenen Albert Beham auf ihn einwirken ließ, und 1246 wurde die Hochzeit zwischen dem König und der bayerischen Prinzessin gefeiert. Otto nahm den daraufhin auf ihn ausgedehnten Bann, in dem sich der Kaiser schon seit 1231 befand, hin; er sollte sich bis zu seinem Tod nicht mehr aus diesem lösen.

Unterdessen war endlich die antistaufische Seite so weit gekommen, einen Gegenkönig zu wählen. Entscheidend war die Haltung der rheinischen Bischöfe geworden, die zum ersten, aber längst nicht zum letzten Mal sich als die Königsmacher im Reich betätigten; vorausgegangen war die durch den Papst auf dem Konzil von Lyon erfolgte formelle Absetzung des Kaisers. Die Wahl fiel auf den Thüringer Landgrafen Heinrich Raspe, der 1246 zum König erwählt wurde, aber schon ein Jahr darauf starb, noch ehe er den Kampf um sein Königtum aufnehmen hatte können; an seiner Stelle wurde nun Graf Wilhelm von Holland gewählt. Wieder ging die Entzweiung durch Bayern; der bayerische Episkopat, der so lange kaiserlich eingestellt und damit für kurze Zeit im Bund mit dem Herzog gewesen war, wurde nach und nach wieder päpstlich, auch deswegen, weil die Bischöfe der Reihe nach starben und unter dem Einfluss der Kurie nun durch päpstliche Parteigänger ersetzt wurden.

Schon 1246 sollte sich die neue staufisch-bayerische Allianz bewähren müssen, und wieder ging es um Österreich. In diesem Jahr fiel Friedrich der Streitbare im Kampf gegen den König von Ungarn auf dem Schachtfeld. Sein Tod rief nicht weniger als vier Prätendenten auf den Plan, den Markgrafen von Mähren, der mit Gertrud, der Nichte des letzten Babenbergers verheiratet war, ferner die Schwester Friedrichs des Streitbaren, die die Gemahlin Heinrichs (VII.) gewesen war, und natürlich den Kaiser wie auch den Herzog von Bayern. Durchsetzen konnte sich der Kaiser, wieder mit Hilfe des bayerischen Herzogs, und wieder sah sich Otto getäuscht; Friedrich setzte als Gouverneur nicht ihn, sondern den Grafen von Eberstein ein, der sich allerdings im Land nicht durchsetzen konnte, so dass ein Jahr später doch Herzog Otto II. die Statthalterschaft übernahm, allerdings nur über Österreich, während die Steiermark durch den Grafen Meinhard von Görz verwaltet wurde. Aber die Verwaltung Österreichs brachte nur Schwierigkeiten mit sich; Gertrud, durch den Tod des Markgrafen von Mähren verwitwet, hatte den Markgrafen von Baden geheiratet, einen Neffen Ottos II., und dieser hatte beim Gegenkönig Wilhelm von Holland die Belehnung mit Österreich erlangen können, die natürlich vom Papst bestätigt worden war und von der päpstlichen Seite unterstützt wurde. Otto sah sich durch die seit seiner Einsetzung in Österreich wieder erstarkte Opposition der Bischöfe in Bayern gebunden; sein Sohn Ludwig, den er als Führer des Heeres nach Österreich schickte, konnte sich dort nicht durchsetzen.

Otto ging das Problem direkt an und begann, die bayerischen Bischöfe mit Waffengewalt niederzukämpfen. Zusammen mit seinem Schwiegersohn Konrad IV. und den staufisch eingestellten Bürgern der Städte vertrieb er überall die päpstliche Partei. Der Krieg weitete sich aus, da sich Böhmen einmischte und seine Truppen bis Niederbayern vorstoßen ließ, wo sie allerdings von den Bayern zurückgeworfen wurden. Otto und Konrad schienen so zumindest in Bayern das Heft fest in die Hand zu bekommen und sich somit eine Basis zu schaffen, um von dieser aus den Kampf um Österreich erfolgreich fortsetzen zu können, als eine für die staufische Partei alarmierende Nachricht im Reich eintraf. Am 13. Dezember des Jahres 1250 war Kaiser Friedrich II. in Apulien gestorben, erst sechsundfünfzig Jahre alt, und ohne in irgendeiner seiner Angelegenheiten eine Entscheidung erreicht zu haben; weder hatte er das Königtum auf eine neue Grundlage gestellt noch hatte er den deutschen Fürstenstaat, obwohl er ihn auf den Weg gebracht hatte, vollendet. Das letzte Jahrzehnt seiner langen Regierungszeit hatte nur noch der Kampf gegen das Papsttum beansprucht, ein Kampf um ein europäisches Kaisertum, nicht um das Königtum im Reich. Mit diesem Ereignis, das in Deutschland trotz seiner fast permanenten Abwesenheit, trotz der heftigen Opposition, der sich wiederholt seine Nachfolger als Könige im Reich gegenübersahen, als Erschütterung empfunden wurde, endete für das Reich die Stauferzeit. Zwar war immer noch sein Sohn Konrad IV. König, der erste gegen ihn erhobene Gegenkönig war rasch gescheitert, und auch Wilhelm von Holland hatte noch nicht viel Boden gutgemacht, was er zur Sicherung seiner Macht unternommen hatte, war alles noch auf dem Wege. Doch auch jetzt erfolgte kein neuer Ansatz zu einem starken staufischen Königtum im Reich; die europäischen Interessen der Staufer waren längst stärker als die am Reich, und in der logischen Weiterführung der Politik seines Vaters brach Konrad IV. unmittelbar nach dem Eintreffen der Todesnachricht auf, um den Kampf um sein sizilianisches Erbe aufzunehmen. Alles hing nun an Otto II., der von Konrad als Verwalter seiner Sache zurückgelassen wurde. Während das staufische Drama seinem Ende zutrieb, waren die Herzöge von Bayern ungeachtet ihrer vorangegangenen Parteiwechsel fast die alleinigen Sachwalter der staufischen Sache, manchmal gegen das ganze Reich, zuletzt in einem Familienzwist unter einem Sohn und einem Enkel Friedrichs II. Der Gewinn, den sie in einigen Jahrzehnten noch daraus ziehen sollten, war zu diesem Zeitpunkt keineswegs absehbar, um seinetwillen bezogen sie diese Position sicherlich nicht; dass sich mit dem Verbleiben an der Seite der Staufer Hoffnungen verbanden, versteht sich allerdings von selbst.

Konrad IV. kämpfte in Italien um sein Erbe. Sein Sohn Konrad, bekannt unter seinem Kosenamen Konradin, war bei seinem Tod erst zwei Jahre alt; er war in der Obhut seines Großvaters Otto II. im Reich zurückgeblieben, der auch die Statthalterschaft im Reich übernahm. Diese Aufgabe kostete ihn Österreich. Einem Ruf des österreichischen Adels folgend, der die Kämpfe zwischen den Prätendenten Bayern und Baden beenden wollten, zog König Ottokar von Böhmen nach Österreich und konnte rasch das Herzogtum gewinnen; wenig später setzte er sich auch in der Steiermark durch, obwohl der steierische Adel dem zweiten Sohn Ottos, Heinrich, die Mark angetragen hatte. Ottokar hatte die innerbayerische Opposition, die zum einen aus den Bischöfen, zum anderen aus dem letzten bedeutenden der bayerischen Dynasten, dem Grafen von Wasserburg, bestand, wieder in einem Maß gestärkt, nicht zuletzt durch freigebige Schenkungen aus dem Erbe der Babenberger, so dass Otto keine andere Wahl blieb, als den Böhmen gewähren zu lassen. Die Trennung Österreichs von Bayern war damit ein- für allemal besiegelt und auch die Steiermark endgültig verloren.

Dennoch blieb Bayern die feste Bank der Staufer im Reich; Otto hielt allen Versuchen stand, ihn gegen den abwesenden Konrad IV. für Wilhelm von Holland zu gewinnen. Zugleich versuchte er den Ausgleich mit den Bischöfen, um sich aus dem Bann zu lösen; wenige Tage nach seinem Tod traf die Erlaubnis der Kurie für die bayerischen Bischöfe ein, sich mit dem Herzog auszusöhnen, so dass die Lösung des Bannes möglich geworden wäre. Am 29. November 1253 starb Otto der Erlauchte in Landshut; wenn er auch nur einen Teil seiner Ziele erreichen hatte können, so hinterließ er doch ein nun weithin in der Hand des Herzogs geeintes Land. Das Problem der Dynasten hatte er lösen können; die Ausbildung der bischöflichen Herrschaften konnte er jedoch nicht verhindern, und die Reichspolitik blieb noch für lange Zeit in der Schwebe. Über seine Nachfolge in Bayern stellten sich keine Fragen, er hinterließ mit Ludwig II. und Heinrich XIII. zwei Söhne, die beide schon im Mannesalter standen. Ludwig zählte vierundzwanzig Jahre und hatte sich in den Feldzügen seines Vaters mehrfach als militärisch begabt erwiesen, und Heinrich war immerhin bereits achtzehn Jahre alt. Beide waren schon verheiratet, Ludwig mit einer Gräfin von Brabant, Heinrich mit einer ungarischen Prinzessin; die Ehen waren ganz im Sinne der politischen Erfordernisse geschlossen worden, die eine zielte auf die Sicherung der Interessen ab, die sich mit der rheinischen Pfalzgrafschaft ergaben, die andere sollte die Positionen für die Verfolgung der Interessen Bayerns im Südosten sichern. Nach seinem Willen sollten die beiden das Land gemeinsam regieren, ein großer Plan, der freilich auch von einer diesbezüglichen Naivität zeugt; doch noch hatte er für eine solche – im Übrigen auch aus der Sicht des Reichrechts nicht unproblematischen – Regelung keine Alternative.

1254 starb, fern des Reiches, Konrad IV. Damit gab es kein staufisches Königtum im Reich mehr, und eigentlich wäre der Weg für Wilhelm von Holland damit frei geworden. Aber Ludwig II. hielt seinem kleinen Neffen Konradin die Treue, und wurde bis zu dessen tragischem Ende der mächtigste Vertreter der staufischen Angelegenheit in Deutschland, mit keinem geringeren Ziel, als Konradin wieder in der Stellung zu sehen, die sein Großvater Friedrich II. als König von Neapel und im Reich innegehabt hatte. Bayern vermied bis zur Wahl Rudolfs von Habsburg die Anerkennung aller Interregnumskönige; obwohl es selbst ohne Frage zu einem der im Sinne der Zeit modernen Staatswesen in Deutschland herangereift war, blieb es zugleich noch für Jahrzehnte das letzte Bollwerk des hohen Mittelalters.

Oberbayern, Pfalz und Niederbayern

Die erste Landesteilung – Ludwig II. und Heinrich XIII. (1253–1294)
Vor dem Gesetz und nach dem Willen ihres Vaters waren die jungen Herzöge gleichberechtigte Erben, und sie hatten dem gemäß zunächst auch vorgehabt, die Regierung gemeinsam zu führen, was sie ausweislich einer Quelle auch bis 1254 mit bestem Willen versuchten, offensichtlich hatten aber von Anfang an erhebliche Differenzen zwischen den beiden Herzögen bestanden, die zu diesem Zeitpunkt noch nicht in der sich erst später ausprägenden Divergenz ihrer politischen Orientierung begründet liegen konnten. Maßgeblich für die Differenzen waren wohl nicht zuletzt die sehr unterschiedlichen Charaktere der beiden. Ludwig war ein zäher, konsequenter Verfolger seiner politischen Ziele und von der ausgeprägten

Begabung, die sich bietenden Chancen einzuschätzen; fast in Widerspruch hierzu steht sein auf tragische Weise berühmt gewordener blinder Jähzorn, in dem er 1256 seine erste Gemahlin Maria von Brabant wegen eines unbegründeten Verdachts der Untreue hatte hinrichten lassen. Sein Beiname *der Strenge* geht auf diese blutige Episode zurück. Heinrich war von dieser fatalen Neigung zwar weniger bestimmt, er hatte aber auch keine der guten Eigenschaften seines Bruders; er wirkte oft eher unsicher, neigte zum Zögern und allzu langem Taktieren, zeigte sich in seiner politischen Haltung oft schwankend, vor allem aber besaß er so gut wie nie die Nerven, die von ihm selbst entworfenen und in Angriff genommenen, oft strategisch groß angelegten Pläne bis zu einem guten oder schlechten Ende durchzufechten. Der von ihrem Vater im Interesse Bayerns entworfene Plan einer gemeinsamen Regierung war durch die unterschiedlichen Persönlichkeiten einer starken Belastung ausgesetzt.

Es ist vor diesem Hintergrund verständlich, dass Heinrich von Anfang an versucht hatte, seinem Bruder auszuweichen, und den Ansatz hierzu bot ihm seine Ehe; sein Schwiegervater war König Bela IV. von Ungarn, und da dieser seit der Auseinandersetzung um das babenbergische Erbe das Herzogtum Steiermark in der Hand hielt, versuchte Heinrich, es zu erwerben, weshalb er zweimal über längere Zeit an dessen Hof geweilt hatte, beide Male allerdings ohne Erfolg. Das Ziel dieser Unternehmungen Heinrichs war es wohl, ein eigenes Herzogtum zu gewinnen, um dann Bayern und die Pfalzgrafschaft im Ganzen seinem Bruder um so leichter überlassen zu können. Als sich diese Hoffnungen aber zu zerschlagen drohten, schritten die Brüder zu einer auch für ihre Zeitgenossen überraschenden Tat: Sie teilten das Herzogtum Bayern.

In diesem Vorgehen, das im Reich eine revolutionäre Neuerung darstellte, kam erstmals in der deutschen Geschichte das Ergebnis der Entwicklung des hohen Mittelalters zum Tragen, in deren Folge die Fürstentümer in ihrem wesentlichen Kern nicht mehr auf dem unteilbaren königlichen Lehen beruhten, das ihre Inhaber erst zu Fürsten machte, sondern sich aus einer Summe von einzelnen, in den meisten Fällen privaten Rechts- und Besitztiteln der Fürsten zusammensetzten. Das Fürstentum an sich wurde so zum Besitz des Hauses, wie dies auch schon die Herrschaften der großen Dynasten im zwölften Jahrhundert gewesen waren, und nach dieser neuen Auffassung verfuhren die zu Fürsten aufgestiegenen Dynasten auch mit ihren Fürstentümern. Ob und inwiefern in diesem ersten Fall einer Teilung – noch Sigmund von Riezler vertritt diese Meinung

– tatsächlich gegen das geltende Lehenrecht verstoßen wurde, muss angesichts dieser Aspekte als fraglich betrachtet werden. Die von den bayerischen Herzögen vertretene Auffassung, die von diesem Zeitpunkt an in rascher Folge auch von mehreren anderen Fürstenhäusern übernommen wurde, wurde auch von der Reichsgewalt geteilt; noch zu ihren Lebzeiten erhielten die beiden Herzöge die Bestätigung der Rechtmäßigkeit ihres Vorgehens. Hilfreich war dabei in jedem Fall die juristische Konstruktion, dass sie nur den Familienbesitz und ihre Herrschaftsrechte geteilt hatten, das Reichslehen trugen sie jedoch gemeinsam, indem beide den Titel eines Herzogs von Bayern und Pfalzgrafen bei Rhein führten. Damit war aber ein Präzedenzfall von unabsehbarer Tragweite geschaffen worden, denn in den folgenden Jahren setzte sich das Teilungsprinzip allgemein als Grundelement der fürstlichen Herrschaft durch.

Aus mehreren Gründen gab es keine Frage, dass Ludwig bei der Teilung die Pfalz erhalten sollte. Er war der Ältere und ein politisch wie militärisch bereits erfahrener Mann, zudem war er in Heidelberg geboren und zum Teil auch dort aufgewachsen; er war vor allem derjenige der Brüder, der sich die Wahrung der staufischen Sache als Vormund seines Neffen Konradin zur Aufgabe gemacht hatte. War er schon daher zwangsläufig in die Reichspolitik involviert, so war er es in der Stellung des Pfalzgrafen noch weit mehr, war dieser doch der Vikar des Reiches, wenn das Königtum vakant war, zudem galt der Pfalzgraf als der vornehmste der weltlichen Fürsten; eine solche Position entsprach auch eher den Neigungen und Anlagen Ludwigs II. als denen Heinrichs XIII., dessen Interesse eher der Erweiterung seines Landes galt und der am besten im inneren Aufbau seines Herzogtums seine Qualitäten als Fürst entfalten konnte. Es hätte unter den gegebenen Umständen die Klugheit geboten, dass Ludwig allein die Pfalz, mit allem was an politischen Interessen an ihr und dem mit ihr verbundenen Amt hing, übernommen hätte, und Heinrich das ganze Herzogtum Bayern erhalten hätte; als Herzog hätte er seine natürlichen, auf die ehemaligen Stammesgebiete Bayerns im Osten, Südosten und Süden gerichteten Aufgaben mit konzentrierten Kräften verfolgen können, Ludwig als Pfalzgraf hätte dagegen noch aufmerksamer seine nach dem Westen gerichteten Interessen betreiben und seine Aufgaben im Reich erfüllen können.

Gegen diese Lösung, die sich erst eine Generation später unter ganz anderen Gegebenheiten durchsetzen sollte, sprachen aus der Sicht Ludwigs freilich mehrere Gründe. Zum einen war die Pfalzgrafschaft zwar ein sehr prestigeträchtiges Fürstentum, verglichen mit dem Herzogtum Bayern damals aber territorial schwächer entwickelt, und zweiten spielte auch für Ludwig die emotionale Bindung an die bayerischen Stammlande eine große Rolle, die er nicht aufzugeben gesonnen war. Ein weiterer und gewichtigerer Grund, für sich in den Grenzen des bayerischen Herzogtums einen territorialen Ausgleich zu fordern, war jedoch sein Einsatz für den staufischen Erben Konradin, dessen Interessen er von Bayern aus besser verfolgen konnte, da die ausgedehnten Besitzungen des Staufers im bayerisch-schwäbischen Grenzland und im Norden Bayerns lagen.

Beide Herzogtümer erhielten ihre eigene Hauptstadt, relativ junge Städte, und bewusst nahe beieinander liegend gewählt; Ludwig wählte für Oberbayern das ein knappes Jahrhundert zuvor von Heinrich dem Löwen gegründete München, Heinrich das noch jüngere, 1204 gegründete Landshut; die Ansprüche auf Regensburg als Hauptstadt, als der es in den Quellen der Zeit immer noch erscheint und in der beide noch das Amt des Burggrafen ausübten, waren damit zum ersten Mal in den Hintergrund gerückt, wofür die gezielte Ausbaupolitik, die Heinrich in Landshut betrieb, sprechen dürfte. Die eigentliche Hauptstadt Ludwigs II. war aber nicht München, sondern Heidelberg; das Herzogtum Oberbayern spielte immer wieder für längere Zeit die Rolle eines Nebenlandes.

Mit der Teilung ging die politische Tendenz der beiden Brüder auseinander. Das lag zum einen an der natürlichen, dem Pfalzgrafen eher fernen Orientierung des Unterlandes, das nach Osten zu völlig offen lag und nicht nur in diese Richtung seinen Expansionsdrang entwickeln musste, sondern auch aus dieser seine schwersten Gefährdungen erfuhr; aus beiden Aspekten heraus ergab sich über eine lange Zeit hin wiederholt eine völlig von der seines Bruders verschiedene Interessenlage Heinrichs XIII. Die staufische Sache konnte für ihn nicht diese Rolle spielen wie für Ludwig II., der seine Aktivitäten bis 1268 in einem hohen Maß der Zukunft seines Neffen Konradin widmete. Erziehung und Bildung des Knaben waren seit dem Aufbruch König Konrads IV. nach Italien in den Händen Herzog Ottos II. als Großvater Konradins gelegen, und Ludwig II. hatte sich nach dessen Tod dieser Aufgabe angenommen; der junge Prätendent für alle staufischen Rechte und Besitzungen residierte die meiste Zeit auf der Burg Friedberg nahe Augsburg, seinem Vormund und Onkel damit bewusst so nahe lebend wie seiner potentiellen Machtbasis im Reich.

Ludwig und Konradin
Welchen Gewinn sich Ludwig von seinem Engagement für Konradin und die Sache der Staufer versprach, muss angesichts des tragischen Endes der wittelsbachisch-staufischen Allianz offen bleiben; der, den er daraus schließlich ziehen konnte, war es sicherlich nicht. Er wendete bei den vergeblichen Versuchen, eine Königskandidatur des letzten Staufers durchzusetzen, und bei den Versuchen, diesem sein schwäbisches Herzogtum zu erhalten, große Summen auf. Der Erwerb der staufischen Besitzungen in Bayern konnte angesichts dessen nicht das Ziel gewesen sein, denn auch wenn Konradin diese noch unmittelbar vor dem Italienzug seinem Onkel als Ausgleich für dessen Aufwendungen verpfändet hatte, so wäre es ihm im Falle seines ja nicht auszuschließenden Erfolges ein Leichtes gewesen, sie mit Mitteln aus dem sizilianischen Erbe auszulösen. Sicherlich wäre – und ein solches hypothetisches Kalkül erscheint noch am plausibelsten – aus mehr als einem Grund ein ihm verpflichteter König und womöglich Kaiser Konradin, der zugleich Herzog von Schwaben war, im Sinn des Herzogs von Bayern und Pfalzgrafen bei Rhein gewesen; die Allianz aus dem Pfalzgrafen, dem Herzog von Schwaben und dem König hätte ganz Süddeutschland im eisernen Griff halten können. Aber selbst wenn für Konradin nichts herauszuholen gewesen wäre als zumindest das angestammte Herzogtum der Staufer, hätte dies die räumliche Verbindung zwischen den oberbayerischen und den pfälzischen Landen Herzog Ludwigs II. hergestellt und gesichert. Dass zwischen dem Neffen und dem Onkel, die ein sehr vertrautes Verhältnis zueinander hatten, auch über eine Belehnung Ludwigs mit dem Herzogtum Schwaben gesprochen wurde, falls Konradin König von Deutschland und Sizilien geworden wäre, ist eine zu weit gehende Hypothese, zumal Ludwig als viel zu nüchterner und realistischer Fürst einzuschätzen ist, als dass er nicht ganz genau gewusst hätte, dass ihm zu einem Aufbau einer Landesherrschaft im Herzogtum Schwaben so gut wie jede Voraussetzung gefehlt hätte.

Die Position Ludwigs auf der Seite des Staufers war zum Teil auch dadurch bestimmt, dass der böhmische König Ottokar II. ein entschiedener Parteigänger des Königs Richard von Cornwall war. Er verhinderte wiederholt die Wahl Konradins zum Gegenkönig, aber nur im Interesse eigener Königspläne, und Richard von Cornwall war in seiner bemitleidenswerten Schwäche dazu verdammt, den Wünschen seiner angeblichen Parteigänger willfährig zu genügen, so dass für jeden, der ihm Treue vorspielte, großzügige Belehnungen mit Fürstentümern und Reichsrechten von ihm zu erlangen waren, unabhängig davon, ob diese nun vakant waren oder nicht. Ottokar hatte sich damit schon Österreichs und der Steiermark bemächtigt und sich das Reichsvikariat rechts des Rheins zusichern lassen. In seinem Expansionsstreben war er jedoch ein natürlicher Feind Bayerns; in ihm musste er den Hauptkonkurrenten um Österreich und die Steiermark und damit um die Hegemonie in Deutschlands Südosten sehen. Darüber hinaus schwebte ihm eine Erweiterung seines Machtbereiches in den Raum des Herzogtums Bayern vor, nachdem er 1260 mit Gewalt die Steiermark dem König von Ungarn entrissen hatte und damit Herr über den gesamten Südosten des Reiches war. Schon 1257 hatte er versucht, auf dem Umweg über die böhmische Gemahlin Ludwigs I., Ansprüche auf das Erbe der Grafen von Bogen zu erheben, was nur ein Vorwand für die Eröffnung der Feindseligkeiten gegen Niederbayern war; in einem raschen Feldzug griff er bis Landshut aus, wurde aber dann von den vereinten Kräften der beiden Herzöge zurückgeworfen. Eine Stärkung des bayerischen Herzogtums konnte nicht in seinem Sinne liegen, und diese war durch ein Königtum Konradins zu befürchten. Schon 1262 hatte er durch eine Mitteilung an den Papst die Thronkandidatur Konradins hintertrieben, 1265, als der Versuch wiederholt wurde – Richard von Cornwall hatte gerade ein Jahr lang im Tower in Gefangenschaft gesessen, ohne dass sich in Deutschland auch nur eine Hand für ihn gerührt hätte – verriet er den Plan an diesen, wofür er von ihm sich mit dem Reichsvikariat rechts des Rheins belohnen ließ, das er aber umgehend dazu nutzte, das durch Ludwig II. für Konradin verwaltete Reichsland Eger mit seinen Truppen im Handstreich zu besetzen und in der Folgezeit zu annektieren. Das Ziel dieser Aktionen war, sich den Weg für seine eigene Kandidatur zu ebnen, die er zu einem günstigen Zeitpunkt öffentlich anzumelden plante, zugleich aber auch, Ludwig II. damit die Hände zu binden. Parallel dazu liefen Versuche, die Einflusssphäre des Herzogtums Niederbayern einzuengen, was ihm dadurch gelang, dass er die Bischöfe von Salzburg und Passau seinem Willen gefügig machte. Nach der gemeinsamen Zurückweisung des Angriffs 1257 hatte Herzog Heinrich XIII. mit seinen begrenzten Kräften die Abwehr jedoch allein zu besorgen, denn Herzog Ludwig II. war durch seine staufische Politik in Anspruch genommen. Schon seit dem Beginn der sechziger Jahre drängte die Frage nach der Zukunft des Königreichs Sizilien nach einer Entscheidung, und die Lage des Königtums, das seit 1254 praktisch nur noch dem Namen nach bestand, nicht minder. Für jedes dieser Probleme stellte Konradin als letzter legitimer Staufer eine Schlüsselfigur dar; mit seinem Schicksal musste sich letztlich beides entscheiden.

Nachdem durch das Scheitern der Königspläne um Konradin diese fürs erste zurückgestellt werden mussten, wandte sich in der persönlichen Umgebung des Staufers alles der Entscheidung der sizilischen Frage zu. Diese war unaufschiebbar geworden, nachdem sein illegitimer Halbbruder Manfred, der eigentlich sein Sachwalter in Sizilien hätte sein sollen, aber längst eigene Pläne verfolgte, im Kampf gegen Karl von Anjou 1266 gefallen und dieser zum König von Sizilien gekrönt worden war. Der von Manfred ausgeschaltete Stauferanhang in Italien, die so genannten Ghibellinen, rief nach der Hilfe Konradins, und so nahm der schon lange gehegte Plan Ludwigs II., diesem vor allem anderen Schritten zuerst zu seinem Erbe in Süditalien zu verhelfen, konkrete Formen an. Das Unternehmen wurde militärisch und politisch mit großer Sorgfalt geplant und vorbereitet. In der Umgebung Konradins fanden sich ghibellinische Flüchtlinge aus Italien ein, um ihm bei der Unternehmung mit Sach- und Ortskenntnis zur Seite zu stehen; mit der Ausnahme Ottokars und der von ihm abhängigen Bischöfe sowie Herzog Heinrichs XIII. von Niederbayern, der dem Plan mit Skepsis gegenüberstand, wusste er fast alle süddeutschen Fürsten hinter sich, die sich auch von der noch vor dem Aufbruch des Heeres ausgesprochenen Banndrohung des Papstes nicht beeindrucken ließen; noch immer waren die Staufer die, von denen man sich ein Ende des Thronstreits erhoffte. Die Finanzierung des Unternehmens legte zum größten Teil Ludwig vor, zu deren Deckung er sich mit einem Testament Konradins absicherte, den konradinischen Verschreibungen, die fast das gesamte Hausgut des Staufers in und um Bayern umfassten. Ludwig selbst begleitete seinen Neffen nur bis Verona; die Wahrung der Interessen des Staufers im Reich, die durch Aktivitäten Ottokars, der seine Gegner im Kirchenbann wusste, wieder bedroht wurden, machte seine rasche Rückkehr erforderlich. Der Italienzug schien auch ohne seine Hilfe zu einem Siegesmarsch Konradins zu werden, die ghibellinischen Städte Oberitaliens fielen ihm eine um die andere zu; ein gleichzeitig ausbrechender Aufstand in Sizilien gegen die Herrschaft Karls von Anjou öffnete ihm Aussichten auf einen raschen Sieg. 1268 traf er in Süditalien ein, wo er bei Tagliacozzo auf das Heer Karls von Anjou stieß; auch hier schien der Sieg schon sicher, ehe Karl die Schlacht doch noch für sich entschied. Konradin wurde wenige Tage später gefangen genommen und nach einem Schauprozess in Neapel öffentlich hingerichtet.

Der Gewinn, den Herzog Ludwig II. durch diesen tragischen Ausgang des Unternehmens jetzt ziehen konnte, übertraf alle Erwartungen, auch wenn er nur einen Teil dessen, was Konradin hinterließ, tatsächlich erwerben konnte, und er nicht einmal das ihm Verschriebene in vollem Umfang gewann. Die Besitzungen der Staufer am bayerischen Lechrain konnte der Herzog jedoch geschlossen übernehmen und Bayern eingliedern; lediglich die Klöster Steingaden und Rottenbuch, als welfische Gründungen und später staufische Klöster nun Reichsklöster, konnten noch für Jahrzehnte ihre Unabhängigkeit behaupten. Gewinnen konnte der Herzog auch die staufischen Güter auf dem Nordgau. Damit war die alte Westgrenze des bayerischen Herzogtums am Lech wieder gewonnen, die die welfischen Güter dies- und jenseits derselben seit der Mitte des elften Jahrhunderts überlagert hatten; überschreiten sollte sie auf längere Dauer nur noch der Herzog selbst in westliche Richtung. Geeint war auch der bayerische Raum auf dem Nordgau. Das konradinischen Erbe war der letzte große territoriale Gewinn, der innerhalb der bayerischen Grenzen noch möglich war, ein krönender Abschluss des Werkes, das ein knappes Jahrhundert zuvor begonnen worden war, wie Lieberich es nannte.

Wittelsbach und Habsburg – Die Königswahl Rudolfs
An der zweiten Front, an der sich Bayern engagiert hatte, war ebenfalls eine Entscheidung gefallen, die aber im Gegensatz zum Ausgang des staufischen Dramas für Bayern trotz eines militärischen Sieges nicht so glücklich verlaufen war. Während Ludwig II. mit den Rüstungen zum Italienzug Konradins beschäftigt war, hatte Ottokar einen Schlag gegen Niederbayern geführt; 1266 war er in das Land eingefallen, Regensburg, wo er einen starken Rückhalt unter den Bürgern besaß, schien bereits vor dem Fall zu stehen, als es Heinrich, der eine direkte Entscheidungsschlacht gegen das überlegene Heer des Böhmen vermeiden musste, durch geschickte taktische Züge gelang, die Niederlage abzuwenden. Die Entscheidung war indessen nur vertagt, erst als Ottokar zugleich nach der Usurpation Krains und Kärntens Ungarn bedrohte, gelang es Heinrich, jetzt im Verein mit König Stefan von Ungarn, den Böhmen zu schlagen. Das Ergebnis war dennoch nicht mehr als ein Vergleich mit Ottokar, der 1272, kurz vor der Wahl Rudolfs von Habsburg zum König unter dem wechselseitigen Verzicht auf die im Territorium des Gegners liegenden Gebietsansprüche geschlossen wurde. Der Sieger hieß immer noch Ottokar, denn Niederbayern war damit politisch mit Oberbayern und der Pfalz entzweit und zugleich auf die Seite des Böhmen gezwungen, was schon in den folgenden Monaten seine ersten Auswirkungen zeigen sollte.

So sehr der Tod Konradins Deutschland erschreckt hatte, das Ende der Staufer nahm auch eine schwere Last vom Reich. Denn damit war auch eine andere Frage zur Reife gelangt, sie konnte nun nicht mehr länger unter dem Festhalten am Vorrecht der Staufer auf die Krone ignoriert werden. Es ging um die Zukunft des Königtums. Noch gab es zwar einen König, den nur der zur Kenntnis nahm, der sich von ihm ein angemaßtes oder auch tatsächliches Recht verbriefen oder sich mit einem usurpierten Fürstentum belehnen lassen wollte, Richard von Cornwall; diesen hatten die beiden bayerischen Herzöge 1257 wohl gewählt, sie waren aber schon bald nach 1261 – nachdem sich Ludwig noch mit den Reichslehen der ausgestorbenen Grafen von Dillingen hatte belehnen lassen – wieder von ihm abgerückt, und in Wahrheit hatte ihn vor allem Ludwig II. stets nur als Interimskönig bis zu einem erneuten staufischen Königtum betrachtet. Im April 1272 starb nun auch dieser Scheinkönig; der Weg war damit frei für eine Erneuerung des Königtums, das seit einem halben Jahrhundert dem Verfall preisgegeben gewesen war.

Was sich zwischen dem frühen Sommer und dem 1. Oktober 1272, an dem Rudolf von Habsburg schließlich gewählt wurde, abspielte, und wie dieses Spiel ausging, war eine auch schon damals bewunderte diplomatische Meisterleistung zweier Fürsten, zum einen des Erzbischofs von Mainz und zum anderen Herzog Ludwigs II., die teils miteinander, teils gegeneinander, aber stets in kluger und realistischer Abschätzung der Sachlage die Frage entschieden und zu einem klaren Ende brachten. Ludwig II. spielte dabei sowohl eine passive Rolle als Thronprätendent als auch eine aktive als Königsmacher. Das Ende des staufischen Traums, der seine Politik so lange bestimmt hatte, erforderte auch bei ihm ein grundlegendes Umdenken, und es spricht für seine politische Begabung, dass ihm dies so schnell gelang. Die Rolle als Thronanwärter war ihm dabei praktisch zugewachsen; der mächtigste Reichsfürst nach Ottokar und damit erster Anwärter auf die Königskrone, nachdem schon von Anfang an feststand, dass der König von Böhmen nicht akzeptiert werden würde und damit ausschied, war fraglos Herzog Ludwig II. von Bayern, Pfalzgraf bei Rhein und Vikar des Reiches, der seinen Rivalen an Ansehen weit übertraf. Das größte Hindernis auf dem Weg zum Königsthron war der päpstliche Bannfluch, den er sich vor vier Jahren zugezogen hatte, als er das Verbot ignoriert hatte, das Unternehmen Konradins zu unterstützen. Weniger schwer wog, dass ihm die geistlichen Fürsten am Rhein wegen seiner territorialen Erwerbspolitik in der Pfalz nicht geneigt waren. Mit der tatkräftigen Unterstützung des Mainzer Erzbischofs Werner von Epstein gelang ihm jedoch die Lösung vom Kirchenbann, was allerdings auch sein einziges aktives Bemühen um seine Kandidatur bleiben sollte. Als der agile und daneben von seinem Sendungsbewusstsein für die Zukunft des Reiches erfüllte Mainzer Kirchenfürst auch noch den Ausgleich zwischen dem Pfalzgrafen und den Erzbischöfen von Trier und Köln vermittelte, standen zuletzt die vier rheinischen Königswähler – denn Ludwig II. gehörte diesem Gremium nicht auf Grund seiner Eigenschaft als Herzog von Bayern, sondern als Pfalzgraf bei Rhein an – in einem am 11. September 1172 geschlossenen Wahlbündnis. Dass diese Einmütigkeit der Stimmen auf die Person Herzog Ludwigs II. zu richten war, war jedoch zu diesem Zeitpunkt schon wieder fraglich geworden, zumindest die Stimme Ottokars von Böhmen war definitiv nicht zu gewinnen; außerdem standen dem Wahlbündnis der rheinischen Kurfürsten noch zwei weitere Kandidaten zur Verfügung, zum einen Siegfried von Anhalt und zum anderen Rudolf von Habsburg. Eine Garantie für eine Wahl Ludwigs konnte und wollte der Erzbischof von Mainz unter diesen Umständen nicht geben, und Ludwig, der die Schmach einer erfolglosen Kandidatur nicht riskieren wollte, trat von derselben zurück.

Der rasche Entschluss, mit dem sich Ludwig aus der Rolle des Königskandidaten heraus in der des Königsmachers begab, und diesen Part übernahm er nach dem 29. September 1272 mit allem Einsatz, lassen Zweifel darüber aufkommen, ob es ihm mit seiner Kandidatur von Anfang an tatsächlich so ernst gewesen ist, wie es zunächst den Anschein hatte. Wie die folgenden Jahre zeigen sollten, stand das Königtum inhaltlich bei ihm nicht so hoch im Kurs, dass es ihm einen Anlass geboten hätte, sich in die Gefahr zu begeben, die eine erneute Doppelwahl gebracht hätte. Mit sicherem Instinkt erkannte er, welche Vorstellungen seine Zeitgenossen von einem König hegten. So viel, wie er durch das Königtum Rudolfs von Habsburg gewonnen hat, hätte er durch die Krone selbst wohl niemals errungen.

Noch war es aber nicht so weit; Ludwig hatte zwei Tage voll hektischer Betriebsamkeit vor sich, in denen er auch ohne die Stimme des abwesenden und seine Zustimmung verweigernden Ottokar die Mehrheit der sieben Stimmen herstellte, die an sich nicht erforderlich gewesen wäre, aus taktischen Gründen in dieser Situation aber erstrebt wurde. Durch die Mehrheit des rheinischen Wahlbündnisses war die Wahl entschieden, Sachsen und Brandenburg schlossen sich dieser an, und Ludwig schlug schließlich vor, die Stimme seines Bruders Heinrich als die bayerische Kurstimme gelten zu lassen, denn die Kurstimme des Hauses Bayern lag ja in der Pfalz, eine Kumulation von Kurstimmen war noch nicht bekannt. Heinrich war zwar persönlich so wenig zugegen wie König Ottokar von Böhmen, doch befanden sich auf dem Wahltag in Frankfurt immerhin seine Gesandten; wie Heinrich sich selbst entschieden hätte, ist aus den schon erwähnten Gründen fraglich, doch war unschwer auszurechnen, dass eine andere Entscheidung als die von Ludwig vorgegebene zum Ausschluss der niederbayerischen Stimme geführt hätte. Damit war der Weg endlich frei: Am 1. Oktober vollzog Ludwig als Pfalzgraf bei Rhein und Reichsvikar die Wahl. Das Reich hatte wieder einen starken König – und einen noch stärkeren Mann hinter ihm, den Pfalzgrafen bei Rhein und Herzog von Oberbayern, Ludwig II.

In der Tat blieben sich der König und der Pfalzgraf so lange sie beide am Leben waren eng verbunden. Ludwig schloss sich familiär an den neuen König an, indem er dessen Tochter heiratete. Die Mitgift brachte ihm reiche Pfandschaften über Reichsburgen und Lehen in der Pfalz. Rudolf konnte durch die enge Verbindung mit dem Wittelsbacher seinerseits wieder nur gewinnen; die Machtbasis in der Pfalz und in Oberbayern war für seine politischen Pläne gleichermaßen wichtig. Von Oberbayern aus führten die Wege nach dem wichtigen Tirol, mit dessen Herr Graf Meinhard Ludwig II. noch aus den Tagen Konradins gute Beziehungen hatte, da die Mutter Konradins, Ludwigs Schwester, mit ihm in zweiter Ehe verheiratet war. Zudem war es Rudolf durch die enge Bindung des Pfalzgrafen an ihn möglich, die allfällige Allianz der rheinischen Kurfürsten im Zweifelsfall zu verhindern.

Dass Ludwig auf der Seite König Rudolfs bleiben konnte, auch als die Opposition gegen den König wieder erstarkte, hatte seinen Grund darin, dass ihm dessen unverzüglich eingeleitete und viele Reichfürsten erschreckende Revindikationspolitik, mit der er das Reichsgut wieder an sich zu bringen trachtete, so wenig Sorgen bereitete wie die Hausmachtpolitik des Königs. Er war davon kaum betroffen, denn was er an Reichslehen, insbesondere aus dem konradinischen Erbe, in Händen hatte, hatte er sich unverzüglich bestätigen lassen, und wider Recht besaß er im Gegensatz zu vielen seiner Standesgenossen überhaupt nichts. Die königlichen Eingriffe in das Münz- und Zollwesen, der Wiederaufbau der königlichen Gerichte, die Wiedererrichtung der Unabhängigkeit der Reichsministerialen, die es in Bayern nie in größerem Umfang gegeben hatte und die Einziehung der Regalien waren für Bayern wirkungslos, denn all das hatte der Herzog von Bayern mit Fug und Recht seit den Tagen Herzog Arnulfs ausgeübt und innegehabt, und Rudolf unternahm auch gar keinen Versuch, in die inneren Belange des Herzogtums einzugreifen. Die Ordnung, die die ersten drei Wittelsbacher dem Land gegeben hatten, sollte sich nun erstmals bewähren.

Diese habsburgisch-wittelsbachische Allianz trieb allerdings den Keil, der bereits zwischen den beiden Wittelsbachern steckte, noch tiefer. Heinrich XIII. stand schon allein durch die geographische Lage seines Herzogtums zwischen den Fronten; der eben um den Preis von Krieg und Verwüstung erlangte Ausgleich zwischen ihm und Ottokar stand praktisch wieder auf dem Spiel, und es war nicht weiter schwierig sich auszurechnen, wessen Land die durch die Wahl Rudolfs unvermeidlich gewordenen Auseinandersetzungen zwischen diesem und dem Böhmenkönig als erstes treffen würden, wenn er auf die Seite des Königs überwechseln würde. Ein echter Parteigänger Ottokars war Heinrich damit freilich genauso wenig, sein Taktieren in den folgenden Jahren hatte in der Tat keinen anderen Zweck, als sich den Böhmen nicht zum Feind zu machen. Auf dem Reichstag im November des Jahres 1274 in Nürnberg fehlte Heinrich folgerichtig denn auch, nachdem er sich schon zuvor mit dem gleichfalls abwesenden Ottokar ins Benehmen darüber gesetzt hatte. Mit den Beschlüssen dieses Reichstages wurde die Lage für Ottokar und seine Bündnispartner, allen voran Heinrich, schwierig, denn der Reichstag, auf dem auch die Revindikation der Reichsgüter beschlossen wurde, hatten auch das Gesetz verabschiedet, dass ein jeder, der nicht binnen Jahr und Tag nach der Krönung eines Königs um die erneute Belehnung mit seinen Reichslehen nachsuchte, dieser verlustig gehen sollte. Dies betraf durchaus auch Heinrich, der die Belehnung nicht eingeholt hatte, noch weit mehr aber Ottokar von Böhmen, der sich mit keinem Teil seiner Ländermasse von Rudolf hatte belehnen lassen.

Beide dachten auch jetzt nicht daran, der Aufforderung nachzukommen; der Böhme schätzte sich selbst noch immer weitaus stärker ein als den König, und hatte damit wohl auch Recht; und der Herzog von Niederbayern fühlte sich in seinem Bündnis mit ihm ebenfalls dem König gewachsen. Als er aber sah, wie Rudolf Schritt um Schritt den widerspenstigen Böhmen einzukreisen begann, indem er den Erzbischof von Salzburg und den Bischof von Passau sowie den König von Ungarn auf seine Seite brachte, wie er Tirol enger an sich band, indem ein Sohn Rudolfs die Tochter des Grafen Meinhard heiratete, wurde er doch schwankend und suchte Fühlung mit dem König, und auf dem Augsburger Reichstag im Mai 1275 erschienen zumindest seine Gesandten wieder am Hof des Königs, wenn auch noch immer nicht zu dem Zweck, um die Belehnung nachzusuchen; als es aber auf diesem Reichstag zu einer heftigen Kontroverse um die Rechtmäßigkeit der Wahl Rudolfs kam, da die Böhmischen Gesandten behaupteten, die Vertreter des Herzogs von Niederbayern hätten bei der Wahl König Rudolfs die Kurstimme unberechtigt geführt, schien Rudolf die Gelegenheit gegeben, den widerstrebenden Niederbayern auf seine Seite zu ziehen, indem er seine und nicht die Stimme Ottokars für rechtmäßig erklärte. Ottokar wurde als seiner Reichslehen verlustig erklärt und geächtet.

In den folgenden Monaten setzte Rudolf alles daran, die Entzweiung der beiden Wittelsbacher zu bereinigen, und er erreichte dies auch bis Januar 1276. Trotz allem hielt sich Heinrich, was die Entscheidung zwischen dem König und Ottokar anbelangte, bedeckt; auch um Belehnung mit seinem Herzogtum war er ungeachtet des Drängens durch Rudolf immer noch nicht nachgekommen. Er war, durchaus begründeterweise, nicht unbedingt überzeugt, dass Rudolf in den unvermeidlich werdenden Krieg gegen Ottokar schon von vorneherein als der sichere Sieger ging, und für sein Ziel war es unabdingbar, dass er am Ende auf der Seite der Sieger stehen würde. Die eigentlichen Pläne Heinrichs scheint wohl nicht einmal Ottokar selbst gekannt zu haben, wähnte er doch den Niederbayern als einen zuverlässigen Partner auf seiner Seite; und er war dann, als die Maske fiel, auch dementsprechend maßlos enttäuscht.

Der Konflikt zwischen Ottokar und König Rudolf forderte inzwischen eine rasche Entscheidung, zumal sich Ottokar von den moralischen Schlägen, die ihm Rudolf zufügen hatte können, bereits wieder zu erholen begann. Er fand im Reich wieder Gehör, zumal bei vielen kleineren Reichsfürsten, die vor dem Hintergrund der rigorosen Revindikationspolitik Rudolfs um ihre widerrechtlich erlangten Reichslehen bangen mussten und daher eine rasche Entscheidung zu Gunsten Rudolfs fürchteten. In dieser Lage entschloss sich Rudolf im Spätsommer 1276 daher, ungeachtet der noch ungeklärten Haltung Heinrichs gegen den Böhmen loszuschlagen; der Burggraf von Nürnberg eroberte Eger, in einem raschen Feldzug wurden Kärnten, Krain und die Steiermark besetzt. Nun wusste auch Herzog Heinrich endlich, wohin er sich zu wenden hatte, und im letzten Moment, ehe der Angriff auf Böhmen und Österreich unternommen wurde, begab er sich im September nach Regensburg zu Rudolf, ließ sich mit Niederbayern belehnen, traf zugleich eine Eheabmachung für seinen Sohn Otto mit der jüngsten Tochter Rudolfs und ließ sich als Mitgift vom König das Land ob der Enns als Lohn versprechen – das, worum es ihm bei all seinem Taktieren allein immer gegangen war.

Heinrich entschied damit den ersten Krieg gegen Ottokar, der durch diese Wendung mehr als überrascht wurde; die niederbayerischen Truppen, die das Reichsheer verstärkten und nicht zuletzt das militärische Können des Herzogs selbst, der sich unverzüglich des Landes ob der Enns bemächtigte, führten dazu, dass bereits am 21. November durch den Pfalzgrafen zwischen Ottokar und dem König der Friede vermittelt werden konnte. Ottokar verlor Österreich, die Steiermark, Krain und Kärnten, nur Böhmen und Mähren verblieben ihm. Als es nun aber an die Verteilung der Beute ging, sah sich Heinrich wieder enttäuscht; er hielt wohl das Land ob der Enns in der Hand, mit einer Belehnung und der Einlösung der anderen Versprechen, die Rudolf – zugegebenermaßen unter Druck – gegeben hatte, hatte dieser es nun nicht mehr so eilig. Heinrich taktierte daher erneut, und da Ottokar noch nicht gesonnen war, sich als besiegt zu betrachten, ließ er sich wieder von ihm umwerben, freilich nicht mit dem Ergebnis eines formellen Übertritts; als 1278 in der Schlacht auf dem Marchfeld bei Dürnkrut das Schicksal Ottokars endgültig besiegelt wurde, stand Heinrich weder auf der einen noch auf der anderen Seite.

Heinrich sollte mit dem latenten Misstrauen, das er gegen den Habsburger hegte, auf fatale Weise recht behalten. Rudolf dachte gar nicht daran, nachdem durch das Ausscheiden Ottokars und das Aussterben der Kärntner Herzöge 1279 praktisch alle östlichen Herzogtümer auf dem Boden des ehemaligen bayerischen Stammesherzogtums frei verfügbar waren, durch die Belehnung der Wittelsbacher ein Ähnliches wieder herzustellen. Vielmehr zwang er mit der Androhung von Waffengewalt Heinrich 1279 auch dazu, das Land ob der Enns wieder zu räumen und speiste ihn mit wenigen Ämtern östlich des Inns ab, und auch diese erhielt er nur als Pfand auf die Mitgift, die für die Frau seines Bruders ausgehandelt worden war; deren Hand war somit der einzige Lohn, den sein Haus erhielt. Heinrich war damit auf der ganzen Linie in seiner Territorialpolitik gescheitert. Ludwig II. war bei alledem ohne jedes Engagement abseits gestanden; der Eindruck, die Expansion Bayerns nach Osten wäre ihm nicht nur wenig am Herzen gelegen, sondern noch eher seinen eigenen Plänen zuwider gelaufen, lässt sich nicht von der Hand weisen. Heinrich und Ludwig trennte offenbar eine persönliche Abneigung, die tief verwurzelt sein musste, und die Aussicht, dass sein Bruder durch ein weiteres Herzogtum jenseits der Ostgrenze Bayerns im bayerischen Stammland der entschieden Stärkere werden würde, erfüllte Ludwig II. anscheinend mit einem tiefen und vermutlich nicht ganz unberechtigten Misstrauen. Er selbst wäre vielleicht eher in der Lage gewesen, von Rudolf eines der frei gewordenen Herzogtümer im Südosten zu erlangen, doch war er wohl zu klug, sich mit einem solchen zu belasten. Außerdem hätte dies doch nur wieder nichts anderes bedeutet, als eine neuerliche Konfrontation mit seinem Bruder hervorzurufen, nachdem eben erst mühsam ein Ausgleich zustande gekommen war.

So blieb auch nach der Niederwerfung Ottokars zwischen den beiden bayerischen Herzogtümern einerseits und zwischen dem Niederbayern und dem König andererseits die nämliche Situation gegeben, wie sie auch zuvor schon bestanden hatte. Die wittelsbachischen Brüder standen sich in tiefem Misstrauen gegenüber, Heinrich blieb dem Habsburger im Herzen feindlich, Ludwig stand ihm unverändert treu zur Seite. Geändert hatte sich nur eines; an die Stelle der vorher gegebenen Bedrohung auf der ganzen Nordost-, Ost- und Südostgrenze durch den Przemisliden war durch die nun bestehenden Verhältnisse eine zweigeteilte Bedrohung getreten. Im Augenblick war die Lage zwar wenig bedrängend, Ottokar war gestorben, sein Erbe in Böhmen und Mähren war ein erst achtjähriger Sohn, von dem vorläufig noch keine Gefahr ausgehen konnte, und Rudolf musste erst daran gehen, die Herzogtümer Österreich und Steiermark selbst in den Griff zu bekommen; dass ihm dies auch gelingen würde, bezweifelte nun, noch kein Jahrzehnt nach seiner Wahl zum König, allerdings niemand mehr. Mit tiefem Argwohn beobachtete Heinrich, wie König Rudolf in den südöstlichen Herzogtümern seine habsburgische Landesherrrschaft errichtete; 1282 belehnte er seine beiden Söhne Albrecht und Rudolf mit den Herzogtümern Österreich, Kärnten, Steiermark, Krain und der Windischen Mark und erhob sie zu Reichsfürsten. Habsburg und Österreich waren im Begriff, zu dem Synonym zu werden, das sie für Jahrhunderte bleiben sollten; der säkulare Gegensatz zwischen Wittelsbach und Habsburg, Bayern und Österreich, der sich durch die ganze neuere Geschichte des deutschen Reiches bis 1818 hinziehen sollte und immer wieder aufbrach, und nur durch kurzfristige und durch die jeweils aktuellen Verhältnisse erzwungene Verständigungen unterbrochen werden sollte, war entstanden. Was ihn im Augenblick noch übertünchte, war die Freundschaft zwischen dem König und dem Pfalzgrafen.

Was im Jahre 1281 an Verbindlichkeiten abgeschlossen wurde und wie Einigungen zwischen den Brüdern unter der Vermittlung des Königs aussah, waren in Wahrheit Bündnisse zwischen König Rudolf und Herzog Ludwig II. gegen Herzog Heinrich XIII. von Niederbayern. So geriet dieser immer weiter in eine Isolation, die ihn schließlich dazu bewegte, offen die Verbindung mit der Opposition gegen Rudolf zu suchen, die sich um die geistlichen Kurfürsten am Rhein gesammelt hatte, eben die, die Rudolf ein Jahrzehnt zuvor auf dem Schild erhoben hatten. Mit Hilfe des Pfalzgrafen gelang es Rudolf auch diese auszuhebeln, so dass Heinrich wieder auf der Verliererseite stand; zuletzt konnte er nicht einmal mehr die Pfandgüter jenseits des Inns behaupten, da die Habsburger die Summe ausbezahlten. Als Meinhard von Tirol mit Kärnten belehnt wurde, wurde er dazu nicht um einen Willebrief gebeten, wie dies gegenüber einem Kurfürsten üblich gewesen wäre. Die bayerische Kur war damit erloschen, nachdem sie lange Jahre zwischen den Brüdern einer der Streitpunkte gewesen war, sie war, eben noch aus unmittelbaren Gründen wiederbelebt, aus dem Augenblick entspringenden Gründen stillschweigend wieder geopfert worden.

Ludwig II. zeigt in seiner Persönlichkeit wie in seiner Geschichte den Wandel, der die erste Phase der historischen Synthese zwischen Wittelsbach und Bayern abschließt. Nachdem man das Land im Griff hatte, trat das historische Bewusstsein, das Ludwig I. grundgelegt und noch Otto II. getragen hatte, wieder in das zweite Glied zurück, und an seine Stelle trat das dynastische Bewusstsein, das nach einer führenden Rolle im Reich und nach Erweiterung der Macht trachtete. Bayern war dabei keine primäre Größe mehr, es wurde nun mehr und mehr zum dynastischen Instrument. Das sollte sich vor allem auch unter Ludwig dem Bayern zeigen, der ihm bei der Regelung seiner Nachfolge eine besondere Rolle zuwies. Erst am Ende des Mittelalters sollte das Land im Denken seiner Fürsten wieder an Bedeutung gewinnen, für mehr als zweihundert Jahre, ehe wieder der dynastische Gedanke die Oberhand erringen sollte. Dass Bayern Ludwig II. gar nicht am Herzen lag, kann man ihm zwar trotzdem nicht nachsagen, sonst hätte er es 1255 aufgegeben und seinem Bruder ganz überlassen, als er mit diesem noch nicht entzweit war. Wir können nicht mehr nachvollziehen, was den Blick dieses großen und fähigen Mannes, als der er sich immer wieder und in der Summe seines Lebens wohl doch öfter bewiesen hat als er Fehler machte, zuweilen so zu trüben vermochte, wir müssen es als historische Tatsache hinnehmen. Und seine Größe bewies er auch im Verzicht; dass er 1272 nicht um sein Königtum kämpfte, war ein Akt der klugen Zurückhaltung gewesen. Dass er gegen die Bestrebungen des Grafen Meinhard von Tirol nichts unternahm, als dieser mit seiner eigenen Landfriedenspolitik demonstrierte, dass er sein Land als von Bayern längst unabhängig betrachtete, kann man nur als kurzsichtig empfinden; damit vermachte er seinen Erben eine schwere Hypothek, die ihnen viel Kraft kosten sollte. Dass er die Entstehung des wittelsbachisch-habsburgischen Dualismus auf dem alten bayerischen Kulturboden nicht verhindert hat, kann man ihm dagegen nicht vorwerfen, denn dieser war noch keineswegs als zwingende Folge der Politik Rudolfs zu erkennen, auch dann nicht, als er schon wenige Jahre später aufbrach. Auch kann man es einem Heinrich nicht zu Gute schreiben, gegen diesen gekämpft zu haben, ihm ging es nur um das Unmittelbare, das ihm zu Recht missfiel.

Einen letzten Dienst hatte auch der Pfalzgraf seinem alten König nicht mehr tun können: Die Wahl seines Sohnes Albrecht zum König konnte er trotz seines großen Bemühens bei den Kurfürsten nicht durchsetzen. Als Rudolf von Habsburg 1292 starb, erhoben sich von allen Seiten die, die sich durch die Macht der Habsburger bedroht fühlten; das alte Wahlbündnis der vier rheinischen Kurfürsten, das Rudolf seinerzeit auf den Thron gehoben hatte, wieder aufzurichten, misslang von Anfang an, und so musste Ludwig II. auf den Kompromisskandidaten Adolf von Nassau umschwenken, der nun wirklich der *kleine Graf* war, als den Ottokar Rudolf bespöttelt hatte. Ludwig II. erkannte die Situation und handelte danach; trotz seiner alten Treue zu Habsburg, trotz seiner Bemühungen, dem Haus die Krone zu erhalten, war er seit 1292 in der Umgebung des neuen Königs zu finden.

Damit war es der Erhebung gegen Habsburg nicht genug; alle alten Feinde und Gegner standen wieder auf, um sich zu holen, was sie an ihn verloren hatten, auch Niederbayern. Hier war Heinrich XIII. 1290 gestorben. Er hatte drei Söhne hinterlassen, deren ältester, Otto III., die Regierung übernahm; seine jüngeren Brüder, Stephan und Ludwig, hatten nominell die Mitregierung, doch überließen sie dem Ältesten, der ihnen an Zähigkeit und Kühnheit überlegen war, offenbar bereitwillig die Führung; sie starben beide früh, 1296 und 1309. Eine weitere Teilung ist zumindest Niederbayern daher erspart geblieben. Otto III. witterte nach dem Tod Rudolfs unter dem Eindruck der allgemeinen Stimmung gegen das Haus Habsburg eine Chance, sich das zu erringen, was sein Vater an dieses verloren hatte. Mit Gewalt brach er in Österreich und die Steiermark ein, wo Adelsaufstände gegen Albrecht diesen scheinbar in Bedrängnis gebracht hatten; trotz großer Anfangserfolge Ottos konnte sich Albrecht aber behaupten, und Ludwig II. musste 1293 zu Linz einen Ausgleich zwischen Bayern und Österreich herbeiführen.

1294 schloss er sogar einen formellen Bund gegen Habsburg, indem er den älteren seiner Söhne, Pfalzgraf Rudolf, mit der Tochter König Adolfs von Nassau vermählte; wie sich bald zeigen sollte, schuf er ihm damit ein schwieriges Erbe. Zunächst führte es freilich just dazu, wozu sich Ludwig Zeit seines Lebens nicht aufraffen hatte können, beide Teile Bayerns wieder auf eine Seite zu bringen, eben auf die König Adolfs von Nassau. Das war falsch, aber das konnte Ludwig freilich nicht wissen, er mochte den Stern Habsburgs, den er selbst an den Himmel geheftet hatte, vielleicht schon wieder im Sinken gewähnt haben. Dass er sich damit irrte, und zwar weit heftiger, als er sich sonst jemals geirrt haben mochte, musste er nicht mehr selbst erfahren, so wenig, wie es ihm noch bekannt werden sollte, dass sein Nachfolger als Pfalzgraf und Herzog in Oberbayern, sein älterer Sohn Rudolf, der rechte Sachwalter der wittelsbachischen Interessen nicht werden sollte. Diese Rolle war vielmehr seinem jüngeren Sohn Ludwig, der bei seinem Tod erst zwölf Jahre zählte, vorbehalten.

3. Die Zeit Ludwigs des Bayern (1294–1347)

Die Anfänge Ludwigs

Feindliche Brüder: Ludwig IV. und Rudolf I.
Der Ausgang der Zeit Ludwigs II. und seines Bruders Heinrich sah Bayern in einer zwiespältigen Situation. Das Land war in Ober- und Niederbayern geteilt, in Niederbayern regierte ein Sohn Heinrichs, Otto III., und in Oberbayern und der Pfalz, dem Landesteil Ludwigs II. also, gab es zwei Erben, da Ludwig der Strenge zwei Söhne hinterließ. Der älteste Sohn, Ludwig, war 1290 an den Folgen eines Turnierunfalles gestorben. Auch jetzt versuchte man wie schon 1253, eine weitere Teilung zu vermeiden; wieder sollten nach dem Willen ihres Vaters zwei Wittelsbacher das Land regieren, doch die Ausgangslage war noch schwieriger als 1253.

Der jüngere Sohn war beim Tod des Vaters noch nicht volljährig und stand unter der Vormundschaft seines Bruders. Das wäre an sich noch kein Problem gewesen, doch die Brüder befanden sich in verschiedenen politischen Lagern. Der ältere Bruder und regierende Herzog Rudolf war als Schwiegersohn des Königs Adolf von Nassau auf der Seite der Feinde Habsburgs festgenagelt, doch er hatte auf seinen Bruder kaum einen entscheidenden Einfluss, denn diesen übte seine Mutter aus, und die war eine Habsburgerin. Gemeinsam war den Situationen der Jahre 1253 und 1294 ein anderer Umstand: Die Brüder konnten sich über ihre politische Orientierung hinaus persönlich nicht ausstehen, wenn auch aus anderen Gründen, als dies bei ihrem Vater und ihrem Onkel der Fall gewesen war. Ein weiterer Niedergang Bayerns schien bevorzustehen, aber es kam anders; vielmehr folgte gerade jetzt eine der größten Epochen des Hauses Wittelsbach, und sie ist mit dem Namen des jüngeren Sohnes Ludwigs II. verbunden, der nach dem Vater den Namen Ludwig erhalten hatte.

Dieser Herzog Ludwig IV. ist unter seinem Beinamen berühmt geworden: Ludwig der Bayer. Es ist ein Paradox, dass diese Bezeichnung, die ihm schon zu Lebzeiten zugedacht wurde und bis heute einen derart majestätischen Klang besitzt, ursprünglich keineswegs als Ehrentitel gedacht war; sie sollte lediglich die Nennung seiner Herrschaftstitel umgehen, die ihm durch den Papst aberkannt worden waren. Wir haben es uns freilich angewöhnt, ihn als *Kaiser* Ludwig den Bayern zu bezeichnen, wodurch die abfällige Benennung *der Bayer* erst zu einem Herrschertitel umgemünzt wird, der von Größe zeugt, denn in dieser Kombination wurde er zu seinen Lebzeiten nie genannt. Er besaß jedoch Größe, eine glückliche ebenso wie auch eine tragische. Er war der, dem es gelingen sollte, Bayern wieder zu einen, und auch derjenige, der die Dynastie wieder auf seine Person zusammenzuführen verstand. Er war außerdem der, der sein Haus nach dem ersten Versuch seines Vaters doch an das Königtum heranführte. Seine Gestalt erfüllt alle Anforderungen, die romantische Vorstellungen an einen Fürsten des Mittelalters zu stellen vermögen; eine ritterliche Gestalt, auch in größter Bedrängnis unerschrocken, ein auf dem Schlachtfeld niemals bezwungener Kriegsheld, ein Mäzen, der die geistigen Größen seiner Zeit um sich schart, ein klug organisierender Landesherr. All diese Züge sind in seinem Wesen, in seiner persönlichen Geschichte durchaus vorhanden; wir finden darin aber auch zugegebenermaßen damals sehr weit verbreitete recht naive Auffassungen und eine Neigung zur Selbstüberschätzung, und von Kindesbeinen an eine Neigung zu latentem Hass und kompromissloser Härte.

Dass er darüber hinaus die Kaiserkrone errang, was für einen König seines Zeitalters keine Selbstverständlichkeit war, und dass er den gescheiterten Plan seines Vorgängers weiter führte, dem Kaisertum wieder seine angestammten Rechte zu erringen, woran er selbst scheiterte, verleiht seiner Regierungszeit eine weitere Dimension, die über die bayerische Geschichte weit hinausweist. Als Kaiser zählt er zu den markantesten Gestalten, die diese Würde bekleidet haben.

Man muss ihm zugute halten, dass er nach der über sechzig Jahre dauernden Unterbrechung seit dem Tod Friedrichs II. erst der zweite war, der die Krone des Imperiums wieder trug, wobei seinem Vorgänger Heinrich VII. nur zwei Jahre des Kaisertums vergönnt gewesen waren, in denen eine Ausfüllung dieses Amtes gar nicht möglich gewesen war. So fiel die Entscheidung über die Zukunft des Kaisertums ganz in seine Regierungszeit, geriet sie indessen auch zu seiner historischen Tragik. Ludwig der Bayer ist damit eine Gestalt nicht nur der bayerischen, sondern der Weltgeschichte, und als solche hat er ein weitaus höheres Maß historischer Memoria erreicht wie als Landesfürst. Die Kaiserkrone und seine damit verbundene Geschichte hat im Verein mit der unterschiedlichen Würdigung in der Wissenschaft oft den Blick auf seine Bedeutung als Landesfürst verstellt, als der er zu den Größten zählt, die Bayern je hatte, und er ist in dieser Hinsicht sogar von unbestrittener Größe. Er war daneben auch der bedeutendste Familienpolitiker des Hauses, dem es beschieden sein sollte, das von Anfang an schwierige Verhältnis zwischen Bayern und der Pfalz auf viele Jahrhunderte hinaus zu bereinigen, wenn auch um einen hohen Preis. Zum anderen trieb er eine Hausmachtpolitik, die fast ein Drittel des Reiches unter die wittelsbachische Herrschaft brachte; diese Politik sollte seine letzten Lebensjahre weitgehend ausfüllen, und dass sie zuletzt nicht von langfristigem Erfolg gekrönt war, war nicht seine Schuld, denn das Werk scheiterte erst nach seinem Tod. Hier wie überall liebte er die großen Züge und weitgespannten Pläne, und sie waren wohl visionär, aber keineswegs utopisch, mehr als einmal schien ein wittelsbachisches Großreich im Süden des Reiches möglich.

Es war Herzog Ludwig IV. – seine seltsame Nummerierung, in der er als Nummer 4 seines Namens auf seinen mit der Nummer 2 geführten Vater folgt, rührt daher, dass es zugleich mit ihm in der niederbayerischen Linie einen Prinzen gleichen Namens gab, der um einige Jahre früher geboren war als er – nicht in die Wiege gelegt worden, dass er in der bayerischen, deutschen und nicht zuletzt in der Weltgeschichte eine führende Rolle spielen sollte. Er war zwar ein Sohn des Herzogs und Pfalzgrafen Ludwig II. und damit des angesehensten Reichsfürsten, und über seine Mutter war er ein Enkel des Königs Rudolf; er war aber auch nur der jüngere Sohn seines Vaters, bei dessen Tod er erst zwölf Jahre zählte, während sein älterer Bruder, nach dem gemeinsamen Großvater auf dessen Namen getauft, mit seinen achtzehn Jahren bereits volljährig und verheiratet war. Rudolf war darüber hinaus der Schwiegersohn des Königs Adolf von Nassau, eine Verbindung, die das Umschwenken seines

Vaters von den Habsburgern zum neuen König demonstrieren sollte. Das bedingte seine politische Orientierung in den Anfangsjahren und brachte ihm zugleich mehr Probleme, als er verkraften konnte.

Ludwig II. hatte seine Söhne in einer problematischen Lage hinterlassen. Der regierende Nachfolger war politisch und dynastisch an den König gebunden, was dieser dazu ausnutzte, den politisch unerfahrenen und zeitlebens nicht zu den tatkräftigsten Fürsten zählenden Rudolf regelrecht unter Kuratel zu stellen. Erschwerend trat hinzu, dass das Königtum Adolfs trotz der Parteinahme des Pfalzgrafen nicht so sicher stand wie das seines Vorgängers; die Kurfürsten, die den unbedeutenden Grafen ja deswegen gewählt hatten, weil sie die Gründung einer Königsdynastie unter dem Wappen der Habsburger verhindern hatten wollen, begannen sich wieder von ihm abzuwenden, als er sich als noch rücksichtsloserer Hausmachtpolitiker wie sein Vorgänger erwies; durch seine Politik stand die Macht des Kurkollegs auf dem Spiel, und um sich seiner zu entledigen, wandten sie sich bereits dem Sohn König Rudolfs, dem harten, nach dem Ausweis der Zeitgenossen *gepäuerischen Man* Albrecht zu, dessen Wahl sie wenige Jahre zuvor abgelehnt hatten. Rudolf konnte als Schwiegersohn des Königs diese Umgewichtung der politischen Verhältnisse jedoch nicht mit vollziehen, zudem hatte er sich verpflichten müssen, die Pfalz dem König als Basis offen zu halten. Die Sicherung der Pfalz war das hauptsächliche Anliegen Ludwigs II. bei seinem Kurswechsel gewesen, da diese durch die Interessen Adolfs von Nassau im Falle eines gewaltsamen Treffens mit dem König am stärksten betroffen gewesen wäre. Zwar hatte die Opposition der Herzöge von Niederbayern gegen Habsburg wenigstens die regierenden Herzöge aus dem Hause Wittelsbach unter der Fahne Adolfs von Nassau vereint, was aber nichts an der Tatsache änderte, dass ihre Länder durch den näher rückenden Kampf zwischen Nassau und Habsburg direkt bedroht waren. Darüber hinaus jedoch wog die temporäre Einigkeit mit seinen niederbayerischen Vettern für Rudolf persönlich weit geringer als der Zwiespalt mit seinem Bruder.

Ein wesentlicher Faktor war, dass Ludwig, so unabhängig er sich später auch zeigen mochte, in seinen jungen Jahren stark unter dem Einfluss seiner Mutter stand. Als Tochter Rudolfs von Habsburg war sie die Sachwalterin habsburgischer Interessen im Haus Wittelsbach, und sie versuchte diese Rolle auf ihren Sohn zu übertragen; den politischen Kurswechsel ihres Gemahls und ihres älteren Sohnes von der Seite Habsburgs an die König Adolfs hatte sie scharf missbilligt, zu verhindern hatte sie sie aber nicht vermocht. Immerhin gelang es ihr aber, Ludwig vom Münchner Hof fernzuhalten, sie ließ ihn zeitweise in Wien am Hof ihres Bruders Albrecht erziehen; der älteste Sohn Albrechts, Friedrich der Schöne, sein späterer Rivale um die Königskrone, wurde in diesen Jahren sein Jugendfreund. Inwiefern dabei die Mutter als ein williges Werkzeug ihres Bruders fungierte, das dieser zur Bekämpfung seiner Gegner im Hause Wittelsbach einsetzte, steht dahin, es wäre wohl möglich; dass Ludwig selbst sich als ein solches gebrauchen ließ, ist weniger wahrscheinlich, zumindest scheint er stets mit demselben Gewicht auch seine eigenen Pläne verfolgt zu haben.

Diese durch die Mutter geschürte politische Divergenz ist nur die eine Seite des Komplexes. Nach dem Willen des Vaters hätten die Brüder die Regierung gemeinsam führen sollen, aber zur Verwirklichung dieses Vermächtnisses führte noch weniger ein gangbarer Weg als dies eine Generation zuvor der Fall gewesen war. Rudolf trachtete vielmehr danach, den Bruder möglichst auszuschalten, und Ludwig empfand das um so unerträglicher, als er sich selbst offenbar mit jedem Lebensjahr vermehrt für den Begabteren hielt, wofür er seine guten Gründe hatte. Die Entwicklung des Jahres 1298 schien dabei das Wasser auf seine Mühlen zu sein, denn als sich das Gewitter von allen Seiten über dem Haupt des Königs zusammenzog, ergriff er gegen die Haltung seines Bruders Partei für seinen Onkel Albrecht von Österreich; trotz seiner Jugend scheint er bei der Absetzung König Adolfs von Nassau sogar schon zu den treibenden Kräften im Hintergrund gehört zu haben. Damit stellte er sich offen gegen seinen eigenen Bruder, der zusammen mit Otto III. von Niederbayern auf der Seite Adolfs verblieben war; als es am 2. Juli des Jahres 1298 zur Entscheidungsschlacht zwischen Adolf und Albrecht kam, führten sie das erste Treffen auf der Seite Adolfs und stürzten mit ihm in seine Niederlage, Otto III. hätte ums Haar auch noch das Schicksal des Königs geteilt, der in der Schlacht den Tod fand. Noch musste Ludwig warten, bis er die Früchte seiner Parteinahme ernten konnte, denn Albrecht I., der neue König, hielt sich zunächst an den regierenden Herzog und Pfalzgrafen, den er, scheinbar durch einen Vergleich versöhnt, an seiner Seite hielt; beide, König und Pfalzgraf, waren sich aber nur in Misstrauen verbunden. Für beide stand zuviel auf dem Spiel, um sich wirklich über den Weg zu trauen.

Und beide hatten damit nicht ganz Unrecht. Albrecht wartete nur auf eine Gelegenheit, Rudolf den Besitz im Westen und Norden des Herzogtums Oberbayern wieder abzunehmen, der mit dem Konradinischen Erbe an Bayern gelangt war, und Rudolf wartete ungeduldig darauf, sich der Fesseln, die ihm der König angelegt hatte, wieder zu entledigen. Den ersten Schlag gegen den anderen führte dabei Rudolf, sobald sich ihm die nächste Gelegenheit bot, und diese lieferten ihm seine Mit-Kurfürsten, die ihre gerade zwei Jahre alte Entscheidung, Albrecht als Gegenkönig aufgestellt zu haben, gern wieder revidiert hätten, nachdem auch er sofort wieder damit begonnen hatte, alles, was er erlangen konnte, als erledigtes Reichlehen einzuziehen. Der Sammlungspunkt der Unzufriedenheit waren wieder die Erzbistümer am Rhein. Am 14. Oktober wurde zu Heimbach ein Bündnis zwischen den vier rheinischen Kurfürsten geschlossen, diesmal aber nicht für, sondern gegen Habsburg, wobei sie das Problem Albrecht als schon erledigt behandelten, indem sie ihn kurzerhand als *Herzog von Österreich, den man König von Deutschland nenne* bezeichneten.

Albrecht I. erwies sich aber als ein gefährlicherer Gegner als seine Vorgänger, die in eine ähnliche Situation geraten waren; er wich der Gefahr nicht aus und wartete nicht erst ab, bis ihm ein Gegenkönig hingestellt wurde, sondern griff vielmehr gleich zum Schwert. Gegen Pfalzgraf Rudolf ging er in der Weise vor, dass er die gesamten Reichslehen des Konradinischen Erbes zurückforderte, und, nachdem der sie nicht herausgab, den Krieg gegen ihn eröffnete. Nach einem Kleinkrieg an der schwäbisch-bayerischen Grenze und auf dem Nordgau und einem Feldzug gegen die Pfalz wurde Rudolf bei Bensheim 1301 vernichtend geschlagen und musste sich daraufhin auf einen in jeder Hinsicht demütigenden Frieden einlassen; Oberbayern wurde durch die Herausgabe des gesamten konradinischen Erbes auf den Zustand der Stauferzeit zurückgeworfen, und der König griff auch in die inneren Belange der Pfalzgrafschaft und des Herzogtums ein, indem er Rudolf zwang, die Mitregentschaft Ludwigs IV. anzuerkennen. Noch gab sich Rudolf nicht geschlagen; wenn er in der äußeren Auseinandersetzung mit Habsburg gescheitert war, wollte er sich nun wenigstens am eigenen Hof gegenüber der habsburgischen Partei Luft verschaffen, und um dies zu erreichen, ging er auch gegen seine Mutter vor, die er, um sie zu einem Verzicht auf ihre Stellung am Hofe zu zwingen, verhaften ließ; einen engen Vertrauten der Herzoginwitwe ließ er sogar hinrichten. Allerdings fehlte ihm auch bei diesem Vorgehen jede Konsequenz; er ließ seine Mutter aus dem Lande reisen, als diese an den Hof Albrechts gehen wollte, angeblich, um den durch ihren Sohn erzwungenen Vertrag vom König bestätigen zu lassen, in Wahrheit aber nur, um Rudolf zu entkommen. Kaum war sie außerhalb der Reichweite des Herzogs, widerrief sie alle Abmachungen als erzwungen und nichtig, und Rudolf hatte keine andere Wahl, als vor der Gewalt Albrechts erneut zurückzuweichen und sich mit seiner Mutter auszusöhnen.

Seine Position ihr gegenüber, gegenüber dem König und nicht zuletzt gegenüber seinem Bruder Ludwig wurde dadurch nicht gestärkt, auch außerhalb Bayerns hatte sein Ansehen gelitten. Dabei blieb es die folgenden sechs Jahre; in München gab man sich unter dem Einfluss Ludwigs IV. habsburgisch, obwohl auch Ludwig dem Onkel schon nicht mehr vertraute, und Rudolf musste sich grollend fügen. Oberbayern und die Pfalz waren nur bedingt handlungsfähig, und es war unabsehbar, wie lange diese paralysierende Situation andauern würde.

Ein König für Ungarn: Otto III.
In jeder Hinsicht anders hatte sich die Situation dagegen in Niederbayern entwickelt. Hier regierte der Sohn Heinrichs XIII., Otto III.; vor Göllheim auf Seiten Adolfs von Nassau schwer verwundet und kurz darauf von Albrecht in Gnaden wieder aufgenommen, blieb er ein unversöhnlicher Feind Habsburgs, der nur auf eine Chance zum Schlag gegen den Gegner lauerte. Diese bot sich für ihn überraschend, als 1301 das ungarische Königshaus der Arpaden im Mannesstamm ausstarb. Als Nachfolger des letzten Arpadenkönigs Andreas kamen drei Kandidaten in Frage, zum einen der erst zwölf Jahre alte Anjou Karl Robert, der ein Enkel einer Arpadin war; zum anderen König Wenzel II. von Böhmen, der gleichfalls in mütterlicher Abstammung ein Arpadenenkel war, und drittens der nach dem Grad der Verwandtschaft eigentlich dem letzten Arpadenkönig sogar am nächsten stehende Otto III., der ein Sohn einer Arpadin war. In einer Blitzaktion, die der für das Haus Anjou Partei ergreifende Papst durchgesetzt hatte, war Karl Robert schon Anfang 1301 in Gran zum König von Ungarn gekrönt worden, er stieß aber gerade wegen der Unterstützung des Papstes bei einem Teil des Adels auf starken Widerstand, so dass eine Gesandtschaft Otto III. die Königskrone anbot.

Aus welchen Gründen Otto diese zuerst ablehnte, ist nicht bekannt; dass er die strategischen Vorteile gegenüber Österreich, die ihm diese Stellung einbrachte, zu diesem Zeitpunkt noch nicht erkannt hätte, ist aber kaum anzunehmen. Er schickte die ungarischen Gesandten mit allen Ehren zurück, woraufhin diese sich zu König Wenzel nach Prag begaben, um das Ansinnen ihm zu unterbreiten. Auch der wollte sich selbst nicht exponieren, da er eben zu seiner böhmischen auch die polnische Krone gewonnen hatte, er bot aber seinen Sohn Wenzel als König an, der dann als Ladislaus V. in Stuhlweißenburg zum König von Ungarn gekrönt wurde. Eine echte Regierung konnte er nie ausüben, denn er war von Anfang an in

Kämpfe mit der Anjoupartei verwickelt; schon das Jahr 1304 sah ihn wieder samt den ungarischen Reichskleinodien in Prag. Damit war der Anspruch Böhmens auf die ungarische Krone nur vertagt und nicht etwa erloschen, und diese Konstellation rief nun König Albrecht und seine Söhne, die Herzöge von Österreich, auf den Plan, da sie sich durch den drohenden böhmisch-polnisch-ungarischen Komplex in ihren Stammlanden nicht weniger bedrängt fühlen mussten wie Otto III. in Niederbayern; zu dieser aus der Not geborenen habsburgisch-niederbayerischen Allianz, der sich in der Folge auch Pfalzgraf Rudolf anschloss, gesellte sich auch noch die ungarische Anjoupartei mit dem jugendlichen Thronprätendenten Karl Robert an der Spitze. Es kam zu einem Feldzug gegen Böhmen, der aber, nachdem die böhmischen Truppen einer Konfrontation auswichen, schon kurz danach ohne greifbares Ergebnis endete.

Was Otto III. bewog, sich nun doch aktiv um die ungarische Königskrone zu bewerben, ist so ungewiss wie Gründe für die zunächst erfolgte Ablehnung. Es erscheint plausibel, dass er jetzt, 1305, die inneren Verhältnisse Ungarns besser zu kennen glaubte als noch vor vier Jahren, und er konnte sich eine Chance ausrechnen, da das harte Anjou-Regiment in Ungarn sich mittlerweile unbeliebt gemacht hatte. Er entschloss sich jedenfalls ziemlich schnell, das erneute Angebot anzunehmen, die ungarischen Reichskleinodien aus Prag heimzuholen und sich in Ungarn zum König krönen zu lassen. Heimlich und hinter dem Rücken König Albrechts nahm er mit Prag Verbindung auf, wo ihm Wenzel II., der im Sterben lag, die Stephanskrone und die übrigen Kleinodien Ungarns übergab. Am 6. Dezember 1305 wurde Herzog Otto III. in Stuhlweißenburg zum König von Ungarn, das heißt genauer gesagt zum Gegenkönig gegen Karl Robert gekrönt.

Albrecht, der vergeblich versucht hatte, ihn an seinem Zug nach Ungarn zu hindern, brauchte zu seiner Bekämpfung aber nicht aktiv einzugreifen. Den Kampf gegen das wittelsbachische Königtum in Ungarn übernahm Karl Robert von Anjou, der sich 1307 schließlich durchsetzte; Otto selbst kehrte nach einer abenteuerlichen Flucht aus der Gefangenschaft 1308 nach Landshut zurück. Von seinem ungarischen Abenteuer blieb ihm nichts als der Titel eines Königs von Ungarn, den er bis zu seinem Tod beibehielt. Es war mit diesem schon bald romantisch verklärten Unternehmen mehr gescheitert als nur der persönliche Ehrgeiz des Herzogs, es war vielmehr auch die Chance vertan, den Rivalen Habsburg von zwei Seiten her zu umfassen; die unausweichliche Auseinandersetzung mit dem Nachbarn musste auch weiterhin allein von bayerischem Boden aus und allein auf diesem geführt werden. Die Lage Niederbayerns gegenüber Habsburg war damit schwieriger denn je zuvor. 1305 war König Wenzel II. verstorben, und sein Sohn Wenzel III. wurde 1306 ermordet, womit die Przemisliden im Mannesstamm erloschen waren. Für Albrecht war das die lang ersehnte Gelegenheit, endlich auch nach Böhmen zu greifen; das Königswahlrecht des böhmischen Adels großzügig missachtend, der bereits Herzog Heinrich von Kärnten, der mit der ältesten Schwester Wenzels III. verheiratet war, zum König gewählt hatte, zog er Böhmen als erledigtes Reichslehen ein und verlieh es an seinen Sohn Rudolf. Niederbayern war damit praktisch an seiner ganzen Ostgrenze von den Territorien ein- und desselben Rivalen umgeben. Noch ehe freilich dies zum Tragen kommen konnte, wechselte der Lauf der Geschichte; auch Albrecht konnte nicht alles gelingen, König Rudolf von Böhmen starb noch im selben Jahr, und wieder wählten die böhmischen Stände Heinrich von Kärnten zum König. Der Kriegszug gegen Böhmen, zu dem Albrecht Anfang 1308 deshalb mit großem Aufwand rüstete, unter Beteiligung der oberbayerischen Herzöge, die damit wieder gegen die Interessen ihrer niederbayerischen Vettern handelten, wurde aber nicht mehr durchgeführt, denn am 1. Mai 1308 änderte sich alles mit einem Schlag, als Albrecht von seinem Neffen in Privatrache ermordet wurde.

Böhmen blieb damit in der Hand Heinrichs, und für die Herzöge von Bayern und Pfalzgrafen bei Rhein bedeutete es, der habsburgischen Fesseln vorerst ledig zu sein, zugleich jedoch stellte sich wieder das Problem einer gemeinsamen Position in der bevorstehenden Königswahl. Im Zeichen der erneuten Möglichkeit einer Kandidatur fanden sich sogar Rudolf und Ludwig zusammen. Prätendent um die Krone war Rudolf; doch waren seine tatsächlichen Aussichten schlecht. Das lag zum einen daran, dass die Einigung mit Ludwig nur oberflächlich war, und zum anderen standen auch vor dem Hintergrund der reichspolitischen Situation seine Dinge nicht zum besten. Er sah sich einer Koalition der rheinischen Erzbischöfe gegenüber, die der Papst in den letzten Jahren nach dem Gesichtspunkt ernannt hatte, dass sie im Fall der Königswahl die Kandidatur eines Sprosses des französischen Königshauses unterstützen sollten. Nun, als es so weit war, wurde freilich nichts daraus, schon deshalb, weil der Widerstand der weltlichen Kurfürsten den Gedanken gar nicht erst reifen ließ, so dass die Kurie die französische Kandidatur fallen ließ. Sechs der sieben Kurfürsten – der König von Böhmen war ferngeblieben – wählten im November 1308 den Grafen Heinrich von Luxemburg als Heinrich VII. zum König. Wieder war Wittelsbach bei der Vergabe der Königskrone leer ausgegangen, und wieder nicht zuletzt seiner inneren Zerstrittenheit wegen. Auch die Folgen dieses Vorganges glichen denen, die die Wahl Rudolfs von Habsburg nach sich gezogen hatte; tatenlos mussten die Wittelsbacher zusehen, wie der neue König seine Hausmacht just in die Richtung ausdehnte, in der auch ihre Interessen lagen. Das Haus Luxemburg gewann 1310 Böhmen, und einflussreiche Kreise in Prag und am Rhein verfielen auf die Idee, den Sohn Heinrichs VII., den erst fünfzehnjährigen Johann, mit einer Tochter Wenzels II. zu vermählen; Heinrich wurde wegen seines Versäumnisses, nicht auf dem Wahltag erschienen zu sein, seines Lehens enthoben, und Johann wurde zum König von Böhmen gekrönt.

Landesherr und Familienoberhaupt: Ludwig IV.

Die Ausschaltung des Bruders
Zugleich begannen sich die Wege der wittelsbachischen Brüder nach der kurzen Strecke, die sie der Königswahl wegen gemeinsam zurückgelegt hatten, wieder zu trennen, diesmal aber nicht infolge ihrer konträren Einstellung zu den Habsburgern, sondern aus unterschiedlichen Gründen. Rudolf schwenkte wieder in die Bahn seines Vaters ein und suchte die politische und dynastische Verbindung zum neuen König, indem er seinen ältesten Sohn Ludwig mit einer Tochter Heinrichs VII. verlobte. Dieser Akt brachte ihm auch zunächst in der Tat einen Erfolg ein, nämlich die Restitution der Reichslehen, womit ihm die Wiederherstellung der territorialen Situation Bayerns und der Pfalz gelang, wie sie beim Tod seines Vaters gewesen war; damit erschöpfte sich der Gewinn jedoch auch bereits, da der Kurprinz noch vor der Hochzeit verstarb. Rudolf war kein Genie, aber er hatte auch bei seinen richtigen Entscheidungen nie das rechte Glück, und es widerfuhr ihm selbst bei seinen klug gedachten Schritten im letzten Moment immer ein Fehler, der seine Erfolge wieder zunichte machte. So auch diesmal: Bei der Ausstattung der künftigen Herzogin hatte er nämlich allein über Besitzungen verfügt, über die nach den Bestimmungen ihres Vaters Ludwig IV. mitentscheiden hätte müssen, was nun zum offenen Bruch zwischen Rudolf und Ludwig führte; das Maß war aus der Sicht Ludwigs voll. Diesmal gewann Ludwig aber zum ersten Mal und, wie sich bald zeigen sollte, auch endgültig die Oberhand, indem es ihm gelang, gegen seinen Bruder eine Teilung Oberbayerns zu erzwingen. Wenn dies auch noch nicht das Ende der Zwistigkeiten brachte, es leitete doch die

Entwicklung ein, die notwendig war, sollte Wittelsbach im Spiel der Mächte überhaupt noch einmal Geltung erhalten. Mehr noch, es war der erste Schritt Ludwigs zur selbstständigen Regierung, durch die er sich als das herausstellte, wofür er sich seit langem selbst hielt, nämlich für den politisch begabtesten Kopf seines Hauses. In den folgenden Jahren sollten sich seine und nicht die Entscheidungen seines Bruders als die richtigen erweisen. Er griff nach dem Nächstliegenden, und während Rudolf in Treue zum König, sich nebulösen Lohn erhoffend, den Romzug Heinrichs und seine Kämpfe in Italien persönlich mitmachte, engagierte sich Ludwig in der Entscheidung über die Zukunft Niederbayerns.

Dort hatten sich die Ereignisse geradezu überschlagen. Ende dieses Jahres war Stephan, der jüngere Bruder Ottos III., gestorben, und hatte zwei unmündige Söhne, Heinrich und Otto, die fünf und drei Jahre zählten, hinterlassen. Bis 1312 waren sie die Erben Niederbayerns, denn Otto III. war kinderlos gewesen; als sich der lange ersehnte Sohn im August dieses Jahres einstellte, starb Otto schon wenige Tage später. Ludwig, der bereits seit 1310 zusammen mit Otto III. die Vormundschaft wahrgenommen hatte, sah sich nun nach dem Willen Ottos als Vormund über seine Neffen und faktisch damit als Herr nicht nur über sein relativ kleines oberbayerischer Teilherzogtum, sondern auch des großen und reichen Niederbayern. Es gelang ihm für alle Gegner überraschend schnell, seine Stellung zu sichern; mit Habsburg ging er auf ein Bündnis ein, den niederbayerischen Adel konnte er zunächst ebenfalls auf seine Seite ziehen. Dies war auch notwendig, denn sein Bruder, der durch die Position Ludwigs in Bayern hoffungslos ins Hintertreffen geraten war, versuchte sofort, diese Stellung zu untergraben. Er machte sich das Unbehagen, das die Städte und einen Teil des Adels wegen seiner Österreich-freundlichen Politik erfasst hatte, zu Nutze und schloss mit diesen ein wechselseitiges Bündnis. Doch Ludwig war nicht der Mann, sich ausspielen zu lassen, jetzt wendete auch er sich gegen Österreich; es gelang ihm, sich mit seinem Bruder auszusöhnen, die Teilung Oberbayerns wurde revidiert und eine erneute gemeinsame Regierung beschlossen, wobei die Kurstimme Rudolf vorbehalten wurde, und 1313 wurde im Münchener Frieden der Bruderkrieg wieder einmal beendet, was zwar nur für ein Jahr Bestand haben sollte, im Augenblick aber von entscheidender Bedeutung war. Unverzüglich bemächtigte sich die nunmehr vereinte Macht der Pfalzgrafen und Herzöge von Oberbayern Niederbayerns, den nach dem Bündnisbruch zu erwartenden Schlag der Habsburger gerüstet entgegensehend.

Der kam so schnell wie erwartet. Nun waren es die Witwen der Herzöge Stephan und Otto, die aus der Sorge, zusammen mit ihren Kindern von den oberbayerischen Vettern völlig überspielt zu werden, der Politik ihrer verstorbenen Ehegatten zuwider sich an Herzog Friedrich von Österreich wandten und ihm die Vormundschaft über die Prinzen antrugen. Der sah die Chance, in Niederbayern Fuß zu fassen; wenn auch er selbst den Frieden zwischen den beiden verfeindeten Brüdern noch kein halbes Jahr zuvor vermittelt hatte, nun befürchtete er, die vereinte Kraft der Wittelsbacher könnte ein Äquivalent an seiner Westgrenze aufbauen. Ludwig versuchte noch im Oktober 1313 vergeblich, sich mit Friedrich zu verständigen, vier Wochen später griff der Habsburger Niederbayern an; trotz der Überlegenheit des österreichischen Heeres scheiterte das Unternehmen am taktischen Geschick Ludwigs, am 9. November schlug er bei Gammelsdorf die Österreicher vernichtend. Niederbayern war fest in seiner Hand, und er hatte den Rücken frei, vor allem gegen seinen Bruder.

Mit dem Tag von Gammelsdorf wendete sich die Geschichte Ludwigs IV. Der Sieg hatte vor allem eine moralische Wirkung im Reich; Ludwig war in den Augen vieler zum Einzigen geworden, der auch den Habsburgern Einhalt gebieten konnte. Das war insofern im Moment von großer Bedeutung, als die Königskrone seit wenigen Tagen wieder vakant war. Heinrich VII. war in Italien gestorben, und die Kurfürsten standen erneut vor dem historischen Problem, sowohl ein Erbreich in den Händen der Luxemburger als auch einen erneuten Griff der Habsburger nach der Krone zu verhindern. Ersteres war weniger schwierig, da der Sohn Heinrichs, Johann von Böhmen, erst achtzehn Jahre alt war und von daher nicht für eine Nachfolge ernsthaft in Frage kommen konnte. Letzteres war dagegen ein größeres Problem, weil Habsburg unter den Kurfürsten doch auch Anhänger hatte. Für die Gegner Habsburgs war indessen Ludwig IV. von Bayern zum geeigneten Kandidaten gereift; er hatte soeben den Österreicher aufs Haupt geschlagen, und das gab der Erwartung Raum, dass er ihn auch dann in die Schranken weisen würde, wenn er mit Waffengewalt sich gegen den neuen König wenden sollte. Zum anderen war er, in Oberbayern und in der Pfalz durch den Zwist mit seinem Bruder eingeengt, über Niederbayern zwar im Augenblick der Herr, aber doch nur Vormund seiner irgendwann selbständig werdenden Neffen, nicht die Übermacht, die man im Besitz der Königskrone nicht sehen wollte.

In der Geschichte Ludwigs setzt der Tag von Gammelsdorf den Zeitpunkt, zu dem sie sich auf vier Ebenen abzuspielen begann.

Deren eine war die des Landesfürsten im Herzogtum Bayern, der er zwar erst noch wirklich werden musste; die andere war die Ebene des dominanten Hauptes des Hauses Wittelsbach, das er nun ohne Zweifel war. Darüber schiebt sich schon bald die Ebene des Königtums, in dem er Hausmachtpolitiker gleich seinen Vorgängern war, mit großem Erfolg, und zuoberst liegt die Ebene seines Kaisertums, auf der er derjenige war, der den Gegensatz des späten Mittelalters auszufechten hatte. So unwahrscheinlich es klingen mag, aber er vermochte es, diese Ebenen in einem erstaunlich weiten Maß zu trennen. Dass er als Herzog wie als Dynast die Interessen des Königs verriet und als König die Interessen des Kaisers, war in seiner Zeit normal, so machten es alle; dass er dies aber auch dann tat, als er in seiner eigenen Person diese drei Würden zugleich bekleidete, ist ein nicht alltäglicher Fall. In der Tat war das einzige Interesse, gegen das er niemals handelte, das des Herzogs von Bayern.

Das größte Problem, das sich ihm schon unmittelbar nach Gammelsdorf stellte, war sein Bruder Rudolf. Als würde er es schon wieder bereuen, Ludwig seinen Sieg über den Habsburger ermöglicht zu haben, stellte er sich unverzüglich wieder gegen ihn; sobald in den Diskussionen im Kurkollegium um einen möglichen Nachfolger des verstorbenen Heinrich VII. der Name Ludwigs auftauchte, findet sich der Pfalzgraf – der ja das Haus im Kurkollegium vertrat – auf der Seite der Gegenpartei, nämlich Friedrichs von Österreich. Durch die Stimmabgabe Rudolfs für Friedrich den Schönen, noch mehr aber durch sein zähes Festhalten an dessen Königtum ließ er Ludwig nämlich keine andere Möglichkeit als die politische Ausschaltung seines Bruders, und sie ist ihm in den folgenden Jahren tatsächlich gelungen. Entscheidend war, dass es Ludwig vermochte, den Adel des Landes auf seine Seite zu bringen, wodurch sich Rudolf 1315 gezwungen sah, Bayern ganz zu verlassen. 1317 schließlich, noch ehe im Thronstreit die Entscheidung gefallen war, ließ Rudolf sich gezwungenermaßen in einen Vertrag ein, in dem er auf alle Herrschaftsrechte in Bayern und der Pfalz verzichtete und sich mit einer Apanage begnügte. Es wäre wohl auch dieser Vertrag wieder nicht von Dauer gewesen, doch starb der Pfalzgraf, der bis dahin mit dem Ziel, eine Koalition gegen Ludwig aufzubauen, bald mit Wien und bald mit der Familie seiner Frau, den Grafen von Nassau, Fühlung aufgenommen hatte, schon 1319.

Es zeigte sich in den folgenden Jahren, dass Ludwig die Ursache aller innerfamiliären Auseinandersetzungen seit der ersten Landesteilung erkannte, nämlich die Unvereinbarkeit der bayerischen und der pfälzischen Interessen. Der von ihm entworfene Plan erscheint dabei von einer geradezu unerhörten Kühnheit, obwohl er aus einer retrospektiven Betrachtung heraus wohl als die einzig vernünftige Lösung erkannt werden kann. Ludwig plante nichts Geringeres als den Rückzug Wittelsbachs aus der Pfalz. Als Tauschobjekt kam dabei nur ein Territorium in Frage, das dem Haus die Kurwürde erhielt und mit Bayern eine direkte Verbindung hatte. Diese Voraussetzungen waren aber gerade im Königreich Böhmen gegeben; zugleich hätte er mit der Erwerbung Böhmens eine unüberwindliche wittelsbachische Stellung gegen Österreich geschaffen. König Johann war sogar persönlich an diesem Tausch interessiert, denn zum einen war seine Stellung gegenüber dem böhmischen Adel ins Wanken geraten, und zum anderen stellte sich für ihn dasselbe Problem wie für die Wittelsbacher, nämlich die weite Entfernung seines Kurfürstentums von seinen Stammlanden. Dass dabei zugleich eine zukunftsweisende Ordnung für ganz Süddeutschland realisierbar erschien, verleiht dem Plan eine politische Größe, die von keinem anderen Ländertauschprojekt wieder erreicht werden sollte.

Der Hausvertrag von Pavia (1329)
Der große Plan scheiterte am Widerstand der böhmischen Königin, und König Johann ging zuletzt trotz eines bereits 1319 geschlossenen Vertrages mit Ludwig nicht weiter darauf ein; die pfälzische Frage musste also anders geregelt werden. Da sich Ludwig kein anderes Kurfürstentum für einen solchen Tausch anbot, musste er danach streben, seine Stellung in der Kurpfalz auszubauen und im Verein mit den Söhnen seines verstorbenen Bruders nach einem wirksamen Ausgleich suchen. Das gestaltete sich schwierig, so lange die Witwe Rudolfs und ihr ältester Sohn Adolf lebten, die beide Ludwig in unversöhnlicher Feindschaft gegenüberstanden. Nachdem die Pfalzgräfin jedoch 1323 und Adolf 1327 gestorben waren, nachdem sich vor allem auch hinsichtlich seines Verhältnisses zu Habsburg die Sachlage verändert hatte, war der Weg frei zu einer Lösung. 1329 kam es daher zu dem berühmten und folgenschweren Hausvertrag von Pavia, in dem Ludwig und seine zwei Neffen Ruprecht und Rudolf sowie sein Großneffe Ruprecht, der älteste Sohn Adolfs, die wittelsbachischen Lande unter sich teilten. Ludwig erhielt dabei Oberbayern und die Nachkommen seines Bruders die Pfalz; wie schon 1255 stellte sich jedoch das Problem, dass das pfälzische Territorium für eine solche Teilung zu klein war und daher ein Ausgleich auf bayerischem Boden, und zwar auf dem bayerischen Nordgau geschaffen werden musste. Für den Fall des Aussterbens einer Linie wurde die wechselseitige Erbfolge festge-

halten, die Kurstimme sollte zwischen der bayerischen und der pfälzischen Linie alternieren.

Dieses Vertragswerk, das an Klugheit alle früheren Teilungsvereinbarungen weit übertraf, entlastete Oberbayern und auf die längere Sicht ganz Bayern von den politischen Rücksichten auf die Kurpfalz, die schon unter den Söhnen Ottos II. die Wittelsbacher entzweit hatten. Ludwig sicherte sich damit die ungebrochene Gefolgschaft seiner drei pfälzischen Neffen bis an sein Lebensende, und wenn der Vertrag auch eine erneute und diesmal lange andauernde Teilung bayerischen Landes auf dem Nordgau mit sich brachte, so war dies doch besser, als wenn zwischen Ober- und Niederbayern divergierende Interessen bestanden; außerdem ist nicht zu übersehen, dass es diesmal die Pfalz war und nicht mehr Bayern, der aus der Entfernung eines Teil ihrer Territorien vom Stammland die Probleme erwachsen sollten. Ludwig hatte zudem keine andere Wahl gehabt; er hätte gegen seine Neffen die Pfalz kaum auf Dauer behaupten können, ohne sein Haus und sich wieder in den alten Zwist zu stürzen.

Der Kampf um Niederbayern und das Ausgreifen Wittelsbachs in das Reich
Das pfälzische Problem, vor allem aber die Ansprüche der Erben Rudolfs auf oberbayerisches Land hatte Ludwig damit gelöst. Schwieriger gestaltete sich noch bis zum Jahre 1340 das Verhältnis zu seinen Neffen in Niederbayern; auch dort sollte er trotz einiger persönlicher Fehler zuletzt als der große Gewinner vom Platz gehen. Zunächst entwickelte sich die Lage für ihn freilich nicht günstig. Die Situation, die Ludwig 1313 nach der Schlacht von Gammelsdorf so im Griff gehabt hatte – 1322 bei der Entscheidungsschlacht gegen den Habsburger bei Mühldorf, standen die drei niederbayerischen Neffen noch geschlossen auf seiner Seite – wurde mit den Jahren zusehends komplizierter, als seine Neffen mit der nacheinander erreichten Volljährigkeit nach einer selbstständigen Herrschaft strebten. Zudem waren zwei von ihnen, Heinrich der Ältere, der ältere der beiden Söhne Stephans, und Heinrich der Jüngere, der Sohn Ottos, durch Ludwig selbst mit Prinzessinnen aus den Häusern Luxemburg und Habsburg verheiratet worden. Dies führte aber nur dazu, dass beide Neffen nach den wechselnden Parteiungen sich immer wieder und zuweilen auch auf längere Dauer von Ludwig distanzierten bis hin zur offenen Feindschaft; lediglich Otto IV., der jüngere Sohn Stephans, blieb ein Parteigänger Ludwigs.

Dem Adel, der schon seit 1312 eine gewichtige Rolle zuerst für, dann aber gegen Ludwig eingenommen hatte, kamen die nur wenig ausgeprägten Persönlichkeiten der drei jungen Herzöge entgegen; als 1324, 1326 und 1329 zuerst Heinrich und Otto, zuletzt alle drei eine Teilung des niederbayerischen Herzogtums in selbstständige Teilherzogtümer anstrebten, überspielte der Adel nicht nur sie, sondern auch ihren mächtigen Onkel Ludwig in Oberbayern und verhinderte durch seine Verfügungen und Schiedssprüche die Teilungspläne der drei Brüder, ebenso aber auch das zu befürchtende Eingreifen Ludwigs, der über diese Jahre hin kaum mehr über wirksame Verbindungen nach Niederbayern verfügte. In der Tat drohte ihm buchstäblich vor seiner Haustüre alles zu entgleiten, was er sich mit seinen pfälzischen Neffen so mühsam aufgebaut hatte, die Einheit des Hauses Wittelsbach, die ihm zum einen für seine Reichspolitik und erst recht in den Kämpfen gegen seine Rivalen so dringend notwendig war. Das Jahr 1329 sah seinen Neffen Heinrich den Älteren sogar auf Seiten des Papstes und der Habsburger.

Ein Jahr später schien sich dies allerdings zu wenden, als durch den Tod Friedrichs des Schönen die Habsburger völlig gegen Ludwig ins Hintertreffen gerieten und auf Ausgleich drängten. Dies bewog letztlich auch Heinrich, sich wieder der Politik seines Onkels zuzuwenden. Die Initiative ging freilich von Ludwig aus, der mit den drei Herzögen zunächst 1330 ein Schutzbündnis schloss, und damit bereits die erste Möglichkeit, in Niederbayern wieder zu Einfluss zu kommen, für sich nutzte. Dieser sollte sich auch schon sehr bald als nötig erweisen, denn ein Jahr später wandte sich Heinrich der Ältere schon wieder ab, um sich in der erneut aufflammenden Feindschaft zwischen Ludwig und dem Haus Luxemburg seinem Schwiegervater Johann von Böhmen zuzuwenden, und er hatte nichts Geringeres dabei im Sinn, als nicht nur Ludwig, sondern auch seine Mitregenten auszuspielen und damit die Alleinregierung über Niederbayern zu erlangen.

Nun ging allerdings Ludwig selbst in die Offensive, um den unsteten Heinrich den Älteren, den er als den gefährlichsten der drei niederbayerischen Herzöge ansah, in seinen Möglichkeiten entscheidend einzuengen. Das geeignete Instrument hierzu schien ihm, sich mit seinen jüngeren Neffen gegen ihn zu verbünden; um zu diesem Ziel zu gelangen, unterstützte er selbst jetzt deren Wünsche nach der Teilung Niederbayerns, und Heinrich der Ältere sah keinen anderen Ausweg mehr, als einer solchen zuzustimmen. Er hatte jedoch seine Pläne, Niederbayern als ein einziges Herzogtum zu regieren, mit der erzwungenen Teilung noch nicht aufgegeben. In den folgenden Jahren mussten sowohl Ludwig als auch der Schwiegervater Heinrichs, Johann von Böhmen, wiederholt vermittelnd eingreifen, um die

Vettern auseinander zu halten. Er schien sich dennoch seit 1332 auf der Siegerstraße zu befinden, denn 1333 starb Heinrich der Jüngere, ohne einen Erben zu hinterlassen, und sein gleichnamiger älterer Vetter bemächtigte sich seines Landesteils, ohne seinen jüngeren Bruder auch nur mit einer Abfindung zu bedenken. Otto suchte offen den Rückhalt bei Ludwig, und verschrieb ihm seinen Landesteil im Fall eines erbenlosen Todes. Als er bereits ein Jahr darauf verstarb, besetzte Heinrich auch dessen Teilherzogtum, ohne sich um die Verschreibung zu kümmern, was er sich allein getrauen konnte, weil Ludwig in der gespannten Situation, in der er sich augenblicklich gegenüber Johann von Böhmen befand, nicht an einen Feldzug gegen Niederbayern denken konnte. Heinrich der Ältere sah sich am Ziel seiner Wünsche, er war der einzige Herzog in Niederbayern.

Ludwig hatte das Problem Niederbayern damit nicht zu den Akten gelegt, sondern nur angesichts seiner weitergehenden Engagements in der Reichspolitik zurückgestellt. Erst 1339 war wieder eine Konstellation gegeben, in der sich Heinrich mit seinem Onkel aussöhnen musste. Er vermied damit einen bereits in der Vorbereitung weit gediehenen, groß angelegten Kriegszug einer oberbayerisch-österreichischen Allianz nach Niederbayern, buchstäblich in der letzten Minute, und befreite Ludwig von der gewiss nicht geringen Sorge, Österreich für den Beistand gegen Niederbayern den ganzen niederbayerischen Landesteil östlich der Salzach-Inn-Linie versprochen zu haben – ein hoher Preis, den er nun nicht zahlen musste. Dass Habsburg auf den Kosten für die Kriegsvorbereitungen sitzen blieb, störte ihn nicht weiter, den darüber entstandenen Missmut konnte er ertragen.

Die Einigung mit Heinrich von Niederbayern war angesichts dessen, was sich nun abspielen sollte und sich ähnlich überstürzte wie der Tod der beiden anderen niederbayerischen Herzöge 1333/34, dringend nötig gewesen. Die Einigung zwischen Ludwig und Heinrich hatte im Februar 1339 stattgefunden, und im September des Jahres war dieser überraschend verstorben. Wie schon 1312 regierte Ludwig das Herzogtum Niederbayern wieder als Vormund, als den Heinrich ihn im Rahmen der Einigung für seinen einzigen Erben, den noch im Kindesalter stehenden Johann eingesetzt hatte. Der Zukunft konnte Ludwig in dieser Hinsicht nun gelassen entgegensehen, denn Johann war mit einer seiner Töchter verlobt worden. Allerdings kam dieser Heiratsplan nicht mehr zum Tragen, denn auch Herzog Johann starb bereits ein Jahr später. Bayern war nach 85 Jahren der Teilung damit wieder eins, um einiges geschmälert auf dem Nordgau infolge der Besitzungen, die die pfälzische Linie beim Hausvertrag von Pavia erhalten hatte, doch in sich geschlossen. Um diese Erfolge, die zu seinen größten zählen, nicht gleich wieder auf das Spiel zu setzen, verfügte er gegenüber seinen Söhnen, dass die bayerischen Lande auf 20 Jahre nicht wieder geteilt werden dürften; er hatte nicht nur die Teilung Altbayerns damit überwunden, sondern auch den Grundgedanken des dynastischen Teilungsprinzips, das seit einem knappen Jahrhundert die Kräfte des Hauses Wittelsbach immer wieder geschwächt hatte. Das war freilich nur seine persönliche Vorstellung, einer der in anderen Zusammenhängen sich immer wieder zeigenden geistigen Horizonte, für die sich aber seine Zeit noch nicht als reif erweisen sollte; denn eine Überwindung des Prinzips war damit noch nicht verbunden, für Bayern nicht, und für die pfälzischen Lande, die sich in den kommenden Jahrhunderten regelrecht zersplittern sollten, noch weniger.

So weit es sich um die Gewinnung Niederbayerns und die Einigung seines Stammlandes, sowie um die Lösung der pfälzischen Frage handelte, ist seine Familienpolitik unabhängig von seiner Reichspolitik zu sehen, wobei es auch hier immer wieder Verknüpfungen gab wie etwa bei seinem Angebot an den Papst, zugunsten seines niederbayerischen Vetters Heinrich XIV. sein Königtum niederzulegen. Daneben und vor allem nach der Lösung dieser Fragen aber betrieb er wie alle Könige vor und nach ihm eine expansive Hausmachtpolitik, die zum einen der Sicherung des Königtums für sein Haus dienen sollte, zum anderen aber auch der Lösung eines sich in der nächsten Generation erneut stellenden Problems. Ludwig hatte aus seinen zwei Ehen nicht weniger als sechs Söhne, die das Mannesalter erreichten. Der Landhunger, den er entwickelte, hatte also sehr unmittelbare Gründe, denn um sie alle mit ausreichenden Herrschaftsgrundlagen zu versorgen, war das wieder vereinigte Herzogtum Bayern viel zu klein, vor allem deshalb, weil er auch eine erneute Teilung des Landes um keinen Preis wollte; bei allen Einweisungen seiner Söhne und Neffen in Besitzteile seiner Ländermasse, die er zu seinen Lebzeiten wie auch in seinem Testament vornahm, war es immer oberster Grundsatz, dass Bayern nicht geteilt werden solle, sondern gemeinsamer Besitz bleiben müsse, geteilt wurden immer nur die Besitzungen außerhalb Bayerns.

Schon 1322 hatte er damit begonnen, die wittelsbachische Ländermasse zu erweitern, wobei ihm seine königliche Stellung hilfreich war. Mit dem Aussterben der Askanier war die Mark Brandenburg vakant geworden, die zwar nicht gerade eines der reichsten Länder war, aber sie war mit der Kurwürde behaftet. Ludwig belehnte seinen ältesten Sohn mit ihr, der sich damit den Beinamen der Brandenburger zuzog; durch eine geschickte Heiratspolitik erwarb er zugleich Ansprüche auf ein eventuell anfallendes wettinisches Erbe, das heißt auf thüringische und sächsische Territorien. Er selbst heiratete 1323 nach dem Tod seiner ersten Frau in zweiter Ehe eine Tochter des Grafen von Hennegau-Holland, der zwar noch zwei weitere Töchter, aber keine Söhne hatte, und erwarb so ebenfalls eine Anwartschaft auf ein Territorium, das zu den wirtschaftlich interessantesten des Reichs gehörte; zudem gewann er in seinem Schwiegervater Graf Wilhelm III. einen zuverlässigen Bundesgenossen, der den mit der päpstlichen Partei sympathisierenden Erzbischof von Köln in Schach halten konnte. 1346 ließ sich diese Anwartschaft realisieren, als Wilhelm III. starb; ungeachtet der Ansprüche der beiden Schwestern seiner Frau zog er als König die Reichslehen des verstorbenen Grafen – neben der Grafschaft Holland auch die Grafschaften Hennegau und Seeland sowie die Herrschaft Friesland – ein und übergab sie seinem Sohn Wilhelm als Statthalter.

Über die ganze Zeit hinweg erwarb er auch Pfandschaften und Besitzungen in Schwaben, wo er als König leichten Zugriff hatte. Er wollte damit nicht nur seine Besitzungen in der Nähe seines Landes erweitern, sondern auch seinen Einfluss in einem der Kernländer des Reiches sichern. Die vielen einzelnen Besitzungen lagen zwar verstreut über ganz Schwaben bis an den Bodensee und waren weit entfernt von der Errichtung einer Landesherrschaft, doch dachte Ludwig hier wie überall in weit gespannten Dimensionen, und weit über seine Zeit hinaus; auf lange Sicht war dieser Teil seiner Territorialpolitik sogar der erfolgreichste, denn die Präsenz des bayerischen Herzogs blieb, wenn auch nicht in allen seinen Erwerbungen, so doch in vielen Teilen derselben bis zum Ende des alten Reiches bestehen. Sein bedeutendster und aus bayerischer Sicht wichtigster Gewinn war jedoch die Grafschaft Tirol, die mit ihrer unmittelbaren südlichen Nachbarschaft zu Bayern auf die weitere Sicht die besten Chancen bot, die bayerischen Stammlande doch noch einmal zu erweitern. Zudem ging es dabei um ein uraltes bayerisches Land, das sich zwar schon seit eineinhalb Jahrhunderten allmählich von diesem gelöst hatte, aus der Sicht des Herzogs aber immer noch zu diesem gehörte. Um dieses Erfolges Willen nahm er auch den vielleicht größten Fehler in Kauf, den er jemals in seiner Politik gegenüber dem Reich machte.

Die Vorgeschichte der Tiroler Affäre ist so kompliziert, dass sie hier nicht eingehend behandelt werden kann. In aller Kürze: 1335 war Herzog Heinrich von Kärnten, der Abstammung nach Graf in Tirol, gestorben und hatte als Erbin nur eine Tochter hinterlassen, Margarethe Maultasch; ihr seltsamer Beiname spielt jedoch keineswegs, wie von der späteren Historiographie und noch – wie üblich prägend für das allgemeine historische Bewusstsein – von Lion Feuchtwanger in völliger Unkenntnis der historischen Quellen angenommen wurde, auf eine abgrundtiefe Hässlichkeit Margarethes an. Die historische und noch weniger freundliche Erklärung ist die, dass sie ihn einer Neigung zu sexuellen Ausschweifungen verdankt, denn Maultasch bedeutet so viel wie Hure. Er entspringt der zeitgenössischen und ihr feindseligen Propaganda, und für diese gab es mehr als einen Grund. Tatsache ist, dass sie eine unberechenbare und wohl auch recht unbeherrschte Person war, was ihrer Attraktivität auf die Fürsten des Reiches aber nicht den geringsten Abbruch tat, denn mit ihrer Hand war der Besitz Tirols verbunden. Schon 1330, gerade zwölf Jahre alt, war sie mit dem jüngeren Sohn Johanns von Böhmen, Johann Heinrich, verheiratet worden, den sie 1341 zusammen mit seinem böhmischen Anhang aus Tirol vertreiben ließ, um sich dem seit 1329 verwitweten Sohn Ludwigs des Bayern, dem Markgrafen Ludwig von Brandenburg förmlich anzubieten. Da ihre Ehe mit dem Luxemburger nicht geschieden war, ließ sie die Legende verbreiten, dass dieser impotent sei und die Ehe infolgedessen nicht vollzogen worden sei. Ersteres war eine glatte Lüge, denn Johann Heinrich heiratete später und hatte auch Kinder, letzteres ist nicht so ganz von der Hand zu weisen, denn Johann Heinrich war bei der Eheschließung erst zwölf Jahre alt. Der dubiose moralische Ruf Margarethes wurde nach seiner Vertreibung durch die luxemburgische Propaganda verbreitet, die sie als ein hemmungsloses Weibstück ohne jeden Anstand hinstellte, das seine von ihrem Gemahl nicht gestillten Bedürfnisse von anderen befriedigen ließ. Der Coup, und als einen solchen kann man die Sache durchaus bezeichnen, schien zu gelingen, Margarethe gebar Ludwig dem Brandenburger einen Erben, Meinhard; das Tiroler Erbe schien gesichert.

Der Landesfürst
Neben seiner – trotz der auf die längere Sicht weniger glücklichen Folgen – durchaus sehr erfolgreichen Familienpolitik liegen die großen Erfolge Ludwigs, die für Bayern vor allem bleibende Bedeutung haben sollten, in der von ihm gezielt betriebenen Entwicklung des Landes. In seinem angestammten Territorium Oberbayern hatte Ludwig sich von Anfang an als ein Meister der landesherrlichen

Organisation erwiesen. Zwei Punkte sind in diesem Gesamtkomplex als entscheidend hervorzuheben, zum einen das radikale Einigungswerk, in dem er die letzten Hinderungs- und Eingriffsmöglichkeiten der Reichsgewalt in Bayern und zugleich auch die letzten Gefahren der Verselbständigung von Teilen des Herzogtums beseitigte, und zum anderen sein Bestreben nach der Vereinheitlichung der jurisdiktionellen Gewalt. In seinen auf den erstgenannten Punkt gerichteten Aktivitäten benutzte er sogar seine königliche Macht, um sein Herzogtum zu konsolidieren, indem er Rechte des Reiches, also seine eigenen, zu denen des Herzogtums machte.

War dies alles – ohne damit die Leistung Ludwigs wieder relativieren zu wollen – nicht revolutionär neu, sondern in erster Linie eine konsequente Weiterführung eben der Politik, die sein Großvater und sein Vater bereits begonnen und ausgebaut hatten, nur eben seiner Zeit und ihren Gegebenheiten angepasst, so gibt es in seiner Regierungszeit jedoch auch ein Element, das ihn von seinen Vorgängern deutlich abhebt. Ludwig hat das Geistesleben in Bayern beeinflusst, wie es bis dahin keinem seiner Vorfahren gelungen war. Sie hatten diesbezüglich, wenn man von dem durch seinen frühen Tod im Ansatz stecken gebliebenen Versuch Ludwigs des Kelheimers einmal absieht, zwar auch keinen sonderlichen Ehrgeiz entwickelt, doch die Gestalt Ludwigs wirkte aktiv wie passiv befruchtend. Die Annalistik und Chronistik erreichte in Bayern einen neuen Höhepunkt, nachdem ein halbes Jahrhundert lang in der Historiographie beinahe Schweigen geherrscht hatte; nun entstanden in dichter Folge Herzogschroniken, Welt-, Kaiser- und Papstchroniken, vor allem Lebensbeschreibungen des Herrschers. Ludwig förderte diese Bemühungen durch großzügige Stiftungen, die seiner persönlichen memoria galten; für letztere wurden sogar eigene Liturgien entwickelt, die auch nach seinem Tod, ungeachtet dessen dass er im Bann gestorben war, weiter verfolgt wurden.

Vor allem die Philosophie schwang sich zu einem seit den Tagen Ottos von Freising und eines Gerhohs von Reichersberg, das heißt aber seit annähernd zweihundert Jahren nicht mehr gekannten Höhenflug auf, und er hat hier durchaus fördernd eingegriffen. Was am Hof Ludwigs in München an geistigen Leistungen erbracht wurde, stellte das Fortschrittlichste dar, was in Europa an Theologie, Kirchenlehre und Staatstheorie damals geschrieben und gedacht wurde. Marsilius von Padua und Wilhelm von Ockham waren die herausragenden, aber nicht die einzigen Gestalten. Hier wirkten zwar keine oder so gut wie keine Bayern, es gab sich vielmehr das gesamte progressive Element des europäischen Geisteslebens, durch die Elite des Franziskanerordens repräsentiert ein Stelldichein. Der Herrscher gab ihnen den Raum und die Möglichkeit zu ihrem Wirken; unter den gegebenen Umständen hieß das konkret, ihnen vor allem Schutz zu gewähren.

Man darf freilich nicht übersehen: Auch wenn Bayern, wenn das Geistesleben des Landes davon profitierte, die soeben genannten großen geistigen Aktivitäten galten nicht dem Land und seinem Fürsten, weder die der Staatstheoretiker noch die der Chronisten und Vitenschreiber. Ihr Denken kreiste um die höher angesiedelten Probleme im Leben Ludwigs, um sein Schicksal als König und Kaiser, und um den Kampf um Kirche und Reich, um die Weltgeschichte ihrer Zeit und um den großen Gegensatz, der nun zu schroffster Konfrontation wieder aufbrach. Wirklich in die Geschichte eingegangen ist nicht Herzog Ludwig IV., der energische Landesherr und erfolgreiche Familienpolitiker, der Einiger Bayerns, der Fürst, der die pfälzische Frage zu lösen verstand, sondern Kaiser Ludwig der Bayer, der Kämpfer auf der weltpolitischen Bühne, so verloren er in dieser Rolle retrospektiv betrachtet auch wirken mag.

König und Kaiser

Die Doppelwahl 1314 und ihre Folgen
Es ist ein Teil der persönlichen Tragik Herzog Ludwigs IV., dass seine historische Memoria nicht die des großen Landesfürsten ist, sondern die des zuerst erfolgreichen, zuletzt aber abgesetzten und durch seinen frühen Tod nicht mehr zur Entscheidung gegen den Gegenkönig Karl IV. angetretenen Königs, und als dem Papst im Kampf um die alte Reichsidee unterlegenen Kaisers, der im Bann starb, was er trotz seines berechtigten persönlichen Hasses auf den Papst keineswegs leicht genommen hat. Das hat manche, und darunter auch die größten und bedeutendsten Historiker, die sich mit ihm beschäftigt haben, dazu bewegt, ihm selbst seine Tragik abzusprechen und ihn nur an seinen eigenen Fehlern gescheitert zu sehen. Ohne in diesen Streit eingreifen zu wollen, muss man freilich sehen, dass er sein Königtum wie auch sein Kaisertum jeweils mit schweren Vorgaben anzutreten hatte, und zwar jedes für sich. Es war bereits die Rede davon, wie er überhaupt dazu kam, als jünger geborener Sohn des Pfalzgrafen und eigentlich nur zu einer Mitregierung im Schatten seines älteren Bruders bestimmt, zum Kandidaten für das Königtum zu werden, und dass er nur ein Interimskönig sein sollte. Der Anführer der Gruppe, die diese ebenso zu weit gespannten wie zu fein

gesponnenen Pläne hegte, war Erzbischof Balduin von Trier und damit kein anderer als der Bruder des verstorbenen Kaisers Heinrich VII. In seinem politischen Lager befand sich auch der Erzbischof von Mainz, Peter von Aspelt, und die Kurfürsten von Böhmen und Brandenburg. Mit der kurkölnischen Parteinahme für Friedrich den Schönen und selbst unter Berücksichtigung der Tatsache, dass Pfalzgraf Rudolf auf der Seite des Habsburgers stand, wäre eine einstimmige Wahl vielleicht immer noch durchzusetzen gewesen, da diese zwei Kurfürsten allein standen und möglicherweise, um ihre Stimmen zu retten, sich doch noch hätten gewinnen lassen; durch die besonderen Umstände ergab es sich jedoch, dass es nicht etwa fünf zu zwei nach den Kurstimmen stand, sondern fünf zu vier. Das lag daran, dass zwei der Kurstimmen von zwei Fürsten beansprucht und von diesen auch verschieden abgegeben wurden. Doppelt stimmte Böhmen, da der abgesetzte König Heinrich sich durch sein Votum die Unterstützung der Habsburger im Kampf um Böhmen zu sichern erhoffte, und doppelt wählte Sachsen, da sich die beiden Linien des Hauses seit der Teilung noch nicht über die Ausübung der Kur einigen hatten können; Sachsen-Lauenburg votierte für Ludwig, Sachsen-Wittenberg dagegen für Friedrich, ein jeder in der Hoffnung, auf der Siegerseite zu stehen und den Rivalen in der Kur leichter ausschalten zu können. Aus solchen Gründen und mit solcher Leichtfertigkeit wurde über das Königtum und das Reich entschieden; Schlimmeres lässt sich kaum über das Kurkollegium in diesen Jahrzehnten sagen.

Zweifellos war Ludwig der rechtmäßige König, denn er hatte nicht nur die Mehrheit selbst unter den jetzt neun abgegebenen Kurstimmen, er hatte auch im Gegensatz zu seinem Rivalen nur eine strittige Stimme. Die Wahl Friedrichs war mit dem Makel belastet, dass eine der Kurstimmen in seinem Wahlgremium, die Heinrichs von Kärnten, ohne Recht abgegeben worden war. Die Doppelwahl war damit nicht mehr aufzuhalten, das Königtum war im Wortsinne auszufechten. Am 25. November wurden im vollen Bewusstsein, dass dieser Akt eine Vorläufigkeit darstellte und die Entscheidung über das Königtum erst bevorstand, die beiden Könige gekrönt, unter jeweils anderen, gleichermaßen pikanten Umständen: Friedrich mit den echten Insignien und vom dazu traditionell befugten Erzbischof von Köln, aber am falschen Ort, nämlich in Bonn; Ludwig vom dazu nicht befugten Erzbischof von Mainz und nur mit den Duplikaten der Reichsinsignien, dafür aber am traditionellen Ort, im Kaiserdom zu Aachen. Und was danach folgen würde, lag bereits auf der Hand: Krieg. Ein erster Angriff des Österreichers 1319 verlief sich in Niederbayern, ohne dass es schon zu einer Entscheidung gekommen wäre. Sie fiel erst 1322, acht Jahre nach der Doppelwahl; bei einem Einfall der Österreicher gelang es Ludwig, bei Mühldorf Friedrich vernichtend zu schlagen, Friedrich selbst wurde gefangen genommen, Ludwig war damit alleine König.

Nun erst konnte er sich daran wagen, die Machtbasis seines Hauses auszubauen. Die erste Möglichkeit, die sich bot, nutzte er, indem er die schon seit 1319 vakante Mark Brandenburg an sich zog, um seinen erst acht Jahre alten Sohn Ludwig mit ihr zu belehnen. Er hatte, dass ihm das möglich wurde, freilich große Opfer für diesen Erfolg zu bringen, indem er ringsum alle anderen Fürsten mit kleineren Teilen der Mark abfand, darunter auch Johann von Böhmen, der bis dahin sein Parteigänger gewesen war und 1322 bei Mühldorf für Ludwig gekämpft hatte. Johann hatte sich freilich dafür mehr erhofft, die ganze Mark nämlich. Sie war aus der Sicht des reichen Königs von Böhmen als Territorium zwar völlig uninteressant, da sie in weiten Teilen noch unerschlossen war, sie hatte aber die Kurwürde, um die allein es Ludwig wie auch Johann ging. Hatte dieser Akt den Böhmen schon verärgert, so musste es ihn noch mehr verdrießen, dass kurz darauf Ludwig mit dem Landgrafen Friedrich von Thüringen eine Erbabsprache traf und ihm seine Tochter Mechthild vermählte, obwohl durch diese Heirat die bereits bestehende Eheabmachung des Landgrafen mit einer Tochter König Johanns von Böhmen platzte. Dass Johann auf dies alles hin nur auf eine Gelegenheit wartete, gegen den König Stellung zu beziehen, kann wohl nicht verwundern, aber Ludwig hielt seine Position für gefestigt genug. Er betrachtete seine Stellung im Reich sogar so weit als gesichert, um sich dem traditionellen Ziel des Königtums zuwenden zu können, nämlich dem Erwerb der Rechte des universalen Imperiums in Italien.

Andreas Kraus vermutet, dass sich Ludwig kaum in Italien eingemischt hätte, wenn ihm zu dem Zeitpunkt die tatsächlichen Verhältnisse südlich der Alpen besser bekannt gewesen wären. Das ist zweifellos richtig; die damit unweigerlich verbundene Konfrontation mit dem Papsttum in Avignon war für ihn indessen auch schon zu diesem Zeitpunkt erkennbar, und er hat sie wohl bewusst in Kauf genommen. Papst war seit 1316 Johannes XXII., ein Franzose aus Cahors. Dieser hatte schon 1317 in dem Anjou König Robert von Neapel seinen eigenen Reichsvikar für Italien ernannt, obwohl er diesem schon bald wieder misstraute, weswegen er auch mit eigenen Truppen und den entsprechenden politischen Organen in Italien präsent war. Die kaiserfreundliche Partei in Italien, die Ghibellinen, sah sich

Verfolgungen mit Bann und Exkommunikation ausgesetzt bis hin zu einem als Kreuzzug deklarierten Feldzug gegen die Stadt Mailand. Der acht Jahre schwebende Thronstreit in Deutschland kam ihm hierbei gelegen, und er weigerte sich infolgedessen über diese ganze Zeit, den Zwiespalt durch eine Parteinahme zu entscheiden. Er erteilte daher keinem von den zwei gewählten Königen die Approbation und betrachtete das Reich weiter als vakant. Er hatte dafür aus seiner eigenen Sicht Gründe, denn die Gewählten hatten ihren Anspruch auf die alten Reichsrechte kundgetan; die Partei, die Ludwig gewählt hatte, hatte zugleich mit der Vorlage des Wahldekrets auch um die Kaiserkrönung gebeten, und Ludwig hatte unverzüglich einen Reichsvikar für Italien bestellt. Friedrich hatte zwar auf derlei vorerst verzichtet, er hatte dafür eine diplomatische Tätigkeit in Italien in Gang gesetzt, die ebenfalls sein Eingreifen erwarten ließen, sobald er hierfür Kräfte frei haben würde.

Hinter diesen verschieden angelegten, aber letztlich in die nämliche Richtung zielenden Aktivitäten stand weit mehr als der persönliche Ehrgeiz der Elekten. Beide hatten, wollten sie als Könige bestehen, keine andere Wahl. Das kurze, aber mit weit überspannten Vorstellungen ausgefüllte Kaisertum Heinrichs VII. hatte die publizistische Auseinandersetzung mit der Kaiseridee neu angefacht; dass Heinrich VII. sein Krönungsdekret nicht nur sämtlichen deutschen Fürsten, sondern auch allen europäischen Königen zugestellt hatte, war kein Zufall gewesen. Die heftige Entrüstung, die er in Neapel und Frankreich damit hervorgerufen hatte, zeigte freilich auch, wie es in der Realität damit bestellt war.

Mit der Entscheidung von Mühldorf war die päpstliche Handlungsfreiheit in Italien gefährdet. Johannes XXII. versuchte daraufhin zwar noch, selbst die Zügel wieder in die Hand zu bekommen, indem er mit dem Hintergedanken, die Entscheidung möglichst weiter hinauszuzögern, sich als Vermittler zwischen den beiden *electi*, wie sie im kurialen Sprachgebrauch immer noch hießen, anbot, worauf sich Ludwig aber nicht einlassen wollte. Bereits im Frühjahr 1323 griff Berthold von Neiffen in Italien als Reichsvikar mit Waffengewalt ein und trieb die päpstlichen Truppen schmählich aus dem Land. Daraufhin ging der Papst in die Offensive, indem er Ludwig bei Strafe des Bannes verbot, weiter als König aufzutreten.

Der Kampf gegen den Papst

Dieser Angriff des Papstes traf in Ludwig auf einen Mann, dem es seine in den letzten Jahren errungenen Erfolge nicht erlaubten, darauf einzugehen. Wie zweieinhalb Jahrhunderte früher im Investiturstreit erfolgte beinahe zwangsläufig ein sich mit jedem neuen Schritt steigernder Schlagabtausch, an dessen Ende unweigerlich der Bann gegen den König stehen musste. Unmittelbare Folgen hatte der päpstliche Prozess gegen Ludwig im Reich zunächst indessen nicht. Es bildete sich, anders als in allen ähnlich gelagerten Fällen zuvor, keine päpstliche Partei gegen den König; noch nicht einmal die Habsburger, denen sich Johannes XXII. anzunähern versuchte, fanden sich zu einer Parteinahme bereit. Friedrich der Schöne, von dessen Haltung alles abhing, suchte, schon um aus der Gefangenschaft, in der er seit 1322 saß, freizukommen, den Ausgleich mit Ludwig, und 1325 wurde gegen den Willen der Kurie und der Kurfürsten der Münchner Vertrag, nach dem Ludwig und Friedrich gemeinsam regieren sollten, geschlossen. Um die Opposition gegen diese Verständigung zu überspielen, bot Ludwig für den Fall, dass Friedrich binnen sechs Monaten die päpstliche Approbation erhalten würde, sogar seinen Verzicht auf den Thron an, wohl kalkulierend, dass dieser dieselbe verweigern würde, weil sich Friedrich mit einem Gebannten verständigte, und behielt damit recht. Damit war der Papst als unversöhnlich bloßgestellt. Friedrich trat in den folgenden fünf Jahren, in denen er nominell neben Ludwig als König stand, kaum in Erscheinung, 1330 ist er im Alter von vierzig Jahren gestorben, und Habsburg schied damit für fast ein Jahrhundert aus dem Königtum aus; ein gewichtiger Faktor in der Reichspolitik blieb es deswegen aber um nichts weniger.

Ludwig selbst befand sich seit 1327 in Italien, um sich die Kaiserkrone zu erwerben, trotz verbaler Angriffe der Kurie in Avignon, die Ludwig nach der Königskrone nun auch sein Herzogtum Bayern aberkannte – wobei er seinen historischen Beinamen *bavarus, der Bayer,* erhielt – und danach im Abstand von jeweils einigen Wochen immer neue Ketzeranklagen gegen ihn und seine Anhänger aussprach. Die Situation schien äußerst günstig; in Oberitalien hatten im Moment die Ghibellinen die Oberhand, und Rom befand sich im Aufruhr gegen die Herrschaft des Königs Robert von Neapel, der auch dem Papst und der Kurie galt. Den Papst in Avignon betrachteten Ludwig und seine Ratgeber samt den Ghibellinen bereits als abgesetzt, unter Wiederholung der Semantik, die Heinrich IV. zweieinhalb Jahrhunderte zuvor begründet hatte – *Hildebrand, nicht mehr Papst, sondern falscher Mönch* hatte es seinerzeit geheißen, und *Jakob von Cahors, der sich fälschlich Papst nennt* schrieb man jetzt.

Zuerst schien dem König alles zu gelingen; in Mailand, das man ohne einen Schwertstreich erreichte, wurde Ludwig mit der Langobardenkrone gekrönt, und auch der gelegentliche, aber nur schwache Widerstand, der sich im Folgenden bot, konnte leicht überwunden werden. Im Januar 1328 erreichte Ludwig Rom, wo er vom Volk der Stadt jubelnd begrüßt wurde; im Zug des Aufstandes hatte sich eine republikanische Regierung unter der Führung eines Volkskapitäns durchgesetzt, von dem sich Ludwig nach vorangegangener Wahl durch das römische Volk zum Kaiser krönen ließ. Die Anklagen aus Avignon konnten jedoch nun nicht mehr ohne Antwort bleiben, und Ludwig entschloss sich im April 1328 zum Äußersten zu greifen, indem er vor der Peterskirche Johannes XXII. feierlich als *mystischen Antichrist* bezeichnete und ihn für abgesetzt erklärte. In einem weiteren Dekret verbot er künftig dem Papst, bei Verwirkung seines Amtes, Rom zu verlassen, und im Mai wurde, wieder durch das römische Volk, der Franziskaner Petrus von Corvara als Nikolaus V. zum neuen Papst gewählt. Er war der letzte kaiserliche Gegenpapst der Geschichte, und sein Schicksal zeigt, wie wenig eine solche Handlung noch einen historischen Boden hatte. Denn trotz der Opposition, die es auch in Avignon gegen den Kurs Johannes XXII. gab, gelang es weder Nikolaus V. noch Ludwig, einen der avignonesischen Kardinäle nach Rom zu ziehen, Nikolaus blieb ein Papst ohne Kurie. Dass er auch als Persönlichkeit nicht im Entferntesten das Format hatte, um eine solche Aufgabe zu erfüllen, sollte sich schon bald zeigen.

Ludwig befand sich in Rom schon im August 1328 wieder in einer schwierigen Lage. Die Neuwahl des Papstes hatte die Situation nicht klären oder bereinigen können, da der abgesetzte Papst und die Kurie im fernen Avignon handlungsfähig blieben. Die Grundlagen seines Kaisertums waren zwei im Grunde nicht zu vereinbarende Elemente, zum einen ein Papsttum ohne Kraft und Rückhalt, ohne Autorität und, wie inzwischen zu sehen war, auch ohne Chance zur Durchsetzung, und zum anderen die Gewogenheit des römischen und überhaupt des italienischen Adels. In der Tat war schon im August in Rom die Stimmung nicht mehr zum besten für den Kaiser, zum einen, weil die erhoffte Rückkehr der Kurie nach Rom ausgeblieben war, zum anderen, weil der Kaiser nun mit gewaltigen Geldforderungen auftrat. An eine wirksame Verfolgung der weiteren Ziele war nicht mehr zu denken. Von diesem Zeitpunkt an zerbröckelte der Erfolg; die Absetzungsflüche, die Ludwig aus Pisa, wohin er sich zurückgezogen hatte, wider den Papst schleuderte, änderten nichts mehr daran, auch die oberitalienischen Städte neigten dazu, sich mit der Kurie zu verständigen, und nicht einmal mehr Mailand, das sich Ludwig so rasch geöffnet hatte, stellte sich für das einberufene Konzil zur Verfügung. So kehrte Ludwig 1330 mit einem Titel, den er führte, aber nicht ausfüllte, nach Deutschland zurück.

Allerdings konnte auch Johannes XXII. seinen Kopf nicht immer durchsetzen, schon gar nicht in Deutschland; das größte Hindernis war hier die Verbindung der Kurie mit Frankreich und seinen Interessen. Noch vor der Entscheidung in Rom hatte Johannes versucht, die Kurfürsten zur Wahl eines Gegenkönigs zu bewegen, und wieder hatte er versucht, die Kandidatur eines französischen Prinzen durchzusetzen. Die Kurfürsten ließen sich zwar dazu drängen, für den Mai 1328 einen Wahltag anzusetzen; die Absicht, den politischen Vorstellungen der Kurie zu folgen, verband sich damit aber keineswegs. Erzbischof Balduin von Trier verband die Zusage eines Wahltages mit der entschiedenen Weigerung, dem französischen Kandidaten der Kurie seine Stimme zu geben, womit unterschwellig klar gestellt war, dass man sich derartige Einmischungen verbat. Noch ehe ein weiterer Schritt hatte erfolgen können, hatten sich aber die Verhältnisse entscheidend geändert, wodurch es sich ergeben sollte, dass der 1330 heimkehrende Kaiser in Deutschland zu seiner eigenen Überraschung trotz der laufenden Prozesse und Bannflüche für sich bessere Verhältnisse vorfinden sollte, als er sie bei seinem Aufbruch nach Italien hinterlassen hatte.

Tatsächlich hatte Johannes XXII. den Bogen überspannt und die Wirkung seiner aus dem fernen Avignon im Überfluss über das ganze Reich ausgegossenen Bannflüche überschätzt. Anlass war ein relativ kleiner Konflikt gewesen; als der Erzbischof von Mainz im November 1328 gestorben war, hatte das Mainzer Domkapitel einstimmig Erzbischof Balduin von Trier zum Nachfolger gewählt, wogegen der Papst eigenmächtig Heinrich von Virneburg zum neuen Erzbischof ernannte. Doch Balduin von Trier beharrte auf dem Recht des Mainzer Domkapitels und besetzte das Erzstift Mainz mit seinen Truppen. Trotz massiver Versuche der Kurie, die Wahl eines Gegenkönigs durchzusetzen, wozu sie die Wahl eines Habsburgers zum König wieder in das Gespräch zu bringen versuchte, gab es nun keinen Weg zu einem Wahltag mehr, denn gegen Balduin von Trier und Johann von Böhmen war im Reich nichts durchzusetzen. Balduin hatte sich im Kampf um Mainz auf die Seite des Kaisers gedrängt gesehen, und als Johann von Böhmen seine Vermittlungsversuche an dem inzwischen einem jeden offensichtlichen Starrsinn des greisen Papstes scheitern sah, wandte auch er sich wieder dem Kaiser zu. Das Reich stand damit nach den Flüchen Johannes XXII., wonach ein jeder dem Bann verfalle, der Ludwig als König oder Kaiser diene, im Verdikt der Kirche.

Die Domkapitel waren nicht gesonnen, einen der vom Papst ernannten Bischöfe anzuerkennen, sondern hielten an den von ihnen Erwählten fest, mit dem Effekt, dass in fast allen Diözesen über Jahrzehnte schismatische Verhältnisse herrschten. Der größte Teil des Ordens- und Weltklerus stand auf Seiten des Gebannten, so dass allenthalben regelmäßig die Sakramente gespendet und die Gottesdienste versehen wurden. Trotz der Überlegenheit, die sich darin zeigte, litt Ludwig unter der Exkommunikation, auch wenn sie wider jedes Recht erfolgt war; eine innere Lösung von der Kirche war für ihn und für seine Zeitgenossen gleichermaßen undenkbar. Es ist daher also nur folgerichtig, dass Ludwig in den folgenden Jahrzehnten immer wieder die Verständigung mit der Kurie suchte und die Lösung aus dem Bann erstrebte. Seit 1332 gab es einen neuen Vermittlungsplan, mit dem der Zustand beendet werden sollte; Ludwig sollte zu Gunsten Heinrichs von Niederbayern abdanken, im Gegenzug dazu sollte der Papst ihn wieder in die Kirche aufnehmen. Während Ludwig Interesse an diesem Plan zeigte – er stellte, vorerst geheim, bereits den entsprechenden Brief für seinen niederbayerischen Vetter aus – verhielt sich die Kurie weiterhin reserviert; auf das Ansinnen einzugehen, hätte aus ihrer Sicht nichts anderes bedeutet, als das Recht Ludwigs auf den Thron anzuerkennen, da er sonst auf ihn nicht verzichten hätte können.

Die politische Bedrängnis, in die der Papst mittlerweile in Italien geraten war, sowie der nachfolgende Tod Johannes XXII. verzögerten die Angelegenheit weiter, zumal auch Ludwig unter diesen Umständen weiter abwartete. Bewegung gab es erst wieder, nachdem Papst Benedikt XII. den Stuhl Petri bestieg. Im Frühjahr 1335 nahm Ludwig mit ihm Fühlung auf, ohne dass jedoch Fortschritte erzielt worden wären; die Standpunkte hatten sich nicht geändert. Im April 1337 kam es zum Zusammenstoß zwischen dem kaiserlichen Prokurator und dem Papst, der nach der erneuten Vertretung der Vorbehalte Ludwigs unter drastischen biblischen Zitaten – es war dabei von einem apokalyptischen Drachen auf dem Königsthron die Rede – diesen als nicht wahrhaft bußfertig einstufte und den Prozess abbrach. Das Verhältnis zwischen Ludwig und Papst Benedikt war von da an noch schlechter als es zwischen dem Kaiser und seinem Vorgänger gewesen war. Das Jahr 1338 brachte den Kulminationspunkt in der Entwicklung, die nach dem Tiefpunkt 1330 für Ludwig eine stete Aufwärtsbewegung gebracht hatte. Gegenüber der Kurie gab er sich nicht mehr vermittlungsbereit; das berühmte Frankfurter Manifest *fidem catholicam* beteuerte wohl noch einmal die ungebrochene Rechtgläubigkeit des Kaisers, stellte aber die Rechtmäßigkeit seines

Kaisertums heraus und behauptete die Unmittelbarkeit des Imperiums auch gegenüber dem Papst, vor allem unterstellte sie das Papsttum dem Konzil als der alleinigen übergeordneten Autorität.

Der Versuch, den Benedikt daraufhin noch unternahm, die Kurfürsten gegen den Kaiser auszuspielen, schlug ebenso fehl wie die Versuche Johannes XXII.; als sich im Juli 1338 das Kurkolleg in Rhens am Rhein versammelte, trat es einhellig für die Vorstellung des Kaisers ein: Allein die Wahl der Kurfürsten, setze den mit Mehrheit Gewählten in die Rechte als König ein, die päpstliche Approbation sei dazu nicht erforderlich. Die Kurfürsten vermieden es, die aktuellen Bezüge auch nur mit einem Wort zu erwähnen, als eine „Lex Ludwig" wollten sie ihren Beschluss nicht verstanden wissen, sondern als eine ein- für allemal gültige Wahlregelung. War die Formulierung des Rhenser Kurvereins noch verhältnismäßig moderat ausgefallen, so steigerte sich die Schroffheit von da an mit jedem neuen Reichstag bis hin zu der ebenso drastischen wie eindeutigen Aussage 1339, wenn der Papst sich weigere, einen Erwählten zu approbieren, dürfe dieser überall und jederzeit und aus der Hand eines jeden Bischofs die Kaiserkrone empfangen. Ludwig war auf dem Höhepunkt seiner Macht; es war ihm gelungen, eine tiefgreifende und weite Kreise der Bevölkerung erfassende Kampfbereitschaft für Kaiser und Reich zu entfachen.

1342 war Benedikt XII. gestorben; sein Nachfolger Clemens V. schwenkte sofort auf den Kurs beiden Vorgänger ein, durch die schroffe Haltung Ludwigs darin bestärkt, die dieser von Anfang an demonstrierte. Es bewegte sich infolgedessen in dieser Angelegenheit nichts, Ludwig sollte im Kirchenbann sterben. Das hatte zwar noch keine unmittelbaren Folgen, wieder konnte er das Kurkolleg gegen das Verhalten des Papstes für sich gewinnen. Dennoch trat nun eine zweite Wende in seinem Leben ein, die Zeit seiner Erfolge war vorüber. Schon 1341 hatte er im Hundertjährigen Krieg durch sein Bündnis mit Frankreich, von dem er sich – vergebens – die französische Fürsprache in Avignon erhofft hatte, im Reich viel Kredit verspielt; das Jahr 1342 brachte jedoch eine neue Phase in seiner Hausmachtpolitik, die seit der Erwerbung der Mark Brandenburg geruht hatte, wenn man von den wenigen und politisch nicht weiter brisanten Gewinnen in Schwaben absieht. Seine entscheidenden Fehler waren die Erwerbung Tirols und die Härte in der holländischen Erbfrage. Mit diesen mit keinem Recht, sondern nur noch mit den Gesetzen der Hausmachtpolitik zu erklärenden Akten verfeindete sich Ludwig nicht nur erneut die Luxemburger, er machte damit auch die Kurfürsten misstrauisch. Er verlor seinen Nimbus als

Streiter für das Recht des Reiches, das auch er offenbar nur dann verfocht, wenn es ihm nützlich war. Im Reich traf das Drängen des Papstes auf die Wahl eines Gegenkönigs wieder auf offene Ohren, nicht so sehr des Anliegens der Kurie wegen als vielmehr aus Angst vor der entstehenden Großmacht Wittelsbach. Der einzige Ausweg war freilich nur, sich wieder einer der anderen Großmächte im Reich in die Arme zu werfen, und dafür bot sich Luxemburg an; es hatte in Balduin von Trier einen mächtigen Sachwalter im Kurkollegium, außerdem mit Böhmen eine zweite Kurstimme, mit der die beiden Kurstimmen der Wittelsbacher neutralisiert werden konnten.

Der Ausgang Ludwigs des Bayern
Als Kandidat kam nur der ältere Sohn Johanns von Böhmen in Frage, der als Wenzel geborene, sich seit seiner Erziehung in Paris aber Karl nennende Markgraf von Mähren, der seit der Erblindung seines Vaters bereits Böhmen regierte. 1346 wurde er in Rhens nach langen Verhandlungen durch den Herzog von Sachsen und die drei rheinischen Erzbischöfe zum neuen König gewählt. Trotz der erneuten Betonung des seit 1338 gültigen Reichsrechts erbaten die Wähler in Avignon die Approbation, die am 6. November eintraf. Damit konnte sich Karl IV. zwar König nennen, die eigentliche Machtfrage war aber noch nicht entschieden. Außerhalb des Kurkollegs war Ludwig noch immer Herr der Lage; Karl musste sich wie Friedrich der Schöne zwei Jahrzehnte zuvor in Bonn krönen lassen, da ihn Aachen nicht in seine Mauern ließ. Auch im folgenden Jahr war ihm nur wenig Glück beschieden; wo immer er die Wittelsbacher militärisch angriff, erlitt er Niederlagen. Er mochte Ludwig dem Bayern und seinem Sohn Ludwig dem Brandenburger in der politischen Taktik überlegen sein, auf dem Schlachtfeld war er ihnen nicht gewachsen. So war der Kampf um die Königskrone noch keineswegs entschieden, als ihm 1347 der Sieg unverdient in den Schoß fiel; am 11. Oktober starb Ludwig der Bayer auf einem Jagdausflug in der Nähe des Klosters Fürstenfeld bei München.

Bei seinem Tod war er nur wenig über sechzig Jahre alt, und müde wirkte er bis zuletzt nicht. Er starb unbesiegt; und die Niederlagen, die er erlitten hatte, hatte er stets als Einleitung neuer Höhenflüge genutzt, wie 1330, als er nach dem römischen Fiasko zurückgekehrt war, um sich das Reich zu unterwerfen, auch gegen den Papst. Er hat seine Fehler gemacht, darüber kann es keine Frage geben, die entscheidenden Konstellationen gegen sich hat er nur jedoch einmal selbst verschuldet, als er zuletzt die Kurfürsten durch seine Hausmachtpolitik gegen sich aufbrachte; die Freundschaft Habsburgs und die Neutralität Luxemburgs waren ein zu hoher Preis für Tirol und Holland, so reich diese sein mochten. Alles, was sich ihm vorher in den Weg gestellt hatte, hatte nicht er heraufbeschworen; auf einen Johannes XXII. und die Konstellation des avignonesischen Papsttums zu stoßen, hätte einem jeden widerfahren können, und ob sich ein anderer dieser gewachsener als er erwiesen hätte, steht dahin.

Was freilich bei seinem Kampfgeist seltsam anmutet, ist fehlende Konsequenz. 1338 hätte er alles in der Hand gehabt, und dies wäre der Moment gewesen, alle Schranken zu brechen, Frankreich niederzuringen, das Papsttum zu erneuern, womit ihm Italien zugefallen wäre, wo man auf die Heimkehr des heiligen Stuhles wartete; nie wieder sollten die politischen und mentalen Konstellationen so günstig sein. Doch aus den Banden des Denkens seiner Zeit konnte er sich nicht befreien, obwohl er schon so weit vorgestoßen war; in Rom war er der Kaiser des Volkes gewesen, in Deutschland der König des Volkes, doch er wollte ein Kaiser und König sein wie seine Vorgänger bis zur Stauferzeit. Das verleiht seiner Geschichte diesen fast schon romantischen Zug, der ihr bis heute anhaftet. Zu dem Zeitpunkt hätte er auch die Chance gehabt, die Nachfolge seines ältesten Sohnes im Reich zu sichern, und sie kehrte nie wieder. Doch er ließ alles dahinfahren, um sich die vage Möglichkeit einer Aussöhnung mit dem Papst offen zu halten, woran keiner mehr glauben konnte, der die Situation nüchtern einzuschätzen in der Lage war.

Auf die lange Sicht ist seinem Mühen der Erfolg versagt geblieben. Das Haus Wittelsbach blieb nicht das Königshaus, es schied sogar für lange Zeit aus der ersten Reihe der Mächte des Reiches aus; nicht einmal die Einigkeit des Hauses, um die er unter großen Opfern gekämpft hat, blieb auf die Dauer erhalten. Ihm deswegen die historische Größe abzusprechen, geht freilich nicht an. Bei seinem Tod hatte alles noch Bestand, und in der Geschichte wird alles vergänglich, wenn man die Perspektive weit genug wählt. Was Ludwig seinen Söhnen hinterließ, als er 1347 starb, stellt dennoch den Höhepunkt der territorialen und politischen Entfaltung der Wittelsbacher dar. Auch wenn der Thron des römischen Kaisers und die Königskrone nicht weiter im Haus gehalten werden und von der Bayerischen Linie auch für Jahrhunderte nicht wieder erworben werden konnten, so war es doch in diesen Jahren fraglos eine der ersten Kräfte des Reiches, den Habsburgern und Luxemburgern ebenbürtig, wenn nicht gar überlegen; es hatte mit der Pfalz und Brandenburg zwei weltliche Kurstimmen inne. An territorialer Macht besaß es mit dem Herzogtum Bayern eines der größten geschlossenen Territorien des Reiches, und mit Tirol eines der durch die Wege nach Italien verkehrspolitisch und strategisch bedeutendsten. Hinzu kamen die durch seine zweite Ehe erworbenen Grafschaften Hennegau, Holland, Seeland und die Herrschaft Friesland, welche zu den reichsten Territorien des Reiches zu zählen waren.

Ludwig der Bayer hatte in dieser Hinsicht für das Herzogtum Bayern keine detaillierte Regelung getroffen. Festgelegt war nur, dass sein ältester Sohn Ludwig der Brandenburger als Oberhaupt der Familie gelten sollte; gegen seinen Willen sollten keine Teilungen vorgenommen werden, nur das niederländische Erbe war schon zu Lebzeiten des Vaters den Söhnen aus der zweiten Ehe Ludwigs mit Margarethe vorbehalten worden, alle übrigen Länder standen Ludwig dem Brandenburger zur Disposition. Um das Erbe nicht allzu sehr zu zersplittern und die unmündigen Söhne Margarethes durch einen Ausschluss aus dem väterlichen Erbe nicht zu benachteiligen, fand der Familienverband im Landsberger Vertrag, knapp zwei Jahre nach dem Tod Ludwigs des Bayern, eine zwar komplizierte, aber zunächst tragfähige Lösung, die verhindern sollte, dass es zu einer Spaltung der bayerischen Linie käme; die entfernten Außenbesitzungen Brandenburg und Holland sollten so eng wie nur möglich mit dem bayerischen Stammland verbunden bleiben. Es wurde zuerst also noch nicht sechsfach, sondern nur zweifach geteilt; die Basis einer jeden Linie sollte wieder jeweils ein gleicher Teil des Herzogtums Bayern werden, womit es wiederum zu der früheren Trennung in Ober- und Niederbayern kam.

Regieren sollten vorerst die Söhne Ludwigs aus erster Ehe, also Ludwig der Brandenburger und sein Bruder Stephan II., und jedem von ihnen sollten wieder jeweils zwei Halbbrüder aus der zweiten Ehe ihres Vaters als Mitregenten zugewiesen werden. Ludwig der Brandenburger – als Herzog der fünfte seines Namens – übernahm Oberbayern, Tirol und Brandenburg; sein Bruder Stephan II. erhielt Niederbayern und die Besitzungen in den Niederlanden, außerdem das Amt Hemau auf dem Nordgau als Ausgleich für die zu Oberbayern geschlagenen Erwerbungen in Schwaben. Ludwig von Oberbayern-Brandenburg hatte seine zwei Halbbrüder Otto V. und Ludwig VI., besser bekannt unter seinem Beinamen *der Römer* – da er in Rom geboren war – zu versorgen, während Stephan Wilhelm I. und Albrecht I. zugewiesen bekam. Diese Mischung der Linien sollte ganz im Sinne Kaiser Ludwigs des Bayern den Charakter des Hauses als einen Gesamtverband betonen. Da Ludwig der Römer und Wilhelm I. bald regierungsfähig wurden, wurden auch die Weichen für die weitere Verteilung gestellt; so übergab Ludwig der Brandenburger seinem gleichnamigen jüngeren Halbbruder, dem Römer, Brandenburg, wiederum die Niederlande sollte Wilhelm I. zusammen mit seiner Mutter regieren.

1351 wurde für die oberbayerisch-brandenburgische Linie noch eine weitergehende Regelung getroffen, als Ludwig der Brandenburger seinen beiden Halbbrüdern Ludwig und Otto Brandenburg, die märkischen Lehen Landsberg und die Lausitz ganz überließ, wogegen diese wiederum auf ihre Ansprüche an Oberbayern und Tirol verzichteten; die Kurstimme der Mark Brandenburg wurde wie schon die zwischen der Pfalz und Bayern als alternierende Stimme behandelt. 1353 fiel auch für den niederbayerischen Landesteil eine weitere Entscheidung, die Herzog Stephan II. erst nach langem Zögern treffen mochte; anders als in Oberbayern, an dem Ludwig der Römer keinen Anteil hatte, erhielten Wilhelm I. und Albrecht I. nicht nur die niederländischen Besitzungen, sondern auch einen Teil des Herzogtums Niederbayern, nämlich das so genannte Straubinger Ländchen.

Wie sich bald zeigen sollte, blieb das eine schöne Theorie, wie fast alle derartigen Konstruktionen. Aber das hat mit Ludwig dem Bayern nicht mehr viel zu tun.

II. Die bayerischen Wittelsbacher

1. Zerfall und neue Einheit (1347–1508)

Die Erben Ludwigs des Bayern

Die Söhne in der Gemeinschaft
Die Begabung zum Herrscher war unter den Söhnen Ludwigs des Bayern unterschiedlich verteilt; die Tatkraft und das politische Geschick Ludwigs des Brandenburgers teilte mit ihm noch sein Halbbruder Albrecht I., schon etwas weniger, aber immer noch ausreichend von diesen Gaben besaß sein Bruder Stephan II., während Wilhelm zu übertriebenem Ehrgeiz neigte und ein aufbrausender, sich immer wieder als unstet erweisender Mensch war. Ludwig der Römer wirkte dagegen unselbständig und zeigte sich wenig haushälterisch, in der Mark Brandenburg konnte er sich gegen den Adel kaum behaupten, so dass er von diesem buchstäblich an die Wand gespielt wurde. Sein Bruder Otto erhielt sogar den unfreundlichen Beinamen *der Faule*; er folgte dem kinderlosen Ludwig dem Römer in Brandenburg nach, und er war es schließlich, der sich nach langen Kämpfen, dabei mehrfach von Karl IV. regelrecht übertölpelt, von diesem Brandenburg 1373 gegen eine Geldablösung und wenigstens noch ein Stück alten bayerischen Landes, einen großen Teil Neuböhmens nämlich, aus der Hand winden ließ. Mit diesem Verzicht erreichte er zwar ein- für allemal die Aussöhnung zwischen den Luxemburgern und den Wittelsbachern, doch war das ein bescheidener Erfolg, denn der Friede bedeutete nichts anderes, als dass die bayerischen Wittelsbacher für Karl IV. zu diesem Zeitpunkt keine Gefahr mehr darstellen konnten. Er hatte sie beinahe auf der ganzen Linie geschlagen, und eine Konkurrenz um die Königskrone stellten sie auf die längere Sicht nicht mehr dar; dass sich schon unter seinem Sohn Wenzel die Dinge ganz anders darstellen sollten, konnte auch ein Karl IV. noch nicht ahnen.

Zu diesem Zeitpunkt war auch Tirol bereits wieder verloren gewesen. 1361 war Ludwig der Brandenburger gestorben und hatte nur einen noch nicht ganz volljährigen Sohn, Meinhard, und seine Witwe Margarete hinterlassen. Beide waren dem selbstbewussten

Tiroler Adel in keiner Weise gewachsen; hinzu kam, dass sich auch der Adel in Oberbayern gegen die beiden aufwarf und sich hierüber mit den niederbayerischen Herzögen verständigte, da er es nicht länger hinnehmen wollte, dass sich das politische Schwergewicht immer mehr nach Tirol verlagerte. 1363, nur zwei Jahre nach seinem Vater, starb Meinhard, und Margarete, die damit wieder die Herrin über Tirol war, befand sich regelrecht unter Kuratel der tirolischen Räte, so dass es dem Herzog von Österreich ein Leichtes war, sich durch ein Vertragswerk mit Margarete Tirol anzueignen; die folgenden Kämpfe zwischen den Habsburgern und den Erben Meinhards aus dem Haus Wittelsbach – auch wenn diese dabei ihr legitimes Erbe verfochten – konnten das Schicksal nicht mehr wenden, Tirol wurde habsburgisch und war damit für Bayern endgültig verloren. Stephan II. von Niederbayern musste sogar große Tatkraft aufwenden, um sich 1363 wenigstens noch Oberbayern zu sichern, und dass er sich hierbei durchsetzen konnte, war in erster Linie den oberbayerischen Ständen zu danken, die sich eher eine erneute Vereinigung mit Niederbayern wünschten als eine zu befürchtende Fremdregierung, die diesmal von der Mark Brandenburg aus erfolgen hätte müssen, wo mit Ludwig dem Römer der legitime Nachfolger Meinhards residierte. So war von den großen Erwerbungen Ludwigs des Bayern 1373 nichts mehr übrig als die Grafschaften in den Niederlanden.

Die starke Gestalt unter den bayerischen Wittelsbachern war nun Stephan II.; seit dem Tod Meinhards waren wenigstens Ober- und Niederbayern unter seiner Regierung wieder vereint, und mit dieser Machtfülle im Rücken gelang es ihm auch, in der Fortführung der Familienpolitik seines Vaters die Linien des Hauses vorerst zusammenzuhalten. Bayern, die Pfalz, Straubing und der im wieder bayerischen Neuböhmen regierende Herzog Otto V. traten zumeist auf den Reichstagen geschlossen auf. Stephan II. konnte so für eine Sicherung der Zukunft Bayerns sorgen. Dabei kam ihm entgegen, dass sich die noch vor wenigen Jahren so breite Stammtafel des Hauses Wittelsbach mehr und mehr zu verengen begann. Ludwig der Brandenburger hatte nur einen Sohn gehabt, eben Meinhard, der schon nicht mehr unter den Lebenden weilte; Ludwig der Römer und Otto V. waren ebenso wie Herzog Wilhelm I. kinderlos geblieben, und nur Albrecht von Straubing-Holland hatte zwei Söhne, doch standen diese als Herzöge von Straubing aus der Sicht Stephans II. bereits außerhalb des Problems, sie waren in ihren Ansprüchen auf das bayerische Erbe bereits abgefunden. Zwar war er selbst mit drei Söhnen gesegnet, doch waren das immerhin noch um die Hälfte weniger Erben als eine Generation zuvor.

Nach dem Tod Stephans II. 1375 dachten seine drei Söhne Stephan III., Friedrich I. und Johann II. im Verein mit ihrem Onkel Otto V. – der nicht viel älter war als sie selbst – zunächst nicht an eine Teilung Bayerns, vielmehr fassten sie erneut den Plan der gemeinsamen Regierung, die tatsächlich über eineinhalb Jahrzehnte hinweg nach außen hin funktionierte. Im Inneren trat dagegen die alte Teilung faktisch wieder ein, sie beschränkte sich aber auf eine einigermaßen gleichmäßige Verteilung der Einkünfte und der Residenzen; Stephan III. und Johann regierten in Oberbayern, Otto V. und Friedrich in Niederbayern. Dass dieses schon so oft, das letzte Mal noch eine Generation zuvor, gescheiterte Vorhaben gedeihen konnte, lag daran, dass die drei Brüder und ihr Onkel zwar unterschiedliche, aber nicht sich wie in allen früheren Fällen einander extrem widersprechende Charaktereigenschaften besaßen. Die mit Abstand höchste Begabung kann dabei Herzog Friedrich zugesprochen werden, der als königlicher Rat und Reichslandvogt im Elsass sich stets als realistischer und umsichtiger Politiker erweisen sollte. Der spätmittelalterlich-höfischen Kultur war er bei alledem jedoch nicht abgeneigt, und er war es auch, der ernstlich als potentieller Nachfolger für König Wenzel in Erwägung gezogen wurde; die Krone blieb ihm nur deshalb verwehrt, weil er die Absetzung Wenzels nicht mehr erlebte. Trotz seiner Qualitäten war er aber nicht der eigentliche Regent in Bayern; seine angestammte Rolle, die er mit allem Einsatz und darin seinen beiden Brüdern weit überlegen spielte, war die der Außenpolitik. Im Inneren dominierte der Älteste, Stephan III., dem seine Zeitgenossen den Beinamen *der Kneißl* gaben, was so viel bedeutet wie der Prächtige. Dieser Titel traf auf den lebensfrohen Mann mit seinem Hang zu einer luxuriösen Hofhaltung, zur aufwendigen Mode seiner Zeit, zu prachtvollen Turnieren und glanzvollen Festen, mit einer bis in das Alter anhaltenden Schwäche für zarte Schönheiten behaftet, auch in vollem Umfang zu; er entsprach im Auftreten und in seiner Persönlichkeit ganz dem spätmittelalterlichen, im 14. Jahrhundert schon romantisierten Ideal eines wahrhaften Ritters. Der dritte der Brüder, Johann II. erschien still und eher eingezogen, hing seiner Jagdleidenschaft nach, und war sonst ganz mit seinen Aufgaben als Landesfürst und seiner tiefen Frömmigkeit befasst. Wenngleich seine persönliche Veranlagung auch für lange Zeit die Schwierigkeiten der gemeinsamen Regierung überspielte, so musste sie letztlich in den Konflikt mit seinen Brüdern münden, da ihm gerade aus seiner Persönlichkeit heraus je länger je mehr deren kostspielige Politik missfallen musste.

Der Verlust der Kurwürde

Fünfzehn Jahre regierte dieses Quartett – in dem Otto V. keine Rolle mehr spielte – scheinbar in Eintracht, trotz der schwierigen Zeitläufe, die das Herzogtum Bayern in den Jahren zwischen 1375 und 1390 zu bestehen hatte. Entscheidend war, dass man nicht nur trotz gelegentlicher Spannungen die Einheit im Inneren zu wahren wusste, sondern auch, dass man sich die ganze Zeit über endlich im Frieden mit den Luxemburgern befand, nachdem es unter dem Verlust Brandenburgs zu einem dauerhaften Ausgleich gekommen war. Was dagegen schwerer wog, war der Verlust des im Hausvertrag von Pavia seinerzeit festgelegten Vorbehalts der alternativ auszuübenden Kurstimme zwischen Bayern und der Pfalz. Die Zusage, dass die Pfalzgrafen die Kur künftig alleine ausüben sollten, war eine der Abmachungen im Rahmen der Ehe Karls IV. mit der einzigen Tochter Rudolfs II. gewesen, durch die sich Karl den Anfall des oberpfälzischen Erbes erhoffte; in der berühmten Goldenen Bulle Karls, die das reichsrechtliche Ordnungswerk Ludwigs des Bayern 1356 abschloss, wenn auch nicht im Sinne seiner Erben, wurde diese Vereinbarung im Reichsrecht fixiert. Für fast dreihundert Jahre sollte Bayern damit von der Wahl des Königs ausgeschlossen bleiben. Das war historisch fragwürdig; ob die Kurwürde von der Pfalzgrafschaft oder dem Herzogtum Bayern abhing, war keineswegs sicher, und die Kur war nur deswegen durch den Pfalzgrafen ausgeübt worden, weil dieser seit Otto II. mit dem Herzog von Bayern identisch gewesen war. Es hatte aber auch das Herzogtum Bayern schon aufgrund seiner Stärke traditionell zu den Königswählern gehört. Die Hintergründe der Handlung Karls IV. waren unmittelbar; im Hausvertrag von Pavia war nämlich das Vorrecht der Stimmabgabe bei der nächstfolgenden Wahl dem Pfalzgrafen zugesprochen worden. Dieses Recht aber war bei der Wahl Karls IV., wenn auch gegen Karl, bereits ausgeübt worden. Bei der nächsten Wahl, die nun aber einem Sohn Karls IV. gelten sollte, wäre wieder der Herzog von Bayern an der Reihe gewesen, mit dem sich Karl IV. und das Haus Luxemburg aber noch im Krieg befunden hatten und der mit den Abenteuern befasst war, die sich aus dem gescheiterten Versuch ergeben hatten, Karl IV. durch einen von den Wittelsbachern abhängigen Gegenkönig in Schach zu halten. Karl IV. blieb seinerseits in den Auseinandersetzungen mit den Wittelsbachern seinen Gegnern nichts schuldig, er scheute sich auch nicht, den so genannten *falschen Waldemar* zu unterstützen, der angeblich der von einer Pilgerfahrt zurückkehrende letzte askanische Markgraf von Brandenburg, in Wahrheit aber nur ein von der askanischen Linie Wittenberg angestifteter Betrüger war, mit dessen Hilfe sie Brandenburg wiederzugewinnen erhoffte; er ließ ihn, um den Gegenkönig Gunther von Schwarzburg auf diplomatischen Weg zu überspielen, sogar die Kurstimme ausüben, und die Ernennung zum Landfriedensrichter in der Mark Brandenburg ließ er sich von ihm mit der Abtretung der Lausitz bezahlen – all das gehörte aber weder dem einen noch dem anderen von ihnen, sondern rechtens den bayerischen Wittelsbachern. Es genügte Karl IV. nicht, dass nach dem Scheitern des Gegenkönigs 1349 Ludwig der Brandenburger sein Königtum anerkannte, er wollte den Rivalen auf die längere Sicht niederringen. Seit 1374 herrschte jedoch Friede zwischen den Rivalen, zu denen die Häuser geworden waren, nachdem Ludwig der Bayer aus der ihm eigentlich zugedachten Rolle eines gekrönten Statthalters für die Luxemburger herausgetreten war.

Bayern und das Haus Luxemburg
Die bayerischen Herzöge und die Pfalzgrafen, die nach der Entfremdung im Zeichen der Politik Karls IV. sich wieder gefunden hatten, und die durch Karl und seinen Sohn Wenzel vertretenen Luxemburger standen nun sogar für fast zwei Jahrzehnte als Verbündete Seite an Seite und waren vielfach und wechselseitig aneinander gebunden. Stephan III. und sein Bruder Friedrich wurden sogar mit zu seinen wichtigsten Stützen und erhielten die nach dem Tod Ludwigs des Bayern verlorenen Reichslandvogteien Elsass und Oberschwaben übertragen. Diese Wende bedeutete die Rückkehr der bayerischen Wittelsbacher in die Reichspolitik und zugleich auch wieder in die politische Initiative.

Der Gegner, dem diese Allianz galt, war der Schwäbische Städtebund, und der Konflikt war die lange erwartete Austragung eines alten Widerspruchs, der noch aus den Zeiten Kaiser Friedrichs II. stammte und durch das Bestreben der Reichsstädte, ihre eigenen Territorien auf Kosten der Fürsten auszudehnen, nicht kleiner geworden war. Ludwig der Bayer hatte seine Herrschaft zeitweise neben seinem Herzogtum Bayern fast nur auf die Städte abstützen können, und auch für einen Karl IV. blieben sie die ersten und wichtigsten Geldgeber. Den Dank konnten sie dafür aber stets nur im Kleinen erwarten; das Recht zu Zusammenschlüssen war ihnen noch in der Goldenen Bulle ausdrücklich verwehrt worden, was sie aber nicht daran hinderte, diese zur Wahrung ihrer Interessen dennoch zu suchen. Dass diese Bündnisse, falls sie seitens des Reichs anerkannt wurden, einen Griff nach der Reichsstandschaft darstellten, lag offen, und im Sinne der Territorialfürsten konnte das nicht sein.

Dieser Konfliktstoff hätte die Herzöge von Bayern wohl weniger berührt, denn in ihrem Territorium gab es mit Regensburg nur eine einzige Reichsstadt. Allerdings gab es eine Reihe von Reichsstädten an den Grenzen Bayerns, vor allem im Westen und Norden, wo es mit Augsburg, Donauwörth und Nürnberg – von dem man in München sehr wohl wusste, dass es auf dem Boden des bayerischen Nordgaus stand und eigentlich eine bayerische Stadt war – wiederholt zu Reibereien bis hin zur schweren Fehde gekommen war; außerdem sahen sich die Herzöge auch in ihren schwäbischen Erwerbungen durch sie bedroht. Das alles wäre erträglich gewesen und vielleicht auch ohne einen ausgedehnten Konflikt zu regeln gewesen. Noch unangenehmer gestaltete sich die Sachlage aber für den Pfalzgrafen bei Rhein, der seine Interessen just in dem Raum entwickelte, wo die staufische Tragödie ein Konglomerat an kleinen Territorien und darunter auch eine ganze Reihe von aufblühenden Städten hinterlassen hatte. Das Problem der Städte zwang Bayern und die Pfalz wieder in eine Linie.

Den eigentlichen Anlass zum Krieg lieferte die Gründung des Schwäbischen Städtebundes 1376, nachdem die Städte wieder einmal durch den Kaiser hoch besteuert worden waren, um die Kosten für die Wahl Wenzels und die Ausgleichszahlungen an die Wittelsbacher für die Mark Brandenburg aufzubringen; in diesem Rahmen war auch Donauwörth an Bayern verpfändet worden. Durch den offenen Konflikt, auf den es die Städte zutreiben ließen, waren nun aber auch Stephan III. und sein Bruder Friedrich betroffen, die als Reichslandvögte des Elsass und Oberschwabens zunächst zu vermitteln versuchten; als die Vermittlung aber fehlschlug, traten sie offen auf die Seite Karls IV. Stephan III. übernahm zusammen mit Graf Eberhard von Württemberg die Durchführung der militärischen Maßnahmen, was beiden aber nur einige mehr oder weniger peinliche Niederlagen einbrachte, und im Rothenburger Frieden sahen sich die Städte wenigstens vor einem Teilerfolg. Stephan und Friedrich, der sich als Vermittler eingeschaltet hatte, als er die wenig günstige Lage gegenüber den Städten erkannt hatte, konnten dabei noch einen Erfolg davontragen, denn sie erhielten die niederschwäbische Landvogtei übertragen, die der Kaiser dem Grafen von Württemberg, der damit als der wahre Verlierer dieses ersten Konflikts dastand, entzogen hatte. Diese Position brachte ihnen nicht nur eine angesehene Stellung und ein einigermaßen erträgliches Verhältnis mit den Städten, sondern auch ziemlich bedeutende Einkünfte mit sich. Die Parteinahme für den Luxemburger schien sich allmählich für Bayern auszuzahlen.

Auch als sich der Nachfolger des 1378 verstorbenen Karl IV., sein Sohn Wenzel, schon bald als nicht einmal der Schatten seines Vaters erweisen sollte, setzten die Herzöge von Bayern die Politik an der Seite des Luxemburgischen Königs fort. Es galt allerdings schon in den ersten zwei Regierungsjahren Wenzels eine erste Krise in der Beziehung zu dem unsicheren und unsteten König zu überwinden. Heraufbeschworen hatte diese Krise Wenzel selbst, als er die beiden schwäbischen Landvogteien an den Habsburger Leopold III. verpfändete, ohne die Herzöge auch nur davon in Kenntnis zu setzen – wenige Wochen zuvor, beim Tod seines Vaters, hatte er sie ihnen noch auf weitere drei Jahre bestätigt! Nicht weniger aufgebracht über dieses Vorgehen waren auch die schwäbischen Städte, die sich entgegen der Versprechungen, die Karl IV. in Rothenburg gegeben hatte, ebenfalls verpfändet sahen. Eine Fühlungnahme zwischen den verärgerten Herzögen von Bayern und den Städten war eine ganz natürliche Folge dieses unklugen Verhaltens, und schon war von einem militärischen Vorgehen der Wittelsbacher im Verein mit den Ständen gegen Wenzel die Rede, als dieser doch noch erschrocken einlenkte und damit die Herzöge von Bayern wieder an seine Seite brachte, wo sie eine der wichtigsten Stützen seiner Politik werden sollten. Herzog Friedrich wurde einer seiner einflussreichsten Berater, und Stephan III. zog gar mit einem kleinen Heer 1380/81 nach Italien, um den Romzug Wenzels vorzubereiten; in derselben Sache reiste Friedrich 1383 nach Paris. Beide wurden ihrer ritterlichen Lebensauffassung gemäß bei ihren Missionen in militärische Abenteuer verwickelt, Stephan stand in Italien für einige Zeit in Diensten des Papstes, Friedrich in denen des Königs von Frankreich, wobei ersterer die Stadt Todi in Umbrien eroberte – sie wurde für zwei Jahre bayerischer Besitz! – und letzterer bei der Bekämpfung der flandrischen Städte mitwirkte; das Abenteuer in fremder Sache gehörte zu einem Fürsten dieser Zeit – selbst Karl IV. hatte in seiner Jugend als Condottiere in Italien gewirkt, und noch der spätere Kaiser Maximilian tat es ihm gleich.

Der Konflikt war durch den Rothenburger Frieden allerdings nur vorübergehend beigelegt worden, und als er 1381 erneut aufflammte, richtete er sich nun mit aller Vehemenz gegen den, den man sich eben noch als einen potentiellen Bundesgenossen gegen den König sich erhoffen hatte können, nämlich den Herzog von Bayern. Anlass waren Streitigkeiten um die Besteuerung der Juden zwischen dem Herzogtum Bayern und der Reichsstadt Regensburg, in dem diese durch den schwäbischen Städtebund Rückhalt gewinnen konnte, so dass es dem Bund schließlich sogar beitrat; ein weiteres Bündnis wurde mit dem Bischof von Eichstätt und schließlich sogar mit dem rheinischen Städtebund abgeschlossen, die Allianz betrieb die Einkreisung Bayerns. Den Herzögen blieb in dieser bedrängten Lage nichts übrig als sich noch enger an Wenzel anzuschließen, der nun einen Ausgleich zwischen den Städten und den Fürsten betrieb; Bayern trat dem zu diesem Zweck von Wenzel initiierten und allgemein gedachten Nürnberger Reichslandfrieden bei, der aber wegen der Abstinenz der Städte den Charakter eines Herrenbundes und damit eines Kampfbundes gegen die Städte gewann. Es gelang zwar Herzog Friedrich von Bayern und dem Pfalzgrafen Ruprecht in der so genannten Heidelberger Stallung noch einmal eine Einigung zwischen dem Herrenbund und den Städtebünden herzustellen, die den Wünschen der Städte einigermaßen entgegenkam. Die beiden in dieser Frage engagierten bayerischen Herzöge, Stephan und Friedrich, waren in diesen Fragen nicht immer eines Sinnes; mehr als einmal hinderte der besonnene Friedrich seinen Bruder daran, zu einer gewaltsamen Lösung zu greifen.

Die Lage änderte sich 1387 jedoch schlagartig, als bekannt wurde, dass Wenzel den Städten mündlich Zusagen gegeben hatte, die ihnen die Anerkennung als Reichsstand sichern sollten. Seine Motive sind leicht auszumachen; er wollte sowohl eine völlige Entfremdung der Städte vom Königtum als auch die durch die Abstützung seiner Herrschaft auf den Herrenbund sich noch weiter verstärkende Abhängigkeit von den Fürsten vermeiden, zudem war ihm und dem ganzen Reich durch den Sieg des Schweizer Städtebundes bei Sempach über die Habsburger die Gefährlichkeit der Städte vor Augen geführt worden. Um eine derartige Politik, die nur auf eine gegenseitige Blockade der Städte und der Fürsten hinauslaufen konnte, zu einem erfolgreichen Ende zu führen, hätte es allerdings wohl eines klügeren und zäheren Königs bedurft als Wenzel es war, und der erste Effekt auf seine Annäherung an die Städte war, dass ein Gerücht durch Europa geisterte, die Kurfürsten würden den König nächstens absetzen und einen neuen wählen, und nach allem, was man höre, sei ein bayerischer Herzog, nämlich Friedrich, der erste Favorit.

Welche Rolle dieses Gerücht, das auch Wenzel zu Ohren gekommen sein dürfte, in der folgenden kriegerischen Auseinandersetzung spielte, bleibt unklar, es wäre aber denkbar, dass sich die Gegner des Herrenbundes nach diesen Informationen zum präventiven Handeln gegen die treibenden Kräfte dieses Planes entschlossen haben. Tatsache ist, dass den bayerischen Herzögen im November 1387 hinterbracht wurde, dass es schon seit dem Sommer des Jahres ein

Geheimbündnis zwischen dem Städtebund und dem Erbfeind Bayerns im Südosten, dem Erzbischof von Salzburg gab, das sich unverblümt gegen Bayern richtete. Nun sah auch der besonnene Friedrich keine Möglichkeit mehr, die Krise auf dem Weg der Verhandlung beizulegen, und er selbst war es, der den eigens zu diesem Zweck auf bayerischen Boden gelockten Erzbischof kurzerhand gefangen nahm. Wie Wenzel in seiner Haltung gegenüber den Städten einzuschätzen war, zeigte sich in der im Januar 1388 aufgrund dieses Vorfalles ergangenen Erklärung des Reichskrieges gegen Bayern, den Wenzel aber, seiner Art gemäß, nicht ganz vollzog, schon wenige Wochen später verlegte er sich wieder auf das Verhandeln, was diesmal jedoch zu keinem Erfolg führte, da es die bayerischen Herzöge leid waren, sich immer wieder bald hin- und bald herschaukeln zu lassen und dabei immer dann, wenn es der König sich wieder anders überlegt hatte, sich von feindlichen Bündnissen umgeben zu sehen. Im Sommer dieses Jahres kam es endlich zum Treffen zwischen dem Herrenbund, der sich den Bayern geschlossen an die Seite gestellt hatte, und den Städten. Trotz der Siege des Herrenbundes, der in Graf Eberhard von Württemberg, dem Pfalzgrafen Ruprecht II. und Stephan III. über herausragende militärische Führer verfügte, ließ sich der Kampf nicht in einen endgültigen Erfolg ummünzen, da Wenzel, der eine Niederlage der Städte befürchtete, 1389 mit dem Egerer Reichslandfrieden in den Kampf eingriff, ehe er entschieden war. Allerdings hatte das Ansehen Wenzels durch diese Vorgänge in einer Weise gelitten, dass er die Verwaltung des Landfriedens durch einen sechsköpfigen Fürstenrat hinnehmen musste, an dessen Spitze Herzog Friedrich und Pfalzgraf Ruprecht standen. Die zwei wittelsbachischen Fürsten hatten damit die Leitung einer Art Reichsregierung inne.

Die zweite Landesteilung
Innerhalb Bayerns gab es freilich auch einen anderen Standpunkt, von dem aus man diese Vorgänge betrachten konnte. So glanzvoll Stephan und Friedrich in ihrer Politik auftreten und zu welch großem Ansehen sie dabei immer gelangt sein mochten, Herzog Johann beobachtete das Wirken seiner Brüder mit wachsendem Unmut. Ihn verdrossen aus der Sicht seiner eingezogenen Art, in der er sich auf seine Aufgaben als Landesherr konzentrierte, der Aufwand an Kräften und die hohen Geldausgaben für politische Projekte, die wohl dem persönlichen Prestige der Herzöge dienen mochten, aus der Perspektive des Herzogtums Bayern als Staat aber nur wenig Ertrag versprachen. Da seine schon seit dem Jahr 1384 mehrfach unternom-

menen Anläufe, eine vollständige Teilung des Herzogtums durchzusetzen, gescheitert waren, griff er jetzt zu dem ihm eigentlich fern stehenden Mittel der Drohung mit Krieg; seinen Bruder Stephan verdrängte er aus München. Er ging dabei nicht weiter, als er unbedingt musste, um eine Grundlage für neue Verhandlungen zu gewinnen; diese war aber stark genug, dass er damit zum Ziel kam, und im November 1392 erfolgte schließlich die zweite bayerische Landesteilung. Geteilt wurde dieses Mal nur Oberbayern, und zwar in die nach fiskalischen Gesichtspunkten abgegrenzten Herzogtümer München und Ingolstadt, wobei letzteres infolge der allzu kleinlich vorgenommenen Austarierung der Einkünfte kein geschlossenes Territorium war, sondern vielmehr sich aus mehreren, voneinander entfernt liegenden Gebietsteilen zusammensetzte, die sich von der Donau bis in das Voralpenland erstreckten. Über die Vergabe der beiden Teilherzogtümer entschied das Los, ein Verfahren, das ein gutes Vierteljahrhundert später bei der Verteilung des Straubinger Erbes ebenfalls zur Anwendung kommen sollte. Johann wurde der Münchner Landesteil zugelost, Stephan III. hingegen, sehr zu seinem und seines Sohnes Ludwig des Gebarteten Verdruss, Ingolstadt. Verteilt wurde dabei auch das Erbe Ottos V. in der Oberpfalz; was davon an Johann fiel, verpfändete er an die Pfalzgrafen, womit der Oberpfalz für einige Jahre wieder eine gewisse Einheit gegeben wurde. Wenn Niederbayern von der Teilung auch nicht betroffen war, so entfernte es sich mit dieser Maßnahme dennoch weiter von den anderen Teilherzogtümern; bedenkt man, dass auch Straubing schon seit Jahrzehnten unter einer eigenen Linie des Hauses ein Eigenleben führte, so steht man vor der Tatsache, dass Bayern viergeteilt in das letzte Jahrhundert des Mittelalters treten sollte. Eine politische Rolle von Gewicht zu spielen, musste unter diesen Umständen noch schwieriger denn jemals zuvor sein, und das in den letzten fünfzehn Jahren Erreichte stand mit einem Schlag wieder auf dem Spiel.

Um das Maß des Unheils voll zu machen, starb schon ein Jahr später Friedrich, womit die bayerische Linie des Hauses nicht nur ihre Chancen auf den erneuten Erwerb der Königskrone verlor, sondern auch den fähigsten Politiker seiner Generation; als noch schlimmer sollte es sich erweisen, dass er in Herzog Heinrich XVI. nur einen erst siebenjährigen Sohn hinterließ, was die beiden oberbayerischen Herzöge unverzüglich in einen blutigen Streit um die Vormundschaft geraten ließ. Bei der Suche nach den notwendigen Verbündeten sahen sie sich bald auf den Seiten zweier Parteien, in deren Streit es um viel größere Probleme ging, nämlich der Partei Wenzels und der seiner Gegner, die sich aus den böhmischen Ständen, dem eigenen Bruder Wenzels, Sigismund, und den Habsburgern zusammensetzte. Mit dieser Partei paktierte Johann, der sich zusätzlich Rückhalt in Italien zu verschaffen suchte, indem sein Sohn Ernst Elisabetta Visconti, eine Tochter des Herzogs von Mailand heiratete, der Stephan seit dessen Italienzug 1390 grollte. Stephan stellte sich wiederum auf die Seite König Wenzels, sich damit im Verein mit dem Pfalzgrafen wissend.

Was dann tatsächlich im Winter 1394/95 ausgetragen wurde, war aber noch nicht der erwartete große Krieg zwischen Wenzel und seinen Gegnern um die Krone des Reiches, sondern nur ein sechs Wochen dauernder und über die Bevölkerung viel Unheil bringender Kleinkrieg zwischen den beiden oberbayerischen Herzögen, an dessen Ende alle Fronten völlig verkehrt waren; Wenzel arrangierte sich im Zeichen einer veränderten Politik in Italien nun mit den Visconti, womit er sich wieder Stephan verfeindete, der sich jetzt auf ein Bündnis mit den Gegnern des Königs einließ. Damit wurde auch der Weg zu einer Versöhnung der feindlichen Brüder frei, die vorübergehend und wohl in erster Linie unter dem Druck der oberbayerischen Stände sogar wieder unter einer gemeinsamen Regierung auftraten; als die Kurfürsten unter der Führung des Pfalzgrafen, der noch ein Jahr zuvor zu dessen Stützen gezählt hatte, 1397 erstmals öffentlich die zu seinem späteren Sturz führenden Vorwürfe gegen Wenzel erhoben, erschien das Haus Wittelsbach nach außen hin wieder als eine fest gefügte Partei.

Das sollte allerdings nicht von langer Dauer sein; als Johann noch im selben Jahr starb, brachen die Gegensätze unter den Herzögen wieder auf. Die Söhne Johanns, Ernst und Wilhelm, blieben über die Wahl ihres pfälzischen Vetters Ruprecht zum König 1400 hinweg bis zuletzt auf der Seite des bereits geschlagenen Wenzel, und erst nach dessen militärischem Scheitern gegen Ruprecht schwenkten sie zu diesem um; Stephan III. indessen und sein Sohn Ludwig hatten zu den treibenden Kräften bei Wenzels Sturz gehört, auch wenn sie bei seiner Wahl abseits stehen mussten. Dennoch lässt sich aus diesen Vorgängen erkennen, dass Stephan III. derjenige war, der die bayerische Politik noch immer bestimmte und dass er alleine die bayerischen Wittelsbacher auf eine Linie zu zwingen vermochte, und die pfälzische Linie dazu. Was das bedeuten musste, wenn er eines Tages aus der Geschichte abtreten würde, war unschwer auszurechnen; er repräsentierte als letzter noch das Prinzip der Dynastie Wittelsbach im Sinne Ludwigs des Bayern, das die Generation seiner Söhne und Neffen bereits im Interesse einer nur noch auf die eigene Herrschaft ausgerichteten Politik aufgegeben hatten.

Das ehrliche Bemühen Ruprechts als König (s. u. S. 305 ff.), das von hohen Idealen, aber nicht im selben Umfang von realen Machtmitteln getragen wurde, war über weite Strecken abhängig von den Aktivitäten Stephans III.; auch wenn Wenzel seiner Absetzung und dem Gegenkönig nur relativ geringen Widerstand entgegensetzte, es gab eine luxemburgische Partei, die sich über ganz Europa erstreckte und unter anderen auch den König von Frankreich und den Herzog von Mailand umfassten, und diese konnte für den König gefährliche Konstellationen herbeiführen. Es war in erster Linie den Bemühungen der Ingolstädter Linie des Hauses Bayern zu verdanken, dass er die Situation in den Griff bekam; Stephan vermochte in Paris, wohin er bereits 1400 reiste, eine wohlwollende Neutralität des Königs von Frankreich zu erwirken, wobei es ihm zustatten kam, dass die Königin von Frankreich, die berühmte Isabeau de Baviere, seine Tochter war; die Verbindung war seinerzeit durch Wenzel im Zeichen der Kooperation zwischen dem Haus Luxemburg und Bayern eingefädelt worden, nun wirkte sie sich zum Nachteil des gestürzten Königs aus. Weniger glücklich verlief dagegen der Versuch des Sohnes Stephans III., Ludwig, Mailand militärisch zu besiegen, bei dem er aber weniger die Interessen des Königtums als seine eigenen dynastischen Vorstellungen verfolgt hatte; sein Engagement wurde mit der Ehe mit einer bourbonischen Prinzessin belohnt und war damit aus seiner eigenen Sicht bereits hinreichend von Erfolg gekrönt worden. Schon 1404 wandte er sich, als ihm dies seiner Stellung im Reich förderlich erschien, von Ruprecht ab, die wittelsbachische Partei begann damit bereits wieder abzubröckeln.

Zu weiteren Entfremdungen führte die unentschiedene Haltung Ruprechts in der Kirchenfrage. Seit 1378 gab es ja, als Ergebnis des Versuchs, die Kurie wieder aus Avignon nach Rom zu überführen, zwei Päpste, Urban VI. in Rom und Clemens VII. in Avignon; Unteritalien, Sizilien, Spanien und Frankreich standen auf der Seite Avignons, der größte Teil des Reichs samt Oberitalien, Englands und Skandinaviens hingegen auf der des römischen Papstes. Das avignonesische Papsttum war allerdings auf dem Vormarsch, vor allem im Südwesten des Reiches und in Österreich, was sich besonders auf Bayern in seiner Situation, innerhalb seiner Grenzen Diözesen zweier sich entgegengesetzt orientierender Metropolitanverbände zu haben, auswirken musste. Es war daher nicht verwunderlich, dass sich die Herzöge von Bayern und die bayerischen Bischöfe, die aus guten Gründen darin mit ihnen konform gingen, schnell der Idee öffneten, durch ein allgemeines Konzil, das für das Jahr 1409 in Pisa einberufen wurde, das Schisma zu beseitigen. Dies brachte sie jedoch nun endgültig in den Gegensatz zu Ruprecht, der durch eine Parteinahme seinen 1403 erlangten Erfolg der päpstlichen Approbation durch Bonifaz IX. von Rom gefährdet sah. Damit war die Einigkeit des Hauses Wittelsbach aber zerbrochen, für die sich Stephan immer eingesetzt hatte; als Ruprecht 1410 starb, stand Bayern bereits auf der Gegenseite. An der Wahl des Nachfolgers, die wieder als Doppelwahl erfolgte und trotz des Mehrheitsrechts, das seit der Goldenen Bulle bestand, mit Jobst von Mähren und Sigismunds, des Bruders Wenzels – der zwar noch lebte, aber als Kandidat nicht mehr in Frage gekommen war – hatte Bayern auch nicht mehr den indirekten Anteil, den sich Stephan III. noch 1400 bei der Wahl Ruprechts verschaffen hatte können; die Kurstimme der Pfalz war an Sigismund ergangen. Die Entscheidung zwischen den beiden Gewählten fiel allerdings ohne einen Schwertstreich und ohne dass sich für Bayern die Problematik einer Parteinahme gestellt hätte, da Jobst, noch ehe er die Wahl formell annehmen hatte können, 1411 verstarb.

Waren damit die Wege Bayerns und der Pfalz in der Reichs- wie in der Kirchenpolitik auseinander gelaufen, ohne dass es deswegen zu größeren Konflikten gekommen war, so brachen auch im Inneren Bayerns wieder die Gegensätze zwischen den einzelnen Linien auf. Es trat eine neue Generation von Herzögen an, die sich nicht mehr an der Politik der Generation ihrer Väter orientierte, zumal diese sich auf die längere Sicht doch immer wieder als nur temporär erfolgreich erwiesen hatte

Der Wittelsbachische Hausstreit und seine Überwindung

Feindliche Vettern –
Ludwig der Gebartete und Heinrich der Reiche (1413–1450)
Zu den treibenden Kräften der Entfremdung gehörten die Söhne Herzog Johanns II., Wilhelm und Ernst, die nach dem Tod ihres Vaters das Teilherzogtum München regierten, beide längst in den Mannesjahren standen und folglich keine gesteigerte Lust verspürten, sich der politischen Führung durch die Ingolstädter Linie unterzuordnen, die Stephan III. als der Älteste des Hauses weiterhin für sich beanspruchte. Der Unmut der jungen Münchner Herzöge galt dabei weniger der Person des doch etwas gealterten Stephan, sondern vielmehr seinem Sohn Ludwig VII., der besser unter seinem klangvollen Beinamen *der Gebartete* oder *der Bärtige* bekannt ist. Der

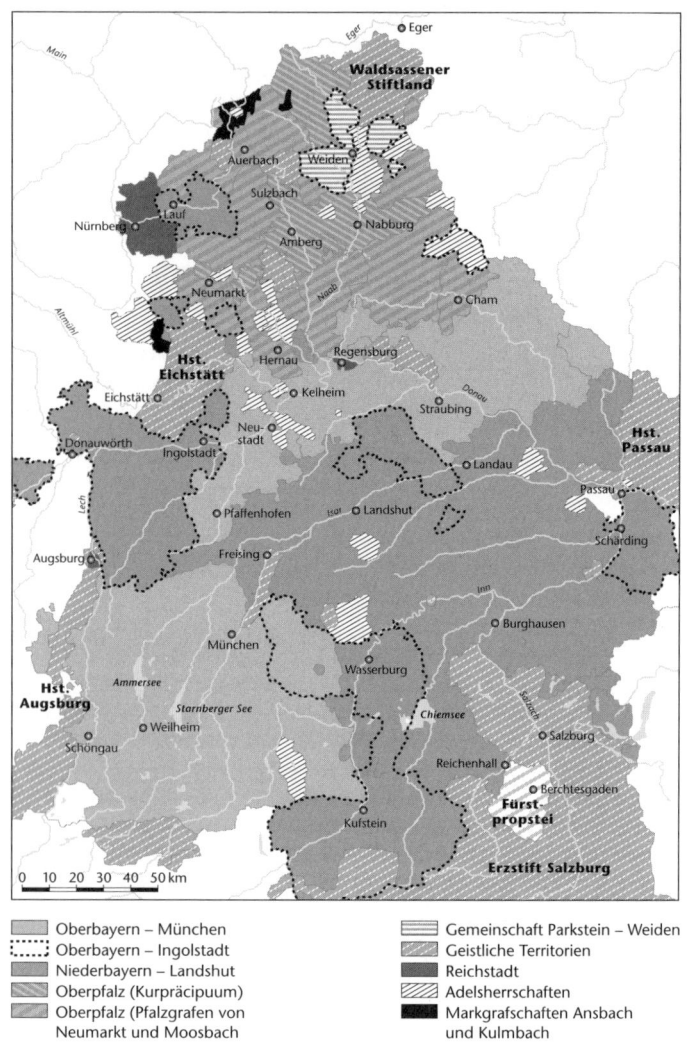

Karte 1: Die bayerischen Teilherzogtümer im 15. Jahrhundert

Legend:
- Oberbayern – München
- Oberbayern – Ingolstadt
- Niederbayern – Landshut
- Oberpfalz (Kurpräcipuum)
- Oberpfalz (Pfalzgrafen von Neumarkt und Moosbach)
- Gemeinschaft Parkstein – Weiden
- Geistliche Territorien
- Reichstadt
- Adelsherrschaften
- Markgrafschaften Ansbach und Kulmbach

hatte in den letzten Jahren seinen Vater mehr und mehr in den Hintergrund gespielt, und die Rolle, die er sich über seine Stellung als Herzog von Bayern-Ingolstadt hinaus zuschrieb, war keine geringere als die des ältesten und würdigsten Fürsten in ganz Bayern. Sein äußeres Erscheinungsbild muss in der Tat eines der eindrucksvollsten seiner Zeit gewesen sein; sein durch zwei Heiraten mit französischen Prinzessinnen nacheinander erworbener Reichtum war sprichwörtlich, seine weit reichenden Beziehungen waren unübersehbar, war er doch der Bruder der Königin von Frankreich. Er war jedoch auch eine von tiefen Widersprüchen und Inkonsequenzen gekennzeichnete Gestalt; moderne und antiquierte Vorstellungen von Fürst und Land waren bei ihm ebenso zu finden wie hohle Ehrsucht und die Neigung, die bedeutendsten Literaten Bayerns zu ihren Werken anzuregen; von seinen Räten verlangte er, eher die Ehre als den Besitz ihres Fürsten zu achten. Erzogen am Pariser Königshof, stand er der hoch entwickelten Hofkultur Frankreichs so aufgeschlossen gegenüber wie er sich in dessen Atmosphäre zu Hause fühlte, und er war in einer zuletzt fast unauflösbaren Verstrickung in den französischen Thronwirren am Ende des hundertjährigen Krieges und in der europäischen Politik Frankreichs befangen. Sein Bild weist beinahe schon in die Zukunft, es entspricht eher dem eines Fürsten des Ausgangs des 15. Jahrhunderts als dem des beginnenden; das Format eines Albrecht IV., der am Ende dieses Zeitalters steht, hatte er dennoch nicht. Seinen Vettern in München war er daher auch als Persönlichkeit fremd; dass sie seinen politischen Ambitionen in Bayern von Anfang an nicht gewogen gewesen waren, hatte die persönlich bedingte Kluft nur noch weiter vertieft.

Denn Ernst und Wilhelm waren keineswegs zu unterschätzen. Sie zeichneten sich ihm gegenüber durch alle zeitgemäßen Herrschertugenden aus; Härte in der Verfolgung ihrer Interessen sind dabei ebenso zu finden wie kluge Mäßigung und die Konzentration auf die vordringlichen Aufgaben, vor allem gelang ihnen das von ihren Vorfahren schon mehrmals vergeblich versuchte Kunststück einer fast vier Jahrzehnte langen gemeinsamen Regierung, ohne dass es jemals zwischen ihnen zu tief greifenden Verstimmungen gekommen wäre. Entgegen kam ihnen dabei, dass ihre politische Grundtendenz zwar in dieselbe Richtung ging, ihre persönlichen Interessen aber verschieden gelagert waren; Wilhelm war ein begabter Diplomat, dessen sich sein darin weniger geschickter Bruder wohl zu bedienen wusste, wobei er ihm aber zugleich die für sein fürstliches Selbstverständnis nötigen Spielräume überließ. Noch ein weiterer, Wilhelm zwar vielleicht persönlich belastender Umstand war ihrem Einvernehmen zuträglich; Wilhelm hatte keine Kinder und damit war das Interesse an einer selbstständigen Herrschaft für ihn schon von vorneherein zweitrangig, so dass das Bemühen beider sich der Sicherung der Herrschaft des gemeinsamen Erben, des 1401 geborenen Sohnes Ernsts, Albrecht III., zuwenden konnte. Ihre Einkünfte teilten sie ohne eine territoriale Abgrenzung. Wilhelm suchte sein Vergnügen nur in der Jagd, die höfische Repräsentation überließ er seinem heißblütigeren Bruder Ernst.

Das Andenken Herzog Ernsts ist aus heutiger Sicht durch den Justizmord an der ersten Gemahlin seines Sohnes Albrecht, Agnes Bernauer belastet, in dem sich auch seine zuweilen extreme Härte zeigt, doch muss man, ehe man über seine harte Haltung ein Urteil trifft, sich auch die Situation vor Augen halten, in der sich das berühmte Drama abspielte: Albrecht III. war mit Agnes Bernauer, die eine Bürgerstochter war, in eine morganatische Ehe eingegangen, die nicht nur ihm, sondern auch die Kinder aus seiner Ehe von der Nachfolge ausschloss; das hätte aber nichts Anderes bedeutet, als dass die Münchner Linie ausgestorben wäre. Das wäre für sich allein kein größeres Problem gewesen und hätte nichts weiter bedeutet als die Vereinigung Bayerns schon zu diesem Zeitpunkt, doch es gab keinen eindeutigen Erben. Ein Erbfolgekrieg wäre unvermeidbar gewesen, denn weder von Ludwig noch von Heinrich XVI. konnte man erwarten, dass sie das Herzogtum München kampflos dem anderen überlassen würden, und eine neuerliche Aufteilung hätte wohl zu keinen besseren Ergebnissen geführt. Moralisch mag man über die harte Entscheidung Herzog Ernsts befinden, wie immer man will, aber aus politischer Sicht waren die Alternativen nicht besser.

Das lag auch in der Persönlichkeit Heinrichs XVI., des Sohnes Friedrichs, begründet, der als Herzog von Niederbayern den größten Landesteil zu regieren hatte. Er glich charakterlich eher seinem Ingolstädter Vetter Ludwig als seinen zwei Münchner Verwandten, wenn er auch seine beträchtlichen Energien weitaus besser auf die nahe liegenden und vordringlichen Ziele zu konzentrieren verstand als jener. Von Natur aus aufbrausend und schnell gewalttätig, neigte er zu einer hingebungsvollen Pflege erbitterter Feindschaften, vor allem gegen den ihm im Temperament ähnlichen Ingolstädter Vetter, der daran zu einem großen Teil jedoch selbst schuld war, und gegen den er in einer entsprechenden Konfliktsituation sogar zum Mittel eines heimtückischen Mordanschlages griff, als er ihn in Konstanz, als sie während des Konzils hart zusammengetroffen waren, nach einem Austausch schwerer Beleidigungen höchstpersönlich mit fünfzehn Helfern auf dem Weg in sein Quartier überfiel. Ludwig entkam dem Anschlag mit knapper Not und blieb ihm wenigstens verbal nichts schuldig, indem er seinen Vetter als *Heinrich, der fahrige Mörder, der sich nennet Herzog von Bayern* betitelte und die Legende verbreitete, dieser sei gar kein Wittelsbacher, sondern nur ein Bastard, den seine Mutter mit einem Koch gezeugt hätte. Trotz dieser wüsten Geschichte war Heinrich einer der erfolgreichsten Landesfürsten seiner Zeit; der Nachwelt ist er als Heinrich der Reiche im Gedächtnis geblieben, der die Reihe der drei reichen Herzöge von Landshut eröffnet, wobei er es war, der diesen sprichwörtlichen Reichtum begründete.

In den ersten zehn Jahren des neuen Jahrhunderts trat jedoch noch keiner der vier genannten Herzöge nach außen hin als eine bestimmende Figur in Erscheinung. Diese war nach wie vor der alte Herzog Stephan III., als letzter der in allen anderen Gliedern schon abgetretenen Generation des Hauses, der inzwischen wohl einiges von seiner Energie, noch nichts aber von seiner alten Lebensfreude verloren hatte. Er begann das 15. Jahrhundert damit, dass er 1401, schon vierundsechzig Jahre zählend, in zweiter Ehe die dreiundzwanzigjährige Anna von Kleve heiratete, was von seinem Sohn mit reichlich gemischten Gefühlen beobachtet wurde – zu seinem und vermutlich auch zum Glück für ganz Bayern blieb die Ehe kinderlos, so dass Ludwigs Befürchtungen, die von den anderen Herzögen durchaus geteilt worden waren, nicht eintreten sollten. Er kämpfte noch immer um die dynastische Einheit wenigstens des bayerischen Zweiges und des Herzogtums Bayern, was ihm aber nur hinsichtlich der Fortführung der Münzeinheit und mit einer einheitlichen, auch das Herzogtum Straubing umfassenden Landfriedensregelung gelang, aber weder sein Sohn noch seine Neffen unterstützten ihn darin. Zu tief waren die Gräben, die inzwischen aufgerissen worden waren, und in den folgenden Jahrzehnten sollten sich die Konflikte offen entladen.

Der so genannte Hausstreit der Wittelsbacher, der die bayerische Geschichte im ersten Viertel des 15. Jahrhunderts bestimmt, eskalierte ohne eine Phase der Entspannung ununterbrochen seit 1406. Schuld daran trug, wenn schon nicht allein, so doch in erster Linie Herzog Ludwig der Gebartete, der – möglicherweise auch unter dem Eindruck der zweiten Ehe seines Vaters und der aus dieser drohenden Gefahr, sich vielleicht doch noch mit einem Miterben konfrontiert zu sehen – mit allen Mitteln versuchte, sich vom Teilherzogtum seines Vaters unabhängig noch zu dessen Lebzeiten eine eigene Herrschaft aufzubauen, wofür er sich der finanziellen Unterstützung bediente, die er aus Frankreich erhielt. Unermüdlich kaufte er, wo immer sich eine Gelegenheit bot, innerhalb des Herzogtums Ingolstadt frei werdende Herrschaften auf, womit er zur Geschlossenheit desselben durchaus einen Beitrag leistete. Das brachte zunächst noch keinen anderen Wittelsbacher in Rage, mit Ausnahme seines Vaters Stephan, der ihn aber missmutig gewähren ließ, vielleicht auch deshalb, weil er für ein Vorgehen gegen seinen Sohn die Hilfe seiner Neffen in den anderen Landesteilen benötigt hätte, was er aber wiederum im Interesse der dynastischen Einigkeit des Hauses in Bayern vermeiden wollte. Als nun freilich Ludwig auch nach den 1392 im Landesteilungsvertrag zugesagten Ausgleichsgebieten griff, die Niederbayern an sich an Ingolstadt abzutreten gehabt hätte, von Stephan seinerzeit aber klugerweise bei Niederbayern belassen worden waren, war der Streit nicht mehr zu vermeiden, wie sehr auch alle, selbst Ludwig der Gebartete, am Anfang dies noch versuchen sollten.

Ludwig hatte schon seit mehreren Jahren versucht, durch ein Urteil des königlichen Hofgerichts Ansprüche auf diese Ausgleichsgebiete durchzusetzen, und der von einem solchen potentiell betroffene Heinrich XVI. hatte es durch immer neue Finten verstanden, das Verfahren wieder zu verzögern. Irgendwann musste aber doch eine Entscheidung fallen, sie wurde jedoch nicht durch das Hofgericht getroffen, sondern durch ein bayerisches Schiedsgericht, das sich aus den Räten der beiden betroffenen Teilherzogtümer zusammensetzte, und in dem Herzog Ernst von München den Vorsitz führte. Ob dieser tatsächlich Einfluss darauf nahm, dass in dem Verfahren 1406 gegen Ludwig entschieden wurde, ist nicht ganz klar; er hätte aber sehr wohl ein Interesse daran haben können, ihm eine weitere Expansion zu verwehren, und das war für diesen schon Grund genug, es so zu betrachten und in seiner Ehre sich tief getroffen fühlend das Urteil als parteiisch abzulehnen.

Die nächsten zwei Jahre blieb der Streit vorerst in der Schwebe; alle Parteien rechneten mit einem Krieg, aber der brach vorläufig noch nicht aus, und zwar deshalb, weil Ludwig von der Frankreichreise, zu der er eilends aufgebrochen war, um dort Mittel für die notwendigen Rüstungen aufzutreiben, bis 1410 nicht zurückkehrte. Er hatte dort nämlich nicht das erhoffte Geld erhalten, wohl aber als Gouverneur am Hof des Dauphins ein Amt, das seine Eitelkeit befriedigte und ihm eine willkommene Ablenkung von den heimatlichen Ärgernissen bot. In Bayern fiel ihm unterdessen obendrein sein Vater, der einen Hauskrieg so wenig brauchen konnte und so wenig wollte wie seine Neffen, in den Rücken, indem er 1408 erneut ein Schiedsgericht nach Freising einberief, das den ersten Spruch aber nur bestätigte; die Ingolstädter Räte forderten Ludwig ultimativ zur Rückkehr auf, um die Angelegenheit persönlich beizulegen.

Als dieser dann, zwei Jahre später, endlich geruhte, in seine Stammlande zurückzukehren, legte er andere Vorstellungen von einer Bereinigung der unguten Situation an den Tag als seine Verwandten. Ihm hatte schon der Münchner Schiedsspruch 1406 keine Ruhe gelassen, gegen den er sowohl das Hofgericht angerufen hatte als auch künftig den Papst anzurufen gedachte, und den zwei Jahre später erfolgten Freisinger Spruch ignorierte er vollends. So war der Zweck seines Kommens auch nicht der ihm nahe gelegte Ausgleich gewesen, zu dem selbst Heinrich XVI. bereit gewesen wäre, sondern einzig die Durchsetzung seiner Ansprüche mit Gewalt. Zu diesem Zweck versuchte er seine Münchner Vettern Ernst und Wilhelm für ein Bündnis gegen Heinrich XVI. zu gewinnen, was nicht nur von diesen entrüstet als völlig unbegründet zurückgewiesen wurde, sondern auch Heinrich nachhaltig verärgerte.

Während Ludwig mit seiner Streitsucht, die er in dieser Sache nun an den Tag legte, inzwischen der halben Welt in den Ohren lag – zwischen 1410 und 1415 beschäftigte er von Frankreich aus viermal den Papst des Pisaner Konzils, Johannes XXII., mit der aus dessen Sicht reichlich entfernten Angelegenheit – bezogen in Bayern nun die feindlichen Parteien doch endlich ihre Ausgangsstellungen. Ludwig der Gebartete, der schon 1408 eine Neutralität der Straubinger Linie erreicht hatte, schloss mit den traditionellen Feinden Niederbayerns, dem Fürsterzbischof von Salzburg und dem Herzog von Österreich Verträge, während Heinrich XVI. mit seinen oberbayerischen Vettern, dem Herzog von Tirol, dem Pfalzgrafen Johann von Pfalz-Neumarkt, ein Sohn König Ruprechts und zuletzt mit den Burggrafen von Nürnberg und dem Herzog der Steiermark in Bündnisse einging; nach 1415 schlossen sich auch noch die Fürstbischöfe von Regensburg und Eichstätt seiner Allianz an, Ludwig war damit also eingekreist. Heinrich gelang es 1415, die Bündnisse zu einer Liga zusammenzuschmieden, die nach dem Ort, wo die an ihr beteiligten Fürsten zusammengetroffen waren, nämlich auf dem Konstanzer Konzil, als die Konstanzer Liga bezeichnet wurde. Die Fronten für den Konflikt schienen bezogen zu sein, und sein Ausbruch schien nur noch eine Frage der Zeit.

1413 war Herzog Stephan III., erbittert und tief besorgt über die Entwicklung der letzten Jahre, in Ingolstadt gestorben. Wenn auch sein Tod, wie allgemein schon seit Jahren befürchtet wurde, noch nicht den Dammbruch mit sich brachte, so eskalierte der inzwischen schon beinahe ein Jahrzehnt alte Streit fortan doch in noch schnellerer Gangart. Denn nun kehrte auch Ludwig wieder nach Deutschland zurück, freilich nicht etwa, um nur sein eigenes Herzogtum in Besitz zu nehmen – was ihm niemand verwehren konnte oder wollte – sondern als Führer der französischen Konzilsgesandtschaft. Diese Rolle Ludwigs konnte allerdings auch nicht verhindern, dass der latente Konflikt zwischen dem Herzogtum Bayern-Ingolstadt nebst seinen Verbündeten und der unter der Führung des Heinrichs XVI. stehenden Konstanzer Liga weiter schwelte.

Die erste Konzilsperiode verging trotzdem noch in gespannter Ruhe. Erst bei der zweiten Periode im Jahre 1417 kam es zu einer eruptiven Äußerung des Konflikts, und dies obwohl oder vielleicht auch gerade weil König Sigismund im Sommer 1417, dem in penetranter Hartnäckigkeit geäußerten Wunsch Ludwigs damit doch endlich nachgebend, den Fall an das Hofgericht gezogen hatte. Als freilich die Entscheidung vorlag, sah sich Ludwig wieder genauso weit wie vorher, denn das Hofgericht hatte nur entschieden, dass die Ansprüche Ludwigs bis zum Beweis des Gegenteils als unberechtigt zu gelten hätten. Dass Ludwig diesen Spruch abermals persönlich nahm, konnte inzwischen niemanden mehr verwundern, und im Oktober des Jahres 1417 kam es zu dem berühmten und bereits erwähnten Konstanzer Überfall durch Heinrich auf Ludwig, nachdem zuvor beim Mittagessen noch Ludwig der Gebartete Heinrich von Niederbayern mehrfach schwer beleidigt hatte.

1420 kam es schließlich zum Krieg. Die Führung des Reichs, König Sigismund und als erster Unterhändler Pfalzgraf Ludwig III., versuchte den Frieden wiederherzustellen, der im Zeichen der höher anzusiedelnden Probleme des Reiches wie etwa die Kriege gegen die Hussiten dringend erforderlich gewesen wäre. Trotz der Verhandlungen, die die Kämpfe ständig begleiteten, zog sich der Krieg zwei Jahre lang hin, ehe im September 1422 mit der entscheidenden Niederlage Ludwigs bei Alling, die ihm die Münchner Herzöge beibrachten, Ingolstadt so geschwächt war, dass er sich zum Einlenken gezwungen sah. Zu einem Frieden kam es allerdings nicht, da zum einen die Forderungen Ludwigs unverändert im Raum standen und nun die Forderungen der Sieger nach Reparationen als Streitpunkte hinzugekommen waren. Es grenzt vor diesem Hintergrund an ein Wunder, dass das Aussterben der Straubinger Linie 1424 nicht zu einem Erbfolgekrieg führte, sondern das Erbe schiedlich, wenn auch nicht eben sehr klug, geteilt werden konnte. 1429 konnte Ludwig der Gebartete endlich einen Teilerfolg verbuchen, nachdem ihm durch einen Urteilsspruch des Königs wenigstens die von seinen Gegnern im Krieg eroberten Besitzungen zurückgegeben werden mussten; zu seiner Befriedigung reichte das aber längst nicht aus, er beharrte weiter auf seinem eingebildeten Recht.

Bis 1438 zogen sich zäh die Verhandlungen hin, durch neue Kampfhandlungen unterbrochen, dann kam es jedoch zu einem völligen Bruch der Entwicklung, nachdem Ernst in München gestorben war und Ludwig auf andere Weise aus dem politischen Geschehen ausschied. Ursache dafür war der wachsende Unmut seines gleichnamigen Sohnes Ludwig VIII.; nach seiner äußeren Missgestaltung führt er seinen viel bekannteren Beinamen der Höckrige oder aber auf bayerisch *der Bucklet*. Zum Ausgleich für diese Vernachlässigung seiner Gestalt hatte ihm die Natur einen scharfen und nüchternen Verstand gegeben, der ihn in eine wachsende Entfremdung von der Politik seines Vaters getrieben hatte, welche er nicht ganz ohne Grund für ebenso verfehlt wie verderblich hielt. Erschwerend trat hinzu, dass er während der praktisch ständigen Abwesenheit seines Vaters auch noch in dessen Vertretung die Politik des Ingolstädter Herzogtums zu führen hatte, die er lieber in ganz anderer Weise fortsetzen wollte; die mehrfach von ihm eingeleiteten Versuche zu einer Verständigung mit den Gegnern waren ihm durch seinen Vater untersagt worden, und an dessen Sturheit scheiterten ihm zwei politisch interessante Heiraten nacheinander, die er angestrebt hatte, zum einen mit einer Tochter Heinrichs XVI. – der nur einen einzigen Sohn hatte, so dass diese Ehe möglicherweise weittragende Folgen haben hätte können – und zum anderen mit einer Tochter des Burggrafen von Nürnberg; Ludwig der Höckrige hätte sehr wohl gewusst, wie das Herzogtum Ingolstadt aus der Konfrontation und Isolation herauszuführen gewesen wäre, und es wären auch die Gegner Ludwigs des Gebarteten durchaus bereit gewesen die Chance zu ergreifen, auf diesem Weg den ständigen Konflikt beizulegen.

Als ob das alles noch nicht genügt hätte, um den Sohn nachhaltig zu verärgern, machte Ludwig der Gebartete das Maß auch noch im persönlichen Verhältnis voll, als er seinen unehelichen Sohn Wieland von Freyberg, den er zeitlebens nach allen Kräften gefördert hatte, seinem legitimen Sohn als gleichberechtigten Miterben an die Seite stellen wollte; die Gründe dafür kennen wir nicht, es liegt aber bei seinem Naturell, das in mehr als einer Hinsicht irrealen Idealen verhaftet war, im Bereich des Denkbaren, dass der missgestaltete Sohn seinen Vorstellungen von einem wahren Fürsten nicht entsprach, zumal er ihm auch menschlich fremd war. Der legitime Erbe, der sich um den Lohn seines Einsatzes für das Herzogtum zum Teil gebracht und sich überdies als der allein berechtigte Nachfolger des Vaters sah, konnte dies nicht hinnehmen; Ludwig der Gebartete zwang dem Sohn das Handeln praktisch auf. Ob es der Wahrheit entspricht, dass Ludwig der Höckrige den Plan fasste, seinen Vater von vornherein gefangen zu setzen, ist so wenig geklärt wie die Frage, ob nur ein planmäßig ausgestreutes Gerücht Ludwig dem Gebarteten zu Ohren kam, um ihn zum ersten Schlag zu provozieren. Tatsache ist jedoch, dass Ludwig der Gebartete auf das Gerücht hin seinen Sohn des Landes verwies, und dass nun Ludwig der Höckrige, auch wenn es vorher einen derartigen Plan nicht gegeben haben sollte, diesen fasste und damit einen fünfjährigen Kleinkrieg des Sohnes gegen den Vater eröffnete, wobei er sich vorsichtig mit dessen alten Gegnern ins Benehmen setzte – was ihm nun doch noch die Ehe mit der Tochter des Burggrafen von Nürnberg und Markgrafen von Brandenburg einbrachte. Obwohl es kaum zu einer größeren militärischen Aktion in diesem Krieg kam, opferte Ludwig der Höckrige sein gesamtes mütterliches Erbe in Frankreich für die Kriegskosten, und zuletzt blieb er der Sieger, es gelang ihm, seinen Vater, für den in ganz Europa allein der französische König Stellung bezogen hatte – ohne aktiv in den Krieg einzugreifen – 1443 entscheidend zu schlagen und gefangen zu nehmen.

Dass sein Mühen letztlich doch vergeblich blieb, lag daran, dass er selbst schon zwei Jahre später starb, und zwar kinderlos. Der Erbe des Ingolstädter Teilherzogtums war paradoxerweise also sein Vater, der, inzwischen fast achtzig Jahre alt, in Gefangenschaft saß und auch entgegen dem Willen des Sohnes durch den Markgrafen von Brandenburg, dem er ihn übergeben hatte, nicht freigelassen wurde. Es war damit genau die Situation entstanden, die seinerzeit Herzog Ernst um den Preis des Justizmordes an Agnes Bernauer mit knapper Not vermeiden hatte können und doch auf die lange Sicht nicht zu vermeiden gewesen wäre, nämlich dass sich zwei bayerische Linien als gegnerische Parteien im Kampf um das Erbe einer dritten gegenüber standen, und das brachte nun, nach einem über zwei Jahrzehnte langen Bündnis gegen Ingolstadt, die Herzöge in München und Landshut gegeneinander auf; fünf Jahre lang währte ein ständiges Tauziehen mit bald hellauf brennender, bald gedämpfter Kriegsgefahr zwischen Albrecht III. von München und Heinrich XVI. von Landshut, aus dem nur deswegen kein offener Kampf wurde, weil Albrecht III. ihn unter allen Umständen zu vermeiden suchte. So ging Heinrich XVI. als dem Konflikt als der Härtere als Sieger hervor, und Albrecht blieben zuletzt nur die Ingolstädter Enklaven in seinem eigenen Herzogtum als Anteil des Erbes. Zu einem echten Frieden sollte es erst 1450 nach dem Tod Heinrichs kommen, als zwischen seinem Sohn Ludwig X. und Albrecht III. in Erding der nach diesem Ort genannte Erdinger Vertrag geschlossen wurde.

Mit Ludwig dem Gebarteten und Heinrich XVI. waren die zwei bayerischen Herzöge von der historischen Bühne abgetreten, die Bayern an einen Tiefpunkt seiner Geschichte geführt hatten. Nun war wieder eine neue Generation an der Regierung, und ob sie aus den Fehlern ihrer Vorfahren gelernt hatte, musste sich zeigen. Damit konnte Bayern nach und nach wieder seinen Platz in der ersten Reihe der Mächte des Reiches einnehmen; dies sollte schon unter der nun angetretenen Generation der Herzöge beginnen, auch wenn es noch immer deren zwei gab, doch diese hatten nun endlich erkannt, dass die Gegner Bayerns sich nur um so leichter taten, je weniger die bayerischen Herzöge an einem Strang zogen.

Die Sammlung der Kräfte –
Albrecht III., Ludwig der Reiche und Kurfürst Friedrich I. (1450–1479)
Über ein halbes Jahrhundert hatte die innerbayerische Feindschaft gedauert, und hatten am Anfang dieses Zeitraums vier Herzogtümer auf bayerischem Boden existiert, so waren es nun noch ihrer zwei. Damit sind aber auch schon die positiven Aspekte, die diese Zeit für das Haus Wittelsbach gebracht hatte, aufgezählt. Ihnen stehen endlose Streitigkeiten der einzelnen Linien untereinander gegenüber, wobei pfälzische Linien in die Kämpfe der bayerischen teilweise involviert waren, vor allem die oberpfälzische und die Linie Pfalz-Mosbach. Darüber hinaus waren die pfälzischen Wittelsbacher aber, vor allem die Kurlinie, seit dem Tod König Ruprechts in die Ferne gerückt; erst in der folgenden Generation sollte sich das wieder ändern, wenn auch nur zu Beginn im positiven Sinne.

Diese innerfamiliären Kämpfe und Reibereien hatten das Haus Wittelsbach durch ihren paralysierenden Effekt weitgehend der außenpolitischen Bedeutung beraubt. Diese Lähmung der sich blockierenden Teilherzogtümer zeigte sich aber auch bei der Verfolgung unmittelbarer, die Herzogtümer direkt berührenden Interessen. Ein Beispiel, das besonders drastisch anmutet, ist die Gleichgültigkeit, auf die der Straubinger Herzog und der Pfalzgraf von Neumarkt stießen, als es darum ging, die alljährlich wiederkehrenden und einen wüsten Kleinkrieg mit sich bringenden Züge der Hussiten abzuwehren, die seit der Hinrichtung des Jan Hus aus Böhmen in Bayern einfielen. Die beiden genannten blieben dabei weitgehend allein; München und Ingolstadt beteiligten sich im Verein mit der Konstanzer Liga zwar an den als Kreuzzügen bezeichneten Heerfahrten, die das Reichsaufgebot gegen die Hussiten unternahm und die regelmäßig mit einem Fiasko endeten. Auch wenn der militärisch tüchtige Pfalzgraf Johann von Neumarkt zwei große Siege gegen die Hussiten erkämpfen konnte, so hätte eine konzertierte Aktion aller davon betroffenen Herzogtümer und Pfalzgrafschaften der Wittelsbacher den Spuk doch sehr viel schneller beenden können, und der Oberpfalz wäre so eine jahrelange Verwüstung erspart geblieben.

Von einem noch viel weiter tragendem Effekt war es aber gewesen, dass man in Bayern auch taten- und einflusslos dem Aufstieg der Habsburger zugesehen hatte. An der Expansion des Nachbarn nach Westen, während der Vorderösterreich entstand, hätte man zwar von Bayern aus nicht viel ändern können, so wenig wie am Gewinn Friauls mit Triest, mit dem die Habsburger den Zugang zur Adria erreichten; schlimmer war, dass nach dem Tod Kaiser Sigismunds mit seinem Schwiegersohn Herzog Albrecht V. von Österreich 1438 ein Habsburger den Königsthron bestieg. Die Stimme der Kurpfalz hatte Albrecht, als König Albrecht II., erhalten, man kümmerte sich in Heidelberg nicht darum, was es für Bayern heißen musste, nun wieder der Nachbar des Königs zu sein; dass es das bis 1806 bleiben würde, konnte man zwar 1438 weder in Heidelberg noch in München noch in Wien absehen, doch hätte man wenigstens in der erstgenannten Residenz versuchen können es zu verhindern. So musste Bayern den Weg in die Neuzeit in einer geopolitischen Situation antreten, die immer wieder seine politischen Spielräume einengen würde, unbequeme Rücksichten erforderte und mehr als einmal schwierige Situationen heraufbeschwor, davon abgesehen, dass der habsburgische Landhunger, der jetzt erst richtig erwachte, auch Appetit auf bayerischen Boden erwecken musste. Das sollte sich schon in den nächsten Jahrzehnten zeigen, und die Kooperation zwischen Bayern und der Pfalz, zu der es in derselben Ära auch wieder kommen sollte, konnte daran nichts mehr ändern. Man hatte im Spiel der Mächte die luxemburgische Karte gegen die habsburgische ausgetauscht und damit aus bayerischer Sicht nur den Teufel mit dem Beelzebub ausgetrieben. Bayern hatte daran zwar nicht aktiv mitgewirkt, aber durch seine inneren Wirren passiv viel davon zulassen müssen. Jetzt konnte die neue Generation der Fürsten nur noch zusehen, wie sie in den neuen Konstellationen bestehen konnte.

Die endgültige Wende in der spätmittelalterlichen Geschichte der bayerischen Wittelsbacher, die man in die Jahre zwischen 1446 und 1450 datieren kann, geht erneut mit einem Wechsel der Fürstengeneration einher, wobei es im Teilherzogtum Ingolstadt zu einem solchen nicht kam, weil ja der Sohn des alten Herzogs, Ludwig der Höckrige, schon drei Jahre vor seinem greisen Vater gestorben war und keine Kinder hinterlassen hatte. Dennoch leitet der Tod Ludwigs des Gebarteten und wenig darauf seines ewigen Widersachers Heinrich XVI. diesen Wechsel ein, denn mit den beiden war, nachdem Ernst ja schon 1439 gestorben war, eben jene Generation abgetreten, die die Teilung und Spaltung Bayerns auf die Spitze getrieben hatte. Zudem hatte sich die Zahl der Teilherzogtümer nun auf nur noch zwei verengt, von denen – zumindest theoretisch – nur noch das eine das andere beerben konnte, sofern sich nicht wieder eines von diesen oder auch alle zwei bis zu einem Erbfall wiederum teilen würden; im Augenblick gab es jedoch in jedem von ihnen nur einen Herzog, mit Erbfolgekriegen und Auseinandersetzungen um das Erbe war jedenfalls vorerst nicht zu rechnen.

Allerdings war eine erneute Teilung Oberbayerns in näherer Zukunft nicht auszuschließen, da der Nachfolger Ernsts, Albrecht III., mit nicht weniger als fünf Söhnen gesegnet war, und dass es trotzdem nicht zu einer solchen kommen sollte, lag daran, dass sich unter ihnen nur einer befand, bei dem sich ein ausgeprägter und konsequenter Wille zur Macht mit einer hohen politischen Begabung paarte, nämlich Albrecht IV., der sich, obwohl nur als dritter in der langen Reihe geboren, als Alleinherrscher im Münchner Herzogtum durchsetzen sollte und darüber hinaus dafür sorgen sollte, dass die unseligen Teilungen ein- für allemal zu einem Ende kamen.

Anders sah es in Landshut aus. Ludwig der Reiche, der einzige Sohn Heinrichs, hatte wiederum nur einen Sohn, Georg. Er regierte dank des rücksichtslosen Zugreifens seines Vaters beim Anfall des Ingolstädter Erbes das umfangreichste Teilherzogtum; das Herzogtum Bayern-Landshut war die größte Macht in ganz Süddeutschland und wohl die einzige, die es ohne größeres Risiko auch mit den Habsburgern aufnehmen hätte können, zum wenigsten vorerst noch, denn die Weltmacht Habsburg sollte erst im Laufe der zweiten Hälfte des 15. Jahrhunderts entstehen. Im Herzogtum Bayern-Landshut trafen so gleich drei glückliche Umstände zusammen; es war das größte Herzogtum, es hatte nur einen Erben, und in Ludwig dem Reichen hatte es einen politisch hoch begabten Fürsten. Die Zeitgenossen beschreiben ihn als eine ritterliche Erscheinung, mit Geistesgaben gesegnet, als festesfroh, aber nicht als Verschwender; in seinen jüngeren Jahren galt er als ebenso tapferer wie umsichtiger militärischer Führer; er hatte aber deswegen nicht unbedingt den Ruf eines kriegslüsternen Haudegens und soll dem Krieg und seinen Begleiterscheinungen eher abgeneigt gewesen sein. Gerühmt wird zudem seine Treue zu seinen Versprechen und Verträgen. Von diesen Lobeshymnen mag manches topische Fürstenpreisung sein, vieles lässt sich aber aus seiner persönlichen Geschichte bestätigen; in seinem Herzogtum war er – im Gegensatz zu seinem eher mit Seufzen ertragenen Vater – ein populärer Herrscher, der es mit den Bürgern und dem Adel gleichermaßen gut verstand, und bei allem Ehrgeiz, der ihn beflügelte, überschritt er nie den Rahmen der ihm gegebenen Möglichkeiten. Seine Freigebigkeit und Großzügigkeit, seine Festes- und Genussfreude ist wiederholt belegt, nicht nur durch die grandiose Hochzeitsfeier seines Sohnes Georg mit der polnischen Prinzessin Hedwig, der berühmten Landshuter Hochzeit – die im Übrigen in ihrer Prachtentfaltung ganz dem Stil der Zeit entsprach und erst retrospektiv zu einem exorbitanten Ereignis hochstilisiert wurde. Was von seiner Regierung am längsten bleiben sollte, war ein in die Zukunft Bayerns gerichteter Akt, nämlich die Gründung der ersten Universität des Landes in Ingolstadt; hierin bewies er einen großen Weitblick und legte zudem eine bemerkenswerte Orientierung an den neuen geistigen Strömungen an den Tag.

Zwischen ihm und seinem – inzwischen als Sohn seines Onkels nur noch zweitgradigen – Vetter Albrecht III. von München gab es nur wenige Gemeinsamkeiten, wenn man davon absieht, dass die Biographie Albrechts ebenfalls viele menschlich anrührende Züge enthält. Unbedachtheiten wie seine morganatische Ehe waren ihm indessen in seinen späteren Jahren als Herzog fremd geworden; selbst als ihn die böhmischen Stände einstimmig zum König von Böhmen gewählt hatten, ließ er sich auf die im Fall einer Annahme unvermeidbare kriegerische Auseinandersetzung mit den erbberechtigten Habsburgern gar nicht erst ein und verzichtete von sich aus, ebenso wie er auch gegenüber seinem Onkel Heinrich XVI. in den Streitigkeiten um das Ingolstädter Erbe vielleicht zu schnell klein beigegeben hatte. Mit dessen Sohn, Ludwig dem Reichen konnte er sich aber eher verständigen, da dessen Ehrlichkeit und Offenheit seinem eigenen Charakter entgegenkamen und er im Zusammenwirken mit diesem die Probleme auch in der Weise lösen konnte, die seinen Vorstellungen entsprach. Im Inneren erwies er sich jedoch dessen ungeachtet doch auch wieder als ein harter Verfechter des Rechts, doch die Konflikte innerhalb des Herzogtums München waren aus seiner eigenen Geisteswelt heraus überschaubarer. Dass seine Regierungszeit für das Herzogtum Oberbayern glücklicher als die seiner Vorgänger verlaufen sollte, war in erster Linie dem Umstand zu verdanken, dass sein Vetter in Landshut ein

Mensch wie Ludwig der Reiche war – einem Ludwig dem Gebarteten oder einem Heinrich XVI. wäre er auf die längere Sicht wohl kaum gewachsen gewesen.

Der historische Zufall wollte es, dass das Haus Wittelsbach in den Jahren der beiden Bayerischen Größen noch über eine dritte herausragende Gestalt verfügte, den Pfalzgrafen Friedrich I. Er war an herrscherlichen Tugenden dem Landshuter Herzog mit Sicherheit ebenbürtig, an menschlichen Zügen war er wiederum eher mit Albrecht III. verwandt. Die große Zeit des Hauses Wittelsbach brach jedoch erst im dritten Viertel des 15. Jahrhunderts an, als nach dem Tod Albrechts III. 1463 und nach einem kurzen Zwischenspiel von zwei Jahren Albrecht IV. in Oberbayern an die Regierung kam. Er war als der drittälteste Sohn eigentlich für die geistliche Laufbahn bestimmt gewesen und hatte in seinen jungen Jahren eine entsprechende Bildung erfahren, die ihm auch in seiner Regierung zu Gute kommen sollte. Als ein zäher Arbeiter, der in der Welt der Juristen und der Diplomaten beheimatet war, bereit, aus Erfahrungen zu lernen, von einer hohen Intelligenz, die ihm schon früh den Beinamen der Weise einbrachte, war er an seinem Schreibtisch weit mehr zu Hause als im Sattel seines Reitpferdes. Unter seiner Regierung finden sich ganz neue Ansätze einer modernen Politik; er kümmerte sich wie kein bayerischer Herzog zuvor um Handel und Verkehr, erfand handelspolitische Maßnahmen und war auch der Idee einer Universitätsgründung in Bayern nicht abgeneigt – seine Gründungsversuche waren allerdings nicht von dem Erfolg gekrönt, den Ludwig der Reiche hatte, und er versuchte sich mit Regensburg, das ihm ja noch nicht wirklich gehörte, damit auch am falschen Ort, was aber im Rahmen seiner Gesamtpolitik zu sehen ist. Höfischen Vergnügungen war er wenig zugeneigt, wenn sie ihm zu weit über das für die fürstliche Repräsentation erforderliche Maß hinausgingen, aber trotzdem seinem Rang als Fürst auch im Äußerlichen verpflichtet. Er verkörpert so bereits eher den frühneuzeitlichen Fürsten als den des späten Mittelalters. Dass er es war, dem die Einigung des geteilten Herzogtums Bayern zufallen sollte, sollte einer der großen Glücksfälle der bayerischen Geschichte werden.

Noch freilich war es Albrecht III., mit dem es Ludwig der Reiche zu tun hatte, und bei dessen Naturell fiel dem Landshuter Herzog die Rolle der Führung von selbst zu. Es entsprach dabei der Natur Ludwigs des Reichen, seine Regierungszeit mit einem großen politischen Erfolg zu beginnen, den er selbst, unbeirrt Schritt für Schritt herbei führte. Der schon erwähnte Erdinger Vertrag sicherte ihm den Frieden und den Ausgleich mit seinem unmittelbaren Nachbarn, Albrecht III., dem er sich zu Recht überlegen fühlte, den auszuspielen, wie es sein Vater vermutlich ohne zu zögern getan hätte – bei der Verteilung des Ingolstädter Erbes hatte er es getan – er sich aber sehr wohl hütete, um nicht das von ihm vorrangig angestrebte Gleichgewicht zu gefährden. Ein Jahr später aber bereits schloss er mit dem Vertrag von Lauingen sein großes Einigungs- und Friedenswerk für Süddeutschland ab, ein großes Landfriedensbündnis, das nicht nur Ober- und Niederbayern, sondern auch die Pfalz unter Friedrich dem Siegreichen sowie die Linie Pfalz-Mosbach, die die oberpfälzischen Besitzungen der ausgestorbenen Linie Pfalz-Neumarkt übernommen hatte, einschloss, damit den Frieden auf dem Nordgau – wo auch Landshut und München Besitzungen hatten – ebenso wie den in Bayern sichernd. Insbesondere die Sicherung auf dem Nordgau ließ auch die Markgrafschaft Ansbach Fühlung mit dem Bund suchen, und schon wenig später schlossen sich diesem Bündnis auch die schwäbischen Reichsritter, die Grafschaft Württemberg und einige schwäbische Reichsstädte an; des weiteren suchten bis 1457 auch die habsburgischen Lande Vorderösterreich und Tirol, ja sogar der König von Böhmen um die Aufnahme in den Bund nach, der nicht nur nach außen als Herrschafts- und Friedensorganisation wirken sollte, sondern auch nach innen den Frieden wahren sollte, für gegenseitige Streitigkeiten wurde ein in allen Fällen anzurufendes Schiedsgericht vorgesehen.

Diese Bündnispolitik des Herzogs von Niederbayern und des von Anbeginn daran beteiligten Pfalzgrafen entsprang der schlichten Notwendigkeit. Seit dem Tod Kaiser Sigismunds befand sich das Königtum erneut in einer Krise, die diesmal aber nicht durch Verwicklungen in Kämpfe mit der Kurie oder durch die Willkür der Kurfürsten bedingt war, sondern durch die Person des Königs selbst. Nach dem kurzen, nur zwei Jahre währenden Königtum Albrechts II., der seine Kraft im Kampf um seine eigenen Erblande verbraucht hatte, war diesem sein Großneffe Friedrich III., in erster Linie nach dem Willen der geistlichen Kurfürsten, nachgefolgt, der von äußeren Gefahren des Reichs wie seiner eigenen Erblande bedrängt sich als ein Zauderer erwies, der die Politik des geduldigen Abwartens bis zum Überdruss betreiben konnte. Alle Versuche zu einer längst fälligen Reform des Reiches, die unter Sigismund, und teilweise schon unter Karl IV. die Geister in wachsendem Ausmaß beschäftigt hatte, waren bereits in den Ansätzen stecken geblieben, sofern sie überhaupt so weit gediehen waren. Für Frieden und Ordnung konnten jedoch nur möglichst weit gespannte Bündnisse wie das zuvor geschilderte der süddeutschen Mächte unter der Führung der Wittelsbacher sorgen, weder das Kurkollegium noch ein anderes Gremium des Reichs konnte in solchen Fragen aktiv werden. Gerade um die Mitte des 15. Jahrhunderts war die Lage wieder besonders gespannt; 1446 war ein großer süddeutscher Städtebund gegründet worden, auch das aus gutem Grund, erreichte doch die Konfrontation zwischen den Territorialfürsten und den Städten, die schon die Zeit Wenzels zu einer ersten Eskalation geführt hatte, einen neuen Höhepunkt, sowohl was das Verhältnis zwischen den etablierten Landesfürstentümern zu den Städten anging – wobei die Städte nun zunehmend zu den Verlierern gehörten wie Mainz, das seine Reichsfreiheit gegenüber dem Bischof nicht mehr halten konnte und 1462 zur Hauptstadt des Kurmainzischen Hochstifts zugleich aufstieg und absank – als auch durch den Auf- und Ausbau neuer Territorien, wozu immer noch neue Ansätze erfolgten. Ein ganz besonderes Problem stellten dabei diejenigen Versuche dar, die in einer eigentlich politisch bereits verteilten Landschaft erfolgten.

Solche waren vor allem die hochfliegenden Pläne des Markgrafen Albrecht von Hohenzollern, eines jüngeren Bruders des Markgrafen Friedrich von Brandenburg, der die fränkischen Besitzungen des Hauses regierte. Albrecht, der seinen heute gängigen Beinamen Achilles aufgrund seiner dem antiken Helden angeblich ähnlichen Eigenschaften durch Kardinal Enea Silvio Piccolomini erhielt, plante nichts geringeres als die Errichtung eines neuen Herzogtums Franken. Hierzu sollte nicht nur sein fränkisches Territorium weiter geschlossen, sondern auch Würzburg und Bamberg seiner Botmäßigkeit unterworfen werden, vor allem ging sein Bestreben auch gegen die fränkischen Reichsstädte; mit Nürnberg war es deshalb zu einem über fünf Jahre dauernden Krieg gekommen, der letztlich unentschieden geendet hatte. Albrecht Achilles griff allerdings in seinen Plänen noch weit über Franken hinaus. Er war Inhaber des kaiserlichen Landgerichts Nürnberg, das einst durch Kaiser Friedrich Barbarossa im Rahmen seiner Reichspolitik errichtet worden war, und das Albrecht jetzt mit Hilfe entsprechender Privilegien Friedrichs III. zur obersten und einzigen Berufungsinstanz für ganz Bayern, Franken und Schwaben auszubauen gedachte; er verfolgte damit keinen geringeren Plan als die Erringung der Hegemonie in ganz Süddeutschland. Dies stellte eine Bedrohung für die Landesherrschaften in den genannten Regionen dar, die ihrerseits nicht gewillt waren, dieses wichtige und als einigende Klammer über die zahlreichen Adelsherrschaften innerhalb ihrer Territorien unverzichtbare Herrschaftsinstrument aus der Hand zu geben – und, wie Ludwig der Reiche einmal zornig bemerkte, schon gar nicht an einen, der *einst der Herren von Bairen Diener gewest!* Man wusste in Bayern gut genug, dass Nürnberg auf bayerischen Boden lag, und betrachtete den ehemaligen Burggrafen daher auch nach wie vor als Parvenu – Ludwig der Gebartete hatte auch den ersten Hohenzollern in Brandenburg als den *neulich hochgemachten Markgrafen* abqualifiziert. Albrecht Achilles schien das aber nicht anzufechten; allen Ernstes begann er, streitige Gerichtsfälle an sein kaiserliches Landgericht Nürnberg zu ziehen, und damit war die Situation gegeben, in der der Konflikt nicht mehr zu vermeiden war. In einer lockeren Allianz fanden sich die Mitglieder des Lauinger Vertrages und die fränkischen Hochstifte zusammen, um sich der Ansprüche zu erwehren.

Vorangegangen war schon eine andere Auseinandersetzung, und zwar um die Stadt Donauwörth, die von Ludwig dem Reichen in Wahrung des Pfandrechts 1458 eingenommen wurde – die Stadt war mit dem Konradinischen Erbe an Bayern gekommen, war dann von Karl IV. zur Reichsstadt erhoben, 1376 aber, wie schon angeführt, an Bayern verpfändet worden; 1422 wurde sie wieder an das Reich gezogen, obwohl die Pfandsumme nicht zurückgezahlt worden war. Der Herzog von Bayern war also mit seinen Ansprüchen im Recht; Kaiser Friedrich III. betrachtete das Vorgehen Ludwigs indessen als einen Bruch des Reichsrechts, mit Truppen der Reichsstadt beispringen konnte er aber auch nicht, da im Zeichen der allgemeinen Feindseligkeit der Fürsten gegenüber den Städten sämtliche Territorialfürsten in Süddeutschland an dem Zug gegen Donauwörth beteiligt waren, selbst Albrecht Achilles, der sich Ludwig wohl aus einem hinterlistigen Kalkül heraus angeschlossen hatte, vermutlich in der Hoffnung, den seit 1451 zwischen diesem und dem Pfalzgrafen bestehenden Bund zu sprengen, der seinen eigenen Plänen natürlich zuwider war.

Da der Kaiser auf die Donauwörther Affäre mit der Reichsacht gegen Ludwig reagierte, aber zunächst keine Helfer hatte, diese zu vollstrecken, bot sich ihm nun Albrecht Achilles hierfür an, diese günstige Chance zu einer Ausschaltung zumindest eines seiner gefährlichen und übermächtigen Gegner erkennend. Da im Augenblick die militärischen Kräfte beider Seiten sich aber noch zu sehr im Gleichgewicht befanden, versuchte er zuerst, seine Gegner durch diplomatische Finten zu entzweien. Dies schien ihm auch zu gelingen, er erreichte zunächst, dass sich Georg Podiebrad, der König von Böhmen, neutral stellte, wodurch sich Ludwig zum Einlenken bewogen sah und bis zu einer endgültigen Entscheidung Donauwörth dem Bischof von Eichstätt als Treuhänder übergab; dieser hinterging ihn und gab die Stadt sofort an das Reich weiter. Albrecht Achilles, der stets alle zwei Ziele im Auge hatte, erwirkte darüber hinaus auch noch die Bestätigung des Papstes, dass sich die Zuständigkeit seines kaiserlichen Landgerichts über die Hochstifte Bamberg und Würzburg erstreckte.

Allerdings konnte sich Albrecht Achilles dieses Erfolgs und des damit gewonnenen Übergewichts nur kurz erfreuen. Die diplomatischen Anstrengungen, die nun von Landshut aus gemacht wurden, waren nämlich ebenfalls von Erfolg gekrönt, was in erster Linie auf das Geschick des Landshuter Kanzlers, Dr. Mayr zurückzuführen war. Was die Verhältnisse wieder umdrehte, war die von Mayr erreichte erneute Parteinahme Georg Podiebrads von Böhmen für Herzog Ludwig den Reichen, und dies um einen lediglich imaginären Preis, nämlich der Zusage, den König von Böhmen in einer möglichen Kandidatur bei der nächsten Königswahl zu unterstützen, was ihm Albrecht Achilles, durch sein Bündnis mit dem Kaiser an diesen gebunden, natürlich nun nicht versprechen hatte können. Georg Podiebrad hoffte zwar, durch seine Entscheidung nur wieder das Gleichgewicht herzustellen, mit dessen Hilfe sich ein Krieg bisher vermeiden hatte lassen, und damit der Einlösung seiner Verpflichtungen zu entkommen, aber nun glitt ihm ebenso wie Albrecht Achilles und allen anderen Beteiligten die Dinge aus der Hand. Im Frühjahr 1460 brach Pfalzgraf Ludwig von Zweibrücken-Veldenz mit Waffengewalt in die Kurpfalz ein, wodurch sich die Verbündeten Friedrichs des Siegreichen herausgefordert fühlten. Zu einer entscheidenden Schlacht kam es 1460 nicht mehr, lediglich Ludwig der Reiche konnte Eichstätt, mit dem er wegen der Sache mit Donauwörth noch eine Rechnung offen hatte, überrumpeln und besetzen; die Bedingungen, die er für den Waffenstillstand diktierte, kamen der Mediatisierung des Hochstifts gleich. Von dieser Basis aus drohte nun jedoch ein Einmarsch des Niederbayern in Franken, so dass Albrecht Achilles es vorzog, den Frieden anzustreben, obwohl dieser aus seiner Sicht einer Niederlage sehr nahe kam, da er für jetzt und für alle Zeit darauf verzichten musste, bayerische Untertanen vor das Landgericht Nürnberg zu fordern.

Damit war nur der Status quo wiederhergestellt, keine der Parteien hatte im eigentlichen Sinn ihr Ziel erreicht und keine war geschlagen, der Streit schwelte weiter und harrte nur des Anlasses, sich wieder zu einem Krieg auszuwachsen. Diesen lieferte Ludwig der Reiche 1461 schließlich selbst, als er seine im Rahmen früherer Verhandlungen gegebenen Versprechen einlöste und Herzog Albrecht von Österreich bei seiner Fehde gegen Friedrich III. unterstützte. Kaiser Friedrich III. legte dies aber als einen Angriff auf den Kaiser aus – entgegen der Argumentation Ludwigs, es handle sich um keine Parteinahme gegen den Kaiser, sondern nur um eine gegen den Herzog von Österreich – schickte Ludwig einen Absagebrief und rief zum Reichskrieg gegen den Niederbayern auf, den er aber nun auf einmal nicht mehr mit der Verletzung seiner kaiserlichen Würde begründete, sondern mit dem Überfall auf Eichstätt 1460. Dies rief auch den Markgrafen Albrecht Achilles wieder auf den Plan, der ebenfalls von des Kaisers wegen an Ludwig einen Absagebrief schickte. Der Krieg war wieder da, und die alten Parteien standen wieder in Reih und Glied. Diesmal verlegte sich keiner auf das Verhandeln, es entschieden unverzüglich die Waffen.

Die Wittelsbachische Partei errang nun ihre ersten großen und nachhaltigen Erfolge. Ludwig und Pfalzgraf Friedrich hatten ihre Heere gleich bei den ersten Kampfhandlungen vereinigt, so dass sie es mit jedem Gegner aufnehmen konnten; der Markgraf stand schon nach wenigen Wochen und ehe es überhaupt zum entscheidenden Treffen gekommen war, am Rand einer Niederlage. Nachdem jedoch die mit den Wittelsbachern verbündeten Bischöfe von Würzburg und Bamberg empfindliche Einzelniederlagen erlitten hatten und sich die Heere des Niederbayern und des Pfalzgrafen getrennt hatten, um sich den verschiedenen Teilen der fränkischen Territorien des Markgrafen zuzuwenden, lief sich der Krieg fest; eine Entscheidung schien vorerst nicht mehr möglich, und zu allem Unheil verließ nun Georg Podiebrad, der sich seiner eigenen Königspläne wegen eine endgültige Niederlage des Markgrafen nicht wünschen konnte, die Allianz gegen Albrecht Achilles, der Ausgang war wieder offen. Allerdings holten die Wittelsbacher, noch ehe Albrecht Achilles zu einer wirksamen Aktion Zeit gefunden hatte, zum entscheidenden Schlag aus; im Juni 1462 besiegte Friedrich seine Verbündeten bei Seckenheim, wobei die Anführer in Gefangenschaft gerieten, und wenig später schlug auch Albrecht Achilles selbst die Stunde, als ihm von Ludwig dem Reichen im Verein mit Friedrich bei Giengen eine derart schwere Niederlage bereitet wurde, dass ihm kein anderer Ausweg mehr blieb als der Friede, der nach langen Verhandlungen 1463 in Prag endlich geschlossen werden konnte. Albrecht Achilles blieb auf seine fränkischen Territorien beschränkt, der Traum von einem großen Herzogtum in Franken war ausgeträumt.

Während Niederbayern und Kurpfalz für weitere sieben Jahre ganz Süddeutschland fest in der Hand hielten, veränderte sich in München allmählich die Situation. Oberbayern hatte bei all den Kämpfen abseits gestanden, im politischen Schatten der beiden großen Wittelsbacher eher missmutig als aus Klugheit neutral und durch den Lauinger Vertrag in seiner Bewegungsfreiheit weitgehend eingeengt. Herzog Albrecht III. war 1463, noch vor dem Ausbruch des markgräflichen Krieges gestorben, und die Herrschaft war auf seine beiden ältesten, bei seinem Tode volljährigen Söhne Johann und Sigmund übergegangen, die sich den Erfordernissen ihrer Zeit noch weniger gewachsen erwiesen als ihr Vater es gewesen war. Johann starb 1463, und Sigmund, wenig haushälterisch veranlagt und von schwacher Gesundheit, war eher einem beschaulichen Leben als Kunstliebhaber zugeneigt als dass er Lust empfand, sich dem rauen Wind der Politik auszusetzen. Mit wachsendem Unmut verfolgte dies der drittgeborene Sohn, Albrecht IV., und nahm den Tod des ältesten Bruders Johann zum Anlass, seine Beteiligung an der Regierung zu fordern. Seine Verbündeten waren die Landstände, die die Missstände am Hof, die zu einer argen Vernachlässigung der Verwaltung und einer ruinösen Verschwendungssucht geführt hatten, mit nicht weniger Sorge betrachteten als Albrecht selbst; 1465 hatte er seine Forderung gegen den Widerstand Sigmunds durchgesetzt. Als er den Fuß erst einmal in der Tür hatte, ließ er nicht locker, und da es ihm auf anderem Wege nicht zu gelingen schien, die desolaten Verhältnisse zu ordnen, erzwang er 1467 sogar den Rücktritt seines Bruders Sigmund, der sich als Privatmann auf die Blutenburg bei München zurückzog und sich dort einem Leben widmete, das seinen Neigungen entsprach. Seine Abdankungsurkunde ist ein Eingeständnis seiner mangelnden Begabung zum Herrscher, so weit musste er sich von seinem starken Bruder treiben lassen.

Das Ende der Teilung – Albrecht IV. (1465–1508)
Außenpolitisch stand Albrecht IV. zunächst immer noch hinter seinen Vettern in Landshut und Heidelberg zurück. Den großen und letztlich vergebens geführten Kampf um eine Reform des Reiches trugen Herzog Ludwig und Pfalzgraf Friedrich ohne ihn aus; sie starben 1476 und 1479. Ein entscheidender oder auch nur richtungsweisender Schritt war in dieser Sache nicht erfolgt. Ihre Nachfolger, Philipp in der Pfalz und Georg in Niederbayern, hatten nicht das Format ihrer Vorgänger, so dass die Führung Bayerns wie des Gesamthauses Wittelsbach, das unter Ludwig und Friedrich wieder als solches aufgetreten war – wenn auch in den pfälzischen Nebenlinien wie in München mit Missmut dabei beobachtet – nun ebenso wie zuvor Ludwig dem Reichen Albrecht IV. zugefallen wäre. Dieser allerdings hatte in dieser Beziehung keine Ambitionen, er wollte weder sein gutes Verhältnis zum Kaiser noch das zu den Fürsten

Süddeutschlands gefährden, denn er verfolgte, seiner Art gemäß in der Stille und lange genug von allen unbemerkt einen eigenen Plan von geradezu atemberaubender Kühnheit, in dem es um nichts Geringeres ging als um den Ausbau Bayerns zur führenden süddeutschen Großmacht, allerdings mit anderen Mitteln und auf einer besser fundierten Basis als dies Albrecht Achilles in Franken versucht hatte.

Den geeigneten Ansatzpunkt hierzu hatte er in Sigmund von Tirol gefunden, der sich von drei Seiten bedrängt sah. Zu Tirol gehörte auch Vorderösterreich, das räumlich alles andere als geschlossen war, und daher zum einen Anlass zu ständigen Streitigkeiten mit dem Grafen von Württemberg gab, zum anderen durch den Kaiser selbst, am meisten aber durch seine permanente Finanznot. In der letztgenannten half Albrecht IV. gegen entsprechende Verschreibungen großzügig aus, und zuletzt verschrieben sich die beiden Fürsten gegenseitig die ungeheure Summe von einer Million Gulden auf das Land desjenigen, der vor dem anderen ohne männliche Erben sterben würde. Da Sigmund keine Kinder hatte und in seinem Alter auch mit keinen mehr zu rechnen war, im Gegensatz zu dem zwar auch noch kinderlosen, aber noch jungen Albrecht, konnte dies die Erwerbung ganz Tirols durch Bayern mit sich bringen.

Um die für diese Verschreibungen notwendigen Summen aufzubringen, musste Herzog Albrecht seinen niederbayerischen Vetter mit in das Kalkül mit einbeziehen, der über entsprechend große Finanzreserven verfügte; tatsächlich gelang es ihm, die latenten Streitigkeiten zwischen Niederbayern und Tirol beizulegen – die mit den Landshuter Besitzungen im Inntal Nachbarn waren – und 1486 gelang der erste Schritt in die gewünschte Richtung, als Sigmund zuerst die Markgrafschaft Burgau und dann Vorderösterreich um zusammen nur 102 000 Gulden an Georg und Albrecht verkaufte.

Damit hätte sich Bayern, wenn es in dieser Dimension auch wieder weit entfernt von einem geschlossenen Territorium war, bis zum Oberelsass, einschließlich des Schwarzwaldes erstreckt; mit der Anwartschaft auf Tirol bildete in der Tat der Gewinn eine tragfähige Basis für ein süddeutsches Großreich, dem nicht einmal das durch diesen Handel geschwächte Habsburg etwas entgegenzusetzen gehabt hätte. Entsprechend missmutig, aber dennoch untätig beobachtete Kaiser Friedrich III. den Vorgang auch, allerdings waren ihm die Hände gebunden, die Vorschläge des Markgrafen Albrecht Achilles, der sich immer noch als Gegner der Wittelsbacher auf der

Seite der kaiserlichen Partei Vorteile erhoffte, die alte Konstellation von 1459 wieder aufzubauen, lehnte er ab, im Augenblick konnte er keine Neuauflage dieses Krieges brauchen. So wartete er, seiner Art gemäß, schwankend zwischen einer Akzeptierung und innerer Ablehnung, ab, ob nicht die Zeit in seinem Sinne arbeitete und ihm damit eine eigene Aktion, zu der er sich nur schwer entschließen konnte, abnehmen würde.

Er behielt recht; Albrecht selbst, vielleicht durch den ihm in den Schoß gefallenen Tiroler Handel zu leichtsinnig geworden, begann seine Möglichkeiten zu überschätzen. Einen scheinbaren Erfolg errang er noch um Regensburg, das sich infolge des schon fast ein Jahrhundert dauernden wirtschaftlichen Niederganges in einer immer schwieriger werdenden finanziellen Situation befand, die der Herzog ebenso ausnutzte wie die des Herzogs von Tirol. Er glaubte, die Stadt bereits in der Hand zu halten, die Bürger hatten sich ihm ungeachtet aller kaiserlichen Drohungen unterworfen, als an ganz anderer Front sich das Glück wendete. Während Albrecht noch damit beschäftigt war, dem Kaiser einen weiteren Schlag zu versetzen, indem er dessen Tochter Kunigunde heiratete, ohne seine Zustimmung einzuholen – er entführte die Prinzessin kurzerhand und stellte damit den unwilligen kaiserlichen Schwiegervater vor ein fait accompli – schüttelten die Stände in Vorderösterreich und Tirol die Herrschaft des bayerischen Herzogs ab, ehe sie begonnen hatte; die Verschreibungen wurden durch das Geld der Stände ausgelöst. Die beiden Herzöge von Bayern sahen sich einer gemeinsamen Front der schwäbischen Städte und Fürsten gegenüber. Dass es zu der Katastrophe, mit der jeder rechnete, nicht kam, war nur das Verdienst Maximilians, des Sohnes Kaiser Friedrichs III. und späteren Kaisers, der vermittelnd eingriff, da er sich die Freundschaft Bayerns sichern wollte.

Wer damit nicht befriedigt war, war der nach der Entführung seiner Tochter erst recht beleidigte Kaiser, der Albrecht endgültig gedemütigt sehen wollte. Schon seit Jahren führte er einen Kleinkrieg mit Nadelstichen, indem er den einen oder anderen Adeligen bei Versuchen unterstützte, sich aus der bayerischen Herrschaft zu lösen und ihnen die Reichsfreiheit verlieh, was Albrecht aber meist durch großzügiges Ignorieren unterlief. 1490 hatte er endlich die Hände frei genug, um gegen die untreue Stadt Regensburg ein Verfahren einleiten zu können, und er bediente sich hierfür auch einer den Herzog kurze Zeit paralysierenden innerbayerischen Adelsverschwörung, des nach ihrem Wappenbild so genannten Löwlerbundes, um gegen Regensburg die Reichsacht durchzusetzen. Als

Albrecht IV. mit dieser Verschwörung aber kurzen Prozess machte und sie militärisch in einem einzigen Zug ausschaltete, hätte er die Reichsacht auch gegen diesen vollstrecken können, wofür sich der Schwäbische Bund bereits anbot. Wieder griff jedoch Maximilian ein, dessen Spruch sich in dieser schwierigen Lage Albrecht auch unterwarf; er verzichtete auf die Stadt Regensburg wie auf alle Anwartschaften in Tirol. Das große Projekt war damit gescheitert, so wenig wie es zu einem großfränkischen Herzogtum unter Albrecht Achilles gekommen war, hatte es zu einem großen Reich der Wittelsbacher in Süddeutschland kommen sollen.

Wozu es indessen nun kam, war die endgültige Überwindung der bayerischen Teilung. Herzog Georg der Reiche von Landshut hatte nur eine einzige Tochter, Elisabeth, die mit einem nachgeborenen Pfalzgrafen, Ruprecht, verheiratet war; der Ehe waren zwei Söhne entsprossen, deren einer, Ottheinrich, der letzte Kurfürst aus der Heidelberger Linie werden sollte. Vorerst gewann er für Bayern als potentieller Erbe Niederbayerns an Bedeutung. Es zeigt sich in dieser Sache einmal mehr, welches Gewicht die im Rahmen der Landesteilungen geschlossenen Verträge unter dem Eindruck der aktuellen Sachlage letztlich besaßen. An sich wäre im Falle des Aussterbens der Landshuter Linie die Rechtslage vollkommen klar gewesen, und Albrecht hatte 1485 für den Fall, dass er ohne Söhne zu hinterlassen sterben sollte, Georg von Niederbayern zu seinem Erben eingesetzt; die Einheit Bayerns war ihm tatsächlich die wichtigste Größe. Georg hatte aber, unter dem Eindruck einer wachsenden Verstimmung zwischen ihm und Albrecht IV., kurz vor seinem Tod sein Herzogtum testamentarisch seiner Tochter vermacht, Ruprecht bereits die Burgen Landshut und Burghausen übergeben und die Stände Niederbayerns zur Huldigung aufgefordert.

Als er am 1. Dezember 1503 starb, kam der Konflikt zum Ausbruch. Die Stände weigerten sich, dem Pfälzer zu huldigen, und Kaiser Maximilian, dem sie die Angelegenheit zur Klärung übergeben hatten, sprach Albrecht zunächst Niederbayern zu, zögerte aber aus verschiedenen und recht fadenscheinigen Gründen mit der Belehnung; diese Situation nützte Philipp aus, der Niederbayern kurzerhand besetzte. Damit war der Krieg unvermeidlich geworden. Auf der Seite Albrechts IV. kämpfte auch Maximilian, der persönlich den einzigen entscheidenden militärischen Sieg des ganzen Krieges erringen konnte, der sich als ein Verwüstungskrieg in die ganze Breite des Landes ergoss. Das Ringen zog sich mit allen Schrecken bis 1505 hin, wobei auch die Pfalz schwere Verwüstungen erlitt, ehe es zu einem Waffenstillstand kam. Ruprecht und seine Gemahlin

Elisabeth waren unterdessen bereits verstorben, und ihre Ansprüche waren auf ihre Söhne übergegangen. Bayern war aber nun doch wieder vereint, und zwar unter der Regierung Albrechts. Der Preis für den Sieg, den er letztlich davongetragen hatte, war freilich hoch. Für die Hilfe Maximilians mussten die drei Ämter Kitzbühel, Rattenberg und Kufstein an Tirol abgegeben werden, außerdem waren die Erben der Elisabeth mit einem kleinen Fürstentum nördlich der Donau aus dem Besitz Oberbayerns mit dem Mittelpunkt Neuburg an der Donau abgefunden werden, der so genannten jungen Pfalz, aus der nach dem Regierungsantritt Ottheinrichs in Heidelberg als Kurfürst und einer daraus resultierenden Phase der Vereinigung mit Kurpfalz schließlich das Fürstentum Pfalz-Neuburg hervorgehen sollte.

Albrecht konnte damit trotz seines Scheiterns in der Tiroler Angelegenheit und in Regensburg mit dem Ergebnis seiner Regierungsarbeit zufrieden sein; die Vereinigung Ober- und Niederbayerns wog an Bedeutung die Verluste, mit denen sie verbunden war, völlig auf. Es entsprach freilich nicht der Natur Albrechts IV., diesen Erfolg nun als seinen persönlichen hinzunehmen und der Geschichte Bayerns ihren weiteren Verlauf zu lassen; die großen Opfer, die er für die Einheit Bayerns gebracht hatte, der Krieg, den er darum führen hatte müssen, sollten nicht umsonst, nicht vergebens gewesen sein. Auch er hatte drei Söhne zu versorgen, von denen der jüngste für den geistlichen Stand vorgesehen war, es blieben aber immer noch deren zwei, Wilhelm IV. und Ludwig X., das Spiel drohte von neuem zu beginnen. Durch seine Bildung, vor allem aber durch seine Kenntnis der modernen Staatstheorien und der bayerischen Geschichte rückte er sowohl von einer erneuten Teilung ebenso ab wie von der Vorstellung einer gemeinsamen Regierung, die auch immer nur in Ausnahmefällen funktioniert hatte; die Konsequenz, die aus all dem zu ziehen war, ließ nur eine mögliche Alternative zu, nämlich die Erbfolge des ältesten Sohnes. Mit dem 1506 erlassenen Primogeniturgesetz sollte allen Teilungen und Mitregierungen ein für allemal der Riegel vorgeschoben werden. Nur noch der jeweils Älteste sollte an die Regierung gelangen, und alle nachgeborenen Söhne mit einer hohen jährlichen Rente und dem Rang eines Grafen abgefunden werden – sofern sie es nicht, wie es von da an die Regel wurde, vorzogen, in den geistlichen Stand und damit, da ein anderes Amt als das eines Fürstbischofs nicht in Frage kam, in den fürstlichen Rang einzutreten.

Als Albrecht IV. zwei Jahre später starb, waren damit die Weichen für die Zukunft gestellt. Die Durchsetzung allerdings war noch eine andere Frage, wie in allen derartigen Fällen war sie nicht mehr eine Sache des Schöpfers einer Rechtsgrundlage, sondern bereits eine der nächsten und davon betroffenen Generation. Dennoch: Mit dem so genannten Primogeniturgesetz, das 1506 erlassen wurde, begann in Bayern die politische Geschichte der Neuzeit. Es stellte mehr dar als nur eine für die Zukunft verbindliche Regelung in der Erbnachfolge; mit diesem Akt wurde erstmals der Staat über den Fürsten gestellt, auch wenn sich am grundlegenden Verhältnis, nach dem der Fürst den Staat als sein Eigen betrachtete, nichts änderte. Dennoch, der Staat erhielt eine neue Qualität, er hatte nun eine ideelle Bedeutung, die ihn dem Fürsten nicht mehr unter- sondern überordnete, der allein auf der Herrschaft mittelalterlicher Prägung aufgebaute Staatsbegriff begann zu weichen. Ein Fürst, der sich selbst als Nachgeborener sich gegen seinen älteren Bruder, der bereits die Regierung übernommen hatte, hatte durchsetzen müssen, setzte mit einem Federstrich dem späten Mittelalter das Ende.

2. Das konfessionelle Zeitalter (1508–1651)

Die Anfänge: Wilhelm IV. und Ludwig X. (1508–1550)

Fürst und Stände
Als Herzog Albrecht IV. 1508, zwei Jahre nach Erlass des Primogeniturgesetzes, starb, hinterließ er seinen Söhnen trotz seines besten Willens ein schwieriges Erbe. Ein Problem bestand darin, dass seine drei Söhne noch unmündig waren; der älteste, dem nach seinem Willen die Würde des Herzogs von Bayern allein zufallen sollte, Wilhelm IV. war knapp fünfzehn Jahre alt, sein Bruder Ludwig war zwei Jahre jünger, und der dritte Sohn Ernst zählte erst acht Jahre. Da Wilhelm erst mit achtzehn Jahren die Regierung übernehmen sollte, stand Bayern vor einer drei Jahre langen Vormundschaftsregierung, deren Zusammensetzung Albrecht, seiner weit blickenden Persönlichkeit treu bleibend, detailliert geregelt hatte. Er musste sich bei dieser im hohen Maß auf die Stände des Landes stützen, was für die nächsten Jahre einige Schwierigkeiten mit sich bringen sollte, doch angesichts der Lage im soeben erst wieder vereinigten Herzogtum Bayern gab es für diese Regelung keine Alternative.

Wilhelm IV. hatte nicht unbedingt das Format seines Vaters, vor allem war er nicht von seiner politischen Frühreife, die ihn bereits im Alter von sechzehn Jahren einen starken Machtwillen und vor allem die entsprechenden Begabung entwickeln ließ, mit diesem auch umzugehen. Wilhelm IV. zeigte zwar ebenfalls schon früh die Neigung, möglichst die Zügel an sich zu reißen, doch er versuchte dies unter souveränem Ignorieren der sich ergebenden Probleme. Allerdings brachte er eine erstaunliche Fähigkeit mit, aus Fehlern zu lernen und Erfahrungen zu seinem Nutzen auszuwerten; in seinen reiferen Jahren wurde er nämlich um einiges diplomatischer und vorsichtiger, und er entwickelte vor allem einen sicheren Blick dafür, aus welcher Richtung Gefahren drohten. Eine seiner Stärken war außerdem die Konsequenz; sie hat vor allem seine Politik in den ersten Jahren der Reformation zu einem großen Teil bedingt.

Vieles am Charakter und Wesen Wilhelms IV. wie seiner Brüder Ludwig und Ernst mag wohl auch das Produkt ihrer Erziehung gewesen sein. Im Detail ist der Einfluss des Erziehers und Lehrers der Söhne Albrechts IV., der niemand anderer war als der große Historiograph und Humanist Aventinus, noch nicht untersucht; doch scheinen einige Grundzüge in der politischen Haltung Wilhelms und Ludwigs im gedanklichen System Aventins verankert gewesen zu sein, und beim Jüngsten der Brüder, dem späteren Fürstbischof Ernst, lässt sich der Einfluss der Erziehung sogar deutlich nachweisen. Vor allem die Haltung zur Kirche und zur Religion ist ganz die Aventins, dem zwar die alte Kirche stets ein Gegenstand harschester Kritik wie auch Anlass zu Witz und Spott gewesen war, der aber der sich langsam abzeichnenden Kirchenspaltung mit Sorge und Schrecken zusah und der Entscheidung, wie viele andere Humanisten auch, für sich selbst auswich. Der Grundsatz aber, dass dem Verfall der Kirche eine moralische Erneuerung entgegenzusetzen sei und nicht eine neue Theologie, und dass nicht eine neue, sondern eine erneuerte Kirche die Lösung bringen müsse, ist bei Aventin zu finden, und die Herzöge haben ihn vertreten. Das war nicht die von ihrem Lehrer gepflegte reine Geistesart des Humanismus, die zu vertreten ihnen die geistigen Voraussetzungen wohl auch gefehlt hätten, es ging ihnen nur darum, dass die Reform vor der Revolution zu stehen hätte und dass in der Reform die Wirkung wichtiger ist als die Tiefe des Inhalts; und dies mag wohl zu den Lehren gehören, die der beste Kenner der Geschichte seiner Zeit ihnen vermittelt haben mag.

Wilhelm IV. kam ein weiterer glücklicher Umstand zu Hilfe, und zwar der, dass er relativ schnell ein gutes Verhältnis zu seinem jüngeren Bruder Ludwig aufbauen konnte. Das hatte am Anfang nicht so ausgesehen; der jüngere Prinz erklärte, kaum dass er richtig verstehen konnte, worum es überhaupt ging, mit Unterstützung seiner Mutter, dass ihn dieses Primogeniturgesetz nicht beträfe, schließlich sei er vor dessen Erlass geboren. Er verlange daher die fürstliche Titulatur eines Herzogs in Bayern und Pfalzgrafen bei Rhein und beanspruche zum wenigsten die Mitregierung, am besten aber sein eigenes Fürstentum. Auf den Gang der Ereignisse wird noch einzugehen sein, hier sei nur erwähnt, dass Ludwig bald erkannte, worum es den Kreisen, bei denen er für sein Anliegen zunächst Unterstützung fand, in Wirklichkeit zu tun war, und dafür wollte er keinen Vorwand abgeben; soviel hatten die beiden von ihrem Vater und vielleicht auch von Aventinus mitbekommen, dass sie die Interessen Bayerns im Zweifelsfalle über ihre persönlichen stellten. Die Brüder einigten sich, wodurch das Herzogtum ein homogener Machtkomplex blieb. Es kam zu einer fruchtbaren gemeinsamen Regierung, in der Wilhelm die bestimmende Gestalt war, Ludwig aber als Mitregent und ständiger Berater Wilhelms eine ihm gemäße Rolle spielen konnte. Da er unverheiratet blieb, rückte das Primogeniturgesetz für ihn aus dem Zentrum; die gemeinsame Grundüberzeugung der Herzöge ermöglichte das Gedeihen der Mitregierung, es traten keine Differenzen mehr zwischen ihnen auf, geschweige denn, dass sie sich gegeneinander ausspielen ließen oder sich hintergingen.

Was Wilhelm IV. nicht mitbekommen hatte, war eine haushälterische Veranlagung. Der sparsame Vater hatte relativ geordnete Finanzen hinterlassen, was nicht bedeutet, dass er ihm eine wohlgefüllte Geldtruhe übergab, sondern nur, dass Ausgaben und Einnahmen in einem gesunden Verhältnis zueinander standen. Das schloss eine mäßige Verschuldung des Herzogs nicht aus; man muss bedenken, dass eine gleichmäßige Besteuerung des Landes nicht möglich war, die laufenden Einnahmen des Herzogs beschränkten sich auf die Zölle und die Abgaben der herzoglichen Urbarsbauern, mit denen er aber nur ein Drittel der Steuerkraft des Landes ausnutzen konnte. Den Einnahmen des Herzogs standen jedoch viel höhere Ausgaben gegenüber, die in der Erfüllung staatlicher Aufgaben entstanden; nicht nur, dass die sich ausweitende Verwaltung immer höhere Kosten verursachte, es stellten sich auch neue Aufgaben. Ein Heer, das sich allein aus den aufgebotenen Lehensleuten des Herzogs rekrutierte, war kein schlagkräftiges Instrument mehr, es hatte längst die Zeit der großen Söldnerheere begonnen, die Unsummen kosteten; die Verheiratung einer Prinzessin war ein teures, aber politisch nötiges Unterfangen. Die Repräsentation, die das Mäzenatentum des Fürsten mit einschloss und immer exzessivere Formen annahm, verschlang gewaltige Mittel, aber auch sie war ein Teil der Politik und notwendig, wenn man als Fürst ernst genommen sein wollte. Zusätzliche Mittel konnte aber nur die Landschaft bewilligen, indem sie eine Besteuerung der landständischen Untertanen genehmigte; in der Regel lief diese Beihilfe im 16. Jahrhundert so ab, dass sich die Landstände verpflichteten, die zuletzt aufgelaufenen Schulden des Herzogs zu übernehmen und die zu ihrer Zurückzahlung nötige Summe aufzubringen. Die ständigen Schulden der Fürsten sind nicht von vorneherein als Ausgeburt fiskalischen Leichtsinns zu sehen, sie waren eine Form der Vorfinanzierung, die dynamischer ablaufen konnte als der umständliche Weg über den Landtag und eine Steuerbewilligung. Eine regelmäßige Schuldentilgung durch die Stände konnte also durchaus ein Posten in einer vernünftigen Kalkulation sein, und eine Deckung von Einnahmen und Ausgaben bedeutete nichts anderes, als den Ständen nicht mehr Lasten aufzubürden, als sie dafür Verständnis aufbringen konnten. So lange alles im überschaubaren Rahmen blieb und die aufgelaufenen Schulden den Ständen als notwendige Staatsaufgaben vermittelbar waren, sahen diese das auch ein – schließlich fühlten sie sich als Teil des Staates – und übernahmen die Nachfinanzierung; wenn aber die Abstände zwischen den Landtagen immer kürzer und die zu übernehmenden Schulden immer höher wurden, verloren sie irgendwann die Geduld, was in der Regel hieß, dass sie für die Bewilligung größere Freiheiten zu gewinnen versuchten. Unter Herzog Wilhelm IV. nahm das zum ersten Mal drastische Formen an, und aus dem Teufelskreis sollte erst Maximilian I. in der ihm eigenen Weise einen Weg finden.

Die Regentschaftszeit nach dem Tod Herzog Albrechts IV. brachte insofern noch keine ständische Opposition, als es gegen die Offensive der Landschaft kaum einen wirksamen Widerstand gab. Herzog Wolfgang, der Onkel Wilhelms IV., war nicht der Mann, sich dem Vordringen der Stände entgegenzustellen; hatte er seinerzeit seinem Bruder das Regieren überlassen, ohne ihn darin zu behelligen, so war er jetzt erst recht nicht dazu in der Lage, die Zügel in die Hand zu nehmen. So konnten die Stände auf ihrer ersten gesamtbayerischen Versammlung bereits einen ersten Schritt zum Ausbau ihrer Stellung wagen; der Inhalt der so genannten Landesfreiheitserklärung war bis in die fünfziger Jahre des 16. Jahrhunderts hinein die Verhandlungsgrundlage in allen Auseinandersetzungen zwischen den Herzögen und den Landständen. In der Hauptsache zielte das Dokument auf klarere Kompetenzabgrenzungen bei gerichtlichen Angelegenheiten ab, wobei alle Unklarheiten der Zuständigkeit zwischen der Eigengerichtsbarkeit des Adels und der Gerichtsbarkeit des Herzogs stets zu Gunsten der Stände korrigiert wurden; die Administration des Landesherrn sollte aus den gerichtlichen Angelegenheiten der Stände so weit wie möglich ausgeschlossen bleiben.

Hätte das noch zu fruchtbaren Verhandlungen mit dem Herzog führen können, so ging der zweite Teil der Erklärung über diesen Bereich noch hinaus und begab sich damit auf ein Gelände, auf dem nur noch Konfrontation möglich war. Die Stände griffen dabei selbst in die administrative Praxis des Hofes ein, indem sie forderten, dass alle Stellen nur noch mit Landeskindern besetzt werden dürften und außerdem die Adeligen eine Majorität gegenüber den bürgerlichen gelehrten Räten haben müssten. Ging das in den Augen des jugendlichen Herzogs, der vorerst noch grollend abseits stehen musste, schon zu weit, so setzten die Stände auch noch durch, dass künftig ein neuer Herzog vor der Huldigung die Landesfreiheitserklärung zu bestätigen hatte und dass außerdem die herzoglichen Räte, Beamten und Richter sich auf sie verpflichten müssten, was aus der Sicht des Herzogs nur als Provokation verstanden werden konnte.

Zwei Jahre später war die Situation für die Stände noch günstiger, denn die Regentschaft musste den Landständen eine Verschuldung von 150 000 Gulden übertragen, die durch die Verheiratung der Schwestern Wilhelms aufgelaufen war; gegen geringfügige Erweiterungen der Landesfreiheit waren sie zur Übernahme dieser Schulden zu bewegen. Es war allen bewusst, dass die Grundlagen, die nun geschaffen wurden, für die künftige Entwicklung maßgeblich sein mussten; im folgenden Jahr endete die vormundschaftliche Regierung über Wilhelm IV., und wie dieser sich in seiner neu erworbenen Selbstständigkeit gegenüber der Bewegung der Stände verhalten würde, konnte keiner absehen.

Wilhelm reagierte, nachdem er die Regierungsgeschäfte selbst in die Hände genommen hatte, in einer von den Ständen nicht erwarteten Weise, nämlich zunächst gar nicht. Die Anerkennung der Landesfreiheit, die für ihn mit einem Huldigungslandtag verbunden gewesen wäre, vermied er, indem er den Landtag gar nicht erst einberief. In der Folge versuchte er, die ständischen Rechte wieder zu neutralisieren, allerdings ohne gleich die Auseinandersetzung mit diesen zu riskieren, indem er mit einer Reihe von Erlassen die Punkte der Landesfreiheitserklärung umging, womit er nicht zuletzt zu demonstrieren versuchte, dass ihn die Vorgänge während seiner Minderjährigkeit nicht betrafen und die Ständepolitik seiner Regierungszeit erst jetzt begänne; er suchte sogar einen eigenen Weg, das Drängen der Stände zu kanalisieren, indem er als Beratungsorgan einen ständischen Ausschuss zu installieren versuchte. Hinter all dem stand zum Teil auch Leonhard von Eck, der seit 1512 seinem Rat angehörte und allmählich zum Leiter der herzoglichen Politik avancierte, gleichwohl war er nicht der alleinige Initiator des herzoglichen Vorgehens.

Wilhelm hatte jedoch übersehen, dass er für ein derartiges Vorgehen noch nicht souverän genug war. Schon sein Onkel Wolfgang, der die Landesfreiheitserklärung zum Teil mit zu verantworten hatte und nun gegenüber den Ständen nicht als wortbrüchig dastehen wollte, warnte ihn mehrfach vor seiner rigorosen Politik und verweigerte ihm schließlich zu einigen besonders krassen Verstößen gegen die Landesfreiheit auch die Zustimmung. Das hätte er akzeptieren können, da Wolfgang nicht die stärkste Gestalt war, schlimmer war, dass er bei seiner mangelhaften Finanzbegabung schon nach gut zwei Jahren wieder die Zustimmung der Stände benötigte, um Schulden von 150 000 Gulden tilgen zu können. Im Augenblick spielte alles den Ständen in die Hände. Als wären damit der Schwierigkeiten noch nicht genug gewesen, trat ausgerechnet jetzt auch Ludwig mit seinen Anliegen offen hervor; hinter ihm standen nicht nur die Herzoginwitwe, sondern auch noch Kaiser Maximilian, der die günstige Gelegenheit erkannte, Bayern und seinen ihm zu großspurigen Neffen Wilhelm in die Schranken zu weisen, und zu alledem die Stände. Obwohl sie 1506 das Primogeniturgesetz selbst mit beschworen hatten, machten sie sich den Standpunkt Ludwigs zu Eigen, in der Hoffnung, damit beide Herzöge auf einen Schlag paralysieren zu können oder gar Ludwig an die Stelle Wilhelms zu lancieren, da ihnen dieser konzilianter entgegentrat als der inzwischen als schroff geltende Wilhelm. Die Forderungen der Stände gingen ins Maßlose; sie bildeten einen Ausschuss zur Abstellung ihrer Beschwerden und beanspruchten für diesen das Recht, ohne die Mitwirkung des Herzogs den Landtag einzuberufen und stellten darüber hinaus die Forderung nach einer ständischen Mitregierung, die bis zum 24. Lebensjahr des Herzogs dauern sollte, mit dem Recht, die herzoglichen Beamten selbstständig ernennen zu können. Wilhelm war von dieser Anmaßung derart überrumpelt, dass er ihr keinen Widerstand entgegensetzte und sich scheinbar eine Übernahme der Regierung durch die Stände abkaufen ließ; ferner willigte er in sämtliche Forderungen seines Bruders ein. Sogar eine Umgestaltung seines Rates musste er hinnehmen; dass der den Ständen verhasste Kanzler Leonhard von Eck der Erste war, der seinen Ratssessel räumen musste, machte ihm deutlich genug, worauf die Entwicklung letztlich hinauslaufen sollte. Nach dem Abschied des Landtages im März 1514 versuchte er freilich, den Ständen in der Weise zu begegnen, wie er es schon nach seiner Regierungsübernahme getan hatte, und ignorierte alles, was er ihnen zugestanden hatte, mit der Ausnahme der Gleichberechtigung seines Bruders, die er schlechterdings nicht übergehen konnte; einer konkreten Regelung des Verhältnisses wich er vorerst aber genauso aus.

Nachdem die Konfrontation weiter zunahm, griff Maximilian ein. Er lud die beiden Brüder nach Innsbruck ein, verhielt sich aber auf diesem Sühnetag selbst in einer Weise, die die Herzöge doch nachdenklich machte; der Kaiser hatte sich noch nie uneigennützig in bayerische Belange eingemischt, und es war zu befürchten, dass er auch diesmal für seine Vermittlung wieder territorialen Lohn fordern würde. Sie kamen auf die nahe liegende Lösung, sich zu einigen. Noch auf der Rückreise von Innsbruck trafen sie in Rattenberg ein geheimes Abkommen, nach dem Ludwig ein Drittel des Landes mit der Residenz Landshut erhalten, dieses eigenständig verwalten und im ganzen Herzogtum als Mitregent auftreten sollte; das Land sollte ungeteilt bleiben, das heißt, dass kein Teil eine eigenständige Außenpolitik betreiben konnte, und auch die Stände sollten eine einheitliche Landschaft bleiben.

Mit diesem Abkommen war der ständischen Auflehnung die Grundlage entzogen; gemeinsam waren die Herzöge zu stark, und Ludwig hatte mit den Ständen nur sympathisiert, um seine Rechte gegenüber dem älteren Bruder durchzusetzen. Für den jüngsten Bruder, Ernst, fand sich die Lösung des Eintritts in den geistlichen Stand; 1517 wurde er Administrator von Passau, er war damit ein Reichsfürst und konnte politisch selbständig handeln, zudem war die Bindung des großen Hochstifts zwischen Bayern und Österreich an das Herzogtum von großer Bedeutung. Es kam in der Folge wieder zu einer fruchtbaren Kooperation mit den Ständen, wobei beide ihre Zugeständnisse machen mussten; letztere hatten sich mit dem 1508 erreichten Status der Landesfreiheit abzufinden, noch weiter zurückzuschrauben war auch für Leonhard von Eck, der in sein Amt zurückkehrte, die Entwicklung nicht. In der Folge konnten in gemeinsamer Arbeit nach und nach die wichtigsten Aufgaben erfolgreich zu Ende gebracht werden, wie die Vereinheitlichung von Recht und Verwaltung im Herzogtum. Es ist bemerkenswert, dass diese Allianz unter den Brüdern bis zum Tode Ludwigs halten sollte. Der jüngere Bruder war mit der Lösung, die auf dem Ingolstädter Landtag 1516 ihre offizielle Version erfuhr, saturiert, er spielte seine

Rolle als Mitregent mit Loyalität und Engagement, und in seiner Residenz Landshut wurde er zu einem führenden Mäzen seiner Zeit; mit seiner Stadtresidenz wurde der erste Renaissance-Profanbau nördlich der Alpen errichtet. Diese Einigkeit sollte die Voraussetzung dafür sein, dass das, was nun auf Bayern zukam, mit Erfolg bestanden werden konnte.

Bayern und die Anfänge der Reformation
Die Haltung Bayerns gegenüber der Reformation und die mutmaßlichen Gründe, weshalb es diese einnahm, wurden und werden in der wissenschaftlichen Literatur bis heute kontrovers beurteilt. Was in diesem Zusammenhang bemerkenswert erscheint, ist nicht die Kontroverse an sich, deren Ursachen klar sind, sondern vielmehr der Umstand, dass sich der Fachmann vor eine denkbar schlechte Forschungslage gestellt sieht. Für eine exakte Untersuchung der Vorgänge in der ersten Phase der Reformation in Bayern fehlen umfangreichere und aussagekräftige Quellen; es sind zwar aus mehreren Detailforschungen zahlreiche Einzelfakten bekannt, nicht aber gelang bisher eine plausible Verknüpfung derselben in allen Punkten. Was die Diskrepanz zwischen dem religiösen Bedürfnis der Bevölkerung und der Leistungsfähigkeit der Kirche in der Seelsorge betrifft, so ist es eine Tatsache, dass die ersten Wellen des reformatorischen Gedankengutes in Bayern nicht auf wesentlich andere Verhältnisse trafen als sie anderswo gegeben waren. Soweit es die Quellen erkennen lassen, war zwar die Kirche in Bayern noch nicht auf ihrem Tiefpunkt angelangt, doch es gab allenthalben Probleme wie einen mangelhaft ausgebildeter Klerikerstand, Missstände in der Gebühren- und Stellenbesetzungspolitik und einen verweltlichten Episkopat. Es ist ferner Tatsache, dass die Stimme Luthers auch in Bayern gehört und begrüßt wurde, zunächst sogar von den Herzögen selbst, so lange dabei lediglich die Beschwerden gegen die Praxis der Kirche in den Ablassfragen und in ihrer Gebührenpolitik im Vordergrund standen; eine dezidierte Parteinahme der Herzöge gegen Luther erfolgte erst, als dieser seine Aktivitäten in die Theologie ausweitete und damit bei den profilierten Theologen des Landes, Johannes Eck in Ingolstadt und dem Münchner Franziskaner Schatzgeyer auf Widerspruch stieß. Ihr Wort wurde von den Herzögen gehört und angenommen, denn ein eigenes Urteil konnten sie sich nicht bilden; Johannes Eck war, obwohl er sich sonst am Hof gedämpfter Popularität erfreute, als einer der führenden Theologen seiner Zeit für die Herzöge eine Autorität, deren Entscheidung galt. Bis dahin zeigt sich auch bei Wilhelm IV. und Ludwig eine gewisse

Unsicherheit, was man mit der neuen Bewegung eigentlich anfangen sollte, und als sie gegen sie Stellung bezogen, waren sie damit nicht allein; die Kurfürsten von Sachsen und Brandenburg etwa erklärten sich nicht weniger der Kirche verbunden und zeigten sich der neuen Lehre nicht weniger abgeneigt, als man in München es tat. Man gab sich wie überall sonst auch abwartend, wie Rom reagieren würde und wie der Kaiser; zu Maßnahmen kam es erst, als nach dem Wormser Reichstag 1521 feststand, dass Luther der Acht verfallen war und auch der Kaiser auf der Seite der alten Kirche stand.

Bis dahin war auch in Bayern viel geschehen. Schon 1520 hatte der Abt Marius von Aldersbach schwerste Erschütterungen registriert; es gab im Klerus Anhänger Luthers, selbst in den Klöstern, in denen die Zustände nach den spätmittelalterlichen Reformen weit besser waren als im Weltklerus. In vielen Klöstern waren Austritte zu beklagen, einige von ihnen gerieten deswegen an den Rand der Auflösung. In einigen Städten wurden die Schriften Luthers nachgedruckt, Anhänger der neuen Lehre gab es allenthalben. Die Breite der Bewegung ist nicht zu ermessen; zu einer Gemeindebildung scheint es aber nirgends gekommen zu sein, auch nicht in Wasserburg, wo sich die ersten blutigen Verfolgungen ereignen sollten. Die ersten Zentren waren wie überall die Städte, in denen durch den Handel viele Fremde durchkamen. Unter ihnen waren sicher auch beredte Verkünder der Lehre, aber nicht die führenden Köpfe, die zu einer Institutionalisierung hätten beitragen können, und an diesen hat es, in Bayern aus welchen Gründen immer, stets gefehlt; nach 1522 war es in dem straff organisierten Herzogtum nur noch schwer möglich, überhaupt im Sinne Luthers zu operieren, ohne die Aufmerksamkeit der Behörden zu erregen.

Allerdings waren in Bayern auch die ersten Schritte gegen die neue Lehre unternommen worden, noch vor dem offiziellen Eingreifen der Herzöge. Maßgeblich war hier Johannes Eck, der sich nach der Führung in dieser Auseinandersetzung nicht aktiv gedrängt hatte; vielmehr war er lediglich durch den Bischof von Eichstätt um ein Gutachten zu den 95 Thesen ersucht worden, womit er mit einem Schlag zum Gegner Luthers der ersten Stunde wurde. Zweifellos hat Eck die Herzöge in den Fragen der neuen Lehre beeinflusst, doch die Entscheidung für ein aktives Vorgehen Wilhelms und Ludwigs ging nicht von ihm aus, der Zusammenhang der herzoglichen Initiative mit der Entscheidung von Worms ist zu offensichtlich.

Es war sicher keine Schwäche der Herzöge, aus der heraus sie die Stellungnahme des Reiches für ihre eigene Entscheidung benötigten, und noch weniger ist ihr Abwarten dahingehend zu interpretieren, dass sie sich eine eigenständige Position, die von der des Kaisers abwich, aus Rücksichten gegenüber Habsburg zu diesem Zeitpunkt nicht leisten konnten. Es gab bis zum Auftreten Luthers auf dem Reichstag von Worms noch keine Macht im ganzen Reich, die wusste, was sie von den Äußerungen dieses Wittenberger Mönchs halten sollte. Noch immer herrschte im Reich überwiegend die Meinung, Luther sei in erster Linie als Kritiker der römischen Verhältnisse aufgetreten und hätte damit nur den Gravamina der deutschen Nation besonders massiven Ausdruck verliehen; Wilhelm scheint diese Auffassung geteilt zu haben, noch nach dem Wormser Reichstag soll er nach einer allerdings nicht ganz unanzweifelbaren Quelle den Standpunkt vertreten haben, dass er am Anfang Luther nur als einen Kritiker an den Zuständen der Kirche wahrgenommen hätte, wofür er ihm auch die höchste Anerkennung zollte; nun aber, nachdem er mit dessen Glaubensirrtümern konfrontiert worden sei, müsse er sich fragen, ob Luther noch recht bei Verstand sei. Eine anders formulierte, aber sinngemäß gleiche Mitteilung an seinen Bruder lässt ebenfalls diese Haltung erkennen.

Diese Einstellung Wilhelms ist durchaus als repräsentativ zu betrachten. Der römische Nuntius berichtete aus Worms nach Rom, dass es kaum einen Reichsstand gäbe, der nicht mehr oder weniger mit Luther sympathisiere, oder, falls er anderer Meinung sei, dies sich offen zuzugeben traue. Nach dem Reichstag, konnte man sich aber allgemein auf den Vorwurf der Häresie berufen, die von höchster Autorität für offenkundig erklärt wurde, mehr noch, man hatte sie mit eigenen Ohren wahrgenommen. Das entsprach wohl den Tatsachen, denn wenn die Fürsten auch nur in wenigen Ausnahmen selbst beurteilen konnten, was an den Lehren Luthers eigentlich häretisch war, ihre gelehrten Räte, die an den Universitäten ja nicht nur Juristerei, sondern auch Philosophie und Theologie studiert hatten, konnten es sehr wohl. Die Wendung gegen Luther, die darauf erfolgte, war demgemäß kein eigener Weg der Herzöge von Bayern, sondern eine allgemeine Haltung.

Wichtig war dabei, dass die Kirche und das Reich gegenüber dem Wittenberger Mönch nun denselben Standpunkt einnahmen; diese Einheit wird auch in den bayerischen Religionsmandaten immer wieder betont und unter Verweis auf die drohende Auflösung der Ordnung zu einem historischen Argument ausgebaut. Die Bedeutung der Ordnung als Grundprinzip sieht man auch daran, dass noch im März 1521, nur wenige Wochen vor dem Wormser Edikt also, die bayerischen Herzöge die Bischöfe noch ersucht hatten, die in der Bulle *Exsurge domini*, in der Luther und seinen Anhängern der Bann angedroht wurde, gegen diese verhängten geistlichen Sanktionen bis auf weiteres nicht anzuwenden, um keine unnötige Unruhe in das Land zu bringen. Auch hatte man in München gegenüber den Aktivitäten Johannes Ecks immer noch Reserven. Mit dem Wormser Edikt, das die ordnende Einheit wiederherstellte, war es mit dieser Vorsicht aber vorbei. Unmittelbar mit der Publizierung des Edikts wurden die ersten Schriften Luthers beschlagnahmt, zur Verfolgung von Personen scheint es aber noch nicht gekommen zu sein.

Die erste Tat der Herzöge war nicht eine Einleitung von Maßnahmen zur Unterdrückung der neuen Lehre, wie sie in vielen anderen Territorien anliefen, sondern ein komplexer und wohl überlegter Ansatz, der nicht nur die lutherischen Unruhen, als die man die Bewegung immer noch empfand, ersticken sollte, sondern auch die Ursache des Übels im Grund beseitigen wollte. Im Februar 1522 kam es zu der denkwürdigen Grünwalder Konferenz zwischen Wilhelm und Ludwig und ihren wichtigsten Ratgebern, zu denen wohl auch aus der Ferne die Ingolstädter Theologen gehörten, und nach der die Herzöge mit dem ersten bayerischen Religionsmandat unmissverständlich ihre Haltung darlegten. Unter ausdrücklicher Berufung auf das Wormser Edikt wurden die Häresie der Sakramentslehre Luthers – und wohlgemerkt nur die, nicht seine Angriffe auf die Kirche als Organisation! – verkündet, das Volk zur Treue gegen den Kaiser und den Papst aufgefordert und die Behörden angewiesen, die Zuwiderhandelnden festzunehmen und dies den Herzögen zu melden. Bedeutsam ist neben der erneuten Betonung des Ordnungsprinzips der Vorbehalt des weiteren Vorgehens durch die Herzöge: Die Behörden erhalten durch das Mandat noch keine Anweisung oder Befugnisse zu einer direkten Verfolgung der Lutheraner, offensichtlich war man sich der Gefahren einer allzu restriktiven Unterdrückung wohl bewusst. Vor allem in der Anweisung an den Klerus zu einer aktiven Gegenwehr im seelsorgerischen Bereich zeigt sich aber auch bereits der Ansatz zu dem, was in der bayerischen Religionspolitik der nächsten Jahrzehnte entscheidend werden sollte; ohne die entsprechende Anstrengungen der Kirche würde jedes Vorgehen zum Scheitern verurteilt sein.

Dieser Erkenntnis entsprach auch die zweite Initiative, die die Herzöge ergriffen, indem sie die Bischöfe Bayerns über die Person des Erzbischofs von Salzburg zu einer Reformsynode aufforderten, die für den 24. Mai in Mühldorf, auf Salzburger Boden also, einberufen werden sollte. Die Vorverhandlungen verhießen nur wenig Gutes; zwar war man sich zwischen München und Salzburg, zumindest in Worten und Briefen, darin einig, dass der Seelsorgeklerus einer grundlegenden Reform bedürfe, wenn man nicht riskieren wollte, dass er von dem durch die *Schantpuechl* Luthers aufgehetzten Volk brachial angegriffen würde. Den Vorhaltungen der Herzöge über den Verfall im Klerus begegnete der Erzbischof jedoch mit einem nicht weniger umfangreichen Katalog von Beschwerden über die Übergriffe der weltlichen Behörden. Immerhin kam es zu der Abhaltung der Synode, die einen Katalog von Maßnahmen verabschiedete, darunter eine Reformordnung, eine Generalvisitation der bayerischen Kirche und eine Provinzialsynode; allerdings sollte sich nur zu bald herausstellen, dass das Papier williger war als das Fleisch. Kaum waren die Bischöfe wieder in ihre Residenzen zurückgekehrt, verfielen sie wieder in das alte und bequemere Misstrauen gegen weltliche Einmischungen in ihre Belange. Die Herzöge legten jedoch eine Hartnäckigkeit an den Tag, die die Bischöfe nicht erwartet hatten. Vor allem hatten sie schon von Anfang an enge Fühlung mit der Kurie; der entscheidende Mann war dabei Johannes Eck, dessen wiederholte Romreisen in den Jahren bis 1526 die Herzöge auf dem Weg zur Führung der Kirchenreform voranbrachte. Die Herzöge erreichten wesentliche Rechte wie das Visitationsrecht, die Besteuerung des Klerus für Maßnahmen gegen die Ungläubigen und, ein bis dahin geradezu unerhörtes Zugeständnis, die Einrichtung eines herzoglichen Gerichts zur Bestrafung nachlässiger Geistlicher. Das Herzogtum entwand damit den Bischöfen die Verantwortung für die Kirchenreform; auf allen Synoden sollte die weltliche Macht vertreten sein und zusammen mit der geistlichen die beschlossenen Maßnahmen durchführen.

Es erwies sich bald, dass auch dieses Einvernehmen mit der Kurie kein ausreichendes Druckmittel war, um die Bischöfe zu einer stärkeren Aktivität zu bewegen. Als es im Sommer 1524 zu dem Regensburger Konvent kam, an dem die Herzöge von Bayern und Österreich sowie zwölf süddeutsche Bischöfe teilnahmen, war dieser noch immer von einem wechselseitigen Vorhalten langer Beschwerdelisten geprägt. Es spricht wohl für die Stärke der Herzöge und unterstreicht die Schwäche des Episkopats, dass es ersteren gelang, eine vorrangige Behandlung der Reformfragen und eine Einung in ihrem Sinne zu erzwingen. In der Praxis erfolgte jedoch nichts; zwar wurden nun wirklich Visitationen anberaumt, doch verloren sich die beteiligten Kräfte in wechselseitigem Misstrauen und kamen zu keinen wirksamen Ergebnissen. Synode folgte auf Synode, immer wieder von Wilhelm IV. angetrieben, aber auf nichts von alledem folgte ein zählbarer Erfolg. Dieser Zwiespalt gipfelte schließlich in einer Groteske; einige bayerische Bischöfe versuchten, in Rom einen Prozess gegen die Herzöge von Bayern anzustrengen – angesichts des Einvernehmens derselben mit der Kurie ein aussichtsloses Unterfangen – während die Herzöge wiederum versuchten, die Domkapitel gegen die Bischöfe aufzuhetzen, was noch weniger Erfolg versprach, da diese keinen Grund hatten, einer Reform freudig entgegenzusehen. Der Erzbischof von Salzburg, Kardinal Lang, war wohl zur Einberufung von Synoden zu bewegen, aber nur zu wenig mehr, und der einzige halbwegs zu einer Mitarbeit über diese hinaus bereite Bischof war der Bruder der Herzöge, Ernst, obwohl auch er zuweilen die Partei seiner Amtsbrüder ergriffen hatte; erst als er 1540 Lang als Erzbischof von Salzburg nachfolgte, werden erste Ansätze spürbar, doch kamen diese wohl zu spät.

Das Problem lag freilich nicht nur allein darin, dass sich die Bischöfe einer aktiven Reformarbeit verweigerten. Auch die Herzöge schossen mehr als einmal über das Ziel hinaus und muteten nicht nur den Oberhirten zu viel zu, sondern erweckten auch das Misstrauen der Kurie, so dass sich diese nicht allen ihren Plänen und Wünschen öffnete. Ihrem Drängen auf ein deutsches Nationalkonzil, das sie in München abhalten wollten, gab Rom nicht statt, da man die Konstitution einer Nationalkirche in Deutschland befürchtete. Die Haltung der Bischöfe wiederum sollte man aus ihrer eigenen Sicht verstehen; allzu deutlich stand das Bestreben der in der Hauptsache die Reform betreibenden Mächte nach einem Ausbau ihrer Kirchenhoheit im Raum, und unter dem Druck der Synoden ließ man sich wohl zu verbalen Zugeständnissen in diese Richtung bewegen, in der Praxis aber ließ sich alles durch ein schlichtes Nichtstun wieder revidieren. Ohne die Bischöfe war eine Reform nicht umzusetzen, und gegen sie schon gar nicht, und ohne die weltliche Macht waren wieder die Bischöfe nicht in der Lage, wirksam zu werden.

So blieb trotz besten Willens den Herzögen nichts anderes übrig, als wenigstens das Religionsmandat umzusetzen. Gemäß der ursprünglichen Maxime, keinen Aufruhr zu riskieren, verfuhr man in der Durchführung dabei relativ moderat, wenngleich man in der Sache auf keine Kompromisse einging. Es hatte sich inzwischen deutlich gezeigt, dass die Besorgnisse der Herzöge um Unruhe und Zwietracht infolge der weiteren Ausbreitung lutherischen Gedankengutes nur zu berechtigt gewesen waren. Die rasche Ausbreitung immer radikalerer Formen reformatorischen Gedankenguts, die in den Jahren nach 1520 über das Reich hereinbrachen, konnten sie nur als Bestätigung sehen. Diese Ereignisse gaben denen recht, die von Anfang an vor der Flut gewarnt hatten; es nützte Luther wenig, die aufrührerischen Bauern 1525 als räuberische Horden zu brandmarken und die Schwärmer zu verdammen, aus der Sicht der Ordnungsmacht wurde er zum Schuldigen an dem Wirrwarr gestempelt: *Es wurd kainer ein Widertauffer, er sey dann vor lutherisch!* bemerkte Leonhard von Eck unter Berufung auf seinen Herzog, und natürlich hatte er damit insofern nicht ganz unrecht, als die Anhänger der neuen Wellen die wiederum von Luther bereits Enttäuschten waren, die in ihrer inneren Not nach einer Schnur suchten, nach der sie sich richten konnten, und damit offen waren für alle Einflüsse.

Dennoch wurde in Bayern unterschiedlich intensiv gegen die einzelnen Wellen reformatorischen Gedankengutes vorgegangen. Was die Lutheraner anbetraf, so wurden Schriften beschlagnahmt und in dem einen oder anderen Fall lutherische Prediger nach einer Geldstrafe des Landes verwiesen; auch verfügte man, dass bayerische Studenten, die sich noch in Wittenberg aufhielten, unverzüglich zurückzukehren hätten und dass kein bayerischer Studiosus sich künftig dorthin wagen dürfe. Eine systematische Suche nach Lutheranern gab es indessen offensichtlich nicht, so wenig, wie eine lutherische Gesinnung allein bereits zu einer peinlichen Strafe führte. Das war im ersten Religionsmandat nicht vorgesehen und wurde auch mit dem zweiten, das 1524 in einem deutlich schärferem Tonfall folgte, nicht eingeführt. Zu einigen Todesurteilen, die meistens vollstreckt wurden, führte die aggressive Vertretung reformatorischen Gedankengutes; dies wurde aber nicht im Rahmen der Religionsmandate geahndet, sondern als Aufruhr nach dem Landrecht behandelt. Die Herzöge waren über die Vorgänge in Wittenberg unterrichtet und daher von einer gewissen Nervosität befallen; nach dem Bauernkrieg ist eine Verschärfung des Vorgehens zu erkennen, da Leonhard von Eck wie viele andere auch dem lutherischen Gedankengut die Hauptschuld am Aufruhr zuschrieb, doch von einer flächendeckenden Verfolgung kann nicht die Rede sein. Anders war es mit dem Täufertum, das seit 1525 langsam in Bayern einsickerte, aber zu keinen größeren Gemeinden oder Zentren kam. Seit 1527 wurde die für die ganze Reformationszeit härteste Glaubensverfolgung in Bayern ausgelöst; es kam zu über hundert Todesurteilen, die durch Feuer oder Schwert vollstreckt wurden, wenngleich auch hier minder schwere Fälle zu vergleichsweise milden Strafen führten, im günstigen Fall konnte ein Delinquent seinen Kopf durch Widerruf und öffentliche Buße retten.

Die straffe Kontrolle des Landes war auch eine der Ursachen dafür, dass Bayern während des Bauernkrieges weitgehend ruhig blieb, während es jenseits der Grenzen rings um das Herzogtum zu schweren Aufständen kam; freilich war das nicht der einzige Grund. In der bayerischen Bauernschaft hatte, wenn man von einigen lokalen Konfliktsituationen absieht, die Unzufriedenheit lang nicht das Maß erreicht, wie dies im übrigen Süddeutschland der Fall war; namentlich die herzoglichen Urbarsbauern standen sozial und rechtlich sehr viel besser als ihre Standesgenossen in Schwaben und Franken. Aber auch der größere Teil der Bauern, die unter der Grundherrschaft des Adels und der Kirche standen, hatte in Bayern den Vorteil, dass es mit dem Landesherrn für sie eine Instanz gab, die bei groben Rechtsverletzungen durch den Grundherrn angerufen werden konnte. Vorgeschichte und Verlauf des Bauernkrieges können im hier gegebenen Rahmen nicht behandelt werden; aus der bayerischen Perspektive nimmt er sich als Abwehr der Gefahr in den ersten Zügen aus, wobei indessen durchaus eine gewisse Aufregung zu registrieren war; vor allem der Besonnenheit der Pfleger in einigen Gerichten längs des Lech ist es zu verdanken, dass es nicht doch zu einer Katastrophe kam.

Der Herzog hatte das Land im Griff, aber damit konnte er nur eines leisten: Verhindern; voranbringen konnte er damit nichts. Unter diesen Voraussetzungen, wie sie in Bayern im ersten Drittel des 16. Jahrhunderts gegeben waren, hätte sich vielleicht mehr erreichen lassen als nur das, wenn die Herzöge nicht dabei allein gelassen worden wären. Es wäre ein Leichtes gewesen, schon zu dieser Zeit Bayern zu einem strikt katholischen Land zu machen, wenn die Bischöfe bereit gewesen wären, ihrer Aufgabe zu genügen. So aber konnte sich zwar die neue Lehre nicht behaupten, aber es wurde ihr auch nichts entgegengesetzt; die Entscheidung wurde vertagt, und es konnte niemand wissen, wie sie am Ende ausfallen würde. Noch war sie im ganzen Reich nicht gefallen, und wie sie sich auf Bayern auswirken würde, war ebenso wenig abzusehen.

Kaiser, König und Reich – mit und gegen Habsburg
Was Herzog Wilhelm IV. in den ersten zwölf Jahren seiner selbstständigen Regierungszeit an Politik zu gestalten hatte, war bereits mehr als das, was vielen seiner Vorfahren für das ganze Leben reichen musste, und er hatte zu dem Zeitpunkt noch einmal die doppelte Spanne vor sich. Bis 1550 dauerte seine Regierungszeit und umfasste damit eine Epoche, in der sich die Spaltung der Kirche in Deutschland ebenso vollzog wie sich die Weltmacht des Hauses Habsburg begründete, in der sich die Opposition gegen die Habsburger formierte und wieder zerfiel. So sehr die Frage der Religion die bayerischen Wittelsbacher dabei an die Seite des Kaisers stellte, so sehr

gerieten sie in der Reichspolitik immer wieder auf die Seite seiner Gegner und damit in eine Front mit den Protestanten; dass bei der Parallelität zweier Ziele, das heißt einerseits der Schutz der alten Kirche und andererseits die Eindämmung der habsburgischen Macht im Reich nicht beide Ziele gleichermaßen erreicht werden konnten, im ungünstigsten Fall sogar keines von beiden, liegt auf der Hand. Das Ziel der kirchlichen Einheit war eine Frage der Mentalität, die den Herzögen und ihrem leitenden Politiker, Leonhard von Eck, gleichermaßen zu Eigen war, und sie konnten und wollten diese nur auf der Grundlage der alten Kirche verwirklicht sehen; das Ziel der Verhinderung einer Übermacht des habsburgischen Nachbarn hingegen war eine Frage des politischen Überlebens, das im Zweifelsfall auch die Priorität beanspruchen musste, und manchen Rückschritt in der anderen Frage in Kauf zu nehmen zwang.

Die Außenpolitik Wilhelms IV. und Ludwigs X. begann auf der Seite des Kaisers und endete beinahe vier Jahrzehnte später auf derselben, doch waren sich der Kaiser und die Herzöge von Bayern über diesen langen Zeitraum hinweg keineswegs immer eins. Wilhelm und Ludwig waren in ihre Regierungszeit unter dem mächtigen Schatten Maximilians I. eingetreten; sie hatten zwar die Einmischung ihres Onkels in die inneren Belange Bayerns zurückdrängen können, sich auch aus dem außenpolitischen Netz Maximilians zu befreien, gelang ihnen jedoch nicht.

Allerdings war ihnen Maximilian hierin, nicht nur durch seine höhere Warte als Kaiser, überlegen. Er wusste seinen Einfluss auf Bayern durchaus im Sinne seiner europäischen Politik zu nutzen, und trachtete danach, die beiden Herzöge in das supranationale System Habsburgs mit einzubeziehen. Ein Teil dieses Systems war dabei jene Heiratspolitik, die Habsburg in kurzer Zeit an die Spitze der europäischen Dynastien gebracht hatte. Es waren für die bayerischen Herzöge abwechselnd spanische, schottische, polnische, portugiesische, neapolitanische und französische Prinzessinnen im Spiel, das die Herzöge aus ihrer eigenen Sicht zu einem Teil eines europaweit gespannten Kalküls machen und sie zugleich von einer Heiratspolitik auf einer anderen, für Maximilian unbequemen Ebene abhalten sollte. Diese bewegte sich tatsächlich auf einem anderen Feld; die beiden Schwestern der Herzöge waren mit süddeutschen Fürsten, dem Kurfürsten Ludwig V. von der Pfalz und Herzog Ulrich von Württemberg verheiratet worden. Beide waren Fürsten des Schwäbischen Bundes, und unter Umständen konnten entsprechende Verbindungen in der nächsten Generation in dem Bündnis, das die wichtigste Stütze der kaiserlichen Macht im Reich war, Bayern mehr

Gewicht verleihen. So lange sie sich in die weit gespannten Pläne des Kaisers eingebunden fühlen konnten und mussten, war ihnen im Reich eine andere Haltung jedoch nicht möglich, stets war etwas in der Schwebe, das aufs Spiel zu setzen nicht ratsam war.

Tatsächlich war aber diese Ebene und nicht etwa Europa das Feld einer konkreten Politik der bayerischen Herzöge; auch hier waren sie in das Kalkül Maximilians eingebunden. So wurde Bayern zu seinem wichtigsten Instrument, als es darum ging, den 1512 zum ersten Mal auslaufenden Vertrag des Schwäbischen Bundes zu verlängern, wogegen es einige Widerstände gab, vor allem seitens der großen Territorialfürsten, die vor zwölf Jahren nur unter dem Druck der Verhältnisse dem Bund beigetreten waren; inzwischen waren jedoch die alten Rivalitäten zwischen dem kleinen reichsunmittelbaren Adel und den Städten neu aufgebrochen. Die Zementierung der politischen Landkarte im zersplitterten Südwestdeutschland, die dieser Bund bedeutete, war nicht im Sinne der Territorialherren, die immer noch ihren Expansivdrang in diese Richtung entwickelten, so dass es noch vor der Verlängerung des Schwäbischen Bundes zu Gesprächen über die Bildung eines so genannten Kontrabundes größerer Territorien kam; die Wortführer waren ausgerechnet die beiden Schwäger Wilhelms. Es zeigte sich einmal mehr, dass politische Heiraten nur bedingt eine sichere Bank sind, denn ihre Hoffnung, durch ihre familiären Verbindungen Bayern auf die Seite des Kontrabundes zu ziehen, ließ sich gegen den Druck Maximilians nicht realisieren, Bayern stimmte der Verlängerung des Schwäbischen Bundes zu, in dem es als das einzige verbliebene große Fürstentum eine Schlüsselposition einnahm.

Neben der Verlängerung des Schwäbischen Bundes gab es zwischen den Herzögen von Bayern und Württemberg auch anderweitige Verstimmungen. Die Ehe zwischen der bayerischen Prinzessin Sabine und Herzog Ulrich von Württemberg war nicht glücklich, da der Ehemann ein Schürzenjäger und gewalttätiger Flegel war, wobei man bedenken muss, wie viel eine Fürstin im 16. Jahrhundert von ihrem Gemahl im besten Fall an ehelicher Treue und sanftmütiger Noblesse erwarten konnte; Ulrich von Württemberg muss es demnach schon deutlich schlimmer als üblich getrieben haben, dass sich seine Ehefrau 1515 von Stuttgart nach München zu ihrem Bruder flüchtete. Wilhelm IV. rechtfertigte seine Schwester öffentlich; Versuche Maximilians, einen Ausgleich zu vermitteln, scheiterten, so dass Ulrich, nachdem er sich auch noch Übergriffe gegen kleinere schwäbische Reichsstände geleistet hatte, in die Reichsacht getan wurde. Das eröffnete für Bayern einige Möglichkeiten; der Ehe

Sabines waren zwei Kinder entsprossen, Christoph und Anna, für die im Fall einer Absetzung Herzog Ulrichs eine bayerische Vormundschaftsregierung einzusetzen gewesen wäre, womit man zugleich einen der Hauptgegner des Schwäbischen Bundes ausschalten hätte können.

Vorerst war dieser Trumpf noch im Ärmel und nicht auf dem Tisch. Maximilian vermied es, die Acht vollstrecken zu lassen, da sich Ulrich von Württemberg mit dem Erzfeind Maximilians, König Franz I. von Frankreich, ins Benehmen gesetzt hatte. Der ungebärdige Herzog ließ es aber nicht dabei bewenden, sich trotz der Acht in Sicherheit zu wiegen, er versuchte vielmehr seine aggressive Politik fortzusetzen und besetzte 1519, kurz nach dem Tod Maximilians, die Reichsstadt Reutlingen mit dem erklärten Ziel, sie zu einer württembergischen Landstadt zu machen. Nun mussten der Schwäbische Bund und Bayern losschlagen, da die Aktion eines seiner Mitglieder getroffen hatte; namentlich Eck drängte auf eine Entscheidung. Württemberg wurde in einem raschen Feldzug besetzt, Ulrich floh außer Landes, und die Regierung des Landes für den unmündigen Prinzen übernahm eine bayerische Regentschaft.

Es zeigte sich jedoch, dass ohne die Hilfe des Kaisers die Stellung nicht zu halten war; Ulrich versuchte sein Land mit Waffengewalt zurück zu gewinnen. Nachdem die Vormundschaft über den jungen Herzog Christoph geteilt worden war, übernahm gegen eine Abfindung nun doch der Kaiser, inzwischen Karl V., die Verwaltung des Landes; noch immer sahen sich die bayerischen Herzöge als Teil eines habsburgischen Kalküls, aus dem sie sich entsprechende Vorteile erhofften und deretwillen sie ihre Positionen leicht aus der Hand gaben. Karl V., dessen Wahl Bayern zwar unterstützt hatte, wenn es an ihr auch nicht aktiv mitwirken hatte können, war sich ihrer Parteinahme sicher und glaubte daher, ihnen nichts weiter entgegenbringen zu müssen. Bayern war ihm auch so schon gefällig genug; 1521/22 setzte sich Wilhelm IV. für eine neue Verlängerung des Schwäbischen Bundes ein, der nunmehr wieder um Württemberg und das Fürstbistum Würzburg erweitert werden konnte, und zugleich konnte er die Verlängerung des Kontrabundes verhindern. Dass Kaiser Karl V. in seinen ersten Jahren fest im Sattel saß, hatte er zu einem nicht geringen Teil den Herzögen von Bayern zu verdanken; wenn er freilich gedachte, dies so fortsetzen zu können, hatte er sich geirrt.

Auch Wilhelm und Leonhard von Eck mussten erkennen, dass der Saldo ihrer Beziehungen zu Habsburg nicht zu ihren Gunsten ausgefallen war. Die Württembergische Sache war unbefriedigend und nicht in ihrem Sinne verlaufen, und auch die europäischen Heiratsprojekte, die Karl V. fortsetzte, erwiesen sich als Luftschlösser. Da die Zeit allmählich drängte, ließ man sich nicht länger auf die phantastischen Projekte ein, Wilhelm heiratete die Tochter des Markgrafen von Baden und Ludwig blieb ledig. Der Höhepunkt der wittelsbachisch-habsburgischen Kooperation war damit bereits überschritten. War noch der Reichstag zu Worms, auf dem sich der Herzog von Bayern auf die Religionspolitik Karls V. eingeschworen hatte, und die noch im Jahr darauf erfolgte erneute Verlängerung des Schwäbischen Bundes die Kulmination gewesen, so folgte nun im Zeichen der weiteren Entwicklung der habsburgischen Politik eine langsame Abkühlung bis hin zur offenen Opposition Bayerns. Diese entsprach auch der Stimmung im Reich; seit 1521 war der Kaiser praktisch ständig abwesend, seine Kräfte waren im Krieg gegen Frankreich gebunden. Alarmierend wirkte das Bekannt werden der Pläne Karls V., zu seinen Lebzeiten seinen Bruder Ferdinand, Herzog von Österreich, zum König wählen zu lassen. An sich war eine Wahl des Königs zu Lebzeiten des Kaisers in der Geschichte des Reichs nicht ungewöhnlich, doch hatte es sich bisher bei den Prätendenten immer um einen Sohn des Kaisers gehandelt, nicht um seinen Bruder. Die Sorge um Pläne Karls V., das Reich zu einem habsburgischen Erbreich umzugestalten, wuchs wieder an. Der nahe liegende Gedanke war, dies durch eine Kandidatur Wilhelms IV. auf die Krone zu verhindern, und Eck vermochte es tatsächlich, zumindest die Fürsten aus dem Haus Wittelsbach 1524 auf diese Linie einzuschwören, wobei ihm entgegenkam, dass Ludwig V. von der Pfalz keine eigenen Königspläne hegte.

Die Sache entwickelte sich aus wittelsbachischer Sicht nicht günstig. Karl V. konnte den Krieg gegen Frankreich in Italien zu seinen Gunsten entscheiden, mit dem Frieden von Madrid hatte er die Hände wieder frei. Den herberen Rückschritt hatte Bayern aber an einer anderen Front einzustecken. 1526 war nämlich der König von Böhmen und Ungarn in der Schlacht bei Mohacs gegen die Türken gefallen, und schon seit 1515 war durch einen entsprechenden Vertrag Herzog Ferdinand von Österreich, der der Schwager des Gefallenen war, zum Nachfolger in den beiden Reichen ausersehen. Die Stände Böhmens und Ungarns waren dabei das größte Hindernis, und das galt es auch für Ferdinand zu überwinden. In Böhmen erwogen Teile des Adels die Kandidatur eines bayerischen Herzogs, wobei naturgemäß der Mitregent Ludwig ins Blickfeld geraten musste, doch konnte sich Ferdinand 1526 durchsetzen, ohne dass es zur offiziellen Kandidatur Ludwigs gekommen wäre. In Ungarn gab es in dem Magnaten von Siebenbürgen, Johann Zapolya, sogar einen Gegenkönig, mit dem man von München aus Verbindung aufnahm, doch auch hier konnte Ferdinand die Krone erringen. Die Macht der Habsburger dehnte sich scheinbar unaufhaltsam nach dem Osten aus.

Letzteres störte in München weniger; Ungarn war durch das Doppelkönigtum Zapolyas vorerst paralysiert, auch wenn ihn Ferdinand 1527 bei Tokaj militärisch schlagen hatte können, und überdies war es zur Hälfte in türkischer Hand und damit den Habsburgern mehr eine Last als eine Hilfe. Anders stand es mit der Krone Böhmens; sie bedeutete nicht weniger, als dass Bayern auf drei Seiten von Habsburg umgeben war. Für eine aktive Politik gab es in dieser Richtung keine Spielräume; absichern konnte man sich nur durch eine engere Fühlung mit den westeuropäischen Gegnern Habsburgs, und das war neben dem Papst König Franz I. von Frankreich, mit dem er sich in der Liga von Cognac zusammengeschlossen hatte. Die Strategie Ecks zielte auf eine Wahl Wilhelms IV. zum König und damit auf eine Abkoppelung des Reichs von der europäischen Politik Habsburgs, und diesem Ziel entsprachen die Verhandlungen mit dem Pfalzgrafen und dem Erzbischof von Mainz; es kam wohl zu Wahlabsprachen, aber sie blieben voneinander isoliert. Die Verhandlungspartner zögerten dann doch wieder, vor allem war ihnen die Unterstützung durch den König von Frankreich, dessen Einmischung man 1518 bei der Wahl Karls V. abgewehrt hatte, suspekt. Der Reichstag, der 1527 zu Regensburg stattfinden sollte und für den man sich in München ein Zusammengehen der Kurfürsten erhoffte, kam nicht mehr zustande, denn inzwischen hatte sich das Blatt wieder gewendet.

So lange Karl V. und Ferdinand in Bedrängnis schienen, waren die Mitglieder der Opposition immer bereit, auf Pläne zu einer Eindämmung der habsburgischen Macht einzugehen; sobald aber ihre Heere den Gegner niederzwangen und sie die Kronen der östlichen Königreiche für sich erringen hatten können, wurden sie wieder vorsichtig. Kaum war Ferdinand König von Böhmen und Ungarn, kaum hatten die Landsknechte Karls V. Rom eingenommen, getraute sich ihnen im Reich niemand mehr entgegenzutreten, und ihr einziger ihnen noch halbwegs gefährlicher Gegner auf der europäischen Bühne, Franz I., musste 1529 erneut die Waffen strecken. Der Papst und Frankreich waren geschlagen, 1529 kam es zum Frieden von Cambrai, Karl V. hatte nun seine Kräfte frei, seine Pläne für das Reich in die Tat umzusetzen.

Er konnte es sich leisten, bei seiner Rückkehr in das Reich die Vettern in München zu besuchen, aber es blieb bei höfischen

Anstandsformeln. Von der Kandidatur Wilhelms war keine Rede mehr, die Wahl Ferdinands war nicht mehr aufzuhalten. Die letzte juristische Hürde hatte Karl V. nach seiner Aussöhnung mit dem Papst genommen, indem dieser ihn in Bologna zum Kaiser gekrönt hatte – bis dahin war er nur erwählter Kaiser gewesen – womit auch der König und präsumtive Nachfolger gewählt werden konnte. Karl V. brachte bei seiner Rückkehr in das Reich nicht nur den Ruhm des Unbesiegbaren mit, sondern auch ein Paket von Aufgaben, deren Lösung eigentlich schon viel länger angestanden hätte. Er hatte dem Papst versprochen, die Einheit der Kirche wiederherzustellen, deren Zerfall in den Jahren seit 1521 vorangeschritten war; zahlreiche weltliche und auch die ersten geistlichen Fürstentümer hatten bereits offiziell die Reformation eingeführt. Seit 1529 gab es den Begriff der Protestanten, die sich inzwischen auch als politische Partei zu formieren begonnen hatten, und auf dem Augsburger Reichstag 1531 standen sich die Standpunkte in der protestantischen *Confessio* und der katholischen *Confutatio* schroffer denn je gegenüber.

Letztere stammte aus Bayern; ihr Verfasser war Johannes Eck. Ob und inwieweit in diese Schrift, für die der Kaiser firmierte, auch bayerische Positionen Eingang fanden, ist nicht geklärt; in manch einer ihrer Annäherungen an die Positionen der Protestanten ging sie doch weit über das hinaus, was aus bayerischer Sicht recht und billig war. Unabhängig von den Verhandlungen auf theologischer Ebene setzte Wilhelm auf eine strikte Opposition gegen eine Einigung im Sinne Karls V., zum einen um der römischen Sache Willen, in der man nicht auf halbem Wege umkehren wollte, und zum anderen, weil man in dem Einigungswerk Karls V. eine Stärkung seiner Machtposition sah, die man nicht begrüßen konnte.

Den entscheidenden Fehler machte Karl V. selbst, als er noch während des Reichstags mit dem Papst über die Durchführung eines allgemeinen Konzils verhandelte und dieser ein solches auch zusagte, allerdings nur auf italienischem Boden und unter der Bedingung, dass die Protestanten bis zu einem solchen den ursprünglichen Zustand in der Kirche wiederherstellen würden. Vor dem Hintergrund dieser nur als Zumutung zu verstehenden Forderung waren die weiteren Verhandlungen in Augsburg nicht mehr sinnvoll; die politischen Führer der Protestanten brachen die Beratungen ab und traten den Heimweg an, zumal Karl V. die *Confessio Augustana* in der Folge als widerlegt betrachtete und seinerseits auf die strikte Einhaltung der römischen Regeln pochte. Die meisten von ihnen hatten bereits Unterlagen für Verhandlungen um einen politischen Bund der Protestanten in der Tasche, denn die nun drohenden Auseinandersetzungen vorherzusehen, bedurfte es keiner prophetischen Begabung.

Es ist eine der wichtigen Fragen der bayerischen Geschichte dieser Jahre, was Wilhelm IV. zu seiner Haltung bewogen hat, die eine Einigung der Deutschen verhinderte oder besser gesagt, die Spaltung dauerhaft werden ließ. Natürlich war sie nicht allein maßgeblich, doch sie spielte eine tragende Rolle. Keinesfalls kann man davon auszugehen, dass der Herzog und sein Kanzler willfährige Diener der Kurie waren; soviel war die päpstliche Privilegierung der letzten Jahre nicht wert, und man hätte durch die Einführung der Reformation, die in einem straff organisierten Staatswesen wie Bayern ein Leichtes gewesen wäre, ungleich mehr gewinnen können als durch das Festhalten an Rom; die Schwierigkeiten mit den Bischöfen, die man inzwischen zur Genüge kannte, wäre man damit ebenfalls losgeworden. Von einem blinden Glaubensfanatismus braucht man jedoch ebenfalls nicht auszugehen, ebenso wenig genügt die Begründung, dass man unter allen Umständen den Erfolg Karls V., als Überwinder der drohenden Kirchenspaltung dazustehen, verhindern wollte; so wenig kann Wilhelm IV. die Einheit des Glaubens nicht bedeutet haben, und vor allem war auch Leonhard von Eck nicht so kurzsichtig, sich von dieser einen Niederlage des Kaisers den moralischen und politischen Sturz des Weltpolitikers Karl zu erwarten. Man war in München sehr wohl darüber informiert, dass sich am Rand des Reichstages die Fronten für die Wahl Ferdinands formierten, diesen Erfolg würde Karl V. in jedem Fall mitnehmen, die Opposition musste so oder so ihre eigenen Wege gehen. Es hat eher den Anschein, als wäre man sich in München bereits bewusst gewesen, dass Verhandlungsmanöver die Lösung des Problems nicht bringen würden und dass die Spaltung nicht mehr zu verhindern war; damit wären die für eine Einigung notwendigen Zugeständnisse aber nur noch sinnlose Opfer gewesen. Was die Glaubensfragen anbelangte, blieb für den Augenblick nur die Defensive.

Das Jahr 1531 brachte den Höhepunkt der Machtentfaltung Habsburgs im Reich; Karl V. schien nach seinem Gutdünken schalten und walten zu können. Er spiegelte sich in der Wahl Ferdinands zum König, die Karl V. mit vielen Zugeständnissen an die Kurfürsten zwar erkauft, aber eben doch erreicht hatte. Lediglich der Kurfürst von Sachsen hatte dagegen Einspruch erhoben; alle anderen Gegner der Wahl hatten grollend zusehen müssen, auch das altgläubige und damit Karl V. in dieser Hinsicht noch immer verbundene Bayern. Er beschwor damit freilich auch das herauf, was es bis dahin noch nicht gegeben hatte, nämlich ein formelles politisches Bündnis unter den protestantischen Ständen und damit letztlich die Politisierung der Reformation; der seit dem Augsburger Reichstag manifesten Spaltung des Glaubens trat damit die politische an die Seite. Nach dem Ausgang des Augsburger Reichstages sahen sich die Protestanten in der Defensive, da ihre Religionsausübung erneut verboten worden und damit durch die Reichsexekution bedroht war, und dem entsprach die formale Anlage des in Schmalkalden geschlossenen Bundes als Verteidigungsbündnis, das es freilich nicht lange bleiben konnte.

Die Sorge der Protestanten war freilich übertrieben. Weder Karl V., der in der Hauptsache mit seiner europäischen Politik befasst war und sie nun auch unverzüglich wieder aufzunehmen hatte, noch Ferdinand waren in der Lage, über die Hälfte des Reiches die Exekution durchzuführen, und Partner konnten sie nicht finden, da sich auch die altgläubigen Stände aus Furcht vor der Übermacht Habsburgs dazu kaum hergegeben hätten. Das wieder umgehende Schreckgespenst einer Hispanisierung des Reiches, mit dem sich trefflich Politik machen ließ, war sowohl die Triebfeder für die Protestanten als auch die Bremse für ihre Gegner. Aber darauf wollte man sich nicht verlassen; zudem gab es in den Reihen der Protestanten Kräfte, die aggressive Pläne verfolgten und daher dieses Phantom in besonders grellen Farben malten.

Zunächst blieb die Bedeutung des Schmalkaldener Bundes auf die Politik begrenzt. Begierig griffen die Feinde Habsburgs in ganz Europa nach der Möglichkeit, mit der neuen Kraft Fühlung zu nehmen, vor allem Frankreich, aber auch Zapolya, der jedoch keine Gegenliebe fand, da er einen Offensivplan mit Hilfe der Türken ins Spiel brachte. Erfolgreicher war man bei der Suche nach Partnern im Reich selbst, denn hierzu bot sich sogar Bayern als die inzwischen einzige noch nennenswerte Macht unter den katholischen Ständen an. In München wollte man aber von einem Beitritt zum Schmalkaldener Bund nicht viel halten; die wesentlichen Punkte des Bündnisvertrags betrafen schließlich das Herzogtum nicht, die gemeinsame Basis beschränkte sich darauf, dass man die Wahl Ferdinands zum König ablehnte, mit der rechtlich korrekten, moralisch aber nur mäßig überzeugenden Argumentation, dass Karl V. inzwischen einen Sohn hätte und daher die Nachfolge seines Bruders im Reich erst recht unbillig sei. Darin war man sich aber wenigstens einig, und im Herbst 1531 kam es mit dem Vertrag von Saalfeld zu einem Bündnis zwischen Bayern, Sachsen, Hessen und weiteren evangelischen Fürsten; neben der Nichtanerkennung und Revision der Wahl Ferdinands wurde auch beschlossen, dass sich das Bündnis nach weiteren

Partnern umsehen sollte. Erfolg hatte man damit bei Frankreich, mit dem 1532 im Vertrag von Scheyern ein Abkommen geschlossen wurde, das die für die Rüstungen notwendigen Mittel in das Bündnis einbrachte.

Durch dieses Bündnis stand Wilhelm gleich mehrfach in einer Schlüsselstellung. Die Neutralität Bayerns ermöglichte 1532 den Nürnberger Anstand, mit dem die Protestanten vorläufig einen begrenzten Religionsfrieden erreichten; Karl V. benötigte zur Abwehr der Türken die Hilfe der protestantischen Stände, wobei er einen zu hohen Preis bezahlte, da diese seinem Schlag durch den Rückzug vor Wien auswichen. Zum anderen war Bayern auch immer noch Garant für den Fortbestand des Schwäbischen Bundes, der 1534 wieder auslaufen sollte, und an dessen Fortsetzung seitens Karls und Ferdinands das größte Interesse bestand. Es wurde von Anfang an nach allen Seiten verhandelt; Karl V. bot einige diplomatische Energien auf, um das Bündnis Bayerns mit den Schmalkaldenern zu sprengen, und er hatte letztlich auch mehr zu bieten als diese, man erkannte in München rasch, dass sich hier Vorteile gewinnen ließen. Dass es zu einem schnelleren Bruch des Vertrags von Saalfeld und des Scheyerer Vertrages kam, lag aber weniger an den Offerten des Kaisers als an einer politischen Torheit des Landgrafen von Hessen, deren Folgen er erst viel später zu spüren bekommen sollte.

Noch immer war die württembergische Frage in der Schwebe, Bayern wollte nicht von seinem Plan abgehen, es den Habsburgern zu entwinden und Herzog Christoph einzusetzen; Eck dachte dabei an ein katholisches Württemberg unter einer Schutzmacht Bayern. Dem stand der Plan des Landgrafen von Hessen entgegen, der Ulrich in Verbindung mit der Reformation des Landes wieder einsetzen wollte. So lange es nur beim Austausch diplomatischer Noten blieb, konnte diese Differenz das Verhältnis zwischen Hessen und Bayern nicht belasten; als aber der Landgraf sich durch die Neutralisierung Bayerns nach dem Vertragswerk von Saalfeld im Vorteil sah und losschlug, die Österreicher aus Württemberg verjagte und Ulrich dort einsetzte, erkannte man in München, auf welch gefährliches Terrain man sich begeben hatte, und dass nicht alle protestantischen Stände mit offenen Karten spielten. Wenn man seit dem Augsburger Reichstag auch weitgehend auf eine offensive Religionspolitik verzichtete, so war man nicht gesonnen, eine ebensolche Politik der Protestanten zu dulden; diese widersprach dem Religionsfrieden und erst recht dem Abschied des Augsburger Reichstages, nach dem kein Reichsstand von einem anderen zur Übernahme der Reformation gezwungen werden durfte. Die Aggressivität, mit der inzwischen reformierte Reichsstände zuweilen vorgingen, beobachtete man in München mit wachsender Sorge; die Intoleranz war von den Verteidigern der alten Kirche auf die Reformation übergegangen. Die Redlichkeit des Kurfürsten von Sachsen, der sich seinerseits peinlich genau an die Vorgaben der Reichstagsabschiede hielt, war nicht von allen seinen Glaubensgenossen zu erwarten.

So brach innerhalb weniger Monate fast alles weg, was Eck seit 1530 aufgebaut hatte. Das Bündnis von Saalfeld und der Scheyerer Vertrag waren wertlos, die württembergische Option war verfallen, der Schwäbische Bund konnte unter den nun gegebenen Umständen nicht mehr verlängert werden. In dieser Situation konnte es nur noch einen Weg geben, nämlich eine vorsichtige Annäherung an Habsburg; das Interesse an einer solchen, das Karl V. an den Tag legte, konnte nur von Vorteil sein. Es musste dafür wohl die Wahl Ferdinands anerkannt werden, und Bayern konnte sich nicht alle Wünsche erfüllen, die sich mit dem Umschwenken verbanden; doch konnte man mit dem Linzer Vertrag, der 1534 geschlossen wurde, insgesamt zufrieden sein, vor allem eröffnete die Absprache der Verheiratung einer Tochter des nun von Bayern anerkannten Ferdinand mit dem Prinzen Albrecht, dem Sohn Wilhelms IV., für die Zukunft ungeahnte Möglichkeiten.

Die bayerische Politik der folgenden Jahre ist deshalb aber nicht von der völligen Anlehnung an Habsburg gekennzeichnet. Wilhelm IV. und Eck waren durch die Erfahrungen mit dem Saalfelder Bündnis und der Württembergischen Affäre zwar von der Notwendigkeit überzeugt, gegen die aggressive Politik der Schmalkaldener ein starkes Gegenbündnis aufzubauen, doch sollte es nicht unter der Führung Ferdinands stehen. Die beiden Bündnisse, die sich in den folgenden Jahren erreichen ließen, der kaiserliche Bund 1535 und der zwei Jahre später geschlossene Nürnberger Bund, *Foedus Catholicorum* genannt, wurden daher auf kirchenpolitische Fragen eingegrenzt. Überhaupt stand die Frage der Weiterentwicklung einer Kirchenreform wieder im Vordergrund, nachdem sich der neue Papst Paul III. einem allgemeinen Konzil geneigter zeigte als sein Vorgänger; dies gab dem bayerischen Herzog Gelegenheit, die Verbindung zur Kurie wieder aufzunehmen und sich an die Spitze einer katholischen Reformpartei zu setzen.

Für diese härtere Linie Bayerns in der Konfessionspolitik gab es Gründe. Die Jahre zwischen 1539 und 1542 brachten dem Lager der Altgläubigen herbe Niederlagen; fast alle weltlichen Fürstentümer, die bisher zumindest noch offiziell die Linie Roms vertreten hatten, erlebten jetzt den konfessionellen Umschwung, meist durch das

Abtreten der Fürstengeneration bedingt, die seit 1520 regiert hatte. Brandenburg, das Herzogtum Sachsen, und, was aus bayerischer Sicht besonders unangenehm war, Pfalz-Neuburg führten die Reformation ein; der Nürnberger Bund stand damit vor dem Zerfall. Auch die Kurpfalz neigte zu einem Umschwenken, die Reichsstädte waren ohnehin überwiegend protestantisch geworden und verhielten sich gegenüber der alten Kirche besonders aggressiv; der Bischof von Regensburg sah sich genötigt, Bayern um Hilfe gegen die Bürgerschaft zu bitten, die wenigstens die Position des Bischofs in der Stadt zu bewahren vermochte. Man wusste noch nicht einmal, wie es mit Österreich konfessionell weitergehen würde; die persönliche Haltung Ferdinands stand zwar außer Frage, aber der entsprach die konfessionelle Realität in seinem Herzogtum keineswegs, wo sich Täufertum wie Protestantismus in den letzten Jahren immer weiter verbreitet hatten. Bayern musste befürchten, in absehbarer Zeit neben den geistlichen Fürstentümern der letzte katholische Reichsstand zu sein.

Noch immer versuchte Eck, die Politik so flexibel zu halten, dass er mit den protestantischen Ständen Fühlung halten konnte, um wenigstens in dieser Hinsicht eine Abhängigkeit von Habsburg zu vermeiden; das führte zu Spannungen mit Karl und Ferdinand, die ihrerseits für die außenpolitischen Probleme, die sich ihnen im Westen wie im Osten wieder stellten, freie Hand im Reich brauchten, was aber wiederum hieß, dass der Friede unter den Konfessionen gewahrt werden musste. Die Habsburger gingen in dieser Hinsicht weit über die bayerische Politik hinaus, indem sie es nicht bei einem Stillhalteabkommen bewenden ließen, wie es Bayern gelegen gewesen wäre, sondern einen neuen Anlauf zu einem konfessionellen Ausgleich nahmen, der der bayerischen Linie einer von den reformierten Reichsständen isolierten Reform der alten Kirche widersprach; dies stand auch nicht im Einklang mit der konziliaren Linie, die Wilhelm IV. verfolgte, wobei das Konzil schon wieder in weite Ferne gerückt war. Im Gegenteil, aus Rom kam nun sogar Unterstützung für die Bemühungen Karls V. um den Ausgleich, mit dem die Kurie dem Konzil zu entgehen hoffte; die Religionspolitik Bayerns war damit insgesamt in Gefahr, und man war in München nicht gesonnen, sich das Heft erneut aus der Hand winden zu lassen. Die Opposition, die sich gegen die kaiserlichen Pläne richtete, entsprang nicht mehr der Sorge um eine Übermacht Habsburgs, sie entwuchs der Auffassung, dass das Vorgehen Karls V. falsch war und von einer Verkennung der Sachlage ausging. Die Initiative lag aus bayerischer Sicht nicht mehr beim Kaiser und auch nicht mehr in den Händen der Altgläubigen, dies sei, so Wilhelm an die Adresse des Kaisers, schon in den Jahren von 1521 bis 1530 durch die mangelnde Aufmerksamkeit auf eine Kirchenreform, wie sie Bayern initiiert hätte, verpasst worden. Nun gäbe es nur noch zwei Möglichkeiten: Zum einen das Einfrieren der kirchlichen Verhältnisse bis zu einem Konzil, und zum anderen die Rekatholisierung des Reichs mit kaiserlichen und katholischen Waffen. Eine kaiserliche Politik des Ausgleichs gebe nur noch mehr katholische Positionen preis und lasse den aggressiven Protestanten freie Hand.

Wilhelm IV. behielt Recht. Die auf die kaiserliche Initiative hin durchgeführten Religionsgespräche der Jahre 1540/41 legten erneut nur die Unvereinbarkeit der Standpunkte offen, und im folgenden Jahr kam es noch schlimmer. Als Karl V. wieder durch äußere Bedrohungen in Anspruch genommen wurde – Frankreich nahm die Kriege in Italien wieder auf, und die Türken griffen erneut Ungarn an – nutzten die radikalen Schmalkaldener die Gunst der Stunde, indem sie mit Waffengewalt das bis dahin katholische Herzogtum Braunschweig-Wolfenbüttel eroberten. Angesichts der vom altgläubigen Lager an den Tag gelegten Schwäche konnte Bayern nur noch versuchen, die Konfrontation zu neutralisieren; Eck verhandelte nach allen Seiten, versuchte einen deutschen Fürstenbund zuwege zu bringen, wozu er einen Popanz habsburgischer Übermacht aufbaute, doch waren damit nicht einmal mehr die Protestanten zu gewinnen. Jetzt standen sich die konfessionellen Blöcke feindselig gegenüber; alles trieb auf eine Entscheidung zu, wie man sie so lange zu vermeiden gesucht hatte. Ob der von Karl V. getroffene Entschluss, die Entscheidung mit Gewalt zu suchen, auf den Einfluss Wilhelms und Ecks zurückgeht, ist nicht klar ersichtlich. Sicher ist, dass dieser Weg der einzige war, für den er die notwendigen Partner finden konnte, und dass es der einzige Weg war, auf dem er von der Reaktion wieder zur aktiven Politik in der Konfessionsfrage zurückfinden konnte. Demgemäß war es auch Karl V., der die Sache einer militärischen Entscheidung zutrieb.

Vor dem Hintergrund der politisch wie konfessionell nun gleichermaßen bedrohlichen Lage konnte es für Bayern nur einen Platz geben, und der war an der Seite des Kaisers. Allerdings war diese Position nicht einseitig, denn auch Karl konnte im Reich keinen anderen potenten Verbündeten mehr finden, so dass man sich durchaus ein wenig bitten lassen konnte; 1546 wurde die Hochzeit zwischen der Königstochter Anna und Albrecht V. gefeiert, die wegen der Zusage wichtig war, dass Anna und ihre Nachkommen erben sollten, *was sie im Falle eines Aussterbens der deutschen Habsburger billig erben mögen*, wie es im Ehevertrag wörtlich hieß; das ließ zwar zwei Auslegungen zu, im Augenblick hatte er aber ohnehin keine unmittelbare Bedeutung, da auch die Linie Ferdinands für die nächste Generation gesichert war. Die historische Bedeutung dieses Vertrages liegt daher nicht so sehr darin, was zum Zeitpunkt seines Abschlusses nur schiere Zukunftsmusik sein konnte, sondern in der Tatsache, dass für ein ganzes Jahrhundert das Verhältnis zwischen Bayern und Habsburg auf eine andere Basis gestellt war, was im Einzelnen eine oppositionelle Haltung Bayerns künftig aber nicht ausschließen sollte.

Man ließ sich in München für die Parteinahme auch unmittelbaren Lohn zusichern, vor allem die Anwartschaft auf die Kurwürde der Pfalz und auf das Territorium des Fürstentums Pfalz-Neuburg, allerdings nur unter der Voraussetzung, dass der Kurfürst nicht wieder katholisch würde. Das alte Streitobjekt der wittelsbachischen Kur kam also wieder in das Spiel. Die Gegenleistung Bayerns in diesem Vertrag nimmt sich dagegen eher bescheiden aus; sie lief auf eine wohlwollende Neutralität hinaus, die sich zwar mit dem Durchmarschrecht für kaiserliche Heere und der Verpflichtung verband, sie zu verpflegen, aber keine aktive Waffenhilfe und damit keinen offenen Kriegseintritt bedeutete. Das war jedoch insofern eine tückische Geheimwaffe des Kaisers, als damit Bayern offiziell neutral bleiben konnte und damit die Bewegungsfreiheit der feindlichen Truppen einengte; da der Vertrag geheim gehalten werden konnte, war Eck in der Lage, die Schmalkaldener weiter durch Verhandeln und eine antikaiserliche Agitation, die von vornherein nur taktischen Zwecken diente, in Sicherheit zu wiegen, während sich das Unwetter über ihnen bereits zusammenzuziehen begann.

Karl V. eröffnete den Krieg, indem er wegen des Überfalls auf Braunschweig-Wolfenbüttel die Reichsacht gegen Hessen und Kursachsen vollstrecken ließ. Er war dabei beim ersten Schlag jedoch nicht sehr erfolgreich; der Aufmarsch seiner Truppenteile, die aus verschiedenen Richtungen zusammengezogen werden mussten, dauerte zu lange, und die Schmalkaldener überraschten ihn mit der ungewöhnlich zügigen Aufstellung eines Heeres von über 50 000 Mann. Nun erwies sich der Vertrag mit Bayern als nützlich, da es den Anmarsch der Truppen des Kaisers aus Italien ermöglichte, während die Schmalkaldener immer noch die Neutralität des Herzogtums beachteten; als sie endlich das Doppelspiel Ecks erkannten, war es bereits zu spät, da nun auch die niederländischen Truppen des Kaisers eintrafen und Moritz von Sachsen zusammen mit Ferdinand in Kursachsen einfiel; der Krieg war entschieden.

Die Gewinner waren Karl V. und Moritz von Sachsen, der sich mit der sächsischen Kur belohnt sah. Nicht so sehr unter den Glücklichen war Bayern; die pfälzische Kur wurde verweigert, ebenso wie die kirchliche Neuordnung ausblieb. Aus dem Krieg um die Entscheidung der konfessionellen Frage war ein Krieg gegen die antihabsburgische Opposition geworden, der mit der Hilfe einer protestantischen Macht gewonnen worden war, und auf diese war nun Rücksicht zu nehmen. Noch nicht einmal die Hoffnung auf das Territorium des Fürstentums Pfalz-Neuburg erfüllte sich, da es in kaiserliche Sequester genommen und um einiges später wieder dem Pfalzgrafen Ottheinrich übergeben wurde. Zwar wurde der Opposition durch die rabiate Behandlung der Führer des Schmalkaldener Bundes die Spitze gebrochen, aber das war aus bayerischer Sicht eher ein Verlust, da nun keine machtvolle Oppositionspartei mehr im Reich vorhanden war, der man sich hätte annähern können. Vor dem Hintergrund der drohenden Unterjochung der Reichsstände durch den siegreichen Kaiser blieb nur die Möglichkeit, den Ausbau eines kaiserlichen Bundes zu einer reichsbeherrschenden Kraft zu verhindern und zur Eindämmung der Reformation die eigene Linie weiter zu verfolgen. Trotz der Einengung durch den Vertrag mit Karl V. gelang dies auch bis zu einem gewissen Grad, wofür man sich vom Kaiser Niedertracht und Verrat vorwerfen lassen musste – Leonhard von Eck bekam dabei zu hören, er sei ein neuer Judas – als hätte Bayern und nicht Karl V. sein Wort gebrochen.

Verbittert musste man in München zusehen, wie Karl V. zu seiner früheren Religionspolitik wieder zurückkehrte und erneut auf einen Ausgleich setzte. Das so genannte Augsburger Interim, von Bayern heftig bekämpft, setzte den Status quo fest, und alles, was Bayern erreichen konnte, war eine Einschränkung seiner Gültigkeit auf die bereits reformierten Territorien. Immerhin gab es den Weg zu einer eigenen Religionspolitik der Fürsten frei, und Bayern konnte seine Reformpolitik fortsetzen. Diese wurde in den letzten Regierungsjahren Wilhelms IV. noch auf einen neuen Weg gebracht; es bestand insofern Handlungsbedarf, als seit dem Tod Johannes Ecks 1543 die theologische Fakultät in Ingolstadt nahezu darniederlag. Da es in Deutschland kaum mehr fähige altgläubige Theologen gab, befasste man sich in München schon damals mit dem Gedanken, Jesuiten nach Bayern zu rufen; wenn auch der erste Versuch noch nicht von bleibendem Erfolg gekrönt war, so zeigte es sich doch, dass man aus der kirchlichen Entwicklung die richtigen Schlüsse zog.

Als Wilhelm IV. am 7. März 1550 starb – Ludwig X. war ihm schon 1546 vorangegangen – war einer der letzten Fürsten abgetreten, der die erste Stunde der Reformation noch selbst erlebt hatte. Trotz der langen Regierungszeit war bei seinem Tod noch immer alles offen. Nicht einmal mit der Kirchenreform im eigenen Land war er so weit gekommen, dass die Entscheidung über die konfessionelle Zukunft des Landes bereits gefallen war, geschweige denn, dass der eigentlich anvisierte Punkt erreicht werden konnte, von dem aus überhaupt an eine Überwindung der Reformation zu denken war. Der Erfolg Wilhelms IV. und seines Kanzlers ist damit auf die Abwehr der Reformation aus bayerischer Sicht und von den eigenen Grenzen beschränkt; sie waren darin immerhin um ein gutes Stück erfolgreicher gewesen als andere weltliche Fürsten ihrer Zeit, die selbst zwar dem alten Glauben anhingen, aber das Hinübergleiten ihrer Untertanen zur Reformation nicht verhindern konnten, wie das Beispiel selbst König Ferdinands zeigt. In seiner eigenen Haltung dagegen steht Wilhelm IV. im Kontext seiner Generation; die der Reformation zugeneigten Fürsten waren unter denen, die um 1520 bereits regierten, noch die Ausnahme, die Durchsetzung derselben konnte erst unter der neuen Generation von Fürsten, die um 1540 an die Regierung gelangte, erfolgen. Auch für Bayern stand die Entscheidung erst noch bevor.

Um Macht und Glaube: Albrecht V. (1550–1579)

Die Stellung im Reich
Der Nachfolger Wilhelms, Albrecht V., hatte für seinen Regierungsantritt ungleich günstigere Vorgaben als sein Vater sie vorgefunden hatte. Da er der einzige Sohn Wilhelms war, der in das Mannesalter gelangt war, gab es keine neuen Diskussionen um das Primogeniturgesetz. Er war zum Zeitpunkt des Todes seines Vaters volljährig, wenn er mit seinen zweiundzwanzig Jahren auch noch über keine große herrscherliche Reife verfügen konnte. In gewisser Weise vertrat er bereits den neuzeitlichen Fürstentyp, der auf sein Amt nicht nur durch eine entsprechende Erziehung vorbereitet worden war, sondern sich auch selbständig weiterentwickeln konnte; er hatte in Ingolstadt studiert und ausreichend Zeit gehabt, sich mit seinem künftigen Leben als Herrscher auseinander zu setzen. Dass er Kunstverstand und einen guten Geschmack hatte, steht außer Zweifel, aber er entwickelte auch ein Übermaß an Leidenschaften, die für einen Politiker von der Härte, wie sie seine Zeit eigentlich erfordert hätte, eher hinderlich waren. So schien es auch zunächst, als würde der

neue Herzog weder für den zunehmenden Verfall der Kirche in Bayern noch für die erneut auftretenden Ansprüche der Stände auf die Ausweitung ihrer Rechte den rechten Blick entwickeln. Albrecht ist berühmt geworden als der typische, prunkliebende, verschwenderische Renaissancefürst, dessen Hof als einer der glanzvollsten in Europa galt, der als großzügiger Mäzen herausragende Musiker – darunter mit Orlando di Lasso den berühmtesten seiner Zeit – und Künstler an sich zog. Große Sammlungen von Kunst und Kuriositäten, wissenschaftlichen und spektakulären Erwerbungen, Pretiosen und Tand wurden aufgehäuft, Musik, Theater, Jagden und Bankette lösten einander lückenlos ab. Die finanziellen Möglichkeiten des Hofes wurden dabei weit überstiegen; schon wenige Jahre nach seinem Regierungsantritt sahen sich die Räte – nicht etwa die Stände, auf die eines Tages die Begleichung der Kosten dieses Aufwands zukommen würde – dazu genötigt, ihrem Herrn ein geharnischtes Gutachten über sein Finanzgebaren zukommen zu lassen, ihm zur Mäßigkeit zu raten und eine sorgfältigere Abwägung des Haushalts zu empfehlen. Es nützte nicht viel, das fürstliche Spiel ging weiter, Albrecht V. ließ sich in seine Hofhaltung nicht dreinreden.

Wie sich herausstellen sollte, ließ er sich in überhaupt nichts dreinreden. Wer nämlich aus dem lebensfrohen Treiben des jungen Herzogs schließen wollte, er stehe Politik und Religion gleichgültig gegenüber und lege ein Phlegma an den Tag, in dem er leicht auszuspielen sein würde, sah sich bald getäuscht. Dass er in Wirklichkeit ein unnachgiebig an seiner Linie festhaltender Fürst war, der sich keineswegs aus einer schwankenden Haltung heraus in die eine oder andere Richtung flüchtete, wenn ihm der Lauf der Dinge keine andere Wahl mehr ließ, sollten alle die rasch feststellen müssen, die seine Zurückhaltung als Schwäche oder Schwanken interpretierten, und in diesen Fehler verfielen nicht wenige seiner Zeitgenossen. Dass er in vielem sehr viel härter und eigenständiger war als sein Vater ist schon daraus ersichtlich, dass keiner seiner leitenden Mitarbeiter jemals dieses Maß an Selbständigkeit zu erreichen vermochte wie Leonhard von Eck gegenüber Wilhelm IV. Im Gegensatz zu ihm war er ein äußerst geschickter Taktiker, der Konzessionen schon einmal zur momentanen Beruhigung seiner Gegenspieler einsetzte und in Wahrheit nicht daran dachte, ihnen Freiräume zu gewähren; zu seinen Gegnern zu gehören, brachte niemandem Glück, auch wenn das der Betroffene manchmal erst nach Jahren und in jedem Fall zu spät bemerkte.

Albrecht V. vermochte vor allem eines, was seinem Vater nie gelungen war: Er konnte sich in seiner ganzen Politik auf wenige und für die Gegenwart vorrangige Probleme konzentrieren und sich dabei in eiserner Konsequenz üben. Wo sein Vater drei oder noch mehr Fronten zugleich im Auge behalten musste, waren es für ihn niemals mehr als zwei, und selbst diese verschmolzen oft noch zu einer einzigen. Das war nicht das Verdienst Albrechts, sondern Glück; zwischen der kirchlichen Reform, dem konfessionellen Gleichgewicht im Reich und der dämpfenden Opposition gegen Habsburg zugleich zu lavieren, was oft genug scheiterte und nicht selten bei einem kleinen Erfolg auf der einen große unerwünschte Effekte auf der anderen Seite mit sich brachte, blieb ihm die meiste Zeit erspart. Während er daran ging, die Verhältnisse in seinem Herzogtum in seinem Sinne zu ordnen, hatte er nach außen hin weitgehend die Hände frei; und als er sich der großen Politik zuwandte, war in seinem eigenen Land alles entsprechend geordnet, so dass hier keine Opposition seine Kräfte band.

In der Außenpolitik hatte er als Schwiegersohn Ferdinands zunächst keine großen Spielräume; er war bis zu einem gewissen Grad auf die Linie des Königs und nach 1556 Kaisers festgelegt. So lange sich dieser und Karl V. im Einvernehmen miteinander befanden und das Bündnis Karls V. mit Moritz von Sachsen bestand, war jede Opposition gegen den Kaiser illusorisch. Nachdem dieses 1552 aber an der Selbstherrlichkeit Karls mit der Verfügung über die Kaiserkrone zugunsten König Philipps II. von Spanien zerbrochen war und die so genannten Kriegsfürsten unter Führung Moritz' den Kaiser militärisch bedrängten, wusste Albrecht sehr wohl, wo nun sein Platz war. Es kam ihm und seinen Intentionen sehr entgegen, dass Ferdinand in dem Konflikt weder für die Kriegsfürsten noch für seinen Bruder Karl V. Partei ergriff, sondern sich neutral verhielt und eine Rolle als Vermittler anstrebte, und ebendiese Rolle nahm auch Bayern ein. Albrecht war in der glücklichen Lage, die beiden einander längst entfremdeten Habsburger gegeneinander ausspielen zu können; der der Fürstenopposition unterlegene Kaiser warb zwar bei seinem Versuch, ein Gegenbündnis gegen die Opposition aufzubauen, um Bayern, doch diesem konnte man sich leicht versagen und statt dessen sich um ein das ganze Reich umfassendes überkonfessionelles Bündnis bemühen, in das man Ferdinand einband.

Karl V. hatte sich die Niederlage selbst zuzuschreiben. Seine verlässlichsten Verbündeten im Reich, die geistlichen Fürsten, hatte er verärgert, indem er den Markgrafen von Brandenburg-Ansbach zu seinem Bundesgenossen wählte, der darauf mit Feuer und Schwert in das benachbarte Hochstift Bamberg eindrang und den Bischof verjagte. Das gab den Fürsten die Gelegenheit, sich zu Heidelberg zu verbinden, aber nicht gegen den Kaiser, sondern gegen den Landfriedensbrecher; zu einem Bund der deutschen Fürsten gegen Karl V., dessen Kaiserpläne zusätzliche Unruhe in das Reich gebracht hatte, wurde der Heidelberger Bund erst durch das Eingreifen Bayerns, das den Beitritt Ferdinands gegen den Willen seiner protestantischen Mitglieder durchsetzte. Man befürchtete, nicht ohne Grund, dass Philipp II. die deutsche Libertät der Fürsten beseitigen und sie zu spanischen Granden herabdrücken würde, das Schlagwort von der *viehischen spanischen Servitut* machte die Runde. Ferdinand setzte durch seinen Beitritt seinerseits ein deutliches Signal; er machte klar, dass er nun die Führung im Reich gegen seinen Bruder und gegen seinen Neffen Philipp beanspruchte, womit manifestiert wurde, dass es fortan deutsche und spanische Habsburger geben würde und dass er die deutsche Linie vertrat.

Damit hatte sich Albrecht, wie sein Vater dies zwar mehrmals, aber nie mit bleibenden Erfolg versucht hatte, in der Reichspolitik eine Schlüsselposition gesichert. Er war das Bindeglied zwischen den Fürsten und Ferdinand geworden, der sich ohne ihn die Unterstützung der Fürstenbünde nicht sichern konnte, während wieder die Fürsten den Einfluss auf Ferdinand nicht in dem Maß ausdehnen konnten, wie dies über den Herzog von Bayern möglich war. Im Vorfeld des Augsburger Religionsfriedens arbeiteten München und Wien demgemäß eng zusammen; der bayerische Kanzler Wiguläus Hundt und der kaiserliche Rat Zasius waren die maßgeblichen Schöpfer des Vertragstextes, und Bayern gehörte zu den Reichsständen, die den Plan Ferdinands entscheidend vorantrieben. Es sollte nun mit ausdrücklicher Billigung Karls V., der mit diesem Akt faktisch die Führung im Reich an seinen Bruder abgab, endlich der Religionsfriede hergestellt werden, um den Preis freilich, dass man von dem zuletzt nur noch Fiktion gewesenen Anspruch der kirchlichen Einheit abrückte. Dieses Abrücken war allgemein, auch bei den geistlichen Fürsten; im Reich gab es nur einen katholischen Reichsstand, den Bischof von Augsburg, der gegen den Religionsfrieden opponierte. Dass die Führer der katholischen Partei diese Entwicklung hinnahmen, zeugt von einer tiefen Resignation; die konfessionelle Spaltung des Reiches und die Existenz katholischer wie protestantischer Stände wurde endgültig hingenommen.

Man hatte die Sache der katholischen Kirche damit aber noch nicht völlig aufgegeben. Bayern gehörte zu den Ständen, die gegen den Willen der Protestanten den geistlichen Vorbehalt durchzusetzen wussten, eine von Ferdinand selbst in das Spiel gebrachte Regelung, nach der geistliche Fürstentümer durch die Konversion ihres

Fürsten nicht der Reformation zugeführt werden durften, sondern dieser sein geistliches Amt samt dem Fürstentum dem Kaiser zur Verfügung zu stellen hatte. So sollte der Augsburger Religionsfriede nicht nur den Status quo der konfessionellen Spaltung zementieren, er hatte daneben auch die Sicherung der verbliebenen Basis der katholischen Kirche zum Inhalt, die sich darüber hinaus darin ausdrückt, dass die Städte, in denen seit dem Augsburger Interim der katholische Gottesdienst wieder erlaubt war, diesen nicht nach dem Prinzip des *cuius regio, eius religio* abschaffen durften, sondern ihn weiterhin zuzulassen hatten. Wie ernst es Albrecht V. mit der Friedenswahrung im Reich war, zeigt sich in seinem Bemühen um den in den folgenden Jahren zustande gekommenen Landsberger Bund, dem auch Ferdinand angehörte; das Bündnis war trotz der Mitgliedschaft zahlreicher protestantischer Stände in erster Linie Instrument zur Bewahrung der katholischen Positionen, in dem Bayern das größte Gewicht hatte.

Der Kampf gegen die Stände
Es ist eine der ungeklärten Fragen in der Geschichte Albrechts V., ob in diesen Jahren seine Haltung eine Resignation vor den gegebenen Zuständen war oder aber Folge eines eigenen konfessionellen Schwankens, wie ihm lange Zeit vielfach in der Literatur unterstellt worden ist. Allerdings rückt die jüngere Forschung davon wieder ab; Albrecht scheint sehr wohl gewusst zu haben, was er wollte, und in seiner persönlichen Religiosität zeigt sich keinerlei Annäherung an protestantische Positionen. Dass er sich zeitweise bei der Kurie aktiv um die Zulassung einzelner Elemente der reformatorischen Liturgie und um eine Duldung der Priesterehe einsetzte, deutet eher auf ein taktisches Konzept als auf seine eigene Neigung zum lutherischen Glauben hin. Es handelte sich hierbei nämlich nur um interimistische Zugeständnisse, die er aus der aktuellen Lage heraus machte und notfalls wieder zurücknehmen konnte, wenn er wieder Spielräume hatte. Aber das scheint sogar unter seinen Zeitgenossen nur eine Minderheit durchschaut zu haben, erstaunlicherweise, denn dass Albrecht V. ein Meister der Taktik war, hätte eigentlich schon bald ein jeder wissen können.

Neben der Ordnung der außenpolitischen Verhältnisse war die größte und ihn in seinen ersten Regierungsjahren am meisten in Anspruch nehmende Aufgabe die Auseinandersetzung mit den Landständen. Die Konfrontation war ambivalent; es ging dabei sowohl um die Durchsetzung des frühen Absolutismus als auch um die konfessionelle Einheit Bayerns. Beide Belange waren, obwohl sie anscheinend so verschieden gelagert waren, dabei in einer Weise verknüpft, dass zuletzt der Sieger, wer immer das sein würde, alle beiden Ziele in einem erreichen würde; um so heftiger prallten die Fronten aufeinander. Anders als sein Vater sollte der Herzog mehr als ein Jahrzehnt benötigen, um sich gegen die Stände durchzusetzen, dafür war sein Erfolg aber endgültig und vor allem auf die lange Sicht wirksam. Der Ausgangspunkt der Konfrontation war zunächst nicht einmal die Religion, obwohl sich erst jetzt das Ausmaß des Schadens zeigte, der durch das Verschleppen der Reform Wilhelms angerichtet worden war. Auch in Bayern hatte die neue Lehre mehr und mehr Sympathie gewonnen, während der Klerus durch die Verzögerung der dogmatischen Erneuerung der Kirche weiter verfallen war. Zwar konnte von einer lutherischen Kirche in Bayern auch jetzt keine Rede sein; es gab keine konsequent an der Lehre Luthers ausgerichteten Gemeinden, aber auch so gut wie keine mehr, die noch im vollen Umfang auf dem Boden der altkirchlichen Lehre standen. Zur tatsächlichen Wendung zum Protestantismus hätte unter diesen Umständen nur ein kleiner Anstoß gefehlt, die wenigen noch wirklich der alten Kirche anhängenden Gemeinden hätten kaum eine Gegenwehr leisten können. Der Protestantismus erfasste vor allem teilweise den Adel und damit den politisch maßgeblichen Teil der Landstände, denen die Prälaten nicht das entsprechende Gewicht entgegensetzen konnten.

Gerade der Adel aber war aus anderen Gründen unruhig geworden und begab sich dem Herzog gegenüber zunehmend in die Opposition. Die Gründe hierfür liegen in einer allgemeinen Welle landständischer Freiheitsforderungen im ganzen Reich und sogar auf europäischer Ebene, natürlich auch da verquickt mit konfessionellen Fragen, zum anderen ergaben sie sich aber ganz konkret aus den spezifisch bayerischen Verhältnissen. Den letzten Ausschlag gab einmal mehr die Überschuldung des Herzogs, die als Steuerforderung wieder auf die Stände zukam. In den ersten fünfzehn Jahren seiner Regierung musste Albrecht seinen Ständen zwei Millionen Gulden Schulden aufbürden, wobei übrigens die Stände diese Summe durchaus aufzubringen in der Lage waren, freilich waren sie dazu nicht bereit, ohne ihrerseits auch Forderungen dafür zu stellen.

Doch war das nur die eine Seite. Mit Misstrauen beobachtete die Landschaft, wie Albrecht eine Verwaltungsreform in Angriff nahm, und diesem Reformkonzept war unschwer anzusehen, worauf es abzielte. Der Geschäftsbereich der Hofkanzlei, die allein dem Herzog verantwortlich war, wurde weiter ausgebaut; 1553 kam eine neue, wesentlich schärfere Polizeigesetzgebung, die Eingriffe in nahezu alle Belange ermöglichte. Der bereits 1550 eingeleitete Aufbau der Hofkammer, einer vom Herzog wie vom Hofrat gleichermaßen unabhängigen Finanzbehörde, die gegenüber dem Hof wie den Ständen offen tätig werden konnte und in gewisser Weise sogar die Funktion eines Rechnungshofes hatte – von dieser Seite waren die Vorhaltungen gekommen, die sich Albrecht über seine unsolide Finanzpolitik anhören musste – wurde ebenso als Vorstoß des fürstlichen Zentralismus' gewertet wie der nach dem Augsburger Religionsfrieden eingerichtete geistliche Rat, der als Kirchenaufsichtsbehörde fungieren sollte. Die Landstände setzten eine Verbesserung ihrer Organisation dagegen; die Landesordnung wurde modernisiert, vor allem das landschaftliche Steuerwesen, und die seit 1511 bestehende Landesfreiheitserklärung wurde 1554 noch einmal – zum letzten Mal – bestätigt. Durch den wachsenden Geldbedarf des Hofes fühlte man sich im Vorteil, den man in mehrfacher Hinsicht auszunutzen gedachte.

Die Konfrontation entwickelte sich schrittweise. Als Albrecht dem Landtag 1553 die Summe von 200 000 Gulden abforderte, sahen die führenden Kreise des Adels die Stunde zu ihrem Vorstoß gekommen. Die Bewilligung der Summe wurde von der Abstellung kirchlicher Missstände, der Verbreitung des reinen Evangeliums und der Erlaubnis der Kelchkommunion für Laien abhängig gemacht. Sich um Ersteres zu bemühen konnte der Herzog versprechen; in den anderen Fragen musste er sich als nicht zuständig erklären, er konnte nur zusagen, dass er sich bei der nächsten Reformsynode, die für dasselbe Jahr in Mühldorf anstand, dafür einsetzen würde. Für den Augenblick gab sich der Landtag damit zufrieden; Albrecht erhielt die entsprechenden Steuerzusagen, stand damit aber vor der Situation, den Ständen eine Gegenleistung bieten zu müssen.

Albrecht V. war persönlich kein Anhänger des Laienkelchs. Er selbst hat nach glaubwürdigen Zeugnissen nie *sub utraque* kommuniziert, am herzoglichen Hof war es seit 1550 untersagt, und Hofbeamte, die zuwiderhandelten, mussten mit Maßregelung, im extremen Fall sogar mit der Entlassung rechnen. Das waren keine leeren Drohungen; als einen der ersten traf es sogar den Hofmeister Pankraz von Freyberg, der in der konfessionellen Frage sein erbitterter Gegner werden sollte. Dass er die *Communio sub utraque* und die Priesterehe – womit von den Ehen der Priester die Rede ist, die bereits verheiratet waren, aber nicht von denen, die es noch tun wollten – nicht als allzu schwere Einbrüche in das katholische Glaubensgebäude ansah, liegt in der Zeit, mit diesen operierten die Ausgleichspolitiker schon seit den Tagen der Augsburger Konfession, und ihre Zulassung wurde stets nur unter der Voraussetzung empfohlen, dass die eigentlichen Glaubenswahrheiten damit nicht außer Kraft gesetzt werden dürften, es sollte sich also um reine Formalien handeln.

Auf der Mühldorfer Reformsynode scheiterte Albrecht mit seinem Anliegen zwar, er konnte aber immerhin den Beschluss einer Kirchenvisitation der bayerischen Diözesen durchsetzen, womit er dem ersten Teil seiner Zusagen an die Landstände entsprach. Es musste ihm klar sein, dass sich diese damit nicht zufrieden geben würden, und im weiteren Verlauf blieb ihm nichts übrig, als wieder den Weg über Rom zu gehen. Tatsächlich wandte er sich 1555 selbst an den Papst mit der Bitte, den Laienkelch in Bayern zuzulassen und die Priesterehen anzuerkennen. Albrecht brauchte unbedingt greifbare Ergebnisse, mit denen er auf dem nächsten Landtag den Ständen entgegentreten konnte, denn wieder war ein größerer Geldbedarf zu decken. Die Antwort der Kurie war entmutigend: Obwohl der Herzog betont hatte, dass es sich dabei nur um vorläufige Konzessionen handelte, die nur der Beruhigung dienen sollten und eine Entscheidung dem Ausgang des Konzils anheim gestellt werde, erhielt er ein striktes Nein. Er hatte nun keine andere Wahl mehr als einen Weg zu gehen, der sich von der Linie der Kurie entfernte. Er musste auf Zeit spielen; die uneingeschränkte Freigabe des Laienkelchs kam nicht in Frage, die ungeschminkte Weitergabe der kurialen Entscheidung aber noch weniger, zumal die Stände sich strikt weigerten, ohne dahingehende Zusagen überhaupt in Verhandlungen über die Finanzen einzutreten. So griff Albrecht zu einer Finte, indem er vor den Ständen die Entscheidung als noch nicht endgültig darstellte; er sagte weitere Verhandlungen mit der Kurie und den Bischöfen zu, deren Sinnlosigkeit ihm längst bewusst geworden war, und erließ eine Deklaration, die die *Communio sub utraque* straffrei stellte, ohne damit diese ausdrücklich zu erlauben.

Ein Jahr später, auf dem Landtag 1557, halfen ihm auch die Versprechungen nichts mehr. Es ging um die Summe von über 800 000 Gulden, die der Herzog den Ständen aufbürden musste, und er konnte sein Ziel nur noch erreichen, indem er den großen Freiheitsbrief erließ, der dem Adel erlaubte, über alle seine Güter die niedere Gerichtsbarkeit auszuüben, womit er besonders den niederen Adel auf seine Seite zog, der bis dahin nur über den geringeren Teil seiner Güter Herrschaftsrechte ausüben hatte können. Albrecht hatte die Schwachstelle in der Landschaft erkannt, nämlich die latenten Spannungen zwischen dem hohen und dem niederen Adel, und nutzte diese aus, wobei ihm bewusst war, dass er mit dem Freiheitsbrief nur dieses eine Mal operieren hatte können. Unmittelbar nach dem Landtag intensivierte er daher seine Aktivitäten in der Kirchenpolitik wieder; eine neue Gesandtschaft nach Rom brachte jedoch wieder nichts als die Vertröstung auf das bereits tagende Konzil zu Trient; die kirchenpolitische Situation war völlig verfahren. Der Herzog verhandelte gleichzeitig mit Rom, mit den Bischöfen und mit dem Konzil in Trient. Er musste auf den Ausgleich setzen, obwohl die Tendenz bei den Bischöfen exakt gegenläufig war; einen katholischen Schutzbund, den der Bischof von Augsburg, Kardinal Truchsess von Waldburg angeregt hatte, lehnte er daher ab. Dass er sich bei allen Aktivitäten im Einvernehmen mit Kaiser Ferdinand wusste, war ein schwacher Trost, denn der konnte außerhalb Österreichs in diesen Fragen spätestens seit dem Augsburger Religionsfrieden nicht mehr aktiv werden, für das Reich schien die konfessionelle Frage entschieden zu sein.

Albrecht verfolgte schon seit 1556 nicht mehr allein den konzilianten Kurs; seit diesem Jahr wurde in München parallel eine aktive Reformpolitik betrieben. Die Überwachung des straffrei gestellten Laienkelchs wurde 1556 der Kirchenbehörde übergeben, die sich bis 1570 etablieren konnte und zuletzt unter dem Namen eines geistlichen Rates bis zum Ende des alten Bayern bestehen sollte. In den folgenden Jahren zeichnete sich also ein Kurswechsel ab, der eigentlich seine Gegner warnen hätte müssen; aber dort fühlte man sich inzwischen zu stark, um sich beirren zu lassen. Es hätte doch auffallen müssen, dass in der leitenden Position der bayerischen Politik der dem Ausgleich zuneigende Wiguläus Hundt von Lauterbach durch den zu keinen Konzessionen bereiten Simon Thaddäus Eck ersetzt wurde, ein Stiefbruder Johannes' von Eck. Und es hätte auffallen müssen, dass der Herzog eine aktive Reformpolitik begann, die er den Ständen zwar als eine Einlösung seiner Versprechen, kirchliche Missstände abzustellen, verkaufen konnte, aber die Ziele lagen in Wahrheit ganz anderswo. 1558/60 war es endlich so weit, dass gemischte Kommissionen aus herzoglichen und bischöflichen Beamten eine Visitation der bayerischen Kirche vornehmen konnten. Es war dazu höchste Zeit, wenn noch etwas von der alten Kirche gerettet werden sollte; ein jeder konnte längst sehen, wie sich die Dinge entwickelt hatten. In den größeren Städten wie Straubing oder Landshut sympathisierte das Bürgertum mehr oder weniger offen mit dem Luthertum und ging über die Forderung nach der *Communio sub utraque* weit hinaus. In München war der Rat so weit gegangen, dass er anlässlich einer anstehenden Neubesetzung der Pfarrerstelle an der Heilig-Geist-Kirche einen Protestanten präsentierte, dessen Berufung der Herzog im Verein mit dem Bischof von Freising mit knapper Not verhindern konnte. Noch während der Visitationen gab es erste Verfolgungen von Laien und Klerikern, die allzu offen und aggressiv den Protestantismus vertreten hatten. Von der relativen Milde, die seinerzeit Wilhelm IV. walten hatte lassen, war keine Rede mehr; Kerkerstrafen und Landesverweis wurden meist sehr schnell verhängt. Zwar hielt sich Albrecht V. an seine 1556 gegebene Konzession, den Gebrauch des Laienkelchs und die Priesterehe nicht strafrechtlich zu verfolgen, allerdings nur so lange, als die Grundlagen des Glaubens dadurch nicht verletzt wurden; wenn aber Geistliche auch nur schlichte Unkenntnis der theologischen Unterschiede zwischen der lutherischen und der katholischen Sakramentenlehre zeigten, wurde das bereits als Protestantismus gewertet und zum mindesten mit einer scharfen Rüge bestraft.

In der über ein Jahr dauernden Aktion wurden alle Pfarreien, Klöster, kirchliche Schulen und der Zustand des Glaubens der Laien untersucht und in detaillierten Protokollen, die vollständig erhalten sind, niedergelegt. Das Ergebnis der Visitation ist nur als niederschmetternd zu bezeichnen. Zum einen bewahrheitete sich jetzt das in München schon seit 1521 gepflegte Misstrauen gegen die Bischöfe; die Häufigkeit verlotterter Pfarreien scheint vom Zustand der jeweiligen Diözese abhängig gewesen zu sein, katastrophalen Verhältnissen in Passau standen etwa halbwegs erträgliche Zustände in der Diözese Freising gegenüber. Es hatte offenbar auch relativ wenig Einfluss auf den Kirchenbesuch und den Sakramentsempfang der Gläubigen, ob sich ihre Pfarrer reformatorischer Riten bedienten, ausschlaggebend scheinen hingegen Lebenswandel, Bildung und der persönliche Einsatz des Geistlichen gewirkt zu haben. Ein sittlich und geistlich vorbildlicher Pfarrer konnte durchaus seine Gemeinde fest im katholischen Glauben halten, wenn er ihn denn auch wirklich lehrte; tat er das nicht, öffnete er dem Verfall Tür und Tor. Die Anlage der Visitationen und die nachfolgenden Maßnahmen war ambivalent. Es ging nicht nur darum, offene oder verborgene Lutheraner aufzuspüren, das Ziel war in der Hauptsache die Eruierung der Zustände in einer Kirche, die sich immer noch als katholisch verstand. Der herzogliche Zorn traf daher auch nicht allein die Protestanten, sondern mehr noch die Geistlichen, die durch nachlässige Amtsführung das Eindringen reformatorischen Gedankengutes ermöglicht hatten. Gerade der seelsorgerische Erfolg der vorbildlichen Geistlichen stellte unter Beweis, was durch die Verschleppung der Reform seit dem Wormser Edikt versäumt worden war; nun kam niemand mehr an einer tief greifenden Reform vorbei.

Wer Albrecht V. auch jetzt noch als schwachen und in seiner finanziellen Abhängigkeit konzessionsbereiten Herrscher ansah, musste entweder blind sein oder seine Kräfte überschätzen. Zwar verhandelte er, während die Visitationen bereits liefen und auch die harten Maßnahmen bereits bekannt wurden, noch immer um Kelchkonzession und Priesterehe, aber ein nüchterner Betrachter konnte das nur noch als pure Taktik einschätzen, und sie war es auch. Es ging um nichts anderes mehr als die Stände in einzelne Lager aufzuspalten. Hatte er 1557 mit dem Freiheitsbrief den niederen Adel bereits mit Erfolg gegen den höheren ausgespielt, so ging es nun um eine Trennung derer, die nur den Laienkelch wollten, der inzwischen vielen schon eine liebe und nicht weiter theologisch begründete liturgische Gewohnheit war, von denen, die lutherische Positionen damit verbanden. Aber gegen diese relativ leicht zu gewinnende Erkenntnis sperrten sich die Führer der Stände, die so kurz vor dem Ziel nicht aufgeben wollten. Sie hatten noch immer den Trumpf in der Hand, dass Albrecht ohne sie seine Staatsfinanzen nie in den Griff bekommen würde. Es ist bis heute nicht geklärt, wie Albrecht das Dilemma zwischen seiner Kirchen- und seiner Ständepolitik auf die lange Sicht in den Griff bekommen wollte. Er versuchte weiterhin, mit der inoffiziellen Kelchkonzession und durch Verhandlungen mit der Kurie die Stände hinzuhalten. Noch 1562 trat auf dem Konzil zu Trient der bayerische Gesandte mit einer beschwörenden Rede auf, nach deren Wortlaut die Gewährung der *Communio sub utraque* wohl der einzige Weg sei, die völlige Verwahrlosung der Kirche in Bayern aufzuhalten. Das war vorgeschoben, denn in München wusste man mittlerweile besser, wie die Dinge lagen; der Ansatz musste viel breiter und auf einer ganz anderen Ebene erfolgen, die notwendig scheinenden Konsequenzen hatte man zum Teil bereits in die Wege geleitet, aber man behielt daneben die Taktik um die Kelchfrage bei. Irgendwann und irgendwo mussten sich jedoch die beiden Linien der Konfessions- und Kirchenpolitik ja wieder begegnen; auf unbestimmte Zeit lässt sich ein Spagat dieser Art nicht durchhalten. Die nächsten Jahre mussten die Entscheidung bringen, und die Fragen lauteten „fürstlicher Absolutismus oder ständische Macht" und „katholische Konfession oder lutherische". Voneinander isoliert waren sie nicht mehr zu lösen; entweder der Herzog siegte über beide oder er unterlag beiden. Um die protestantischen Tendenzen im Land durch eine Reform der alten Kirche auszutrocknen, hatte er nicht mehr genug Zeit; welche Herkulesarbeit die Beseitigung auch nur der gröbsten Missstände darstellen würde, war seit 1560 bekannt. Der nächste Landtag würde kommen, die herzogliche

Kasse wies bereits wieder ein Defizit von einer halben Million Gulden auf, und es musste Albrecht V. klar sein, dass es nun zur Zerreißprobe kommen würde.

1563 war es so weit, und es war damit zu rechnen, dass auch diesmal der Landtag eine Ausweitung der Konfrontation mit sich bringen würde, wobei Albrecht einer weiteren Steigerung der Forderungen diesmal noch weniger entgegenzusetzen hatte als bisher. Es zeigte sich, dass die radikal reformationswilligen Kreise in den Ständen auch entschlossen waren, wieder ein Stück weiter zu gehen. Eine Reihe Adeliger wollte sich nicht mehr mit der *Communio sub utraque* zufrieden geben, vielmehr forderten sie nun die Einführung der Augsburger Konfession im vollen Umfang, der sie sich im Verlauf der letzten Landtage bereits immer mehr angenähert hatten, und machten die entsprechende Zusage zur Bedingung für den Eintritt in Verhandlungen über die Anliegen des Herzogs. Zu diesen gehörten neben Pankraz von Freyberg der Herr von Maxlrain und der Graf von Ortenburg, und ihre Mitwirkung komplizierte die Sachlage dadurch, dass sie zwar mit einem großen Teil ihrer Besitzungen Landstände, aber mit einem anderen Teil derselben reichsunmittelbar waren.

Mit diesem Vorstoß hatte die radikale Konfessionspartei den Bogen jedoch überspannt, denn es stellte sich rasch heraus, dass ihre Forderungen nicht *communis oppinio* des ganzen Landtages waren. Der Landtag zerfiel in mehrere Parteien, die verschiedene Vorstellungen entwickelten. Eine von ihnen bildeten die Klöster; die Prälaten, die bisher auf den Landtagen immer nur eine untergeordnete Rolle gespielt hatten, wollten von der Einführung der Augsburger Konfession begreiflicherweise nichts wissen, und setzten der ersten Forderung der adeligen Wortführer einen eigenen Antrag entgegen, dass über kirchliche Fragen auf dem Landtag überhaupt nicht verhandelt werden sollte. Auch sie taktierten dabei; das Ergebnis der Visitationen war nicht immer zu ihren Gunsten ausgefallen, und sie sahen sich infolgedessen seit drei Jahren durch die Reformansätze des Herzogs unter Druck gesetzt. Es konnte für sie nur von Nutzen sein, die Partei des Herzogs zu ergreifen. Dass sie ihm damit den Ansatzpunkt lieferten, an dem er den Vorstoß des Adels aushebeln konnte, nahmen sie bewusst in Kauf, da sie dem Adel der herablassenden Behandlung innerhalb der Landschaft wegen ohnehin nicht sehr gewogen waren. Die entscheidende Rolle sollte aber der niedere Adel spielen; er war der Nutznießer der Edelmannsfreiheit und wollte diese Errungenschaft nicht aufs Spiel setzen. In seinen Reihen war die Mehrheit derer, die sich mit dem Zugeständnis der Straffreiheit von Laienkelch und Priesterehe zufrieden geben wollten. Diese Konzessionen fielen Albrecht V. inzwischen nicht mehr schwer, er konnte damit die bedrängende Situation für den Augenblick bewältigen und für die Zukunft auf die Durchsetzung seiner Kirchenreform bauen. Das Trienter Konzil stand vor dem Abschluss, es war zum wenigsten damit zu rechnen, dass fortan der Kirche wieder ein verbindliches Lehrgebäude zur Verfügung stehen würde, ganz zu schweigen davon, dass weite Kreise der Altgläubigen nun von einer kämpferischen Haltung erfüllt waren. Tatsächlich konnte Albrecht mit den Stimmen der Utraquisten und der Prälaten die Vertreter der Augsburger Konfession, deren Zahl ganze 45 betrug, maiorisieren. Als der Landtag zum Abschied kam und auseinander ging, hatte der Herzog die Zusage der Schuldenübernahme und die Vertreter der Konfessionalisten, wie sie genannt wurden, hatten sich in einer Weise bloßgestellt, die ihnen schon in den folgenden Jahren übel bekommen sollte.

Die Führer der protestantischen Partei hatten auf dem Landtag ein derart penetrantes Verhalten an den Tag gelegt, dass bei Albrecht V. und in seinem Beraterstab der Gedanke an eine Verschwörung eines offensichtlich bereits protestantischen Adels aufkam, die über den Fall der konfessionellen Hoheit des Fürsten denselben in Person zu stürzen gedachten. Das war keineswegs nur Hysterie; vor dem Hintergrund zahlreicher und ähnlich gelagerter Aufstände des Adels, die sich gleichzeitig in Europa abspielten, war der Verdacht nicht ganz unbegründet. Man hatte indessen allein aus ihrem Auftreten auf dem Landtag noch keine konkrete Handhabe, um gegen die Wortführer vorzugehen; gleichwohl wurden einige der Konfessionalisten vor den Hofrat geladen und verhört, ohne dass sich Anhaltspunkte ergeben hätten, mit denen sich ein weiteres Vorgehen rechtfertigen hätte lassen. In dieser bereits gespannten Situation machten die Führer der Konfessionalisten den entscheidenden Fehler. Der Graf von Ortenburg, seiner eigenen Einschätzung nach im Umkreis seiner Burg Ortenburg reichsunmittelbar, was von Bayern aber von jeher bestritten worden war, mit dem größten Teil seiner Besitzungen jedoch bayerischer Landsasse, führte im Herbst 1563 in seiner Herrschaft die Augsburger Konfession ein; zugleich setzte eine Werbungs- und Missionstätigkeit ein, die von Ortenburg aus das östliche Niederbayern erfassen sollte. Weitere reichsunmittelbare Adelige, die zugleich auch den bayerischen Landständen angehörten, folgten alsbald seinem Beispiel, allen voran Wolf von Maxlrain in seiner Herrschaft Hohenwaldeck-Miesbach.

Die Herausforderung an Albrecht war somit doppelt gestellt; er konnte weder offensive protestantische Zellen in seinem Herzogtum dulden noch konnte er die Provokation übersehen, die die Inanspruchnahme der konfessionellen Souveränität in den kleinen Territorien, deren Reichsunmittelbarkeit aus seiner Sicht ja nicht feststand, hinnehmen. Der Graf von Ortenburg hatte aber seinerseits übersehen, dass der Herzog auf den Schlössern in der Grafschaft Ortenburg das so genannte Öffnungsrecht besaß, das heißt, dass er auf diesen jederzeit Quartier nehmen oder seine Bediensteten einquartieren konnte. In Ortenburg geriet dies zur militärischen Besetzung nicht nur der Burg, sondern auch des Marktes und des Umlandes, und ebenso wurden alle anderen Schlösser der Ortenburger von herzoglichen Amtleuten besetzt. Dabei geriet ihnen die gesamte Korrespondenz zwischen dem Ortenburger, dem Maxlrainer, Pankraz von Freyberg und den anderen führenden Gestalten der Adelsfronde in die Hände. In dieser wurde nicht nur verächtlich über die katholische Kirche geschrieben, es fanden sich auch abfällige Bemerkungen über die Person des Herzogs und daneben einige zwar wenig präzise, aber hinreichend verdächtige Schriften über Gewissensfreiheit und Widerstandsrecht, genug also, um eine Adelsverschwörung wenn schon nicht juristisch einwandfrei unter Beweis zu stellen, so doch zum wenigsten anklagereif zu konstruieren.

Es ist kaum anzunehmen, dass Albrecht, der in Ingolstadt die Rechte studiert hatte, und Simon Thaddäus Eck im Ernst an eine Möglichkeit glaubten, die Führer der Adelsfronde mit derart dürftigen Indizien des Hochverrats zu überführen. Den Beweis der eigenen Unschuldsüberzeugung lieferten die meisten der Inkriminierten schon damit, dass sie, obwohl der Fund natürlich sofort bekannt geworden war, ohne Aufforderung, geschweige denn nach einer Verhaftung vor dem Gericht erschienen, als dieses im Sommer 1564 seine Arbeit aufnahm. Tatsächlich kam bei den Verhandlungen nicht viel heraus. Von Verschwörung konnte keine Rede sein; die Beschuldigten bekannten sich zwar zur Augsburger Konfession, denn seit dem Landtag 1563 war Leugnen ja auch zwecklos, die meisten ritten aber nach einem mehr oder weniger scharfen Verhör unbehelligt wieder heim, und nur wenige, wie Freyberg, blieben einige Monate in Haft, so lange, bis man beim besten Willen keinen Grund mehr fand, sie weiter festzuhalten. Die härtesten Urteile beliefen sich auf eine Abbitte gegenüber dem Herzog, der sich durch die Äußerungen in den Briefen persönlich beleidigt fühlen konnte, wenn er es wollte, und aus wohlerwogenen Gründen wollte er das. Obwohl die Anklage auf schwachen Füßen gestanden hatte, konnten die Beschuldigten froh sein, so leicht davongekommen zu sein. Albrecht hätte auch die eine oder andere Verurteilung erreichen können; Wilhelm IV. hatte seinerzeit einen der Führer der Stände, Hieronymus von Stauff, trotz einer ähnlich schwach fundierten Anklage verurteilen und hinrichten lassen, doch wäre das nicht klug gewesen. Der Prozess hatte sein Ziel auch ohne halbseidene Urteile und ohne Blutvergießen erreicht; die Stände waren eingeschüchtert, und der Staat des Fürsten hatte sich durchgesetzt. Der weitere Verlauf der Auseinandersetzungen zwischen dem Herzog und den Landständen ist denn auch nur noch von Rückzugsgefechten des Adels geprägt. Als er 1571 versuchte, durch Genehmigung des Landschaftsausschusses, eines Gremiums von sechzehn Landständen, die zwischen den Landtagen die Geschäfte der Landschaft wahrnahmen, eine Steuer zu erreichen, wiesen dies die Stände noch entschieden zurück; drei Landtage später ermächtigten sie indessen von sich aus ihren Ausschuss, Steuern zu genehmigen, die Stände hatten jedes Interesse daran verloren, nur noch zum Jasagen auf die Landtage zu reisen. Nebenbei erwähnt: 1564, kurz nach der Aufdeckung der angeblichen Adelsverschwörung, traf aus Rom die Nachricht ein, dass Papst Pius IV. die *Communio sub utraque* gestattet habe. Für Albrecht, der dieses Schreiben noch wenige Tage vorher freudig begrüßt hätte, war sie nur noch Papier.

Auf dem Weg zum katholischen Prinzip
Die endgültige Ausschaltung der Reformation im Herzogtum Bayern war freilich nicht die ganze Arbeit, die zu tun war. Nicht protestantisch zu sein hieß noch lange nicht katholisch zu sein. Das hatte vor allem Albrecht deutlich zu spüren bekommen; schon sein Vater hatte gemeint, den Ansturm der Reformation erfolgreich abgewehrt zu haben, wie wenig anhaltend und tief greifend der Erfolg aber gewesen war, hatte er sehen können. Sollte sein Bemühen auf die Dauer Wirkung zeigen, musste ein katholisches System etabliert werden, das umfassend war, Kontrolle und Stabilität ermöglichte und vor allem auch die religiösen Bedürfnisse der Menschen erfüllte. Er hatte es dabei in vieler Hinsicht leichter, als es sein darin letztlich beinahe gescheiterter Vater gehabt hatte. Zu den Vorteilen, deren er sich bedienen konnte, gehört der sich abzeichnende Aufschwung der katholischen Kirche, der schon während des Trienter Konzils eingesetzt hatte und sich nach dem Konzilsabschied im Jahre 1563 zu entfalten begann. Er hatte es auch mit einer neuen Generation von Bischöfen zu tun, die schon vor dem Konzilsabschied einer grundlegenden Reform zugeneigt waren. Das Konzil brachte vor allem,

wie schon erwähnt, das feste dogmatische Gebäude mit sich, an dem man sich in Lehr- und Hirtenamt ausrichten konnte; auf das konnte sich auch die weltliche Obrigkeit stützen, wenn es um die Einrichtung fester Normen der Religionsausübung ging und wenn Kriterien der Rechtgläubigkeit einzurichten waren. Der Herzog nahm die Normen des Tridentinums vorbehaltslos an und verpflichtete Pfarrer und Lehrer, Beamte und die Professoren der Universität Ingolstadt durch Eid auf diese. In den Jahren bis 1570 folgte eine große Zahl von herzoglichen Mandaten, die das Bildungswesen und das religiöse Leben betrafen. Vor allem das bis dahin noch weitgehend im Argen liegende Schulwesen erhielt jetzt ein gegenreformatorisches Programm, indem verbindliche Lehrpläne festgelegt wurden, die Voraussetzungen für die Ausübung des Lehramtes geschaffen und im geistlichen Rat ein Kontrollorgan eingesetzt wurde. Das Studium wurde für bayerische Landeskinder auf eine bestimmte Zahl katholischer Universitäten beschränkt; neben Ingolstadt waren dies Dillingen, Freiburg, Köln, Löwen und Douai, bezeichnenderweise aber nicht das im konfessionell noch immer verdächtigen Österreich liegende Wien. Interessanterweise gestattete man umgekehrt Studenten aus protestantischen Ländern aber das Studium in Ingolstadt; so stark fühlte man sich inzwischen schon wieder. Auch die Auswahl der höheren Schulen war nicht freigestellt, es gab eine Reihe empfohlener und daneben erlaubter Schulen, wobei das neu aufgebaute Schulwesen der Jesuiten die größte Rolle spielte. Es war eines der erklärten Ziele Albrechts, das bayerische Bildungswesen zu einer katholischen Kaderschmiede zu machen. Ergänzend wirkte ein strenges Zensurmandat; der in Rom aufgestellte Index verbotener Bücher wurde dafür zum Maßstab. Dem Auslaufen in die protestantischen Territorien begegnete man durch strenge Verbote und Strafen; das 1569 erlassene Religionsmandat verbot zudem, in der Öffentlichkeit ärgerliche Reden über die katholische Kirche zu halten. Als juristisches Organ, das für die Verfehlungen zuständig war, fungierte ein sechzehnköpfiges Religionstribunal in München, das sich mit allen Verstößen zu befassen hatte.

Entscheidend für den Erfolg war, dass diese Maßnahmen im Einklang mit dem Episkopat getroffen wurden. Schon seit 1564 tagten Religionskonferenzen, bei denen von herzoglichen Beamten und bischöflichen Gesandten die einzelnen Schritte beraten und beschlossen wurden, und gemeinsam erfolgte auch die Durchführung. Trotz der Einigkeit versuchte die Münchner Regierung aber, die Kontrolle über die Durchführung in der Hand zu halten, und die

Kooperation zwischen dem Herzog und den Bischöfen funktionierte auch nicht in allen Punkten derart reibungslos. In einigen Punkten ging die Regierung auch zu weit, etwa bei dem Plan, ein zentrales Priesterseminar in Ingolstadt einzurichten, das durch die Bistümer finanziert werden sollte, ohne ihrerseits auf die Ausbildung des Nachwuchses Einfluss nehmen zu können. Den Bischöfen, auch wenn sie lieber einen anderen Kurs vertreten hätten, blieb oft jedoch gar keine andere Wahl, als sich mit dem Herzog zu einigen, da immer die gute Verbindung zwischen München und Rom im Hintergrund stand und notfalls die herzogliche Regierung schnell die Bereitschaft zeigte, die Bischöfe zu umgehen und mit der Kurie direkt zu verhandeln, wenn diese sich querzulegen versuchten. Dass es dabei nicht ohne teilweise strenge Maßnahmen gegen Anhänger der lutherischen Lehre abgehen konnte, liegt auf der Hand. Verfahren wurde dabei jedoch nach den Grundsätzen des Augsburger Religionsfriedens, es kam nur selten zu Leib- oder Gefängnisstrafen, dafür um so mehr zu Ausweisungen; in München wurden fünfzehn Familien des Landes verwiesen, in den kleineren Städten waren es proportional ähnlich viele, während man auf dem Land nicht ganz so hart durchzugreifen brauchte.

Entscheidende Hilfe bei der Durchführung dieser Maßnahmen leistete der Jesuitenorden. Hier hatte Albrecht schon in den fünfziger Jahren vorgearbeitet, womit er frühere Aktivitäten seines Vaters wieder aufgegriffen hatte. Schon im Jahre 1554 war ein neuer Ruf an den Orden ergangen, mit seinen Patres die vakanten Theologieprofessuren in Ingolstadt zu besetzen; zwei Jahre später führte dies schließlich zum Erfolg. Unter den Berufenen waren mit Petrus de Soto und Gregor von Valencia auch zwei der berühmtesten katholischen Theologen ihrer Zeit, die erst jetzt von der katholischen Seite her die mittelalterliche Theologie zu überwinden vermochten. Ingolstadt wurde unter ihrer Leitung schnell zum führenden Zentrum der kirchlichen Reform im Reich, zusammen mit der Universität Dillingen, die ebenfalls unter der Leitung der Jesuiten stand. Albrecht gab sich aber mit der Tätigkeit der Jesuiten an der Universität nicht zufrieden; seine Pläne gingen zeitweise noch viel weiter, denn er hätte am liebsten die gesamte Seelsorge unter ihrer Leitung gesehen, was sich aber vom Selbstverständnis des Ordens her so wenig wie aus Sicht der Bischöfe als realisierbar erwies. So konzentrierte er seine Vorstellungen schließlich auf die größeren Städte, vor allem München, wo 1559 die ersten Patres ansässig wurden und im Jahr darauf bereits das erste Jesuitengymnasium auf deutschem Boden eröffneten. Bayern war auf dem besten Weg zu dem von Ignatius von Loyola entworfenen Modell eines geschlossenen Konfessionsstaates.

Das Herzogtum Bayern, wie Albrecht V. es in wenigen Jahren geformt hatte, erfüllte in der zweiten Hälfte des 16. Jahrhunderts die Voraussetzungen, um im katholischen Deutschland die Führung zu übernehmen. Es war in der Rekatholisierung am weitesten vorangeschritten, wobei Albrecht hierfür immer noch relativ gute Voraussetzungen angetroffen hatte, insofern war die Abwehr der neuen Lehre durch seinen Vater doch nicht ganz vergeblich gewesen. Dass Bayern eine führende Rolle im Angriff der katholischen Kirche, zu der sich diese allgemein nun in der Lage fühlte, spielen sollte, ergab sich aus alledem von selbst; die Hoffnungen Roms ruhten geradezu auf Bayern, zumal Albrecht unter den Fürsten des Reichs inzwischen der einzige war, auf den aus römischer Sicht unbedingt gezählt werden konnte. Bayern fiel so die Führung der eben erst beginnenden Gegenreformation im Reich damit praktisch ganz von selbst zu. Der zu seinem eigenen politischen Kurs geradezu gegenläufige Kurs Kaiser Maximilians II., der Albrecht aus Gründen der unmittelbaren Nachbarschaft zwischen den beiden Herzogtümern bedenklich erscheinen musste, brachte ihn wiederholt mit diesem aneinander, und führte schon zwei Jahre nach der Regierungsübernahme Maximilians II. dazu, dass ihm Albrecht auf dem Augsburger Reichstag 1566 das Heft aus der Hand wand. Nicht der Kaiser war es, der die katholischen Reichsstände auf die Trienter Konzilsdekrete einschwor; die katholische Führungsachse verlief von Salzburg über München nach Augsburg, wo mit Kardinal Otto Truchseß von Waldburg ein kompromissloser Bischof der Gegenreformation saß, der nun, nachdem ihn Albrecht zehn Jahre vorher noch zurückhalten hatte müssen, der zuverlässigste Verbündete im Reich war. Der Kardinal hatte gute Verbindungen zur Kurie, auf seine Initiative hin entstand in Rom ein eigenes Kardinalskolleg für Deutschland, und alle diese Kräfte wirkten zusammen, als 1563 die erste Nuntiatur für Süddeutschland eingerichtet wurde. München war der Schwerpunkt dieser Achse; mit Albrecht konferierte der Jesuitenprovinzial Petrus Canisius, und auch der Nuntius Ninguarda, ein Dominikaner, war mit Albrecht vertraut. In seiner Hauptaufgabe, die Reformpolitik des Herzogs mit der der Bischöfe zu koordinieren, was auch jetzt noch kein leichtes Geschäft war, stand er ganz auf der Linie des Herzogs.

Albrecht zögerte nicht, zum verlängerten Arm der Kurie zu werden, auch dann nicht, wenn es gegen den Kaiser selbst ging; als 1568 Maximilian II. die Religionskonzession für Österreich vorbereitete, die dem Adel die Augsburger Konfession praktisch freistellte, wurde er auf die Aufforderung der Kurie hin mit einer Intervention aktiv. Der Erfolg war nur von vorübergehender Wirkung, 1571 wurde das Dekret doch erlassen, und Albrecht konnte unter diesen Gegebenheiten froh sein, dass er in Bayern zu diesem Zeitpunkt sein Werk abgeschlossen hatte. Allerdings war Maximilian II. nicht der einzige Sohn Ferdinands gewesen; die Brüder Maximilians II., Ferdinand und Karl, standen eher auf der Linie ihres Vaters, und da jeder einen Anteil an den Besitzungen der deutschen Linie des Hauses erhalten hatte, beschränkten sich die Auswirkungen der Religionspolitik Maximilians II. auf Ober- und Niederösterreich; Tirol und Vorderösterreich, die Ferdinand regierte, wurden von diesem der alten Kirche wieder zugeführt, und das nämliche gilt auch vom dritten der Brüder, Karl, der über Kärnten, die Steiermark, Krain und Görz herrschte. Gerade zu diesem hatte Albrecht enge Beziehungen;, Karl war mit einer seiner Töchter verheiratet und nahm die Hilfe des erfolgreichen Reformers dankbar an. Wie eng diese Kooperation gestaltet war, sieht man daraus, dass die Rekatholisierung der Länder Karls von der nächsten Generation, dem bayerischen Prinzen Wilhelm V. und dem Sohn Karls und Enkel Albrechts V., Ferdinand, dem späteren Kaiser Ferdinand II., persönlich geplant wurde.

Die konfessionelle Entwicklung Österreichs war jedoch nicht der einzige Ansatzpunkt Albrechts, und auch nicht die einzige Frage, die ihn in eine Konfrontation mit Maximilian II. brachte. Eine ähnliche Situation ergab sich aus seinen Versuchen, den Landsberger Bund zu einem Bündnis mit katholischem Übergewicht auszubauen, was ihm durch die Aufnahme von Mainz und Trier zum Teil gelang. Albrecht dachte aber weiter, an einen Ausbau in die Richtung der spanischen Niederlande, wobei Befürchtungen, dass der Erfolg der Gegenreformation Reaktionen der protestantischen Seite provozieren könnte, eine Rolle spielten. Vor allem seinem pfälzischen Vetter Friedrich III. misstraute Albrecht; dieser war Calvinist und spann ausgedehnte Pläne unter der Einbeziehung der französischen und schottischen Calvinisten. Die konfessionelle Konfrontation zwischen der bayerischen Linie des Hauses Wittelsbach und der neuen Kurlinie Pfalz-Simmern hatte begonnen, ihre Kulmination sollte sie nach 1618 erfahren.

Auch hier stellte sich der Kaiser in den Weg, wieder mit Erfolg, wobei nicht sicher ist, ob Albrecht den Plan auch verfolgt hätte, wenn ihm bekannt gewesen wäre, welche Hintergedanken der spanische Statthalter in den Niederlanden, Herzog Alba, mit seiner Unterstützung in Wahrheit verfolgte, denn diesem ging es um die

Hilfe der katholischen Bundesfürsten im Krieg gegen die aufständischen protestantischen Niederlande und letztlich sogar um einen Krieg zur Niederringung aller Protestanten auf dem Boden des Reiches. Das war aber nun die Grenze, die Albrecht in keinem Fall zu überschreiten vorhatte, nicht nur, weil er auch traditionelle Freundschaften mit protestantischen Fürsten wie Sachsen oder Württemberg pflegte, sondern weil er grundsätzlich der Überzeugung war, dass eine Stabilisierung des Reichs der katholischen Sache für die Zukunft mehr Chancen bieten würde. Er hielt die katholische Kirche und sich selbst inzwischen für stark genug, um durch die Ausschöpfung des Rechts und die Ausspielung der Überlegenheit, die er dem katholischen System zubilligte, die Rekatholisierung zügig und zu einem guten Ende vorantreiben zu können. So nahm er jede Möglichkeit wahr, Territorien der Gegenreformation zuzuführen; damit war er vor allem in Baden-Baden erfolgreich, wo er als Onkel des Prinzen Philipp, den sein 1569 auf dem Schlachtfeld gefallener Vater mit zwölf Jahren zurückgelassen hatte, die Vormundschaft über diesen übernehmen konnte. Der alte Markgraf war konfessionell ein eher unsicherer Kantonist gewesen, und in Baden-Baden hatten sich in seiner Regierungszeit ähnliche Verhältnisse etabliert wie in Österreich, wo ein großteils lutherisch gesinnter Adel das konfessionelle Leben bestimmte; nun drohte eine Vormundschaft oder auch ein Eingreifen wider Recht durch die protestantische Linie Baden-Durlach und damit das Umkippen eines weiteren bisher unentschiedenen Territoriums. Mit der Entsendung seines Hofmeisters Schwarzenberg betrieb der Herzog von Bayern eine unverzügliche Rekatholisierung der Markgrafschaft, was nicht ohne größere Widerstände des Adels abgehen sollte.

Einige andere Versuche Albrechts zur Wiederausbreitung der katholischen Lehre waren weniger erfolgreich; es war allerdings wohl ein Akt der Selbstüberschätzung, gemäßigte protestantische Fürsten wie den Kurfürsten von Sachsen zur Konvertierung bewegen zu wollen, diese Versuche legen aber ein interessantes Zeugnis ab von seiner Tendenz, die Rekatholisierung auf der Grundlage der Überlegenheit, die er jetzt der katholischen Kirche zuschrieb, durchführen zu wollen. Selbst in den eigenen Grenzen war er damit nicht überall vom gleichen Erfolg begleitet; so misslang ihm die Rekatholisierung der Grafschaft Ortenburg, die er nach dem Schiedsspruch des Reichskammergerichts, das die Reichsunmittelbarkeit des Zwergstaates inmitten Niederbayerns bestätigte, 1566 räumen musste, womit dort auch der katholische Gottesdienst, der nach der Besetzung während der Ständekämpfe wieder eingeführt worden war, ein Ende hatte. Das Ringen um das evangelische Bekenntnis in der Herrschaft Hohenwaldeck der Maxlrainer sollte sich bis in die Zeit seines Sohnes Wilhelm V. hinziehen.

Man muss sich trotz der Kooperation mit der Kurie und trotz der engen Zusammenarbeit mit den Bischöfen darüber im Klaren sein, dass auch Albrecht nicht mehr und nicht weniger war als ein Vertreter des landesherrlichen Kirchenregiments. Das Misstrauen gegen die Bischöfe, das sein Vater entwickelt hatte, saß auch bei ihm tief. Das musste sich sogar der Kardinallegat Morone bei einer Konferenz in München anhören, als er mäßigend auf die die inzwischen offensive Bistumspolitik Albrechts einwirken wollte. Noch immer sei ja den Bischöfen die Sache der Religion mehr eine Last als eine Lust, und eben deshalb dürfe sie auch ihnen nicht allein überlassen werden, so wurde dem Kardinal mitgeteilt; in Bayern hätte es der Herzog vermocht und nicht sie, die alte Kirche zu retten und sie auf ihren neuen Glanz zu bringen. Mit dieser Begründung rechtfertigte Albrecht sogar den scheinbar widersprüchlichsten und damit auch umstrittensten Teil der Kirchenpolitik, die Bemühungen um die Übertragung mehrerer Bistümer auf seinen jüngsten Sohn Ernst. Er stellte sich in diesem Punkt sogar bewusst gegen die Durchsetzung des Konzilsdekrets, das sich gegen die Adelskirche des Reiches gerichtet hatte und eigentlich einen völlig neuen Bischofstyp schaffen sollte. Wie schon sein gleichnamiger Onkel, der auf sein geistliches Fürstentum Salzburg schließlich sogar verzichtet hatte, weil er anders der Priesterweihe nicht mehr entkommen hatte können, strebte der jüngste Sohn Albrechts das geistliche Amt keineswegs aus Neigung an; er fügte sich lediglich dem Willen des Vaters, dem es bei seinen Bemühungen darum ging, für das Haus Bistümer zu erwerben, in denen seine Vertreter im Sinne des Ganzen wirken konnten. 1566 hatte Albrecht aufgrund des Gewichts, das sein Wort in Rom hatte, es durchzusetzen vermocht, dass nach der Resignation des Bischofs von Freising der erst elf Jahre alte Ernst zum *administrator in temporalibus*, also zum Statthalter des geistlichen Fürstentums, ernannt wurde. 1573 kam dann noch Hildesheim hinzu, und nach dem Tod Albrechts sollten noch weitere folgen, so dass Ernst zuletzt über fünf Bistümer gebot. Die Stoßrichtung war dabei schon 1571 festgelegt worden, sie zielte nach Köln, das nicht nur eines der wichtigsten Bistümer des Reiches, sondern auch mit der Kurwürde verbunden war, die dem bayerischen Zweig der Wittelsbacher fehlte.

Am 24. Oktober 1579 starb Herzog Albrecht V., erst 51 Jahre alt, in München. Mit ihm trat eine der bedeutendsten Gestalten der bayerischen Wittelsbacher ab; die Jahre seiner Regierung waren für die bayerische Geschichte entscheidend, und das mit einer über die Jahrhunderte hinweg reichenden Tragweite. Mit seinem System hatte sich zum ersten Mal der frühe fürstliche Absolutismus durchgesetzt, in einem Land, das sich der Reformation nicht angeschlossen hatte, und das war in mehr als einer Hinsicht bemerkenswert. Er hatte die politische und konfessionelle Opposition des Adels überwinden können und damit die kirchliche Orientierung des Staates festgelegt, womit er das seit 1530 erste wieder rein katholische Fürstentum in der Hand eines weltlichen Fürsten geschaffen hatte. Unter seinen Standesgenossen hatte keiner die Kirche in seinem Land in dem Maße in der Hand wie er, und keiner hatte die Erneuerung der katholischen Kirche so weit vorangetrieben. Mit seiner kostspieligen Liebe zu Kunst und Kultur hatte er zudem einen unerhörten Aufschwung der Kultur des Landes eingeleitet, der unter seinem Sohn einen seiner Höhepunkte erreichen sollte, und das selbst vor dem Hintergrund einer konfessionellen Einengung; im Zuge der Rekatholisierungen war es auch zur Ausweisung von namhaften Gelehrten gekommen wie etwa des Ingolstädter Geographen Apian, der die erste bayerische Landkarte geschaffen hatte, aber diese Schattenseite war im konfessionellen Zeitalter eine allgemeine Erscheinung, das sollte auch Gelehrten in reformierten Territorien wiederholt und zuweilen sogar in kürzester Zeit mehrmals widerfahren wie etwa in der Pfalz.

Ohne die Gestalt Albrechts ist die Geschichte des Hauses Wittelsbach wie auch die des Herzogtums Bayern in dem ihm nachfolgenden halben Jahrhundert nicht erklärbar, das Land wie auch der in ihm regierende Zweig des Hauses hatten eine historische Aufgabe erhalten, die ihre Geschichte bestimmen sollte, bis eine neue Zeit in Europa anbrach.

Vormacht des katholischen Deutschland – Wilhelm V. (1579–1597)

Ein katholischer Fürst

Die Zeit Herzog Wilhelms V. wird in der Literatur oft in einer merkwürdigen Kürze abgehandelt, als ginge es lediglich um eine kurze Übergangsphase zwischen den zwei historischen Größen Albrecht V. und Maximilian I. Das stimmt in gewisser Weise auch; tatsächlich zeigt sich in der Zeit Wilhelms V. vorrangig eine konsequente Weiterführung der Politik Herzog Albrechts V. Es mag für diese relativ geringe Einschätzung auch der Umstand eine Rolle spielen, dass schon seit drei Generationen vor ihm kein bayerischer Herzog so kurz regiert hatte wie er, und nach ihm für weitere drei Generationen keiner mehr so kurz regieren sollte. Immerhin brachte aber auch er es auf beinahe zwei volle Jahrzehnte, und er regierte damit wohl auch lang genug, um dem Land und seiner Politik seinen eigenen Stempel aufzudrücken. Und wenn auch in der Regierungszeit Wilhelms die spektakulären Ereignisse und großen Wendungen der Geschichte scheinbar fehlen, so war zu dem Zeitpunkt, an dem er die Regierungsgeschäfte in die Hände seines Sohnes übergab, doch vieles im Reich anders geworden als es an seinem Anfang gewesen war. Es zeichnet sich bereits der Höhepunkt des Ringens um Glaube und Reich ab, die die Ära seines Sohnes beherrschen sollte, es zerbrachen die stabilisierenden Bänder zwischen den Konfessionen und es kapitulierte das Reich, durch die permanente und immer polarer werdende Konfrontation zermürbt. Wenn man die Zeit Wilhelms V. zu knapp abhandelt, ist die nachfolgende Ära kaum richtig zu verstehen.

Albrecht V. hinterließ er seinem Sohn ein Herzogtum, das in seiner konfessionellen Geschlossenheit ebenso wie in seinem fortgeschrittenen Stadium der katholischen Reform zugleich eine Erbmasse wie eine Verpflichtung war. Diese Ansätze seines Vaters fortzuführen, stand aber nicht im Belieben des Herzogs. Durch das neue Erstarken der katholischen Kirche war die Vorwärtsbewegung der Protestanten noch lange nicht aufgehalten; einer der härtesten Konfliktpunkte zwischen den konfessionellen Parteien war dabei die schrittweise Eroberung der Hochstifte durch reformierte Staaten, indem Prinzen aus diesen sich durch teilweise protestantische Domherren zu ihren Administratoren wählen ließen und das Hochstift der Reformation zuführten. Es schien selbstverständlich, dass Bistümer, die in der Reichweite der führenden evangelischen Dynastien Brandenburg und Sachsen lagen, auf diesem Weg reformiert und säkularisiert wurden, ebenso wie andererseits wieder die Bistümer Süddeutschlands durch den Einsatz der beiden katholischen Dynastien Habsburg und Wittelsbach der römischen Kirche erhalten blieben; das erfolgte nicht immer durch die Besetzung mit einem Vertreter dieser beiden Häuser – in den fränkischen Hochstiften konnte sich zum Beispiel nie ein Bischof aus einer dieser Dynastien durchsetzen – sehr wohl aber durch ihren Einfluss, der mit jedem neuen Bischofsstuhl, den sie erringen konnten, anwuchs. Das führte zeitweise zu einer Kooperation, vor allem wenn es um eine defensive Politik der weiteren Reformierung nord- und mitteldeutscher

Hochstifte ging, zeitweise aber auch zur Konfrontation, da sich bald auch Rivalitäten zwischen den Häusern ergaben, namentlich im Streit um das Bistum Passau. Einer der Brennpunkte katholischer Bistumspolitik war der Nordwesten, ein Raum, der dem Zugriff Brandenburgs und Sachsens zwar entzogen war, dem Bayerns und Österreichs aber ebenso, dafür lag er im Spannungsfeld zwischen den spanischen Habsburgern, den Generalstaaten und Frankreich. Hier hatte mit den Bistümern Hildesheim und Lüttich, beide in der Hand des Bischofs Ernst, das Haus Bayern noch in der Zeit Albrechts V. Fuß fassen können, und daher fiel ihm auf der katholischen Seite in allen nachfolgenden Auseinandersetzungen die Hauptrolle praktisch von alleine zu.

Trotz des Erstarkens der katholischen Kirche war der Konflikt zwischen den Konfessionen noch immer auf eine eher subtile Ausbreitung der Reformation und eine präventive Politik des katholischen Lagers beschränkt. Es gab keine konfessionellen Bündnisse mehr, das einzige politische Bündnis im Reich war noch immer der Landsberger Bund, der sich vorsichtig aus den internationalen Spannungen heraushielt, die sich in den Jahren nach 1579 wieder verstärkten, und seine wichtigste Aufgabe eigentlich darin hatte, die konfessionellen Parteien weitgehend zu neutralisieren; damit aber sicherte er für zwei Jahrzehnte den Frieden im Reich und drängte den konfessionellen Konflikt auf die diplomatische Ebene ab. In seiner moderierenden Wirkung war der Landsberger Bund das noch am ehesten funktionsfähige Organ des Reiches; Kaiser war nach dem Tod Maximilians II. der kaum regierungsfähige Rudolf II., ein weltfremder und menschenscheuer Sonderling, der sich mit einem Sammelsurium an Wissenschaft, Kunst und Kuriosa, wie es die Fürsten dieser Zeit alle pflegten, nicht nur umgab, sondern sich regelrecht in ihm vergrub. Das hätte hingehen können, wären nicht durch ständige Spannungen unter den Konfessionen nach und nach alle anderen Organe des Reichs paralysiert worden, bis sogar der Reichstag nicht mehr handlungsfähig war. Daher lief fast alles, was an Kooperation zwischen Wittelsbach und Habsburg möglich war, nicht zwischen München und Wien beziehungsweise Prag ab, wo der Kaiser meistens residierte, sondern zwischen München und Graz, wohin seit den Heiraten Albrechts und seiner Tochter die besten familiären Beziehungen bestanden.

In diesem Rahmen hatte sich die Politik Wilhelms V. zu bewegen; er bot durchaus reale Möglichkeiten für ein Fürstentum von der Größe Bayerns, und er hat sie zu nutzen verstanden. Freilich stieß er dabei auch bald an die Grenzen zu einer echten Großmachtpolitik, für die Bayern damals noch nicht gerüstet war. Im Gegensatz zu seinen Vorfahren bis zurück zu Albrecht IV. und zu seinem Sohn Maximilian I. war Wilhelm V. kein junger Mann mehr, als er seine Regierung antrat. Er zählte bereits 31 Jahre, was in seiner Zeit als reifes Alter gelten konnte. Er hatte freilich die damit verbundenen Chancen nur bedingt genutzt; sein Bildungsweg war eher sprunghaft, und dem von seinem Vater anbefohlenen Universitätsstudium hatte er sich nur widerwillig und kurz hingegeben. Seine offizielle Kronprinzenzeit, die er im Alter von zwanzig Jahren mit seiner Hochzeit mit Renate von Lothringen begonnen hatte, hatte er mit einer selbstständigen Hofhaltung in Landshut auf der Burg Trausnitz, die zu diesem Zweck nach dem Geschmack der Zeit um- und ausgebaut wurde, verbracht. Berichten zeitgenössischer Beobachter zufolge war das Leben auf der Trausnitz ein einziges Fest, eine Folge von Konzerten, Theateraufführungen, Banketten und Jagdausflügen, daneben widmete sich der Prinz wie sein Vater in München seinen Sammlungen, die im Stil der Zeit eine bunte Mischung von Kunst und Kuriosität waren. Er behelligte seinen Vater in den politischen Geschäften kaum, wenn er ihm auch immer wieder für Gesandtschaften und Verhandlungen zur Verfügung stand wie etwa bei den Beratungen mit den Habsburgern in Graz über die Rekatholisierung der Steiermark, und dabei durchaus politisches Geschick an den Tag legte. Er scheint die Vorgänge am Münchner Hof, im Land und im Reich trotz der Leichtlebigkeit, die man ihm in seinen jüngeren Jahren nachsagt, wachsam beobachtet zu haben, wie er überhaupt in den letzten Lebensjahren seines Vaters, der zunehmend durch ein Magenleiden geplagt war und daher einer Vertretung bedurfte, in die Regierungsgeschäfte langsam hineinwuchs. Womit er seinen Vater mehrfach behelligen musste, war der Umstand, dass seine Apanage für seine Hofhaltung hinten und vorne nicht ausreichte. Schon nach sieben Jahren war eine Summe von 300 000 Gulden Schulden aufgelaufen; das ließ für die Zukunft der bayerischen Finanzen kaum Gutes erwarten, zumal es um sie ohnehin nicht zum Besten stand. Die Probleme mit der Finanzierung einer sich über das ganze Reich erstreckenden Politik, abgesehen vom unverändert hohen Verwaltungs- und Hofhaltungsaufwand, sollten die größte Belastung des neuen Herzogs werden; als er die Regierung antrat, waren wieder Steuerforderungen von einigen hunderttausend Gulden an die Stände heranzutragen.

Das bis heute verbreitete Bild des Herzogs Wilhelm V. steht im Widerspruch zu dem des Prinzen. Seine Biographen sprechen bis heute gern von einem tiefen Einschnitt durch eine Erfahrung, die der Prinz als Fingerzeig Gottes wertete und ihn charakterlich von einem lebenslustigen, eher leichtsinnigen jungen zu einem reifen, gottesfürchtigen und tiefreligiösen Mann werden ließ, als der er sich den Beinamen *der Fromme* zuzog. Diese Legende passte sich in eine Gesamtbiographie hervorragend ein, die darin gipfelte, dass er sich im besten Fürstenalter von nicht einmal ganz fünfzig Jahren aus der Politik zurückzog. Es ergab sich so insgesamt das Bild einer eher tragischen Gestalt, eines Menschen, der zum Mönch geboren, aber zum Prinzen erzogen und zum Herrscher verdammt war, bis er die Konsequenz aus dem inneren Zwiespalt zog und sich fernab des weltlichen Getriebes dem beschaulichen Leben weihte, nachdem er seinem Land gegeben hatte, was er ihm zu geben vermocht hatte, eingeschlossen einen überaus fähigen und energischen Nachfolger im Amt. Das ist jedoch weit übertrieben und in dieser extremen Form sogar ein romantisierender Unfug, erbaulich zu lesen zwar, aber leider nicht wahr, oder besser gesagt: es ist nicht die ganze Wahrheit. Dass sich seine Glaubenstiefe und die Inbrunst seines religiösen Empfindens mit den Jahren gesteigert haben, steht außer Frage, doch eine Bekehrung erfuhr er nicht, denn aufwendige Werke der Frömmigkeit hatte er auch vorher schon getan, und zu seiner Sammelleidenschaft wie zu seiner prächtigen Hofhaltung ging er auch nach seinem Regierungsantritt nicht auf Distanz.

Wilhelm V. war eben gerade keine tragische Gestalt. Er war sich seines Amtes bewusst, und er gab ihm sein Recht; dass er die höchste Begabung dafür nicht hatte, steht auf einem anderen Blatt. Aber er war der geborene Fürst, und so groß sind die Differenzen zwischen seinen jungen und seinen reifen Jahren nicht, dass von einer tief greifenden Wende in seinem Leben die Rede sein könnte. Nicht einmal der alternde und vor der Politik scheinbar resignierte Mann, der zuerst in seiner privaten Stadtresidenz, dann auf Schloss Schleißheim residierte, lebte weltabgewandt; auf seinem Alterssitz gab es Feste und Jagdausflüge, Gehege mit exotischen Tieren und nebenbei Zuchtversuche mit Nutzvieh, und bis zuletzt nahm er Anteil an den Staatsgeschäften; dass er es nicht in einem noch höheren Maß getan hat, war in erster Linie seinem Sohn und Nachfolger zu verdanken

Seine tiefe persönliche Religiosität hatte nur wenig Einfluss auf seine Politik, und kirchen- wie reichspolitisch handelte er eher nach den aktuellen Zwängen der Situation als nach seinem Herzen, und es scheint ihm auch wenig Gewissensbisse bereitet zu haben, das eine oder andere Mal gegen den Willen der Kurie zu handeln. Dass er eine Politik der konfessionellen Parteiung verfolgte, war weniger auf seinen Glauben zurückzuführen als auf die gegebene Sachlage. Seine frühe Resignation war keine Flucht aus dem Zwiespalt zwischen innerer und äußerer Welt, sondern die Kapitulation vor dem hässlichsten Aspekt seiner Politik, dem ständigen Geldmangel, aus dem er sich nicht zu helfen wusste und der während seiner Regierung zur schwersten Finanzkrise gediehen war, die das Herzogtum Bayern bis dahin erlebt hatte.

Dennoch: Anders als sein Vater, der in religiösen Fragen zwar eine entschiedene Linie verfocht, oft nicht unterscheidbar mit seiner politischen Linie verschmolzen, in seiner persönlichen Religiosität sich aber im Rahmen der nüchternen Überzeugung bewegte, war Wilhelm V. die Religion ein echtes Bedürfnis. Er ließ an den Toren seiner Residenz tägliche Armenspeisungen durchführen, begab sich mehrmals im Jahr auf anstrengende Wallfahrten, die er im härenen Kleid und mit einem schlichten Holzstock in der Hand bei größten Unbilden der Witterung zu Fuß absolvierte und spendete an geistliche Institutionen. Derlei spielte sich zwar öffentlich ab, aber es war beileibe nicht alles immer nur fürstliche Propaganda; die Tatsache, dass er härene Unterkleider trug und sich zur Kasteiung selbst geißelte, hielt er vor der Öffentlichkeit sorgsam verborgen, wie er es auch niemals bekannt werden ließ, dass er seine Gottesdienstverpflichtungen und Gebetsdienste mit unerbittlicher Strenge versah. Aber das war nur die eine Seite; in der Öffentlichkeit präsentierte Wilhelm V. sich als der typische Renaissancefürst mit einer sich schier grenzenlos entfaltenden äußeren Pracht und der allen gleich eigenen höfischen Kultur der Zeit. Hierbei trafen sich die fürstliche Repräsentation und sein religiöses Bedürfnis am augenfälligsten; er war der Erbauer der größten Renaissance-Kirche nördlich der Alpen, St. Michael in München, und damit seit dem 14. Jahrhundert der erste fürstliche Stifter eines großen Kirchenbaus; sie wurde bezeichnenderweise als Votivgründung errichtet, nämlich als Dank für den Ausgang des Kölnischen Unternehmens. Jesuitenkolleg und Kirche St. Michael waren nach spanischem Vorbild als Verbindung von Kloster und Palast geplant, neben dem großen Bau der Jesuiten ließ er seine Privatresidenz errichten, nach dem Muster des Escorial Philipps II. Die Fassade der Kirche wurde als Programm der Kirchenpolitik des Herrschers, als Widerspiegelung seines Selbstverständnisses gestaltet. Persönlich veranlasste er, dass die Fronleichnamsprozession zu einem öffentlichen Schauspiel zu Ehren Gottes wurde, in dem die Zünfte lebende Bilder darstellten und die Büßerkongregationen in schwarzen Kapuzen unter ihren schweren Holzkreuzen schwankten, Bruderschaften wie die seit 1577 aufblühende Marianische Kongregation in prächtigen Kostümen auftraten und der gesamte Hofstaat in Festkleidung geschlossen einherschritt, begleitet durch Musik und Gesang, die hunderte von Musikern und Sängern aufführten, vorbei an einem Spalier von über tausend Kriegsknechten, die für diesen Anlass extra mit Uniformen ausgestattet worden waren.

Auch hier war die Zielsetzung ambivalent; derlei hatte durchaus seine Bedeutung für das religiöse Erleben des Einzelnen, es schuf das, was im Barock dann erst richtig als eine katholische Kultur erkennbar wird, in die sich der einzelne Gläubige fest eingebunden fühlen konnte. In gewisser Weise war das nichts anderes als eine konsequente Fortführung des Werks, das sein Vater begonnen hatte, als er ein katholisches Bildungssystem errichtete und damit eine neue Grundlage für das neue Erstarken des alten Glaubens schuf; nun musste dieses Werk allgemein sichtbare Früchte tragen und den Einzelnen, der sich weder der neuen, jesuitischen Spiritualität hingeben konnte noch die Möglichkeit hatte, sich selbst mit der erneuerten katholischen Theologie auseinander zu setzen, mitreißen. In den Kirchen herrschte die jesuitische Predigtkultur, auch das war eine Lehre, die man aus den Erfolgen der Reformation gezogen hatte; sie war von den mit der Seelsorge befassten Orden aufgegriffen worden. Die in Bayern erst später heimisch werdenden Kapuziner sollten die großen Meister in der Volkspredigt werden, aber auch die ersten an den katholischen Universitäten ausgebildeten Weltpriester traten jetzt in ihr Wirken ein. Alt und neu verschmolz zu einem Ganzen; was an spätmittelalterlicher Frömmigkeit noch vorhanden war und taugte, wurde reaktiviert, die Zünfte nahmen wieder den Charakter der christlichen Körperschaft an, Wallfahrten und Prozessionen erlebten eine neue Blüte, vom Hof und von der Regierung gefördert und oft durch persönliche Anwesenheit des Herzogs unterstützt.

Wilhelm V. wusste um die Bedeutung, die die Jesuiten für die Weiterführung der kirchlichen Erneuerung hatten. Er förderte sie nach allen Möglichkeiten, baute die vorhandenen Kollegien aus und gründete ein neues, das seine besondere Bedeutung dadurch gewann, dass es in Regensburg, also im protestantischen Ausland, errichtet wurde, wobei er politische Verwicklungen und Mühen nicht scheute. Er verbesserte die wirtschaftliche Grundlage des Ordens, indem er ihnen erloschene Klöster übertrug, nicht von den Jesuiten gedrängt, wie böswillige Zeitgenossen behaupteten, sondern aus eigenem Antrieb und anfangs nicht einmal im Sinne des Ordens selbst. Im Gegensatz zu seinem Vater wählte er selbst seine Beichtväter aus diesem Orden; wie tief ihr Einfluss auf den Herzog war, ist kaum zu ermitteln, es wurde natürlich Derartiges unterstellt, aber was an der Frömmigkeit Wilhelms V. jesuitisch genannt werden kann, lag eher im Stil der Zeit als dass es als ein Ausdruck der inneren Abhängigkeit gewertet werden kann.

Die konfessionelle Geschlossenheit der bayerischen Lande trieb er konsequent voran. Noch immer war Hohenwaldeck eine protestantische Enklave, und Wilhelm V. beseitigte sie mit einer Härte, wie sie auch sein Vater nicht an den Tag gelegt hatte. Streng juristisch gesehen war er dabei im Recht; ihr Inhaber hatte zwar die Reichsunmittelbarkeit zugesichert bekommen, es war ihm dabei aber eine Veränderung der Konfession verboten worden, und gegen dieses Verbot hatte er verstoßen, indem er weiterhin den evangelischen Gottesdienst förderte. Wirtschaftliche Sanktionen sowie die hermetische Abriegelung des kleinen Territoriums und andere Maßnahmen zwangen Hohenwaldeck schließlich in die Knie; in der Herrschaft lebende Protestanten, die nicht zur katholischen Konfession übertraten, wurden ausgewiesen, und ein Täuferprediger, der dort Zuflucht gefunden hatte, wurde sogar hingerichtet. Diese ohne jeden Zweifel überharte Reaktion ist vor dem Hintergrund einer neuen Offensivwelle des Täufertums zu sehen, das in derselben Zeit von Mähren aus sich nach Bayern auszudehnen trachtete. Die Prävention gegen neue Infiltrationen nichtkatholischer Konfessionen wurde überall streng verfolgt; Religionsmandate und Zensurverordnungen, die nicht zur Vernichtung der verbotenen Bücher, aber zur Neutralisierung durch verschlossene Aufbewahrung in der Hofbibliothek führten, sollten dafür sorgen, dass es niemals wieder zu den Zuständen kommen würde, die vor 1560 geherrscht hatten.

Bischöfe für das Reich

Neben seiner Innenpolitik, die im Zeichen der Fortsetzung der religiösen Erneuerung im Sinne des alten Glaubens stand, verfolgte Wilhelm V. auch in der Außenpolitik diesen Kurs. Auch hier weitete sich das Feld der bayerischen Politik ständig aus, bedingt durch das immer weitere Ausgreifen der Pläne Wilhelms ebenso wie durch die politischen Notwendigkeiten, die sich aus der Führungsrolle, wie sie das Herzogtum Bayern seit den späten sechziger Jahren ohne Frage spielte, ergaben. Die Bistumspolitik des Herzogtums Bayern, die sich seit 1566 um die Person des jüngsten Sohnes Albrechts V., Ernst, rankte, wurde von Wilhelm zielbewusst fortgesetzt. Zu den noch von Albrecht V. für seinen Sohn erworbenen Bistümern Freising und Hildesheim kam nun Lüttich und die Reichsabteien Stablo und Malmedy. Hinter diesen neuen Erwerbungen in Nord- und Nordwestdeutschland stand nicht nur das Interesse der katholischen Kirche, sondern auch ein internationales, nämlich das Spaniens, das seinen Truppen in den Niederlanden die Bewegungsfreiheit und die Nachschublinien erhalten wollte, wozu die Sicherstellung dieser geistlichen Territorien unerlässlich war. Im Rahmen der spanischen Pläne stand auch das Erzstift Köln, wo schon 1568 Ernst in der Wahl gescheitert war, ebenso wie auch 1577. In der Nachfolge auf dem Kölner Erzbischofstuhl hatte sich der Domvikar Gebhard Truchseß von Waldburg – ein naher Verwandter des Augsburger Bischofs, der sogar Albrecht V. zu radikal katholisch gewesen war – gegen den bayerischen Prätendenten durchsetzen können. Gebhard erwies sich als ein Missgriff, denn kaum war er als Erzbischof inthronisiert, fasste er den Entschluss, sein langjähriges Verhältnis mit einer Gräfin von Mansfeld zu legalisieren, und um dies tun zu können, Protestant zu werden. Das hätte für sich allein kaum jemanden gestört, am wenigsten das Domkapitel, doch dachte Gebhard gar nicht daran, sein Kurfürstentum und das Bistum aufzugeben, vielmehr machte er sich daran, diese der Reformation zuzuführen. Das war aber ein schwerer Verstoß gegen den geistlichen Vorbehalt und musste eine Reaktion auf katholischer Seite provozieren.

Der Streit um das Erzbistum Köln hatte einen weit tieferen Hintergrund als die Auseinandersetzungen um den geistlichen Vorbehalt gemeinhin. Zum einen ging es um ein Kurfürstentum und damit um die Mehrheit im Kurkolleg, zumal in Böhmen sich zusehends die konfessionellen Spannungen verstärkten. Wenn eines der rheinischen Erzstifte konfessionell umkippte, war selbst die einfache Mehrheit dahin, und ein eventuelles Umschlagen der böhmischen Stimme auf die andere Seite hätte dann eine Mehrheit von fünf Protestanten ergeben, gegen die die verbleibenden zwei katholischen Stimmen kaum mehr etwas zu erreichen vermocht hätten. Aber das war nur die eine Seite. Schlimmer war, dass das Erzstift Köln am Rhein lag, an jener neuralgischen Linie, die die Niederlande mit den anderen habsburgischen Besitzungen in Vorderösterreich und Oberitalien verband. Der drohende Verlust Kölns an die Protestanten hätte strategisch unabsehbare Folgen nach sich gezogen, die Spanier hätten sich in den südlichen Niederlanden von der Flanke her bedroht gesehen. Somit hatte man also auch in Brüssel, Madrid und Wien die größten Interessen an einem Eingreifen in diesen Kölner Bistumsstreit. Auch der Papst wollte keine weiteren Verluste unter den deutschen Bistümern hinnehmen, und alle zusammen befürchteten, dass von einem Fall des Bistums Köln eine verheerende Signalwirkung auf die konfessionell noch immer unsicheren nordwestdeutschen Bistümer ausgegangen wäre, die ohnehin die letzte Bastion der katholischen Partei im Norden des Reiches waren. Die Fäden liefen in Rom zusammen und von Rom ging auch die Initiative aus; dort blickte man nach München, wo der inzwischen mit Abstand verlässlichste Partner für solche Unternehmungen saß, und in München witterte man die Chance, mit einem Schlag sowohl Köln zu gewinnen als auch damit endlich einen Kurhut für die katholische Linie des Hauses zu erwerben. In einer regen diplomatischen Tätigkeit wurde der Schlag vorbereitet. Habsburgische und bayerische Agenten stellten im Verein mit dem Nuntius sicher, dass man sich im Kölner Domkapitel auf Ernst als Erzbischof einigen konnte, und dass er im Erzstift Unterstützung für die unvermeidlichen Folgen seiner Wahl finden würde. Das nur wenige Jahre zuvor noch vorsichtige Kölner Domkapitel versagte sich diesmal nicht; es wählte Ernst einstimmig zum Erzbischof und zeigte sich auch fest entschlossen, die Angelegenheit bis zum letzten durchzufechten. Mit dem Geld des Kapitels sowie der Unterstützung einflussreicher Kreise im Kölner Adel wurden heimlich Truppen geworben, die im Ernstfall für den Erzbischof aus Bayern zur Verfügung stehen würden.

Die Lage Gebhards war verzweifelt. Unter den evangelischen Fürsten des Reiches machte nur ein einziger Anstalten, ihm zu Hilfe zu kommen, Pfalzgraf Johann Casimir (s. u. S. 324 ff.); er stellte sich mit einem kleinen Heer dem abgefallenen Erzbischof zur Verfügung, während sich die übrigen, Lutheraner wie Calvinisten, unter dem Einfluss Sachsens abwartend zurückhielten. Aber davon ließ sich Johann Casimir nicht beirren, und so wartete er im Hochstift Köln, ernstlich entschlossen, den allgemeinen Glaubenskrieg entbrennen zu lassen, auf die Hilfe der Generalstaaten und auf die Fürsten des protestantischen Deutschland. Aber die blieb aus; auf sich allein und die schwachen Truppen, die Gebhard angeworben hatte, gestellt, sah er sich von einem spanischen Kontingent und dem aus Bayern anrückenden Heer in die Zange genommen. In aller Eile hatte Wilhelm V., zum Teil mit päpstlichem, zum Teil mit eigenem Geld, Truppen geworben, die nach Köln marschierten und sich dort mit denen, die das Kölner Domkapitel aufgestellt hatte, und mit den Spaniern vereinigte. Was Ernst damit an militärischer Macht zur Verfügung hatte, reichte mehrfach aus, um das Heer Johann Casimirs zu Paaren zu treiben; der Krieg war rasch entschieden, ungehindert besetzten die katholischen Truppen das Erzstift, Ernst war Herr der Lage.

Der Ausgang des Kölner Bistumsstreits, der die Bezeichnung Krieg kaum verdient, stellte trotz Begrenzung für die katholische Partei einen großen Triumph dar, der vor allem Bayern Auftrieb gab. Auch der noch vorhandene Widerstand des Domkapitels von Münster, das Ernst ebenfalls bei einer Bischofswahl schon einmal abblitzen hatte lassen, konnte nun überwunden werden, so dass Ernst auch dieses Bistum gewinnen konnte. Bayern sah sich auf dem Höhepunkt seiner konfessionspolitischen Macht; halb Nordwestdeutschland war unter seiner geistlichen Führung. Energisch trieb Wilhelm seine Bistumspolitik nun weiter; in der Folge konnte er für seinen Sohn Philipp Regensburg gewinnen, der 1596 mit dem Kardinalspurpur geschmückt wurde, für seinen jüngsten Sohn Ferdinand errang er die Fürstpropstei Berchtesgaden, was ihm aber die Feindschaft des Erzbischofs von Salzburg einbrachte. In den geistlichen Fürstentümern an der bayerisch-österreichischen Grenze stellte sich Wilhelm V. der Widerstand der Habsburger entgegen, so etwa in Passau, wo sich ein Vertreter dieses Hauses durchsetzen konnte. Hier hatte er auch nicht in dem Maße die Unterstützung des Papstes, da man in Rom einen weiteren Machtzuwachs Wittelsbachs nur dort förderte, wo sie im Sinne der katholischen Erneuerung wirkte; man konnte es sich in Rom nicht leisten, die Habsburger zu verärgern, an denen neben der Kaiserwürde auch immer noch Spanien hing. So musste man sich in München mit der führenden Rolle am Niederrhein und in Norddeutschland begnügen, die nicht zu unterschätzen war; ein großer Erfolg war es auch, dass es gelang, in fast allen Bistümern Ernsts den jüngsten Sohn Wilhelms V., Ferdinand, als Nachfolger durchzusetzen, der vor allem auch die Neigung zum geistlichen Amt mitbrachte; er wurde der eigentliche Träger der katholischen Erneuerung im Norden des Reiches.

Es entsprach der Kirchenpolitik Wilhelms, dass endlich auch eine vertragliche Regelung mit den Bischöfen gelang, die für die Kirche des Herzogtums Bayern zuständig waren. Bayern wurden die seit 1524 immer wieder geforderten Rechte zugestanden, ebenso wie die Bischöfe ihr Einspruchs- und Zustimmungsrecht sowie die Mitwirkung bei Visitationen und Reformmaßnahmen zugesprochen erhielten. Im Konkordat des Jahres 1583, das eine Folge einzelner Verträge mit den Bischöfen war, wurden die Punkte geregelt; das Kirchenregiment des Herzogs von Bayern ging dabei als Sieger hervor, da die Bischöfe in der Folge nicht in der Lage waren, ihre Rechte in allen Punkten wahrzunehmen. Vor allem blieb, was für die Fortsetzung des Reformwerks wichtig war, das Examinationsrecht für angehende Kleriker beim Herzogtum, obwohl dies den Bischöfen an sich nach den Verträgen zugestanden hätte, doch setzten sie der bayerischen Praxis keine eigene Regelung entgegen. Das Konkordat war so die Krönung und der Abschluss des Werks, das Albrecht initiiert hatte, und es war ganz in seinem Sinne ausgegangen.

Die Abdankung
So machtvoll sich die Stellung Bayerns und seines Herzogs ausnimmt, so ist freilich zu berücksichtigen, auf welcher Basis diese erreicht wurde. Überblickt man die Politik Wilhelms V. in ihrer Breite, so liegt auf der Hand, dass es zur Durchsetzung ihrer Ziele, ob sie nun erreicht werden konnten oder nicht, größter finanzieller Anstrengungen bedurfte, und es hätte eines weitaus begabteren Finanzmannes als Wilhelm bedurft, um diese Seite einer konfessionellen Großmachtpolitik zu bewältigen. Das Kölner Unternehmen hatte allein 700 000 Gulden gekostet, die Handsalben für das Domkapitel noch nicht mitgerechnet. Neben den gestiegenen Kosten für den Hof und die Verwaltung spielte auch die Misswirtschaft der Regierung eine Rolle; wenn es auch noch keine nähere Untersuchung dazu gibt, so ist der Verdacht nicht unbegründet, dass sechsstellige Summen am Hof und in der Verwaltung auf unerklärliche Weise immer wieder versickerten. Schon gar nicht wären die Spielräume für die sich immer weiter steigernden Zuwendungen Wilhelms an geistliche Stiftungen gegeben gewesen, wenngleich man dazu bemerken muss, dass aufwendige Stiftungen letztlich ein Teil dessen waren, was man heute unter dem Begriff der Sozialpolitik subsummiert, ebenso wie man Aufwendungen für Kunst und Kultur unter modernen Gesichtspunkten als Kulturpolitik verstehen kann.

Das Land hatte zwar immer noch Reserven, doch die verstand Wilhelm nicht zu nutzen. Zu einer grundlegenden Finanzreform war er nicht in der Lage; statt dessen konfrontierte er immer wieder die Landschaft mit Schulden. Hatte er die Regierung bereits mit einer von seinem Vater übernommenen Schuldenlast von über 600 000 Gulden angetreten, was noch im Rahmen des Üblichen lag, so musste er 1588 eine Verschuldung von rund 1,9 Millionen eingestehen, die in der Hauptsache durch die Kölner Affäre aufgelaufen waren, und es grenzt an ein Wunder, dass die Stände zwar mit Murren, aber immer noch ohne Forderungen zu erheben die Tilgung übernahmen. Selbst ohne außerordentliche Belastungen wie den Kölner Krieg lag das Verhältnis zwischen regelmäßigen Einnahmen und den Ausgaben im Schnitt bei drei zu fünf. Fünf Jahre später, 1593, waren es erneut 1,3 Millionen. Nun konnte es Wilhelm nicht mehr übersehen, dass das Übel an der Wurzel lag und grundsätzliche Maßnahmen eingeleitet werden mussten. Nicht nur, dass es ihm klar werden musste, dass die Möglichkeiten der Landstände irgendwann erschöpft sein würden, er stand inzwischen auch vor dem Problem, seine Politik nicht mehr weiter betreiben zu können; in den Straßburger Kapitelstreit konnte er zum Beispiel nicht eingreifen, obwohl er sich damit glänzende Möglichkeiten eröffnet hätte und ihn der Papst dazu aufgefordert hatte, da er keinen Weg sah, die dafür nötigen Mittel aufzubringen, und einige andere Projekte waren ebenfalls an der beängstigenden Leere der Kassen gescheitert. Sogar dem Landsberger Bund hatte die Finanzmisere Bayerns das Lebenslicht ausgeblasen, da die Zahlung der Bundesbeiträge eingestellt werden musste.

Als er der Landschaft die schlimme Lage offenbarte, hatte er bereits vorgesorgt, indem er die Stände noch auf demselben Landtag 1593 aufforderte, seinem Sohn Maximilian als dem zukünftigen Erben und Landesherrn die Eventualhuldigung zu leisten. Offenbar bereitete er mit diesem Akt seinen schrittweisen Rückzug aus den Staatsgeschäften bereits vor, auch wenn er vorerst nicht formell abdankte. Es war höchste Zeit; seitens der Landschaft brachte man dem Prinzen Vertrauen entgegen, den Staatshaushalt in Ordnung zu bringen, denn die Stände übernahmen die Summe erneut und genehmigten sogar auf weitere zehn Jahre den ständigen Beitrag der Landschaft zu den Staatsfinanzen, die so genannte Kammergutsaufbesserung, nicht ohne freilich zugleich durchblicken zu lassen, dass sie weitere Schulden nicht mehr tilgen würden. Die Landschaft war nicht nur mit der Geduld, sondern auch mit ihrer Leistungsfähigkeit am Ende. Im Januar des folgenden Jahres 1594 huldigten sie Maximilian I., noch nicht als Herzog, sondern als Stellvertreter seines Vaters, in dessen Namen er den Gehorsam der Beamten einzufordern hatte. Maximilian I. war in den Staatsdingen zu diesem Zeitpunkt kein Anfänger mehr; schon seit 1591 war er wiederholt in der Regierung tätig gewesen, und sein Vater hatte ihm eine großzügige Ausbildung zugestanden, die er größtenteils an der Universität Ingolstadt absolviert hatte. Die moderne Staatstheorie und das Recht waren ihm nicht weniger vertraut wie den gelehrten Räten, er brachte alle Voraussetzungen für einen reibungslosen Übergang mit, ganz abgesehen von seiner unerschöpflichen Energie und seiner kompromisslosen Härte.

Zunächst brachte die faktische Doppelregierung jedoch in erster Linie Probleme mit sich. Doppelanweisungen und sich widersprechende Anordnungen führten zu einem Wirrwarr in der Verwaltung. Als besonders verdrießlich erwies es sich, dass sich der Vater für seine weiterbetriebene Kunstleidenschaft immer wieder unter

Umgehung der Hofkammer, wo inzwischen ohne die Genehmigung Maximilians kein Gulden über die vereinbarte Apanage hinaus zu erhalten war, Geld verschaffte; das alte Spiel wiederholte sich, wie Wilhelm V. in seiner Landshuter Jahren an seinem Vater vorbei Schulden gemacht hatte, tat er es jetzt über den Kopf seines Sohnes hinweg. In den Jahren bis 1597 liefen über 800 000 Gulden an Privatschulden des alten Herzogs auf; allerdings erwies sich der sparsame Maximilian, der ja in erster Linie zu dem Zweck angetreten war, den Haushalt wieder in Griff zu bekommen, als wesentlich humorloser als Albrecht V. es gewesen war. Ob es sein Ziel war, die endgültige Abdankung seines Vaters damit zu erreichen, ist nicht geklärt; jedenfalls ordnete er an, dass die Hofkammer tätig wurde und ein Gutachten erstellte, aus dem die Abdankung Wilhelms als die einzig Erfolg versprechende Lösung hervorging. Obzwar er sich gegen diesen Schritt immer noch sträubte, unterzeichnete er dann doch 1598 die Urkunde; die Beamten wurden ihres Eides entbunden und an den Sohn verwiesen, der Kaiser um Belehnung des Sohnes ersucht. Bayern hatte einen neuen Herzog, den ersten, der auf diese Weise an die Regierung gelangt war.

Wilhelm V. starb 1626, mit 78 Jahren und damit in einem gesegneten Alter; seine Grabstätte fand er in St. Michael, in der Kirche, die er gegründet und erbaut hatte, ganz den Vorbildern gleich, denen er nachgeeifert hatte. Er erlebte noch die Siege des katholischen Lagers in der ersten Phase des großen Krieges, die Niederlagen des Sohnes und die Zerstörung Bayerns musste er nicht mehr sehen. Er war sicher nicht der größte Fürst Bayerns, aber auch nicht der schwächste, vielleicht war er aber einer der glücklichsten; in seiner aktiven Regierungszeit hat es ihm nicht an dynastischen Erfolgen gemangelt, ohne die ein Fürst in dieser Zeit nichts galt. Er war in jedem Fall die historisch notwendige Gestalt zwischen den beiden harten, großen Gestalten Albrecht und Maximilian.

Der Höhepunkt des konfessionellen Zeitalters – Maximilian I. (1597–1651)

Die großen Reformen
Kein anderer bayerischer Fürst vor dem 19. Jahrhundert hat die Forschung so viel beschäftigt wie Maximilian I., der die Geschicke des Landes in der ersten Hälfte des 17. Jahrhunderts zu leiten hatte. Selbst in einer Epoche, die sich durch langlebige Fürsten auszeichnet, ragt

er mit einer mehr als fünf Jahrzehnte langen Regierungszeit hervor, begünstigt durch den Rücktritts seines Vaters, der ihn im Alter von 25 Jahren an die Macht brachte; wäre dieser Schritt Wilhelms V. nicht erfolgt, so wäre Maximilian nämlich erst im Alter von 53 Jahren zur Regierung gelangt. So aber sollte es ihm beschieden sein, alle Fürsten, die bei seinem Regierungsantritt regierten, und zum Teil sogar noch deren Nachfolger zu überleben, und dabei, und das ist das eigentliche Kunststück, nicht sich selbst zu überleben. Seine Regierungsform, sein staatliches System waren erst bei seinem Tod allenthalben zum Standard geworden; dass er das eine wie das andere schon in den ersten Jahren seiner Regierung einrichtete und zum Funktionieren brachte, bestätigt nur den Rang, den er in der Geschichte einnimmt. Selbst ein so nüchterner Historiker wie Andreas Kraus übernimmt als Untertitel seiner Maximilian-Biographie den schon älteren Terminus von *Bayerns großem Kurfürsten*, der als bewusster Gegensatz zu dem eigentlichen Träger dieses Titels *Großer Kurfürst*, Friedrich Wilhelm von Brandenburg, aufgebaut worden ist. Maximilian ist im historischen Gedächtnis als der bayerische Herrscher des Dreißigjährigen Krieges verblieben; die verbreiteten Gemälde zeigen ihn im Harnisch, und auch sein Reiterstandbild in München bildet ihn als gerüsteten Kriegsmann ab. Das ist auch nicht unpassend, denn er hatte drei Jahrzehnte lang Krieg zu führen, und er hatte auch sein eigenes Verhältnis zu Militär und Krieg; wenn ihm macchiavellistische Neigungen in der Literatur auch oft zu Unrecht unterstellt wurden, so war er doch schneller als seine Vorgänger der Überzeugung, dass ein Grund da sei, um zu den Waffen zu greifen. Das lag weniger an ihm selbst als an der Zeit, in der er lebte; der weitgehende Ausfall der Reichsorgane ließ schnell keine Alternative mehr zu.

Zu seiner hohen Begabung kam die sorgfältige Ausbildung, um die sich sein Vater bemüht hatte. Von Juristen und Jesuiten erzogen, besuchte er für vier Jahre die Universität zu Ingolstadt, das war nach dem damaligen Ausbildungsmuster lang genug, um einen akademischen Grad zu erwerben, wäre ein solcher einem Fürsten schicklich gewesen. Darauf konnte er auch verzichten, wichtiger war für ihn, dass er es in seiner akademischen Bildung mit einem Doktor aufnehmen konnte. Er war weit über den Durchschnitt seiner Zeit des Lateinischen mächtig, sprach fließend Französisch und Italienisch und konnte Spanisch wenigstens lesen und verstehen, wenn auch nicht gut sprechen. Der Vater nahm es in Kauf, dass ihm der Sohn während dieser Ausbildung bald über den Kopf wuchs; er wusste sich seiner zwar zu bedienen, auch in der schwierigsten Phase seit

1594, doch er musste auch sehen, wie der Sohn seine innere Unabhängigkeit von der väterlichen Autorität immer mehr an den Tag legte, wobei es der Prinz nie zu einer offenen Konfrontation kommen ließ, das verbot ihm sein strenger Sittenkodex ebenso wie seine politische Klugheit, doch im Inhalt wusste er die Differenzen sehr wohl zum Ausdruck zu bringen, und ein unbequemer Mahner war er dem Vater allemal.

Die erste Sorge des neuen Herzogs musste es sein, die Finanzen des Staates in Ordnung zu bringen. Der absolute Vorrang geordneter finanzieller Verhältnisse war ihm im vollen Umfang bewusst; von diesen allein hingen sowohl die politischen Spielräume des Herzogtums nach außen hin ab, wie er noch als Mitregent in einem Schreiben an seinen Vater eindringlich dargelegt hatte, wie auch die Unabhängigkeit des Fürsten von den Landständen. Bei allen Unterschieden zu Vater, Großvater und Urgroßvater war er von demselben dynastischen Bewusstsein erfüllt wie diese, und räumte der historischen Aufgabe Bayerns, die Vormacht der katholischen Erneuerung zu sein, dieselbe Bedeutung ein; dass beides aber nur auf der Grundlage eines finanziell gesunden und organisatorisch starken Herzogtums möglich war, sah er jedoch klarer als diese. Seine Finanzpolitik hatte drei Grundlinien; eine war die Steigerung der regelmäßigen Einnahmen, die ohne die Gefahr politischer Forderungen derer, die die finanzielle Leistungskraft des Herzogtums verwalteten, zu erzielen waren. Er konnte ohne diese Ressourcen freilich so wenig auskommen wie jeder andere Fürst seiner Zeit, doch hat er andere Wege beschritten, um sie nutzen zu können. Zum anderen versuchte er, die Effizienz der fürstlichen Administration zu steigern; zwar verminderte er ihren Umfang nicht, sondern baute sie sogar noch weiter aus, jedoch mit dem erklärten Ziel, ein für den Staatshaushalt effizienteres System durchzusetzen. Und zum dritten galt es, die Ausgaben in ein positives Verhältnis zu den regelmäßigen Einnahmen zu setzen, das heißt nach strengen Maßstäben einen Etat mit einzelnen Titeln zu erstellen, wo vorher immer nur nach dem sich im Moment gerade ergebenden Bedarf aus dem Vollen geschöpft worden war, und sämtliche Kreditaufnahmen, Zinsendienste und Tilgungen als feste Größen in den Haushalt einzukalkulieren, die so niedrig wie nur möglich gehalten werden sollten. Der kaufmännische Grundsatz, dass das eigene Geld das billigste ist, war eine seiner grundlegenden Maximen. Wie sich zeigen sollte, war auch unter diesen strengen Voraussetzungen alles möglich, was die Politik und die einem Fürsten seines Ranges gemäße Hofhaltung erforderten; selbst annähernd 30 Jahre Krieg, dem bereits andere militärische Unternehmungen vorangegangen waren, brachten ihn nicht in die fiskalischen Schwierigkeiten, die für seinen Vater und Großvater der Alltag gewesen waren. Dabei konnte er immer noch fürstliche Bauten errichten, wertvolle Kunstwerke erwerben und die besten Künstler Europas für sich arbeiten lassen. Das an sich einfache Rezept bestand darin, derlei nicht nach Lust und Laune zu üben, sondern nach der Maßgabe der finanziellen Möglichkeiten.

Dass er bei der Umsetzung dieses Regierungsprogramms, vor allem was die Steigerung der regelmäßigen Einnahmen angeht, nicht kleinlich in der Wahl seiner Mittel war, rechtfertigt sich aus der Schuldenlast; sie belief sich auf 1,8 Millionen Gulden, und von der Landschaft war keine weitere Schuldenübernahme mehr zu erwarten. Ernüchternd war auch der Blick in die Hofkasse, in der sich bei einem monatlichen Bedarf von rund dreißigtausend Gulden noch deren zwölfhundert befanden. An eine Schuldentilgung war unter diesen Umständen nicht zu denken, doch wirkte es auf die Landstände überzeugend, dass seit der Regierungsübernahme Maximilians wenigstens die laufende Bilanz ausgeglichen war und sich die Verschuldung nicht weiter erhöht hatte; damit konnte er sie auf dem Landtag des Jahres 1605 doch noch dazu bewegen, die Restschulden zu übernehmen, und das Versprechen, die Stände nicht wieder mit derartig überhöhten Schulden zu behelligen, hat er tatsächlich gehalten. Allerdings hatten die Stände die Aussicht, nicht wieder mit Schulden in Millionenhöhe konfrontiert zu werden, auch zu honorieren; so zwang sie der Herzog – unter der Drohung, sie sonst als seine Lehensleute für das Heer aufzubieten – zwei Drittel der Kosten für ein stehendes Heer, das ein Novum in der bayerischen Geschichte darstellte, zu übernehmen, und diese machten immerhin eine halbe Million Gulden aus. Er erlangte ferner die Erhöhung der Kammergutsaufbesserung um 50 000 Gulden und die Genehmigung einer Erhöhung verschiedener Aufschläge, Verbrauchssteuern, die vor allem auf Salz und das Weißbier erhoben wurden. Das Druckmittel, mit dem er diese Genehmigungen durchsetzte, verursachte gehörigen Schrecken, verkündete der Herzog doch, er werde andernfalls überprüfen lassen, ob die Gerichtsrechte, die die Stände ausübten, auch rechtens in ihren Händen und die Grundleiherechte und Abgaben der landständischen Untertanen korrekt wären. Es kam ihm bei alledem sehr zustatten, dass sich die Landtagsmüdigkeit, die sich schon in den letzten Jahren Albrechts V. angekündigt hatte, weiter fortsetzte; schon 1605 waren nur mehr etwas mehr als die Hälfte der Stände überhaupt erschienen. Den meisten war die Teilnahme an den Landtagen zu teuer und beschwerlich, so dass Maximilian meist mit dem Landesausschuss verhandelte und darüber hinaus diesem das Recht einräumen ließ, in offenbarer Not, wenn kein Landtag gehalten werden konnte, dem Herzog mit Mitteln der Landschaft auszuhelfen; für solche Fälle wurde auch eine Zwangsanleihe an die Landschaftskasse ermöglicht.

Mit diesen Maßnahmen gelang es Maximilian innerhalb weniger Jahre die regelmäßigen Einnahmen des Herzogtums auf das Drei-, und später sogar Vierfache zu erhöhen. Er konnte mit sicheren Einnahmen von über einer Million Gulden im Jahr rechnen, und zugleich schaffte er es, die Ausgaben konsequent unter dieser Summe zu halten; der Überschuss wurde thesauriert, und er konnte selbst in schwierigsten Zeiten immer noch auf Reserven zurückgreifen, selbst am Ende des Dreißigjährigen Krieges waren noch eineinhalb Millionen Gulden in der Kasse, obwohl das bayerische Heer über die ganze Zeit einigermaßen regelmäßig Sold erhalten hatte. Er erreichte dies in erster Linie damit, dass er alle dunklen Kanäle, deren es in der Verwaltung mehr als genug gegeben hatte, verstopfte. Das wirksamste Mittel dafür war eine bessere Bezahlung der Beamten; Richter und Pfleger durften neben ihrem Amt keine Privatgeschäfte mehr betreiben – was soweit ging, dass keiner mehr in einem Landgericht ein Amt ausüben durfte, in dem er Besitzungen hatte – und erhielten an den verhängten Geldbußen keine Beteiligung mehr. Als Ausgleich wurde nicht nur das Gehalt erhöht und pünktlich bezahlt, sondern auch eine Pension – unter der bezeichnenden Titel *Gnadengeld* – für die aus Alters- oder Krankheitsgründen ausscheidenden und ihre Hinterbliebenen eingeführt. Er nahm Umschichtungen in der Verwaltung vor; die Hofkammer als oberste Finanzbehörde wurde zu Lasten anderer, für den Staat weniger wichtiger Einrichtungen ausgebaut, insbesondere das Hofmeisteramt musste einige Streichungen hinnehmen. Vor allem der geheime Rat, der in außenpolitischen Fragen das eigentliche Regierungsorgan war, wurde aufgewertet, womit er den Hofrat auf die Funktion des Hofgerichts und der obersten Polizeibehörde zurückdrängte. In der Auswahl seiner geheimen Räte war er – im Gegensatz zum Hofrat, wo er einen Adelsvorbehalt beachten musste – völlig frei, hier ging auf allen Positionen Eignung vor ständische Qualifikation, und er setzte sich folglich zum größten Teil aus bürgerlichen Akademikern zusammen; natürlich konnte auch ein Adeliger zum geheimen Rat ernannt werden, vorausgesetzt er war, wie es der Herzog nannte, *in den Rechts- und Staatssachen wohl studirt*, aber das war in dieser Zeit im Adel noch immer eher die Ausnahme.

Die Hofkammer erhielt eine völlig neue Verfassung; neun ihrer sechzehn Mitglieder waren Fachreferenten, das heißt, sie waren allein für einen bestimmten Bereich der Einnahmen oder Ausgaben zuständig. Die Kontrolle übernahm der Herzog selbst; Maximilian prüfte jede Rechnung, ließ keine Unregelmäßigkeit durchgehen, und wies seiner Meinung nach unkorrekte Ansätze zurück. Der Etat, die Einnahmen-Ausgaben-Rechnung, lag in seinem Arbeitszimmer immer in Griffweite, und er allein nahm in diesen Einsicht. Die Regierung in München war die allein maßgebliche Zentralbehörde. Kein Pfleger oder Landrichter, nicht einmal mehr der Rentmeister konnte seine untergeordneten Beamtenstellen selbst besetzen, die Anstellung erfolgte immer durch die Zentralregierung, wodurch auch die Zahl der Stellen wirksam kontrolliert werden konnte. Selbst in der Armee ließ er das übliche System nicht zu, dass höhere Offiziere nachgeordnete Chargen verkauften, sogar die Hauptleute ernannte er selbst; der Oberbefehlshaber hatte nie einen höheren Rang als den eines Generalleutnants.

Von seinen Räten erwartete der Herzog vorbehaltslosen Einsatz. Der gegen sich selbst unerbittlich strenge Arbeiter, der am frühen Morgen wie am späten Abend an seinem Schreibtisch zu finden war, empfand es als äußerst ärgerlich, in seinem Arbeitsgeist durch unpünktliche Vorlagen des Hofrats oder geheimen Rates behindert zu werden, und die Fristen setzte er selbst. Die Ergebnisse der Beratungen wurden schriftlich vorgelegt, wie auch die Antwort schriftlich erfolgte, und wenn er mit dem Fortgang nicht zufrieden war, konnten die Räte in der nächsten Sitzung zuweilen grimmige Kommentare aus der Feder ihres Dienstherrn lesen wie: *Was tun die Herren denn eigentlich auf der Ratsstuben? Äpfel braten?*

Parallel zu diesen Finanz- und Behördenreformen nahm Maximilian ein Programm in Angriff, das dem Herzogtum in allen Bereichen moderne Grundlagen geben sollte. So bestand zwischen Ober- und Niederbayern auch hundert Jahre nach der Wiedervereinigung noch immer nicht die Einheit des Rechts; Albrecht IV. hatte zwar geplant, dem vereinten Land auch das einheitliche Recht zu geben, war aber gestorben, noch ehe er dies umsetzen konnte, und unter seinen Nachfolgern war das Projekt nicht wieder aufgegriffen worden. Erst Maximilian schuf für das Herzogtum ein einheitliches Recht; seine strengen Ordnungs- und Moralvorstellungen waren die Grundlage des öffentlichen Lebens, selbst auf Ehebruch oder Fluchen und Gotteslästern standen harte Strafen. Es passt in das Gesamtbild des sparsamen Fürsten, dass ihm Kerkerstrafen zuwider waren, da der Unterhalt der Gefängnisse zu viel kostete; so griff man in den

Fällen, in denen man nicht mit dem Schwert oder Galgen zur Hand sein konnte, lieber zum probaten Mittel der Verschickung auf die Galeeren der Seemächte. In der Kirchenpolitik setzte Maximilian das Werk seines Vaters konsequent fort; es wurden weitere Jesuitenkollegien gegründet, und in den Kapuzinern wurde den Jesuiten ein Orden an die Seite gestellt, der seine Aufgabe in der Volkspredigt suchte. Das unter Wilhelm V. bereits entwickelte prachtvolle Bild des neuen katholischen Glaubenslebens wurde weiter ausgebaut; offizielle Staatswallfahrten und Bußtage, vor allem die öffentliche Religiosität des Hofes und der Regierung – Hof- und Regierungsbeamte waren zum täglichen Besuch der Heiligen Messe verpflichtet – sollten Vorbild und Anleitung für die Untertanen sein. Unter Maximilian kam dabei zusätzlich ein speziell marianischer Zug in die Staatsreligion, aus dem die Rolle der heiligen Maria als Patrona Bavariae erwuchs; die Armee hatte das Bild der Muttergottes auf ihren Fahnen, und nach dem Sieg über die Schweden 1634 wurde in München die Mariensäule aufgerichtet. Maximilian selbst war im Glauben streng, allerdings hielt er sich von dem Extrem, das sein Vater darstellte, wieder etwas ferner, und auch seine Mildtätigkeit hielt sich in den Grenzen dessen, was er nach seinem Etat dafür vorgesehen hatte.

Maximilian war der erste Herzog, der in Bayern ein stehendes Heer einführte – auch im Frieden 20 000 Mann stark, davon ein Drittel Kavallerie – und verfügte als einer der ersten Fürsten überhaupt über dieses Machtinstrument. Diese im Stil der Zeit aus aller Herren Länder zusammengeworbene Truppe, in der sich nicht einmal unter den höheren Offizieren im nennenswerten Umfang Landeskinder befanden, war jedoch nur der eine Teil seiner Militärpolitik. Das stehende Heer war die schnell verfügbare Truppe, die im ganzen Reich eingesetzt werden konnte. Die eigentliche Verteidigung hatte er aber der so genannten Landesdefension zugewiesen, die es schon seit dem späten Mittelalter gab und sich das letzte Mal im Bauernkrieg bewährt hatte, eine Bürger- und Bauernmiliz, die in Landfahnen organisiert war und ihre Einsatzbereitschaft durch ständige Übungen erhalten sollte. Damit stand es in einem Land, in dem seit fünfzig Jahren kein feindlicher Soldat mehr gesehen worden war, nicht eben gut. Maximilian führte strengere Regeln ein, was so weit ging, dass die Erteilung einer Heiratserlaubnis oder des Bürgerrechts in einer Stadt davon abhing, ob der Kandidat gut genug schießen konnte, und ließ moderne Waffen anschaffen. Allerdings überschätzte er den militärischen Wert dieser Miliz doch stark, wie sich während der schwedischen Besatzungszeit wiederholt zeigen sollte.

Eine besondere Rolle spielte für Maximilian die Kulturpolitik, und von einer solchen kann man gerade bei ihm sprechen. Er hat trotz einiger Beschränkung in der Hofhaltung an der Kultur insgesamt keineswegs gespart, im Gegenteil, gerade bei seinen Vorstellungen von fürstlicher Herrschaft und seinem hohen Ethos von der Aufgabe des Fürsten musste er auf Wissenschaft und Kunst gesteigerten Wert legen. Er setzte diese Anliegen freilich weit gezielter um als sein Vater oder Großvater es getan hatten; sein eigenes Ergötzen und die Kurzweil waren bei seinem Bemühen die sekundären Momente. So sammelte er berühmte Kunstwerke nicht weniger ausgewählt wie er neue in Auftrag gab; er legte nicht nur aus persönlicher Neigung zu dem großen Künstler, sondern aus historischem Bedacht den Grundstock zur Sammlung von Gemälden Albrecht Dürers ebenso wie er die berühmten Gemälde von Rubens kaufte, die heute im Besitz des Freistaats sind. Die Kunst stand im Dienste nicht nur des Hofes, sondern des Staates; nicht nur erbauen und erfreuen sollte sie, sondern erziehen. So steht der Bau der Residenz, das einzige größere Gebäude, das er in seiner Regierungszeit in Auftrag gab und zu seiner Zeit der größte Residenzbau im Reich, ganz im Zeichen der fürstlichen Repräsentation, und mit der programmatisch angelegten Fassade an der heutigen Residenzstraße vor allem dem Volk gegenüber. Im Inneren unterliegt der Bau dem fürstlichen Selbstbewusstsein und der staatlichen Repräsentation; die Kaisertreppe mit den Statuen seiner kaiserlichen Vorfahren, und daneben interessanterweise auch der des ersten wittelsbachischen Herzogs von Bayern, gibt beredtes Zeugnis von Aufgabe und Ziel fürstlicher Bautätigkeit.

Die erzieherische Funktion dehnte Maximilian über die Kunst hinweg in den Bereich der Wissenschaft aus. Aus seiner Sicht war vor allem die Historiographie, die von der Staatsphilosophie kaum zu trennen war, ein hervorragendes Erziehungsmittel, nicht für das Volk, wohl aber für Hofbeamte und für die Geistlichkeit, von denen er Lese- und Verständnisfähigkeit im notwendigen Umfang erwarten konnte. Die Erstellung der entsprechenden Literatur übernahm in der Tat der Staat, womit Maximilian die Bemühungen seiner Vorfahren – auch Aventinus hatte seine Bayerische Chronik im herzoglichen Auftrag verfasst – wieder aufgriff. Er zog systematisch Historiographen und politische Theoretiker an den Hof, die Autoren waren fest an diesem angestellt, wenn auch nicht in der Funktion, die sie in der Praxis hatten; zwei von ihnen, der Staatsphilosoph Johann Adam Contzen und der Historiker Vervaux, beide Jesuiten, rangierten als Beichtväter des Herzogs, und Christoph Gewold, der die historisch-politische Kontroverse mit dem pfälzischen Rat Marquard Freher um das Anrecht Bayerns auf die pfälzische Kur ausfocht, war Archivar am Hof. Aber auch seine Räte arbeiteten zum Teil als politische oder historische Schriftsteller, Jocher etwa, promovierter Jurist, war ebenfalls mit der Begründung des Anspruchs auf die Kurwürde befasst. Sie alle übernahmen daneben auch politische Aufgaben; Vervaux war mehrmals als Gesandter bei politischen Verhandlungen während des Dreißigjährigen Krieges tätig, und Contzen ist der geistige Vater des Fassadenprogramms der Residenz. Natürlich handelt es sich bei der historiographischen Tätigkeit am Hof in München nicht um die moderne kritische Forschung, sondern um eine zweckgebundene schriftstellerische Tätigkeit, die zwar der historischen Realität verpflichtet war, daneben aber auch bestimmte Aspekte in den Mittelpunkt zu rücken hatte. Maximilian war es vorrangig um zwei Dinge zu tun: Zum einen um das Ansehen seines Hauses in allen Gliedern, vor allem wenn es um den von ihm verehrten Ludwig den Bayern ging, für dessen Rehabilitierung er sich vergeblich in Rom eingesetzt hatte, und für den er bei Hans Krumper das prachtvolle Grabmal in der Münchner Frauenkirche in Auftrag gegeben hatte; der historische Vorrang des Hauses Wittelsbach vor den Habsburgern war eine seiner am heftigsten vertretenen Tendenzen. Sein zweites Anliegen war der Nachweis der Superiorität der bayerischen Linie seines Hauses vor der pfälzischen und die Unrechtmäßigkeit der Ausübung der Kurwürde durch diese. Es ging ihm hierbei um nichts anderes als um die geistige Verankerung seiner Politik in den Köpfen derer, die sie auszuführen hatten.

Der Beginn der Konfrontation
Innerhalb eines knappen Jahrzehnts hatte der Herzog die finanziellen und administrativen Verhältnisse so weit geordnet, dass Bayern die Rolle, die es seiner Auffassung nach im Reich spielen sollte und musste, übernehmen konnte. Auch hierin steuerte er nicht eigentlich einen neuen Kurs; die Führung des katholischen Lagers, zu der der Kaiser nicht in der Lage war, hatte auch Wilhelm V. mit Erfolg an sich gebracht. Dass die Mittel, mit denen Maximilian seine Ziele zu verfolgen suchte, andere waren wie sie der Vater in den meisten Fällen eingesetzt hatte – wobei auch dieser bereits einmal Truppen marschieren ließ wie in der Kölner Affäre – lag nicht daran, dass er eine andere Einstellung zur Sache hatte, sondern an der sich immer mehr zuspitzenden Situation zwischen den Konfessionen im Reich. Die Eskalation, die im Kölner Bistumsstreit durch die Zurückhaltung der protestantischen Führung noch einmal vermieden worden

war, erfolgte schließlich auf dem Reichstag des Jahres 1608; die Exekution der Reichsacht gegen die Stadt Donauwörth durch ein bayerisches Heer, die lange als der Anstoß für die konfessionelle Polarisierung gesehen wurde, spielte dabei nur eine marginale Rolle. Zwar protestierten die süddeutschen evangelischen Fürsten gegen diese, doch griff die Mehrheit ihrer Glaubensgenossen dies nicht auf. Der eigentliche Anlass für das Bündnis der protestantischen Stände, das 1608 zu Ahausen zunächst auf zehn Jahre geschlossen wurde, war eine Vorlage katholischer Fürsten auf dem Reichstag gewesen, die die Herausgabe des nach dem Religionsfrieden säkularisierten Kirchengutes forderte. Die sich unter dem Namen Union zusammenballende Macht konnte aus katholischer Sicht als bedrohlich erscheinen, denn mit der Ausnahme Sachsens hatten sich nach und nach sämtliche ernst zu nehmenden protestantischen Reichsstände in ihr zusammengeschlossen.

Die katholische Seite musste darauf reagieren. Unter dem Eindruck der Gründung der Union waren auch die bisher noch zögernden geistlichen Fürsten bereit, sich einem katholischen Bündnis unter Führung des Herzogs von Bayern anzuschließen, das dieser schon seit 1605 angestrebt hatte, damit aber am Desinteresse des Kaisers und auch der geistlichen Fürsten gescheitert war. Zu den treibenden Kräften gehörte der Onkel Maximilians, Erzbischof Ferdinand von Köln, der Mainz und Trier dafür gewann. Zu einem umfassenden katholischen Bund gedieh das 1609 unter dem Namen Liga schließlich geschlossene Bündnis dennoch nicht; von den geistlichen Fürsten hielt sich Salzburg fern, da es im Streit mit Bayern um die Salzausfuhr lag und daher nichts von einem Bündnis unter bayerischer Führung wissen wollte, und Maximilian verhinderte wiederum die Fühlungnahme mit den Habsburgern, da er Verwicklungen der Liga in die europäische Politik unter allen Umständen vermeiden wollte. Die Dauer des Bündnisses war auf neun Jahre festgelegt, damit war die Liga absichtlich zum Komplementärbund zur Union gestempelt und sollte wie diese ein Defensivbündnis sein, was allerdings im Konfliktfall eine reine Auslegungsfrage war. Damit standen sich aber zwei konfessionelle Blöcke gegenüber, in einem Reich, das praktisch nicht mehr handlungsfähig war. Der geringste Anlass konnte den Konflikt nach sich ziehen, der den angesammelten Zündstoff in Brand setzte und alles, was an diesen Bündnissen ringsum hing, mit sich reißen konnte. Und es gab den ersten Anlass bereits im Jahr der Gründung der Liga; dieser war der kinderlose Tod des Herzogs von Jülich-Kleve.

Tatsächlich hätte der finale Kampf der Konfessionen in Deutschland schon jetzt beginnen können. Wie im Kölner Streit ging es auch beim Erbe des letzten Herzogs von Jülich-Kleve um strategische Positionen am Niederrhein; Spanien wünschte sich um ihretwillen einen katholischen und pro-habsburgischen Fürsten, die Holländer aus den nämlichen Gründen genau das Gegenteil, Frankreich wünschte sich in jedem Fall einen Feind Habsburgs, und der Papst wie der Kaiser wollten wieder einen katholischen Fürsten. Allerdings gab es für das Herzogtum Kleve keinen katholischen Erben; in Frage kamen als Nachfolger auf Grund älterer genealogischer Verbindungen Kursachsen, was infolge der traditionell neutralen Stellung Sachsens dem Kaiser noch am ehesten passte, ferner der Pfalzgraf von Pfalz-Neuburg, der mit einer Schwester, und der Kurfürst von Brandenburg, der mit einer Nichte des verstorbenen Herzogs verheiratet war. Ehe der Kaiser etwas unternommen hatte, hatten der Pfalzgraf und der Kurfürst von Brandenburg gehandelt und das Herzogtum besetzt; im Vertrag von Dortmund einigten sie sich auf die gemeinsame Regierung des Landes. Da beide Protestanten waren, ergab dies noch keine allzu prekäre Situation; dass sie sich doch zu einer solchen auswuchs, entsprang einem Fehler des Kaisers, der auf das Drängen des Papstes den Dortmunder Vertrag für nichtig erklärte, die beiden zur Räumung Kleves aufforderte und den Bischof von Passau und Straßburg – einen Habsburger – bis zu einer Entscheidung zum Administrator ernannte. Von Seiten der Liga gab es bereits ein Versprechen, ihn zu unterstützen; Maximilian, der genau das kommen sah, was dann eintrat, hatte vor dieser Zusage zwar gewarnt, war aber überstimmt worden. Er irrte sich nicht; König Heinrich IV. von Frankreich sah endlich die Chance zu einem Angriff auf den Frankreich umgebenden habsburgischen Ring und versprach den Protestanten militärische Hilfe durch ein Heer, das er unverzüglich aufstellte. Der bereits unmittelbar bevorstehende Angriff hätte unweigerlich Spanien mit in den Krieg gerissen, es hätte die Union marschieren müssen und infolgedessen dann die Liga keine andere Wahl gehabt, als den Angriff abzuwehren. Ein Ereignis, das mit der Sache gar nichts zu tun hatte, stellte die Weichen noch einmal um: Heinrich IV., schon im Begriff zu seinen marschbereiten Truppen abzureisen, wurde durch einen katholischen Fanatiker ermordet. Die Union war ohne diesen Verbündeten zu schwach, so dass es Maximilian, der sich der kaiserlichen Aufforderung, mit dem Heer der Liga zur Unterstützung des Administrators in das Herzogtum Jülich-Berg einzumarschieren, mit dem kühlen Hinweis entzog, dass für die als Defensivallianz angelegte

Liga der Bündnisfall nicht bestehe, ein Leichtes war, die Union zum Vergleich zu bewegen.

Kurze Zeit darauf geschah noch etwas Unerwartetes, was vor allem die Protestanten erschütterte; Pfalzgraf Wolfgang Wilhelm von Neuburg trat zum katholischen Glauben über (s. u. S. 336). Er sicherte sich in den inzwischen ausgebrochenen Streitigkeiten in der gemeinsamen Regierung die moralische Unterstützung der Liga, vor allem aber gewann er den Kaiser, der nun von seinem Favoriten Kursachsen Abstand nahm. Trotz der damit gegebenen konfessionellen Konfrontation drohte aber nicht wieder der bewaffnete Konflikt; die Union hatte schon nach dem Tod Heinrichs IV. deutlich gemacht, dass sie ohne die Hilfe einer auswärtigen Macht keine militärische Entscheidung suchen würde, und eine solche war weit und breit nicht zu sehen. Die Liga, die inzwischen von Maximilian straffer denn je geführt wurde, hielt ebenfalls still, um eine Einmischung Spaniens gar nicht erst zu ermöglichen. Die Entscheidung fiel schließlich am Verhandlungstisch; sie lief auf eine Teilung des Herzogtums hinaus. Brandenburg erhielt Kleve, Mark und Ravensberg, und Pfalzgraf Wolfgang Wilhelm Jülich und Berg mit der Hauptstadt Düsseldorf. Noch einmal war es gelungen, den Krieg zu vermeiden, wobei der Besonnenheit Maximilians der Zufall in der Gestalt dieses Fanatikers zu Hilfe gekommen war, der Heinrich IV. in Paris erstochen hatte.

Die endgültige Wendung zum Krieg stand noch immer aus, aber sie bahnte sich bereits an. Denn eben jetzt schien die Stunde gekommen, den großen Schlag gegen Habsburg zu führen. Zwar hatte das Haus Habsburg noch viele männliche Nachkommen, aber Kaiser Matthias selbst war kinderlos. Die Kandidatur eines Neffen hatte jedoch nie das Gewicht wie die eines Kaisersohnes, mit einem entsprechend starken Gegenkandidaten wäre vielleicht ein Ende der habsburgischen Kontinuität zu erreichen gewesen. Schon 1603 hatte es solche Pläne gegeben, allerdings zu diesem Zeitpunkt noch nicht durch die protestantischen Mächte allein, sondern in einer Kooperation aller Kurfürsten, die durch die Wahl des Königs im Reich ein Gegengewicht zum Kaisertum der Habsburger aufbauen wollten. Der ins Auge gefasste Kandidat war schon 1603 Maximilian I. gewesen, der sich auch zunächst, auf den Rat seines Vaters hin, um eine Kandidatur bemühte. Er wandte sich von dieser Idee aber schnell wieder ab, nachdem ihm sein Onkel, der Erzbischof von Köln, unter Darlegung der Kräfteverhältnisse von diesem Abenteuer abgeraten hatte. Die Grundvoraussetzungen waren und blieben stets dieselben: Um ein König- und Kaisertum zu tragen, war das Herzogtum

Bayern zu klein, zumal es sich unweigerlich der Feindschaft Habsburgs ausgesetzt gesehen hätte.

Inzwischen hatte sich die Sachlage erneut verändert. Seit 1610 war das katholische Lager, bedingt durch Streitigkeiten im Kaiserhaus, immer weiter zurückgewichen. Matthias, dem Bruder des Kaisers, war es durch Zugeständnisse gegenüber den protestantischen Ständen Ober- und Niederösterreichs gelungen, den nur noch dahindämmernden Kaiser Rudolf II. aus Österreich und Ungarn zu verdrängen. Als Rudolf II. 1612 verstarb, folgte ihm Matthias, wenn auch nur unter größeren Problemen, nach; mit ihm kam auch eine Politik, die sich für das katholische Lager schon bald als verderblich erweisen sollte. Leiter der kaiserlichen Politik war Kardinal Klesl, der Bischof von Wien, der im Gegensatz zu den anderen Bischöfen des Reichs kein Reichsfürst war und daher auch nur die kaiserliche Politik im Auge hatte. Klesl hatte bereits das Nachgeben Matthias' gegen die Stände Österreichs und auch Böhmens zu verantworten, in der er dem Erfolg seines Herrn den klaren Vorzug vor den konfessionellen Anliegen der katholischen Partei gegeben hatte; auf demselben Weg versuchte er nun, die kaiserliche Macht zu steigern, um den Kaiser wieder in das Zentrum des Reiches zu rücken.

Sein größtes Problem war dabei die Liga. Er wollte diesen katholischen Defensivbund in ein überkonfessionelles politisches Machtinstrument des Kaisers umwandeln, und dazu musste er Maximilian als Bundesobristen ausschalten, was ihm nur durch die Verschärfung des Zwiespalts zwischen ihm und dem Kurfürsten von Mainz gelingen konnte. Dieser hatte sich der Gründung der Liga seinerzeit lange widersetzt, da er ebenfalls eine Ausgleichspolitik bevorzugt hätte, und war nur unter dem Eindruck der unmittelbaren Bedrohung durch die Union zu gewinnen gewesen; außerdem hatte man ihm die Stellung des zweiten Bundesobristen neben Maximilian einräumen müssen. Mit Hilfe des Kurfürsten von Mainz gelang es Klesl 1613, die Liga zu bewegen, ein drittes Obristenamt einzuführen, das Erzherzog Maximilian von Tirol und Vorderösterreich erhalten sollte, die selbst nicht einmal Mitglieder der Liga waren und dieser auch nie beitraten; ferner sollte der Liga ermöglicht werden, protestantische Stände aufzunehmen, wobei natürlich in erster Linie an Sachsen gedacht war. Maximilian hatte sich bis zuletzt dem Eingreifen Klesls verwehrt, und schließlich, nach jahrelangen Querelen, trat 1616 Bayern aus der Liga aus. Weitere Austritte folgten, die Liga war gesprengt. An ihre Stelle war aber nicht das angestrebte überkonfessionelle politische Bündnis getreten, sondern gar keines mehr. 1617 verbot Kaiser Matthias, der darin eine Chance zu sehen vermeinte, die Entscheidungsgewalt im Reich wieder allein in die Hände bekommen zu können, alle Bündnisse. Wenn er und Klesl freilich geglaubt hatten, sie könnten damit die so genannte Kompilation, wie eines der Schlagworte Klesls lautete, erreichen, also einen Ausgleich der konfessionellen Interessen, so sahen sie sich bald getäuscht; zum einen dachte die Union nicht daran, jetzt dem Beispiel der Liga zu folgen, vielmehr bekräftigten die Mitglieder ihren Bund erneut, und zum anderen wertete man die Sprengung der Liga als das, was sie letztlich war, nämlich als Zeichen der neuerlichen Schwäche Habsburgs. Zugeständnisse aus Schwäche reizen einen aggressiven Gegner nur zu einem weiteren Schritt; das ist zwar eine alte Weisheit, aber Klesl schien sie nicht zu kennen.

Die Führung der Protestanten war mit der Gründung der Union von Sachsen auf die Kurpfalz übergegangen, wo Kurfürst Friedrich V. regierte; die Leitung seiner Politik hatte Christian von Anhalt. Dieser versuchte, Maximilian auf die Seite der Union zu ziehen; man erwäge, so ließ er verlauten, den Ausbau der Union zu einem ihrerseits überkonfessionellen Bund, aber nicht zur Stärkung der Macht des Kaisers, wie dies Klesl mit der Liga versucht hatte, sondern als ein Gegenbündnis, und dessen Wohl und Wehe hinge von einem starken Kandidaten gegen den des Hauses Habsburg ab, wenn Kaiser Matthias verstürbe; dies könne nach gegebenen Verhältnissen aber allein der Herzog von Bayern sein. Maximilian war zu misstrauisch; er wusste, dass sich an den Gegebenheiten des Jahres 1603 nichts geändert hatte, abgesehen davon, dass er wohl das staatsmännische Geschick seines pfälzischen Verwandten richtig einschätzte und sich nichts weniger wünschen konnte als eine politische Allianz mit diesem. So lehnte er ab, freilich nicht ohne dabei auch seinen Vorteil zu suchen, indem er Erzherzog Ferdinand von der Steiermark, den einzigen, der nach Lage der Dinge für die Nachfolge Kaiser Matthias' in Frage kam, und der seine Kandidatur ebenfalls seit einiger Zeit vorbereitete, von der ihm eben angetragenen Kandidatur und von seinem Verzicht unterrichtete.

War dieser Vorstoß Friedrichs V. und Christians von Anhalt auch am Realitätssinn des bayerischen Herzogs gescheitert, so waren sie deswegen noch nicht zum Aufgeben bereit. In der Frage der Kaiserwahl war im Augenblick nichts zu unternehmen; die Kurfürsten waren gesonnen, Ferdinand zu wählen, zumal er zur allgemeinen Überraschung und trotz der lauthals verkündeten Absicht der böhmischen Opposition, sich der habsburgischen Herrschaft zu entledigen, 1617 schon zum König von Böhmen gewählt worden war; die protestantischen Stände Böhmens sahen zu dem Zeitpunkt noch keine Verbündeten, um dieses Vorhaben in die Tat umzusetzen. Damit war das alte und wieder zugunsten Habsburgs ausschlagende Kräfteverhältnis im Kurkolleg wieder gegeben, woran die pfälzische Kurstimme nichts ändern konnte. Ferdinand hatte sich bestens abgesichert; der Herzog von Bayern hatte sich den Wünschen seiner Gegner strikt verweigert, und er selbst hatte innerhalb seines Hauses für Einigkeit gesorgt, vor allem mit König Philipp III. von Spanien, Widerstand kam nur noch von Kardinal Klesl. Zwar kam eine Wahl vor dem Tod Matthias' nicht mehr zustande, und der starb erst 1619, als nach dem Prager Fenstersturz in Böhmen und Österreich das Unheil bereits hereingebrochen war, aber trotzdem ging die Wahl Ferdinands II. glatt über die Bühne; zu diesem Zeitpunkt war er jedoch bereits nicht mehr der König von Böhmen, jedenfalls nicht aus der böhmischen Sicht, seit Friedrich V. von der Pfalz dort König war, und ob er noch lange Herzog von Österreich sein würde, war ebenfalls nicht sicher.

Der große Krieg
Die in einem anderen Zusammenhang (s. u. S. 328–332) zu erläuternden Ereignisse der ersten neun Monate des Jahres 1619 legten in aller Deutlichkeit offen, welche Alternativen Maximilian I. für seine Reichspolitik hatte: Sie hießen alles oder nichts. Aus historischen Gründen stand er den Habsburgern trotz der inzwischen durch die Heiraten der letzten hundert Jahre gegebenen Verwandtschaft äußerst reserviert gegenüber; er erkannte mit sicherem Instinkt, dass das Zusammenleben lediglich infolge der inneren Schwäche Österreichs im letzten halben Jahrhundert erträglich gewesen war, sobald diese überwunden sein würde, musste der Gegensatz aber wieder aufbrechen und für Bayern bedrohlich werden. Doch so sehr man sich in München immer wieder gewünscht haben mochte, eines Tages Habsburg stürzen zu sehen, dieser Zeitpunkt war der schlechteste, um mit dem undankbaren Nachbarn abzurechnen. Es wäre tatsächlich nicht schwierig gewesen, der habsburgischen Macht im Süden und Osten des Herzogtums Bayern ein Ende zu setzen, im Grunde brauchte man ja nur abzuwarten; Böhmen war Habsburg verloren, Ungarn in größter Gefahr, Ober- und Niederösterreich im Aufstand und mit den Böhmen im Bunde. Schlechter als das Kaisertum Ferdinands II. hatte in der Geschichte des Reiches noch keines begonnen; selbst das Heer, das Gabor Bethlen und die Truppen der böhmischen Stände noch in Schach hielt, konnte er nur mit spanischem Geld bezahlen.

Das Problem war: es ging nicht um Habsburg allein. Weder das Reich noch die katholische Konfession waren länger als maßgebliche Größen zu halten, ohne Habsburg zu retten. Es gab in dieser Bindung an Glaube und Reich keine Alternative zu dieser Dynastie, weder ein protestantischer Kurfürst noch Maximilian selbst kamen als Kaiser in Frage, und keiner wäre in der Lage gewesen, das Reich zusammenzuhalten. Der Verlust der böhmischen Kur an das protestantische Lager konnte nicht hingenommen werden, er gefährdete die habsburgische Kontinuität im Kaisertum, und wenn diese für Maximilian auch kein ethischer Grundwert sein musste, so war ihm doch bewusst, dass ihre Unterbrechung das Ende des Reiches in seiner alten Form sein würde. Er hielt die Führung der Gegner Habsburgs, Friedrich V. und Christian von Anhalt, jedoch für töricht genug, diese dennoch herbeizuführen, und da er, Maximilian, sich bereits verweigert hatte, konnte nur noch ein Protestant als Kaiser in Frage kommen, was aber wiederum in schärfstem Gegensatz zur Reichskirche stehen musste, und ohne diese war das Reich, so wie es noch immer bestand, ebenso wenig zu halten. Eine Alternative für das Reich in der bestehenden Form war in keiner Weise auch nur denkbar. In einem Europa der sich eben rings um das Reich formierenden Staaten durfte es nicht geopfert werden, auch nicht für den Sturz Habsburgs. Dafür musste die Beteiligung Spaniens in Kauf genommen werden; so wenig Maximilian die Fesselung des habsburgischen Kaisers in den Interessen Spaniens politisch in das Konzept passte, im Augenblick stellte sie einen strategischen Vorteil dar, denn durch die spanischen Truppen war vor allem die Pfalz, die Reserve und das Stammland des böhmischen Königs bedroht. So war Spanien von Anfang an ein Teil des Kalküls, wenngleich Maximilian seine Rolle so klein wie möglich halten wollte, wie er überhaupt danach trachtete, Ferdinand II. möglichst von seiner Hilfe abhängig zu machen.

Als der Sommer 1619 vorüber war, hatte Maximilian wieder alles in der Hand. Ohne größere Mühe war es ihm gelungen, die Liga wieder zusammenzubringen, nun sogar unter der Beteiligung Salzburgs; die Keimzelle war ein geheimer Bund von oberdeutschen katholischen Ständen gewesen, den Maximilian nach der Auflösung der Liga unverzüglich ins Leben gerufen hatte. Die neue Liga beherrschte Maximilian souverän, nicht nur der noch stärker auf ihn zugeschnittenen Verfassung wegen, sondern auch durch seine überlegene Finanzkraft, aus der heraus er zu weit mehr als dem ihm zukommenden Teil das Bündnis finanzierte. Noch ehe er in eine vertragliche Bindung mit dem Kaiser eintrat, hatte er die strategische

Planung bereits fertig; er hatte ohne die Beteiligung des Kaisers ein Abkommen mit Spanien geschlossen, wonach dieses gleichzeitig mit einem Angriff der Liga auf Böhmen in die Pfalz einmarschieren sollte.

Seine Hilfe war jedoch teuer. Der Kaiser sollte die vollen Kriegskosten ersetzen und Bayern die von ihm rückeroberten habsburgischen Lande bis zu ihrer Begleichung als Pfand behalten – was in der Praxis wohl auf eine Annexion hinauslaufen würde, da noch kein Kaiser jemals in der Lage gewesen war, die dafür zu erwartenden Summen zu bezahlen. Was Maximilian dagegen nicht verlangte, war die Übertragung der pfälzischen Kurwürde; so unklug wäre er nie gewesen, auch wenn ihm die historisch ungerechtfertigte Führung der Kurstimme durch die Pfalz stets ein Dorn im Auge war. In der Tat kam das Angebot einer Übertragung der Kurwürde auf Maximilian aus Wien, und zuletzt stand wohl nicht einmal der Kaiser dabei im Hintergrund, sondern Spanien. In Verbindung damit stand die Überlassung der Territorien Friedrichs V., die Maximilian erobern würde; dabei war an die Pfalz gedacht, Spanien verfolgte hier ganz unmittelbar seine eigenen Interessen. Diese Abmachung erfolgte nur mündlich, und sie blieb vorerst geheim. Am 8. Oktober 1619 wurde in München dieser Vertrag zwischen der Liga und Kaiser Ferdinand II. abgeschlossen; die Weichen waren gestellt.

Wenn Friedrich V. und Christian von Anhalt geglaubt hatten, dass die in der Union zusammengeschlossenen Stände sich angesichts dieser bedrohlichen Entwicklung, die vorhersehbar gewesen wäre, eng um Böhmen scharen würden, um nun endlich der Sache des Glaubens gemeinsam zu dienen, sahen sie sich enttäuscht. Fast unmittelbar nach den ersten Fühlungnahmen zwischen München und Wien war vom Nürnberger Unionstag zu hören gewesen, dass der Bündnisfall gar nicht gegeben sei, da Böhmen nicht zum Reich gehöre; die Union werde nur dann eingreifen, wenn Friedrich direkt in der Pfalz angegriffen würde. Darüber hinaus geschah für dieses Jahr nichts mehr, denn der Winter stand vor der Tür, in dem niemand ein Heer im Feld stehen haben wollte. Die Diplomatie rastete freilich nicht; Maximilian musste, ehe er in Böhmen eingriff, unbedingt den Rücken frei bekommen. Dass die Union nicht das Hauptproblem darstellen würde, wusste er; schwieriger war es mit dem neutralen Sachsen, von man traditionell nie vorhersagen konnte, wo es sich hinwenden würde, doch hatte dieses einige territoriale Interessen für einen Beitritt zur Koalition gegen Friedrich V., nämlich die Belehnung mit der Lausitz. Mit der dahingehenden Zusage durch den Kaiser konnte der Kurfürst dazu bewogen werden, aktiv in den Kampf gegen Böhmen einzugreifen. Je bedrohlicher die Lage wurde, um so mehr sah sich Friedrich von allen Seiten verlassen. Der Union war alles, was nun nacheinander ablief wie der Aufmarsch der spanischen Truppen vor der linksrheinischen Pfalz, das Eintreffen spanischer Hilfskorps für das kaiserliche Heer, die Rüstungen der Liga, nur ein Anlass, sich gegen die Versicherung der Liga, dass sie die Union nicht angreifen werde, zu der Zusage zu bequemen, dass sie gegen die Liga innerhalb der Reichsgrenzen keine Waffengewalt anwenden würde. Böhmen blieb auf sich allein gestellt; was der neue König an Truppen hatte anwerben können, reichte kaum aus, um die Kaiserlichen in Schach zu halten, und mit der Armee der Liga, 30 000 Mann stark und in dem Grafen Tilly durch einen der besten Generäle Europas geführt, konnte es das böhmisch-pfälzische Heer nicht im Entferntesten aufnehmen.

Der Angriff auf Böhmen erfolgte in den letzten Herbstwochen des Jahres 1620; am 8. November kam es am Weißen Berg bei Prag zum Treffen, und in nicht ganz zwei Stunden rieb Tilly den Gegner auf. Das Königtum Friedrichs, der böhmische Aufstand und die Bedrängnis des Kaisers waren beendet. Es wären nach diesem Sieg eigentlich nur noch die Schulden, die Ferdinand II. bei Maximilian hatte, zu begleichen und eine entsprechende Strafe über Friedrich V., die nach der Fürsten Art und Stil einen symbolischen Charakter annehmen hätte können, zu verhängen gewesen, und dann hätte der Friede wieder einkehren können.

Dem stand aber eine ganze Reihe von Problemen entgegen. Sie begannen schon damit, dass Ferdinand II., erwartungsgemäß außerstande, die rund 12 Millionen Gulden Kriegskosten Maximilians zu bezahlen, Oberösterreich nicht auf unbestimmte Zeit an Bayern abtreten wollte. Aber die Sieger im böhmischen Krieg hätten sich vielleicht geeinigt, auch ohne den Gedanken des Kaisers, Oberösterreich gegen die Oberpfalz auszutauschen; diese gehörte aber zur Kurpfalz und musste erst noch durch Maximilian erobert werden. Zum anderen, und das ermöglichte das zuletzt genannte erst, war Friedrich V. nicht bereit, sich die Niederlage einzugestehen; er betrachtete sich unverändert als rechtmäßiger König, mit dem Argument, dass Böhmen nicht zum Reich gehöre und er sich daher nicht gegen die kaiserliche Majestät erhoben habe, sondern nur gegen einen Erzherzog. Er hätte mit einem Einlenken mehr erreichen können; die Reichsacht wäre bei den Fürsten, die ihresgleichen auch im Falle noch viel drastischerer Rechtsbrüche nur im äußersten Notfall im Stich ließen, auf mehr Widerstand gestoßen, als sie angesichts der Haltung Friedrichs aufbringen konnten. Das Versprechen des Kaisers, Bayern die Kurwürde der Pfalz zu übertragen, an das man sich auch in Madrid, wo man es ins Spiel gebracht hatte, inzwischen nicht mehr so gern erinnerte, wäre gegenüber einem konzilianteren Friedrich, der sich wie verlangt vor dem Kaiser unterworfen und vor ihm Abbitte geleistet hätte, sehr viel schwieriger einzuhalten gewesen.

Die Acht und Aberacht wurde, formal korrekt, im Januar 1621 über den Kurfürsten ausgesprochen. Sie hatte politisch eine beachtliche Wirkung, da sich die Union, seiner ohnehin nur theoretischen Führung beraubt, darauf auflöste. Friedrich setzte seinen Kampf alleine fort; mit dem Heer Mansfelds, das er in seine Dienste nahm, stand ihm ein erfahrener Söldnerführer zur Seite, und mit dem Administrator Christian von Halberstadt und dem Markgrafen von Baden-Durlach gewann er weitere Bundesgenossen. Ernsthafte Gegner für das Heer der Liga waren sie aber nicht; Mansfelds Truppen hatten zuerst die Oberpfalz vor den einrückenden Truppen der Liga schützen sollen, waren dort aber aus allen Positionen verjagt worden, ehe es zu einem Treffen gekommen war. Tilly nahm die Verfolgung auf und marschierte von der Oberpfalz aus an den Rhein, kam im Spätherbst 1621 für eine Entscheidung in diesem Jahr aber zu spät und legte seine Truppen in die Winterquartiere, um im kommenden Frühjahr zusammen mit den Spaniern den Feind zu treffen. Der Frühjahrsfeldzug 1622 wurde für Tilly zur reinen Routinesache; in drei aufeinander folgenden Schlachten schlug er die Heere Friedrichs, der sie darauf, weil er sie nicht weiter bezahlen konnte, entließ und nach Holland floh, gefolgt von den wieder gesammelten Truppen seiner beiden verbliebenen Heerführer, die nur noch hoffen konnten, dass die Generalstaaten sie verpflichten würden. Tilly nahm unterdessen Heidelberg ein; die Pfalz war erobert, und Maximilian hatte damit ein weiteres wichtiges Pfand in den Händen, das er politisch nutzen konnte.

Unterdessen war die europäische Politik wieder in Bewegung geraten, und Bayern stand in ihrem Mittelpunkt. Maximilian pochte gegenüber Ferdinand auf das Versprechen, die pfälzische Kurwürde übertragen zu bekommen; Probleme bereiteten dabei vor allem die Kurfürsten von Sachsen und Brandenburg, die ein noch stärkeres katholisches Übergewicht vermeiden wollten. Zum anderen, und dies betraf auch die katholischen Kurfürsten, fand die Art und Weise des Vorgehens keinen Beifall; das Kurkolleg, so war die Meinung, sollte vom Kaiser in den Fragen, die es allein selbst betrafen, unabhängig bleiben. Das Echo jedoch, das die Kurfrage in ganz Europa hervorrief, zeigt, wie die Vorgänge im Reich in die große Politik bereits eingebunden waren und welche Interessen jeweils im Blickpunkt der einzelnen Mächte lagen. In Spanien wollte man plötzlich nicht mehr viel davon wissen, die Übertragung der Kur an Bayern angeregt zu haben. Der Grund für diesen Sinneswandel lag in der zur selben Zeit betriebenen Annäherung an England, durch die man freie Hand in dem zu erwartenden Krieg gegen die Generalstaaten zu gewinnen hoffte, und der König von England wollte wenigstens die Kurpfalz für Friedrich V. retten, der sein Schwiegersohn war, so schlecht er auf ihn im Moment auch zu sprechen sein mochte. Darüber hinaus war man sich in Madrid im Klaren, dass dieser Schritt den Krieg im Reich auf unbestimmte Zeit verlängern würde, was man der Situation in den Niederlanden wegen nicht begrüßen konnte. Andererseits war man auch wieder nicht dazu geneigt, eine Rückgabe der Pfalz zu erzwingen und die von eigenen Truppen besetzten Teile zu räumen; Spanien war für Jahre in dieser Frage ein unsicherer Faktor.

Die französische Diplomatie sah sich dagegen im Zwiespalt. Frankreich fühlte sich zwar von der englisch-spanischen Kontaktaufnahme bedroht, und von der Beherrschung der Pfalz durch die habsburgische Partei, der Bayern derzeit zuzurechnen war, nicht minder. Andererseits konnte man sich in Paris aber wieder nur wünschen, dass die deutschen Protestanten und vor allem die Calvinisten vorerst niedergehalten wurden, da eben ein neuer Hugenottenaufstand ausgebrochen war und befürchtet werden musste, dass die deutschen Calvinisten sich einmischen würden, wie das in den letzten Jahrzehnten wiederholt der Fall gewesen war. Zum anderen wusste man auch um den Gegensatz zwischen Bayern und Habsburg; auch wenn er im Augenblick ruhte, lange würde das nicht anhalten, und um so weniger, je stärker Maximilian von Bayern dastehen würde. Das war von allen Spekulationen um die Auswirkungen einer Übertragung der Kur an Bayern die weitblickendste; wollte man Habsburg in der Zukunft schwächen, musste man seine gegenwärtigen Parteigänger stärken, so paradox das auch klingen mochte.

Eine klare Stellungnahme kam nur aus Rom. Für den Papst war die Sachlage eindeutig; mit der Übertragung der Kur an Bayern standen die Stimmen im Kurkolleg fünf zu zwei für die Katholiken, zudem konnte man auch die Rekatholisierung der Pfalz erwarten. Maximilian war für die Kurie ein Hoffnungsträger, der einen langfristigen Umschwung der konfessionellen Gewichtung im Reich einleiten konnte. Der Heilige Stuhl hatte von allen an den Vorgängen beteiligten Kräften den größten Einfluss in Wien, und Maximilian hatte wieder den größten Einfluss in Rom. Ferdinand wollte weiter als ein Ehrenmann gelten, ein Wortbruch kam für ihn nicht in Frage. Da er Maximilian nicht länger hinhalten konnte, erfolgte eine Verstärkung der Zusage in der Form, dass er ihn bereits in die Kur investierte, allerdings in einem geheimen Akt; die offizielle Investitur sollte erst nach der Klärung aller Fragen auf nationaler und internationaler Ebene erfolgen.

In dieser gespannten Situation brachte Maximilian Frankreich ins Spiel. In gezielter Indiskretion erfuhr die Öffentlichkeit von Verhandlungen zwischen Bayern und Frankreich, die einen Vertrag zum wechselseitigen Schutz, zu dem des Kaisers und der katholischen Religion zum Ziel haben sollte. Das war nicht mehr als Spiegelfechterei, aber sie verfehlte ihre Wirkung nicht. Es musste aber ein Mittelweg gefunden werden, der die Gegenseite nicht allzu sehr brüskierte; so verfiel die kaiserliche Diplomatie auf den Gedanken, Maximilian nur persönlich, ohne Anspruch für seine Erben, mit der Kur zu belehnen, und nach seinem Tod das Kurkolleg über deren weiteren Verbleib entscheiden zu lassen. Mit Ausnahme der sächsischen und brandenburgischen Vertreter und unter Abwesenheit des spanischen Gesandten stimmten die Stände auf dem Regensburger Kurfürstentag 1623 dieser Regelung zu, die im Grunde nur ein Täuschungsmanöver war, da eine Geheimabmachung zwischen Ferdinand und Maximilian sie wieder außer Kraft gesetzt hatte, abgesehen davon, dass es naiv war, Maximilian zu unterstellen, er würde die Kur jemals wieder kampflos herausgeben. Am 26. Februar 1623 erfolgte die feierliche Investitur; Bayern war in den Kreis der Kurfürsten zurückgekehrt, das Unrecht, das Karl IV. fast drei Jahrhunderte zuvor an Bayern begangen hatte, war rückgängig gemacht. So hatte es Maximilian immer empfunden, und die besten Juristen seines Hofes hatten schon seit einem Jahrzehnt diesen Anspruch wissenschaftlich untermauert. Es musste ihm freilich bewusst sein, dass er die Kur auf dem Wege, auf dem er sie gewonnen hatte, auch verteidigen musste, mit den Waffen der Liga und an der Seite dessen, der sie ihm verschafft hatte und der sie ihm allein nun garantieren konnte, und das war Habsburg. Seine Politik war damit auf Jahrzehnte festgelegt, er hatte seine Handlungsfreiheit selbst eingeschränkt.

Es war aber nicht die begreifliche Empörung Friedrichs V. und seiner Parteigänger, die den Krieg weitergehen ließ. Was sich vielmehr in den Jahren 1623/24 abspielte, war der Anbruch eines neuen Zeitalters in der europäischen Geschichte, in der das politische Gesicht des Kontinents für die nächsten Jahrhunderte seine Konturen annehmen sollte. Die Verknüpfung der immer noch reichsinternen Kämpfe mit den europäischen Konflikten sorgte dafür, dass das Reich in dem neu entstehenden Gefüge seine Orientierung ändern musste. Die beiden grundlegenden Faktoren waren zum einen der Aufstieg Frankreichs, und parallel dazu entwickelte sich der Niedergang Spaniens, das zwar noch für mehr als ein Jahrzehnt eine Rolle spielte, aber längst in die Position des Reagierenden gedrängt worden war. Gebunden durch seinen Krieg gegen die Generalstaaten konzentrierte es seine Interessen auf die Behauptung der Nachschublinie am Rhein, und das hatte eine gefährliche Auswirkung auf die Politik des Kaisers, der so lange keine anderen Bindungen eingehen konnte, wie die spanischen Interessen so gelagert waren, und das waren sie mehr denn je, seit sich die Verhandlungen mit England zerschlagen hatten. Es folgte nun die Verständigung Englands mit Frankreich, mit dem man Absprachen über den Schutz der Generalstaaten traf, obwohl sich das Verhältnis wegen der noch laufenden Hugenottenkriege eher kühl gestaltete.

Aber das war nicht der einzige Ansatzpunkt, den der Leiter der französischen Politik, Kardinal Richelieu gewählt hatte. Im Sommer 1624 wandte er sich an Maximilian von Bayern mit dem Angebot, als Vermittler im Konflikt mit Friedrich V. zu agieren. Das war natürlich nicht der Grund seiner unerbetenen Offerte, vielmehr ging es ihm darum, das Reich durch die Bildung einer französischen Partei unter der Führung Bayerns so weit zu neutralisieren, dass es Frankreich in einem Konflikt mit Spanien nicht in den Rücken fallen konnte. Maximilian durchschaute diesen Plan jedoch und wies das Angebot entschieden zurück, wobei er vermutlich die Entschlossenheit Richelieus, Spanien als Vormacht Europas durch Frankreich zu ersetzen, unterschätzte; doch selbst wenn er dies nicht tat, die Bindung an den Kaiser, die durch die Kurwürde entstanden war, ließ ihm keine andere Wahl. Richelieu sah wohl, dass er sich mit Bayern nicht so leicht tun würde, aber er ließ die Verbindung nicht wieder abreißen, zudem verfolgte er bereits zu diesem Zeitpunkt jene Doppelstrategie, in der sich militärische Aktionen, die er zwar noch lange aus der Deckung heraus führte, mit überraschenden Bündnisangeboten abwechselten. Der Plan, den Kaiser von Spanien zu trennen, schlug freilich fehl, im Gegenteil, die massive Bedrohung durch die Bündnisse im Nordwesten Europas trieben diesen erst recht Spanien in die Arme, allerdings nicht die Liga, die sich seinem Werben verschloss. Soweit hatte man in München die Warnung, die das Auftreten Frankreichs darstellte, verstanden. Richelieu konnte allerdings nicht mit eigenen Truppen im Reich eingreifen, wollte er seine Kontakte zu den katholischen Ständen – die er brauchte, um nicht in Rom als Verräter am Glauben dazustehen, wenn er mit den protestantischen Feinden Habsburgs kooperierte – nicht gefährden; er musste also andere Wege gehen. Trotz des gespannten Verhältnisses zu England brachte er das Haager Bündnis zuwege, in dem sich die Generalstaaten, England und Dänemark fanden; Schweden versagte sich im Augenblick noch. Mit französischem Geld wurde Mansfeld, der mit den Resten seiner Truppen in Norddeutschland stand, zu neuen Werbungen befähigt.

Von Seiten der Liga und des Kaisers wurde diese Entwicklung mit Sorge beobachtet. Vorerst begnügte man sich damit, Tilly, der sein Heer in der Verfolgung Christians von Halberstadt nach Westfalen verlegt hatte, damit zu beauftragen, die Werbungen des Mansfelders durch sein Einrücken in Niedersachsen zu unterbinden. Alleine die Präsenz des ligistischen Heeres genügte aber schon, um den protestantischen Ständen Norddeutschlands den Schrecken einzujagen, der sie dem König von Dänemark in die Arme trieb, und dies war die Ursache, dass nun der Krieg wieder entbrannte. König Christian von Dänemark war nämlich selbst betroffen; er war der Herzog von Holstein, und sein Sohn Friedrich war der Administrator einer Reihe norddeutscher Bistümer wie Verden, Bremen und Oldenburg, und diese waren durch das Anrücken der ligistischen Armee höchst gefährdet; ihr derzeitiger Status schließlich widersprach dem Religionsfrieden und war damit durch das Reichsrecht bedroht. Ermutigt durch das neue Heer Mansfelds stellte der König von Dänemark Truppen in ansehnlicher Stärke auf und zog die Weser aufwärts, um Tilly in Schach zu halten. Doch wieder fiel die Entscheidung rasch; zusammen mit dem auf Drängen Maximilians durch Wallenstein im Auftrag des Kaisers aufgestellten Heer konnte Tilly die Truppen Mansfelds und Christians bis zum Sommer 1625 aufreiben. Kaiser und Liga hielten damit Norddeutschland in der Hand, Wallenstein sah sich mit seiner Einsetzung zum Herzog von Mecklenburg belohnt und entwickelte bereits kaiserliche Expansionspläne an der Ostsee; dass dies auf die lange Sicht Reaktionen der Gegner Habsburgs herausfordern musste, lag auf der Hand.

Wer das mit am klarsten erkannte, war Maximilian. Aber das war nur die eine Ursache seiner wachsenden Verstimmung, die sich gegen den Kaiser richtete. Die andere war die Verstrickung des Kaisers in die spanischen Interessen in Oberitalien. Der Unmut Maximilians traf sich mit den Vorstellungen Richelieus, der in seinem diplomatischen Spiel mit Bayern bereits seit vier Jahren eine Politik betrieb, die darauf hinauslief, eine katholische Fürstenpartei neben dem Kaiser zu bilden, die diesen soweit zu neutralisieren vermochte, dass er als Partner für Spanien ausfiel. Es war allen klar, dass der wichtigste Mann für diese Partei nur in München sitzen konnte und dass dieser den Kurs des Kaisers und die Taktik Wallensteins inzwischen missbilligte, war längst bekannt geworden. So trat Richelieu an Maximilian heran; in langen Verhandlungen, die sich über zwei Jahre hinzogen, näherten sich die Standpunkte an. Das französische Ziel des Vertrags war, Bayern und die Liga vom Kaiser zu trennen; Richelieu steigerte seine Angebote bis zu einem gegenseitigen Nichtangriffsvertrag und Beistandspakt, sobald einer der Partner angegriffen würde, ausgeschlossen waren nur direkte Aktionen gegen den Kaiser, an denen sich Bayern nicht zu beteiligen brauchte. Aber damit war Maximilian nicht zufrieden; er verlangte die Zusicherung der erblichen Kurwürde und die Ausdehnung des Vertrags auf einen Angriff auf die pfälzischen Landesteile.

Noch ehe die Verhandlungen mit Frankreich zum Abschluss reif waren, berief der Kaiser für den 3. Juni 1630 einen Kurfürstentag nach Regensburg ein. Ferdinand II. erwartete von den Fürsten eine Beteiligung des Reichs am niederländischen Krieg und am Krieg um Mantua, wo seine Heere eben die Stadt eingenommen hatten, und die Festlegung des Wahltages für seinen Sohn Ferdinand; die Kurfürsten wollten zuerst über eine Ablösung Wallensteins, dessen Heer zur Landplage geworden war, und über die Beendung des Kriegs um Mantua verhandeln, außerdem hatten die protestantischen Kurfürsten, deren es nur noch zwei gab, den Wunsch, über das Restitutionsedikt zu verhandeln, den Erlass des Kaisers, nach dem alle der Kirche seit 1552 entzogenen Besitzungen und säkularisierten Bistümer zurückgegeben werden mussten. Brandenburg und Sachsen waren dabei in einem besonderen Maße betroffen, hatten sie doch durch diese Säkularisationen ihre Territorien erheblich arrondieren können. Auf dem Regensburger Kurfürstentag geriet das Edikt allerdings weit aus dem Zentrum, denn hinter der Restitution standen vor allem Maximilian und die Liga, und die beiden protestantischen Kurfürsten getrauten sich nach der Niederlage Dänemarks die Verhandlungen nicht mehr zu erzwingen.

Die Forderung nach der Absetzung Wallensteins wurde dagegen von allen Kurfürsten vertreten. Unbedachte Äußerungen des Feldherrn, man bräuchte für die Wahl Ferdinands III. die Kurfürsten nicht, ließen an einen schrankenlosen Absolutismus des Kaisers denken, der sich auf die Heere Wallensteins stützen würde. Tatsächlich war die Lage aber so, dass der Kaiser sich nicht allein auf Wallenstein stützen konnte, die Gefahren auf der europäischen Ebene waren durch die vielfältigen Verwicklungen zu groß und zu divergent geworden. Er brauchte also die Liga nicht weniger als das Heer Wallensteins, und die Person des Feldherrn war dabei immer noch das entbehrlichste, schließlich blieb das Heer ja erhalten. Wallenstein wurde also seines Amts als Oberbefehlshaber enthoben. Das Heer sollte zwar um ein Drittel verkleinert werden, doch es umfasste damit immer noch 100 000 Mann; das oberste Kommando sollte nun Maximilian übernehmen, wenn auch nicht mit den Vollmachten, wie sie Wallenstein besessen hatte. Zudem stellte der Kaiser geschickt einige zu seiner Absicherung dienende Forderungen; so sollte das Recht, die Offiziere bis zum Obristen zu ernennen, ihm vorbehalten bleiben, und vor allem sollte das Heer der Liga in dem einheitlichen Heer aufgehen, das von den Reichsständen bezahlt werden und dessen Einsatz vom Beschluss der Kurfürsten abhängig gemacht werden sollte. Maximilian hütete sich, auf dieses Ansinnen einzugehen; es hätte nichts anderes bedeutet, als sich zu einem Werkzeug kaiserlicher Übermacht zu machen, die sich nun, nach der kalten Ausschaltung der Liga, noch weiter ausgedehnt hätte. Er lehnte den Oberbefehl also ab; die Liga blieb, als eine verbündete, nicht eine unterstellte, Macht bestehen und behielt ihr eigenes Heer. Insofern erwirkte sich Maximilian aber doch auch größere Einflussmöglichkeiten auf das kaiserliche Heer, als beide Heere unter den Oberbefehl Tillys gestellt wurden. Der Kaiser hatte beinahe auf ganzer Linie verloren.

Er erzielte auch mit seinem Anliegen der Königswahl seines Sohnes Ferdinand III. keinen Erfolg. Das war für die Kurfürsten jedoch ein wenig ergiebiger Sieg, denn auf die Dauer war diese nicht zu verhindern; es gab zwar auch diesmal wieder Pläne, Maximilian als Gegenkandidaten aufzustellen, die seitens der Kurie und in Frankreich Unterstützung gefunden hatten, doch der Wunschkandidat rechnete viel zu nüchtern, um sich diesem Abenteuer auszusetzen. Eine schwerere Auseinandersetzung mit Habsburg um die Krone konnte weder er zur Zeit brauchen noch konnte es das Reich, vor allem wäre mit genau dem zu rechnen gewesen, was er am wenigsten wollte, nämlich mit der Einmischung Spaniens, die wieder nur mit der Hilfe Frankreichs zu beenden gewesen wäre. Er wollte, darin im Einvernehmen mit den anderen Kurfürsten stehend, nach inzwischen zwölf Jahren Krieg keine weiteren Kämpfe mehr, vor allem deswegen nicht, weil bereits die Angriffspläne des Königs von Schweden bekannt waren und dieser an der Ostseeküste schon gelandet war. Zwar nahm man sein Heer mit 17 000 Mann, denen weit über 100 000 Mann kaiserlicher und ligistischer Soldaten entgegengesetzt werden konnten, nicht allzu ernst, aber Maximilian wollte die Hände frei haben, um einen Krieg gegen Schweden möglichst schon im Keim zu ersticken.

Richelieu hatte nun mit Schweden eine neue Kraft im Spiel, aber noch immer durchschauten nur die wenigsten das System, nach dem sich die französische Politik gestaltete, der Kaiser nicht und Maximilian auch nicht. Selbst Richelieu hatte sich verrechnet und nicht absehen können, worauf er sich mit diesem König aus dem Norden eingelassen hatte. Die Motive seines Eingreifens in den Krieg sind hier nicht zu erörtern; sicher ist nur, dass es sich auch für ihn nicht um einen reinen Glaubenskrieg handelte. Dass der fromme Lutheraner Gustav Adolf die Anliegen der protestantischen Stände als berechtigt ansah und er sich damit in der Pflicht fühlte, ihnen zu Hilfe zu eilen, wird durch die außenpolitischen Aspekte nicht berührt oder außer Kraft gesetzt. Aus der Sicht unserer Darstellung hat im Vordergrund zu stehen, dass mit seinem Auftreten Maximilian endgültig die Initiative verlor; die Peripetie des Krieges hatte begonnen.

Das Heer, mit dem Gustav Adolf an der Ostseeküste gelandet war, war eines der kleinsten, das im ganzen Krieg zum Einsatz kam, und es hatte zu Beginn auch nur die Aufgabe, Wallenstein aus Mecklenburg zu vertreiben. Für eine Ausweitung der Basis mussten Bundesgenossen gefunden werden, aber die fanden sich nicht einmal unter den protestantischen Fürsten. So tat er sich anfangs schwer, seine Operationsbasis zu verbreitern; dass es ihm überhaupt gelang, lag daran, dass Tilly seine Truppen nicht ausreichend konzentrieren konnte, denn er hatte den ganzen Norden des Reichs abzudecken, von der Oder bis an den Rhein. und für derart weite Räume war auch die große kaiserliche Armee nicht stark genug. Maximilian und Tilly wollten zunächst die Offensive vermeiden, da sie immer noch darauf hofften, einen großen Krieg im Norden vermeiden zu können. Während sich die Heere untätig gegenüberstanden, arbeitete die französische Diplomatie um so emsiger. Richelieu hatte Schweden bereits im Vertrag zu Bärwalde an sich gebunden; Gustav Adolf erhielt nach diesem Vertrag Subsidien in einer Höhe, die ein Viertel seiner jährlichen Staatseinnahmen ausmachten. Das Bündnis mit Schweden war trotz des Einverständnisses mit dem Papst für Richelieu auf die lange Sicht allerdings kompromittierend; es würde sich, zumal die konfessionelle Propaganda für Gustav Adolf notwendig war, nicht allzu lange als politischer Krieg gegen die Präsenz des Kaisers in Norddeutschland und an der Ostsee verkaufen lassen. Er brauchte also auch katholische Bundesgenossen, um seine Politik zu kaschieren, und es musste wieder mit Bayern verhandelt werden, das die Schlüsselstellung im katholischen Lager einnahm.

Das neuerliche Bündnisangebot an Bayern hatte einen überraschenden Inhalt. Neben der Garantie der Kurwürde bot Frankreich ein wechselseitiges Beistandsbündnis an; der ganze Vertragstext war auf die unmittelbaren Bedürfnisse Bayerns zugeschnitten. Maximilian scheint darin wohl in erster Linie eine Rückversicherung gegen Schweden gesehen zu haben, vor allem war diesmal keine Neutralität gegenüber Habsburg gefordert, die ihm seit dem Regensburger Kurfürstentag nicht mehr möglich war. So kam es doch noch zu einem französisch-bayerischen Vertrag, der zu Fontainebleau unterzeichnet wurde. Für den Augenblick mochte es erscheinen, als hätte Maximilian nicht nur für Bayern eine Hintertüre in die Neutralität offen gelassen, sondern auch Frankreich aus dem Krieg hinauspaktiert. Letzteres stimmte sogar für fast fünf Jahre, ersteres scheiterte allerdings an dem im Vertrag eigentlich gemeinten Gustav Adolf. Richelieu wollte seinen Vertragspartner dieses Mal tatsächlich nicht hintergehen und hat nach dem Angriff Gustav Adolfs auf Bayern schärfstens protestiert, aber nur um die Antwort zu erhalten, das einzige, was ihn, den König von Schweden, hiervon abhalten hätte können, wären 40 000 französische Soldaten auf der Seite der Liga gewesen. Im Übrigen sei er von Bayern angegriffen worden und nicht umgekehrt, Frankreich sei also gar nicht in der Situation, vom Vertragsfall auszugehen.

Die Offensive Gustav Adolfs begann nach der unglücklichen Zerstörung Magdeburgs durch Tilly, die ihm endlich Bundesgenossen unter den protestantischen Fürsten zutrieb. Nach seinem Sieg bei Breitenfeld begann sein Siegeszug durch ganz Süddeutschland; bei Rain am Lech schlug er ihn endgültig, Tilly wurde tödlich verwundet. Über Bayern breiteten sich nun ungehemmt die Schrecken des Krieges aus. Die Jahre von 1632 bis 1634 gehören zu den schlimmsten, die Bayern in seiner langen Geschichte erlebt hat; als im Winter 1633/34 schließlich neben dem zum dritten Mal eingefallenen schwedischen Heer auch noch ein kaiserliches und ein spanisches auf bayerischem Boden überwinterten, kam es zu einem Aufstand der Bauern, der nur mit Mühe niedergehalten werden konnte. Maximilian war nach Braunau am Inn geflohen und organisierte von da aus den Widerstand gegen den König von Schweden, bis sich eine Wende abzeichnete.

Mit dieser war zu rechnen, seit der Oberbefehl über das kaiserliche Heer wieder in der Hand Wallensteins lag. Zweifellos war er militärisch gesehen der Mann der Stunde; er dachte in noch weiteren strategischen Räumen als Gustav Adolf, und sein Organisationstalent hatte er noch nicht verloren. In kurzer Zeit hatte er wieder 70 000

Mann unter Waffen, mit denen er zuerst Böhmen von den dort stehenden Sachsen säuberte. Er griff allerdings dann nicht die Schweden in Bayern an, sondern verlegte seine Truppen nach Franken, wo sie sich bei Nürnberg verschanzten. Gustav Adolf, der unsicher war über die Pläne Wallensteins, folgte ihm; vor Nürnberg kam es zu dem schweren Gefecht auf den Schanzen des kaiserlichen Lagers, das die Schweden ein Drittel ihrer Stärke kostete. Er verfolgte die abziehenden Schweden aber nicht, sondern wich vielmehr nach Sachsen aus, verdrängte dort die Armee des Kurfürsten von Sachsen, so dass Gustav Adolf ihm nolens volens dorthin folgen musste, wollte er nicht alle Verbündeten in Norddeutschland verlieren. Bei Lützen kam es im November 1632 zur Schlacht, die zwar militärisch keine Entscheidung brachte, Gustav Adolf aber das Leben kostete.

Eine neue Situation ergab sich dadurch auch für Frankreich. Der Tod des Königs von Schweden ließ die Sorge, die Richelieu geplagt hatte, er hätte lediglich Habsburg gegen Schweden vertauscht, zerrinnen; mit einem nur noch militärisch, nicht mehr aber politisch präsenten Schweden konnte er leichter paktieren. 1633 erneuerte er den Vertrag mit Schweden, und gleichzeitig versuchte er wieder, Bayern zu neutralisieren; die militärische Schwäche brachte ihn seinem Ziel näher denn je, wie er glaubte. Allerdings hatte er sich in Maximilian verrechnet; der Kurfürst nahm ihm die Verletzung des Vertrags von Fontainebleau übler, als er angenommen hatte, außerdem fühlte er sich gegenüber den Ständen der Liga verpflichtet, ihnen ihre von den Schweden eroberten Länder zurück zu gewinnen. Er traute dem Kardinal nicht mehr; er hatte inzwischen, reichlich spät, die Politik des ersten Ministers Frankreichs durchschaut. Für dieses Misstrauen hatte er im augenblicklichen Fall auch wieder gute Gründe; durch einen Waffenstillstand mit dem Kurfürsten von Trier war es Frankreich möglich gewesen, einige feste Plätze am Rhein zu gewinnen, dass Richelieu den Eintritt in die aktive Kriegsführung vorbereitete, war nicht also mehr zu übersehen.

Durchschaut wurde nun aber auch Wallenstein. Die zahllosen Fragen, die die Persönlichkeit und die Absichten in den letzten Monaten seines Lebens stellen, können hier nicht erörtert werden; in Wien war immer öfter zu hören, dass Wallenstein unbefugterweise mit den Schweden verhandelte, was vielleicht noch im Sinne des Kaisers war, er verhandelte aber auch mit böhmischen Exilanten, angeblich um die Königskrone Böhmens zu gewinnen und sie unter schwedischem Schutz zu behaupten. Wieder mehrten sich die Stimmen, die dem Kaiser die Ablösung Wallensteins nahe legten, und unter diesen war auch Maximilian, der handfeste Gründe für sein

Drängen hatte. Wallenstein verharrte seit der Schlacht von Lützen mit seinem Heer untätig in Böhmen; auch als Bayern 1633 durch einen neuen Vorstoß der Schweden wieder verheert wurde und sogar Regensburg gefallen war, tat der kaiserliche Feldherr keinen Schritt, möglicherweise auch, um sich an Maximilian für die erste Absetzung zu rächen. An der Absetzung und Ermordung Wallensteins hatte er zwar keinen Anteil; die Initiative wieder zu gewinnen, als der Weg durch dieses Ereignis frei war, versäumte er aber keineswegs.

1634 sah alles nach einer Wende des Krieges zu Gunsten der katholischen Partei aus, und Bayern gehörte zu den treibenden Kräften. Maximilian gelang es, Spanien, das eben zu einer Offensive gegen die Generalstaaten ausholte, wieder zum Zusammenwirken zu bewegen. Hierfür war einmal mehr die Rheinlinie zu sichern, und Maximilian stellte für die Offensive seine inzwischen wieder gewonnenen militärischen Kräfte zur Verfügung; das von Mailand aus aufgebrochene Heer konnte mit bayerischer Hilfe die Festung Breisach nehmen, und im Gegenzug sagte Spanien Hilfe bei der Befreiung Bayerns zu. Kaiserliche Truppen nahmen im Sommer 1634 Regensburg wieder ein; die Schweden zogen sich die Donau aufwärts zurück und sammelten sich in der Nähe der Stadt Nördlingen, wo sie auf die vereinigten Heere Bayerns, Spaniens und des Kaisers trafen. Die schwedische Armee erlitt dabei ihre erste echte Niederlage, und sie war so schwer, dass sie als militärischer Faktor für den Rest des Krieges in die zweite Reihe zurücktrat. Die Schlacht von Nördlingen brachte über eine längere Zeit eine Entlastung Bayerns von den Bedrückungen des Krieges; erst mehr als ein Jahrzehnt später sollten wieder feindliche Soldaten im Land gesehen werden. Wichtiger war freilich noch, dass sich die politische Konstellation Europas wieder änderte. Schweden war politisch innerhalb des Reiches so gut wie isoliert, allein die Landgrafschaft Hessen verblieb auf seiner Seite. Es ergab sich nun eine Sammlungsbewegung, deren Ziel die Vertreibung des Feindes vom deutschen Boden war. Im ihrem Zentrum stand der Kaiser; im 1635 geschlossenen Frieden von Prag konnte er bis auf wenige Ausnahmen alle Stände des Reichs vereinigen. Diese mussten hierfür zwar einen Teil ihrer souveränen Rechte aufgeben, vor allem das Recht, selbständig auswärtige Bündnisse zu schließen und eigene Heere zu halten. Welche Bedeutung den Anliegen des Prager Friedens beigemessen wurden, zeigt sich darin, dass Maximilian seine bisher so hartnäckig verfochtenen Standpunkte aufgab; die Liga löste sich auf, das bayerische Heer wurde in das kaiserliche eingegliedert, blieb aber wie auch das sächsische ein eigenständiger Körper. Der Friede von Prag stellt, auch wenn er den Krieg nicht endgültig zu wenden vermochte, insofern eine historische Zäsur dar, als er offiziell das Ende des Glaubenskrieges markiert. Unter den Vertragspunkten war eine faktische Aufgabe des Restitutionsedikts enthalten, zwar durch eine verklausulierte Regelung, die das Jahr 1627, also noch vor dem Edikt, zum Normaljahr für den protestantischen Besitzstand erklärte und diese Situation für vierzig Jahre festlegte, aber niemand interpretierte dies mehr anders als so, dass es einer Aufgabe des Restitutionsedikts gleichkäme.

Die Entscheidung von Prag zog freilich auch eine andere mit sich. Nach der Niederlage Schwedens war es auch Richelieu nicht länger möglich, den Krieg gegen Habsburg als *guerre couverte* zu führen. Im Frühjahr 1635 erfolgte die offizielle Kriegserklärung an Spanien, indirekt damit aber auch an den Kaiser. Schon 1634 war der Vorstoß der bayerisch-kaiserlichen Armee, die nach der Schlacht von Nördlingen in einem raschen Feldzug ganz Süddeutschland vom Feind befreit hatte und soeben im Begriff war, die Pfalz, wohin sich die Reste des schwedischen Heeres geflüchtet hatten, zurückzuerobern, vor Heidelberg durch ein französisches Korps aufgehalten worden. Zum endgültigen Eintritt Frankreichs in den Krieg kam es, als spanische Truppen in Trier einrückten, dessen Erzbischof sich unter die französische Protektion gestellt und die Festungen Frankreich geöffnet hatte. Das verstieß zwar gegen das Reichsrecht, aber der spanische Angriff konnte durch Richelieu als Angriff auf Frankreich interpretiert und zum Anlass für die Offensive gegen die spanischen Truppen genommen werden.

Der Krieg trat nun in seine letzte und längste Phase ein; sie ist gekennzeichnet vom Zusammenwirken der französischen und schwedischen Waffen, die Hauptlast trug nun Frankreich. Die Kriegsziele verlagerten sich; während Schweden nur noch die Behauptung im Norden des Reiches verfolgte, trugen nun Bourbon und Habsburg ihren eineinhalb Jahrhunderte alten Gegensatz mit offenen Visieren aus. Das strategische Ziel und damit auch das Kampfgebiet war nun der Rhein, die gesamte nordalpine Landgrenze zwischen den beiden Mächten war die Verteidigungs- und Angriffslinie. Wieder stellte sich heraus, dass auch das große kaiserliche Heer für eine solche Taktik nicht ausreichte; die schlechte Abstimmung der einzelnen Operationen machten Erfolge, die bis 1637 errungen wurden, im folgenden Jahr rasch wieder zunichte. Da es nur noch schlecht geführt war, erlitt es immer wieder schwere Niederlagen, zum Teil so dumme Schlappen, dass sie Unverständnis hervorriefen. Trotzdem waren die Verluste der Gegner nicht weniger hoch, auch Schweden war dem Ende nah, und nur die unerschöpflich scheinenden Kassen Frankreichs hielten die Armee noch beisammen; einmal war der Kurfürst von Sachsen nahe daran, die schwedische Armee, die wegen der ausbleibenden Soldzahlung meuterte, zu kaufen, hätte er gewusst, mit welchem Geld er sie bezahlen sollte. Noch 1642 war daher die Lage für den Kaiser und seine Verbündeten militärisch keineswegs hoffnungslos, ein einziger Sieg hätte alles noch einmal gewendet.

Gut geführt war mittlerweile nur noch das bayerische Heer, das unter Franz von Mercy wieder als eigener Truppenkörper operieren konnte, und auf sein Konto sind die Siege des kaiserlichen Lagers nach 1640 ausschließlich zu verbuchen. Er hatte die Hauptlast der Defensive gegen die französische Armee zu tragen; sein kleines Heer, höchstens 22 000 Mann, das infolge der finanziellen Situation unersetzbar war und nur vorsichtig eingesetzt werden konnte, war ein starkes Bollwerk. Wie schon Tilly fiel auch Mercy auf dem Schlachtfeld im Gefecht von Alerheim. Bei dem herrschenden Mangel an tauglichen Strategen war er kaum zu ersetzen; was an Generälen die bayerische Armee in den drei letzten Jahren des Krieges kommandierte, war nicht viel besser als das, was die kaiserlichen Truppen führte. Aber auch die erfolgreiche Führung Mercys, die immerhin fast sieben Jahre lang bestanden hatte, war mit großen Verlusten verbunden gewesen, und die Defensivlinie hatte immer weiter nach Osten zurückverlegt werden müssen; von der Behauptung der Rheinlinie konnte längst keine Rede mehr sein, von einer Rückeroberung des Elsass und der Picardie ohnehin nicht. 1644 war Mercy noch einmal bis Freiburg vorgestoßen und konnte dabei die Franzosen in zwei Schlachten schlagen, aber die ungeschickte kaiserliche Führung brachte ihn wieder um die Früchte dieser Siege, 1645 kämpfte er wieder in Franken, wie schon im Jahr zuvor. 1646 kehrte nach einigen Fehlern der militärischen Führung der Krieg wieder nach Bayern zurück, die Franzosen stießen bis über Landshut vor, plünderten und verheerten das Land; noch einmal konnten sie durch mühsam wieder zusammengezogene Truppen vertrieben werden, und 1648, im letzten Kriegsjahr, drang ein vereinigtes schwedisch-französisches Heer über den Lech und die Donau vor, erlitt aber bei Dachau eine kapitale Niederlage und zog sich zurück. Noch ehe es zu einem neuen Treffen kommen konnte, war der Krieg zu Ende; die bayerische Armee hatte zwar ihre letzte Schlacht in diesem Krieg gewonnen, aber das hatte das Blatt nicht mehr zu wenden vermocht.

Der Friede
Die Friedensbereitschaft war seit 1638 stetig gewachsen, und damit war auch die Bereitschaft zu Konzessionen, wenn diese auch nur zäh und unter harten Rückzugsgefechten angeboten wurden, größer geworden. Mit der Ausnahme Frankreichs, das als einzige Macht noch offensive Ziele verfolgte, war allgemein die Verteidigung des Erreichten das Ziel. Maximilian wollte seinen Gewinn, die Kur und die pfälzischen Lande, ins Ziel retten, dafür war er auch zu einem Nachgeben in konfessionellen Fragen bereit. Die Geschichte der Jahre 1635 bis 1648 ist vom schrittweisen Zurückweichen der Forderungen gekennzeichnet, wie sie der Kaiser und die katholischen Stände im Reich noch 1630 gestellt hatten, und wie sie sich 1635 im Prager Frieden abzeichneten. Zu diesem Zeitpunkt hatte sich Ferdinand II. noch einmal auf einem seiner Höhepunkte befunden, trotzdem aber war er bereit gewesen, in konfessionellen Fragen Zugeständnisse zu machen; er musste es, um seine Stellung als Kaiser zu festigen. Er erreichte damit 1637 die Wahl seines Sohnes zum König, wobei die entscheidende Rolle wieder Maximilian spielte. Der Preis für die Wahl das war Zugeständnis, das Kurkolleg zu einem Kontrollorgan der kaiserlichen Außenpolitik zu machen. Schritt für Schritt musste der Kaiser – der neue, denn Ferdinand II. starb nur wenige Wochen nach der Wahl seines Sohnes – daraufhin zurückgehen bis zu dem Status, der ihm im Westfälischen Frieden schließlich noch bleiben sollte, und diese ging noch hinter die Position zurück, die der Kaiser vor Beginn des Krieges nominell eingenommen hatte. Schon im Jahre 1640 folgte der nächste Rückschlag für den Kaiser. Maximilian hatte von sich aus einen Kurfürstentag nach Nürnberg einberufen, was an sich als Kurfürst sein gutes Recht, aber dennoch ungewöhnlich war; bisher war die Initiative zu solchen Tagen immer vom Kaiser ausgegangen. Diesmal aber ging es aber nicht um ein Anliegen des Kaisers, sondern um eine Friedensinitiative Maximilians, in deren Rahmen er zu Einsiedeln in der Schweiz ein Treffen seiner Gesandten mit denen Frankreichs anberaumt hatte. War dort auch kein Ergebnis erzielt worden, so gab Maximilian die Initiative zum Frieden nicht mehr aus der Hand; als der Kaiser auf den Nürnberger Kurfürstentag mit der Einberufung des Reichstags konterte, stellte er eindeutig klar, wo die Verhandlungsmasse lag. Die konfessionspolitischen Standpunkte waren nicht länger haltbar, das Restitutionsedikt war aufzugeben, auch die protestantischen Reichsstände, die sich 1635 nicht dem Prager Frieden angeschlossen hatten, sollten amnestiert werden, das heißt, dass sie ihren säkularisierten Besitz behalten

konnten. Nur die Pfalz sollte als Ausnahme gelten, wobei Maximilian aber nicht mehr auf dem Besitz der rechtsrheinischen Pfalz beharrte. Sogar in der Kurfrage wurde schon seit 1636 nach einer Lösung gesucht, und die Errichtung einer achten Kur für die Pfalz findet sich schon seit diesem Zeitpunkt in den diplomatischen Noten. Mit Frankreich, das hatte sich in Einsiedeln gezeigt, war noch zu keinem Frieden zu kommen, und daraus ergab sich auch die Marschroute; zuerst sollte man einen Sonderfrieden mit Schweden schließen, um dann Frankreich um so stärker entgegenzutreten und diesem einen günstigeren Frieden abringen, als es jetzt möglich schien.

Die Fühlungnahme mit Schweden ging vom Reichstag aus, nicht vom Kaiser; tatsächlich einigte man sich auf die Aufnahme von Verhandlungen. Nach längeren Diskussionen wurden Münster und Osnabrück als Tagungsorte festgelegt. Schon 1642 hätte der Kongress in Münster beginnen sollen, aber noch immer war nicht eine Partei mit ihren Gesandten dort vertreten. Erst die schweren Niederlagen der Kaiserlichen Armee in den Jahren 1644/45 lösten den Dammbruch aus, das Verbot des Kaisers galt nichts mehr, und eine ständische Deputation nach der anderen begab sich nach Münster, der Friedenskongress war endlich eröffnet. Zwei Dinge hatte Maximilian im Vorfeld noch zur rechten Zeit durchsetzen können. Zum einen war ihm es zu verdanken, dass sich die Kurie gegen die Pläne einer allgemeinen Amnestie und zur Aufgabe des Restitutionsedikts nicht sperrte, obwohl dort noch 1640 über das eine wie das andere die Empörung groß gewesen war; seine persönlichen Verbindungen nach Rom hatten jedoch Verständnis für die Lage in Deutschland erwecken können. Sein zweiter Erfolg war der Ausschluss Spaniens von den Verhandlungen in Münster. Maximilian war zutiefst von Spanien enttäuscht, da es 1644 vor Breisach, als er zum letzten Mal die Chance hatte, die Rheinlinie wieder zu erkämpfen, trotz der vielen Opfer, die er gerade um der Position Spaniens willen gebracht hatte, das Heer Mercys im Stich gelassen hatte. Zudem war ihm eine Denkschrift des spanischen Residenten in München, Saavedra, in die Hände gelangt, in der dieser ungeachtet der Lage die Auffassung vertrat, dass allein Spanien dazu berufen sei, über alle Völker Europas zu herrschen. Der Belastung mit einem solchen Maß an Uneinsichtigkeit konnte er die Verhandlungen nicht aussetzen.

Der Ausschluss Spaniens, den Bayern mit der Hilfe Frankreichs erreichen konnte, änderte allerdings nichts daran, dass der Kaiser noch bis 1647 hartnäckig an Spanien festhielt. Überhaupt war er es, der die Friedensbemühungen der Fürsten immer wieder zunichte machte, indem er mit der Behauptung seiner Standpunkte, die dem Sachverhalt nicht mehr entsprachen, Frankreich verärgerte und sich gar nicht friedenswillig zeigte. Dabei bröckelte die Front der deutschen Reichsstände, wie sie der Friede von Prag geschaffen hatte, zusehends ab; von den norddeutschen Ständen schloss einer nach dem anderen einen Waffenstillstand mit Schweden, was zwar dem Prager Frieden widersprach, aber den hielt letztlich auch der Kaiser nicht mehr, indem er wiederholt in Geheimverhandlungen mit den Mächten des Westfälischen Friedenskongresses eintrat. Zuletzt sah auch Maximilian keinen anderen Weg mehr; seiner Armee fast vollständig beraubt, von den kaiserlichen Truppen nicht mehr gegen die Einfälle geschützt, schloss er schließlich 1647 zu Ulm einen Waffenstillstand mit Frankreich und Schweden. Er versuchte nun, zu einem Sonderabkommen mit Frankreich zu gelangen; als auch das nicht zustande kam, in erster Linie wieder durch das Zögern der französischen Seite, wurde er wieder gekündigt. Bayern wurde damit das Ziel des letzten Feldzugs der französischen Armee, während die Schweden erneut in Böhmen einfielen und beinahe Prag genommen hätten.

Maximilian drängte nur noch auf den Frieden. Noch immer, bereits im dritten Verhandlungsjahr, drehten sich die Argumente im Kreis, stand die Forderung Frankreichs, der Kaiser möge Spanien fallen lassen, gegen die strikte Weigerung des Kaisers, dies zu tun; noch im Januar 1648 versicherte er dem König von Spanien, dass dies niemals in Frage käme. Die Situation hatte sich umgekehrt; einst hatten französische Truppen die kaiserlichen Heere gebunden, um sie von einer Offensive zugunsten Spaniens abzuhalten, da sie noch nicht mehr vermochten, und nun banden kaiserliche Truppen ein Heer Frankreichs, um es nicht für eine Offensive gegen Spanien frei werden zu lassen, mehr vermochte man nicht mehr. Der Kaiser konnte dadurch aber nichts mehr gewinnen; der Friede mit den Generalstaaten stand bevor, dieser alte Teil des Reiches war durch das Versagen Spaniens verloren. Es war nur noch darum zu tun, die Niederlage Spaniens hinauszuzögern; das sah jedermann im Reich, außer dem Kaiser, und Maximilian sah es am deutlichsten. Er war der einzige, der noch Druck ausüben konnte, indem er die weitere gemeinsame Führung des Krieges davon abhängig machte, ob der Kaiser bereit sein würde, einen Frieden ohne Spanien zu schließen. Der unglückliche Verlauf der letzten Kampfhandlungen im Jahre 1648 schließlich bewirkten den entscheidenden Anstoß zum Friedensschluss.

Der Westfälische Frieden beendete die Glaubenskriege in Europa. Zwar war der Krieg in seinen letzten vierzehn Jahren ein solcher nicht mehr gewesen, mit dem Kriegseintritt Frankreichs war die Wende zum europäischen Machtkampf offensichtlich. Zuletzt waren für alle Beteiligten die Positionen, die sie in den konfessionellen Auseinandersetzungen eingenommen hatten, nur noch eine Manövriermasse, um zum Frieden zu kommen, an die Durchsetzung konnte kein realistisch denkender Mensch mehr glauben. Auch das *jus reformandi* wurde aufgegeben. Das bedeutete noch nicht die Religionsfreiheit; die Niederlassung Andersgläubiger im eigenen Territorium konnte nach wie vor ein jeder Reichsstand erlauben oder auch nicht. Aber es konnten nicht länger die Menschen gezwungen werden, die Konfession ihres neuen Herrn anzunehmen oder einem Konfessionswechsel ihres Landesherrn zu folgen. Eine Ausnahme gab es hier: Das Normaljahr galt nicht für Bayern und damit auch nicht für die Oberpfalz, die 1627 rekatholisiert worden war. Das hatte man, neben einigen anderen Details, dem Kurfürsten von Bayern zugestehen müssen. Für die auswärtigen Mächte, namentlich Frankreich, war er immer noch der wichtigste Stand im Reich, mit dem man schon wieder für die Zukunft plante. War er einer der heimlichen Sieger dieses Krieges?

Maximilian war einer der wenigen Fürsten, die den Krieg überlebt hatten, neben Johann Georg von Sachsen und Wolfgang Wilhelm von Neuburg. Als Sieger konnte er sich aber nicht fühlen – und er tat es nicht –, auch wenn er als einer der wenigen Beteiligten im Reich mit einer Standeserhöhung und mit territorialen Gewinnen aus dem Ringen hervorgegangen war. Das Land, das er gewonnen hatte, war ruiniert, noch schlimmer als Bayern, und bedurfte des langen, mühsamen Aufbaus. Ganze drei Jahre blieben ihm noch; über siebzig Jahre alt, aber ungebrochen, widmete er seine letzte Kraft dem, was seine Aufgabe eigentlich gewesen war und was er in den Jahren bis zum Krieg so meisterhaft beherrscht hatte, dem Aufbau des Landes, der nun ein Wiederaufbau war. Greifbare Ergebnisse erbrachte das Bemühen nicht mehr, das war nicht sein Versagen, sondern die übermächtige Aufgabe, die sich stellte. Wunden, wie sie dieser Krieg geschlagen hatte, konnte nur die Zeit heilen. Um rund die Hälfte war die Bevölkerung Bayerns geschwunden, und sie war, da das ganze Reich diesen Aderlass erlitten hatte, nicht durch Zuwanderer zu ersetzen. Maximilian hatte immer noch Geld, über eine Million Gulden, die in den Krieg zu stecken er sich zuletzt hartnäckig geweigert hatte. Was hätte er damit auch erreichen können? Fünfzehntausend Mann anwerben, und sie ein halbes Jahr lang bezahlen, um sie durch unfähige kaiserliche Befehlshaber wieder zu verlieren? Jetzt brauchte er das Geld, seine Einnahmen waren von 1,8 Millionen auf rund 100 000 Gulden zurückgegangen, und er musste Beamte besolden, deren Arbeit jetzt wichtiger war denn je zuvor, um die Ordnung wiederherzustellen; er musste eine Armee abdanken, was pro Mann drei Monate Sold kostete, und seine Soldaten bekamen sie, im Gegensatz zu denen anderer Heere. Das alles gelang, und schneller als anderswo; wieder saß der hagere Mann täglich am Schreibtisch und arbeitete. 1651 ist er gestorben, mit seinen 79 Jahren gealtert, aber noch immer kein hinfälliger Greis. In seinem politischen Testament an seinen Sohn Ferdinand Maria finden sich bemerkenswerte Worte: *Wer vom Krieg redt, redt viel Übles...* Das wusste kaum einer besser als er. Der Sohn hat sich daran gehalten, der Enkel nicht mehr.

Auch Maximilian hat Fehler gemacht, gewiss; doch es wäre ihm auch ohne diese nicht gelungen, die Geschichte aus dieser Sackgasse herauszuführen, in die sie seit 1495 geraten war, diesen Weg ging sie nach ihren eigenen Gesetzen. Bayern konnte sich aus diesem Prozess aber nicht heraushalten, so wenig wie irgendein anderer politischer Körper des Reichs; keiner konnte so passiv sein, dass ihn die Leiden und Lasten des Konflikts nicht betrafen. War es da nicht doch besser, so lange wie es irgendwie möglich war auf der Kommandobrücke zu bleiben, nachdem man durch die Umstände der Zeit eben auf sie geraten war, und das eine oder andere Mal auch noch zu versuchen, das Steuer in die Hand zu nehmen?

3. Wittelsbach und Habsburg – der säkulare Konflikt (1651–1777)

Bayern im Frieden – Kurfürst Ferdinand Maria (1651–1679)

Zwischen Habsburg und Bourbon
Wenn man das Urteil, das in der Literatur über den älteren Sohn und Nachfolger Maximilians I., Ferdinand Maria noch bis heute verbreitet ist, betrachtet, so kann man zu dem Eindruck gelangen, er wäre ein schwacher Fürst gewesen, der zwischen seinem Vater und seinem Sohn Max Emmanuel nur einen Repräsentanten einer Übergangs-

zeit darstellt. In der Tat fehlen Ferdinand Maria scheinbar von beiden, dem Sohn wie dem Vater die wesentlichen Charakterzüge; er hatte weder die Härte gegen sich und andere und die Energie Maximilians I., noch war ihm die unbekümmerte Grandezza Max Emmanuels zu eigen, so dass ihm die Höhen und Tiefen, die beide erlebten, zeit seines Lebens verwehrt blieben. Wenn die Verlockungen der großen Politik an ihn herangetragen wurden, beschränkte er sich auf das Mögliche, was ihm bis in die jüngste Zeit als Feigheit und Schwäche ausgelegt wurde, aber ebenso gut als Realitätssinn und Bescheidung auf das Machbare interpretiert werden kann. In seinen Selbstzeugnissen zeigt sich eher das Letztere; kluges Abwägen, jeden Gedanken eher drei- als zweimal zu denken entsprach seiner Natur eher als rasche und sich ins Phantastische ausweitende Pläne, auch wenn sich die Gelegenheit zu einem weiten Ausholen günstig zu bieten schien. Und es war Ferdinand Maria selbst, der den Kurs bestimmte, denn diese Politik trägt seine Handschrift; er traf alle wesentlichen Entscheidungen selbst, und von seinen Räten, allen voran der ehrgeizige Kaspar von Schmid, war er nur insofern abhängig, als es ihm keine Freude bereitete, wie einst sein Vater auch die periphersten Angelegenheiten in den Akten nachzulesen, vielmehr ließ er sich von diesen ebenso wie auch von den Berichten der auswärtigen Gesandtschaften knappe Exzerpte anfertigen. Aber deswegen war Ferdinand Maria keineswegs über aktuelle Sachfragen zu wenig oder unrichtig informiert; ihm frisierte oder gar verfälschte Akten unterzuschieben, hat keiner seiner Räte gewagt, und doppeltes Spiel, wie es auch am Münchner Hof gelegentlich vorkam, durchschaute er schnell und er reagierte entsprechend verstimmt, selbst dann, wenn die von den betreffenden Räten betriebene Politik in seinem Sinne gewesen war. Auch Kaspar von Schmid, der über seine ganze Regierungszeit sein wichtigster Berater war, hatte zwar Einfluss, aber sicher keinen beherrschenden.

Schon gar nicht beherrschte ihn, wie ihm dies seiner über eine lange Zeit hin Frankreich-freundlichen Politik wegen unterstellt wurde, seine Gemahlin, Henriette Adelaide von Savoyen. Diese war zwar am Hof die *arbitra elegantium*, sie bestimmte Stil und Geschmack der höfischen Kultur, aber dazu war sie deshalb in der Lage, weil der Kurfürst nicht beliebte, sich um derlei zu kümmern. München wurde unter der Ägide der Kurfürstin einer der glanzvollsten Höfe Europas; Frankreich freilich dominierte trotz der italienisch-savoyischen Züge der Münchner Hofkultur. Auf seinen Portraits nimmt sich Ferdinand Maria daher meistens auch aus wie eine mehr oder weniger geglückte Kopie Ludwigs XIV. In der Realität war er allerdings davon weit entfernt, und der Sonnenkönig war Ferdinand Maria persönlich wesensfremd, wenn nicht gar unsympathisch, ungeachtet seiner politischen Anlehnung an Frankreich sah er ihn als notorischen Störenfried Europas, der mit seiner Expansionspolitik den Reichskrieg gegen Frankreich – genau das, was er am wenigsten brauchen konnte – ständig zu provozieren drohte. Dass die persönliche Verehrung Henriettes für Ludwig XIV., den sie eine Zeitlang sogar hätte heiraten sollen, für die politische Anlehnung Bayerns an Frankreich maßgeblich gewesen wäre, ist infolgedessen ziemlich unwahrscheinlich; den Eindruck, sie würde einen entscheidenden Einfluss in der bayerischen Politik ausüben, erweckte Henriette durch einige persönliche Äußerungen, die einem Auftrumpfen gegenüber ihrer gehassten Schwiegermutter entsprangen, die den Kurswechsel ihres Sohnes nicht billigte, gegen diesen aber auch machtlos war.

Ferdinand Maria ist 1636 geboren; sein Vater war zum Zeitpunkt seiner Geburt bereits 63 Jahre alt, hatte einige große und zu dem Zeitpunkt noch Erfolg versprechende Anstrengungen hinter sich und noch größere und aussichtslosere vor sich. Der heranwachsende Kurprinz erlebte die letzten Jahre des Krieges, die für das Land sich noch einmal zu einer Katastrophe auswuchsen, und musste dabei sehen, wie selbst ein Mann des Formats, wie es sein Vater besaß, seine politischen Pläne verkleinern und zum Teil auch begraben musste. Eine elterliche Zuwendung wurde ihm allenfalls in der Form einer huldvollen Anerkennung befriedigender Leistungen zuteil. Der Vater war streng und erwartete die fürstliche Haltung von seinem Sohn, die er selbst an den Tag legte. Aber auch seine Mutter war dem jungen Kurprinzen eher eine harte Lehrerin als eine liebevolle Bezugsperson; die von ihrem Beruf erfüllte Kurfürstin herrschte, wie Zeitgenossen berichten, im engsten Kreis nicht weniger als der Kurfürst im Lande. Nach dem Tod Maximilians bestimmte sie für die drei Jahre, die bis zu einer selbständigen Regierung Ferdinand Marias vergehen sollten, den außenpolitischen Kurs des Landes, in einer Weise, die den späteren Vorstellungen ihres Sohnes bald völlig entgegenlaufen sollte.

Wie alle seine Standesgenossen war der bayerische Kurprinz in ein genealogisches System hineingeboren worden. Über seine Mutter war Ferdinand Maria ein Enkel Kaiser Ferdinands II. – von dem er seinen Vornamen hatte – und ein Vetter des regierenden Kaiser Ferdinands III. Bedeutsam war diese enge genealogische Bindung, die durch die Großmutter Maximilians, die Ehefrau Herzog Albrechts V. und noch weiter zurück durch die Ehefrau Albrechts IV.

schon sehr viel älter war, infolge der notorischen Probleme des Hauses Österreich mit der männlichen Nachfolge. Schon seit Generationen hatte die Erbfolge immer wieder über den Bruder oder Neffen des Kaisers laufen müssen. Im Augenblick gab es zwar keine solchen Probleme, Ferdinand III. hatte zwei Söhne, Ferdinand IV. und Leopold, damit schien die Nachfolge gesichert, aber das konnte sich in der nächsten Generation rasch wieder ändern. Tatsächlich starb Ferdinand IV. noch vor dem Vater, wieder war das Haus Österreich auf zwei Augen gestellt. Die bayerischen Wittelsbacher waren durch zahlreiche Verbindungen, da ja auch viele Wittelsbacherinnen in das Haus Habsburg eingeheiratet hatten, die nächsten Blutsverwandten der Habsburger, sie kamen immer dann, wenn die österreichischen Habsburger genealogisch am Ende schienen, auch ohne ihr eigenes Zutun ins Spiel, und dies interessierte nicht nur die maßgeblichen Kräfte im Reich, sondern auch die Mächte in ganz Europa. Ansonsten war die kaiserliche Politik in den ersten Jahren Ferdinand Marias gegen seine Interessen gerichtet. Als der hauptsächliche Verlierer des Krieges hatte der Kaiser die natürliche Neigung, auf eine Revision des Friedens zu hoffen und sich daher in die latenten Konflikte der europäischen Politik zu stürzen, deren es genug geben sollte. Die richtige Distanz zu jener Dynastie zu finden, war stets eine der schwierigsten Aufgaben für einen bayerischen Herrscher, seit fast vierhundert Jahren war das so gewesen, und es sollte sich auch in den noch bevorstehenden einhundertfünfzig Jahren des alten Reichs nicht mehr ändern. Es war ein ständiges Lavieren, bei dem vor allem Bayern nicht ohne einen Partner mit dem entsprechenden politischen Gewicht auskommen konnte. Allerdings musste auch ein Anwachsen der bayerischen Macht zwangsläufig den Argwohn Österreichs erwecken, die Allianzen, auf die sich Bayern einließ, durften nicht zu stark und vor allem nicht zu eng sein. Danach hatte auch ein Ferdinand Maria sich zu richten; die Frage war nur, wo er einen Partner finden konnte, der diese schwierigen Voraussetzungen alle erfüllte.

Am eigenen Familienverband hatte er keine Stütze. Zwar befand sich das Haus Wittelsbach genealogisch und seinem territorialen Besitz nach auf einem Höhepunkt seiner Entfaltung, doch fehlte es unter den einzelnen Linien der weit verzweigten Dynastie am Zusammenhalt; das Erfolgsrezept Habsburgs, die Bündelung seiner Kräfte, hatte Wittelsbach nie nachzuahmen vermocht. Über ihre Abstammung von Ludwig dem Strengen hinaus hatten sie wenig gemein; namentlich zwischen dem Kurfürsten von Bayern und dem Pfalzgrafen bei Rhein kam es immer wieder zu feindseligen Konfrontationen. Kurfürst Karl Ludwig (s. u. S. 332–335) grollte Bayern unverändert wegen der pfälzischen Verluste im Dreißigjährigen Krieg. Mit den anderen Linien des Hauses stand Bayern zwar nicht ganz so schlecht, aber das hieß im Normalfall, dass es außer den unter Fürsten üblichen unverbindlichen Höflichkeiten so gut wie keine Beziehungen gab. Der Herzog von Jülich-Berg und Pfalzgraf von Neuburg, Philipp Wilhelm, war durch den niederrheinischen Teil seines Fürstentums wiederholt in breiter angelegte politische Überlegungen der Großmächte einbezogen, unter anderem auch in die Kaiserpläne Kardinal Mazarins, der seit dem Tod Richelieus die französische Politik leitete; aber auch er vermied engere Fühlungnahmen mit Bayern, höchstens auf dem Umweg über Köln, das ja sein unmittelbarer Nachbar war, gab es Verbindungen nach München. Pfalzgraf Karl von Kleeburg (s. u. S. 344 f.) wiederum bereitete in München auf indirekte, aber dafür um so nachhaltigere Weise Kopfzerbrechen. Er war als Sohn einer schwedischen Prinzessin auf den Königsthron des nordischen Reichs gelangt, nachdem die einzige Tochter Gustav Adolfs, Christine, auf den Thron verzichtet hatte. Überheblich und ehrgeizig stürzte er sich sofort auf die Weiterführung der traditionellen Politik Schwedens; die Gelegenheit gab ihm der König von Polen, als er, selbst ein Wasa und damit Gustav Adolf nach den Vorstellungen der Zeit viel näher verwandt als Karl X., gegen die Thronbesteigung Einspruch erhob. Natürlich war das nicht der Anlass der Krieges, den Karl X. darauf vom Zaun brach, gegen den Willen der schwedischen Stände hätte sich der polnische Wasa nicht durchsetzen können, die Ansprüche hätten Karl X. kalt lassen können. Es ging um den durch den Ausgang des Dreißigjährigen Krieges nicht völlig ausgetragenen Streit um die Vorherrschaft über die Ostseehäfen, der wiederum Brandenburg nicht uninteressiert lassen konnte, allerdings entschied sich der Kurfürst von Brandenburg zunächst für Schweden, um die polnische Lehensherrschaft über Preussen endlich loszuwerden. Und nicht zuletzt war es auch der Kaiser, der nach jeder Gelegenheit suchte, das 1648 verlorene Terrain wiederzugewinnen und den Einfluss Schwedens im Norden des Reichs zurückzudrängen. Mit dem Eingreifen des Kaisers drohte der Reichskrieg, und genau das war nicht im Sinne Bayerns, so wenig man in München auch Sympathien für Schweden hegen mochte, selbst wenn dort ein Wittelsbacher regierte.

Als Ferdinand Maria 1654 selbstständig die Regierung antrat, sah er sich im neutralen Raum des europäischen Kräftefelds. So hatte es sein Vater gewollt und durch die Ehe Ferdinand Marias mit der Savoyischen Prinzessin, die unter Vermittlung Mazarins zustande gekommen war, vorbereitet. Maximilian hatte damit weit reichende Pläne verfolgt; Savoyen und Bayern sollten in Oberitalien wie in Süddeutschland die neutrale Masse zwischen Habsburg und Frankreich darstellen, letztlich als Friedensgarantie fungieren, zusammen mit einem entscheidenden Gewicht und einer strategisch vorteilhaften Position. Wenn sich diese Karten auch nie ausspielen ließen, für den Augenblick brachte die Situation ihre Vorteile. In den Jahren seit dem Tod seines Vaters, während der Ferdinand Maria unter der Vormundschaft seiner Mutter gestanden hatte, hatte Bayern einen an Habsburg angelehnten Kurs verfolgt. Es gab auf die nähere Sicht keinen Konfliktstoff zwischen Bayern und Österreich; 1653 war Ferdinand IV., der Sohn des Kaisers, zum König gewählt worden. Bayern hatte keine andere Möglichkeit gehabt, als die Wahl des Kaisersohnes mit zu tragen; nur mit der Zustimmung zur Wahl des Habsburgers hatte man die Pläne Ferdinands zu einer strafferen Ordnung des Reichsregiments abwehren können, vor allem aber einen Eintritt des Kaisers in den noch immer tobenden französisch-spanischen Krieg. Für den jungen Kurfürsten gab es keinen Grund, den Kurs zu revidieren; er hatte mit der Innenpolitik genug Sorgen. Noch immer waren die Folgen des Krieges bedrückend; die Ordnung der Finanzen, der wirtschaftliche Wiederaufbau, was konkret die Reaktivierung brachliegender Nutzflächen bedeutete, das alles erforderte Umsicht und Einsatz. Die Maßnahmen, die durch die kurfürstliche Regierung ergriffen wurden, sind bis heute noch nicht ausreichend erforscht; Tatsache ist, dass der Kurfürst bei seinem frühen Tod ein blühendes Land hinterließ, das zwar nur wenig auf die modernen Wirtschaftsformen des Merkantilismus gestützt war, sondern auf eine wieder erstarkte Landwirtschaft. Das geht nicht allein auf den Kurfürsten zurück; sein wichtigster politischer Berater, der Vizekanzler Kaspar von Schmid, war ebenfalls kein Freund merkantilistischer Experimente.

Alles schien 1654 auf die rechte Bahn gebracht; Habsburg hatte sich mit der Wahl Ferdinands IV. die Nachfolge im Reich gesichert, und Bayern sah sich in der glücklichen Situation, sich von sämtlichen Konflikten, die Europa beherrschten, fernhalten zu können. Die antihabsburgische Opposition, mit der es sich unauffällig lavieren ließ, ohne die derzeit guten Beziehungen zu dem gefährlichen Vetter gefährden zu müssen, dämpfte die in Wien verfolgten Revisionsgedanken so weit, dass keine Gefahr zu drohen schien, so dass man auch, um gegenüber Habsburg guten Willen zu zeigen, allzu weit gehende Oppositionsgelüste der Fürsten bremsen konnte, und so weit reichte das politische Gewicht Bayerns allemal; weiter jedoch nicht, eine Reichsreform zugunsten des Kaisers konnte es nicht herbeiführen.

In diese überschaubare Situation platzte die Nachricht vom Tod Ferdinands IV., der erst ein Jahr zuvor zum König gewählt worden war. Nun war alles wieder offen, es musste eine Neuwahl stattfinden, und diese war wieder die Gelegenheit für Kardinal Mazarin, eine Schwächung Habsburgs, dessen Kriegseintritt an der Seite Spaniens in Paris durchaus befürchtet wurde, zu versuchen, am besten, indem man Österreich die Führung des Reiches ganz aus der Hand nahm. Unter den gegebenen Umständen war das nicht einfach; Ferdinand III. hatte noch einen zweiten Sohn, Leopold, und dass er diesen als Nachfolger präsentieren würde, war als sicher zu erwarten, er war in der Nachfolge des Verstorbenen bereits zum König von Ungarn gekrönt worden. Mazarin war von der Todesnachricht ebenso überrascht wie man es im Reich war; um einen Kandidaten aufzubauen und dessen Chancen zu sondieren, war keine Zeit gewesen. Seine Pläne nahmen daher auch etwas abenteuerliche Züge an, 1655 dachte er sogar darüber nach, Ludwig XIV. für die Kaiserkrone zu präsentieren, allerdings hatte Frankreich doch eine viel zu schlechte Presse im Reich, als dass sich für einen solchen Coup Unterstützung gefunden hätte.

Es musste, das sah Mazarin rasch ein, ein deutscher Fürst sein, dem man im Zweifelsfalle dem Habsburger entgegensetzen konnte, und bei den Mehrheitsverhältnissen im Kurkolleg kam trotz des konfessionellen Friedens nur ein katholischer Fürst in Frage. So verfiel er auf den sich traditionell anbietenden Weg, sich der Wittelsbacher zu bedienen, die für eine Opposition gegen Habsburg immer mit am leichtesten gewonnen werden konnten. Der erste, dessen Aussichten Mazarin auslotete, war Pfalzgraf Philipp Wilhelm; dieser zeigte zunächst sogar Interesse, sich auf dieses Abenteuer einzulassen, aber er wandte sich in realistischer Einschätzung der Sachlage schon bald wieder von dem Plan ab. Mazarin musste sich schon nach kurzen Verhandlungen neu orientieren, und er richtete seine Blicke – erstaunlicherweise erst jetzt – nach München. Diese Vorstellung stieß im Reich auf die relativ größte Gegenliebe; trotz aller Verärgerung, die immer noch wegen der Übertragung der Kur 1623 bestand, schien ein bayerisches Kaisertum als eines der erträglichsten, und es kam der Ideenwelt derer nahe, die sich zwar ein von einer zentral orientierten Macht repräsentiertes Reich wünschten, aber keine wollten, die die Libertät der deutschen Fürsten gefährden konnte. So waren es nicht nur die französischen Gesandten, die Ferdinand Maria die Kandidatur nahe legten, sondern auch eine respektable Anzahl deutscher Reichsfürsten. Das verlieh der Sache nach außen hin wie auch gegenüber Ferdinand Maria doch mehr Gewicht als ein bloßes Vorprellen Frankreichs.

Es ist eine ungeklärte Frage, ob Mazarin den Kurfürsten unterschätzt hat, weil er die Kurfürstin, deren Verehrung für Frankreich in Paris bekannt war, überschätzte; nüchtern betrachtet war nichts anderes zu erwarten gewesen, als dass Ferdinand Maria eine Entscheidung so schnell nicht treffen würde. Die Gesandtschaften, die ihn 1655 und 1656 mehrmals aufsuchten, reisten mit freundlichen, aber unverbindlichen Worten entlassen wieder aus München ab. Man wusste allerdings auch, dass die Gegenpartei nicht viel mehr erreichte; einer Aufforderung aus Wien im Juli 1655, ein Wahlversprechen zugunsten Leopolds abzugeben, beschied er mit einer klaren Absage – das Versprechen betreffend, nicht die Wahl an sich. In der Politik gegenüber Habsburg änderte sich nichts; seine Gesandten unterstützten weiterhin den Kaiser, in dem bisher üblichen Grad wohlweislich, man hütete sich, in die eine oder die andere Richtung einen Ausschlag erkennen zu lassen.

Bis 1657 ließ sich diese Hinhaltetaktik weiter verfolgen, wenn auch von beiden Seiten mit wachsendem Unmut beobachtet, dann aber mit einem Schlag nicht mehr, denn im April 1657 starb unerwartet Kaiser Ferdinand III. Nun musste gewählt werden. Mazarin entfaltete eine geradezu hektische Aktivität und wandte drei Millionen Livres allein für den Werbefeldzug auf. Alles schien sich zur Wahl Ferdinand Marias zusammenzufinden: Die Kurstimmen von Köln und Bayern waren sicher, der Erzbischof von Mainz hatte größtes Interesse daran, das Reich aus dem Krieg zwischen Spanien und Frankreich herauszuhalten, er war deswegen auch das Haupt des rheinischen Fürstenbundes, und die nun mögliche antihabsburgische Wahl kam ihm nur recht. Brandenburg stand mit Frankreich im Einvernehmen, und selbst der Pfalzgraf bei Rhein hatte sich unter dem gelinden Druck Frankreichs, wenn auch widerwillig, zur Wahl seines ungeliebten Vetters bereit erklärt. Sichere Gegenstimmen gab es nur zwei; der Erzbischof von Trier und natürlich Böhmen. Unsicher war noch Sachsen, es stand also im ungünstigsten Falle fünf zu drei für Ferdinand Maria – nun hätte es nur noch seiner Zustimmung zur Kandidatur bedurft, und die Niederlage Österreichs wäre perfekt gewesen.

Inzwischen begann die Sache zu drängen, denn plötzlich war auch die Haltung Brandenburgs, das inzwischen im nordischen Krieg mit Österreich im Bündnis stand, nicht mehr ganz sicher; das hätte sich schlimmstenfalls aber durch Sachsen ausgleichen lassen, und den Pfalzgrafen, der sein Versprechen schon wieder bereute, hätte man überstimmen können. Aber Ferdinand Maria führte plötzlich eine Entscheidung herbei, mit der niemand mehr rechnen hatte können: Er lehnte die Kandidatur ab, und ließ zugleich Paris wissen, dass die bayerische Kurstimme zugunsten des Habsburgers abgegeben werden würde. Die Begründung, die er dafür lieferte, er könne sich gegen die Würde des Hauses Habsburg nicht wenden, und er verspüre gegen einen seiner nächsten Blutsverwandten eine *besondere Affektion*, hat wohl niemand geglaubt, und auch er selbst nicht, denn in einem Brief an den Erzbischof von Köln wurde er sehr viel deutlicher: Die Zustände im Reich seien dergestalt, dass Bayern weder von seinem Machtpotential noch von seiner Finanzkraft her für eine Lenkung desselben in Frage käme, von der Verpflichtung zu einer würdigen Vertretung des Kaisertums und den damit verbundenen Kosten ganz zu schweigen. Es gab noch andere, unmittelbarere Gründe, die zwar in keinem offiziellen Dossier auftauchen, aus internen Papieren des Münchner Hofes aber zu ersehen sind. Ferdinand Maria befürchtete nicht ganz zu Unrecht, dass sich Habsburg die Krone nicht so leicht entwinden lassen würde, was nichts anderes bedeuten konnte als einen Krieg gegen Österreich, dem er sich nicht gewachsen fühlte, und außerdem lohnte sich aus seiner Sicht das große Wagnis schon deswegen nicht, weil er noch keinen Erben hatte.

Damit war die Sache erledigt. Mazarin konnte nur noch hinter den nutzlos ausgegebenen Millionen herfluchen, soweit ihm seine geistliche Würde als Kardinal es erlaubte. Im Januar 1658 schloss der Kurfürst von Bayern mit Österreich den Vertrag von Waldmünchen, der Leopold die bayerische Kurstimme bei der Wahl zusicherte. Umsonst war sie für Österreich freilich nicht zu haben; Bayern erhielt die Unterstützung gegen den sich um seine Hoffnung auf das Reichsvikariat betrogen sehenden Pfalzgrafen Karl Ludwig zugesichert, und außerdem gelang es Ferdinand Maria im Zusammenwirken mit Brandenburg, die wechselseitige Neutralität zwischen dem Reich und Frankreich im französisch-spanischen Krieg zu erzwingen. Am 18. Juli 1658 wurde Leopold endlich einstimmig zum Kaiser gewählt, womit die Pläne Mazarins endgültig vereitelt waren. Bayern hatte sich und dem Reich den Frieden gesichert; was Ferdinand Maria nun noch herstellen musste, war der Friede am eigenen Herd, denn die Kurfürstin hatte den bayerischen Kaiserplan in München über die ganze Zeit hinweg eifrig verfochten und zeigte sich über das Umschwenken ihres Gemahls verärgert, aber damit konnte er wohl leben.

Die Entscheidung des Jahres 1658 zog indessen noch viel weit reichendere Folgen nach sich als es die Weiterführung des habsburgischen Kaisertums sein konnte. Allein schon die lange Verzögerung der Wahl – das Reichsvikariat dauerte immerhin fünfzehn Monate – hatte bewirkt, dass Habsburg so lange paralysiert gewesen war, bis an eine Revision des Westfälischen Friedens nicht mehr zu denken war. Spanien stand vor dem Zusammenbruch, und der setzte die Kräfte frei, die die völlige Niederlage Schwedens im Norden verhinderten – beides konnte aus bayerischer Sicht hingenommen werden, in keinem der beiden Kriege war es um vitale Interessen Bayerns gegangen. Eine Reihe rheinischer und westfälischer Fürsten hatten sich, um die Rheinlinie für Truppendurchzüge des Kaisers zu sperren, zu einem so genannten Rheinbund zusammengeschlossen, in dem auch Frankreich Mitglied war. Unter den Reichsfürsten herrschte die Meinung vor, dass eine Kriegsgefahr in erster Linie von Habsburg ausgehe und Frankreich Frieden mit dem Reich wünschte, so dass die Ausrichtung des Bündnisses ziemlich einseitig war. Bayern hatte sich dem Rheinbund fern gehalten; die Mitgliedschaft Frankreichs machte ihm aus Gründen der Neutralität einen Beitritt nicht möglich.

Diese Neutralität zu erhalten war für die kommenden Jahre das zentrale Ziel der Politik. Allerdings bedeutete das nicht, dass sich Bayern aller Möglichkeiten beraubte, die ihm die politischen Wechselfälle ermöglichen konnten. Die Wahl des Kaisers, die ohne den Verzicht Ferdinand Marias nicht zustande gekommen wäre, und die in Waldmünchen getroffenen Vereinbarungen stellten noch lange kein formelles Bündnis mit Habsburg dar. Schon von Anfang an gab es um die Auslegung dieses Vertrags Querelen; mit heißem Dank aus der Wiener Hofburg hatte man in München ohnehin nicht rechnen können, dies wäre gegen jede historische Erfahrung gewesen, und eine auch nur moralische Verpflichtung Bayern gegenüber sorgte auf der habsburgischen Seite immer für Nervosität. Bayern zeigte sich denn auch immer dann unabhängig von Habsburg, wenn es um die Einmischung des Kaisers in die noch immer aktuellen Kriege ging, und vor allem, als es um den Frieden unter den Ständen des Reichs zu tun war.

Dieses Problem stellte sich, als es zwischen dem Rheinbund und dem Kaiser zu einer gefährlichen Konfrontation kam. Nach dem Abschluss des Frankfurter Deputationstages war durch die Mitglieder des Rheinbundes eine Fortsetzung gefordert worden, um über anstehende Reformen, unter anderem des Reichsheers, zu beraten; die Deputationen sollten dazu gleich in Frankfurt bleiben, das auch der Vorort des Rheinbundes war. Der Kaiser, der die Hintergründe der Forderung wohl erkannte, stimmte ihr zu, schlug aber, um aus dem Umkreis des Rheinbundes herauszukommen, als Tagungsort Nürnberg oder Regensburg vor. In der Folge kam es dazu, dass seit November an beiden Orten, in Frankfurt und in Regensburg, eine Deputation tagte, wodurch gefährliche Spannungen auftraten. Um diese nicht eskalieren zu lassen, schlug nun Bayern einen Reichstag vor, was aus ernster Sorge um das Reich geschah, nicht etwa um Habsburg einen Affront zu bieten. In Wien wurde dieser vorher nicht mit dem Kaiser abgesprochene Schritt aber als ein solcher gewertet. Der Kaiser wünschte keinen Reichstag, da er im Reich eine scharfe Opposition befürchtete, die sich dieses Instruments umso leichter bedienen konnte. So ging man, trotz wiederholten Drängens aus München, über den Vorschlag hinweg, zwei Jahre lang, bis der Reichstag, nun aber aus einem ganz anderen Grund, nicht mehr hinauszuschieben war. Der Kaiser brauchte die Hilfe des Reichs, und zwar gegen die Türken. Man war durch das Engagement im Nordischen Krieg, aber auch durch eine Unterschätzung der osmanischen Expansionskraft auf den neuerlichen Vorstoß nach Ungarn nur schlecht vorbereitet gewesen; nun standen die Türken bereits bei Neuhäusl und damit an der Pforte zu den österreichischen Erblanden. Bayern hatte bereits reagiert – weniger aus Loyalität gegenüber Habsburg, sondern in erster Linie, weil es sich selbst bedroht fühlen musste – und wie Sachsen und andere Stände ein kleines Hilfskorps geschickt, das aber kaum kriegsentscheidend sein konnte.

1663 konnte endlich zu Regensburg der Reichstag eröffnet werden. Bei der feierlichen Proposition wusste noch keiner der anwesenden Fürsten und Gesandten, dass dies der letzte Reichstag des alten Reiches sein würde; über 140 Jahre lang sollte er tagen, da es zu keinem Abschied mehr kam, der immerwährende Reichstag war eröffnet. Es zeigte sich, dass selbst jetzt noch die Fronten quer durch das Reich liefen; der Rheinbund stimmte dem Reichskrieg gegen das Osmanische Reich zwar zu, ließ seine Kontingente aber unter einem eigenen Kommando marschieren. Es wurde durch 6 000 französische Soldaten verstärkt; Frankreich, das inzwischen nicht mehr durch den besonnenen Taktiker Mazarin, sondern durch den auf eine kompromisslose Härte setzenden König Ludwig XIV. geführt wurde, zeigte sich demonstrativ bündnistreu. Denn dieses Kontingent war natürlich nur eine Spiegelfechterei, wenn man bedenkt, welche Truppenmacht Frankreich hätte stellen können, und es fiel bei der Armee, die sich nun zusammenzog, auch nicht allzu sehr ins

Gewicht. Ihre Wirkung auf die Reichsfürsten verfehlte die Entsendung aber nicht, und darauf war es Ludwig XIV. in erster Linie angekommen. Mit dem glanzvollen Sieg 1664 des durch Montecuccoli hervorragend geführten Reichsheers bei St. Gotthard an der Raab ging der Feldzug überraschend schnell zu Ende; der darauf mit dem Osmanischen Reich nach der Meinung vieler vorschnell geschlossene Friede von Eisenstadt verschaffte dem Kaiser wieder Rückenfreiheit im Osten, ließ aber auch den Türken Raum, sich relativ nahe am Reich wieder zu sammeln. Darüber war man im Reich ziemlich verstimmt, man hatte sich durch den Einsatz mehr versprochen als nur die Beruhigung der habsburgischen Länder.

Auch Ferdinand Maria war darüber verärgert, und dies dürfte ihn in seinem außenpolitischen Kurs, den er schon seit 1662 verfolgte, nur bestärkt haben. Denn schon seit diesem Jahr war eine schrittweise Verständigung mit Frankreich erfolgt, und 1664 war es sogar zu einem ersten, aus der Sicht Frankreichs noch nicht interessanten Allianzentwurf gekommen; er sah eine Defensivallianz gegen die Türken vor, was aber nicht im Sinne Ludwigs XIV. gewesen war. Der Ausgang des Krieges 1664 machte die Verhandlungsgrundlagen vorerst hinfällig, aber das bedeutete keineswegs, dass die Annäherung zwischen Bayern und Frankreich damit bereits zu einem Ende gekommen war. Die Gründe für diese Annäherung waren auf beiden Seiten gleich verteilt. Bayern sah sich wieder einmal in die Nähe eines seit Jahrhunderten für das Haus Wittelsbach traditionellen Zieles gestellt, der Ablösung Habsburgs in Österreich und Böhmen. 1662 war der Kurprinz geboren worden, Max Emmanuel, und nun stand der lange Wettlauf zwischen Habsburg und den Wittelsbachern wieder zu Gunsten der letzteren. Kaiser Leopold war noch kinderlos; damit bestand wieder die Situation, wie sie schon bei der Heirat Albrechts V. mit Anna von Österreich Gegenstand des Ehevertrags gewesen war: Im Falle eines Aussterbens Habsburgs im Mannesstamm war Wittelsbach der Erbe. Abgesehen davon wurde nun auch die für den kinderlosen Ferdinand Maria noch wenig interessant gewesene Kaiserkrone wieder zu einem Objekt seines dynastischen Ehrgeizes, und eine Möglichkeit zur Verdrängung Habsburgs aus dem Kaisertum musste immer Frankreich auf den Plan rufen. Aber das war für Paris sogar noch der geringere Anlass für eine Fühlungnahme; auch Frankreich spekulierte mit den genealogischen Problemen Österreichs. Ludwig XIV. war der Sohn einer spanischen Habsburgerin, und auch die spanische Linie Habsburgs ruhte nur noch auf den Schultern des regierenden Königs Karl II., mit dessen Schwester Ludwig XIV. verheiratet war. Bayern und Frankreich waren im Zeichen eines potentiellen Aussterbens der Habsburger natürliche Verbündete; Ludwig XIV. konnte sich – durch den Pyrenäenfrieden sogar ganz konkrete – Hoffnungen auf Spanien und die Niederlande machen, Ferdinand Maria wieder für seinen Erben auf Österreich und Böhmen. In Paris erkannte man diese Konstellation und versäumte keine Zeit, Kontakt mit Bayern zu suchen; man übte sich in vorauseilender Höflichkeit, indem der französische Gesandte in München seine Gratulationsadresse zur Geburt des Kurprinzen abgab, obwohl Paris noch gar keine offizielle Nachricht von derselben erhalten hatte. Am Münchner Hof verstand man diesen dezenten Wink, und signalisierte ein zumindest vorsichtiges Interesse.

Allerdings hatte man in München und in Paris unterschiedliche Vorstellungen von der Umsetzung dieser Aussichten. Fatal war dabei, dass Ferdinand Maria eines starken Partners bedurfte, auf den er innerhalb des Reiches nicht hoffen konnte – Bayern, Österreich und Böhmen in einer Hand hätten eine Macht dargestellt, deren bloße Vorstellung den anderen Kurfürsten schon die Nachtruhe rauben konnte – so dass er ihn unter den europäischen Mächten suchen musste. Frankreich dagegen bedurfte nur in einer Form der Hilfe, nämlich in der Neutralisierung des Reiches und der Blockade der deutschen Habsburger. Diese konnte Bayern aber gewähren, schon allein deshalb, weil sich Ferdinand Maria keinen direkten Zug in die erwünschte Richtung erlauben konnte, so lange Kaiser Leopold am Leben war. Den unbedingten Friedenswillen Bayerns hat Ludwig XIV. erkannt und auszunutzen verstanden; unter den bestehenden Umständen war der rasche Zugriff auf das zu erwartende Erbe ein nahezu risikoloses Unternehmen. Bayern war durch seine Neutralitätspolitik gebunden, die Reichsstände am Rhein durch den Rheinbund mit Frankreich paralysiert. Ludwig XIV. konnte daher im Frühling 1667 den Einmarsch in die spanischen Niederlande wagen; obwohl diese immer noch zum Reich gehörten, kam es, bedingt durch sein Bündnissystem, nicht zum Reichskrieg. Wer ihm letztlich Einhalt gebot, war eine nordeuropäische Allianz aus den Generalstaaten, England und Schweden, das Frankreich wegen eines Bundes mit Brandenburg, das sein Hauptgegner im Norden war, grollte. 1668 wurde Frankreich zum Frieden von Aachen gezwungen, das französisch geführte System zerfiel, und der Rheinbund löste sich auf.

Damit rückte Bayern nur um so mehr in das Zentrum der Bemühungen Ludwigs XIV.; nachdem sich die Mitglieder des Rheinbundes desavouiert hatten, war es der einzige Partner von einigem

Gewicht, den Frankreich im Reich finden konnte und der auch seine eigenen Interessen in einem solchen Bündnis verfolgen konnte. Nun war die Verhandlungsbasis Ferdinand Marias wesentlich besser; er kam rascher und mit einem viel günstigeren Ergebnis zum Ziel, als noch vor zwei Jahren zu erwarten gewesen war. Er musste nicht einmal die Initiative ergreifen, sondern konnte abwarten, was ihm Frankreich nach und nach anbot, so lange, bis er mit dem Angebot zufrieden war. Das ging fast zwei Jahre so, und 1670 kam es endlich zum Vertragsabschluss. Bayern hatte dabei nicht viel zu leisten; es sollte lediglich einen Reichskrieg gegen Frankreich verhindern, falls es um das spanische Erbe zu einem solchen kommen würde. Das konnte Ferdinand Maria leicht versprechen, es war nichts anderes als das, was er bisher getan hatte und auch ohne dieses Bündnis getan hätte. Doch er erhielt dafür weit reichende Zusagen: Das war die Unterstützung Frankreichs in einem Kampf um das österreichische Erbe, und außerdem Subsidien zum Unterhalt einer kleinen Armee von 9 000 Mann, um notfalls Österreich blockieren zu können. In einer Zusatzklausel wurden Abmachungen über die Zukunft des Reiches getroffen. Für Bayern war die Königskrone in Aussicht gestellt – die ihm im Falle einer Erwerbung der habsburgischen Erblande ohnehin kaum zu verweigern gewesen wäre – während es umgekehrt Ludwig XIV. zur Erlangung der Kaiserwürde verhelfen sollte. Letzteres hat auch Ferdinand Maria als bitter empfunden, und er ließ sich wohl nur deshalb auf diesen seltsamen Handel ein, weil es sich dabei um einen letztlich absurden Plan handelte; Königtum und Kaiserwürde wären wohl nie mehr zu trennen gewesen, noch nicht einmal mit der Hilfe des Papstes, den man aber aus guten Gründen gar nicht gefragt hatte, was er von diesen Vorstellungen hielt.

Der Vertrag, um den so lange gerungen worden war, blieb indessen in den wesentlichen Punkten Makulatur, ohne dass einer der beiden Partner daran direkt die Schuld getragen hätte. Frankreich brauchte seine Zusagen gar nicht zu erfüllen, da der Fall, für den sie vorgesehen waren, nicht eintrat, und Bayern hielt sich seinerseits zwar an die Abmachungen, als Ludwig XIV. 1672 Holland angriff, und versuchte an der Spitze der im Reich bestehenden Neutralitätspartei den Reichskrieg gegen Frankreich zu verhindern. Letztlich unterlag es dabei aber, 1674 wurde dieser doch erklärt, nachdem sich Spanien und der Kaiser mit Holland zur Haager Allianz zusammengeschlossen hatten, und es war auch nicht dem Einfluss Bayerns zuzuschreiben, dass es 1678 zum Frieden kam. Dies lag an der erneuten Wende der Konstellationen, wie sie eingetreten war, nachdem Schweden Brandenburg angegriffen hatte und es aus der Allianz gegen Frankreich ausgeschieden war. Man hatte durch den Verlauf dieses Krieges und vor allem durch den Ausbruch desselben auch sehen müssen, dass Bayern durch eine andere Haltung den Krieg nicht verhindern hätte können, ein Parteiwechsel hätte nichts bewirkt. Im Reich hatte sich Bayern mit seiner letztlich wirkungslosen Politik isoliert; als infolge des militärischen Gleichgewichts der Friede auf dem Status quo die einzige Lösung war, gestand man ihm nicht einmal die Rolle eines Vermittlers zu, die Politik des Kurfürsten war damit praktisch gescheitert, wenn man davon absieht, dass Bayern selbst von den Kriegshandlungen weder selbst betroffen war noch mit Truppen in den Krieg eingreifen hatte müssen. Das vermieden zu haben war allerdings nicht wenig; für militärische Unternehmungen im größeren Stil hätte das Geld gefehlt.

Aus französischer Sicht trat, wie eben schon abgedeutet, der Bündnisfall gar nicht ein. 1678 wurde nämlich unversehens die ganze Politik Ferdinand Marias und Kaspar von Schmids, die bis dahin stets im Zeichen des je länger, je mehr erwarteten Anfalls des österreichischen Erbes gestanden hatte, mit einem Schlag bis auf weiteres hinfällig. Dem immerhin schon 38 Jahre zählenden Kaiser wurde ein Sohn geboren; damit war die Anwartschaft Bayerns auf das österreichische Erbe auf eine unbestimmte Zeit vertagt, die Karten mussten völlig neu verteilt werden. Ferdinand Maria konnte auf diese Wende nicht mehr politisch reagieren; er starb ein Jahr später, noch nicht ganz 43 Jahre alt, und damit zu früh, um seiner Politik die großen Konturen zu geben. Noch war nichts von dem, was er eingefädelt hatte, spruchreif geworden, noch nicht einmal das spanische Erbe, das doch immerhin näher gerückt war als das österreichische. Er starb aber auch zu früh, um die Politik seines Partners in Paris voll zu durchschauen; Ludwig XIV. zu vertrauen, war nicht eben klug, und ob es richtig war, um der eigenen Vertragstreue Willen an dem Bündnis festzuhalten, als der Reichskrieg gegen Frankreich juristisch wie im Sinne der zeitgenössischen Staatslehre moralisch berechtigt war, darf bezweifelt werden. Hierin hat Ferdinand Maria das Gewicht Bayerns doch überschätzt; es konnte in einem Europa, wie es der Westfälische Friede hinterlassen hatte, keine Kriege mehr verhindern, schon gar nicht konnte man einen Ludwig XIV. in irgendeiner Weise beeinflussen. Es konnte sich aus den großen Konflikten heraushalten, aber auch das nicht mehr allzu lange. Aus späterer Sicht ist darüber natürlich leicht zu rechten, aber es ist unredlich, die Beurteilung historischer Ereignisse aus dem Wissen oder gar Empfinden einer späteren Zeit heraus vorzunehmen. Nationale Interessen hat er nicht verraten, die gab es noch lange nicht, wohl die Interessen Habsburgs, aber die waren mit denen des Reichs nicht mehr identisch – sofern sie das jemals gewesen waren.

Dass er seinen Sohn Max Emmanuel, zu früh die Regierung überlassen musste, war wohl ein Unglück für diesen wie auch für das Land; viele der Torheiten, die diesem unterlaufen sind, hätte sein Vater wohl zu vermeiden gewusst. Ferdinand Maria starb außerdem auch zu früh, um wenigstens die Weichen für die nächste Zukunft noch zu stellen, wie es sein Vater für ihn getan hatte. Max Emmanuel konnte beim Antritt seiner selbständigen Regierung einen völlig neuen Kurs einschlagen. Zwar hat Ferdinand Maria mit seiner Frankreichpolitik die Grundlagen für vieles geschaffen, was dann in den kommenden zwei Generationen aktuell werden sollte, aber ob dies in seinem Sinne lief, kann bezweifelt werden; die Abenteuer, auf die sich sein Sohn einließ, hätte er bei seiner Natur, die man durchaus auch in seiner relativ kurzen Regierung bereits erkennen kann, sicherlich gemieden, und zwar zum Nutzen und Gedeihen Bayerns.

Bayern, die Niederlande, Spanien, …? Max II. Emmanuel (1679–1726)

Zurück zu Habsburg

Das Bild, das von Maximilian II. Emmanuel gegenwärtig ist, ist das des Kriegshelden. Die Gemälde, die ihn im Harnisch, vor brennenden Festungen, unter den Füßen Waffen und Kriegsgerät, zeigen, auch das Standbild am Münchner Promenadeplatz, der gezogene Degen in der ausgestreckten Hand, all das weist ihn als das Gegenteil seines besonnenen, dem Krieg ausweichenden Vaters aus. Tatsächlich war er schon zu seinen Lebzeiten in seiner Eigenschaft als leidenschaftlicher Soldat über ganz Europa hin bekannt, sogar bis an den Bosporus, wo er unter dem Namen „der blaue König", nach der blau-silbernen Uniform der bayerischen Armee, die er auf den Feldzügen trug, als einer der schrecklichsten Gegner galt. Tatsächlich hat Max Emmanuel den Kampf gesucht und geliebt, bis hin zur Tollkühnheit; er führte die gefürchteten Attacken der bayerischen Kavallerie meist in eigener Person, und es ist nicht nur eine heroische Legende, dass er bei der Erstürmung der Festungen Ofen und Belgrad als einer der Ersten in die freigeschossenen Breschen stürmte, seine ihm blindlings vertrauenden Soldaten mit sich reißend. Mehrfach wurde er verwundet, immer nur leicht, aber das war nicht mehr als Glück, er befand sich wiederholt in Situationen, in denen er ebenso gut fallen hätte können. Sein Ruhm brachte ihm die Popularität, die er offensichtlich brauchte; das Volk liebte und verehrte ihn, obwohl er für seine Bedürfnisse, ja sogar für sein erwachendes politisches Denken nur geringes Verständnis aufbrachte. Er bekümmerte sich nicht einmal darum, dass sein „Heldentod" für das Land höchst unerwünschte Folgen gehabt hätte; wiederholt wurde er von den Landständen gewarnt, dass das Haus Bayern zu wenige Augen aufweise – sein einziger Onkel war kinderlos geblieben, und im weiteren Umfeld sah es nicht besser aus; schließlich wurden auch einige männliche Nachkommen für die geistlichen Fürstentümer gebraucht, die man in der Hand behalten wollte.

Er leistete mit seiner bayerischen Armee wiederholt schier Unglaubliches; doch war er eher der waghalsige Führer einer Sturmtruppe als ein Stratege, vorausschauende Planung und geschickte Positionswahl, vor allem das taktische Abwarten einer günstigen Stellung waren seine Stärke nicht, so wenig wie in der Politik. Wenngleich es mehr von unglücklichen Zufällen als von seinen eigenen Fehlern abhing, dass diese zu der Katastrophe geriet, als die Zeit Max Emmanuels bis heute gemeinhin gilt. Er trug den Namen seines Großvaters, Maximilians I., und empfand dies für sich als Programm; aber mit diesem von ihm bewunderten Fürsten verband ihn in Wirklichkeit nur wenig. Er eiferte dessen europäischer Bedeutung nach, aber er war kaum imstande, den Weg nachzuvollziehen, den dieser dafür zurückgelegt hatte, die Strenge gegen sich, die unermüdliche Arbeit auch im Kleinsten waren ihm fremd. Max Emmanuel verbrachte seine Zeit dagegen vorzugsweise mit angenehmeren Beschäftigungen; prachtvolle höfische Feste und ungezählte Liebesabenteuer, auch während seiner beiden Ehen – was nicht selten zu Zerwürfnissen führte – füllten seine Zeit aus, aber auch wirtschaftspolitische Abenteuer und Experimente, in denen er sich nur zu leicht von nebulösen, ihm aber als grandios angepriesenen Gewinnchancen blenden ließ. Als der großzügigste Bauherr und Kunstliebhaber, den es unter den Fürsten Bayerns bis dahin gegeben hatte, gab er zwar Bayern einiges von dem Gesicht, das es als eine der reichsten barocken Kunstlandschaften berühmt gemacht hat, aber er ging dabei weit über die Möglichkeiten des Landes, und das war für seine ganze Regierungszeit kennzeichnend.

Es war keineswegs so, dass nur der Abenteurer war, der das Risiko immer leichtfertig zu gering veranschlagte und stets viel zu hoch griff. Doch er passte damit in seine Zeit, die eine Zeit der Phantasten war. Selbst der, der die Zeit Max Emmanuels auf der europäischen

Ebene prägte wie kein anderer, Ludwig XIV. von Frankreich, wurde in der Verfolgung seines imaginären Ziels der *domination universelle* zum Hasardeur; er konnte nur ungleich mehr auf den Tisch legen als Max Emmanuel und gewann deshalb auch mehr als dieser je gewinnen hätte können, selbst wenn ihm mehr Erfolg beschieden gewesen wäre. Doch auch der Sonnenkönig handelte sich zuletzt überflüssige Niederlagen ein. Der Kaiser, Leopold I., hasardierte, als er die Möglichkeit kurz aufblitzen sah, das Reich Karls V. in seiner Hand wieder herzustellen, obwohl er wissen musste, dass sich das außer ihm selbst kein Mensch in ganz Europa mehr wünschte. Und ein noch größerer Hasardeur war König Karl XII. von Schweden, der letzte der schwedischen Wittelsbacher, der einen Feldzug nach Moskau wagte und sich nach dessen Scheitern jahrelang praktisch allein durch den mittleren Osten schlagen musste, derweil sich die Sieger des Krieges an den schwedischen Besitzungen bedienten. Und das galt noch für viele andere Fürsten seiner Zeit; der Markgraf von Brandenburg wurde König von Preußen, der Herzog von Sachsen König von Polen – wobei er alle drei Jahre nach einer Niederlage abdanken musste und kurz darauf wieder eingesetzt werden konnte, weil sich das Kriegsglück wieder zu Gunsten seiner Verbündeten gewendet hatte; alle ihre Chancen hatten nicht viel besser gestanden als die, die Max Emmanuel zu nutzen hoffte. Und Max Emmanuel bot sich viel; das Schicksal hatte es so gefügt, dass er es für eine kurze Zeit in die Hand bekam, den alten Traum seines Hauses zu verwirklichen. Sicher hätte sein Vater, und hätte unter den Umständen, wie er sie vorfand, wohl auch sein Großvater Abstand davon genommen, aber er war nicht nur ein anderer Charakter als sie, er lebte auch in einer anderen Zeit. Es gab nur wenige Fürsten um die Wende zum 18. Jahrhundert, die anders dachten, die nicht das eine oder andere Mal alles auf eine Karte setzten.

Beim Tod seines Vaters, 1679, war der Kurprinz siebzehn Jahre alt; zur selbstständigen Regierung fehlte ihm ein knappes Jahr, wie auch schon beim Tod seines Großvaters erfolgte also erst eine kurze Zeit der Regentschaft. Sein Onkel, Maximilian Philipp, der jüngere Bruder Ferdinand Marias, führte diese, die in ihrer Kürze kaum einen Ansatz zu einer aktiven Politik bot; die Kurfürstinwitwe und der Kanzler Kaspar von Schmid verharrten noch in der Bindung an Frankreich, die für den Augenblick keine große Bedeutung hatte und aus bayerischer Sicht bis auf Weiteres auch keine haben konnte, war doch das österreichische Erbe durch die Geburt des Kaisersohnes für die Wittelsbacher in eine weitere Ferne gerückt. 1680 würde der 1670 auf zehn Jahre geschlossene Vertrag mit Frankreich auslaufen, und dann würde die bayerische Politik sich ihren Weg in die Zukunft nach den im Augenblick gültigen Gegebenheiten suchen müssen.

Es hatte trotz aller Zurückhaltung, die diesbezüglich von der Regentschaft an den Tag gelegt worden war, bereits Einiges darauf hingedeutet, dass der Weg wieder an die Seite Österreichs führen würde; selbst die diesem abholde Henriette Adelaide neigte einer habsburgischen Ehe für ihren Sohn zu, in erster Linie deswegen, weil sich Bayern in den diversen potentiellen Erbfällen anders nicht in der vordersten Linie der Berechtigten halten konnte. Die letzte Entscheidung traf allerdings der junge Kurfürst selbst, und sie fiel tatsächlich zugunsten des Kaisers aus. Diesen Wechsel Bayerns hatte sich Ludwig XIV. selbst zuzuschreiben; in der richtigen Erkenntnis, dass man in München seit 1678 nicht mehr die Motivation für ein Bündnis mit Frankreich aufbringen würde wie früher, hatte er sich bereits nach anderen Verbündeten im Reich umgesehen, diesen im Kurfürsten von Sachsen und in dem Sohn des 1680 verstorbenen Pfalzgrafen Karl Ludwig gefunden. Nun war es der Kaiser, der sich um eine Wendung Bayerns zu Österreich bemühen musste, und er tat es auch; hinzu dürfte vermutlich gekommen sein, dass die 1680 einsetzende französische Reunionspolitik, in der Frankreich die noch zum Reich gehörenden Teile des Elsass und die Reichsstadt Straßburg an sich riss, in Max Emmanuel den Gedanken entstehen ließ, der König von Frankreich sei auf die lange Sicht wohl doch eine Gefahr für das Reich und damit natürlich auch für Bayern. Als der Vertrag 1680 auslief, wurde von Ludwig XIV. um eine Verlängerung gar nicht erst nachgesucht; darüber, wohin sich Max Emmanuel wenden würde, machte man sich in Paris keine Illusionen. Der Schwenk erfolgte trotzdem nicht in einer radikalen Wendung, sondern zunächst in einer allmählichen Annäherung, und auch dann war nicht Frankreich der erklärte Feind des Bündnisses. Zwar schloss die 1683 getroffene Defensivallianz auch Frankreich als Gegner ein, doch war die erste Stoßrichtung ganz anders angelegt, sie zielte nach Osten.

Das war eine schlichte Notwendigkeit. Seit 1683 lag Österreich wieder im Krieg mit dem Osmanischen Reich, und schon im Mai dieses Jahres war der Großwesir Kara Mustapha mit 200 000 Mann von Belgrad aus auf dem Marsch nach Wien. Der Kaiser, dem gerade ein Fünftel dieser Streitmacht zur Verfügung stand, war nicht imstande, den Vorstoß aufzuhalten, so dass es sogar zur Einschließung Wiens kam. Mit 12 000 Mann eilte Max Emmanuel zusammen mit anderen Kontingenten zu Hilfe; am Kahlenberg kam es zur entscheidenden Schlacht, die Wien befreite und über Nacht den jungen

Kurfürsten von Bayern zu einem gefeierten Kriegshelden machte. Zwar hatte er nicht das Oberkommando geführt, aber sein und des bayerischen Korps rücksichtsloser Einsatz hatte die Schlacht entschieden. Der Sieg am Kahlenberg, dem wenig später noch die ebenfalls von Max Emmanuel zur Entscheidung gebrachte Eroberung von Gran folgte, brachte nicht nur die Wende des nun schon über eineinhalb Jahrhunderte währenden Vordringens der Türken nach Westen, er entschied auch über die politische Richtung Bayerns für die nächsten Jahre und sogar über die des Reichs. Die Zukunft Österreichs lag im Osten, und Max Emmanuel machte sich zum Werkzeug, diese dort zu sichern. Es war nicht zuletzt seinem Drängen zu verdanken, dass die Entscheidung für eine Konzentration des militärischen Engagements gegen das Osmanische Reich fiel; Gewinn konnte daraus auch Ludwig XIV. ziehen, dem damit der Reichskrieg erspart blieb, der an sich die Antwort auf seine Reunionspolitik hätte sein müssen. Es kam in der Folge mit Zustimmung des Reichstages zu einem Waffenstillstand auf zwanzig Jahre, der Frankreich seine Eroberungen praktisch überließ, auch wenn die explizite Anerkennung vermieden wurde. Max Emmanuel hatte zu den Befürwortern eines Waffenstillstands gehört; das war aber keineswegs ein Zeichen bayerischer Verbundenheit mit Frankreich, sondern schlichtweg die militärische Vernunft. Einen Zweifrontenkrieg konnte das Reich nicht führen, schon gar nicht gegen zwei Gegner dieser Stärke. Wenn er auch manchmal – meistens in zornigen Ausbrüchen – den Angriff auf Frankreich gefordert hatte, so sah er doch im Grunde ein, dass der Kampf im Westen wenig aussichtsreich war und zu viel Kraft kosten würde, um sich dann im Osten noch mit Erfolg verteidigen oder gar die Initiative übernehmen zu können, und das war ihm aus zwei Gründen wichtiger. Zum einen hoffte er auf diese Weise, sich den Kaiser gewogen zu machen, denn ein Erfolg im Osten nützte dem Haus Habsburg direkter, und zum anderen war durch die Gefahr im Osten Bayern weit stärker bedroht als durch das Vordringen Frankreichs im Westen.

Im Spätsommer 1684 fiel die Entscheidung; Max Emmanuel führte seine Truppen nach Ungarn, wo aber auch er den vor Ofen festgelaufenen Vormarsch der kaiserlichen Truppen nicht wieder in Gang bringen konnte. Doch für den Augenblick schien sich die Linie, die er vertreten hatte, aus seiner persönlichen Sicht zu bestätigen, der erste Erfolg begann sich einzustellen. Vermutlich schon seit dem Zeitpunkt seines Abmarsches, spätestens aber seit seiner Rückkehr aus Ungarn, liefen mit dem Kaiserhof die Verhandlungen um seine Heirat mit Marie Antonie, einer Tochter Kaiser Leopolds;

die Mutter der Prinzessin, und das sollte noch zu einem historisch bedeutenden Umstand werden, war die spanische Habsburgerin Margarete Theresia gewesen. Damit stand Wittelsbach im Falle eines Aussterbens der Habsburger im Mannesstamm wieder für die Nachfolge in Österreich wie auch in Spanien zur Debatte, die Konstellation, wie sie 1670 gegeben war, hatte sich also wiederholt. Allerdings war der Ehevertrag, der im April 1685 unterzeichnet wurde, so gestaltet, dass das spanische Erbe außer Reichweite Max Emmanuels liegen sollte, denn Marie Antonie hatte ausdrücklich auf das spanische Erbe zu Gunsten ihres Vaters verzichtet, lediglich die spanischen Niederlande sollten an die Kurfürstin und ihre Erben fallen, wobei sich im Gegenzug Leopold I. verpflichtete, sich für deren Abtretung an den Kurfürsten von Bayern noch zu Lebzeiten des letzten spanischen Habsburgers einzusetzen. Eine klare Zusicherung auf das Erbe wurde hinsichtlich der Länder der deutschen Habsburger getroffen, dessen Anfall aber für eine weitere Generation nicht zu erwarten war. In einem Zusatzvertrag versprach Max Emmanuel, im Erbfalle alle spanischen Länder abzulehnen und seinem Schwiegervater bei deren Erwerbung Unterstützung angedeihen zu lassen. Damit schien auch einer anders lautenden Verfügung Karls II. von Spanien, der ja noch lebte, und durch ein Testament den Verzicht Marie Antonies wieder revidieren konnte, vorgebeugt. Obwohl der Vertrag an sich unbillig war und das Ziel der Verbindung, der Erwerb der spanischen Krone, den er bei seiner Werbung um die Kaisertochter durchaus im Hinterkopf gehabt hatte, eigentlich verfehlt war, unterzeichnete Max Emmanuel den Vertrag. Welche Vorstellungen er mit den einzelnen Punkten damals bereits verband, wissen wir nicht. Möglicherweise vertraute er auf die historische Erfahrung, dass solche Verträge nur so lange etwas bedeuten, so lange die Umstände, unter denen sie geschlossen wurden, bestehen, und bei einer Veränderung derselben meist hinfällig werden.

Für den Augenblick war auch weder das eine noch das andere aktuell; was Kaiser wie Kurfürsten bedrängte, waren die Probleme im Osten. Gran und Neuhäusl waren durch eine türkische Offensive wieder verloren gegangen, ein neuer Vorstoß nach Österreich drohte. Max Emmanuel stellte sich wieder zur Verfügung; durch kaiserliche Subsidien dazu in die Lage gebracht, sein Heer auf nahezu 20 000 Mann zu bringen, marschierte er 1685 nach Ungarn ab. Die kommenden Jahre bis 1688 sollten seine ruhmreichsten überhaupt werden, und vielleicht auch seine glücklichsten. Unter dem Oberkommando des bewährten Karl von Lothringen, teilweise aber auch als Oberbefehlshaber, gelangen ihm die Eroberung von Budapest, der Sieg bei Mohacs und 1688 schließlich auch die Eroberung von Belgrad. Ganz Ungarn, Siebenbürgen und Slawonien waren gewonnen, Ungarn erkannte die Habsburger als erbliche Könige an. Die Vormacht Österreichs auf dem vorderen Balkan war begründet. Max Emmanuel hatte neben seinem eigenen Einsatz viel für diesen Siegeszug geopfert; gut die Hälfte seiner Armee war auf den Schlachtfeldern und in den Lagern, in denen die Seuchen und die mangelhafte Verpflegung das größere Problem darstellten als die Verluste bei den Kampfhandlungen, geblieben, und er hatte nicht weniger als 10 Millionen Gulden aufgewendet, die Subsidien, soweit sie nicht nur versprochen, sondern auch tatsächlich gezahlt worden waren, abgerechnet. Ob sein persönlicher Gewinn, der Ruhm des unüberwindlichen Feldherrn und das daraus sich ergebende Selbstbewusstsein des erst 26-Jährigen den großen Aufwand wert waren, mag man als fraglich ansehen, auch wenn dies in seiner Zeit viel gelten mochte, und ob sich beides auf seine Persönlichkeit günstig auswirkte, erst recht. Sein zorniger Ausspruch, er habe nicht in fünf Feldzügen gekämpft, um sich mit dem zu begnügen, was ihm seine Väter hinterlassen hätten, ist bezeichnend für sein Selbstbewusstsein – wenngleich man es ihm auch nicht wieder direkt verübeln kann, wenn er dem Kaiser nun die Rechnung zu präsentieren gedachte.

Wie wichtig es gewesen war, die Türkenkriege zu einem wenigstens vorläufigen Abschluss zu bringen, sollte sich nur allzu bald zeigen. Schon seit 1684 hatte sich nämlich ein neuer Konflikt mit Frankreich abgezeichnet, doch hatte er sich vorerst nur auf diplomatischer Ebene bewegt, so dass die Truppen noch für den östlichen Kriegsschauplatz frei waren; nun aber kam es zum Treffen auf militärischer Ebene. Der Anlass war ein doppelter. Zum einen stellte Ludwig XIV. Ansprüche auf die durch das Aussterben der Linie Simmern vakant gewordene Pfalz; Erbe war Pfalzgraf Philipp Wilhelm von Neuburg. Das konnte dem König von Frankreich aber nicht gleichgültig sein, denn der hatte als Herzog von Jülich und Berg eine starke Position am Niederrhein, zu der noch das Erzstift Köln kam, auf dessen Stuhl mit Max Heinrich ein Wittelsbacher, ein zweitgradiger Onkel Max Emmanuels saß, welcher zwar bisher sich in einer vorsichtigen Haltung gut mit Frankreich gestellt hatte, allerdings auch nicht mehr der Jüngste war, und es stand bereits der jüngere Bruder Max Emmanuels, Joseph Klemens, als Nachfolger bereit. Ludwig XIV. setzte daher alles daran, eine in absehbarer Zeit drohende Rheinfront kaisertreuer Wittelsbacher rechtzeitig zu sprengen, wobei er eine dreifache Strategie verfolgte. Der erste Ansatzpunkt war dabei Max Emmanuel selbst. Die Situation war in zweifacher Hinsicht für Ludwig XIV. bedrohlich, hatte dieser doch Ansprüche auf die spanischen Niederlande und trotz des Ehevertrags eine vage Hoffnung auf Spanien in der Tasche, die er einforderte. 1688 erschien daher ungefragt der französische Botschafter in München, zu nichts geringerem ausgeschickt, als Max Emmanuel zu einem Bündnis mit Frankreich zu bewegen. Die Verhandlungsmasse war aber nicht allzu groß; Ludwig XIV. ließ zwar durch seinen Gesandten das Blaue vom Himmel versprechen, wie die süddeutschen Hochstifte und Reichsstädte, zudem das Königreich Neapel und die spanischen Niederlande, doch das alles gehörte ihm nicht, es hätte erst noch erobert werden müssen.

Aber Frankreich hatte nicht nur deswegen keine gute Basis bei diesen Verhandlungen. Die anderen Gründe, weswegen Max Emmanuel – nicht ohne reifliche Überlegung – dem Gesandten die kalte Schulter zeigte, waren handfester, und sie lagen in der Politik Ludwigs XIV. gegenüber dem Reich. Nach dem Tod des letzten Kurfürsten aus der Linie Simmern beanspruchte er das pfälzische Erbe; die Schwester des Kurfürsten, die berühmte Liselotte von der Pfalz, war mit dem Bruder Ludwigs verheiratet, und dies nahm er zum Anlass, massiv als Erbe aufzutreten, was in letzter Konsequenz die Annexion der Kurpfalz bedeuten musste. Aber das war noch nicht alles; nach dem lange erwarteten Tod des Erzbischofs von Köln setzte er alles daran, dort Wilhelm Egon von Fürstenberg auf den Stuhl des Erzbischofs zu bringen, der aber nichts weiter war als eine Marionette Frankreichs. Mit dem Griff über den Rhein hinaus hatte er freilich den Bogen überspannt, wie er bald feststellen musste. Schon 1686 hatte sich zur Abwehr dieser Ansprüche in Augsburg eine Allianz gebildet, der unter anderem der Kaiser, Schweden, Spanien und Bayern und als der hauptsächlich Betroffene Pfalz-Neuburg angehörten. Als Ludwig XIV. bei der 1688 anfallenden Wahl des Erzbischofs von Köln durch das Eingreifen des Papstes eine Niederlage einstecken musste und Joseph Klemens den Stuhl besteigen konnte, musste er losschlagen, wollte er die Schlacht nicht schon auf dem diplomatischen Parkett verlieren. Die Zeit drängte inzwischen, soeben war Belgrad gefallen, und in Kürze würde der Augsburger Allianz alles, was sie an Truppen aufbringen konnte, zur Verfügung stehen.

Neun Jahre sollte der so genannte pfälzische Erbfolgekrieg dauern, und Ludwig XIV. erreichte dabei nicht eines seiner Ziele; selbst seine Macht war an ihre Grenzen gestoßen. Leidtragend war dabei in erster Linie das vom Krieg erfasste Reichsgebiet, da es den alliierten Heeren nicht gelang, die französischen Grenzen zu überschreiten. Der neuerliche Angriff hatte auch an der Augsburger Allianz nicht beteiligte Mächte auf den Plan gerufen, namentlich Holland und England, die seit 1688 unter Wilhelm von Oranien in Personalunion regiert wurden. Max Emmanuel hatte an der Kriegsführung nur wenig Anteil, obwohl er ein Korps von 20 000 Mann anführte, aber das war bis zum Jahre 1692 nie an den entscheidenden Schauplätzen eingesetzt. Er war mit dem Versprechen des Kaisers ausgezogen, die spanischen Niederlande übertragen zu bekommen, doch es bedurfte erst des Einsatzes Wilhelms von Oranien, dass er wenigstens die Statthalterschaft dort übernehmen konnte; 1692 zog Max Emmanuel in Brüssel ein, mit dem Titel eines Generalkapitäns der Niederlande. Militärisch unterstand er als Stellvertreter indessen weiter Wilhelm von Oranien, dessen übervorsichtige Kriegsführung ihm überhaupt nicht behagte. Aus heutiger Sicht muss man dem drängenden Max Emmanuel recht geben, mehrmals wurden durch das Zaudern Wilhelms Chancen verspielt, dem Krieg eine Wende zu geben. Die Statthalterschaft Max Emmanuels war trotz seines besten Willens nicht glücklich, was nicht nur an den Umständen des Krieges lag. Seine glanzvolle Hofhaltung, die Unsummen verschlang, erregte gehörigen Unmut, ebenso wie er sich auch den Intrigen des Brüsseler Hofes als kaum gewachsen erwies, die ihm seine besten Mitarbeiter kosteten. Dabei hatte er sich durchaus an große Projekte gewagt, wirtschaftliche Reformen und eine Verfassungsreform angestrebt und beträchtliche Mittel aus seinem Kurfürstentum Bayern investiert, so dass man in München bereits murrte, er „brocke Bayern den Niederlanden ein". Er arbeitete auf den souveränen Besitz der Niederlande hin; inzwischen, 1692, war ihm auch der ersehnte Erbe, Joseph Ferdinand geboren, der ihm alle Möglichkeiten in die Zukunft zu eröffnen schien.

Um das Erbe Spaniens
1697 wurde der Friede geschlossen; er bestätigte den Status quo. Das einzige, was in dem Vertrag zu Ryswick einem Bayern zugesprochen wurde, war Kurköln, das seit 1688 französisch besetzt gewesen war; aber von den Niederlanden oder Bayern war nicht die Rede, es blieb also bei den früheren Zusagen, von denen man aus kritischer Distanz betrachtet schon jetzt nicht mehr allzu viel halten konnte. Es lag auf der Hand, dass der Kaiser immer die Niederlande dem bayerischen Kurfürsten nur als Köder hinhielt, genau wie der König von Frankreich auch. Max Emmanuel aber sah das nicht; wie sollte er auch, die Niederlande waren inzwischen aus seiner Sicht zur sekundären Größe geschrumpft, nun ging es – noch nicht für ihn persönlich, aber für seinen Sohn und damit sein Haus – um Spanien.

Die Aussichten auf dieses Erbe standen keineswegs so schlecht, wie man aufgrund der Ausschlussklausel im Heiratsvertrag Marie Antonies annehmen musste, denn in Spanien, und darauf schien es anzukommen, dachte man über die Sache anders. Der Erbverzicht Marie Antonies war nach dem spanischen Recht null und nichtig, denn er widersprach dem Testament König Philipps IV. Nach diesem war von seinen Töchtern für den Fall, dass sein Sohn Karl II. kinderlos bleiben würde – und das war er – nur die Ehefrau Kaiser Leopolds I. erbberechtigt, nicht aber die Ludwigs XIV. Leopold I. kam als Erbe nur in Frage, falls seine Ehe kinderlos bliebe, da er der Sohn einer spanischen Infantin aus einer älteren Generation war, aus seiner Ehe aber stammte eben Marie Antonie, die Mutter Joseph Ferdinands. Der Erbverzicht Marie Antonies widersprach dem Erbrecht ihrer Mutter, sie hatte ein Erbe ausgeschlagen, das ihr noch gar nicht zugefallen war, und hätte aus spanischer Sicht bedeutet, dass es überhaupt keinen Erben für Spanien mehr gegeben hätte. Außerdem, und das wog noch schwerer, konnte sie auf ihr Erbe inzwischen schon deshalb nicht verzichten, weil sie tot war – sie war bei der Geburt ihres Sohnes gestorben – und daher hätte eine Gültigkeit ihres Verzichts bedeutet, dass der einzig legitime Nacherbe der einzigen legitimen Erbin Philipps IV. um sein Erbe betrogen worden wäre. So sah es Madrid, und so sah es natürlich auch Max Emmanuel; aber Madrid und Brüssel, wo er residierte, waren nicht die ganze Welt. Denn natürlich erkannte Ludwig XIV. den Erbverzicht seiner Gemahlin nicht an, und er hatte eine Begründung dafür; im Ehevertrag, den noch Mazarin ausgearbeitet hatte, hatte es geheißen, dass der Erbverzicht nur zum Tragen komme, wenn die Mitgift vollständig ausbezahlt sei, und das war nicht geschehen – von welchem Geld hätte sie denn auch bezahlt werden sollen, die Ehe war zusammen mit dem Pyrenäenfrieden vereinbart worden, der einundvierzig Jahre Krieg beendete. Aber dafür ganz Spanien als Pfand zu nehmen, wurde in Madrid zu Recht als unbillig betrachtet.

Die Aufregung, die in ganz Europa um das spanische Erbe herrschte, hatte gute Gründe. Man muss sich, um das Folgende zu verstehen, vor Augen halten, dass es bei diesem spanischen Erbe nicht nur um Spanien und die spanischen Niederlande ging. Schon das allein wäre eines der größten Reiche Europas gewesen; aber Spanien bedeutete im ausgehenden 17. Jahrhundert weit mehr. Zu Spanien gehörte das Königreich Neapel mit Sizilien und der Hälfte der Toskana, und dazu das Herzogtum Mailand. Und zu Spanien gehörten die überseeischen Besitzungen der spanischen Krone, ganz Mittelamerika und zwei Drittel Südamerikas, deren wahrer Reichtum an Bodenschätzen und agrarischen Produktionsmöglichkeiten sich erst zu entfalten begann. Wenn dieses Reich auch finanziell durch die beinahe zweihundert Jahre langen Kriege zu der Zeit desolat dastand, es bedeutete immer noch einen unerhörten Reichtum, es hatte die Kontrolle über das ganze westliche Mittelmeer und über den südlichen Atlantik.

Daraus ergibt sich zwingend die Meinung, die man bei den nicht selbst auf das Erbe hoffenden europäischen Mächten über das spanische Erbe hatte; im Besitz dieses ungeheuren Komplexes wollte man weder Frankreich noch Österreich sehen. Eine Vereinigung Spaniens mit Österreich hätte nichts anderes bedeutet als eine Wiedererrichtung des Reichs Karls V., und das war in Europa immer noch ein abscheuliches Schreckgespenst, noch dazu jetzt, wo Österreich den halben Balkan in der Hand hatte. Es durch eine Erbfolge Frankreichs zu verhindern, war aber keine schönere Vision; die Vorstellung, Frankreich könnte die ganze europäische Küste von Flandern bis Gibraltar und von dort bis zur Südspitze Italiens beherrschen, erweckte bei den Seemächten Besorgnis, ganz abgesehen davon, dass Holland sich die direkte Nachbarschaft eines solchen politischen Riesen nicht wünschen konnte. Die spanischen Niederlande in habsburgischer Hand waren dagegen nur ein isolierter Teilbereich der gesamten Macht, damit kam man notfalls zurecht.

Es gab zwei Möglichkeiten, das eine wie das andere zu umgehen. Die erste war zu versuchen, auf eine Teilung des spanischen Erbes hinzuarbeiten; ein Königreich Spanien, ein Königreich Neapel, ein Herzogtum Mailand, die spanischen Niederlande, vielleicht zwei davon in einer Hand, aber möglichst weit auseinander liegend – es gibt so gut wie keine Konstellation, die an Europas Höfen nicht geplant, diskutiert, und durch eilige Kuriere an andere Höfe getragen wurde. Nur an zwei Höfen wollte man davon überhaupt nichts wissen, zum einen in Madrid, wo man allen Teilungsplänen entschieden abgeneigt war; schließlich wollte man nicht seit zweihundert Jahren Gut und Blut der Spanier für den Aufbau dieses Reichs geopfert haben, um nun alles wieder in Trümmer sinken zu lassen. Und zum anderen in Wien, wo man schlicht alles zusammen erben wollte; die Idee der Wiedererrichtung des Reichs Karls V. wurde schnell zu einer Chimäre, um deretwillen Kaiser Leopold das Erreichbare zu opfern bereit war. Zwischen diesen beiden Positionen gab es noch einen dritten Hof in Europa, an dem man einem jeden Teilungs- oder Erbplan interessiert zuzuhören schien, insgeheim jedoch sich das Ganze unter den Nagel zu reißen hoffte, und das war Paris.

Wenn eine Teilung aus spanischer Sicht aber nicht in Frage kam, gab es nur eine Lösung: Ein Erbe für Spanien, der weder mit der einen noch mit der anderen Macht in allzu enger Verbindung stand, der aus Spanien eine dritte Kraft machen würde, und der gemessen an der Größe der Erbmasse nicht viel an Eigenem hinzubringen würde, und so sah sich Max Emmanuel plötzlich im Brennpunkt der europäischen Diplomatie. Er war ja auch tatsächlich im Recht; sein Sohn aus erster Ehe war nach spanischen Vorstellungen der legitime Erbe dieses Riesenreichs. Im Gegensatz zu Österreich und Frankreich, wo man nie wirklich daran gedacht hatte, ihm auch nur die spanischen Niederlande zu überlassen, nahmen die Seemächte die Prätendur Joseph Ferdinands ernst; Wilhelm von Oranien hatte schon um Hollands willen, aber erst recht aus der Sicht Englands größtes Interesse, Spanien nicht mit einer der beiden bereits bestehenden Großmächte zu vereinigen. Vor allem wollte man keinen Krieg um das spanische Erbe, der einem Weltkrieg gleichkommen musste. Sein Plan, über den er sich sogar mit Ludwig XIV. einigen konnte – wobei niemand wissen konnte, was dieser sich dabei wirklich dachte – lief dahin, dem bayerischen Kurprinzen Spanien mit den Niederlanden und den Besitzungen in der neuen Welt zu überlassen, und Frankreich mit Sizilien und Neapel samt der Toskana einen respektablen Ausgleich zu gewähren, während Österreich mit dem Herzogtum Mailand abgefunden werden sollte. Wie überzeugt Wilhelm von Oranien von seinen eigenen Vorstellungen war, ist daraus ersichtlich, dass er sogar für den Fall des vorzeitigen erbenlosen Todes des bayerischen Kurprinzen seinen nächsten Blutsverwandten als Erben vorsah – und das war kein anderer als Max Emmanuel.

Die stärkste Partei am Madrider Hof war für den bayerischen Kurprinzen als Erben; gegen diesen war eine kaiserliche Partei, die paradoxerweise nicht von den Habsburgerinnen beiderlei Nationalität geführt wurde – die waren der verstorbenen Marie Antonie und ihrem Sohn Joseph Ferdinand zugewandt – sondern ausgerechnet von einer Wittelsbacherin, der zweiten Gemahlin König Karls II., Anna Maria von Pfalz-Neuburg, die Max Emmanuel, obwohl er in eigener Person auf den flämischen Schlachtfeldern für den Erhalt der Kurpfalz für ihr Haus gekämpft hatte, hasste wie die Pest. Und schließlich gab es auch noch eine französische Partei, die für Philipp, den Enkel Ludwigs XIV. war, allerdings hatte sie die schwächsten Kräfte auf ihrer Seite. Das Testament König Karls II. lautete auf Joseph Ferdinand; niemals ein Mensch von großer Entschlusskraft und Konsequenz, war er in seinem Siechtum erst recht nicht in der Verfassung, klare Entscheidungen zu treffen. Seine Gemahlin erreichte es 1697, dass er das Testament widerrief und eine neue Verfügung zugunsten des zweiten Sohnes Kaiser Leopolds, Karl getroffen wurde. Sein älterer Bruder, Joseph I., war bereits zum römischen König gewählt, es würde also wie seit den Tagen Karls V. weiterhin zwei habsburgische Linien geben, die Welt würde also in der alten Ordnung bleiben. Allerdings war die neue Verfügung mit der Forderung nach dem Kriegseintritt des Kaisers gegen Frankreich verbunden, was Leopold I. zurückschrecken ließ. Einig waren sich die Parteien in Madrid nur in einem: das spanische Erbe sollte nicht geteilt werden, die Pläne Wilhelms von Oranien waren damit hinfällig, obwohl sie nüchtern betrachtet von allen die vernünftigsten gewesen waren. 1698 erfolgte, nachdem die kaiserliche Partei aufgegeben hatte, ein drittes Testament Karls II., nun wieder zugunsten des bayerischen Kurprinzen, und zwar diesmal eindeutig als Universalerbe des spanischen Reiches.

Für Wilhelm von Oranien war diese Wendung nicht weiter problematisch, im Grunde entsprach diese Version seinem Plan und war ihm somit sogar die sympathischste; weniger begeistert war Ludwig XIV., der bereits jetzt verlauten ließ, er erwäge dann eine Entscheidung auf dem Schlachtfeld, und auch in Wien gab es Kreise, die auf eine gewaltsame Lösung drängten, weniger der Kaiser selbst, der nahe daran war, zu resignieren und seinen Enkel, der Joseph Ferdinand nun einmal war, als den spanischen Erben zu akzeptieren. Der Machtzuwachs Bayerns würde nicht so sehr ins Gewicht fallen, schließlich hatte Max Emmanuel seit 1697 aus seiner zweiten Ehe mit der polnischen Prinzessin Therese Kunigunde einen weiteren Sohn; dieser, Karl Albrecht, hatte, da er mit den spanischen Habsburgern nur noch weitläufig verwandt war, keine reelle Chance, seine Hände nach dem spanischem Erbe auszustrecken. Es war daher zu erwarten, dass es zu einer Teilung der bayerischen Wittelsbacher in eine spanische und eine bayerische Linie kommen würde. Am misstrauischsten von allen reagierte Max Emmanuel selbst; er erwartete genau die Widerstände aus Paris und Wien, die sich dort formierten. Allerdings bot Ludwig XIV. Verhandlungen an; gegen die Zusage einer Abtretung von Neapel und Sizilien könne man über die Sache ja vielleicht reden, war aus Paris zu hören, und schließlich hatte auch die Garantie der Seemächte Gewicht – Max Emmanuel schien am Ziel seiner Wünsche.

Es hätte in der Tat noch alles zu einem guten Ende kommen können, aber da traf das Haus Wittelsbach und ganz Europa ein Schlag, mit dem niemand rechnen hatte können: Am 6. Februar 1699, keine vier Monate nach seiner Einsetzung zum spanischen

Universalerben, starb in Brüssel der siebenjährige Prinz Joseph Ferdinand. Max Emmanuel soll am Totenbett seines Sohnes ohnmächtig zusammengebrochen sein; das klingt nach alledem glaubwürdig, er mag sich vom Schicksal geradezu verhöhnt erschienen sein. Nicht einmal der ihn begünstigende Artikel im Vertrag zwischen Frankreich und den Seemächten, der ihn zum Erben seines Sohnes machte, war nun noch etwas wert, da der Kurprinz noch nicht König von Spanien gewesen war. Nun war alles wieder offen – in dem Kindersarg lag nicht nur der Leichnam des siebenjährigen Prinzen, es wurde in ihm auch der Friede Europas begraben. Weder Frankreich noch Österreich, und sonst kam für das spanische Erbe nun niemand mehr in Frage, würden dem anderen alles überlassen, und von einer Teilung wollte nun niemand mehr etwas wissen, sofern Ludwig XIV. jemals dies wirklich akzeptiert hatte. Wilhelm von Oranien bemühte sich, noch einmal seinem Teilungsplan Geltung zu verschaffen, vor allem, um den jetzt als unvermeidlich erscheinenden Krieg zu umgehen, doch er fand kein Gehör mehr. Am Zug war jetzt Ludwig XIV., der bis dahin in Madrid die schlechteste Position gehabt hatte; nun erschien er in Spanien als derjenige, der die Einheit des Erbes, jenes Phantom, das das Handeln in Madrid bestimmte, am besten zu wahren versprach. Der bereits todkranke Karl II. verfasste sein viertes Testament, jetzt zugunsten Philipps, des Enkels Ludwigs XIV., und am 1. November 1700 starb er, die Entscheidung war damit gefallen. Als Philipp V. wurde der Bourbone zum König von Spanien ausgerufen. Die Seemächte erkannten um des Friedens Willen den neuen König von Spanien an, aber Wilhelm von Oranien war zutiefst verstimmt.

Max Emmanuel war in eine schwierige Lange geraten. An sich war er jetzt, unabhängig vom Schicksal seines Sohnes, der legitime Erbe der spanischen Niederlande, mit dem Tod Karls II. war der seit 1684 erwartete Vertragsfall eingetreten, aber diese mussten nun von Philipp V. beansprucht werden, wollte er sich in Madrid nicht wegen des Verrats am Gedanken der Einheit des spanischen Reiches schon von Anfang an in Misskredit bringen. Auch aus Wien kam keine Ermunterung für den bayerischen Kurfürsten; dort wurden die Niederlande für Erzherzog Karl beansprucht, wie es in den letzten Verhandlungen um eine Teilung beschlossen worden war, ohne die Ansprüche Max Emmanuels überhaupt zu erwähnen. Als französische Truppen für Spanien die Niederlande besetzten, konnte er militärisch nicht widerstehen; er übergab die Niederlande beinahe kampflos, zum einen, um Fühlung mit Paris aufzunehmen, und zum anderen, weil er begreiflicherweise keine Lust hatte, sich weiter für

Wien einzusetzen. Seine Erbitterung über Österreich war grenzenlos, er fühlte sich – mit Recht – auf der ganzen Linie betrogen, alles, was er seit 1680 für Habsburg eingesetzt hatte, erwies sich jetzt als vergeblich, der schärfste Widerstand gegen die Nachfolge seines Sohnes im spanischen Erbe war aus Wien gekommen. Wie sollte er sich in den nun auf ihn zukommenden Auseinandersetzungen auf die Seite Habsburgs stellen? Er konnte es sich nicht leisten, sich um leerer Dankesworte Willen für Österreich einzusetzen, aus Gründen der Selbstachtung nicht und materiell noch weniger. Er war auch nicht eben gut zu sprechen auf Ludwig XIV., von dem er sich ebenfalls getäuscht fühlen musste. Sich in eine grollende Neutralität zurückzuziehen, war ihm jetzt auch nicht möglich. Zumindest musste er auf der Seite des Reiches stehen, wenn es zum Reichskrieg kommen würde, und damit war zu rechnen; aber das würde ihm keine Satisfaktion bringen. Ein Anschluss an eine der Parteien war in jedem Fall gefährlich, weniger gefährlich schien aber immer noch ein Sieg Frankreichs, und damit war nach allem Ermessen eher zu rechnen als mit dem Erfolg Österreichs. Aber er wollte auch seinen persönlichen Gewinn nicht aus den Augen verlieren, und der ließ eine voreilige Bindung als nicht ratsam erscheinen. Wenn ihm schon die spanische Krone entgangen war, so sollte es wenigstens eine andere Königskrone sein; Neapel vielleicht, oder noch besser, ein Königreich auf deutschem Boden, alle Lande des Hauses Wittelsbach in seiner Hand vereinigend. Das konnte ihm Ludwig XIV. leicht versprechen; die Kurpfalz, nun mit Pfalz-Neuburg vereinigt, stand auf der Seite des Kaisers. Aber garantieren konnte es wieder nur der Kaiser, der es schließlich anerkennen musste. Konkret hieß das für ihn, nach beiden Seiten zu verhandeln, und letztlich beide Seiten zu täuschen. Max Emmanuel ließ sich auf ein diplomatisches Va-Banque-Spiel ein, das nur ein politisches Genie gewinnen hätte können, und das war er nicht. Unseligerweise war auch auf der Gegenseite kein solches zu finden, am wenigsten in Wien; man ignorierte dort die Gefahr, die von ihm ausgehen konnte, und dass man damit recht behalten sollte, war nichts weiter als unverdientes Glück.

Und es ging eine große Gefahr von ihm aus. Er war auf dem besten Weg, ganz Süddeutschland zu neutralisieren, um sich den Rücken freizuhalten, und es schien ihm tatsächlich zu gelingen; als er aber, von Österreich kalt abgefertigt, am 9. März 1701 zu Versailles den Vertrag mit Frankreich schloss, brach das System wieder zusammen, man hatte sich seitens der süddeutschen Fürsten von Bayern einen Schutz gegen Frankreich erhofft und wollte nicht seinem Bundesgenossen die Flanke schützen. Unversehens war er in mehr als einer Hinsicht in eine isolierte Situation geraten. Denn auch über seinen Bündnispartner zog sich von allen Seiten das Gewitter zusammen; Österreich und das Reich schlossen die Haager Allianz mit den Seemächten, die in den Krieg gegen Ludwig XIV. einzutreten bereit waren, der endlosen Provokationen überdrüssig, die seit 1700 gegen sie ergangen waren. Max Emmanuel hatte jetzt nur noch eine Karte in der Hand, auf die er alles setzen musste. Es sollte die falsche sein, obwohl Ludwig XIV. den größten Teil seiner eigenen Pläne umsetzen konnte.

Dass das Unternehmen für Bayern jedoch zu einer Katastrophe geriet, lag an der Unfähigkeit der französischen Generäle, mit denen er zusammen kämpfen musste. Führende Militärhistoriker sind heute der Ansicht, dass Max Emmanuel, hätte er sich mit seinem strategischen Konzept durchsetzen können, den Krieg gewonnen hätte, nicht für Frankreich zwar, für das die Fronten in ganz Europa viel zu lang waren, aber für sich und vielleicht auch für Bayern. Tatsächlich schlug er 1703 kurz nacheinander die zwei österreichischen Armeen, die Bayern angriffen. Der Weg nach Wien war frei, eine vereinigte bayerisch-französische Armee hätte in wenigen Wochen Habsburg entscheidend treffen können. Max Emmanuel allerdings wagte den Angriff nicht, da er hoffte, allein schon die Gefahr seines Vorstoßes würde den Kaiser zum Einlenken bewegen. Als Max Emmanuel mit der Eroberung Tirols die Schlinge enger zog, blieb jedoch trotz des ausdrücklichen Befehls Ludwigs XIV. die Unterstützung aus, so dass er sich bedrängt vom Aufstand der Tiroler Landfahnen, die die Pässe einnahmen, wieder zurückziehen musste. Damit war die Initiative für Max Emmanuel verloren, und er kam in der Folge aus der Defensive nicht mehr heraus.

Zunächst blieb er gegen die österreichischen Angriffe auch ohne französische Hilfe siegreich. Bayern blieb bis zum Sommer 1704 eine uneinnehmbare Festung; man muss dazu sagen, dass es Max Emmanuel nur mit der zweiten Garnitur der alliierten Befehlshaber zu tun hatte, denn Prinz Eugen von Savoyen, seinerzeit das größte militärische Genie, war auf den italienischen Schlachtfeldern beschäftigt, und der englische Befehlshaber, der Herzog von Marlborough, kämpfte in den Niederlanden. Allerdings waren die französischen Generäle, die mit ihm zusammen operierten, noch nicht einmal so gut wie seine Gegner. Das bekam er zu spüren, vor allem, als sich seit Juli 1704 alle Kräfte der Haager Allianz auf Bayern konzentrierten; offensichtlich empfand man die Festung Bayern allmählich als gefährlich, und der immer noch drohende Vorstoß nach Wien wäre nicht so leicht aufzuhalten gewesen wie der nach Tirol.

Während der ganzen zwei Jahre hatte Max Emmanuel, durch verschiedene politische Initiativen begünstigt, immer wieder mit Gesandten des Kaiserhofes verhandelt; vor allem der Kurfürst von Brandenburg, der um seine eigene Anerkennung als König von Preußen buhlte und sich eine Niederlage des Kurfürsten von Bayern nicht wünschen konnte, fädelte wiederholt die Kontakte ein. Alle Verhandlungen scheiterten jedoch an der hartnäckigen Forderung Max Emmanuels nach der Königskrone, auf die der Kaiser nicht eingehen wollte. Das zog sich so lange hin, bis der Kaiser gar keinen Grund mehr hatte, auf irgendeine Forderung Max Emmanuels einzugehen, denn inzwischen standen sowohl die Armee des Prinzen Eugen als auch die des Herzogs von Marlborough an den bayerischen Grenzen. Max Emmanuel hielt noch immer die Donaulinie, und als seine Truppen endlich durch ein französisches Heer verstärkt wurden, versuchte er die Entscheidung zu erzwingen, wobei die taktischen Operationen durch die Uneinigkeit der Kommandeure unselig verzögert wurden, so dass es schließlich am 13. August 1704 zu jener Schlacht von Höchstädt und Blindheim kam, die mit einer vernichtenden Niederlage der französisch-bayerischen Armee endete. Mit den abziehenden Franzosen, die dem Befehl Ludwigs XIV. folgten, Deutschland östlich des Rheins zu räumen, begab er sich in die Niederlande, immer noch ein Heer von 25 000 Mann führend, um von dort aus den fast schon aussichtslosen Kampf an der Seite Frankreichs fortzusetzen. Bayern war der Willkür der Sieger preisgegeben.

Inzwischen setzten seine Gegner im Reich dazu an, ihm den letzten Schlag zu versetzen. Am 29. April 1706 wurde wegen Landfriedensbruchs und Verbindung mit dem Reichsfeind über ihn die Reichsacht verhängt. Nicht nur sein, auch das Schicksal Bayerns sollte besiegelt werden; die Oberpfalz sollte wieder an Kurpfalz fallen, zahlreiche kleinere Herrschaften sollten den Nachbarstaaten zugeschlagen werden, und der Herzog von Marlborough sollte Reichsfürst von Mindelheim werden. Das Land selbst wollte Kaiser Joseph I. behalten, was allerdings am Widerstand vieler Reichsstände, namentlich Preußens scheiterte, die diesen Machtzuwachs Habsburgs nicht dulden konnten.

Sechs Jahre blieb alles in der Schwebe. Max Emmanuel, nach dem Verlust Brüssels inzwischen auf einen schmalen Streifen an der französischen Grenze zurückgedrängt, hatte inzwischen auch das Vertrauen Ludwigs XIV. nicht mehr, da er auf alle Weise versuchte, sich durch Geheimverhandlungen mit den Alliierten noch zu retten; allerdings standen die Dinge schlecht. Diese beherrschten inzwischen Italien und die Niederlande, Frankreich schien endgültig auf der Verliererstraße, und die angebotenen Dienste des geschlagenen, mittellosen Geächteten brauchte in Wien und London niemand; lediglich in Den Haag hatte er Befürworter, allerdings auch nur deswegen, weil man ihn in den spanischen Niederlanden loswerden wollte. Dabei standen in seinen verschiedenen Schreiben immer noch sich aus der Sicht der Sieger grotesk ausnehmende Forderungen – wie sollte ein Kaiser bereit sein, Mailand, Sardinien und Mantua gegen ein Bayern zu tauschen, das er bereits in der Hand hatte?

Und doch: schließlich wandte sich das Glück wieder zu seinen Gunsten. Es war eine Reihe kaum glaublicher Zufälle, die es ihm wenigstens möglich machten, Bayern wiederzugewinnen, und wenn dieses Ergebnis der langen Kämpfe für ihn auch eine Enttäuschung sein sollte, so war es gemessen an der Lage des Jahres 1711 doch immer noch ein Erfolg. In diesem Jahr war jedoch Kaiser Joseph I. gestorben, als Nachfolger wurde sein Bruder Karl gewählt, eben der, der als Erbe der an Habsburg fallenden Teile des spanischen Reichs – bis dahin sollte das aus der Sicht Wiens immer noch das Ganze sein – ausersehen war. Damit brach ein System zusammen; es wäre wieder genau die Situation entstanden, die England und Holland so verzweifelt zu vermeiden versucht hatten, nämlich dass das spanische Reich in eine einzige Hand fallen würde, und nun gar in die, die auch das Reich und Österreich hatte. Die Allianz zerfiel, so schnell sie entstanden war, im Dezember zog die englische Armee ab, und zugleich begannen zu Utrecht die Friedensverhandlungen zwischen England und Frankreich. Auch der geächtete Kurfürst von Bayern kam dabei wieder in das Gespräch. Es war keine freundliche Geste Ludwigs XIV. gegenüber Max Emmanuel, dass er dabei dessen volle Restitution – das heißt also auch in den Niederlanden – forderte; für den König von Frankreich ging es nur noch darum, dem Feind in Wien möglichst wenig aus dem spanischen Erbe in die Hände fallen zu lassen, das Ganze zu halten, konnte er trotz der für seine Armeen günstigen Lage seit dem Ausscheiden der Seemächte aus der Allianz kaum mehr hoffen. Wesentlich war noch etwas anderes; er würde auch weiterhin ein unabhängiges Bayern im Reich als Stütze benötigen, noch war der bourbonisch-habsburgische Dualismus nicht ausgestanden, und mit den Gewinnen, die Österreich nun haben würde, wurde die Lage für Frankreich diesem gegenüber noch ein wenig ungünstiger. Die Diplomaten der Seemächte akzeptierten diese Forderung stillschweigend, die Souveränität größerer Mittelstaaten im Reich war auch für London von Interesse, und erst recht war es ihnen genehm, Frankreich von den Grenzen Hollands fernzuhalten. An der Begründung einer bourbonischen Dynastie in Spanien gab es ohnehin nun keinen Zweifel mehr, sie wurde mit dem Vertrag von Utrecht endgültig anerkannt.

Bis zuletzt war Max Emmanuel gesonnen, Bayern gegen einen Teil des spanischen Erbes in Italien an Österreich zu vertauschen, und man war in Wien daran nicht uninteressiert; die staatliche Existenz Bayerns stand wie in seiner ganzen langen Geschichte nie zuvor auf dem Spiel. Aber keines der Projekte, die in der Folge diskutiert wurden, fand die Zustimmung aller Beteiligten, entweder war das Angebot Max Emmanuel zu niedrig oder dem Kaiser die Forderung zu hoch, oder aber es stieß ein von beiden einigermaßen akzeptiertes Vertragswerk an die Interessen anderer. So blieb es schließlich dabei, dass Max Emmanuel 1714 im Frieden von Rastatt Bayern ungeschmälert zurückerhielt, sonst aber nichts. Österreich hatte zuletzt alles aus dem spanischen Erbe erhalten, was nicht in Spanien selbst oder in Übersee lag, auch die Niederlande. Für die Zukunft sollte das zwar eher eine Belastung sein als ein Gewinn; für den Augenblick hatte man Frankreich freilich in die Schranken gewiesen.

Die Wittelsbachische Hausunion und das Österreichische Erbe

Es lag der Natur Max Emmanuels nahe, dass der Geschlagene, als er nach München heimkehrte, das nun unwiderruflich seine Residenz sein musste, sofort seine Augen auf das nächste Projekt richtete. Schon am 20. Februar 1714, noch vor dem Frieden von Rastatt, hatte er sich die Hilfe Frankreichs für den Fall offen gehalten, dass das Haus Österreich aussterben würde. Das war keineswegs eine Chimäre, aber das waren die Pläne Max Emmanuels am Anfang nie gewesen, er hatte nur nie begriffen, wann sie den Bereich des Realistischen verließen und zu Grabe getragen hätten werden müssen. Karl VI., seit 1711 Kaiser, hatte noch keine Söhne, der Bestand des Hauses Bayern aber war bis auf weiteres gesichert; jederzeit konnte der Erbfall eintreten. Der Endkampf zwischen Bayern und Habsburg war noch nicht zu Ende, seine letzte Phase stand erst bevor, und diese sollte bis zum Ende des alten Reiches dauern.

Als Max Emmanuel nach dem Frieden von Rastatt 1714 nach Bayern heimgekehrt war, schien der wittelsbachische Traum von der Großmacht zu Ende; nach all den Kämpfen waren nur zwei Positionen übrig geblieben, und es war schon als Glück zu werten, dass es sich um die handelte, die es auch schon vor dem spanischen Erbfolgekrieg innegehabt hatte, zum einen das ungeschmälerte

Kurfürstentum Bayern und zum anderen die Bistümer in der bayerischen Sekundogenitur. Es wäre nun der Zeitpunkt gewesen, auf den Boden der historischen Tatsachen zurückzukehren und die Geschichte des Hauses Wittelsbach mit der des Landes Bayern so zu vereinigen, wie es seit über sechs Jahrhunderten gegeben war. Max Emmanuel war bereit gewesen, beides voneinander zu trennen, um der Dynastie die europäische Geltung zu verleihen, die er ihr als angemessen und zu der er sie berufen betrachtete. Es hätte genug Aufgabenfelder gegeben; das Kurfürstentum war, nicht allein durch die langen Abwesenheiten des Kurfürsten – die längste Zeit, die er zusammenhängend in seinem Land weilte, sollte jetzt, nach seiner Rückkehr folgen, ganze elf Jahre bis zu seinem Tod 1726 – aber doch auch in der Hauptsache deshalb in einem desolaten Zustand; eine Schuldenlast von über 20 Millionen Gulden, die in der Relation zu einer Zahl von etwas mehr als einer Million Einwohner und Staatseinkünften von etwa vier Millionen Gulden zu sehen sind, eine verlotterte Verwaltung und eine an der Grenze der Verarmung stehende Bevölkerung waren die Realitäten, der sich der Fürst eigentlich zu stellen hatte, und es hätte eines Staatsmannes vom Format eines Maximilian I. bedurft, um diese Probleme wieder in den Griff zu bekommen. Tatsächlich sollten die Finanzen des Kurfürstentums bis zum Ende des alten Reichs und sogar noch darüber hinaus eine der bedrängenden innenpolitischen Fragen bleiben.

Doch Max Emmanuel war kein innenpolitischer Baumeister, kein zäher Arbeiter an der Ordnung des Staatswesens, kein klarsichtiger Landesherr; trotz der Niederlage betätigte er sich als das, als was er sich fühlte, als Machtpolitiker großen Zuschnitts, dem es beschieden sein sollte, sein Haus auf den Gipfel seiner Geschichte zu führen. Die spanische Sache war erledigt, doch zeichnete sich nun bereits die nächste Hoffnung am Horizont ab, nämlich der von Bayern lange erwartete Anfall des österreichischen Erbes. Kaiser Karl VI., schon vierzig Jahre alt, war noch immer kinderlos; wenn er ohne einen Sohn zu hinterlassen stürbe, würde endlich jener Fall eintreten, auf den man in München schon seit den Tagen Albrechts V. wartete, nämlich das Aussterben des Hauses Habsburg und der im Ehevertrag der Marie Antonie bestimmte Übergang der habsburgischen Besitzungen an Wittelsbach. Verglichen mit den kurzen spanischen Träumen und den imaginären Königskronen irgendwo in Europa war das sogar die ungleich größere Chance auf die europäische Geltung, ganz abgesehen von der sich nun abzeichnenden politisch organischen Verbindung von Bayern, Böhmen und Österreich.

Schon 1714 hatte er im Vertrag von Fontainebleau ein Abkommen getroffen, das ihm die Unterstützung für den Fall sicherte, dass das Haus Habsburg aussterben würde. Noch immer konnte der König von Frankreich seine Bastion im Reich gegen die Habsburger nicht entbehren; Ludwig XIV. hatte den Ausgang des spanischen Erbfolgekriegs, obwohl er Spanien für seinen Enkel sichern hatte können, als Demütigung empfunden, noch immer war die Zerschlagung der habsburgischen Stellung im Reich eines seiner Ziele. Er konnte freilich nicht mehr so viel verlangen, wie er dies früher vermocht hatte, so dass sich die Gegenleistungen Bayerns nur auf wenige Punkte beschränkten; der Kurfürst hatte nur auf die Vertretung der französischen Positionen auf dem Reichstag zu achten, sogar die Beteiligung des bayerischen Kontingents an einem Reichskrieg gegen Frankreich wurde erlaubt. Der Vertrag war nicht mehr als eine beiderseitige Rückversicherung; Max Emmanuel versuchte daher, seine Position auch auf anderen Wegen zu verbessern, und der erfolgversprechendste war die direkte Annäherung an Habsburg, so kühl man ihm dort auch gegenüber stehen mochte.

Als 1715 der Türkenkrieg wieder ausbrach, schien die beste Gelegenheit hierzu gekommen zu sein; die Politik der Jahre nach 1680 erfuhr eine buchstäbliche Neuauflage. Allerdings nahm der Kaiser diesmal nicht das Angebot des bayerischen Kurfürsten an, sich mit allen Kräften in den Kampf zu werfen, und von einem militärischen Kommando Max Emmanuels wollte er nichts wissen, eine Verpflichtung gegen den Bayern wie 1682 wollte man nicht wieder eingehen. So kam es erst nach zähen Verhandlungen zu einer Allianz, die sich auf eine Beteiligung eines bayerischen Hilfskorps von 5 000 Mann belief; zur Genugtuung Max Emmanuels führte es 1717 prompt die Entscheidung bei der Rückeroberung Belgrads herbei. Aber der erste Schritt schien getan, und nach einigen Jahren folgte der Griff an den Nerv der Sache, als 1722 sich der Kaiser endlich zur Aussöhnung mit Bayern bereit erklärte und diese durch die Ehe zwischen dem bayerischen Kurprinzen Karl Albrecht und der jüngeren Tochter Josephs I., Marie Amalie, besiegelte.

Die Zeit schien reif, die Nachfolge Habsburgs anzutreten; Joseph I. war bereits verstorben, und Karl VI. zählte schon weit über vierzig Jahre. Das Haus Habsburg bestand in der nächsten Generation nur aus vier Töchtern; neben der frisch vermählten Kurfürstin deren ältere Schwester Maria Josepha, die mit dem Kurfürsten von Sachsen und König von Polen verheiratet war, sowie die beiden Töchter des Kaisers, deren ältere, Maria Theresia, erst fünf Jahre zählte. Es konnte keinen Zweifel geben, dass das Haus Habsburg am

Erlöschen war. Darüber machte sich auch Karl VI. selbst keine Illusionen, aber er war deshalb noch lange nicht bereit, Österreich in drei oder vier Machtblöcke in der Hand seiner Schwiegersöhne und Schwiegerneffen zerfallen zu lassen. Schon 1713, noch vor der Geburt seiner Töchter, hatte er deswegen ein Staatsgrundgesetz erlassen, das die Unteilbarkeit aller habsburgischen Besitzungen verfügte, sie wurden zu einem Staatsganzen verschmolzen – eine nicht mehr neue Idee, die sich schon 1698 in Spanien ergeben hatte, auch wenn sie im Ergebnis verfehlt sein sollte – und vor allem, das war der bedeutendere Teil des Gesetzes, für diesen damit praktisch geborenen Staat Österreich die weibliche Erbfolge. Die Reihenfolge sah zuerst die Töchter Karls VI. vor, danach, falls er ohne Kinder stürbe oder diese ohne Erben bleiben sollten, die Töchter Josephs. Seit 1717 war Maria Theresia als Tochter Karls VI. die potentielle Erbin Österreichs, nach ihr wäre ihre wenig jüngere Schwester Maria Anna an die Regierung gelangt.

Das Problem war, dass diese so genannte Pragmatische Sanktion ohne die Zustimmung des Reichs nicht gültig werden konnte. An sich widersprach sie dem Reichsrecht, insbesondere bei den habsburgischen Stammlanden innerhalb des Reiches, da diese Reichslehen waren und nach dem Aussterben der Inhaber heimfallen hätten müssen. Der Reichstag war, abhängig von der jeweiligen politischen Orientierung der Stände, gespalten, die Gültigkeit der Pragmatischen Sanktion würde also von der Durchsetzbarkeit in der Praxis abhängen. Das war auch der Grund, weshalb man sich in München trotz der Pragmatischen Sanktion auf die Eheschließung mit der Erzherzogin einließ, und noch zusätzlich im Ehevertrag einen Erbverzicht Marie Amalies auf alle habsburgischen Länder in Kauf nahm, so wie auch Max Emmanuel den Verzicht auf das spanische Erbe in seinem Ehevertrag akzeptiert hatte. Auch hier wiederholte sich die Politik des Jahres 1682, als hätte man keine Erfahrungen gemacht.

Das galt auch noch in einer anderen Hinsicht. Die seit 1715 erfolgte Annäherung an Österreich hatte die Verbindung mit Frankreich lockerer werden lassen; 1718 war der Vertrag von Fontainebleau ausgelaufen, und er war nicht verlängert worden. Das hatte auch politische Hintergründe, die auf der europäischen Ebene angesiedelt waren. Für den Augenblick brauchte Frankreich den Kaiser; es ging gegen England, und die Ursache waren die Streitigkeiten um den Überseehandel. Aber noch ehe diese Verbindung Wirkung entfalten konnte, ging von Spanien Gefahr aus; Philipp V. versuchte mit militärischen Mitteln, die dem Königreich Spanien entgangenen

Besitzungen in Italien wiederzugewinnen, weswegen 1715 auch ein spanisches Korps in Süditalien gelandet war. 1718 kam es zu der so genannten Quadrupelallianz zwischen England, Frankreich, Holland und Österreich, die das Gleichgewicht in Europa zu wahren versuchte. Für das Kurfürstentum Bayern war in einer solchen Mächtekonstellation keine Rolle vorgesehen, die internationale Politik bedurfte dieser Mittelstaaten nicht mehr, zumal sich im Reich allmählich eine weitere Kraft bemerkbar machte, die von da an bis zum Ende des alten Reichs das Äquivalent zu Österreich darstellen sollte, das Königreich Preußen.

Seit 1701 trug der Kurfürst von Brandenburg die preußische Königskrone. Anders als die spanische, die englische und die polnische Krone, die zur selben Zeit von deutschen Kurfürsten angestrebt wurden, besaß diese Krone keine nationale Tradition, sie war neu geschaffen. Es konnte daher rascher eine begriffliche und staatliche Verschmelzung zwischen Brandenburg und Preußen entstehen, zumal das Land Preußen zwar außerhalb des Reichsverbandes lag, aber als das frühere Kolonisationsland des Deutschen Ordens sprachlich und kulturell unbestreitbar ein deutsches Land war. Der Kurfürst hatte sich selbst zum König proklamiert, mit Erlaubnis des Kaisers, der sich durch dieses Zugeständnis eine Parteinahme für die Sache Habsburgs im spanischen Erbfolgekonflikt erhoffte. Darin hatte er sich aber letztlich getäuscht, Preußen intervenierte mehrfach gegen die Pläne des Kaisers, vor allem hinsichtlich Bayerns, das der König von Preußen aus verständlichen Gründen in seiner staatlichen Existenz erhalten wollte. Schon die Verhandlungen am Ausgang des spanischen Erbfolgekrieges hatten gezeigt, dass an Preußen künftig kein Weg vorbeiführen würde. So war es auch jetzt; nachdem die Quadrupelallianz zerfallen war, bildeten sich zwei neue Machtblöcke, die sich im Gleichgewicht halten sollten, zum einen die Wiener Allianz aus Spanien und Österreich, zum anderen die Herrenhausener Allianz aus England, Frankreich und Preußen. Pikant war dabei, dass die englische Krone inzwischen von einem Welfen, Georg I. von Hannover, getragen wurde. An sich ging es den beiden Allianzen um den Seehandel, aber es waren auch näher liegende Ziele in den Vertrag einbezogen worden, so vor allem der Gewinn von Jülich-Berg durch Preußen, auf den sich aus einer Verbindung mit einer Pfalz-Neuburgerin entsprechende Hoffnungen ableiteten.

Bayern war durch diese Entwicklung, in denen es keine großen Interessen erwecken konnte, vorerst wieder auf sich selbst gestellt, und es schien nun auch einen anderen Weg gehen zu wollen. Zum ersten Mal seit dem späten Mittelalter schickte sich das Haus Wittelsbach an, die Stärke in seiner Gesamtheit zu suchen. Die Bedrohung der pfälzischen Territorien am Niederrhein durch Preußen hatte dabei noch nicht einmal den entscheidenden Anstoß geben müssen, auch schon vorher, seit 1716, hatte es eine stetige Annäherung der beiden Hauptlinien des Hauses gegeben. Die Initiative ging von Kurfürst Karl Philipp von der Pfalz aus. Das Haus Wittelsbach hatte zusammen vier Kurstimmen, denn neben Köln war auch Trier mit einem Erzbischof aus diesem Hause, ebenfalls ein Pfälzer, besetzt. In Köln war die bayerische Sekundogenitur bis auf weiteres gesichert, 1723 war der dritte Sohn Max Emmanuels zum Erzbischof gewählt worden, Klemens August; er sollte der letzte Wittelsbacher in Köln werden. Dieser zwar erwartete, aber nichtsdestoweniger wichtige Erfolg in der Kölner Nachfolge brachte Max Emmanuel wieder politischen Auftrieb; 1724 schlossen sich die vier wittelsbachischen Kurfürsten zur ersten Hausunion zusammen, die als Bund zur gegenseitigen Förderung ihrer Interessen und zur gemeinsamen Abwehr von Angriffen gedacht war. So lautete jedenfalls die offizielle Variante, aber insgeheim erwartete man sich natürlich auch noch eine andere Wirkung dieses Bündnisses, das mit einem Heer von über 30 000 Mann über eine respektable Truppenmacht verfügte und mit zusammen vier von insgesamt neun Kurstimmen in jedem Fall die Grundlage einer Mehrheit im Kurkolleg darstellen konnte. Wittelsbach war auf dieser Grundlage die dritte Macht im Reich, deren man nach dem sich abzeichnenden Dualismus Österreich-Preußen immer mehr zu bedürfen schien. Für Max Emmanuel hatte das Bündnis der Wittelsbacher – neben seiner dynastiepolitischen Bedeutung – vor allem den Zweck, durch die Bündelung der Macht überhaupt wieder in das politische Spiel zu kommen; sowohl der Vertrag von Fontainebleau als auch die Eheverbindung seines Sohnes mit der Erzherzogin hatten nicht das erbracht, was er sich erhofft hatte. Nun hatten die Mitglieder der Hausunion wieder größeres Gewicht, auch wenn man sie einzeln für sich nahm.

Er sollte sich damit nicht irren. Kaum war die Hausunion unterzeichnet, begannen die beiden Allianzen diese regelrecht zu umbuhlen; vor allem der Kaiser, der befürchten musste, isoliert dazustehen, bemühte sich um ein Bündnis mit dem Haus Wittelsbach, aber auch Frankreich und die Herrenhauser Allianz warben, Frankreich sogar mit der Aussicht, auch im Frieden an die Mitglieder der Allianz Subsidien zu zahlen. Max Emmanuel, der in diesen Verhandlungen der Wortführer der Hausunion war, zögerte die Entscheidung hinaus, in der Hoffnung, auf diese Weise möglichst viel für sich und die anderen Unionsmitglieder herauszuholen; noch einmal stand er im

Zentrum der politischen Überlegungen ganz Europas. Doch es sollte ihm nicht mehr vergönnt sein, diesen letzten Erfolg, der vielleicht von allen seinen Plänen die größten Aussichten eröffnet hätte, einzufahren, denn am 26. Februar 1726 starb er an einem Magenleiden. 63 Jahre war er immerhin alt geworden, und damit war er bei seinem Tod eigentlich bereits zu alt, als dass man von ihm noch eine reife Politik erwarten hätte können, wie es bei seinem Vater der Fall gewesen war. Doch ist es immerhin möglich, dass er in den kommenden Jahren über mehr Härte verfügt hätte, als seinem Sohn bei aller Egozentrik zur Verfügung stand. Dass er ihm ein desolates Staatswesen mit einer Schuldenlast von 26 Millionen Gulden hinterließ, mag ihn weniger bedrückt haben als der Umstand, dass sein Sohn bei seinem Tod noch keinen Erben hatte; Karl Albrecht zählte immerhin schon 29 Jahre, zwar war ihm 1724 bereits die älteste Tochter, Marie Antonie, geboren worden, doch es fehlte noch der Sohn, auf den es vor allem ankam, wenn das österreichische Erbe anfallen würde; mit einer Tochter als Erbin würde man gegen die pragmatische Sanktion kaum argumentieren können.

Ein Wort wäre noch zu sagen zu dem aus heutiger Sicht doch recht seltsamen Verhältnis des Kurfürsten zu seinem Land, einem Land immerhin, dessen Bewohner Leben und Freiheit für ihren Fürsten gewagt hatten, der nichts anderes im Sinn zu haben schien als dieses Land um den schalen Glanz einer Königskrone hinzugeben, deren Untertanen er nicht kannte und nicht verstehen würde, ob sie nun Sizilianer, Sardinier, Spanier oder Flamen und Wallonen sein würden. Um das richtig zu sehen, muss man den Maßstab der Zeit anlegen und nicht den des 19. Jahrhunderts oder den heutigen. Der Fürst des 17. und 18. Jahrhunderts dachte nicht national, er dachte dynastisch. Keinem Herrscher dieser Zeit war sein Land mehr als eine Machtbasis für seinen Ehrgeiz, für das Streben seines Hauses; sie lebten in einer europäischen Welt der Fürsten, in der man sich in ganz Europa gleich kleidete, gleich speiste, dieselbe Musik hörte, in gleicher Weise seine Feste feierte, sich in denselben Tanzschritten übte, dieselben Bauten errichtete, sich nach denselben zeremoniellen Vorschriften richtete und sich auch überall derselben Sprache bediente, Französisch nämlich, das alle sprachen und verstanden, manche besser als die Sprache ihres Landes. Die barocke Kultur Europas machte die Fürsten einander gleich und austauschbar. Dem Volk konnte das auch gleichgültig sein, denn kein Fürst zwang ihm seinen Lebensstil auf. In gewissen Grenzen galt das auch für den Adel; er glich sich der höfischen, europäischen Kultur an, und er war auch immer am ehesten bereit, sich in neue dynastische Verhältnisse zu fügen.

Nicht indessen galt das für das Volk. Gerade dem Untertan war es nicht mehr gleichgültig, aus welchem Haus und Land sein Fürst kam. Vergeblich hatten die Bauern während des Aufstandes 1705 bis zuletzt gehofft, der Kurfürst würde ihnen mit seinem Heer zu Hilfe eilen; das war aus zwei Gründen naiv, zum einen war Max Emmanuel militärisch in den Niederlanden gebunden, zum anderen fehlte ihm das Verständnis für diese patriotische Aufwallung, in der ein hohes Maß an Treue zum angestammten Herrscherhaus mitschwang; wie sollte aber ein Fürst, der Pläne hegte, Bayern notfalls zu vertauschen, um König von Sizilien zu werden, damit umgehen? Er bedauerte die Opfer, aber zu mehr konnte er sich nicht aufraffen. Auch das zeigt, wie wenig Max Emmanuel mit seinem Großvater gemein hatte, dessen erste Sorge trotz seinem Engagement für Kirche und Reich dem bayerischen Staat gegolten hatte; auf die staatsorientierte Mentalität der bayerischen Wittelsbacher, die seit Albrecht IV. bestimmend gewesen war, war die Dynastenmentalität gefolgt, völlig außer Acht lassend, dass der fürstlichen Sorge um den Staat inzwischen auch eine entsprechende Mentalität des Volkes gegenüberstand, das sich mit seiner Fürstendynastie identifizierte – das drückt sich durchaus im Kampfruf der Aufständischen *lieber bairisch sterben als in des Kaisers Unfug verderben!* aus; das Werk Maximilians war nicht vergeblich gewesen. Kein Wort hörte man in Bayern davon, dass Max Emmanuel mit den ungeliebten Franzosen gegen das Reich paktiert hatte! Er war ein gebürtiger Bayer, das allein zählte. Aus den Fürstentümern wurden Nationen, doch das begriffen die Fürsten als Letzte, in Bayern erst im Jahre 1799 und damit schon in einer ganz anderen Zeit.

Der Traum von der Kaiserkrone – Karl Albrecht (1726–1745)

Die Vorbereitung
Ähnlich wie bei Kurfürst Ferdinand Maria ist es auch bei der Geschichte Karl Albrechts so, dass die historische Ära, die durch seine Gestalt bestimmt ist, eigentlich bereits vor seinem Regierungsantritt beginnt. Als er 1726 nach dem Tod seines Vaters an die Regierung gelangte, fand er politische Verhältnisse vor, die zu einem großen Teil dieser noch geschaffen hatte, er war durch diesen auf seine Politik in einer Weise hingeführt worden, dass es für sie, so verderblich sie letztlich sein sollte, aus seiner Sicht keine Alternative geben

konnte. Zu einem expansiven Machtpolitiker fehlte ihm jedoch so gut wie alles außer dem Ehrgeiz, den er von seinem Vater ererbt hatte, als einzige von dessen Eigenschaften. Er hatte weder dessen Skrupellosigkeit, wenn es darum ging, die politischen Kräfte gegeneinander auszuspielen, noch dessen trotz allem bewundernswerten Mut, von seiner militärischer Begabung ganz zu schweigen, die bei Karl Albrecht nicht einmal so weit reichte, einen geeigneten Kommandeur für seine Armee zu finden. Aber es fehlte ihm auch wieder die vorsichtige Art und das nüchterne Abschätzen, das einst seinen Großvater ausgezeichnet hatte, ihn an seinem Urgroßvater zu messen, ist ohnehin kein sinnvolles Unterfangen. Wie sein Vater vertrat er den bedingungslosen Absolutismus; der Rat seiner begabtesten und erfahrensten Mitarbeiter galt ihm gering, obwohl er dessen eigentlich dringend bedurft hätte.

Er war befangen im Denken der Fürsten seiner Zeit, das um die Vergrößerung der eigenen Macht kreiste. Er lebte in der Zeit eines Friedrichs II. von Preußen, den man gerne den Großen nennt, oder einer Zarin Katharina, die diesen fragwürdigen Titel ebenfalls beigelegt bekam, und aus diesen Beispielen ist bereits ersichtlich, was der Zeit als Größe galt; nicht ein hausväterlicher und betulicher, um das Wohl seiner Untertanen besorgter Fürst, sondern ein rigoroser Machtmensch, ein Abenteurer oder ein zynischer Misanthrop. Karl Albrecht war nichts von alledem, aber er versuchte, ihnen nachzueifern; wie die Generation der Fürsten um ihn griff er nach den Sternen, ohne zu prüfen, ob die Leiter, auf der er stand, auch stabil genug war. Er verfügte nicht über die notwendige Menschenkenntnis und noch weniger über Selbsterkenntnis; von schwankenden Gemütsregungen abhängig, die sich zeitweise geradezu manischdepressiv ausnehmen – was er nicht war, aber ebenfalls in seiner Zeit angelegt war – konnte er sich über großartige Pläne nicht weniger kindlich begeistern als über prächtige Schauspiele, am meisten dann, wenn er der Mittelpunkt war wie bei seiner Kaiserkrönung 1742 in Frankfurt. Sie dünkte ihm die grandioseste seit Bestehen des Heiligen Römischen Reiches, zu einem Zeitpunkt, zu dem die österreichischen Truppen nur wenige Kilometer vor München standen. Kurz darauf wurde er aber wieder von einer geradezu neurotischen Todesangst gequält. Er hatte vom Staat, vom Regieren und Herrschen keine Vorstellung, nicht als Kurfürst und nicht als Kaiser; seine Stellung als Landesfürst war ihm ein ererbter Privatbesitz, und auch sein Kaisertum wäre wohl nichts anderes geworden als der Spiegel seiner Eitelkeit. Nach dem, was wir aus zeitgenössischen Quellen wissen, war er dabei kein unangenehmer Mensch, sondern ein durchaus liebenswürdiger, gebildeter, kunstsinniger und zuweilen sogar leutseliger Fürst. Aber daraus ist nicht zu schließen, dass ihm das Volk etwas bedeutete und ihm seine Sorge galt. Auch wenn er kein begabter Staatsmann war, von guten Beratern geführt hätte er ein populärer Landesfürst werden können, der heute an seinen kulturellen Leistungen für das Land, als Kunstmäzen und Bauherr, als der er durchaus Format besaß, gemessen würde. Aber er war der Sohn Max Emmanuels, und es war beileibe nicht so, dass ihn nur der ehrgeizige Vater in seine tragische persönliche Geschichte gedrängt hatte; er unterließ selbst nichts, was dazu beigetragen hätte, dass seine und die Geschichte Bayerns in seiner Zeit weniger unglücklich verlaufen konnte als die seines Vaters. Er war in eine Situation geraten, die ihn nicht nur zum Träger aller Hoffnungen der bayerischen Wittelsbacher seit Albrecht V., sondern auch aller Hoffnungen des Reichs gemacht hatten, und er gedachte sich in dieser Rolle zu gefallen. Weit begabtere und profiliertere Gestalten als er es war, Maximilian und Ferdinand Maria, die diesen Hoffnungen wenigstens aus ihrer Person heraus zu genügen in der Lage gewesen wären, hatten diese Chance vorübergehen lassen, er dagegen vermochte sich nicht nur nicht zu verweigern, als die Versuchung an ihn herantrat, sondern hat diese bewusst gesucht. Dabei war die Situation für ihn um nichts besser als sie für seinen Urgroßvater und seinen Großvater jeweils gewesen war, und darüber konnte man sich nicht täuschen; alle nüchtern denkenden Politiker in seiner Umgebung hatten ihm von dem Abenteuer abgeraten, wobei sie noch nicht einmal so weit in ihrer Analyse gehen konnten, wie wir das heute können, bis zur Persönlichkeit des Kurfürsten, die das Format für dieses Unterfangen nicht einmal dann besessen hätte, wenn die Umstände günstiger gewesen wären. Wie schon sein Vater hielt er sich für einen Auserwählten, einen von der Geschichte Begünstigten, der mit Hilfe seines Glücks alle Widerstände zu überwinden vermag.

Die bayerische Außenpolitik, und nur eine solche trieb Karl Albrecht in einem größeren Umfang, verlief zunächst auf den Schienen, die noch Max Emmanuel gelegt hatte. Tatsächlich bewährte sich die Hausunion bei allen Bündnisverhandlungen in den folgenden Jahren. Karl Albrecht entschied sich nun doch für einen Beitritt zur Wiener Allianz, vor allem auf das Drängen des pfälzischen Kurfürsten, der sich die kaiserliche Unterstützung im drohenden jülichbergischen Erbfolgestreit sichern wollte. Dieser Beitritt brachte in erster Linie das in München dringend benötigte Geld, immerhin 700 000 Gulden für eine dreijährige Bündnisdauer. Das Bündnis wurde 1728 allerdings nicht mehr verlängert, denn schon 1727 stand

Karl Albrecht wieder in Verhandlungen mit Frankreich, und als die Wiener Allianz ausgelaufen war, wurde der Vertrag von Fontainebleau erneuert, zu ähnlichen Bedingungen wie der ursprüngliche Vertrag; Bayern sollte beim Tod Kaiser Karls VI. die französische Unterstützung zur Gewinnung der Kaiserkrone erhalten, der Preis dafür war die Neutralität gegenüber Frankreich und dem Kaiser, wieder war aber der Reichskrieg davon ausgenommen; außerdem wurden Subsidien zum Unterhalt eines Korps von 5 000 Mann vereinbart, die in einer Höhe von 1,8 Millionen Gulden auf vier Jahre bezahlt wurden. Der Vertrag von 1728 galt nur für das Kurfürstentum Bayern, nicht für die gesamte Union, aber die Kurpfalz war ein Jahr später ebenfalls dem französisch-bayerischen Bündnis beigetreten, da der Pfalzgraf wegen der zweideutigen Politik des Kaisers in der jülich-bergischen Erbfolgefrage diesem inzwischen misstraute. Wer sich dem nicht anschließen mochte, war der Kurfürst von Trier. Die Hausunion bestand aber weiterhin; 1728 wurde sie sogar erneuert und wesentlich in ihren Vertragsbestimmungen ausgebaut, vor allem wurde vereinbart, dass die Bündnisse der Mitglieder nur noch auf einstimmigen Beschluss aller vier Kurfürsten geschlossen werden konnten, und außerdem, dass sie bei der nächsten Kaiserwahl geschlossen und nach vorheriger Absprache vorgehen sollten. Das zu erwartende Ereignis, das Aussterben der Habsburger, warf seine Schatten bereits voraus; auch für den Fall des vorzeitigen Ablebens Karl Albrechts war dies kein Handeln im luftleeren Raum mehr, denn 1727 war der Kurprinz Max III. Joseph geboren worden.

Die Wittelsbacher Hausunion war Teil eines auf europäischer Ebene groß angelegten Bündnissystems, hinter dem der Leiter der französischen Außenpolitik, Kardinal Fleury, stand. Seit dem Tod Ludwigs XIV. im Jahre 1715 war Frankreich die Rolle des Schiedsrichters in Europa mehr und mehr zu Gunsten Englands entglitten, dies zu revidieren, war eines der Hauptziele seiner Politik. Dazu musste Österreich isoliert werden, und mit dem Vertrag von Marly, in dem er 1729 die Wittelsbacher Hausunion an sich band, schien ihm dies auch zu gelingen, zumal im selben Jahr auch Spanien dem Bündnis beitrat. Allerdings konterte Wien; zunächst vermochte es die schon länger bestehenden persönlichen Spannungen zwischen Karl Albrecht und Klemens August von Köln für sich auszunutzen und diesen zu einem Vertrag mit Österreich zu bewegen, was die Wittelsbacher Hausunion erheblich in ihren Spielräumen einschränkte, und wenig später gewann der Kaiser seine Bewegungsfreiheit dadurch zurück, dass er sich 1731 mit den Seemächten verband. Er nahm damit einen neuen Krieg in Kauf, den man in Paris auf diesen Schlag des Kaisers hin für unvermeidlich hielt; es galt nun nur noch, den richtigen Anlass abzuwarten.

Die Situation hatte sich vor allem deshalb wieder bedrohlich zugespitzt, weil Karl VI. nun in die Offensive ging. Mit dem Bündnis mit den Seemächten war auch eine Anerkennung der pragmatischen Sanktion durch diese verbunden gewesen, und durch diese Stärkung seiner internationalen Position konnte er die Anerkennung auch den Reichsständen, die sich bisher verweigert hatten, abringen; die wittelsbachische Union schien damit neutralisiert. Die Möglichkeit zu einer Machterweiterung der derselben durch die österreichischen Erbländer wirkte auf viele Reichsstände furchteinflößend, aus der Sicht des Reiches wäre damit nur der alte Zustand unter einem neuen Wappen gegeben gewesen, die Vereinigung der wittelsbachischen mit der habsburgischer Ländermasse hätte sogar noch einen erheblich stärkeren Druck auf das Reich ausgeübt.

Inzwischen war man in Paris nervös geworden. Die Ehe Maria Theresias, der künftigen Erbin Österreichs, mit Herzog Franz Stephan von Lothringen empfand man in Frankreich als Angriff auf die eigene Einflusssphäre und als Wiederaufnahme der habsburgischen Offensive am Rhein, zumal bei einer Gegenaktion Frankreichs der Reichskrieg drohte. Zusätzlichen Konfliktstoff bot die Konfrontation zwischen Bourbon und Habsburg in Italien, wo der König von Spanien die Verdrängung der Österreicher erhoffte. 1733 kam es tatsächlich zum Krieg, vordergründig durch den polnischen Thronstreit nach dem Tod Augusts des Starken. Die Wittelsbacher konnten trotz ihrer Bemühungen, sich vertragsgemäß gegen den Beschluss eines Reichskriegs zu stellen, diesen nicht verhindern. Zu mehr waren aber die Wittelsbacher nicht verpflichtet, und dem Drängen Frankreichs auf einen direkten Eintritt in den Krieg gegen den Kaiser gegenüber blieben sie passiv, obwohl sie zuletzt über 40 000 Mann unter Waffen hatten, die mit französischem Geld bezahlt wurden. Unklug war diese Haltung insofern nicht, als Bayern wie schon 1704 mit Sicherheit unmittelbar betroffen gewesen wäre, auch Köln, das sich 1734 aus seinem Vertrag mit Österreich löste und wieder in die wittelsbachische Hausunion und damit in die Neutralität wechselte, konnte sich so aus den unmittelbaren Kampfhandlungen heraushalten. Allerdings musste man dafür auch in Kauf nehmen, dass man am Geschehen auch keinen Anteil hatte, als es nach Niederlagen der kaiserlichen Armeen in Italien und am Rhein zu Friedensverhandlungen kam; die Hoffnungen Karl Albrechts, als Vermittler agieren und daraus politisches Kapital – was konkret hieß, eine Fixierung seiner Ansprüche im Falle des Todes Karls VI. zu erlangen – schlagen zu können, zerrannen, als sich Frankreich und der Kaiser direkt verständigten.

Durch den Frieden von Wien 1735 sah vor allem der Kaiser seine Positionen geschwächt. Zwar erhielt sein Schwiegersohn als Entschädigung für Lothringen, das an den Schwiegervater König Ludwigs XV. fiel, die Toskana, doch verlor er Neapel, das eine spanische Sekundogenitur wurde. Aus bayerischer Sicht wog schwerer, dass auch Frankreich die Pragmatische Sanktion anerkannte; alle Hoffnungen, wenigstens mit diesem Partner im Hintergrund an das Erbe der Habsburger zu kommen, lösten sich auf. Frankreich und Österreich schienen zusammenwirken zu wollen; ein jeder umsichtige Politiker hätte sich nun einem anderen Ziel zugewandt, das sich im Reich durchaus angeboten hätte, doch hätte dies bedeutet, vom alten Traum einer Beerbung Habsburgs Abschied zu nehmen, die jetzt mehr denn je zur historischen Berufung Wittelsbachs hochstilisiert wurde. Alles, was man seit 1714 in München unternommen hatte, war nur auf dieses Ziel ausgerichtet gewesen, und man hielt um so zäher daran fest, je weniger es erreichbar schien, ein neues politisches Selbstverständnis zu suchen, war Karl Albrecht außerstande.

So trat man 1737 wieder an Frankreich heran; die Antwort, die man erhielt, war geradezu mysteriös. Die Anerkennung der Pragmatischen Sanktion, so wurde dem bayerischen Gesandten Graf Törring in Versailles beschwichtigend mitgeteilt, müsse ja nicht bedeuten, dass man im Zweifelsfalle nicht ältere und besser begründete Ansprüche unterstützen würde. Das war in einem hohen Maß interpretationsfähig und extrem abhängig vom Willen, als wie gut begründet man diese Ansprüche betrachten würde. Selbst den diplomatisch wenig begabten Karl Albrecht machte dieses Ausweichen misstrauisch, und er verfiel in der Folgezeit wieder in die Taktik seines Vaters, sich gleichzeitig auch mit Wien zu verständigen. Aber dort wusste man den bayerischen Kurfürsten richtig einzuschätzen; militärische Hilfe gegen die Türken nahm man zwar gerne an, sobald aber das Thema der Erbfolge von den bayerischen Diplomaten auch nur vorsichtig angetippt wurde, reagierten die österreichischen Gesprächspartner abweisend. Eine Zusage oder auch nur ein leises In-Aussicht-Stellen war nicht zu erreichen; das hatte auch im Ernst niemand erwarten können, schon nahezu zweieinhalb Jahrzehnte lang kämpfte nun der Kaiser um die Durchsetzung seiner Nachfolgepolitik, so kurz vor dem Ziel gab es für ihn keinen Grund mehr, umzuschwenken. In der schriftlichen Form des Vertrages von 1738, mit dem Bayern an der Seite Habsburgs in den Türkenkrieg wieder eintrat, durfte eine Anwartschaft Bayerns mit keinem Wort auch nur erwähnt werden. Viel zu durchsichtig war das alles; durch die Beteiligung an dem bereits verlorenen Krieg war für Bayern nichts zu gewinnen, ein jeder konnte die Ursache dieser Anbiederung erkennen. Immerhin, für die Dauer des Feldzugs bezahlte Österreich die 11 000 Mann, die abmarschierten; dass sie besser in Bayern für das, was nun kommen würde, bereitgehalten worden wären, sah der Kurfürst zu spät.

Am 20. Oktober 1740 trat der lang erwartete Fall endlich ein; Karl VI. starb. Über dreihundert Jahre ständigen habsburgischen Kaisertums schienen zu Ende, die Geschichte Österreichs, seit mehr als sechshundert Jahren mit dieser Dynastie verbunden, schien an ihrem Wendepunkt zu stehen. Und zugleich schien sich jetzt endlich das zu vollenden, was man in München vor zweihundert Jahren begonnen glaubte.

Es ist kaum zu glauben, aber trotz der langen Phase ständiger Vorbereitungen, diplomatischer Aktionen, Absicherungen und Verträge stand nun ganz Europa dem Ereignis, das sein Gesicht vielleicht völlig verändern konnte gegenüber, als wäre es völlig unerwartet eingetreten. Karl Albrecht, der seit 1726 scheinbar nur für diesen Moment gelebt hatte, hatte gerade jetzt kein schlagkräftiges Heer; in Bayern standen nur 10 000 Mann. Aber in Österreich sah es nicht besser aus; auch Maria Theresia hatte kaum Mittel und zu wenig Truppen, um einem eventuellen Angriff wirksam zu begegnen. So geschah im ersten Moment nichts außer dem, was unbedingt geschehen musste; der bayerische Gesandte in Wien, Graf Perusa, sprach bei der Regierung vor und zeigte an, dass der Kurfürst von Bayern die Erbfolge Maria Theresias nicht anerkenne und das Erbe in vollem Umfang für sich und sein Haus beanspruche.

Es setzte eine hektische diplomatische Aktivität in München ein; der bayerische Ratskanzler Unertl, der die Ansprüche Karl Albrechts schon vor dem Tod Karls VI. in einer entsprechenden Denkschrift begründet hatte, wies Perusa in Wien an, sich das Testamentskodizill Ferdinands I. vorlegen zu lassen. Was sich bei dieser Einsichtnahme, die vor den Augen mehrerer Diplomaten nicht beteiligter Mächte erfolgte, ergab, war aber nicht angetan, die bayerischen Ansprüche als sattelfest erscheinen zu lassen; es hieß da nur, die Nachkommen Annas, der Ehefrau Albrechts V., sollen *erben, was sie von rechts wegen billig erben mögen, wenn die Nachkommen Ferdinands ohne eheliche Leibserben abgen mögen*. Von einer ausschließlich männlichen Erbfolge war nicht die Rede; hier konnten auch so erfahrene Juristen wie Unertl und der hinzugezogene Johann Adam von Ickstatt keine eindeutige Interpretation finden. Man war sich aber der Interpretationsspielräume der vorliegenden Dokumente bewusst, sogar in Wien, wo einige Minister der Auffassung waren, dass man ein Miterbenrecht Karl Albrechts auf Grund dessen nicht ausschließen könne. Wäre Karl Albrecht nun ein Realpolitiker gewesen wie sein Großvater Ferdinand Maria, hätte er sich auf das Verhandeln verlegt; in der alles andere als sicheren Position, in der sich Maria Theresia befand, wäre das eine oder andere vielleicht zu gewinnen gewesen, zumal sie sich auch von anderer Seite bedroht sehen musste und dringend eines Bundesgenossen bedurft hätte. Aber Karl Albrecht war von seinem Recht in einer Weise überzeugt, dass er sich nur mit dem Ganzen zufrieden geben wollte. Nicht einmal die unerwartete Hilfe von anderer Seite vermochte er zu seinem Vorteil zu nutzen; im Dezember 1740 marschierten preußische Truppen in Schlesien ein; die Ansprüche der Hohenzollern auf Schlesien, die den Überfall begründeten, waren zwar noch schwächer konstruiert als die bayerischen auf Österreich, aber der König von Preußen hatte das zur Verfügung, was selbst im eindeutigen Erbfall in seiner Zeit unverzichtbar war, ein starkes und hochgerüstetes Heer, mit dem sich die Gunst der Stunde nutzen ließ. Dass er mit der Sicherstellung Schlesiens die Nachfolgemacht Habsburgs, wer immer das sein würde, schon von vornherein in ihrer Bewegungsfreiheit zu hindern gedachte, steht dazu in keinem Widerspruch.

Der Erbfolgekrieg

Karl Albrecht war nicht in der Lage, die Initiative zu ergreifen; aber auch Maria Theresia brachte die Energie nicht auf, die lange Zeit, die unter dem Wechsel immer giftigerer diplomatischer Noten verlief, für den Aufbau ihrer Defensive zu nutzen. Vielmehr versuchte sie, dem Konflikt aus dem Wege zu gehen; als eine kluge Politikerin, die sie war, war sie zu Opfern bereit, die zwar Österreich nicht allzu schwer treffen würden, für den Kurfürsten von Bayern aber interessant genug sein konnten. Die unglaublichsten Chancen eröffneten sich Karl Albrecht nun; Maria Theresia, die tatsächlich um ihr Erbe fürchtete, nahm Fühlung mit ihm auf. Die Angebote waren verlockend; zuerst bot sie eine Heirat des bayerischen Kurprinzen mit einer ihrer Töchter an, und als Mitgift sollte diese Vorderösterreich oder die habsburgischen Niederlande mitbringen. Als aus München darauf keine Antwort erfolgte, erhöhte sie das Angebot noch auf die Niederlande samt Vorderösterreich; das ganze sollte ein erbliches Königreich werden, die Kaiserkrone wollte sie freilich nicht bieten, als Gegenleistung forderte sie die bayerische Kurstimme für die Wahl ihres Gemahls und ein Bündnis gegen Preußen. Jeder andere hätte wohl zugegriffen; aber allein schon der Verzicht auf die Kaiserkrone erschien Karl Albrecht als eine Zumutung, er sah sich auf der Siegerstraße, und die Angebote der bedrängten Maria Theresia wertete er – nicht einmal ganz zu Unrecht – als einen schieren letzten Verzweiflungsausbruch des unweigerlichen Verlierers.

Das wäre berechtigt gewesen, hätte er nun auch wirklich allein und ohne fremde Hilfe zum entscheidenden Schlag ausholen können; aber das war nicht der Fall. In München blickte man vielmehr nach Paris, wo eine Kriegs- und eine Friedenspartei – das heißt, eine Partei, die für den Frieden im Reich eintrat, um sich die Hände für Krieg gegen England in Amerika frei halten zu können – miteinander rangen. Von einer Überzeugung, die Ansprüche des bayerischen Kurfürsten seien berechtigt, waren auch die Vertreter eines Kriegseintritts an der Seite Bayerns weit entfernt; ihre Stellungnahme war von anderen, genau genommen sogar traditionalistischen Elementen bestimmt und basierte auf der alten Feindschaft mit Habsburg, dem man nun endlich den Todesstoß versetzen könne. Konkreter waren die Sorgen, die um eine mögliche Wahl Franz', des Ehemanns Maria Theresias, zum Kaiser kreisten, denn eine solche hätte möglicherweise die Gewinne aus dem letzten Krieg wieder in Frage gestellt. Diese Gedanken plagten vor allem den zu einer Unterstützung Karl Albrechts keineswegs neigenden Fleury. Den Ausschlag für den Krieg gegen Österreich gab letztlich der Vormarsch der Preußen in Schlesien; am 4. Juni 1741 wurde ein Vertrag mit Preußen unterzeichnet, die Kurpfalz trat dem Bündnis bei, und Spanien erklärte sich zu Subsidienzahlungen bereit. Verträge mit Bayern waren nicht neu zu schließen, da die Vereinbarungen von 1714 noch galten. Im August 1741 brach ein französisches Heer vom Rhein auf, um Bayern zu unterstützen, aber schon am 31. Juli dieses Jahres war ein bayerisches Heer abmarschiert, es überrannte das neutrale Passau und fiel in Oberösterreich ein. Der österreichische Erbfolgekrieg, das letzte Kapitel des Ringens um die europäische Geltung des Hauses Wittelsbach, hatte begonnen.

Der Krieg begann mit leicht errungenen Erfolgen. Was Österreich an Truppen aufbieten hatte können, stand in Schlesien und Italien, den Bayern und Franzosen traten nur schwache Kräfte entgegen; schon am 2. Oktober fiel Linz, wo sich Karl Albrecht als Erzherzog huldigen ließ. Zugleich begannen die umliegenden Mächte, die die Sache Maria Theresias schon als verloren ansahen, das Geschehen interessiert zu verfolgen; der Kurfürst von Sachsen trat an Karl Albrecht heran und bot ihm seine Hilfe wie auch seine Kurstimme bei der Kaiserwahl an, wollte sich aber zugleich auch

Teile der Habsburgermonarchie sichern. Doch nun zögerte Karl Albrecht plötzlich; statt von Linz nach dem kaum geschützten Wien zu marschieren, blieb er wochenlang stehen, und auch die Franzosen gingen nicht gegen Wien vor. In Paris hatte man durch den allzu leichten Erfolg plötzlich Sorgen; wie der französische Gesandte in München einmal bemerkte, befürchtete man, man werde nicht mehr Herr des Kurfürsten sein, wenn dieser Herr über Wien wäre. Davon wusste Karl Albrecht zwar nichts, aber selbst wenn er es erfahren hätte, hätte er sich nicht zurückgezogen. Vielmehr wandte er sich überraschend nach Prag und nahm dieses am 26. November ein; am 8. Dezember huldigten ihm die böhmischen Stände als neuen König von Böhmen.

Dies war für ihn insofern wichtig, als es darum ging, sich der böhmischen Kurstimme zu versichern. Sein Ziel war schließlich nicht nur die Eroberung des österreichischen Erbes, sondern auch die Kaiserkrone, und um diese zu gewinnen, mussten möglichst alle Eventualfälle ausgeschlossen werden. Zudem galt es, dem Kurfürsten von Sachsen zuvorzukommen, in dessen Reichweite Prag gelegen war. Es galt inzwischen auch schnell zu handeln, da seit Oktober zwischen Österreich und Preußen bereits Waffenstillstand herrschte. Die Zangenoperation mit Preußen, die als solche zwar nie geplant worden war, sich aber ergeben hatte, war damit zu Ende, die in Schlesien stehenden Truppen Maria Theresias waren frei, ebenso wie auch die aus Italien abgezogenen Truppen nun auf den österreichischen Kriegsschauplatz eilten. Sie wären zu spät gekommen, wäre im September bereits der Angriff auf Wien erfolgt; nun aber war die Chance verpasst, diesen noch vorzunehmen, die Verbündeten befanden sich in der Defensive.

Unterdessen liefen die Verhandlungen um die Wahl Karl Albrechts zum Kaiser. Anders als in seinem Kampf um das Erbe Österreichs war er hier eindeutig im Recht. Die Kurfürsten – die einzige habsburgische Kur, Böhmen, war im ungünstigsten Falle nicht gültig – standen, teilweise zwar nur nach langen zähen Verhandlungen wie Hannover, das identisch mit dem englischen Königsthron war, einhellig hinter Karl Albrecht. Man sah sehr wohl die Chance, die in der Wahl eines Fürsten lag, der aus der Mitte des Reiches kam, dessen landesfürstliche Interessen nicht weit außerhalb der Reichsgrenzen ihre Schwerpunkte hatten, und dessen Macht nicht so weit über der der anderen Reichsfürsten stand wie die der Habsburger; an diesem Problem hatte das Reich seit Jahrhunderten gekrankt. Ob man sich auch über die Probleme Gedanken machte, die es mit sich bringen würde, die Regierung des Reichs von Wien nach München oder nach Frankfurt zu verlagern, ist nicht klar; denn der im Januar 1742 nach einstimmiger Wahl durch den Erzbischof von Köln, seinen eigenen Bruder also, gekrönte Kaiser konnte an einen Einzug in Wien nicht mehr denken. In der Tat musste während der folgenden Monate in aller Eile eine Reichsverwaltung neu aufgebaut werden, man hatte buchstäblich nichts in den Händen, keine Beamten, keinen Behördenapparat, kein Archiv, all das hatte sich während der Zeit des habsburgischen Kaisertums in Wien konzentriert. Es würde, das wurde allen Beteiligten sehr schnell klar, auch im Falle eines baldigen Friedens sehr lange dauern, bis unter dem neuen, zentralen Kaisertum des Wittelsbachers auch eine neue, zentrale und vor allem wirksame Führung des Reiches aufgebaut sein würde, und eine solche wäre unabhängig vom Standort des Kaisertums bitter nötig gewesen.

Der Kaiser konnte aber nicht nur nicht nach Wien, er konnte nicht einmal mehr nach München. Seit seiner Abreise aus Prag nach Frankfurt war auf dem Kriegsschauplatz der Angriff der Verbündeten zusammengebrochen, und zwei Tage nach der Kaiserkrönung zogen die österreichischen Truppen in München ein. Karl Albrecht war ein Kaiser ohne Land. Die bayerischen und französischen Heere, beide schlecht geführt, hatten komplett versagt; die französischen Generäle verharrten meist untätig, obwohl sie stärkere Kräfte hatten als der Gegner, und der bayerische Befehlshaber Graf Törring gab schon nach den ersten Niederlagen den Kampf auf. Der Angriff Friedrichs II. auf Mähren kam zu spät, um noch eine Wende herbeizuführen. Maria Theresia befand sich ohne Frage auf der Siegerstraße, und das musste fortan von einem jeden in die Rechnung einbezogen werden, der sich um eine Friedensermittlung zwischen den Krieg führenden Parteien bemühte.

An solchen fehlte es nicht. Vor allem England, aber auch der größte Teil des Kurkollegs wollten Karl Albrecht aus den eben genannten Gründen als Kaiser halten; an eine Erringung des österreichischen Erbes war inzwischen nicht mehr zu denken. Gerade das aber führte zu jenen maßlosen Forderungen Karl Albrechts, unter denen er zu einem Frieden bereit sein würde. Dass seine landesfürstliche Basis größer werden müsse, um seinen Aufgaben als Oberhaupt des Reiches überhaupt genügen zu können, war dabei noch einsichtig, doch die Pläne, die sich um diese Vergrößerung rankten, entbehrten jeglicher Grundlage, immer wurden Kräfte mit in die Überlegungen mit einbezogen, mit denen realiter nicht zu rechnen war. So wurde an eine Säkularisation der geistlichen Staaten rund um Bayern gedacht – genau das, was sechs Jahrzehnte später dann geschehen sollte – sowie an eine Einverleibung der Reichsstädte; dass für ein derartiges Vorgehen die Zustimmung des Reichs und des Papstes notwendig war, die im Ernst niemand erwarten konnte, wurde nicht bedacht. Jetzt zeigte es sich, dass es klüger gewesen wäre, auf die Angebote Maria Theresias, die sie vor dem Kriegsbeginn gemacht hatte, einzugehen; Vorderösterreich und die Niederlande hätten zusammen mit Bayern genau diese Basis ergeben, die ein erneuertes Kaisertum benötigt hätte. Von Maria Theresia war aber nun nichts mehr zu erwarten, sie vergaß es Karl Albrecht nicht, dass er sie um den Frieden betteln hatte lassen, zudem stand sie vor dem Problem, nicht mehr die völlige Bewegungsfreiheit zu haben, da sich England und Holland ihrer Partei angeschlossen hatten und Frankreich bedrängten, einen vorzeitigen Frieden im Reich hätte man ihr in London äußerst verübelt, was sie sich nun auch wieder noch nicht leisten konnte. Denn noch war der Krieg nicht völlig entschieden; die immer wieder erfolgenden Angriffe Friedrichs II., der der einzige war, der Österreich militärisch in Bedrängnis bringen konnte, führten noch zweimal zu einer ernsten Bedrohung.

Die Feldzüge der beiden folgenden Jahre zeigten, dass sich die Kräfte in der Waage hielten. Immer wenn Preußen in Böhmen oder Mähren angriff, und das war zweimal der Fall, mussten dorthin so viele österreichische Truppen verlegt werden, dass es den bayerischen und französischen Truppen gelang, Bayern wieder zu erobern. Wenn es aber dann darum gegangen wäre, von Bayern aus Österreich und Böhmen anzugreifen, versagte die Führung der Alliierten; alleine konnte sich aber Friedrich II. in Böhmen nicht halten, so dass er sich wieder zurückziehen musste, was dann wieder den österreichischen Truppen die Möglichkeit gab, neuerlich nach Bayern vorzustoßen – den Angriff auf Preußen ließ man wohlweislich sein. Erst als die Lage so weit gesichert erschien, dass man Bayern gegen einen neuen österreichischen Angriff zu verteidigen können glaubte – was sich aber als Trugschluss erweisen sollte – kehrte der Kaiser nach München zurück, am 23. Oktober 1744 zog er in seiner kurfürstlichen Residenzstadt ein. Die Verbündeten hätten durchaus die Möglichkeit gehabt, zu einem neuen und vielleicht doch noch entscheidenden Schlag auszuholen, nicht mehr um die Ansprüche Maria Theresias auf Österreich, das sie in der Hand hatte, zu zerschlagen, aber um sie zum Frieden zu nötigen. Die Preußen standen mit 80 000 Mann in Böhmen, es drohte ein neuer Zangenangriff. Aber wieder wurde die Chance verspielt, die Franzosen begnügten sich mit einigen Vorstößen nach Vorderösterreich und gingen im Elsass in die Winterquartiere, die bayerische Armee richtete sich auf eine Verteidigung an den eigenen Linien ein. Friedrich II. musste sich aus Böhmen zurückziehen, und die dadurch freiwerdenden österreichischen Truppen besetzten in der ersten Winterhälfte die Oberpfalz. Für den Frühling war wohl kaum Gutes zu erwarten.

In dieser Situation fiel eine Entscheidung, mit der niemand gerechnet hatte. Am 20. Januar 1745 starb Karl Albrecht, Kurfürst von Bayern und als Karl VII. Kaiser des heiligen römischen Reichs deutscher Nation, an einem Herzschlag, erst 53 Jahre alt. Er hinterließ einen Scherbenhaufen; nicht einmal die Zukunft seines eigenen Landes schien geklärt. Zwar hatte er einen Sohn, den achtzehn Jahre alten Max III. Joseph, doch ob dieser in Bayern Kurfürst werden würde, musste sich erst noch zeigen, und wenn, unter welchen Umständen er dieses Fürstentum antreten würde. Die Schuldenlast betrug 32 Millionen Gulden, die ein vom Krieg ausgesogenes Land bedrückten, nach dem der potentielle Sieger Österreich bereits wieder die Hände ausstreckte. Aus eigener Kraft würde es sich vor dem Landhunger des Nachbarn nicht retten können.

Sicher waren nur zwei Ergebnisse, und das waren zwei negative. Der Traum des Hauses Bayern von einer europäischen Geltung, sei es nun in der Form eines souveränen Königtums, sei es in der der Kaiserkrone, war zu Ende. Dafür hatten seine Kräfte nicht ausgereicht, auch nicht, wenn es sich mit anderen europäischen Mächten verband. Es hatte immer nur sein kleines Gewicht zugunsten sich anderweitig bildender großer Parteien in die Waagschale werfen können; sich dafür einen Lohn in solcher Höhe zu erwarten, war vermessen gewesen, zu allen Zeiten, und mit jedem neuen Jahrzehnt wurde es noch unrealistischer. Die politisch entscheidenden Kräfte hatten inzwischen ein Format angenommen, mit dem Bayern nicht mehr in Konkurrenz treten konnte. Bedeutung konnte es nur noch an der Spitze einer größeren Gruppierung entwickeln, die sich aus mehreren kleineren, für sich allein noch viel schwächeren Kräften zusammensetzte; das hatte sich bei der Bildung der wittelsbachischen Hausunion gezeigt, und das sollte sich noch öfter erweisen. Doch waren die kleineren Reichsstände so gut wie nie bereit, sich der Führung des größten unter ihnen anzuvertrauen; zusammen hätte das durchaus ein Machtpotential ergeben, freilich ein innerlich brüchiges, da die Geschlossenheit der beiden großen Mächte ihm immer fehlen musste. Zweifellos wäre die Führung dieser dritten Partei im Reich dem Haus Wittelsbach zugekommen; doch um dieser Aufgabe gerecht zu werden, hätte es anderer Gestalten bedurft, als sie die Dynastie in jenen Jahren zur Verfügung hatte, und vielleicht auch eines höheren Maßes an Einsicht in den anderen deutschen Klein-

und Mittelstaaten. Es mussten ganz andere Kräfte auf den Plan treten, um aus dem Reich etwas anderes werden zu lassen.

Die Dämmerung der bayerischen Wittelsbacher – Maximilian III. Joseph (1745–1777)

Ausgleich mit Habsburg
Der Tod Karl Albrechts brachte in der Geschichte der bayerischen Wittelsbacher eine jähe Wende: nach beinahe fünf Jahrzehnten einer weit über die Möglichkeiten des Landes gehenden Politik, in der die Herrscher Bayerns versucht hatten, das zu verwirklichen, was sie als die historische Berufung ihrer Dynastie betrachteten, die europäische Geltung ihres Hauses durchzusetzen und die Habsburger zu beerben, folgte nun ein Rückzug. Die große Politik schien die Sache Bayerns nicht mehr zu sein, selbst in den Bereichen, in denen man noch hervortrat, verfolgte man vieles nur widerwillig. Innenpolitische Reformen traten in den Vordergrund der Politik, nachdem fast siebzig Jahre lang, seit dem Tod Ferdinand Marias in dieser Hinsicht so gut wie überhaupt nichts getan worden war. Das ist auch nach den Gesichtspunkten des 18. Jahrhunderts eine zu lange Phase, zumal sich in den mehr als eineinhalb Jahrhunderten, die seit der großen Staatsreform Maximilians I. vergangen war, doch gesellschafts- und geistesgeschichtlich zu viel getan hatte, um die Grundprinzipien, von denen dieser sich hatte leiten lassen, noch als tragfähig ansehen zu können. Es erfolgte auch jetzt noch längst keine Radikalreform, dafür war die Zeit noch nicht reif, aber es wurde doch vieles wenigstens auf den erforderlichen Stand gebracht.

Bescheidenheit zeigt sich auch anderswo. Die Kunstförderung nahm nicht mehr die exzessiven Züge an, die sie unter dem Großvater und dem Vater des neuen Kurfürsten noch aufgewiesen hatte. Dafür traten nun die Wissenschaften mehr in das Zentrum des Interesses, teils um ihrer selbst willen, teils aber auch bereits, um sie dem Staat dienstbarer zu machen. Dessen Verwaltung und Lenkung erforderte in einem immer höheren Maße Sachverstand. Das war freilich kein Spezifikum der Bayerischen Geschichte; Staatsreformen wurden in der zweiten Hälfte des 18. Jahrhunderts allenthalben in Angriff genommen, und die für diese Erscheinung so oft als Begründung angeführte Aufklärung war zwar eine der treibenden Kräfte, aber nicht in der Ausschließlichkeit, in der das immer noch behauptet wird. Auch das Preußen Friedrich Wilhelms I., des Soldatenkönigs, das zwar noch in die erste Hälfte des achtzehnten Jahrhunderts fällt, war letztlich bereits einer dieser Reformstaaten, mit der Aufklärung hat das aber nicht viel zu tun, eher mit einem neuen Begriff vom Staat, wie er sich in den Testamenten Karls II. von Spanien und in der Pragmatischen Sanktion äußert. Auf dieser Grundlage bauen die staatlichen Reformen des Ancien Régime nicht weniger auf wie auf den Ideen der Aufklärung, wobei es wieder verschiedene Querverbindungen von der einen zur anderen Idee gibt.

Die bayerische Außenpolitik war nicht mehr an den großen europäischen Verschiebungen orientiert, sie beschränkte sich allenfalls noch auf die innerhalb des Reiches, überwiegend beschäftigte sie sich sogar mit dem eigenen Haus; niemals in der neueren Geschichte hatten sich die bayerische und die pfälzische Linie des Hauses Wittelsbach einander in dem Maß angenähert wie dies in den Jahren nach 1745 nun geschehen sollte. Dafür gab es auch gute Gründe; durch das Aussterben der Neuburger Kurlinie und den Übergang des kurpfälzisch-neuburgischen Komplexes an die Linie Sulzbach hatte sich der pfälzische Besitz weiter konzentriert. Neben dieser existierten nun nur noch Zweibrücken und Birkenfeld, so dass mit der bayerischen Linie insgesamt noch vier Linien des einst so vielfach gegliederten Hauses übrig waren. In keiner waren in der letzten Generation zahlreiche Söhne geboren worden; die beiden Erzstifte Köln und Trier würden – im Falle Kölns nach einer mehr als anderthalb Jahrhunderte dauernden bayerischen Kontinuität – in der nächsten Generation nicht mehr besetzt werden können, da man keine Kandidaten mehr präsentieren konnte. Das Gewicht des Gesamthauses war also schon jetzt in absehbarer Zeit gefährdet, wenn vorerst auch Köln noch bis auf weiteres in der Hand des Onkels von Max III. Joseph, Klemens August war; er zählte beim Tode Karl Albrechts erst 45 Jahre, es bestand also noch für geraume Zeit die Aussicht einer wittelsbachischen Präsenz am Niederrhein. Als er 1761 starb, war Köln aber in der Tat unwiederbringlich verloren. Hier galt es, möglichst für alle Eventualfälle vorbereitet zu sein, um aus dieser Ausdünnung des Hauses wenigstens noch in der Form Kapital zu schlagen, dass sich der drittgrößte Komplex an Besitzungen im ganzen Reich in einer Hand befinden sollte. Es zeigte sich nämlich jetzt die Kehrseite der zwei Jahrhunderte langen Versippung mit dem Haus Habsburg, die aus bayerischer Sicht immer unter dem Aspekt betrieben worden war, Österreich auf dem Erbweg gewinnen zu können; dass diese Verbindungen aber ebenso gut umgekehrt wirksam werden könnten und Österreich seine Ansprüche womöglich wirksamer vertreten würde als die pfälzischen Verwandten, hatte man dabei kaum einmal in Betracht gezogen. Dem versuchte man nun mit allen Mitteln entgegenzuarbeiten, und hatte letztlich sogar Erfolg damit, freilich nicht durch die Wirksamkeit der dabei geschlossenen Verträge und Einigungen und durch den kraftvollen Zugriff des Erben, sondern allein durch die Intervention der Kraft im Reich, die jede Möglichkeit Österreichs, sich zu vergrößern, argwöhnisch beobachtete und aktiv dagegen vorging, und das war Preußen. Dennoch sollte man die wittelsbachische Hauspolitik in der zweiten Hälfte des 18. Jahrhunderts nicht unterschätzen; ohne diese wäre der Weg der bayerischen Geschichte in die neue Zeit, die man allenthalben bereits heraufdämmern sah – auch wenn sie dann im Licht des neuen Tages anders aussehen sollte als man geglaubt hatte – nicht so verlaufen, wie er das ist.

Man war lange geneigt, den Nachfolger Karl Albrechts als Kurfürst von Bayern, Maximilian III. Joseph, für einen a priori friedfertigen und eher zum Privatmann neigenden, dabei gütigen und hausväterlich veranlagten Fürsten zu halten. Dass er seinen privaten Neigungen, die sich mit einem gewissen Ruhebedürfnis paarten, gerne nachgegeben hat, ist Tatsache. Nach seiner Hochzeit war er einige Wochen lang für keinen seiner Räte und oder einen Gesandten zu sprechen, er genoss ausschließlich eine galante Rokoko-Zweisamkeit mit seiner Gemahlin und kehrte nach dem Hochzeitsurlaub nur widerwillig zu seinen fürstlichen Aufgaben zurück. Solche privaten Pausen gab es auch später immer wieder; während des Faschings hatte alljährlich die Politik zu schweigen, und auch in seinen Sommeraufenthalten ließ er sich nur ungern stören. Musik und Spiel um des Vergnügens willen, nicht um zu hasardieren, die in das Detail gehende Kunst und Kunsthandwerk waren seine Liebhabereien; Wissenschaft und Geist ließ er eher gewähren, interessiert, und zur Förderung durchaus geneigt, aber letztlich nicht von einem eigenen Drang zur Gelehrsamkeit getrieben.

Das alles fällt aber erst in die zweite Hälfte seiner Regierung, als die lange verschleppten Reformen endlich angegangen und für die Zukunft wichtige Grundlagen geschaffen wurden. Das Bayern Max III. Joseph war das Bayern der Aufklärung, der geistigen Ansätze für die Zukunft; so wurde – und zwar nicht durch eine Initiative des Kurfürsten, sondern von einem Kreis engagierter Beamter und Geistlicher – 1759 die Bayerische Akademie der Wissenschaften gegründet, in Staat und Kultur erfolgte der Aufbruch, der auf den Weg zu einem neuen Bayern führen sollte. Wie alles, was in dieser zukunftsorientierten, aber eben auch zukunftsungewissen Zeit angegangen wurde, nahm es dann eine andere Gestalt an, als man sich das eigentlich vorgestellt hatte, doch waren vom Grundsatz her die Gedanken in die entscheidende Richtung gebracht. Dieses Bild von Max III. Joseph ist lieb geworden, und es wäre zu einer Legende gewachsen, hätte sich seine Gestalt überhaupt im Bewusstsein des populären Geschichtsempfindens etablieren können. Er war zu Lebzeiten zweifellos ein populärer Fürst; als er 1777, erst wenig über fünfzig Jahre alt, starb, herrschte im ganzen Land tiefe Trauer, was zwar auch damit zusammenhängen dürfte, dass man nach seinem Tod nicht wusste, wie es mit Bayern nun weiter gehen würde und allenthalben das erneute Eingreifen der seit 1704 in Bayern verhassten Österreicher befürchten musste, in der Hauptsache aber doch in seiner Person begründet war. Die Zuneigung seiner Untertanen hatte er sich damit verdient, dass er drei Jahrzehnte lang einen Krieg auf bayerischem Boden zu vermeiden wusste, was der nicht gering schätzen konnte, der das Gegenteil erlebt hatte. Die bayerische Armee kämpfte zwar mehrfach während seiner Regierungszeit, aber stets anderswo und meistens nicht eben glücklich; und genau das hat für viele, die seine für Bayern günstigere Politik nur aus der Sicht der großen Politik beurteilen wollen, das Bild dieses Kurfürsten geprägt.

Vielen, vor allem auch den Staatsmännern seiner Zeit, galt er sogar als eher schwache Figur; die rhetorische Frage, ob es sich bei ihm nicht um einen glanzlosen Kurfürsten gehandelt hätte, wurde noch bis in die jüngste Zeit als Überschrift für eine Untersuchung seiner historischen Rolle gewählt – natürlich um sie zu widerlegen, aber doch als zunächst nicht eine schon von vornherein unsinnige Behauptung. Seine Gestalt wurde immer im Kontrast gesehen zum einen zu seinem Großvater und seinem Vater, die, wenn auch nicht im erforderlichen Umfang dafür begabt, aber eben doch in großen Zügen Machtpolitik europäischen Zuschnitts geführt hatten, und zum anderen zu den gemeinhin bedeutenden Fürsten seiner Zeit, allen voran natürlich Friedrich II. von Preußen. Im Licht dieses Kontrasts galt er in einer Zeit der großen Machtpolitik als ein Fürst, der dezidiert und eigensinnig eben gerade kein Machtpolitiker sein wollte.

Neuere Untersuchungen, vor allem von Alois Schmid, haben allerdings ergeben, dass dies nicht im vollen Umfang zutrifft. Er hat vielmehr das Spiel der Kräfte in Europa stets wachsam und genau verfolgt, schon um einen gangbaren Weg für seine eigene Politik zu finden, die letztlich auf einem Lavieren zwischen den wechselnden Machtblöcken beruhen mussten. Die dabei zu verfolgenden Ziele waren zweifach; er musste darauf bedacht sein, das eigene Engagement möglichst niedrig zu halten, denn politische und militärische Abenteuer konnte sich Bayern nicht mehr leisten, und zum anderen waren seine Züge immer von der Notwendigkeit bestimmt, von möglichst vielen Seiten möglichst viel Geld zu erhalten, Bayern konnte ohne Subsidien nicht überleben. Das waren keine glänzenden Ausgangspositionen für eine eigene Politik, aber anders waren die Vorgaben eben nicht, die er hatte. Bei alledem war er aber keineswegs eine schwache Gestalt, die von ihren Beratern abhängig war; im Gegenteil, seine Mitarbeiter beklagten sich wiederholt über seinen eigenwilligen Regierungsstil, mit dem er die Fäden dadurch in der Hand zu halten versuchte, dass er sie möglichst wenig über die politischen Geschehnisse und am allerwenigsten über seine bevorstehenden Entscheidungen, die er in den meisten Fällen ziemlich einsam traf, informierte. In der Regel war von ihm nicht mehr zu bekommen als die Bekundung unverbindlichen Interesses. Die Aufgeklärtheit des Kurfürsten hatte auf seinen Regierungsstil keinen Einfluss.

Es stimmt indessen nämlich auch noch etwas anderes nicht an dem von Max III. verbreiteten Bild. In den ersten eineinhalb Jahrzehnten seiner Regierung spielte die Außenpolitik eine weit größere Rolle für den Kurfürsten, als man lange anzunehmen bereit war. Vor allem war sie zunächst durchaus von den Ansprüchen seines Vaters bestimmt, wenn er auch kaum einmal aktive Versuche unternahm, um sie durchzusetzen. Die Politik, die ihm die Umstände diktierten, und das theoretische Verständnis von der historischen Aufgabe seines Hauses gerieten bei ihm in einen Widerspruch zueinander. Er legte den Titel des Erzherzogs von Österreich, den sich sein Vater in Linz angemaßt hatte, nicht ab, womit er indirekt beanspruchte, der legitime Nachfolger der Habsburger zu sein; beim Friedensschluss von Füssen erfolgte zwar der offizielle Verzicht auf dessen Ansprüche, da die Anerkennung der Pragmatischen Sanktion zu den Bestandteilen des Friedensvertrags gehörte, mental löste er sich davon aber niemals, so wenig, wie er dem in dem nämlichen Dokument enthaltenen Verzicht auf den Anspruch seines Hauses auf die Kaiserkrone innerlich nachkam. Dass er aber das eine wie das andere trotzdem nicht aggressiv weiter verfocht, lag nicht so sehr in seinem Charakter begründet als vielmehr darin, dass er – im Gegensatz zu seinem Vater – die Unmöglichkeit erkannt hatte, sie auf diesem und genau genommen auf überhaupt irgendeinem Wege durchzusetzen. Bayern war im Frühjahr 1745 am Ende, zwar noch nicht politisch, sehr wohl aber, und das wog schwerer, militärisch, und finanziell sowieso;

er hatte froh sein müssen, nach dem Tod seines Vaters überhaupt noch im vollen Umfang wenigstens das zu behalten, was diesem unanfechtbar gehört hatte.

Seine Möglichkeiten waren in jeder Hinsicht eng begrenzt. Er war als knapp Achtzehnjähriger in die Regierung des Landes hineingeraten, als 1745 sein Vater eines unerwarteten Todes starb. Zwar war er in einem modernen Sinne zum Fürsten erzogen worden – Johann Adam von Ickstatt, der gemeinhin als der Vater der bayerischen Aufklärung gilt, und der Jesuitenpater Daniel Stadler, unter den bayerischen Aufklärern ebenfalls nicht der Geringste, waren seine Erzieher gewesen – aber auf eine derart prekäre Situation, wie sie 1745 bestand, war er doch nicht vorbereitet. Die hierfür nötigen Erfahrungen hätte auch keine Erziehung vermitteln können, sondern nur das Leben, und auch in einer Zeit einer erstaunlichen geistigen Frühreife, wie sie das Rokoko war, waren achtzehn Lebensjahre hierfür nicht genug. Er konnte nur das akzeptieren, was er von anderen aus freien Stücken bekam. Das Erbe seines Vaters bestand aus einem noch von den Ereignissen der Zeit Max Emmanuels kaum erholten und durch fünf Kriegsjahre neuerlich erschöpften Land, das er in seinem vollen Umfang erst noch behaupten musste, und zweiunddreißig Millionen Gulden Schulden. Die Hälfte des Landes war von österreichischen Truppen besetzt. Er verfügte, um ihren weiteren Vormarsch aufzuhalten und sie womöglich wieder aus dem Land zu werfen, über eine Armee, die eben eine der schlimmsten Phasen ihrer Geschichte erlebt hatte, und stand im Bündnis mit Mächten, die nach dem Tod seines Vaters und der damit unweigerlichen Aussichtslosigkeit, ein neuerliches österreichisches Kaisertum zu verhindern, an Bayern kein großes politisches Interesse mehr hatten. Unter solchen Umständen fällt es wohl nicht schwer, friedfertig zu sein.

Aber noch war es nicht so weit. Zwischen dem Tod seines Vaters im Januar 1745 und dem Beginn der österreichischen Frühjahrsoffensive, in der ganz Niederbayern erobert wurde – die Oberpfalz hatten die Österreicher schon während des Winters besetzt – war seine Haltung schwankend. Er neigte prinzipiell der Fortsetzung des Kampfes und der Behauptung der Kaiserkrone zu, zumal man ihn von Paris, wo der Tod Karls VII. noch gar nicht bekannt war, und von Rom aus darin bestärkte. Der französische Gesandte ließ den Münchner Hof in dem Glauben, weiterhin mit Bayern kooperieren zu wollen, obwohl man in Paris inzwischen geneigt war, auf Preußen zu setzen, aus ziemlich simplen Gründen übrigens, denn Preußen benötigte keine Subsidien, und Frankreich war finanziell ebenfalls der Erschöpfung nahe. Am Münchner Hof gab es zwei Parteien, von denen die eine für ein Verbleiben auf der Seite der Verbündeten plädierte, während die andere, angeführt von seiner Mutter, der Cousine Maria Theresias, zum möglichst raschen Friedensschluss drängte. Aber erst als die österreichische Armee nach einem Sieg bei Pfaffenhofen am 15. April auf München marschierte, entschloss sich Max III., dem Drängen der Friedenspartei nachzugeben; er stand vor der Alternative, sich mit Österreich zu verständigen oder aber München zu verlassen und den Kampf vom Westen oder von Frankreich aus fortzusetzen. Dem stand schon der Umstand entgegen, dass auf das Betreiben Frankreichs sein pfälzischer Verwandter, Kurfürst Karl Theodor, vor dem Reichstag für Bayern das Reichsvikariat durchgesetzt hatte, und die sich in diesem Amt bietenden Möglichkeiten wollte der junge Kurfürst nicht aus der Hand geben.

Als Max III. zögernd um Friedensverhandlungen vorfühlte, fand er ein unerwartet freundliches Echo. Das war keineswegs selbstverständlich, und es war in erster Linie Maria Theresia zu verdanken, die sich mit dem Plan einer glimpflichen Behandlung Bayerns, hinter der der Wunsch stand, es aus der Reihe der Verbündeten zu lösen und diesen damit die Operationsbasis unmittelbar an der österreichischen Grenze zu nehmen, gegen ihren Gemahl wie auch gegen ihren Sohn, die einen sehr viel härteren Kurs vertraten, durchgesetzt hatte. Bayern wurde dabei die Unversehrtheit in den Grenzen von 1741 angeboten und der rasche Abzug aller österreichischen Truppen in Aussicht gestellt, auf eine Entschädigung für die Kriegskosten wurde verzichtet. An Gegenleistungen wurden von ihm der Verzicht auf die Kaiserkrone und auf österreichisches Territorium gefordert, ferner die Anerkennung der Pragmatischen Sanktion und das Versprechen, die Bemühungen ihres Gemahls Franz von Lothringen-Toskana um die Kaiserkrone zu unterstützen.

Die militärische Lange zwang zu raschen Verhandlungen, vor allem auf bayerischer Seite, so dass man, obwohl man mit den Angeboten aus Wien nicht zufrieden war, schnell zu einem Abschluss kam. Am 22. April 1745 wurde der Präliminar- und Sonderfriede zu Füssen geschlossen; er entsprach in allen Punkten den österreichischen Vorstellungen und wurde in München akzeptiert, um zu retten, was noch zu retten war. Schon zwei Wochen begann der Abzug der österreichischen Armee. Der kurfürstliche Hof in München konnte erst einmal aufatmen – um dann freilich festzustellen, dass man mit einem Schlag auf alles verzichtet hatte, was seit Jahrhunderten die Politik Bayerns zu einem wesentlichen Teil ausgemacht hatte.

Obwohl alles wahrhaftig noch viel schlimmer hätte kommen können, machte sich rasch Unzufriedenheit breit, hatte man das Gefühl, vielleicht doch zu rasch abgeschlossen zu haben, da inzwischen Österreich gegen Preußen einige herbe Niederlagen erlitten hatte; die Großzügigkeit Maria Theresias wurde nun als ein Ausdruck einer bis dahin nur ihr selbst bewussten Schwäche bewertet.

Aber nun war der Friede geschlossen, und die Situation so, dass man einen Bruch desselben von München aus unter keinen Umständen wagen konnte. Ohne Gegeninitiative das Kommende abzuwarten, schien nicht ratsam, denn selbstverständlich erwartete man in Wien einen Kriegseintritt Bayerns auf der Seite Österreichs. Die politischen Parteien am Münchner Hof waren sich darin einig, dass eine bayerische Neutralität das eigentlich anzustrebende Ziel sei; mit Preußen wollte man sich begreiflicherweise nicht anlegen. Dass dies nicht möglich sein würde, zeigte sich schon bald, als im Sommer die Subsidienverhandlungen mit den Seemächten, die von Maria Theresia vermittelt worden waren, begannen. Es sollte sich nicht einmal als möglich erweisen, die Wahl Franz Stephans zum Kaiser so weit als möglich hinauszuzögern, um wenigstens daraus noch einen gewissen Handlungsspielraum zu gewinnen; zudem wollte Max III. Joseph so lange wie irgendwie möglich das Reichsvikariat behalten. Für all das hatte er zu wenig in den Händen; am 13. September 1745 erfolgte die Wahl in Frankfurt, Bayern musste seiner Verpflichtung aus dem Frieden von Füssen nachkommen und gab seine Stimme für den Lothringer ab, die Kaiserkrone war wieder in österreichischer Hand. Da die Wahl mit der Ausnahme der brandenburgischen und der pfälzischen Kurstimme, die durch die betreffenden Fürsten enthalten wurde, einstimmig erfolgte, hätte eine andere Stellungnahme Bayerns auch nichts bedeutet, zudem gab es keinen Gegenkandidaten. Max III. Joseph ließ seinem Groll über die seiner Meinung nach erpresserische Auslegung des Füssener Friedens in anderer Weise freien Lauf, indem er der Krönung des neuen Kaisers demonstrativ persönlich fernblieb und durch seine Gesandten lediglich formelle Höflichkeiten an der unteren Grenze des Erforderlichen überbringen ließ.

Hatte er schon seine Kurstimme nicht teurer verkaufen können, so musste wenigstens die politische Parteinahme seines Landes etwas bringen. Die Verhandlungen zogen sich lange hin, zumal die Seemächte und Österreich nicht die einzigen waren, die ihren Einfluss geltend zu machen versuchten. Seit 1746 war das französische Werben um die deutschen Mittelstaaten wieder stärker geworden, vor allem um die Pfalz, was naturgemäß aber auch Bayern gelten musste.

Auch hier band Max III. freilich der Vertrag von Füssen. Im Sommer 1746 schließlich kam es zum Abschluss eines Subsidienvertrages, der Bayern gegen eine jährliche Zahlung von 240 000 Gulden zur Unterhaltung von 5 000 Mann verpflichtete; zugleich wurde mit Österreich ein Freundschaftsvertrag geschlossen. Für den Augenblick war das die Erfolg versprechendere Lösung, diese Partei hatte mehr zu bieten, und von ihr wäre im Zweifelsfalle die größere Gefahr ausgegangen.

Doch Max III. wollte sich nicht allein auf die Stütze Österreich verlassen. Schon von diesem Zeitpunkt an zeichnet sich die Grundlinie der bayerischen Politik der folgenden Jahre ab, die letztlich darauf hinauslaufen sollte, die mittleren Fürsten des Reiches als dritte Kraft im Reich auf eine Seite zu bringen. Das probateste Mittel hierzu schien zunächst eine erneuerte Hausunion der Wittelsbacher zu sein, die zusammen über einen ausreichend großen Machtkomplex verfügte, dass sich an sie die übrigen Kräfte nach und nach anschlossen. Freilich war immer auch damit zu rechnen, dass sich ein solches, naturgemäß zur Neutralität neigendes Fürstenbündnis den streitenden Mächten Europas als Instrument zur Schwächung des Gegners anbieten würde, und auch jetzt stellte es Bayern vor das Problem einer bivalenten Politik, war doch die Pfalz immer noch an Frankreich angelehnt, wozu sie so wenig eine Alternative hatte wie Bayern für seine Annäherung an Österreich. Dies war um so unangenehmer, als inzwischen Österreich und die Seemächte auf der einen, Frankreich auf der anderen Seite die letzten kämpfenden Mächte des immer noch andauernden und längst über seinen Anlass – nämlich den Erbfolgeanspruch Kurfürst Karl Albrechts von Bayern – hinausgewachsenen Krieges waren; Preußen hatte bereits seinen Frieden mit Österreich gemacht, nachdem sich Friedrich II. Schlesien hatte sichern können. Wieder war es zu einem europäischen Machtringen zwischen Österreich und Frankreich gekommen, Oberitalien und die Niederlande waren die Schauplätze. 1747 mussten sogar bayerische Truppen marschieren, als Frankreich Holland angriff und gemäß dem Subsidienvertrag das mit dem Geld der Seemächte finanzierte Kontingent eingreifen musste; es erlitt eine schwere Niederlage und wurde so gut wie aufgerieben. Erst 1748, fast acht Jahre nach dem bayerischen Angriff auf Österreich, kam es zu Aachen endlich zum Friedensschluss, der aber nichts weiter war als eine Feststellung des Status quo; zustande gekommen war er nur deshalb, weil die finanziellen Reserven Frankreichs erschöpft waren, und nicht, weil eine Entscheidung um die Vormacht in Europa gefallen wäre.

Um die Neutralität
So kam es 1747 nur zu einer sehr vorsichtigen Annäherung zwischen Bayern und Frankreich; noch war Krieg zwischen Österreich und Frankreich, und Bayern waren die Hände durch den Frieden von Füssen gebunden. Auch bei diesen Verhandlungen gelang es dem Kurfürsten, sich eine jährliche Subsidienzahlung zu sichern; sie liefen zur Verschleierung der Sachlage über die Kurpfalz. Frankreich arbeitete auf eine Neutralisierung der deutschen Mittelstaaten hin und traf bei diesen auf immer größeres Interesse. Die Fundamente der mittelstaatlichen Allianz hatten sich inzwischen ausgebaut; zu Bayern und Kurpfalz war nun auch Sachsen gestoßen. Der politische Schachzug, der in München geplant worden war, wurde nach dynastischer Tradition durchgeführt, indem Kurfürst Max III. Joseph von Bayern 1747 die Tochter des Kurfürsten von Sachsen, Maria Anna, heiratete, und seine Schwester Maria Antonia Walburga den sächsischen Kurprinzen. Auch diese Beziehungen waren sehr vorsichtig gestaltet worden; einen politischen Vertrag gab es vorläufig nicht – er sollte erst später geschlossen werden – Max III. wollte im Moment lieber keine offiziellen Verpflichtungen haben, die die Bewegungsfreiheit, die er noch brauchte, einschränken konnten.

So lehnte er auch den pfälzischen Vorstoß für eine offizielle Union der Mittelstaaten überraschenderweise ab. Er erkannte, dass sich diese nur gegen Österreich richten konnte und daher wieder eine Verbindung mit Frankreich darstellen würde, was seine Parallelpolitik gefährden musste. Das Gleichgewicht im Reich war durch den Ausgang des Krieges nur mühsam wiederhergestellt worden und sollte nicht schon wieder verschoben werden. Zudem war bekannt geworden, dass sich Frankreich aus finanziellen Gründen von seiner Subsidienpolitik distanzierte und daher auch den Vertrag mit Bayern nicht zu verlängern gedachte; man war also in München umso mehr auf Österreich und die Seemächte angewiesen. Vor allem letztere waren die zuverlässigsten Zahler; sie setzten ihre jährlichen Unterstützungen auch jetzt, im Frieden fort. Max III. konnte mit seiner Politik, die er in den ersten fünf Jahren betrieben hatte, einigermaßen zufrieden sein; lange hatte er Subsidien von zwei Seiten erhalten, nun war er zwar vorerst von der einen abhängig, aber dafür zahlte sein Geldgeber auch im Frieden, der Kurfürst hatte also wesentlich mehr von dem überwiesenen Geld, das er nicht zum Kriegführen brauchte, sondern zum Überleben.

Wie sehr freilich der Kurfürst von Bayern und andere, etwa gleich starke Fürsten von der Stabilität oder auch Mobilität der großen Mächte in Europa abhingen, sollte sich bald zeigen. Das ganze System, in dem sich Max III. Joseph eingerichtet hatte, beruhte auf dem alten fundamentalen Gegensatz zwischen Österreich und Frankreich, an dem der Verlust Spaniens und das Aussterben der Habsburger nichts Wesentliches geändert hatten. Allerdings bestimmten nun zunehmend andere Faktoren die politischen Verhältnisse in Europa; schon der bisher nicht nur in München, sondern im ganzen Reich mit Sympathie betrachtete Aufstieg Preußens zu einer der gewichtigsten Mächte auf dem Kontinent, das endlich das so lange und schmerzlich vermisste Äquivalent zu Österreich in Mitteleuropa abgeben konnte, stellte eine latente Gefahr für das Gleichgewicht dar; im Krieg von 1741 bis 1748 hatte es Österreich geschlagen und ihm dabei Schlesien abgenommen, dadurch war es aber noch stärker geworden, und außerdem hatte diese Niederlage in Wien einen Stachel der Unzufriedenheit stecken lassen.

Aber Preußen war nicht das einzige Problem. Das andere hieß England. Auch hier bestanden über das Kurfürstentum Hannover Interessen im Reich, aber das war nicht entscheidend. Lange hatte es die Waagschalen durch seine eigene Parteinahme je nach den politischen Erfordernissen schwerer oder leichter machen können; zuletzt hatte es für den unentschiedenen Ausgang des österreichischen Erbfolgekrieges gesorgt. Durch den Ausbau des weltweiten englischen Kolonialreiches aber war nun eine eindeutige Situation entstanden, in der es nur einen Gegner gab, nämlich Frankreich, das selbst in überseeische Unternehmungen engagiert war. Aus dem kontinentalen Dualismus zwischen Frankreich und Österreich war nun der interkontinentale Dualismus zwischen England und Frankreich geworden. Man spricht von einem regelrechten *reversement des alliances*, in dem das Undenkbare nicht nur denkbar, sondern Tatsache wurde: Österreich und Frankreich auf derselben Seite.

Die Bündnisse, die sich nun ergaben, waren nicht sensationell oder gar unnatürlich, sondern eigentlich zu erwarten gewesen. Die konkurrierenden Kolonialmächte mussten sich auf dem Kontinent nach Bündnispartnern umsehen; für England kam dabei in erster Linie Preußen in Frage, das im Falle einer gegnerischen Parteinahme am ehesten englische Interessen im Reich bedrohen konnte, was nun geradezu logischerweise Österreich, seit dem Verlust Schlesiens ein natürlicher Feind Preußens und darüber hinaus dieses als unliebsame Konkurrenz im Reich sehend, auf die Seite Frankreichs treiben musste. Am 1. Mai 1756 standen die Fronten; das Ausbrechen des Krieges war nun nur noch eine Frage der Zeit. Und er kam schneller als erwartet. Friedrich II., die Lage nüchtern einschätzend, wollte der Koalition zuvorkommen, mit der auch noch andere europäische Mächte in Verhandlungen standen, und fiel Ende August 1756 in Sachsen ein; er riskierte damit den Weltkrieg, was ihm wohl sicherlich bewusst war, und den Reichskrieg gegen Preußen. Sieben Jahre sollte das Ringen dauern, und es sah lange so aus, als hätte der König von Preußen diesmal seine Kräfte überschätzt. Tatsächlich verdankte er den Erfolg, den er am Ende doch noch verbuchen konnte, der Tatsache der weltweiten Konflikte, in die sein Angriff eingebunden war, und die die Kraft Frankreichs letztlich überfordern mussten.

Bayern war damit in eine verzwickte Lage geraten. Man war noch immer an Österreich gebunden, aber unter den bestehenden Umständen gab es keine realistische Alternative zu einem engeren Zusammengehen mit dem ungeliebten Nachbarn. Eine offene Parteinahme für Preußen und die Seemächte wäre angesichts der Stärke, die Österreich und Frankreich zusammen hatten, Selbstmord gewesen, hatte man sich offene Feindschaft gegen Österreich doch schon bisher immer nur mit dem mächtigen Frankreich im Hintergrund erlauben können, und auch das war regelmäßig schief gegangen. Zudem war man von französischem oder österreichischem Geld nun noch mehr abhängig als bisher, denn eine Verlängerung des Subsidienvertrages mit den Seemächten, um die man schon seit 1755 verhandelt hatte, kam unter den gegebenen Umständen nicht mehr in Frage. Es zeigte sich nun als glückliche Fügung, dass man von München aus 1755 auch mit Frankreich verhandelt hatte, und einen zur Unterschrift reifen Vertrag bereits in der Schublade hatte. Er versprach Subsidien in einer jährlichen Höhe von 300 000 Gulden und verpflichtete Bayern zur bewaffneten Neutralität gegenüber Frankreich. Trotz aller nicht von Ungefähr kommenden Sympathien gegenüber Preußen blieb Max III. nichts anderes übrig als ein formelles Bündnis mit Österreich zu schließen, das im März des Jahres 1757 zustande kam. Es hatte die Form eines geheimen Militärabkommens und wahrte die Neutralität Bayerns insofern, als es sich offiziell nur zu seinen Verpflichtungen gegenüber dem Reich bekannte, wobei es aber sein Reichskontingent von 5 000 Mann um ein Hilfskorps von 4 000 Mann zu verstärken versprach. Ob es auch ein mündlich vereinbarter Bestandteil des Vertrages gewesen war, dass es den Reichskrieg gegen den König von Preußen diplomatisch herbeiführen sollte, um seinem Abkommen mit Österreich sozusagen unauffällig nachkommen zu können, oder ob dies der familiären Verbindung mit Sachsen wegen erfolgte, ist nicht klar; Tatsache ist, dass es es tat, auf dem Reichstag spielte es die entscheidende Rolle für den Beschluss einer Reichsexekution gegen Preußen.

Der Verlauf und der Ausgang des Siebenjährigen Krieges sind hier nicht zu behandeln; dieser gehört durch die weltweiten Interessen der beteiligten Großmächte zur Weltgeschichte und die Entscheidungen, die zum Frieden führten, fielen nicht im Reich und nicht einmal in Europa, sondern in Amerika und Indien. Hier hat es allein um die Rolle Bayerns zu gehen, die im 19. Jahrhundert als reichlich dubios eingestuft wurde. Das ist insofern ungerecht, als man dabei die politischen Notwendigkeiten übersieht, die für Bayern in der Bewahrung des Elementarsten lagen. Das war zum einen die Wahrung des Gleichgewichts im Reich und zum anderen das lebensnotwendige Interesse, nicht zu den Verlierern zu gehören. Es gibt dabei durchaus eine konsequente Linie, und diese sollte zu einem baldigen Frieden führen; sobald hierfür eine Chance sichtbar wurde, hat man in München, meistens in Kooperation mit anderen Mittelstaaten des Reichs, gehandelt. Dass man damit nicht zum Erfolg kam, lag daran, dass dieser Krieg eben kein deutscher war.

In den ersten Monaten des Krieges blieb Bayern völlig passiv. In einer geheimen Konvention mit anderen Mittelstaaten, darunter Kurpfalz, Baden und Württemberg wartete man ab, wie sich die Dinge entwickeln würden, jederzeit bereit, sich für neutral zu erklären und damit das Reich mit sich zu ziehen. Erst im Juni 1757 griffen die bayerischen Truppen aktiv in den Krieg ein, wo sie freilich angesichts der nunmehr aufmarschierenden Massenheere keine entscheidende Bedeutung haben konnten. Der Part, den Bayern im Siebenjährigen Krieg aktiv spielen wollte und konnte, lag allein auf dem diplomatischen Parkett. Mehr unfreiwillig und auch ganz und gar nicht in deren Sinne war es in eine Schlüsselposition für die Haltung der deutschen Mittelstaaten geraten – und damit erstmals in die Rolle geschlüpft, die es bis 1871 behalten sollte – was dazu führte, dass es mehrfach in das Interesse der Planer der europäischen Machtkonstellationen geraten sollte. Namentlich in England versuchte William Pitt wiederholt, Bayern auf die Seite der englisch-preußischen Allianz zu ziehen, wobei er sich zwar als nicht ungeschickter Psychologe erwies, als er dem bayerischen Gesandten in London, Graf Haslang, eine Erneuerung des wittelsbachischen Kaisertums nahe legte, letztlich aber damit die nüchterne Sichtweise des Kurfürsten unterschätzte. Selbst wenn sich Max III. von dieser Aussicht, die seinen geheimen Idealen sehr wohl entsprach, blenden hätte lassen, so war er nicht so töricht, zu übersehen, dass er bis zu einem Sieg der englisch-preußischen Allianz, nach dem es nicht unbedingt immer aussah, überleben hätte müssen, um diese Chance verwirklicht sehen zu können. Er stand in der verzweifelten finanziellen

Abhängigkeit von Frankreich, das bei jedem auch nur ansatzweise geäußerten Gedanken, der in München in die Richtung einer Neutralität oder gar einer Parteinahme geäußert wurde, sofort mit einer Sperrung des Geldhahns drohte. Und sogar dann, wenn ein solcher Schritt zum Erfolg geführt hätte, wäre noch lange nichts gewonnen gewesen; die Niederlage Österreichs, auch wenn sie sich immer wieder abzeichnete, würde kaum derart vernichtend ausfallen, dass es nicht in der Folge wieder zu Kämpfen mit dem Nachbarn kommen würde. Eifrig versicherte man in München, von einer Neutralität könne keine Rede sein, um dann freilich sofort wieder die militärische Entwicklung zu beobachten; sollte sich das Kriegsglück entscheidend wenden, konnte und wollte man nicht zu spät kommen, um sich seinen Teil zu sichern, auch wenn es günstigsten Falles nur um das politische Prestige gehen konnte. Schließlich sollte es Bayern auch am Ende doch noch beschieden sein, den Krieg zu beenden, als es 1762 durch seine eigene Vorreiterrolle das Reich zur Neutralität brachte; zu diesem Zeitpunkt war freilich längst klar, wer den Sieg erringen würde. Frankreich war finanziell und Österreich militärisch am Ende, Russland hatte sich aus der Koalition mit Österreich zurückgezogen. Freilich war auch Preußen durch den Frieden zwischen Frankreich und England, das inzwischen seine eigenen Kriegsziele in Übersee sämtlich erreicht hatte, allein, aber an einen Sieg Österreichs wäre auch ohne die bayerische Initiative nicht zu denken gewesen. Gedeckt durch ein Schutzversprechen Preußens gegenüber dem durch die Neutralität des Reichs verstimmten Österreich machte es dem Wüten schneller ein Ende – das war eigentlich schon alles, was es erreichen konnte. Im Übrigen blieb im Reich alles so, wie es vor 1756 gewesen war, Preußen behielt Schlesien, das Gleichgewicht im Reich war gerettet, und Österreich blieb im Besitz der Kaiserkrone, denn Friedrich II. sicherte die brandenburgische Kurstimme dem Sohn Maria Theresias zu. Wichtig für Bayern war noch, dass es sich seine Mittelstellung hatte wieder erringen können; das Verhältnis zu Preußen war wieder ersprießlich, und das zu Österreich ließ sich richten.

Tatsächlich intensivierte Max III. Joseph seine Beziehungen zu Wien nun wieder; die Hintergründe stellten eine dynastische Verbindung dar. Joseph II. war verwitwet und hatte aus seiner ersten Ehe nur eine lebende Tochter; man drängte in Wien auf seine Wiederverheiratung, obwohl er selbst nur wenig Lust dazu verspürte. An sich war der Bestand des Hauses auch gesichert, wenn er keine Söhne haben sollte, denn dank der Fertilität seiner Eltern hatte er vier Schwestern und vor allem drei Brüder. Aber er war nun einmal der

Älteste, bereits erwählter römischer König und künftiger Kaiser. Nachdem mehrere andere Kandidatinnen ins Auge gefasst worden waren, verfiel man auf die jüngste Schwester Max III. von Bayern; sie war zwar zwei Jahre älter als der potentielle Ehemann, stand aber noch in den ersten Jahren des dritten Lebensjahrzehnts und kam daher sehr wohl für die Geburt eines Nachfolgers in Frage. Natürlich hatte man in Wien dabei vornehmlich das bayerische Erbe im Visier; falls die bayerische Linie ausstürbe, und damit war zu rechnen, wäre ein Kind aus der Ehe Josephs II. mit einer bayerischen Prinzessin ein möglicher Nachfolger gewesen. Das wusste man natürlich auch in München, und es erhoben sich nicht wenige warnende Stimmen gegen diese Verbindung; Max III. freilich, der bereits im Begriff war, seine Nachfolge zu regeln, dachte aber eher an eine Stabilisierung seiner Beziehungen zu Österreich und ging auf den Plan, der nicht von ihm selbst stammte, ein. Natürlich musste Josefa Maria im Ehevertrag auf ein potentiell ererbtes Kurbayern Verzicht leisten; aber wie ernst die Erben derlei zu nehmen pflegten, war ja bekannt, Max III. dürfte Joseph II. kaum eine andere Mentalität unterstellt haben als sie sein Vater und sein Großvater, beide in gleicher Situation stehend, an den Tag gelegt hatten. Beide sollten sich mit dieser politischen Heirat geirrt haben; schon kurz nach der Hochzeit war das Verhältnis zwischen München und Wien so schlecht wie eh und je, da es nun auch noch zusätzlich durch die unglückliche Ehe einer bayerischen Prinzessin belastet wurde, die man durchaus als Affront betrachtete. Und Joseph II. sollte seinen Rechtstitel auf Bayern durch diese Ehe auch nicht gewinnen, er musste zu anderen Mitteln greifen. Erfolg sollte ihm damit nicht beschieden sein, er scheiterte tatsächlich an der Sukzessionspolitik der beiden wittelsbachischen Kurfürsten.

Der Einheit Wittelsbachs zu
In den Jahren nach dem Ende des Siebenjährigen Krieges stand die bayerische Außenpolitik ganz im Zeichen der eigenen Sorgen des Hauses Wittelsbach. Alle Großmachtträume waren zerronnen, die letzte Lehre hatte nun der Siebenjährige Krieg erteilt, der gezeigt hatte, wie und von wem in Europa die große Politik gemacht wurde und in welche Dimensionen dabei vorzustoßen war. Dennoch war das potentiell in der Hand eines Fürsten vereinte Wittelsbach auch jetzt immer noch eine der Hoffnungen des Reichs; selbst Friedrich II. äußerte sich 1752, sieben Jahre nach dem Scheitern Karl Albrechts, in die Richtung, dass der Erbe der wittelsbachischen Ländermasse die Kaiserkrone tragen sollte. Das war an sich

klug gedacht, und 1752 war dem auch noch nicht viel entgegenzusetzen gewesen. Weder der Kurfürst von Bayern noch der Kurfürst der Pfalz hatten damals schon dreißig Jahre gezählt, noch war also durchaus damit zu rechnen gewesen, dass einem von ihnen oder allen beiden Söhne geboren werden würden. Inzwischen aber, ein gutes Jahrzehnt später, sah die Sache anders aus. Bayern und Kurpfalz standen wieder im Blickpunkt des internationalen Interesses, in einer Weise freilich, die keinem der beiden Fürsten behagen wollte. Das wittelsbachische Erbe stand zwar noch nicht zur Disposition, aber sehr wohl in der Diskussion, und einer der ersten Interessenten war Joseph II.

Seine Hoffnung schien aber nicht zum Tragen zu kommen, denn schon 1767 verstarb die Kaiserin. Als großen persönlichen Verlust empfand er ihren Tod nicht, die Ehe war eine einzige Katastrophe gewesen; beide gegen ihren Willen in diese Verbindung gedrängt, hatten sich die Partner in unverhohlener Abneigung gegenübergestanden. Weit ärgerlicher war, dass sie gestorben war, ohne Kinder zu hinterlassen, die nun auf Bayern Rechte anmelden konnten. Eines Erben glaubte Kaiser Joseph II. allerdings auch nicht zu bedürfen, um sich in den Besitz Bayerns setzen zu können. Das Herzogtum Bayern war, wie alle Herzogtümer, erbliches Reichslehen, aber eben ein Lehen, das nach dem Aussterben der Lehensnehmer im Mannesstamm als erledigt eingezogen werden konnte. So war zwar schon seit Menschengedenken kaum mehr verfahren worden, in der Regel wurden beim Aussterben einer Dynastie auch die Nachkommen weiblicher Erben belehnt, verpflichtet war der Kaiser dazu aber keineswegs. Die Juristen in Wien entwickelten eine geschäftige Aktivität; Joseph II. hatte einen fertigen Plan, wie nach dem Tod Max III. Josephs zu verfahren sein würde. Ober- und Niederbayern sollten als erledigtes Reichslehen samt der Kurwürde eingezogen werden, Kurfürst Karl Theodor oder wer immer ihn beerben würde sollte lediglich die Oberpfalz und die pfälzische Kur erhalten. Ausgefertigte, nur noch mit einem Datum zu versehende Besitzergreifungsdekrete befanden sich in der Hand des österreichischen Gesandten in München, den Befehlshabern der Truppen in Böhmen und Oberösterreich waren bereits Einmarschpläne zugegangen. Das einzige, was Joseph II. und sein Kanzler Kaunitz bei ihren Vorbereitungen übersehen hatten, war eine rechtzeitige Verständigung mit Friedrich II. von Preußen; das sollte sich als schwerer Fehler erweisen. Aber dem Preußen misstraute man in Wien, auch das nicht eben grundlos.

Die Chancen Josephs II. standen nicht schlecht, obwohl zur selben Zeit auch die Wittelsbacher in einer historisch nie gekannten

Einmütigkeit daran gingen, seine Vorstellungen zu durchkreuzen. Sie hatten gute Gründe, sich endlich zu einigen, denn in den letzten Jahren hatte sich familiär alles zu ihren Ungunsten entwickelt. Weder Max III. noch Karl Theodor hatten einen Erben; die Ehe des Kurfürsten von Bayern war völlig kinderlos geblieben. Es gab zwar in der bayerischen Linie noch einen weltlichen Spross, einen Cousin Max III., Herzog Klemens; dieser war ein Sohn Herzog Ferdinands, der ein jüngerer Bruder Karl Albrechts war. Klemens war zwar verheiratet, doch gingen aus seiner Ehe ebenfalls keine Kinder hervor. Auch die Pfälzer Linie stand nicht mehr auf vielen Füßen. Karl Theodor war zwar 1761 ein Sohn geboren worden, doch starb dieser wenige Tage nach der Geburt. Eheliche Kinder hatte er darüber hinaus keine, und die vielen illegitimen konnten in dieser prekären Situation keine Abhilfe darstellen. Von den einst so vielen pfälzischen Linien waren nur noch die Nebenlinie Zweibrücken mit ihren Seitenästen Birkenfeld und Bischweiler übrig, und eigentlich nicht einmal mehr das, denn der Herzog von Zweibrücken, Christian IV., war eigentlich noch als Pfalzgraf von Birkenfeld auf die Welt gekommen und hatte Zweibrücken bereits geerbt. Zu allem Unheil lebte er auch noch in einer nicht standesgemäßen Ehe, aus der keine erbberechtigten Kinder hervorgehen konnten. Daher blieben als Erben nur noch zwei Neffen Herzog Christians IV. von Zweibrücken, die unter der Linie Birkenfeld liefen, obwohl ihnen nach menschlichem Ermessen Zweibrücken ja bereits sicher war, Karl August und sein zehn Jahre jüngerer Bruder Max Joseph, der zu dieser Zeit noch im Knabenalter stand. Das letzte und fernste Glied in der Kette war Pfalzgraf Wilhelm von Bischweiler, eine Birkenfelder Nebenlinie, die aber vorläufig weder auf Birkenfeld noch auf Zweibrücken Aussichten hatte. Was aus diesen allen werden würde und ob sie in der Lage sein würden, das große Erbe des Hauses zu übernehmen, was ja nicht nur eine Frage des Rechts war, konnte man nicht wissen. Es waren traurige Zeiten für eine Dynastie, die in besten Zeiten anderthalb Dutzend gleichaltriger Männer aufweisen hatte können!

Die Nervosität im Hause Wittelsbach war also begreiflich. Die Kontakte zwischen Max III. Joseph und Karl Theodor waren schon unmittelbar nach dem Tod Karl Albrechts aufgenommen worden; im Grunde stellten sie ja auch nur die Fortsetzung der älteren Politik dar, die bereits Max Emmanuel 1724 eingefädelt hatte. Im Zeichen der verschiedenen Orientierungen der beiden Hauptlinien, die der Pfalz an Frankreich, und Bayerns an Österreich, war eine gemeinsame Politik vorübergehend in die zweite Linie zurückgetreten, wenn auch der Hausvertrag 1757 erneuert wurde. 1761, im Zuge der von Bayern und der Pfalz gemeinsam betriebenen Friedensbemühungen im Siebenjährigen Krieg, erfolgte jedoch die entscheidende Annäherung. Im selben Jahr wurde das so genannte Freundschafts- und Defensiv-Tractat aufgesetzt, das die künftige Kooperation der beiden Linien in der Sukzessionsfrage vorbereitete. Seit 1766 kam es stufenweise zu einer innerfamiliären Sukzessionsregelung, die Bayern und die Kurpfalz sowie die Lande der Nebenlinien als Gesamtbesitz des Hauses Wittelsbach auswiesen und den Überlebenden zum Universalerben einsetzte; Veräußerungen von Landesteilen konnten nur mit Einverständnis aller potentiellen Nacherben getroffen werden, weibliche Erben sollten mit Geld abgefunden werden. Regierungssitz des wittelsbachischen Komplexes sollte München sein. Nun schien man für alles gerüstet zu sein; es war sogar gelungen, die Verträge geheim zu halten, weder der österreichische Gesandte in München noch sein Kollege in Mannheim wussten etwas davon, und dem Kaiser waren die Dokumente aus guten Gründen nicht vorgelegt worden, obwohl es bei Verfügungen über Reichslehen an sich vorgeschrieben war. Aber diesen Formfehler nahm man bewusst in Kauf; auf den würde es, so vermutete man in München wie in Mannheim ganz richtig, im Zweifelsfalle nicht ankommen. Der Gewinn Bayerns war für Österreich doch zu verlockend; es hätte nicht nur einen bedeutenden Machtzuwachs im Reich dargestellt, sondern auch die Komplettierung des österreichischen Besitzes – wer sollte da noch nach Recht und Sitte fragen?

Und schon gar nicht wusste man weder in München noch in Mannheim, wie der andere jeweils darüber für sich dachte und was er mit dem eines Tages anfallenden Erbe in Wirklichkeit vorhatte. Und so standen Bayern die letzten Kämpfe um seine staatliche Existenz erst noch bevor; mit einigen Pausen sollten sie noch drei Jahrzehnte lang dauern, ehe endlich das entstehen konnte, was all dem ein Ende setzte: Das souveräne Bayern, dessen Staatlichkeit über der Souveränität des Fürsten stand.

Am 30. Dezember 1777 starb in München Kurfürst Maximilian III. Joseph an den Pocken. Die Geschichte der bayerischen Wittelsbacher war damit nach beinahe 600 Jahren zu Ende, und die der pfälzischen ebenso. Von nun an gab es nur noch Wittelsbach, eine Dynastie mit einer großen Ländermasse. Was aus dieser werden würde, und wofür Wittelsbach in der Zukunft als politischer Begriff stehen würde, musste sich in den kommenden Jahrzehnten zeigen.

III. Die pfälzischen Wittelsbacher

Gemeinsamkeiten und Unterschiede

Mit dem Hausvertrag von Pavia beginnt die Geschichte der pfälzischen Linie des Hauses Wittelsbach. Diese ist mehr als nur eine Vorgeschichte der Regierungsübernahme der pfälzischen Wittelsbacher in Bayern 1777; sie nahm einen von der bayerischen Linie unabhängigen Verlauf, der zur Ausbildung mehrerer Fürstentümer in wittelsbachischer Hand führen sollte, die teilweise mit der Kurpfalz lange Zeit kaum in Berührung standen und oft nicht einmal einen Anteil an den ursprünglich pfälzischen Landen hatten, sich aber eigenständig zu beachtlichen territorialen Gebilden entwickeln konnten. Sie begründeten die geographische Ausdehnung der Macht des Hauses bis an den Niederrhein und die Saar. Anders als in Bayern, wo die Linie Oberbayern-München zur durchgehenden Kraft wurde, in deren Hand sich zweimal die Landesteile wieder sammeln konnten, kam es in der Pfalz allen dahingehenden Bemühungen zum Trotz nach der Landesteilung des Jahres 1410 nie zu einer vollständigen Wiedervereinigung; zwar fielen einzelne Landesteile wie Mosbach und Neumarkt an die Kurpfalz zurück, nachdem die betreffenden Linien ausgestorben waren, andere aber entwickelten sich selbstständig weiter und kehrten erst zum Hauptland zurück, als die Fürsten ihrer Linie die Kurpfalz erbten, was bis zum Jahre 1742 dreimal der Fall sein sollte. Auf die Heidelberger Linie, die nach 1410 die Kurpfalz regierte, folgte die Linie Simmern, auf sie die Linie Neuburg und schließlich die Linie Sulzbach; die Linie Zweibrücken jedoch, ihrerseits eine Nebenlinie der Linie Simmern, blieb, noch einmal mehrfach aufgespalten, bis zum Ende des 18. Jahrhunderts eigenständig und vermochte ihre Territorien nur noch teilweise in das neue Bayern des 19. Jahrhunderts einzubringen, das sie 1799 erbte.

Die Stellung des Pfalzgrafen bei Rhein brachte es mit sich, dass die pfälzischen Wittelsbacher politisch zeitweise eine bedeutendere Rolle spielten als die bayerischen. Das war von Ludwig dem Bayern bei der Trennung der Linien im Hausvertrag von Pavia nicht so gedacht gewesen, die Kur sollte vielmehr zwischen der bayerischen und der pfälzischen Linie alternieren, doch kam es schon mit der Goldenen Bulle Karls IV. 1356 zur alleinigen Ausübung der Kur durch die Pfalz. Die pfälzische Linie sollte nach Ludwig dem Bayern den zweiten wittelsbachischen König des römischen Reiches stellen. Dies und die von der Bayerns unabhängige politische Orientierung der Pfalz brachte die beiden Linien immer wieder in verschiedene und oft sich feindselig gegenüberstehende politische Lager. Eine Kulmination fand die Konfrontation im Zeitalter der Glaubensspaltung, in der die Kurpfalz und Bayern jeweils die Führung der konfessionellen Lager übernahmen. Ein ständiger Zankapfel blieb auch die Kurwürde; immer wieder versuchte die bayerische Linie, diese wieder an sich zu bringen, 1623 sollte es endlich gelingen. Doch auch die 1648 für die Pfalz als Ausgleich geschaffene achte Kur sollte das Problem nicht lösen, nun ging es um den Rang der Kur innerhalb des Kurkollegs. Zwischen diesen Phasen der Konfrontation gab es jedoch auch immer wieder solche der Kooperation; die wechselnde Nähe und Ferne der bayerischen und der pfälzischen Wittelsbacher bestimmte die Geschichte des Gesamthauses lange Zeit in einem wesentlichen Ausmaß. Erschwerend kam hinzu, dass die pfälzischen Wittelsbacher so wenig eine Einheit waren wie die bayerischen; auch innerhalb des pfälzischen Zweiges kam es immer wieder zu Feindseligkeiten, und zuweilen auch zur Zusammenarbeit der bayerischen mit einzelnen pfälzischen Linien. Erst im frühen 18. Jahrhundert sollte sich das Haus Wittelsbach wieder seiner Stärke in der Gemeinsamkeit besinnen und die schrittweise Vereinigung seiner Kräfte in die Wege leiten. Das Problem der Rangfolge der beiden wittelsbachischen Kurstimmen erledigte sich erst mit dem Erlöschen der bayerischen Linie 1777.

Ein weiterer Unterschied zu Bayern war die 1329 noch wenig ausgeprägte territoriale Entwicklung der Pfalz. Zu einer Bayern vergleichbaren Geschlossenheit sollte sie nie finden; auch auf dem Höhepunkt ihrer territorialen Entwicklung war sie von zahlreichen Enklaven anderer Herrschaftsträger durchsetzt, und die Gewinne und Verluste von Herrschaftsgebieten sollten die Geschichte der Kurpfalz noch bis in das 16. Jahrhundert hinein bestimmen, als diese für die bayerischen Wittelsbacher längst kein Problem mehr darstellten. In der Pfalz spielte sich das, was die bayerische Geschichte im 13. Jahrhundert beherrscht hatte, erst im 14. und 15. Jahrhundert ab. Sie hatte auch in ihrem territorialen Bestand einen anderen Charakter als Bayern; dem Pfalzgrafen bei Rhein fehlte die Grundlage des Herzogtums Bayern im ideellen Sinne, der Rechtsbereich, in dem der Herzog als oberster Richter des Landes grundsätzlich die hohe

Gerichtsbarkeit innehatte. Die Pfalz bestand zu einem großen Teil aus einzelnen Reichslehen und Pfandschaften – nicht zuletzt Ludwig der Bayer hatte hier als König für seine pfälzischen Neffen großzügig vorgesorgt –, Landvogteien und Kondominaten mit anderen Herren, was sie im späten Mittelalter ungleich abhängiger vom Königtum machte als Bayern dies jemals war.

Trotz ihrer eigenständigen Entwicklung und ihrer immer wieder anders gelagerten politischen Orientierung blieben sich die pfälzischen Wittelsbacher ihrer Herkunft aber stets bewusst. Wie ihre bayerischen Vettern sahen sie sich als Nachkommen Karls des Großen, was sich in symbolischen Akten wie der Aufstellung der Säulen aus der Ingelheimer Kaiserpfalz im Heidelberger Schloss ausdrückte, und selbst Ludwig der Bayer, obwohl er kein direkter Vorfahr war, konnte einen hohen Memorialwert in der Pfalz beanspruchen; noch Kurfürst Friedrich IV. ließ an der Fassade des Friedrichsbaus auf dem Heidelberger Schloss unter den Standbildern seiner Vorfahren seine Statue anbringen. Den Titel eines Herzogs von Bayern führten sie in ihren Urkunden ebenso wie die bayerischen Wittelsbacher den eines Pfalzgrafen bei Rhein, und alle führten das viergeteilte Wappen mit den pfälzischen Löwen und den bayerischen Rauten.

Von den Besitzungen der Nebenlinien abgesehen, die diese unabhängig von der Kurpfalz gewannen, war die Pfalz in ihrem territorialen Bestand geteilt. Als Ausgleich für die gegenüber Bayern geringere Ausdehnung hatte die pfälzische Linie im Hausvertrag von Pavia Gebiete auf dem bayerischen Nordgau erhalten, die so genannte Oberpfalz, die im Zuge der pfälzischen Teilungen mehrfach aufgeteilt werden sollte; zu einer eigenen oberpfälzischen Linie kam es nie, die Oberpfalz im eigentlichen Sinne mit der Hauptstadt Amberg blieb immer kurpfälzisch, bis sie 1623 an Bayern fallen sollte. Auf dem Nordgau hatten nur noch die Linie Neuburg und ihre Nebenlinie Sulzbach Besitzungen, die erst 1777 zusammen mit der Kurpfalz mit Bayern vereinigt werden konnten.

1. Vom Hausvertrag von Pavia bis zum Erlöschen der Heidelberger Kurlinie (1329–1559)

Konsolidierung und Behauptung (1329–1400)

Die Erben Rudolfs
Die Geschichte der pfälzischen Wittelsbacher begann mit drei Erben in einer Generation; Rudolf I., der Bruder Ludwigs des Bayern, hatte drei Söhne hinterlassen, Adolf, Rudolf II. und Ruprecht I.; Adolf, der älteste, war schon 1327 gestorben, hatte aber in Ruprecht II. einen Sohn, der mit seiner Volljährigkeit gleichberechtigt neben seinen beiden Onkeln stand. Schon 1338 hatten die Pfalzgrafen Rudolf II., sein Bruder Ruprecht I. und ihr Neffe Ruprecht II. ihre Lande unter sich geteilt. Sie verfuhren dabei so, dass sich dabei jeder der drei Fürsten sein Territorium sowohl am Rhein als auch in der Oberpfalz sicherte; die Grenze in der Oberpfalz zwischen dem Territorien Rudolfs II. und Ruprechts I., der die Kurwürde ausübte, verlief exakt zwischen den Städten Amberg und Sulzbach und damit quer durch das oberpfälzische Erzrevier. Wenn auch diese erste pfälzische Teilung noch keine dauerhaften Gebilde schaffen sollte, so beschwor sie doch im weiteren Verlauf eine für Bayern und die Wittelsbacher unangenehme und in der letzten Konsequenz sogar sehr gefährliche Situation herauf. Die von Ludwig dem Bayern mit dem Hausvertrag von Pavia eigentlich angestrebte Union der beiden Linien blieb bis zum Ende des Alten Reiches eine theoretische Angelegenheit.

Die Hauptursache für diese bedrückende Entwicklung war die komplizierte territoriale Situation der Hausmacht Karls IV., die Ludwig der Bayer durch sein pfälzisch-böhmisches Tauschprojekt (s. o. S. 71 f.) aus der Welt zu schaffen versucht hatte. Die Stammlande König Karls IV., die Grafschaft Luxemburg, lag weit im Westen des Reiches, die Hauptmacht seines Hauses mit dem Königreich Böhmen aber dazu gerade entgegengesetzt im Osten. Das ließ die Oberpfalz für die territorialen Pläne Karls interessant werden; gerade durch sie führte nämlich der schnellste Weg aus dem Königreich Böhmen zu den wichtigen Reichsstädten Nürnberg und Frankfurt, und von da aus wieder weiter in die luxemburgischen Stammlande Karls. Sowohl die oberpfälzischen als auch die rheinpfälzischen

Besitzungen der Wittelsbacher waren damit unversehens in einen großen Territorialplan Karls IV. eingebunden. Um diesen umzusetzen, beschritt er zunächst den nächstliegenden Weg einer territorialen Entwicklungspolitik, und der führte über eine entsprechende Heirat. Das bot sich auch in diesem Fall an, weil Pfalzgraf Rudolf II. nur eine einzige Tochter, Anna, hatte. Diese heiratete Karl IV., und ein Kind aus dieser Ehe sollte der Erbe der Landesteile Rudolfs II. werden. Dieser Plan stand zwar im Widerspruch zum Hausvertrag von Pavia, nach dem Länder der Wittelsbacher nur an andere Linien des Hauses fallen durften, doch im Augenblick kümmerten sich die beteiligten Parteien nicht darum; es war nicht auszuschließen, dass die pfälzische Linie schon in der nächsten Generation nicht mehr existieren würde, so dass das pfälzische Erbe nur die bayerische Linie würde antreten können, wovon man aber in Heidelberg nicht mehr so recht begeistert war. Den wütenden Protest aus München, wo man das pfälzische Erbe bereits als Versorgung für einen der Söhne Ludwigs des Bayern ins Auge gefasst hatte, ignorierte Karl IV. souverän.

So klug er gedacht war, der Plan schien zunächst zu scheitern, denn die junge Frau starb schon 1353, ohne Karl einen Erben geboren zu haben. Aus der Sicht des Witwers kam es noch schlimmer, denn sie starb auch noch wenige Monate vor ihrem Vater; Karl konnte aus dieser Ehe also keine Erbansprüche geltend machen, die oberpfälzischen Besitzungen Rudolfs II. fielen zunächst an seinen Bruder, den Kurfürsten Ruprecht I., und sollten nach dessen Tod folgerichtig an seinen Neffen Ruprecht II. kommen, denn auch Ruprecht I. hatte keine Kinder, während hingegen Ruprecht II. 1352 ein Sohn, Ruprecht III., geboren worden war. Hier war also auch auf die lange Sicht im Wortsinne nichts zu erben.

Allerdings war Karl IV. vorsichtig genug gewesen, sich von vornherein einen zweiten Weg zu seinem Ziel offen zu halten. So erwies es sich als richtige Maßnahme, dass er Pfalzgraf Rudolf II. in den nachfolgend noch zu erläuternden Auseinandersetzungen der Wittelsbacher untereinander mit hohen Geldsummen unterstützt hatte, die er nun, nach dessen Tod, von den Erben zurückforderte. Hierbei war ihm noch ein zweiter Umstand zu Hilfe gekommen. Die Hoffnungen des pfälzischen Zweiges der Wittelsbacher ruhten inzwischen auf den Schultern des jungen Ruprecht II., der als einziger die Linie nun noch fortsetzen konnte. Just der aber war bei einem Feldzug in der Mark Brandenburg auf der Seite seiner bayerischen Vettern gegen den so genannten falschen Waldemar 1348 in die Gefangenschaft des Herzogs von Sachsen-Wittenberg geraten, aus der er nur mit einem hohen Lösegeld zu befreien war. Da Ruprecht I. schon die Schulden seines Bruders an Karl IV. nicht zurückzahlen konnte, musste er sich dieses Lösegeld von dem Luxemburger vorstrecken lassen. Das Pfand für die ungeheuren Summen, die Karl IV. aufbrachte, waren aber eben diese oberpfälzischen Besitzungen Rudolfs gewesen, die Karl nun als das so genannte Neuböhmen in Besitz und Verwaltung nehmen konnte. Erst ein halbes Jahrhundert später, 1401, sollte dem Pfalzgrafen und König Ruprecht die Rückerwerbung dieser Gebiete im vollen Umfang gelingen, nachdem zuvor, noch unter Karl IV., schon größere Teile als territoriale Manövriermasse im Austausch gegen Brandenburg wieder an die Linie Oberbayern gelangt waren.

Die starke Gestalt unter den Pfalzgrafen war bis zu seinem Tod 1390 Ruprecht I. Dies brachte ihn auch in die Lage, nach dem Ausgleich mit Karl IV. die Kur auszuüben, die eigentlich seinem Neffen Ruprecht II. als Sohn des ältesten Sohnes Rudolfs zugestanden hätte; dass seine Neffen und sein älterer Bruder Rudolf II. jedoch Frieden mit ihm hielten, zeigt von der starken Hand, mit der er den pfälzischen Zweig führte. Seine haushälterische, dabei aber erfolgreiche Politik, in der er wo immer möglich auf den Ausgleich setzte – er gehörte zu den Initiatoren der Heidelberger Stallung, die den Städtekrieg beendete (s. o. S. 100) – trug viel zur Vervollständigung der pfälzischen Territorien bei. Dass er dabei kurzfristig auch die Seite Karls IV. verließ und sich mit seinen bayerischen Vettern verständigte, hatte sich dieser selbst zuzuschreiben, da er zu Gunsten seines Halbbruders, des Herzogs von Luxemburg, und des Erzbischofs von Mainz die territoriale Ausdehnung der Kurpfalz behinderte und ihr dafür eine Reihe von Reichspfändern entzog. Mit diesem Schwenk vermochte er jedoch sogar Karl IV. zum Einlenken zu bewegen, zumal dieser die pfälzische Kurstimme für die Wahl seines Sohnes Wenzel zum König brauchte; 1373/74 kam es zu entsprechenden Vereinbarungen, für die sich Ruprecht mit zahlreichen territorialpolitisch wichtigen Reichspfandschaften belohnen ließ. Seine Territorialpolitik rundete er mit einem legislativen Akt ab, der die Unteilbarkeit eines bestimmten Güterbestandes der Kurpfalz festlegte, das später so genannte Kurpräzipuum war geschaffen.

Einen bleibenden Eindruck hinterließ er mit der von ihm 1386 in die Wege geleiteten Gründung der Universität Heidelberg, eine erstaunliche Anstrengung für einen Fürsten, der seine eigene Bildung offen als nur gering einschätzte. Sie ist jedoch weniger seiner persönlichen Neigung zuzuschreiben als vielmehr seinen politischen Vorstellungen entsprungen, wobei der Wunsch, mit den Luxemburgern und den Habsburgern zu konkurrieren, die in Prag und Wien bereits die ersten deutschen Universitäten gegründet hatten, noch die geringere Rolle gespielt haben dürfte. Es ging ihm eher sowohl um die Bedeutung seiner Hauptstadt Heidelberg als auch um eine Parteinahme im Schisma, da Heidelberg die Universität Paris, das dem avignonesischen Papsttum anhing, als den bevorzugten Studienort der Rheinländer ablöste. Die Haltung der Universität Heidelberg, vor allem ihrer theologischen Fakultät, sollte für zwei Jahrhunderte für die Kirchenpolitik der Kurfürsten maßgeblich sein.

1390 starb Ruprecht I. Da er in seinen beiden Ehen keine Kinder gehabt hatte, folgte ihm sein Neffe Ruprecht II. mit dem Beinamen „der Harte" nach, der nach dem frühen Tod Rudolfs II., der außer der längst verstorbenen Anna keine Nachkommen hatte, die pfälzische Linie allein weiterführen konnte; er zählte bereits 62 Jahre, und es sollten ihm nur acht Jahre Regierungszeit vergönnt sein. Mit seinem Sohn Ruprecht III. stand ihm bereits der erfahrene Nachfolger zur Seite, der seinerseits nicht weniger als fünf Söhne hatte. Dies war auch der Anlass für eine detaillierte Nachfolgeregelung, der Rupertinischen Konstitution, die im Namen aller lebenden pfälzischen Wittelsbacher geschlossen wurde und eine Primogenitur vorsah, das heißt die Nachfolge des ältesten Sohnes, während sich seine jüngeren Brüder mit lehenbaren Apanagen abfinden sollten, eine ähnliche Regelung, wie sie Albrecht IV. in Bayern 1506 treffen sollte. Im Gegensatz zu dieser sollte das Gesetz in der Pfalz allerdings reine Theorie bleiben, es kam für seine Zeit zu früh.

Ein König aus der Pfalz (1400–1410)
Ruprecht II. hielt sich im Einvernehmen mit den bayerischen Wittelsbachern an der Seite König Wenzels (s. o. S. 97–104), vollzog aber den Wechsel seit 1396 nicht nur mit, sondern stellte sich selbst an die Spitze der Unzufriedenen; die Stimme des Mainzer Erzbischofs für seinen Sohn hatte er sich bereits 1396 gesichert. Die Wahl seines Sohnes erlebte er nicht mehr, da er 1398 starb. Am 21. August 1400 wurde in Rhens Ruprecht III. zum römischen König gewählt, am falschen Ort, denn Frankfurt verweigerte sich zunächst aus Sorge vor einer Gegenaktion Wenzels; erst nach einem sechswöchigen Königslager vor seinen Toren öffnete sich die Stadt, wo Ruprecht mit eigens angefertigten Reichsinsignien gekrönt wurde, da auch Aachen ein Königslager verlangte. Vor Ruprecht lag ein Königtum voller Kämpfe, für das er die nötigen Mittel nicht hatte, außerdem befand er sich aufgrund der Umstände seiner Wahl in einer schwierigen Abhängigkeit gegenüber seinen Wählern, denen er die Erfül-

lung ihrer kirchenpolitischen Wünsche und der Revision der reichspolitischen Versäumnisse Wenzels versprechen hatte müssen, was ihn von vornherein seiner Beweglichkeit beraubte. Um den Aufgaben, die sich zu Beginn des 15. Jahrhunderts einem König stellten, zu genügen, hätte es einer stärkeren Persönlichkeit mit einer wesentlich breiteren Basis bedurft, als Ruprecht dies war. Zu einer Hausmachtpolitik sah er sich nicht in der Lage, wenn er auch seine Stellung als König für seine Interessen als Landesfürst zu nutzen wusste, indem er die Reichspfandschaften enger an sein Land band und der Pfalz auch neue verschaffte. Als König war er dagegen weniger erfolgreich. Zwar konnte er den Widerstand Wenzels 1401 mit dem Vertrag von Waldmünchen brechen, doch der Italienzug 1401/2 brachte kein greifbares Ergebnis, die Kaiserkrone blieb ihm verwehrt, die Wiederherstellung der Reichsrechte in Italien misslang; selbst die päpstliche Approbation als König erlangte er erst 1403.

Im Reich blieb seine Macht im Wesentlichen auf den süddeutschen Raum begrenzt. Ruprecht hatte den besten Willen, dem königlichen Landfrieden Geltung zu verschaffen, erfolgreich war er damit aber nur in Franken und in der Pfalz. Mit diesen Bemühungen traf er jedoch auf die Interessen der großen Territorialfürsten, die den Landfrieden längst als ihre eigene Sache betrachteten; schon 1404 stand er im Marbacher Bund einem oppositionellen Bündnis unter der Führung des Erzbischofs von Mainz – der damit auch die Wahrung seiner territorialpolitischen Interessen gegen die Pfalz verfolgte – gegenüber, das vorrangig den Landfrieden zum Ziel hatte, aber eindeutig gegen den König gerichtet war. Ruprecht vermochte nur durch Zugeständnisse an einzelne Mitglieder des Bundes dem Angriff die Spitze zu nehmen. Auch die wittelsbachische Partei im Reich, die unter der Führung Stephans III. den König stützte (s. o. S. 103 ff.), begann sich zu diesem Zeitpunkt bereits wieder aufzulösen.

Seine letzte Machtprobe blieb ihm erspart, die die Wahl des Papstes Alexander in Pisa heraufbeschwor; dieser wurde von den meisten Fürsten im Reich anerkannt, während Ruprecht auf der Seite des römischen Papstes verharrte. Dies ließ den Konflikt mit dem Erzbischof von Mainz wieder virulent werden, den Ruprecht militärisch bezwingen wollte; mitten in den Vorbereitungen starb der König am 18. Mai 1410. Sein Königtum blieb damit eine Episode in der Ära des luxemburgischen Königtums, das mit Sigismund seine Fortsetzung und seinen Abschluss finden sollte. An eine Sicherung der Nachfolge für sein Haus war in dem einen Jahrzehnt niemals zu denken gewesen, und auch sein ältester Sohn Ludwig hatte sich damit schon frühzeitig abgefunden; das Haus Wittelsbach schied für weitere zwei Jahrhunderte aus der Geschichte des Königtums aus.

Die pfälzische Teilung (1410) und ihre Folgen
Nach der Rupertinischen Konstitution hätte die Kurpfalz an sich ungeteilt in die Hände des zweitältesten Sohnes Ruprechts, Ludwigs III. fallen müssen –, der Erstgeborene, Ruprecht Pipan, war bereits 1397 gestorben – doch war Ruprecht bereits 1401 selbst wieder von der Primogenitur abgerückt. Zwar nahm der Erbe der Kurwürde eine bevorzugte Stellung unter den Erben ein, da ihm neben seinen aus der Teilung hervorgegangenen Territorien das Kurpräzipuum – mit einigen Ausnahmen wie Simmern – zustand, wodurch Kurpfalz das bei weitem größte pfälzische Fürstentum blieb, doch auch seine drei Brüder Johann, Stephan und Otto erhielten eigene Fürstentümer. Johann bekam einen geschlossenen Block in der Oberpfalz mit der Residenz Neumarkt, Otto eine Reihe kleinerer, nicht zusammenhängender Herrschaften um Mosbach im Osten der Kurpfalz, und Stephan die Herrschaft Simmern und weitere Territorien im Norden der Pfalz. Eine ideelle Klammer stellte nur noch das wechselseitige Erbrecht dar, und die Verfügung, die Herren der pfälzischen Lande sollten sich nicht gegenseitig bekämpfen, was nach allen Erfahrungen freilich nur graue Theorie sein konnte. Während die Fürstentümer Neumarkt und Simmern, das sich in den folgenden Jahrzehnten um die Grafschaften Veldenz und Sponheim sowie Zweibrücken erweitern konnte und sich bereits 1459 erneut teilte, ein weitgehendes Eigenleben führten, blieb Mosbach der Kurpfalz eng verbunden, zeitweise regierte der Pfalzgraf von Mosbach die Kurpfalz für den unmündigen Kurprinzen oder während der Abwesenheit des Kurfürsten.

Die Heidelberger Kurlinie bis 1508

Ludwig III. (1410–1436)
Kurfürst war nach dem Tod Ruprechts sein ältester Sohn Ludwig III., eine kraftvolle Gestalt mit ritterlichen Ambitionen und von einem gewissen Bildungshunger gekennzeichnet, aus dem heraus er während des Konstanzer Konzils Latein lernte und schließlich 1426/27 eine Wallfahrt in das gelobte Land unternahm. Schon zu Lebzeiten seines Vaters war er mit politischen Aufgaben – bis hin zum Reichsvikariat während des Italienzuges – betraut gewesen. Als

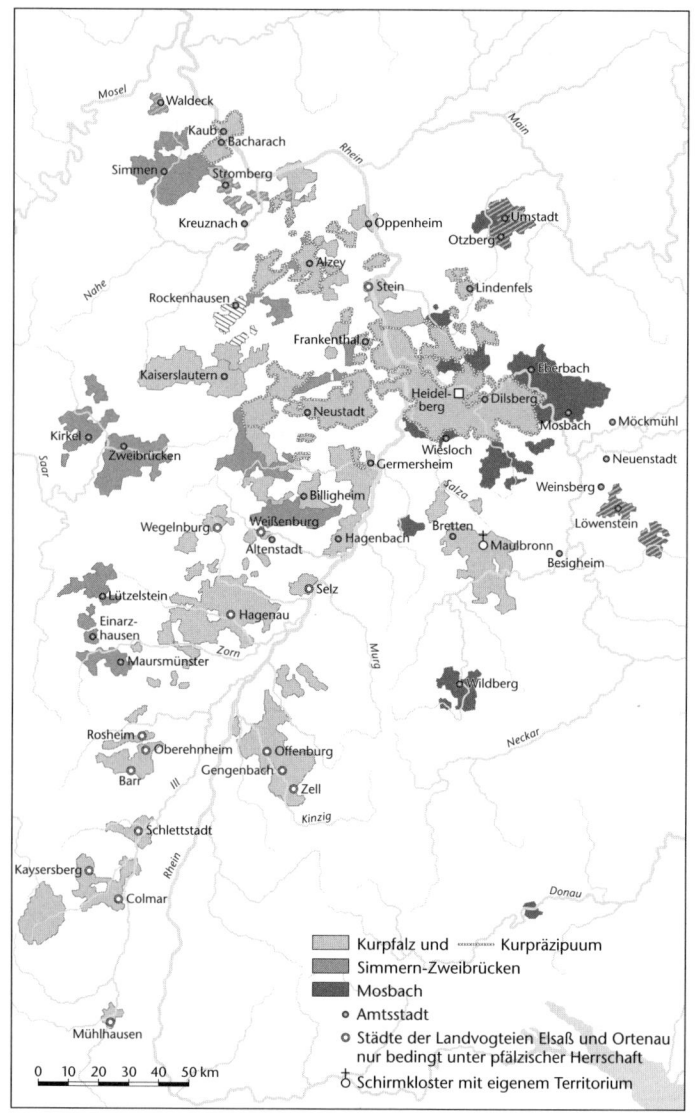

Karte 2: Die pfälzische Landesteilung 1410

Schwiegersohn des Königs von England, den er auch im Hundertjährigen Krieg militärisch unterstützte, versuchte er sogar, diesen für eine Kandidatur um die römische Königskrone zu bewegen, da er die Rückkehr zum luxemburgischen Königshaus vermeiden wollte und weder sich noch einen anderen Wittelsbacher für geeignet hielt. Letztlich entschied er sich mit seiner Kurstimme aber doch für den Luxemburger Sigismund, da sich der König von England nicht interessiert zeigte. Als Persönlichkeit wäre Ludwig III. zwar als König in Frage gekommen, er war indessen zu sehr Realist, um sich auf dieses Wagnis einzulassen; schon die Mittel und die territoriale Basis seines Vaters hatten sich als längst nicht ausreichend für das Königtum erwiesen, und die seinen waren nun, nach der Teilung, noch weit beschränkter; seine territorialpolitischen Erfolge konnten die 1410 erlittenen Verluste der Kurlinie nicht wettmachen. Anfangs gestaltete sich das Verhältnis zwischen dem Nachfolger seines Vaters und dem Kurfürsten fruchtbar, nicht nur der Festigung der Reichspfandschaften wegen, die in dieser Kooperation gelingen konnte. Ludwig III. vertrat auf dem Konstanzer Konzil als Protektor den König während seiner Abwesenheit; bei der Verurteilung Jan Hus' spielte er eine führende Rolle ebenso wie bei der Verfolgung der *causa unionis*, die das Schisma überwinden sollte. Die Differenzen um die pfälzische Territorialpolitik ließen die Beziehungen jedoch mehr und mehr abkühlen, bis sich Ludwig auf der Seite der rheinischen Fürstenopposition im Bingener Kurverein 1424 fand; vom Konzil hatte er sich zurückgezogen.

Das Verhältnis zu den bayerischen Wittelsbachern war zwiespältig; mit Stephan III. hatte er sich 1410 um die Ausübung der Kur erneut auseinandersetzen müssen, und in den Kämpfen zwischen den Linien Landshut und Ingolstadt wirkte er 1420 als Vermittler. Auch die Beziehungen zu seinen Brüdern gestalteten sich unterschiedlich; ein gedeihliches Verhältnis hatte er eigentlich nur zu Otto von Mosbach, was seinerseits wieder Verstimmungen bei Stephan von Zweibrücken und Johann von Neumarkt hervorrief. Ursache war die Regelung der Verwaltung der Kurpfalz, die Ludwig während seiner Pilgerfahrt Otto von Mosbach übergab. Als er von dieser als kranker Mann zurückkehrte und 1536 starb, nachdem er erblindet war, lag die Regierung der Kurpfalz bis 1442 vollends in den Händen Ottos, da die Söhne Ludwigs III., Ludwig IV. und Friedrich noch unmündig waren. Als Vormund übte er 1437 und 1439 auch die pfälzische Kur zugunsten Albrechts II. von Österreich und Friedrichs III. aus, doch hatte er sonst nicht das Format seines ältesten Bruders, am wenigsten als Territorialpolitiker, als der er trotz einer offensiven Politik einige Verluste hinnehmen musste.

Mit der Volljährigkeit Ludwigs VI. 1442 stellte sich erneut die Frage einer Teilung, und im Testament Ludwigs III. war davon auch die Rede gewesen; überraschend erklärte aber der jüngere seiner Söhne, Friedrich I., er wolle für die nächsten acht Jahre auf ein eigenes Fürstentum verzichten. Dass diese acht Jahre länger sein würden als die Regierungszeit seines Bruders, konnte zu diesem Zeitpunkt niemand wissen, und noch weniger, welcher Glücksfall es sein würde, dass er 1449 mit seinen ungeteilten Kräften der Kurpfalz zur Verfügung stehen sollte.

Ludwig IV. sah sich bei seinem Regierungsantritt einer Reihe von Problemen gegenüber; als Schwiegersohn des Herzogs Amadeus von Savoyen, der 1439 als Felix V. vom Konzil zu Basel zum Gegenpapst gegen Eugen V. gewählt worden war, stand er im Konflikt mit der Neutralität der Kurfürsten in diesem erneuten Schisma, zumal die Heidelberger Theologenfakultät dem Konziliarismus zuneigte, und zudem mit seiner durch seine Ehe gegebenen Verwandtschaft mit dem Herzog von Burgund. 1447 konnten diese Probleme durch die Anerkennung des neuen römischen Papstes Nikolaus V. und den Rücktritt Felix V. gelöst werden. Den größeren Teil seiner Zeit nahmen die Kämpfe gegen die marodierenden Söldnerbanden im Elsass, die so genannten Armagnaken ein, die er als Reichsfeldherr erfolgreich bekämpfen konnte. In den wenigen Jahren seiner Regierung konnte er zudem beachtliche Gebietsgewinne erzielen; es sah alles nach einer erfolgreichen Regierungszeit des jungen Kurfürsten aus, als er 1449 völlig überraschend starb, 25 Jahre alt, und nur einen erst einjährigen Sohn hinterließ.

Das Nebenland Neumarkt

Das aus der Teilung des Jahres 1410 hervorgegangene Fürstentum des Pfalzgrafen Johann auf dem bayerischen Nordgau um Neunburg und Neumarkt sollte nur zwei Generationen bestehen; schon 1448 fiel es nach dem Tod des Sohnes Johanns, Christoph, wieder an Mosbach und Simmern zurück. Der sich gegenüber seinen Brüdern benachteiligt fühlende Johann hatte in seiner Regierungszeit teilweise mit Erfolg versucht, sein kleines Fürstentum auf Kosten des Herzogtums Bayern-Ingolstadt zu vergrößern, indem er auf der Seite der Gegner Ludwigs des Gebarteten (s. o. S. 109–115) in den Kampf gegen diesen eingriff. Er spielte eine entscheidende Rolle im Abwehrkampf gegen die Hussiten, die seit 1419 in immer neuen Zügen die Oberpfalz beunruhigten; erst 1434 sollten er zu einem Ende kommen.

Sein Sohn Christoph, der ihm als Pfalzgraf 1443 nachfolgte, war schon vorher zu höheren Ehren kommen. Als Sohn der Schwester König Erichs XIII. von Dänemark, Schwedens und Norwegens, die seit der Kalmarer Union 1389 zusammengeschlossen waren, folgte er nach dessen Vertreibung durch die Stände auf den Thron dieser drei Königreiche. Als „Christoph der Bayer, Archirex" wurde er 1440 durch den Erzbischof von Lund gekrönt. Mit seinem Tod 1448 brach allerdings das skandinavische Königtum eines Wittelsbachers wieder zusammen, da Christoph keine Kinder hatte. Dies bedeutete zugleich auch das Ende des Fürstentums Neumarkt.

Ein Vormund als Kurfürst – Friedrich I., „der Siegreiche" (1449–1476)
Ludwig IV. hatte seinen Bruder zum Schirmer und Vormund seines Sohnes bestellt, eine überaus kluge Entscheidung, wie sich zeigen sollte. Friedrich I., der Siegreiche, wie er nach seinen Erfolgen im Markgräflichen Krieg genannt wurde – wenn man zeitgenössischen Darstellungen glauben darf, auch äußerlich eine eindrucksvolle Erscheinung –, war eine der großen Gestalten des Hauses Wittelsbach und vielleicht die bedeutendste der pfälzischen Linie. Wie sein bayerischer Vetter gleichen Namens (s. o. S. 95) stand er wiederholt im Zentrum der Überlegungen um eine Reichsreform, an der er sich in Zusammenarbeit mit Herzog Ludwig von Bayern-Landshut aktiv beteiligte; zeitweise strebte er selbst ein Königtum unter dem habsburgischen Kaisertum an, zumindest aber die Position eines Reichshauptmannes, doch ließen sich diese Pläne nicht umsetzen. Bis zuletzt kämpfte er zusammen mit Ludwig um eine Reform des Reiches, letztlich vergeblich zwar, aber doch mit bemerkenswertem Weitblick; Kaiser Friedrich III. blieb ihm bis in den Tod ein Feind, seine Stellung als Pfalzgraf vermochte er indessen nie anzutasten.

Eine noch größere Bedeutung hatte Friedrich jedoch als Landesherr. Schon sein Verzicht auf eine Teilung der Kurpfalz 1442 hatte seine Umsicht unter Beweis gestellt, noch mehr aber zeigte sich seine politische Tatkraft im Zustandebringen der so genannten Arrogation, in der er sich 1451 gegen den Widerstand des Kaisers und der benachbarten Fürsten die Kurwürde und die Regierung auf Lebenszeit sicherte und seinen Neffen Philipp adoptierte. Um dessen Erbe nicht zu gefährden, verpflichtete er sich zum Verzicht auf eine standesgemäße Ehe; er heiratete 1471 seine langjährige bürgerliche Geliebte Clara Dett, eine Münchner Hofdame, mit der er bereits zwei Söhne hatte, die nach der Eheschließung ihres Vaters den Namen „von Bayern" führten. Diese konnte er mit einem kleinen Erbteil ausstatten, einer von ihnen, Ludwig, begründete das Haus Wertheim-

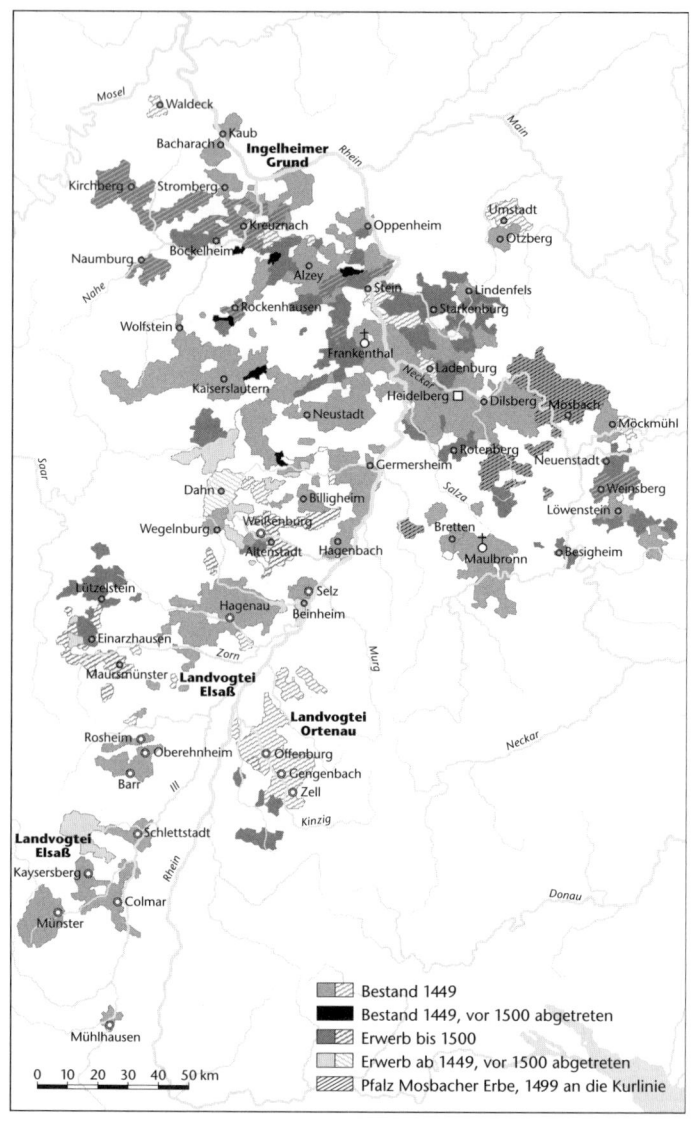

Karte 3: Die Entwicklung des kurpfälzischen Territoriums 1449–1500

Löwenstein. Auch nach seiner Volljährigkeit griff Philipp die Stellung seines Onkels nicht an, sowohl die Eheschließung als auch die Ausstattung der Söhne Friedrichs erfolgten unter seiner Zustimmung.

Friedrich war der letzte erfolgreiche Territorialpolitiker der Heidelberger Kurlinie, was ihm bei seinen Gegnern den Beinamen der „Böse Fritz" einbrachte. Als militärischer Führer ungewöhnlich begabt, brach er Widerstände gegen seine Politik mit harter Hand; in der Oberpfalz musste die Arrogation mit Waffengewalt durchgesetzt werden. Im Markgräflichen Krieg operierte er erfolgreich mit seinen bayerischen Verwandten zusammen (s. o. S. 121–124). Die mit diesem im Zusammenhang stehenden Kämpfe gegen den Erzbischof von Mainz trug er indessen allein, ebenso wie die Kriege gegen die Lützelsteiner und den Pfalzgrafen Ludwig den Schwarzen von Veldenz. In allen diesen Kämpfen vermochte er die pfälzische Herrschaft zu festigen, auszubauen und Gebiete zu gewinnen; die Kurpfalz wurde zur beherrschenden Macht am Oberrhein. Sein Ziel, dem er auch die Heiratspolitik für seinen Neffen unterwarf, der diese jedoch einem anderen Ziel zuliebe hintertrieb, war ein nahezu geschlossenes pfälzisches Territorium vom unteren Neckar bis zur Mainmündung.

Man würde der Gestalt Friedrichs freilich bei weitem nicht gerecht, wollte man in ihm nur den erobernden Kriegshelden sehen. Seine Sorge galt stets auch der inneren Ordnung seines Fürstentums. So bemühte er sich um eine Neuordnung der von Richtungsstreitigkeiten geplagten Universität Heidelberg mit einem theologisch liberalen Fundament – er verfügte, es dürfe in Heidelberg alles gelehrt werden, was die Kirche nicht ausdrücklich verbiete – und erließ eine neue Hofgerichtsordnung. Große Anstrengungen unternahm er zur Vervollständigung des landesherrlichen Kirchenregiments; die meisten Pfarreien in der Pfalz wurden durch den Pfalzgrafen vergeben, strenge Kontrollen der Rechnungslegung durch die Regierung waren vorgeschrieben. Friedrich bemühte sich um die Durchsetzung der Bursfelder Reform in den Benediktinerklöstern der Pfalz und berief Dominikaner nach Heidelberg; seine Grabstätte fand er nach seinem Tod 1476 auf eigenen Wunsch im Heidelberger Barfüßerkloster und nicht in der Heilig-Geist-Kirche, in der seine Vorfahren bestattet waren. Seinen Bruder Ruprecht brachte er als Erzbischof auf den Kölner Bischofsstuhl, was allerdings weder ihm noch dem Erzstift Glück brachte; als es später um die Wahl des Sohnes Wilhelms V. von Bayern ging (s. o. S. 189) wurde in Köln gewarnt, man hätte schon einmal „gebaiert" und sei nicht zufrieden gewesen, wobei interessant ist, dass man den Pfälzer Ruprecht in Köln auch im 16. Jahrhundert noch als Bayern ansah.

Der große Rückschlag –
Philipp und der Landshuter Erbfolgekrieg (1476–1508)
Der Neffe und Nachfolger Friedrichs, Philipp der Aufrichtige, steht zu Friedrich in einem starken Kontrast. Zwar setzte er seine Innenpolitik fort und wurde nach den Anfängen unter seinem Onkel zum eigentlichen Begründer des Heidelberger Humanismus, doch ließ sich unter den Umständen der Entwicklung nach 1503 dieses Niveau nicht halten. Unglücklich verlief hingegen seine Außenpolitik; wie sein Onkel engagierte sich auch er in der territorialen Weiterentwicklung der Pfalz, hatte darin aber nur kleinere Erfolge, der größte Gebietszuwachs fiel ihm auf dem Wege der Erbschaft zu, indem 1499 Pfalz-Mosbach, das seit 1448 auch im Besitz des Fürstentums Pfalz-Neumarkt war, nach dem Tod des unverheirateten Otto II. an die Kurpfalz zurückfiel. Sein Ehrgeiz ließ ihn aber in eine Richtung gehen, in der kaum ein Erfolg zu erwarten war: Er blickte auf Niederbayern (s. o. S. 128 f.). Dort war die genealogische Situation des Hauses nicht zum Besten; Ludwig der Reiche, der drei Jahre nach Friedrich dem Siegreichen gestorben war, hatte nur einen Sohn, Georg, mit dessen Schwester Philipp seit 1474 verheiratet war. Er hatte diese Ehe gegen seinen Onkel durchgesetzt, der eine Heirat des Kurprinzen mit einer Erbtochter der Grafen von Katzenelnbogen favorisiert hatte, die reichen Landgewinn unmittelbar im Bereich der Kurpfalz in Aussicht gestellt hätte. Da auch Herzog Georg von Landshut nur eine Tochter hatte, schien sich die Chance zu eröffnen, Niederbayern zu gewinnen, und in der Tat stimmte dieser zu; seine Tochter Elisabeth wurde die Gemahlin des jüngeren Sohnes Philipps, Ruprecht, und Georg setzte diesen zum Erben für Niederbayern ein. Die Aussichten waren natürlich verlockend; das reiche Herzogtum Landshut grenzte zwar nicht direkt an die Oberpfalz, die er seit 1499 vollständig in der Hand hatte, dazwischen lag ein breiter Streifen des Herzogtums München, doch befand es sich immerhin in der Nähe derselben; die pfälzische Linie schien auf breiter Basis nach Bayern zurückzukehren.

Aus zwei Gründen war freilich der Plan auch von einer gewissen Naivität geprägt. Mit einem Aussterben der an Söhnen reichen Münchner Linie war in absehbarer Zeit nicht zu rechnen, und dass sich Herzog Albrecht IV. von München das Herzogtum Niederbayern, auf das er ein älteres Anrecht hatte, ohne Kampf entreißen lassen würde, konnte niemand erwarten. Zudem hatte sich Philipp politisch völlig isoliert; seit 1492 im Bündnis mit König Ludwig XII. von Frankreich stehend, hatte er die Partei der Gegner Habsburgs ergriffen. Als nach dem Tod Georgs des Reichen 1503 der Krieg um

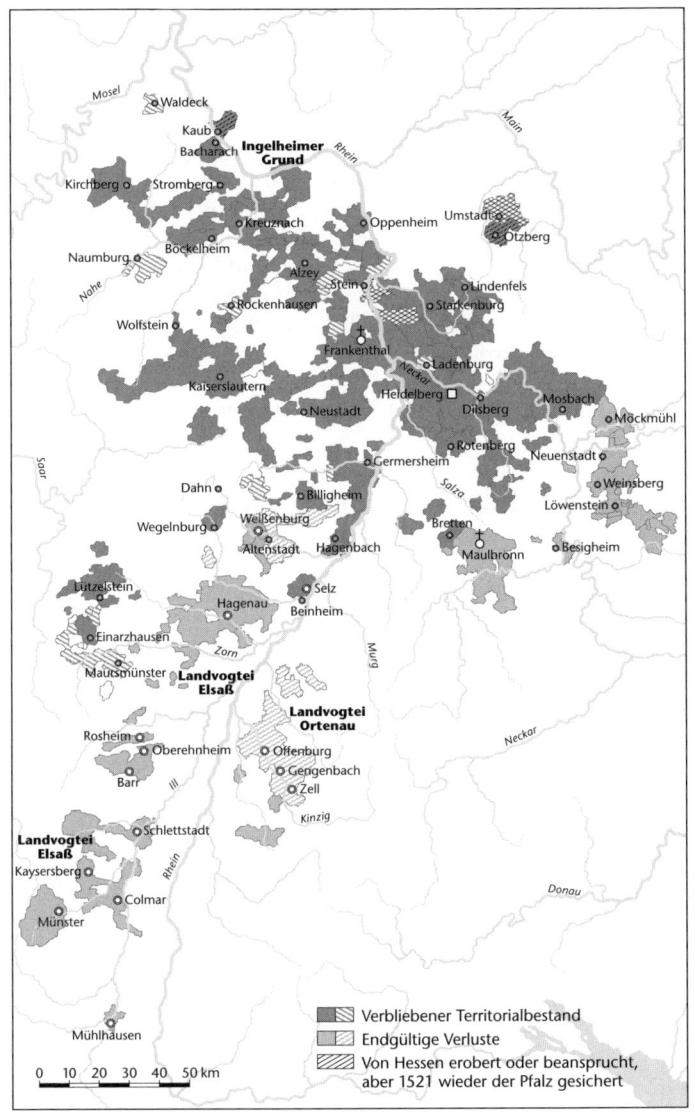

Karte 4: Die Verluste durch den Landshuter Erbfolgekrieg 1504/09

Niederbayern ausbrach, sah sich die Pfalz einer übermächtigen Allianz gegenüber, der sie früher oder später unterliegen musste. Während sich Ruprecht in Niederbayern zunächst behaupten konnte, erlitt die Pfalz schreckliche Verwüstungen und in der Folge auch schwere Gebietsverluste, das Geistesleben in Heidelberg kam beinahe zum Erliegen. 1504 starben zudem Ruprecht und seine Gemahlin, die allerdings in Ottheinrich und Philipp zwei Söhne hinterließen. 1505 entschloss sich Philipp der Aufrichtige daher zum Einlenken; im Frieden von Köln konnte er immerhin noch einen Ausgleich erzielen, indem aus Münchner und Landshuter Besitzungen für seine Enkel ein neues Fürstentum an der Donau und auf dem Nordgau, die so genannte junge Pfalz, geschaffen wurden. Die Verhandlungen um die Gebietsabtretungen in der Pfalz zogen sich noch bis 1509, ein Jahr nach dem Tod Philipps, hin. Die Kurpfalz trat ihren Weg in die Neuzeit auf einem Tiefpunkt ihrer Geschichte an.

Der Ausgang der Heidelberger Kurlinie und der Beginn der Reformation in der Pfalz

Ludwig V. (1508–1544)
Die Nachfolge Philipps trat sein ältester Sohn Ludwig V. an; der Vater hatte es ihm und seinem nächstjüngeren noch lebenden Bruder Friedrich freigestellt, gemeinsam zu regieren oder eine Landesteilung vorzunehmen, auf die Friedrich in der prekären Lage, in die die Pfalz durch den Ausgang des Landshuter Erbfolgekrieges geraten war, klugerweise verzichtete. Er wirkte jedoch als Berater seines Bruders, auf den er vor allem in der Reichspolitik großen Einfluss hatte. Ihm war es in erster Linie auch zu verdanken, dass dieser sich nach langem Schwanken zwischen König Franz I. von Frankreich und Karl V. 1518 doch für die Wahl des Habsburgers entschied und damit den Ausgleich mit diesen erreichte, ebenso wie auch eine Annäherung an die bayerischen Wittelsbacher erfolgte; Ludwig V. heiratete 1511 eine Tochter Albrechts IV. Das Verhältnis zu den mittlerweile im Haus Wittelsbach dominierenden bayerischen Herzögen war im Zeichen der Auseinandersetzungen um den Schwäbischen Bund (s. o. S. 145 f.) gewissen Schwankungen unterworfen, Ludwig V. zeigte sich jedoch durchaus bereit, eine Königskandidatur Wilhelms IV. zu unterstützen. Die pfälzische Kurstimme für Habsburg brachte dann aber einige der im Erbfolgekrieg verlorenen Besitzungen wieder in pfälzische Hand.

Innenpolitisch war die Kurpfalz während der Regierungszeit Ludwigs schweren Erschütterungen ausgesetzt. Im Ringen der Ritterschaft um die reichsunmittelbare Stellung konnte er zwar Franz von Sickingen im Verein mit dem Landgrafen von Hessen besiegen, aber auf lange Sicht den Aufstieg der ortenauischen und kraichgauischen Ritter, die jahrhundertelang unter pfälzischem Einfluss gestanden und großenteils die Räte der Kurpfalz gestellt hatten, zu Reichsrittern nicht verhindern. Im Bauernaufstand 1525, in dem der Kraichgau eines der ersten Zentren war, versuchte er zunächst, durch Verhandlungen weitere Gräuel zu vermeiden, musste zuletzt aber doch mit Gewalt die Bauernhaufen zerstreuen; es entsprach seiner insgesamt klugen und vorsichtigen Politik, das Strafgericht über die Bauern in einem erträglichen Rahmen zu halten.

Seine den Habsburgern zugeneigte Haltung bewog ihn auch in den Anfängen der Reformation zu einem vorsichtigen Taktieren. Heidelberg war schon früh mit Martin Luther in Berührung gekommen, als dieser dort 1518 beim Generalkapitel des Augustiner-Eremitenordens auftrat und große Aufmerksamkeit erregte. Seine Agitation gegen die römische Kirche fand bei Ludwig V. wie bei den meisten anderen Fürsten Anklang, sich selbst der neuen Lehre, der sich auch die Universität Heidelberg verwehrte, anschließen mochte er indessen nicht. Das bedeutete jedoch nicht, dass er wie die bayerischen Herzöge das Land eisern bei der römischen Kirche hielt, auch die Ansätze zu einer Reform der alten Kirche sind bei ihm nicht zu finden. Lediglich gegen die Täufer wurde wie überall in Deutschland mit brutaler Härte vorgegangen. Der Gebrauch des Laienkelchs, den der Kurfürst selbst aber ablehnte, wurde freigestellt. Dennoch waren zeitweise lutherisch eingestellte Hofprediger in Heidelberg tätig, darunter Martin Bucer, die allerdings nach dem Bauernkrieg ihren Einfluss verloren und den Hof verlassen mussten. Im Land verbreitete sich die Lehre Martin Luthers dagegen ungehindert und teilweise mit der Duldung des Kurfürsten, mit allen Erscheinungen, die diese mit sich brachte; die Klöster verödeten nach und nach. Aus Sicht der Kurie war die Pfalz auch ohne die offizielle Entscheidung des Kurfürsten schon 1535 eine der lutherischsten Gegenden des Reichs.

Die Durchsetzung der Reformation –
Friedrich II. und Ottheinrich (1544–1559)
Da die Ehe Ludwigs V. kinderlos geblieben war, folgte ihm nach seinem Tod 1544 sein Bruder Friedrich II. als Pfalzgraf nach, obwohl er dazu als der Drittgeborene der Söhne Philipps nicht berechtigt

gewesen wäre, sondern der ältere Sohn Ruprechts, Ottheinrich, der dieser Regelung aber schon 1524 zugestimmt hatte. Friedrich, eine beeindruckende Erscheinung mit einem Hang zur Prachtentfaltung, war von einem anderen Schlag als Ludwig; als der nachgeborene Prinz, der auf sein Recht als Mitregent verzichtet hatte, beschränkte er sich auf eine beratende Tätigkeit und wirkte als Statthalter in der Oberpfalz. Längere Zeit hatte er am habsburgischen Hof in Brüssel geweilt, wo er seine guten Beziehungen zu den Habsburgern knüpfen konnte, und verbrachte seine Zeit mit standesgemäßen Beschäftigungen als Reichsfeldherr und als Statthalter des Reichsregiments. Er schmiedete mehrmals große Heiratspläne, unter anderem mit der Schwester Karls V.; geheiratet hat er schließlich Dorothea, die Tochter des abgesetzten Königs Christian II. von Dänemark, die mit dieser Ehe verbundenen Hoffnungen auf den dänischen Thron ließen sich jedoch nicht verwirklichen.

Unter dem Einfluss seiner Gemahlin, die sich bereits entschieden dem Luthertum zugewandt hatte und wohl auch unter dem Bucers hatte er sich noch als Statthalter in Amberg der neuen Lehre zugewandt. Nach seinem Regierungsantritt in Heidelberg vertrat er den reformatorischen Kurs dagegen offen und führte schrittweise den lutherischen Gottesdienst in der Pfalz ein. Zu Maßnahmen gegen katholische Geistliche und Klöster kam es vorerst noch nicht, ebenso wie er auch die offene Parteinahme für die Protestanten vermied; gegenüber den Mitgliedern des Schmalkaldener Bundes wahrte er offiziell die Neutralität, sandte ihnen aber doch ein kleines Kontingent zu Hilfe, womit er aber nur erreichte, dass er sich nach der Niederlage der Schmalkaldener dem Kaiser unterwerfen und das Augsburger Interim annehmen musste. Eine strikte Rekatholisierung durchzuführen getraute sich Friedrich indessen nicht, die Entscheidung über die Konfession der Kurpfalz war damit erneut zurückgestellt; der katholische Ritus wurde zwar wieder eingeführt und auch durch den Kurfürsten angenommen, gleichzeitig wurden aber der Laienkelch und die Priesterehe zugelassen. Die Einziehung bereits leer stehender Klöster, deren Vermögen der Universität zugute kamen, erfolgte mit der Erlaubnis des Papstes, zugleich konnten aber lutherische Lehrer an dem von ihm gegründeten Pädagogium wirken. Auch Friedrich II. wandte sich nach 1553 der Reformation wieder zu; den Gemeinden wurde die Anstellung evangelischer Prediger erlaubt. 1555 forderte er auf dem Augsburger Reichstag die Freistellung der Reformation. Zu einer letzten Entscheidung kam er jedoch nicht mehr, da er 1556 starb. Diese sollte erst unter seinem Nachfolger Ottheinrich erfolgen.

Da auch die Ehe Friedrichs II. kinderlos geblieben war, kam für die Nachfolge nur noch der ältere Sohn Ruprechts, Ottheinrich in Frage, der seit 1521 in der „Jungen Pfalz" mit der Residenz Neuburg an der Donau regierte. Die Bautätigkeit, Prachtliebe und Sammlerleidenschaft des musisch begabten, aber geistig nie eindeutig orientierten und politisch nicht sonderlich begabten Pfalzgrafen gingen weit über das hinaus, was ihm sein kleines Fürstentum erlaubt hätte, das er überdies bis zu dessen Tod 1548 mit seinem jüngeren Bruder Philipp, einem unsteten, sich im kaiserlichen Kriegsdienst aufreibenden Menschen, zu teilen hatte; dies führte dazu, dass ihn die neuburgischen Landstände 1544 mit einer Jahresrente außer Landes schickten – er zog nach Heidelberg und Weinheim – da die Neuburger Finanzen heillos zerrüttet waren. Anders als sein Onkel Friedrich II. unterwarf er sich 1546 nicht dem Kaiser, worauf ihm sein Fürstentum aberkannt wurde; im Passauer Vertrag 1552 erhielt er es zurück.

Schon 1542 hatte er in Neuburg die Reformation eingeführt; offiziell war er zwar an der Lehre Luthers orientiert – sein Ratgeber war Andreas Osiander –, doch ist seine tatsächliche Haltung eher als antikatholisch zu bezeichnen, denn es finden sich bei ihm auch bald Einflüsse der schweizerischen Reformation. In Neuburg ließ er – noch heimlich – Nebenaltäre und Bilder aus den Kirchen entfernen. Nach seinem Regierungsantritt in Heidelberg erfolgte auch hier die strikte Reformierung, die Duldung des katholischen Ritus, die unter Friedrich II. bis zuletzt bestanden hatte, wurde abgeschafft, die Kirchen auf seine Anordnung hin von allem „Götzenwerk" befreit, und zwar diesmal in aller Öffentlichkeit; im Heilig-Geist-Stift, das er wenig später ganz aufhob und zu einer Pfarrkirche umwidmete, beteiligte er sich persönlich am Bildersturm. Zur Reformation nicht bereite Geistliche wurden entlassen. Nun wurden auch noch intakte Klöster säkularisiert oder weltlichen Verwaltern unterstellt und die Universität reformiert; der konservative Rektor wurde entlassen. Es fehlte der Kirchenpolitik Ottheinrichs allerdings die Konsequenz; seine Kirchenordnung war auslegungsfähig, und der Kurfürst hatte selbst keine klare Linie außer der, dass er die alte Kirche nicht dulden wollte, die dogmatischen Differenzen unter den reformatorischen Richtungen waren ihm jedoch kaum zugänglich. Unter den Neuberufungen finden sich auch bereits die Namen zwinglianischer und calvinistischer Gelehrter. Mit dieser Offenheit gegenüber allen reformatorischen Richtungen, die sich sogar – zum Entsetzen seiner Ratgeber – auf die Täufer erstreckte, sollte er allerdings weder der protestantischen Sache im Reich, um die er sich durchaus bemühte, noch der Kurpfalz einen Dienst erweisen; die Religionswirren in der Pfalz, die sich fortan zwischen Lutheranern und Calvinisten abspielen sollten, zogen sich nach seinem Tod noch zwei Generationen lang hin.

In seiner nur drei Jahre währenden Regierungszeit konnte Ottheinrich über die Durchführung der Reformation in der Pfalz hinaus kaum politische Akzente setzen, wenn man von der letztlich wirkungslosen Verzögerung der Kaiserkrönung Ferdinands absieht. Eine größere historische Bedeutung erlangte er als Kunstmäzen und Sammler; er erbaute das Schloss in Neuburg und den Ottheinrichsbau des Heidelberger Schlosses, beides wichtige Beispiele der profanen Renaissancebaukunst in Deutschland, und begründete mit seiner eigenen Sammlung und den Bibliotheken der säkularisierten Klöster die berühmte Palatina.

Mit dem Tod Ottheinrichs 1559 war die erste Kurlinie der Pfalz ausgestorben. Er hatte selbst bereits bei seiner Regierungsübernahme für den Übergang auf die genealogisch nächstliegende Linie gesorgt, indem er den Pfalzgrafen Friedrich von Simmern als Statthalter in der Oberpfalz eingesetzt hatte, eine Stellung, die schon seit den Tagen Ruprechts I. immer wieder als die Position des künftigen Kurfürsten angesehen wurde, auf der er politische Erfahrungen sammeln konnte. Wie er selbst hatte sich auch Friedrich, als Kurfürst Friedrich III., schon früh der Reformation zugewandt, und dies dürfte für Ottheinrich beruhigend gewesen sein; ob sein Nachfolger auch darüber hinaus die nötigen Qualitäten für das Amt des Kurfürsten mitbringen würde, sah er wohl kaum ab.

2. Die Zeit der Glaubensspaltung – die Kurlinie Simmern 1559–1685

Die Vorgeschichte

Das Fürstentum Simmern war aus der Teilung der Kurpfalz nach dem Tod König Ruprechts 1410 hervorgegangen. Es bestand zunächst nur aus einem kleinen Territorium auf dem Hunsrück, doch vermochte schon der erste Pfalzgraf von Simmern, Stephan, durch die Heirat mit der Erbtochter des Grafen von Veldenz und durch den Gewinn Zweibrückens und von Teilen der Grafschaft Sponheim sein

Fürstentum erheblich erweitern. Nach seinem Tod 1459 teilten seine Söhne das Fürstentum; Friedrich erhielt Simmern, und Ludwig Zweibrücken und Veldenz. Der Expansionsdrang Ludwigs und seiner Söhne brachte wiederholt militärische Konfrontationen mit der Kurpfalz mit sich wie im Markgräfler Krieg (s. o. S. 121–124) und im Landshuter Erbfolgekrieg (s. o. S. 314 ff.). Simmern führte dagegen ein ruhiges und mit der Kurpfalz nur selten in Berührung kommendes Eigenleben. Auf Friedrich folgte sein Sohn Johann I. als Pfalzgraf; seine drei Brüder waren Geistliche geworden, einer unter ihnen, Ruprecht, Bischof von Regensburg, so dass das kleine Fürstentum nicht weiter geteilt werden musste. Johann I. hatte nur einen Sohn, Johann II., der ihm 1509 als Pfalzgraf nachfolgte; sein ältester Sohn war Friedrich, der seit 1559 als Statthalter Ottheinrichs in der Oberpfalz wirkte. Die Wendung des Sohnes zur Reformation hat der bis an sein Lebensende streng katholische Johann II. scharf missbilligt, zu verhindern vermochte er sie nicht. Das Fürstentum Simmern diente aber noch bis in das 17. Jahrhundert immer wieder als Teilfürstentum für nachgeborene Söhne, zunächst 1559 bis 1598 für die jüngeren Brüder Friedrichs und von 1610 bis 1673 für den jüngeren Bruder Friedrichs V. und dessen Sohn; erst danach wurde es endgültig kurpfälzisch.

Zwischen Luthertum und Calvinismus –
Friedrich III., Johann Casimir und Ludwig VI. (1559–1583)
Kurfürst Friedrich III. ist eine zwiespältige Gestalt. Auf der einen Seite Zeit seines Lebens leicht beeinflussbar, von mäßiger Bildung und, was die Konsequenzen seiner Entscheidungen angeht, geringem Weitblick, vermochte er doch mit einer eisernen Strenge seine Ziele zu verfolgen, die der tief religiöse Mann, der auf seine Zeitgenossen zuweilen einen einfältigen Eindruck machte, als Eingebungen des Heiligen Geistes betrachtete, auch wenn sie maßgeblich durch die Vorstellungen seiner Berater zustande gekommen waren. Schon an seiner Entscheidung für die Reformation soll seine Gemahlin, Maria von Brandenburg-Kulmbach, maßgeblichen Anteil gehabt haben, und seine Wendung zum Calvinismus wurde in erster Linie durch die an der Züricher und Genfer Reformation orientierten juristischen und theologischen Berater veranlasst, die er in Heidelberg vorfand. Die Einsicht in die theologischen Kontroversen und die Dogmatik blieb ihm dabei verschlossen, er ließ sich von seinem eigenen Verständnis der Bibel leiten, auch wenn es nicht selten von einer gewissen Naivität gekennzeichnet war, wenn er

zum Beispiel die ausbleibende Gegenwehr Gottes bei der Zerstörung sakraler Gegenstände oder Hostienschändungen als Beweis für den Irrglauben der Katholiken wertete. Den größten Einfluss vermochte Melanchthon auf ihn zu entwickeln, der der pfälzischen Familie Schwarzerd entstammte; Melanchthon war es auch, der mit seinem Gutachten zum Abendmahlsstreit 1560 den letzten Anstoß zur calvinistischen Reformierung der Pfalz gab.

Anders als seine bei ihren letzten Entscheidungen unsicheren Vorgänger führte Friedrich III. seine Reformation mit Strenge durch; Geistliche und weltliche Führungspersonen, die sich der Abendmahlslehre Melanchthons nicht anschlossen, wurden des Landes verwiesen oder zur Aufgabe ihrer Stellung genötigt. Die Reformierung nahm teilweise gewaltsame Züge an wie in den Kondominaten, in denen die Patronatsrechte nicht einmal bei der Kurpfalz lagen, sondern in den Händen katholischer oder lutherischer Reichsfürsten; nur wenige Positionen verblieben den Lutheranern, die meisten in der Oberpfalz, wo die Landstände, auf die Rücksichten zu nehmen waren, vielfach die Patronatsrechte besaßen, hinzu kam, dass Ludwig, der Sohn Friedrichs, der als Kurprinz traditionell die Statthalterschaft innehatte, beim Luthertum verblieb und zusammen mit den Ständen die Pläne des Vaters regelrecht hintertrieb. Lediglich in Amberg konnte der Kurfürst gegen das Patronatsrecht der Stadt einen calvinistischen Pfarrer durchsetzen. 1563 wurde auf Veranlassung des Kurfürsten durch Olevianus und Ursinus der Heidelberger Katechismus publiziert, der für die Calvinisten im ganzen deutschen Sprachraum und teilweise auch weit über diesen hinaus maßgeblich wurde; zugleich wurde eine neue Kirchenordnung erlassen. Der Kurfürst wurde mehr und mehr von diesen beiden und dem Kirchenratspräsidenten Zuleger abhängig und willigte in die von ihnen angezettelten Verfolgungen von Abweichlern – wobei es sich nicht mehr um Lutheraner, sondern um Zwinglianer und Vertreter anderer Richtungen handelte – ein, die zu Landesverweisen und in einem Fall zu einem Todesurteil führten.

Friedrich konnte nicht absehen, dass er mit seiner Kirchenpolitik die Kurpfalz in eine gefährliche Isolation trieb, indem er sich nicht nur mit den Katholiken, sondern auch den Lutheranern verfeindete; er war von der Konfessionsfreiheit geradezu besessen. Vor den Maßnahmen des Kaisers, die auf dem Reichstag von Augsburg 1566 gegen ihn angestrebt wurden, rettete ihn nur die reichsweite Opposition gegen Habsburg und die Unverfrorenheit, für sich persönlich den Calvinismus zu verleugnen, da er „die Bücher Calvins nie gelesen hätte und daher nicht wüsste, was Calvinismus sei". Dergestalt auf sich allein gestellt, konzentrierte er seine Kräfte auf die Unterstützung seiner Glaubensgenossen in Europa; wiederholt griff er in die Hugenottenkriege ein, allerdings ohne Erfolg, und die militärische Unterstützung der aufständischen Niederländer kostete seinen jüngsten Sohn Christoph 1574 das Leben. Die Nachschubwege der Spanier in den Niederlanden wurden systematisch behindert; schon jetzt erwies sich die geographische Lage der Pfalz am Rhein als eine Schlüsselstellung in den großen europäischen Konflikten, und Friedrich III. erkannte das sehr wohl. Was er nicht sah, war das beschränkte Potential der Pfalz, das sie auf lange Sicht nur zum Opfer ihrer eigenen Politik machen konnte, aber das begriffen auch seine Nachfolger noch lange nicht.

Friedrich III. plagten in seinen letzten Lebensjahren andere Sorgen. Sein designierter Nachfolger als Kurfürst, der älteste Sohn Ludwig VI., war Lutheraner geblieben, während sein jüngerer, ihm in jeder Hinsicht näher stehender Sohn Johann Casimir dem reformierten Bekenntnis anhing; beide waren von ihrem Glauben gleichermaßen überzeugt. Um allzu scharfe Konfrontationen zwischen den Brüdern zu vermeiden, verfiel er auf den Ausweg einer Landesteilung; Johann Casimir erhielt Kaiserslautern, Neustadt und Böckelheim, die obersten Gerichtsbarkeiten sollten aber ungeteilt bleiben. Als er am 26. Oktober 1576 starb, hatte er getan, was in seiner Macht lag, um die Zukunft zu ordnen; ausreichend war es nicht.

Zurück zu Luther? – Ludwig VI.

Ludwig VI. war, als er die Regierung als Kurfürst antrat, kein junger Mann mehr; er zählte bereits 37 Jahre, war dem Vater wie dem Bruder an Bildung weit überlegen und ein vorsichtiger, haushälterischer Fürst, der seine Kräfte vorrangig auf die innere Ordnung der Pfalz konzentrierte. Durch sparsames Wirtschaften und zahlreiche Reformen der Gewerbeordnung, der Rechtsprechung und der öffentlichen Ordnung versuchte er, die seit drei Generationen desolate Finanzlage der Kurpfalz wieder auf eine solide Basis zu stellen; seine herausragende Leistung ist dabei die Kodifizierung des Pfälzischen Landrechts, die 1582 abgeschlossen werden konnte und ein Desiderat erfüllte, das schon seit der Rupertinischen Konstitution bestanden hatte.

Seine entschieden lutherische Haltung entsprang einer kritischen Auseinandersetzung mit dem Calvinismus; die Erfahrungen mit der gewaltsamen Durchsetzung der Reformierung in der Pfalz hatten ihn in dieser eher noch bestärkt, ein Übriges tat der Glaubenskonflikt mit seinem Bruder. Nach seiner endgültigen Übersiedlung von

Amberg nach Heidelberg nahm er in seinem Landesteil die Wiederherstellung des Luthertums vor, wobei er eine nicht geringere Härte an den Tag legte als sein Vater sie bei der Durchsetzung des Calvinismus' gezeigt hatte; die lutherische Kirchenordnung wurde erneuert, die calvinistischen Führungsgestalten entlassen. Zahlreiche Lehrer und Pfarrer, vor allem auch die Schüler und Studenten der calvinistischen Lehranstalten und einige Professoren der Universität verließen das Land. Den weltlichen Beamten wurde die Religionsausübung zwar freigestellt, sofern sie sich damit auf ihren eigenen Haushalt beschränkten, doch wurde der Besuch der lutherischen Predigt und die lutherische Erziehung der Kinder vorgeschrieben. Der Erfolg seiner Bemühungen war freilich begrenzt, ein großer Teil der Untertanen widersetzte sich, der lutherische Gottesdienst fand nur wenig Anklang.

Über die Pfalz hinaus wurde Ludwig VI. nur wenig wirksam; zwar nahm er 1578 die Konkordienformel, die eine Einigung der nichtcalvinistischen protestantischen Stände herbeiführen sollte, an, zu ihrer Durchsetzung konnte er jedoch trotz viel aufgewendeter Energie kaum etwas beitragen, noch nicht einmal unter den pfälzischen Wittelsbachern, unter denen sich nur Wolfgang Wilhelm von Neuburg der Konkordie anschloss; dessen Bruder Johann von Zweibrücken wurde dagegen erst jetzt calvinistisch. Das Eingreifen seines Bruders Johann Casimir in den Kölner Bistumsstreit (s. o. S. 187 ff.) vermochte er nicht zu verhindern.

Letzterer bereitete ihm in seinen letzten Lebensjahren die größten Sorgen. Seit 1578 regierte dieser ein eigenes Fürstentum mit der Hauptstadt Kaiserslautern, wo er systematisch die calvinistischen Kräfte an sich zog, die die Kurpfalz unter seinem Bruder verlassen hatten müssen; in Kaiserslautern gründete er eine calvinistische Hochschule, das Casimiranum. Trotz seiner begrenzten Kräfte verfocht er weiter aggressiv die Anliegen der calvinistischen Reform, und zwar wie sein Vater auf der europäischen Ebene, obwohl er selbst unter seinen Glaubensgenossen kaum das nötige Ansehen genoss; schon als er 1582 auf dem Reichstag im Zusammenhang mit der Magdeburger Affäre abermals eine allgemeine Freistellung der Konfession und damit den Wegfall des geistlichen Vorbehalts gefordert hatte, hatten sie ihn alleine stehen lassen, und die Lutheraner, die den Calvinisten ohnehin nicht leiden konnten, erst recht. Nüchterne Einschätzung war seine Stärke jedoch nicht; er hielt sich seinem eigenen Zeugnis nach für einen bedeutenden Kriegsmann, obwohl seine militärischen Unternehmungen ausnahmslos in einem Fiasko endeten und in der Regel nichts als Schulden brachten, da seine Bündnispartner die zugesagten Soldzahlungen schuldig blieben. In den Hugenottenkriegen kämpfte er ebenso unglücklich wie im Kölner Bistumsstreit.

Waren diese Aktivitäten schon nicht im Sinne seines Bruders gewesen, so musste dieser auch noch befürchten, dass nach seinem Tod die Pfalz erneut dem Calvinismus zugeführt werden würde, da von Johann Casimir keine Konzilianz erwartet werden konnte. Ludwig VI. konnte für den Fall seines frühen Ablebens – er war Zeit seines Lebens von angegriffener Gesundheit – nur Vorsorge treffen, dass seine Politik weiter geführt werde, vor allem was die Erziehung seines Sohnes Friedrich anging. In seinem 1580 verfassten Testament verfügte er neben der Unteilbarkeit der Pfalz und der Verpflichtung auf die Konkordienformel auch die lutherische Erziehung des 1574 geborenen Kurprinzen Friedrich, und da er die Vormundschaft Johann Casimirs nicht umgehen konnte, setzte er vier zuverlässige Lutheraner als Mitvormund ein, seine Gemahlin Elisabeth, den Landgrafen von Hessen-Marburg, den Herzog von Württemberg und den Markgrafen von Brandenburg. Friedrich sollte mit seiner Volljährigkeit außerdem eine Universität beziehen. Das Testament, das nur in zwei Ausfertigungen existierte, wurde von der Universität in Heidelberg und – aus guten Gründen – in der lutherischen Oberpfalz verwahrt.

Der Kuradministrator – Johann Casimir
Als Ludwig VI. drei Jahre später starb, hinterließ er einen neunjährigen Kurprinzen, der in die Obhut seines Onkels Johann Casimir kam, der bis zu Volljährigkeit Friedrichs IV. als Kuradministrator die Pfalz regieren sollte. Es zeigte sich schon sehr bald, dass das Misstrauen Ludwigs VI. gegen seinen Bruder nicht unbegründet gewesen war, denn der war nicht im Mindesten gesonnen, sich an die testamentarischen Bestimmungen des verstorbenen Kurfürsten zu halten. Mit dem einseitigen Rechtsempfinden des Fanatikers setzte er sich über Verträge und Vereinbarungen hinweg; die vier Ausfertigungen des Testaments brachte er an sich, das in Amberg verwahrte Exemplar, indem er die Boten, die es dem Reichkammergericht überbringen sollten, abfangen ließ. Den anschließenden Prozess, den die Mitvormünder anstrengten, neutralisierte er durch eine sich auf die Goldene Bulle beziehende Gegenklage, und als das Gericht 1589 doch den Mitvormündern recht gab, war die Angelegenheit längst im Sinne Johann Casimirs bereinigt. Anfangs moderat, aber bald auch mit der gewohnten Härte der konfessionellen Kämpfe der Zeit, war die Kurpfalz wieder recalvinisiert worden; wieder verließ die geistige Elite

die Pfalz, Heidelberg sollte ein Zentrum des calvinistischen Studiums werden. In seiner unmittelbaren Umgebung verfuhr er rigoros; seine eigene Gemahlin ließ er wegen aufbrechender konfessioneller Gegensätze in Haft nehmen, in der sie in völlig zerrütteter Geistesverfassung starb. Außenpolitisch arbeitete Johann Casimir auf eine Einigung der protestantischen Fürsten unter der Führung der Pfalz gegen die Habsburger hin, und schon jetzt deutete sich die endgültige Bildung konfessioneller Lager im Reich an; nur der Tod der beiden führenden Persönlichkeiten, Kurfürst Christian von Sachsen und Johann Casimir, schoben die Konfrontation noch einmal auf.

Die Pfalz als Führungsmacht des protestantischen Lagers

Friedrich IV. (1583–1610)
Die Erziehung des Kurprinzen war ebenfalls nach calvinistischen Richtlinien verlaufen, und 1587 hatte sich Friedrich IV. selbst für den Calvinismus erklärt. Die Aufgabe, den Kurprinzen für diesen zu gewinnen, war für Johann Casimir leicht zu lösen gewesen, er hatte einen gegenüber dem des Vaters wesentlich freizügigeren Erziehungsstil eingeführt, der der Natur des jungen Friedrich entgegenkam. So, wie sich die Persönlichkeit Friedrichs IV. in seinen Mannesjahren präsentiert, hatte er auch nicht annähernd das Format seines Vaters, so dass man unabhängig vom Eingreifen Johann Casimirs einige Zweifel am Erfolg der väterlichen Erziehungsvorstellungen anmelden muss. Das ihm durch das Testament vorgegebene Universitätsstudium unterblieb; vielmehr drängte der noch nicht ganz Achtzehnjährige nach dem unerwarteten Tod Johann Casimirs 1590 sofort in die Regierung, mit dem Argument, dass ihm in den sechs Wochen, die ihm zur Volljährigkeit fehlten, nicht mehr Verstand zuwachsen würde; inwieweit hinter dieser – sich aus heutiger Sicht unfreiwillig ironisch ausnehmenden – Äußerung die Räte standen, die im eigenen Interesse um jeden Preis eine erneute Vormundschaft eines lutherischen Fürsten vermeiden wollten, und eine solche drohte in der Person des Herzogs Reichard von Simmern als nächsten Agnaten, stehe dahin.

Friedrich IV. war kein Politiker, und große Entscheidungen sind von ihm nicht ausgegangen; selbst den Sitzungen des Oberrates in Heidelberg wohnte er nur unter Zwang bei. Er oblag mit Leidenschaft den fürstlichen Vergnügungen seiner Zeit, galt als glänzender

Reiter und Schütze, und seine Festesfreudigkeit – ein Thema zahlreicher Studentenlieder – ist legendär. An den Höfen Europas gab es Gerüchte, der Kurfürst leide unter Epilepsie – woran seine Ehe mit der Tochter Wilhelms von Oranien, Luisa Juliana, schon im Beratungsstadium beinahe gescheitert wäre – aber dies entsprach nicht den Tatsachen; seine Ausfälle, die tagelang dauern konnten, waren die Folgen seiner exzessiven Trinkfreudigkeit, die seine Gesundheit nach und nach zerrüttete. Die Leitung der pfälzischen Politik lag in seiner Regierungszeit vorwiegend in den Händen der führenden Berater. Unter diesen ragte bald die Persönlichkeit hervor, die die Pfalz in den kommenden zwei Jahrzehnten auf den Tiefpunkt ihrer Geschichte führen sollte, Christian von Anhalt. Nominell seit 1595 Statthalter in Amberg, wohin er sich auch vor dem ihm fremden Stil der Heidelberger Residenz immer wieder flüchtete, war er doch derjenige, der die Fäden in der Hand hielt. Zielgerichtet verfolgte er, erst seit 1592 Calvinist, aber dafür um so fanatischer, die Politik Johann Casimirs weiter, die auf einen Zusammenschluss der protestantischen Mächte im Reich hinauslaufen sollte; 1608 kam es zur Gründung der Union von Auhausen, die unter der Führung der Kurpfalz stand. Da die katholischen Fürsten diese mit der Gründung der Liga beantworteten, war damit jene Situation erreicht, die die kommenden Jahre bestimmen sollte: Im Reich standen sich zwei konfessionelle Bündnisse gegenüber, und beide wurden durch einen Fürsten aus dem Haus Wittelsbach geführt. Die katholische Partei innerhalb desselben erhielt wenig später noch einen bedeutenden Zuwachs, da in den Auseinandersetzungen um das jülich-klevische Erbe Pfalzgraf Wolfgang Wilhelm von Neuburg 1609 zum Katholizismus übertrat (s. u. S. 336).

Für die Kurpfalz hatte dies über die konfessionelle Konfrontation hinaus noch eine unmittelbarere Bedeutung. Der bedenkliche Gesundheitszustand des Kurfürsten und die Jugend des erst 1596 geborenen Kurprinzen ließen die Gefahr einer erneuten Vormundschaft aufscheinen; zu dieser berechtigt wäre als der ältere Sohn Herzog Wolfgangs von Zweibrücken, Philipp Ludwig von Neuburg, gewesen, der allerdings Lutheraner war und sich weigerte, den Fortbestand des calvinistischen Bekenntnisses in der Pfalz zu garantieren. Kurfürst Friedrich IV. setzte daher 1602 testamentarisch den jüngeren Bruder Philipp Ludwigs, Johann von Zweibrücken als Vormund ein, sich großzügig über das Reichsrecht hinwegsetzend; die konfessionellen Gegensätze entfremdeten die pfälzischen Linien einander beinahe noch weiter als die Pfälzer von den bayerischen Wittelsbachern. Als 1610 Friedrich IV. starb, kam die Linie Neuburg durch den Konfessionswechsel Wolfgang Wilhelms noch weniger in Frage als 1602, Vormund wurde Johann von Zweibrücken – zusammen mit einer Reihe von Contutoren, die ausnahmslos strenge Calvinisten waren – zudem wurde für den jüngeren Bruder Friedrichs V., Ludwig Philipp, aus Simmern und Lautern, die beide eben erst wieder mit der Kurpfalz vereinigt worden waren, ein eigenes Fürstentum gebildet. Die Leitung der Politik blieb bei Christian von Anhalt.

Die Katastrophe – Friedrich V. und der Dreißigjährige Krieg (1610–1632)
Wie schon sein Vater war auch Friedrich V. von seinem Beruf als Fürst überfordert. Zwar war er persönlich weit begabter und gebildeter als dieser, doch lag auch ihm die höfische Galanterie näher als die Politik. Sogar seine Berater urteilten teilweise kühl über ihn; „er macht sich die Sache leicht und setzt alles auf Gott" ist noch eine eher milde Äußerung. Es fehlte ihm sowohl an ökonomischem Verstand, worin er unter den Fürsten seiner Zeit allerdings dem Normalfall entsprach, wie auch an politischem Weitblick. Das größte Problem des jungen Kurfürsten sollte es jedoch werden, dass die Leitung seiner Politik und damit auch sein eigenes Schicksal in den Händen Christian von Anhalts lag, der weder seine eigenen Kräfte noch die Folgen seiner Aktivitäten je richtig einzuschätzen lernte. Dass er für den Kurfürsten 1612 die glänzendste politische Heirat, die ein deutscher Fürst dieser Zeit zuwege brachte, eingefädelt hatte, nämlich mit Elisabeth, der Tochter des Königs von England, war ihm Anlass zu politischen Plänen und Spekulationen, die den Horizont der Pfalzgrafen weit übersteigen mussten. Und ebenso wie seine internationalen Beziehungen überschätzte er das Gewicht, das die Pfalz durch die Führungsposition im protestantischen Lager gewonnen hatte; diese beruhte nicht auf der überragenden Gestalt Friedrichs V., sondern war nur durch die Agonie der anderen protestantischen Fürsten gegeben. Schon längst war deutlich geworden, was die protestantischen Bündnisse wert waren, wenn es zum Treffen kam: Ohne Kursachsen war nichts gegen den Kaiser und die katholischen Stände auszurichten, und Kursachsen hatte sich stets neutral verhalten und würde dies so lange wie möglich weiter tun; das war letztlich die politische Konstante, die in jede Berechnung mit einzubeziehen war. Die Vernunft hätte es daher geboten, die konfessionelle Konfrontation nach allen Möglichkeiten zu vermeiden, aber Christian von Anhalt verfocht weiter die Linie, die Johann Casimir begonnen hatte. Von Anfang an baute er in allen seinen Plänen auf das Gegeneinanderwirken der europäischen Mächte. Er

wusste so gut wie jeder andere, dass eine militärische Konfrontation der Konfessionen im Reich unweigerlich Frankreich und Spanien auf den Plan rufen musste. Für Christian von Anhalt war das ein Teil seines politischen Kalküls, und er hätte ohne Bedenken auch noch England mit den Krieg gerissen, mit den Holländern und mit den Mächten im Osten rechnete er ohnehin. Er war ein politischer Pyromane, der bedenkenlos am Pulverfass Europa zündelte und es schließlich tatsächlich zur Explosion zu bringen vermochte.

Die Umstände der Zeit machten es ihm verhältnismäßig leicht, seine Fäden zu spinnen. Die Schwäche des Hauses Habsburg seit den Tagen Maximilians II. ließen bei seinen Gegnern die Hoffnung aufkeimen, dass dem Kaisertum dieser Dynastie nun ein Ende bereitet werden könnte. Friedrich V. und Christian von Anhalt hatten deswegen die Fühlung mit Maximilian von Bayern gesucht, doch für eine Kooperation zwischen den wittelsbachischen Linien war dies der denkbar schlechteste Zeitpunkt, und Maximilian zu klug, um sich auf ein solches Wagnis einzulassen, der Herzog von Bayern verweigerte sich kühl (s. o. S. 206). Christian musste also andere Wege gehen, um seiner sich selbst angemaßten historischen Aufgabe gerecht werden zu können. Und eine Chance hierfür schien sich in Böhmen zu bieten.

Die Vorgeschichte des böhmischen Aufstandes ist nur kurz zu berichten; die böhmischen Stände hatten 1609 durch Kaiser Rudolf II., der ihre Unterstützung gegen seinen in die Macht drängenden Bruder Matthias brauchte, einen so genannten Majestätsbrief ausgestellt bekommen, der ihnen das Recht der freien Religionsausübung garantierte und gestattete, Kirchen zu errichten, auch auf königlichem Boden, und außerdem einen Ausschuss der protestantischen Stände, die so genannten Defensoren zu bilden. Auch Kaiser Matthias hatte den Brief anerkennen müssen; allerdings wurde er von den böhmischen Protestanten einseitig zu ihren Gunsten ausgelegt und als Rechtfertigung dafür genutzt, auf dem Boden katholisch-geistlicher Institutionen evangelische Kirchen zu errichten, was von den Katholiken aber bestritten wurde. In der Folge kam es dazu, dass ein auf dem Grund und Boden des Klosters Braunau erbautes protestantisches Gotteshaus auf die Anordnung des Abtes hin von erzürnten Katholiken abgerissen wurde, was nun wieder die Protestanten in Rage versetzte. Unter dem Vorsitz des Grafen Thurn traten ungeachtet des Verbots, das Ferdinand, der immerhin schon seit einem Jahr König von Böhmen war, ausspracht, die Defensoren zusammen; das Verbot steigerte nur die Erbitterung weiter, so dass es während dieser Versammlung zu jener berühmt gewordenen Gewalttat kam, bei der die königlichen Statthalter von den erzürnten Ständen aus dem Fenster des Hradschin in den Burggraben geworfen wurden.

In der Tat bildeten die protestantischen Stände Böhmens in der Folge eine revolutionäre Ständeregierung; unverzüglich wurde ein kleines Heer geworben, das schon deshalb nötig war, um Böhmen selbst unter Kontrolle zu halten. Zugleich suchte man nach Bundesgenossen, die den Böhmen gegen Habsburg beistehen konnten. Ringsum zögerte freilich alles, lediglich Gabor Bethlen, der Fürst von Siebenbürgen, ein alter Feind der Habsburger, erklärte sich bereit, in den Krieg gegen den Kaiser einzutreten – aus eigenen Interessen freilich, aber das spielte im Augenblick keine Rolle. Die protestantischen Reichsfürsten übten sich dagegen in der zu erwartenden Zurückhaltung, allerdings nur so lang, bis Christian von Anhalt das Heft in die Hand nahm. Er vermochte es in der Tat, diese rein böhmische Sache der Union als eine allgemeine Auseinandersetzung um die konfessionelle Freiheit zu verkaufen, und erreichte damit zumindest, dass die Fürsten der Union dem böhmischen Ständeregiment Werbungen in ihren Territorien gestatteten. Er vermeinte die Chance zu sehen, aus dem böhmischen Aufstand den allgemeinen Krieg gegen Habsburg erwachsen zu lassen; das Haupt der Union sollte diesen anführen, als der neue König von Böhmen. Die böhmischen Stände gingen darauf ein, nicht ohne sich in einem Ausmaß ihre ständischen Freiheiten zusichern zu lassen, die den neuen König zu einem Schattenmonarchen machen würden. Jeder vernünftige Fürst des Reiches hätte dies abgelehnt, und selbst Friedrich V. zögerte anfangs, sich darauf einzulassen, aber er vertraute letztlich doch seinem politischen Berater. Den letzten Ausschlag mochte vielleicht auch der Hofprediger Scultetus in Heidelberg gegeben haben, der es tatsächlich erreichte, dass sich der Kurfürst als ein Instrument der göttlichen Fügung fühlte, das dem wahren Evangelium zum Durchbruch zu verhelfen hatte.

Während in Österreich bereits das Heer der böhmischen Stände und ein kaiserliches Heer aufeinander stießen und die protestantischen Stände Ober- und Niederösterreichs mit den böhmischen über die Absetzung Ferdinands sich ins Benehmen setzten, erfolgte in Prag die Wahl des neuen Königs von Böhmen; Ferdinand wurde von den Ständen für abgesetzt erklärt. Es gab außerhalb Böhmens und der Pfalz im ganzen Reich niemanden, der sich über diesen Schritt Friedrichs V. nicht die schwersten Sorgen machte. Sein Schwiegervater, der König von England, und seine eigene Mutter rieten von der Annahme der Krone ab. Maximilian von Bayern warnte, und die Union zeigte sich gespalten; es gab wohl einige Scharfmacher, den Markgrafen von Ansbach etwa, der sich davon einen Weg zu einer protestantischen Kaiserwahl erhoffte, die Mehrzahl riet aber zur Entspannung. Alles das vermochte aber Christian von Anhalt aufs Neue zu zerreden, und schließlich nahm Kurfürst Friedrich die Wahl an; am 4. November 1619 wurde er im Dom zu Prag gekrönt.

Mittlerweile hatte sich jedoch alles wieder gewendet. Weder war Ferdinand II. dieser allzu konzilianten Richtung zuzurechnen, wie die Habsburger sie seit dem Kaiser Maximilian II. vertreten hatten, noch konnte man sich über die Haltung Maximilians von Bayern große Illusionen machen. Während Friedrich noch damit beschäftigt war, sich durch seinen rigorosen Calvinismus in Böhmen bereits wenige Wochen nach seiner Krönung schon wieder verhasst zu machen, so dass es bald hieß, man könne wohl eher mit einem Papisten in Frieden leben als mit diesem Calviner, zog sich bereits das Unheil von allen Seiten über ihn zusammen. Die Initiative hatte er längst verloren, und schon am 8. November 1620 wurde sein böhmisches Königtum durch die Niederlage seiner Truppen am Weißen Berg bei Prag beendet. Friedrich V. blieb nur noch die Flucht, die ihn über mehrere Stationen nach Den Haag führte. Seine Versuche, mit angeworbenen Söldnerheeren das Blatt noch einmal zu wenden, scheiterten. Aus der Ferne musste er zusehen, wie die Oberpfalz und die Kurpfalz erobert wurden; geächtet, seiner Kurwürde verlustig, die 1623 auf Bayern übertragen wurde, kämpfte er auf der diplomatischen Ebene weiter, immer wieder suchte er nach Bundesgenossen, doch die, die er fand, scheiterten an der katholischen Übermacht. Die von der katholischen Seite entwickelten Friedenspläne lehnte er unverändert ab. Von seinen holländischen Gastgebern eher geduldet als geliebt, hatte er kaum politischen Einfluss. Erst das Eingreifen Gustav Adolfs in den Krieg schien ihm eine Wende zu bescheren, doch kam diese zu spät; er konnte, nachdem die Pfalz nach langen Kämpfen von den Schweden erobert worden war, zwar in sein Land zurückkehren, unter noch völlig ungeklärten Umständen, da er die Bedingungen, die Gustav Adolf stellte, nicht anerkennen wollte, doch kurz nach dem Tod des Schwedenkönigs bei Lützen starb er an einer Epidemie in Mainz. Die Vormundschaft über den unmündigen Nachfolger Karl Ludwig übernahm der Bruder Friedrichs, Ludwig Philipp, doch schon 1634 wurde die Pfalz wieder von den Kaiserlichen erobert; das Land blieb bis zum Kriegsende Kampfgebiet und erlitt die schwersten Verwüstungen seit dem Landshuter Erbfolgekrieg.

Die zahlreichen Kinder des Winterkönigs – von dreizehn überlebten neun – schlugen recht unterschiedliche, aber für die Zeit typische Lebenswege ein; Friedrich V. und nach seinem Tod die Mutter hatten es wenigstens vermocht, ihren Kindern eine gute Bildung zukommen zu lassen, begabter als ihre väterlichen Vorfahren waren sie ohnehin. Sie waren freilich Prinzessinnen und Prinzen ohne Land, wuchsen in Den Haag und in England auf und mussten sich ihre Aufgaben suchen. Einige der Söhne wurden Offiziere, Ruprecht brachte es bis zum Admiral in englischen Diensten, ein weiterer konvertierte – wie auch eine der Töchter, die als Äbtissin von Maubisson starb – zum Entsetzen der Familie zum Katholizismus und heiratete die Prinzessin von Gonzaga-Nevers, was ihm immerhin ein auskömmliches Vermögen einbrachte. Erbprinz – von einem Kurprinzen konnte bis zum Westfälischen Frieden ja keine Rede mehr sein – wurde der zweitgeborene Karl Ludwig, da sein älterer Bruder Heinrich Friedrich 1629 bei einem Schiffsunglück ums Leben gekommen war. Für ihn eröffnete der Friedensschluss von Münster wenigstens die Möglichkeit, wieder der Pfalzgraf bei Rhein und Kurfürst des Heiligen Römischen Reiches Deutscher Nation zu werden; am 15. Oktober 1649 zog er in der Pfalz ein.

Wiederaufbau und Behauptung – Der Ausgang der Linie Simmern

Karl Ludwig (1648–1680)

Kurfürst Karl Ludwig betrat ein ausgesogenes, verwüstetes Land, in dem der Krieg noch immer präsent war; in vielen Städten lagen noch immer Garnisonen fremder Truppen, die sich erst bis 1652 vollständig zurückziehen sollten. Die Kondominate mit katholischen Fürsten waren von diesen besetzt, vor allem von Pfalz-Neuburg. Mit dem Westfälischen Frieden war auch Pfalzgraf Ludwig Philipp von Simmern-Lautern, der Onkel Karl Ludwigs, wieder in seinem Fürstentum eingesetzt worden. Da er in Ludwig Heinrich Moritz seit 1640 einen Sohn hatte, war mit einer Rückkehr dieses Territoriums an die Kurpfalz in absehbarer Zeit nicht zu rechnen; erst als dieser 1675 kinderlos starb, konnte die Kurpfalz wieder vereinigt werden. Die Pfalz hatte ein Drittel ihres territorialen Bestandes verloren, darunter die an Bayern gefallene Oberpfalz; die Besitzungen im Elsass wurden von Frankreich beansprucht. Die Verluste der Bevölkerung in der Kurpfalz sind nicht zu beziffern, Tatsache ist jedoch, dass die landwirtschaftlichen Nutzflächen zu einem großen Teil überhaupt nicht bewirtschaftet wurden und die Steuerkraft praktisch darniederlag. Durch die Misswirtschaft unter den Kurfürsten Friedrich IV. und Friedrich V. hatte die Verschuldung des Landes schon 1623 1,8 Millionen Gulden betragen, die Schuldenlast des Jahres 1649 ist nicht ermittelbar.

Das historische Urteil über Karl Ludwig ist in der neueren Forschung zwiespältig. Auf der einen Seite steht der zähe Arbeiter, als der er sich von seinem Vater und Großvater unterscheidet, der sich engagiert und nicht ohne persönliche Dynamik um den Wiederaufbau seines Landes kümmerte und dabei Sparsamkeit und Umsicht an den Tag legte; sein anderes Gesicht ist das eines oft unbeherrschten Menschen – berühmt ist der Vorfall auf dem Wahltag 1658 in Frankfurt, als er mit einem Tintenfass nach dem bayerischen Gesandten warf, der die pfälzische Kur als „verwirkt" bezeichnet hatte –, der den französischen Befehlshaber Turenne vor Mannheim zum Duell forderte, um die Untertanen zu schonen, der seine erste Ehe selbst schied – als oberster Herr seiner Landeskirche konnte er das, die Universität reagierte jedoch empört –, um seine Geliebte heiraten zu können, und der sich immer wieder in Konflikte um zuweilen auch kleinliche Prestigefragen stürzte. Besonders den Verlust der alten pfälzischen Kur verwand er nie, was ihn in einen latenten und immer nur kurzfristig unterbrochenen Gegensatz zu den bayerischen Wittelsbachern brachte. Zwar hatte er 1657 vorübergehend mit dem Plan Mazarins um die Kaiserkandidatur Ferdinand Marias sympathisiert, sich aber noch vor dessen Entscheidung für Habsburg wieder davon distanziert. Es ging weniger um die Kurwürde an sich, die ihm ja zuerkannt worden war, als um den Rang derselben. Die alte Kur war die erste weltliche Kur gewesen, das Amt des Reichserztruchsessen, mit dem sich das Reichsvikariat verband, während die neue, achte Kur der Pfalz das neu geschaffene Erzschatzmeisteramt bedeutete, das aber in der Rangfolge der Erzämter keinen rechten Platz hatte; obwohl er sich die Annahme dieser Lösung durch den kaiserlichen Verzicht auf die Reichssteuern bezahlen hatte lassen, stritt er sich bei der Kaiserkrönung mit dem Kurfürsten von Brandenburg, dem Reichskämmerer, um das Recht, dem Kaiser die Krone aufzusetzen.

Ebenso hartnäckig verfocht er alte und teilweise längst obsolet gewordene pfälzische Rechte gegenüber seinen Nachbarn wie das so genannte Wildfangrecht, das heißt das Recht, Zuwanderer in die pfälzische Leibeigenschaft zu zwingen, auch wenn diese in der Praxis längst nicht mehr genutzt wurde. Dies gab besonders in den Orten

Anlass zu Konflikten, die grundherrschaftlich unter anderen Herren standen wie Kurmainz, Speyer und Straßburg und den Reichsrittern. In dieser Frage ließ er es 1663/64 sogar auf einen Krieg ankommen, und hatte insofern Erfolg damit, als 1667 der Pfalz diese Rechte bestätigt wurden; die Feindschaft seiner unmittelbaren Nachbarn war freilich ein zu hoher Preis dafür. Der Frieden war nur unter französischer Vermittlung zu erreichen gewesen und bedeutete auf längere Sicht eine Bindung an Frankreich. Kontakte zu Ludwig XIV. hatte es schon seit 1657 gegeben, als Karl Ludwig einen Freundschaftsvertrag mit Frankreich geschlossen hatte, der ihm immerhin einige Subsidien einzubringen vermochte; 1660 war dieser aber ausgelaufen, und auch dem ersten Rheinbund war die Pfalz nicht beigetreten. Nun aber bedurfte Karl Ludwig einer engeren Bindung an Frankreich, und diese vermittelte seine Schwester Anna Gonzaga; seine Tochter Liselotte heiratete 1671 den Herzog von Orleans, den verwitweten Bruder Ludwigs XIV., wofür sie – zum Unmut des Vaters – zum Katholizismus konvertieren musste. Ein gedeihliches Verhältnis zu Frankreich gewann er damit allerdings nicht, und die Gefahren, die er damit für die Pfalz heraufbeschwor, wogen die stets problematische Freundschaft des Sonnenkönigs nicht auf. Tatsächlich versuchte Ludwig XIV. 1672 Karl Ludwig in ein Bündnis im Holländischen Krieg zu zwingen, auf das er sich aber nicht einlassen konnte, so dass er auf der Seite des Kaisers verblieb; die Pfalz wurde erneut Kriegsgebiet. Mit dem Frieden von Nimwegen verlor er das Amt Germersheim an Frankreich, die pfälzischen Nebenlinien Veldenz und Zweibrücken mussten sogar ihre Landeshoheit an Frankreich aufgeben und blieben auf ihre grundherrlichen und niedergerichtlichen Rechte beschränkt, da ihre Fürstentümer auf alten Lehen der Bistümer Verdun und Reims beruhten, deren Hoheit nun der König von Frankreich beanspruchte. Die Frankreichpolitik Karl Ludwigs war auf der ganzen Linie gescheitert.

Weit erfolgreicher war er dagegen in der Innenpolitik. In den über dreißig Jahren seiner Regierungszeit vermochte er es, trotz einiger Rückschläge wie weiterer Abwanderungstendenzen und der Pestepidemie der Jahre 1666/67 die Bevölkerung seines Landes wenigstens wieder auf die Hälfte des Vorkriegsstandes zu bringen; an einigen Orten wie in Mannheim lag der Zuwachs sogar noch deutlich höher. Da der Versuch, mit der Androhung des Besitzverlustes die geflüchteten Pfälzer zur Rückkehr zu bewegen – von denen die meisten wohl auch längst verstorben waren – scheiterte, musste der Kurfürst aufnehmen, was er bekam, Niederländer, Wallonen, Schweizer, Deutsche aus benachbarten Ländern. Die Zuwanderung in die Pfalz wurde durch Erlass der Steuern in den ersten Jahren und den Wegfall der Laudemien erleichtert. Dies hatte vor allem für die konfessionelle Homogenität der Pfalz Konsequenzen; auch wenn das offizielle Bekenntnis des Calvinismus blieb – Karl Ludwig stellte die alte Kirchenordnung wieder her – wurden Anhänger aller Konfessionen aufgenommen, vor allem Lutheraner und Katholiken, die schließlich ein Drittel der Bevölkerung stellten. Die Einwanderer brachten neue Wirtschaftsformen mit wie den Mais- und Tabakanbau. Mit diesen und weiteren Maßnahmen sowie mit eiserner Sparsamkeit schaffte es Karl Ludwig, den Haushalt zu konsolidieren und sogar einen Teil der Staatschulden zu tilgen; dass er keine dauerhaften Erfolge erringen konnte, lag an der historischen Entwicklung, die die Pfalz bereits 1674 wieder zum Kriegsgebiet machte.

Karl II. (1680–1685)
Als Karl Ludwig 1680 starb, hinterließ er in Karl II. einen Sohn aus seiner ersten Ehe. Die zahlreichen Kinder aus seiner morganatischen zweiten Ehe mit Maria Luise von Degenfeld waren nicht erbberechtigt; sie waren als Raugrafen legitimiert worden und ergriffen den Offiziersberuf, die Töchter lebten als Stiftsdamen. Karl II., 1651 geboren, war noch kinderlos; seit seinen Kindertagen von Krankheiten geplagt, war er ein unsicherer, schwacher Mensch, der sich in eine der finanziellen Lage der Pfalz keineswegs angemessene barocke Prachtentfaltung flüchtete; politisch trat er nur durch eine gegenüber der seines Vaters weit intolerantere Kirchenpolitik hervor. Seine Hauptaufgabe konnte es nur noch sein, die Übergabe der Kurpfalz an die Linie Neuburg vorzubereiten, was aus Gründen der konfessionellen Differenzen nicht einfach war. Der designierte neue Kurfürst Philipp Wilhelm war katholisch und wollte zwar den Bestand der reformierten Kirche garantieren, nicht aber eine einheitlich reformierte Beamtenschaft und noch weniger eine reformierte Universität, an der nur die theologische Fakultät ihre Konfession verbindlich behalten sollte. Dass er sich durchsetzen konnte, hatte er der Gefahr zu verdanken, die durch die Ehe der Schwester Karls II. mit dem französischen Königshaus gegeben war; die Haltung, die Ludwig XIV. einnehmen würde, war nicht schwer auszurechnen. Die geographische Lage der Pfalz sollte ihr wieder zum Verhängnis werden, und diesmal noch schlimmer als es bis dahin jemals gewesen war.

3. Die Neuburger Kurlinie 1685–1743

Die Vorgeschichte

Die Geschichte des Fürstentums Pfalz-Neuburg beginnt mit dem Ausgang des Landshuter Erbfolgekrieges (s. o. S. 128 f.), nach dem für die Söhne des Pfalzgrafen Ruprecht die „junge Pfalz" als eigenes Fürstentum errichtet wurde. Als der Überlebende der beiden Söhne, Ottheinrich, Kurfürst wurde, überließ er 1557 das kleine Fürstentum an der Donau und auf dem Nordgau als Ausgleich seinem entfernten Vetter Wolfgang von Zweibrücken. In dessen Testament 1569, in dem das Herzogtum Zweibrücken unter seinen Söhnen aufgeteilt wurde – es entstand damals auch die Linie Birkenfeld (s. u. S. 346 f.) – wurde es wieder ein selbstständiges Fürstentum, das der älteste der Söhne Wolfgangs, Philipp Ludwig erhielt. Dieser geriet durch sein Beharren auf der lutherischen Konfession in eine weitgehende Isolation von den anderen pfälzischen Linien, doch auch dies sollte nur ein Zwischenspiel in der Kirchengeschichte Neuburgs bleiben, denn sein ältester Sohn Wolfgang Wilhelm trat 1614 zum katholischen Glauben über, womit er im protestantischen Lager zum meistgehassten Fürsten wurde; sein Vater reagierte geradezu schockiert auf die Nachricht.

Die Hintergründe für seine Entscheidung sind bis heute nicht völlig geklärt; es mag sicherlich eine Rolle gespielt haben, dass er sich im jülich-klevischen Erbfolgestreit (s. o. S. 203 f.), in dem er über seine Mutter Anna zum Prätendenten geworden war, die Hilfe des katholischen Lagers, namentlich der bayerischen Wittelsbacher in München und Köln, sicherte, andererseits war er schon seit 1613 mit Magdalena, der Schwester Maximilians von Bayern verheiratet und stand diesen auch von daher nahe. Man ist in der Forschung durchaus geneigt, ihm daneben religiöse Überzeugung als Grund für diesen Schritt zuzubilligen, zumal er in den folgenden Jahren eine radikale Rekatholisierung seines Fürstentums – sein Vater war 1614 gestorben – in Bayern wie am Rhein durchführte. Ein zeitgenössisches Portrait aus dem Neuburger Jesuitenkolleg zeigt ihn als Stifter der Neuburger Hofkirche mit dem Gnadenbild der Muttergottes von Foja, den rechten Fuß auf die Confessio Augustana gesetzt; Wolfgang Wilhelm sah sich also selbst ganz auf der Linie seines Schwagers Maximilian. Selbst in dem 1614 abgetrennten Fürstentum Sulzbach (s. u. S. 347 f.) seines Bruders August führte er

1626/27 die Gegenreformation durch. Im Dreißigjährigen Krieg verfolgte er indessen eine neutrale Linie, was aber nicht verhindern konnte, dass auch seine Fürstentümer in Mitleidenschaft gezogen wurden. Die Linie Neuburg vertrat weiterhin einen strikt katholischen Kurs, was in der Pfalz zu einigen Spannungen führen sollte.

Nach seinem Tod 1653 folgte ihm sein einziger Sohn Philipp Wilhelm nach. Durch das Herzogtum Jülich-Berg, auf dem das Hauptgewicht des Fürstentums lag – die Hauptstadt Philipp Wilhelms war nicht Neuburg an der Donau, sondern Düsseldorf – besaß die Linie Neuburg nach der bayerischen und der kurpfälzischen Linie das drittgrößte Territorium unter den wittelsbachischen Fürsten des Reichs, und Philipp Wilhelm sah sich damit in der Lage, auch politisch eine größere Rolle zu spielen als etwa Zweibrücken; seine dreizehn Kinder rückten in bedeutende Stellungen auf, seine Söhne, soweit sie Geistliche wurden, besetzten wichtige Bischofsstühle, unter anderem auch das Erzbistum Mainz, und für seine Töchter fand er königliche Ehemänner in Spanien und Portugal, die älteste heiratete Kaiser Leopold I. Vor diesem Hintergrund erscheint es nicht verwunderlich, dass er bei den Bemühungen Kardinal Mazarins um die Nachfolge Kaiser Ferdinands III. (s. o. S. 234) eine Rolle spielte, allerdings lehnte er den Plan ab. Sein durchaus vorhandener politischer Ehrgeiz zielte in ganz andere Richtungen; er war mit einer polnischen Prinzessin verheiratet und hatte daher vage Aussichten auf die Königskrone dieses Landes, außerdem war er für den Fall des Aussterbens der Linie Simmern als Erbe der Kurpfalz bestimmt, und die Chancen, zum Zuge zu kommen, standen gar nicht so schlecht, da Karl Ludwig ja nur einen einzigen Sohn hatte.

Nach dem Tod Karl Ludwigs begannen daher auch die Verhandlungen um seine Nachfolge in der Kurpfalz. Anders als die Linie Simmern 1559 brachte er in die Kurpfalz ein politisch bedeutendes Fürstentum ein, das dieser im Reich wieder erheblich mehr Gewicht verschaffen konnte – wobei es auch eine Rolle spielte, dass die Linie Neuburg insgesamt kraftvollere Gestalten aufweisen sollte als die Linie Simmern –, zugleich aber die Gefahr mit sich brachte, dass die Pfalz zum Nebenland des Kurfürsten wurde. Tatsächlich neigte sich die Zeit Heidelbergs als Residenz dem Ende zu; die Kurfürsten residierten meistens in Düsseldorf, später in Mannheim und ab 1777 in München.

Neuburg als Kurlinie

Philipp Wilhelm (1685–1690)
Die Regierungsübernahme in Heidelberg nach dem Tod Kurfürst Karls II. 1685 verlief glatt; die Befürchtungen der Reformierten um einen Umschwung in der Konfessionspolitik der Pfalz bewahrheiteten sich vorerst nicht, und dass Philipp Wilhelm der katholischen Bevölkerung den gleichen Rang einräumte wie den anderen Bekenntnissen, hatte man erwartet. Die Berufung von Jesuiten und Franziskanern wie Kapuziner erweckte dann allerdings doch einigen Argwohn, der Kurfürst wolle auf die lange Sicht die Katholiken bevorzugen.

Weit mehr Sorgen bereiteten die Beziehungen zu Frankreich. Nach den Verträgen standen Liselotte nur die mobilen Besitztümer der alten Kurlinie zu, auf Gebietsansprüche im Reich hatte sie im Ehevertrag verzichtet. Das wurde allerdings in Paris sehr weiträumig interpretiert, da die Pfalz westlich des Rheins von Frankreich nicht als Reichsgebiet angesehen wurde. Im Raum stand nicht weniger als die Forderung nach den gesamten Erwerbungen der Pfalz seit 1356. Der Herzog von Orleans als Ehemann Liselottes ließ sich bereits als Herzog von Simmern und Graf von Sponheim betiteln; das Testament Karls II., der seine Schwester enterbt hatte, wurde in Frankreich für nichtig erklärt.

Die Streitigkeiten um das pfälzische Erbe waren nur einer der Gründe für den Krieg, der 1688 schließlich ausbrach; es ging insgesamt um die Reunionen Ludwigs XIV. Dennoch ist er als der Pfälzische Erbfolgekrieg oder aus französischer Sicht *Guerre de la Ligue d'Augsbourg,* nach dem dort geschlossenen Verteidigungsbündnis der Reichsstände (s. o. S. 250 f.) in die Geschichte eingegangen. Da sich das kaiserliche Heer noch auf dem Rückmarsch von Belgrad befand, wurde die Pfalz von den französischen Truppen buchstäblich überrannt, der erste Vorstoß kam beinahe bis Ulm, ehe ein Gegenangriff sie wieder zurückwarf. Es folgte eine systematische Zerstörung der Pfalz, die meisten Dörfer und die Städte Heidelberg und Mannheim, Oppenheim und Alzey sanken in Schutt und Asche, die Reichsstädte Speyer und Worms wurden stark in Mitleidenschaft genommen; Kaiser- und Kurfürstengräber wurden vernichtet. 1693 lief sich der Krieg fest und mündete in lange Abnutzungskämpfe; die Entscheidung fiel nicht in der Pfalz, sondern in den Niederlanden und im Seekrieg. 1697 kam es zum Frieden von Ryswick.

Konfessionspolitik nach dem Westfälischen Frieden –
Johann Wilhelm (1690–1716)

Kurfürst Philipp Wilhelm war 1690 in Neuburg gestorben, wohin er sich schon 1687 zurückgezogen hatte; die Statthalterschaft in der Pfalz hatte er seinem Sohn Johann Wilhelm übertragen, der ihm als Kurfürst nachfolgte. Bei den Friedensverhandlungen hatte er immer weiter zurückweichen müssen, nachdem er zunächst allen seit 1648 an Frankreich verlorenen pfälzischen Besitz verlangt hatte, zuletzt musste er sich aber mit der Räumung der linksrheinischen Pfalz durch die französischen Truppen begnügen und auf Kriegsentschädigungen verzichten.

Der Friede brachte neben dieser Sicherung der pfälzischen Territorien westlich des Rheins auch neue konfessionelle Auseinandersetzungen in der Pfalz. Schon Philipp Wilhelm hatte den Katholiken weitgehend die Freiheit der Religionsausübung zugestanden, zudem einen proportionalen Anteil an allen Gemeindeämtern, unter Johann Wilhelm sollte dies noch viel weiter gehen, begünstigt durch den weiteren Zustrom von Katholiken in die Pfalz. Im Frieden von Ryswick war jedoch auch die Beibehaltung des Status quo in den französisch besetzten Gebieten, die zu einem großen Teil rekatholisiert worden waren, festgelegt worden, woran der Kurfürst selbst einigen Anteil hatte. Das Ziel Johann Wilhelms war dabei die Entmachtung des reformierten Kirchenrates, der vom Landesfürsten praktisch unabhängig war und die alleinige Verfügung über das Kirchenvermögen hatte, was sich mit dem absolutistischen Selbstverständnis Johann Wilhelms nicht vereinbaren ließ. Um sich nicht allein auf die in den maßgeblichen Gremien unterrepräsentierten Katholiken stützen zu müssen, entließ er die Lutheraner aus der Hoheit des Kirchenrates und gestand ihnen 1698 ein eigenes Konsistorium zu, womit er auch die lutherischen Reichsfürsten beruhigen konnte, die seiner Konfessionspolitik misstrauisch gegenüberstanden; sie verstieß in ihrer Härte auch gegen den Westfälischen Frieden, doch dies vermochte der Kurfürst zu entschärfen, indem er 1701 die Gewissensfreiheit und die öffentliche Religionsausübung für alle drei im Reich zugelassenen Konfessionen erließ. Die Gewinner des Konflikts waren indessen allein die Katholiken, da im Simultaneum 1689 alle Kirchen des Landes den drei Konfessionen zur gemeinsamen Nutzung geöffnet, die neu errichteten katholischen Gotteshäuser davon aber ausgenommen wurden. Weitere Verhandlungen bis 1708 ergaben schließlich noch eine Teilung des Kirchenvermögens im Verhältnis von 5:2 zwischen den Reformierten und den Katholiken, unter einigen Sonderregelungen für einzelne Gemeinden; die

Lutheraner gingen leer aus. Obwohl die Bevölkerung der Pfalz nur zu einem Drittel katholisch war, bot das Land nach außen hin ein weitgehend katholisches Bild. Die Pläne Johann Wilhelms, ein exemtes pfälzisches Landesbistum zu errichten, scheiterten jedoch am Widerstand der umliegenden Diözesen, die durch den Wiederaufbau der katholischen Seelsorge ihre alten Sprengel zum Teil wiedergewinnen konnten.

Johann Wilhelm entsprach in jeder Hinsicht dem Typus des absolutistischen Landesfürsten, der sich in einer glanzvollen Hofhaltung, als Kunstsammler und Mäzen verwirklichte. Selbst die für einen Fürsten seiner Zeit typischen und leicht in das Phantastische ausufernden Bestrebungen nach einer Erhöhung seines Ranges fehlen bei ihm nicht; eine Zeit lang befasste er sich ernstlich mit dem Plan, an die Spitze eines Königreichs Armenien zu treten. Den notwendigen Wiederaufbau der Pfalz sah er als willkommene Gelegenheit zu einer großzügigen barocken Umgestaltung der Städte und Dörfer; namentlich in Heidelberg sollte eine prächtige Residenzstadt mit einer entsprechenden Schlossanlage errichtet werden, was aber am Widerstand der Heidelberger scheiterte – mit dem Effekt, dass Johann Wilhelm seine Residenz wieder in Düsseldorf nahm. Dennoch erstanden Heidelberg und vor allem Mannheim mit neuem Gesicht.

Dem habsburgischen Kaisertum war er nicht nur durch seine Schwester Eleonore, die die Ehefrau Kaiser Leopolds war, verbunden, er gefiel sich auch in einem ausgeprägten Reichspatriotismus, aus dem heraus er in den Friedensverhandlungen 1697 die Rückgabe des Elsass', Luxemburgs und Lothringens gefordert hatte. Diese Haltung bewog ihn auch, im Vorfeld des Spanischen Erbfolgekrieges (s. o. S. 251–261) dem Werben Frankreichs zu widerstehen; zum letzten Mal in der Geschichte des Hauses standen sich zwei Wittelsbacher in den feindlichen Lagern gegenüber, da Max Emmanuel von Bayern mit Frankreich verbündet war. Die Armee Johann Wilhelms kämpfte erfolgreich auf kaiserlicher Seite und konnte seine niederrheinischen Fürstentümer wirksam schützen. Er sah in diesem Konflikt erneut die Chance, die dem Reich an Frankreich verlorenen Gebiete wieder zu gewinnen, doch er witterte zugleich auch die Möglichkeit, die alte Kur für die Pfalz zurück zu bekommen. Nach der Ächtung Max Emmanuels erhielt er diese in der Tat; 1708 wurde ihm durch den Reichstag das Erztruchsessenamt mit dem Reichsvikariat zuerkannt, zudem erhielt er die Oberpfalz zugesprochen. Diese Erfolge waren jedoch nur vorübergehend, im Frieden von Rastatt musste beides wieder an Bayern zurückgegeben werden, wobei noch einmal für Johann Wilhelm ein Königreich, diesmal Sardinien, in Aussicht gestellt wurde, was aber nicht verwirklicht wurde.

Um die Einheit Wittelsbachs – Karl III. Philipp (1716–1742)
Zwei Jahre nach dem Frieden von Rastatt, 1716, starb Johann Wilhelm in Düsseldorf. Seine beiden Ehen waren kinderlos geblieben, es kam für die Nachfolge also nur sein Bruder Karl Philipp in Frage, der bereits eine bewegte Lebensgeschichte hinter sich hatte. Er war wie die anderen Brüder – mit der Ausnahme Philipp Wilhelm Augusts, der aber schon 1693 verstorben war und nur eine Tochter hinterlassen hatte – in den geistlichen Stand eingetreten, Domherr mehrerer Bistümer geworden, hatte aber keine Weihen empfangen; da er auch eine militärische Ausbildung hatte, um Großprior des Malteserordens werden zu können, was ihm aber verwehrt wurde, trat er als Offizier in die Dienste des Kaisers, wo er es vor allem in den Türkenkriegen bis 1694 zum General brachte. Die Heirat mit einer geborenen Prinzessin Radziwill brachte ihm reichen Besitz in Litauen ein, vom Kaiser war er mit dem schlesischen Brieg belehnt worden. Da er durch die Besitzungen der Linie Neuburg, die die Ehe Philipp Wilhelms eingebracht hatten, über das Indigenat in Polen verfügte, konnte er sich 1697 dem Kaiser als Kandidat für die polnische Königswahl zur Verfügung stellen, in der er aber August dem Starken von Sachsen unterlag. Zuletzt wirkte er als kaiserlicher Statthalter in Innsbruck über die ober- und vorderösterreichischen Lande.

Mit der ihn auszeichnenden Energie übernahm er 1716 die Regierung der neuburgischen Länder, deren Zentrum er vom Rhein in die Pfalz verlegte. Auch wenn er seine geistlichen Würden nie ausgefüllt hatte, war er ein ebenso entschiedener Katholik wie alle Neuburger seit den Tagen Wolfgang Wilhelms, und ein ebenso überzeugter Absolutist wie sein Bruder. Mit dem reformierten Kirchenrat geriet er unverzüglich in Konflikte, da er den Heidelberger Katechismus, in dem der katholische Ritus als „Teufelswerk und vermaledeyte Abgötterey" bezeichnet wurde, einziehen lassen und die Allerheiligenkirche den Reformierten entziehen wollte, was ihn aber mit den protestantischen Reichsständen in Konflikt brachte. Karl Philipp gab schließlich nach und ließ auch den Heidelberger Katechismus wieder zu, allerdings bestand er auf der Entfernung der ihm unzumutbaren Klausel. Seine Rache an Heidelberg war jedoch massiv; es verlor ein- für allemal seine Stellung als Hauptstadt, die es bereits unter Johann Wilhelm nur noch nominell gewesen war, denn Karl Philipp verlegte seine Residenz nach Mannheim, obwohl dort erst unter großen finanziellen Opfern ein Schloss erbaut und Verwaltungsgebäude errichtet werden mussten. Weigerungen und Vorhaltungen begegnete er kühl mit dem Hinweis, er könne ebenso gut auch in Düsseldorf residieren.

Seine größte Sorge musste dem Fortbestand der Pfälzischen Linie des Hauses und dem Erhalt ihrer Besitzungen gelten. Er war bei seinem Regierungsantritt bereits 55 Jahre alt gewesen und hatte aus seinen Ehen nur eine Tochter, Elisabeth Auguste Sophie, die 1717 mit Josef Karl Emmanuel, dem Sohn des Pfalzgrafen Theodor Eustach von Sulzbach, verheiratet wurde. Die Sulzbacher waren die in der pfälzischen Erbfolge nächstberechtigte Linie, und die eheliche Verbindung mit dieser sollte fremde Erbansprüche ausschließen. Da Elisabeth Auguste jedoch wieder nur drei Töchter gebar, musste die endgültige Sicherstellung auf die nachfolgende Generation verschoben werden. Schwieriger war es mit Jülich-Berg, denn dort drohten preußische Erbansprüche wirksam zu werden, wenn das Haus Pfalz-Neuburg ausstürbe, zudem beharrten die Stände Jülich-Bergs auf der männlichen Erbfolge. Diese Situation war letztlich ausschlaggebend für die Entscheidung Karl Philipps, an seine bayerischen Verwandten heranzutreten und die Verhandlungen um die Wittelsbachische Hausunion einzuleiten. In allen wesentlichen Fragen arbeiteten die Kurfürsten von nun an zusammen (s. o. S. 265 f.). Die jülich-bergische Frage konnte erst im Zusammenhang mit der Kaiserwahl Karl Albrechts (s. o. S. 277 f.) geklärt werden, indem die Wittelsbacher die Ansprüche Friedrichs II. von Preußen auf Schlesien anerkannten und die schlesischen Besitzungen Karl Philipps Preußen überließen. Bei der Kaiserwahl Karl Albrechts wirkten die Wittelsbacher ebenso zusammen, und die Krönung in Frankfurt wurde ungeachtet der verzweifelten militärischen Lage Bayerns als Gelegenheit zu einer grandiosen Demonstration wittelsbachischer Einmütigkeit und Familienpolitik genutzt. Zwei der Enkelinnen Karl Philipps wurden innerhalb des Hauses verheiratet: Die Älteste, Elisabeth Auguste, mit dem Pfalzgrafen Karl Theodor von Sulzbach, einem Neffen seines Schwiegersohnes Theodor Eustach, die zweite mit dem Herzog Clemens von Bayern, einem Neffen Karl Albrechts, dessen Mutter schon eine Neuburgerin war. Die Trauungen nahm Erzbischof Clemens August von Köln vor. Die jüngste, Maria Franziska, wurde mit dem Pfalzgrafen Friedrich Michael von Birkenfeld verlobt, dem Erben Zweibrückens, das zwar der Hausunion nicht angehörte, aber zunehmend in das Interesse der anderen Wittelsbacher gerückt war.

Noch im selben Jahr starb Karl Philipp, 81 Jahre alt. Er schien für alles vorgesorgt zu haben, und wenn auch die Politik seines Nachfolgers Karl Theodor sein Werk einige Male auf das Spiel setzen sollte, so war doch letztlich er es, der in der letzten Phase der Geschichte des alten Reiches die Weichen für die Zukunft des Hauses Wittelsbach gestellt hatte.

4. Die Linie Zweibrücken und ihre Nebenlinien bis 1799

Nebenland und Erben des Hauses

Die Herzöge von Zweibrücken sind von allen Linien des Hauses die langlebigste; sie waren die Könige von Bayern und sind die Wittelsbacher unserer Tage, auch die im Mannesstamm inzwischen ausgestorbene herzogliche Linie in Bayern stammt von ihr ab. Bereits die Linie Neuburg war eine Zweibrückener Nebenlinie, sie waren also schon 1685 die Retter der pfälzischen Linie. Im Lauf ihrer langen Geschichte teilte sie sich in mehrere Zweige, von denen einer, die Pfalzgrafen von Kleeburg, das erreichte, was der ungleich mächtigeren bayerischen Linie und den anderen pfälzischen Zweigen nie beschieden war: sie gelangte zu europäischer Geltung und stellte für drei Generationen die Könige von Schweden.

Zweibrücken entstand 1459 in der Landesteilung des Pfalzgrafen Stephan von Simmern, eines Sohnes König Ruprechts, der sein Fürstentum seinen Söhnen Friedrich und Ludwig hinterließ; Ludwig als der Jüngere erhielt Zweibrücken. Von Zweibrücken wiederum spaltete sich 1543 die Linie Veldenz ab, als für den jüngeren Sohn Herzog Alexanders von Zweibrücken, Ruprecht, auf dem Boden der 1444 von Stephan gewonnenen Grafschaft Veldenz ein eigenes Fürstentum geschaffen wurde. Auch diese Linie war zählebig und existierte über fünf Generationen mit zahlreichen nachgeborenen Söhnen, bis sie 1694 mit Pfalzgraf Leopold Ludwig ausstarb; das Fürstentum wurde nach langen Verhandlungen 1733 unter die Linien Neuburg-Kurpfalz, Sulzbach und Birkenfeld geteilt. Kurzfristig hatten für jeweils eine Generation auch noch drei Veldenzer Nebenlinien, Lauterecken, Lützelstein und Guttenberg bestanden. Auch das Fürstentum Pfalz-Landsberg, das 1611 für den jüngeren Sohn Johanns I. von Zweibrücken, Friedrich Casimir von Zweibrücken, abgespalten wurde, blieb nur bis 1681 bestehen und fiel dann an die Linie Kleeburg. Infolge territorialer Streitigkeiten war das Verhältnis zwischen Zweibrücken und seinen Nebenlinien und der Kurpfalz immer wieder gespannt gewesen bis hin zu kriegerischen Auseinandersetzungen wie im Markgräfler Krieg und im Landshuter Erbfolgekrieg. Erst mit der Einführung des reformierten Bekenntnisses unter Pfalzgraf Johann I. in Zweibrücken – Veldenz blieb lutherisch – besserte sich das Verhältnis zur Kurpfalz nachhaltig. Nur kurzfristig hatte Zweibrücken in Bayern Fuß fassen können, als Ottheinrich 1557 sein Fürstentum Neuburg seinem Vetter überließ, bereits mit der Teilung nach seinem Tod wurde Neuburg aber wieder selbstständig.

Mit dem Tod Friedrichs, des letzten Herzogs von Zweibrücken, 1661, kam das Herzogtum zunächst an seinen Neffen Friedrich Ludwig von Zweibrücken-Landsberg, der mit einer seiner Töchter verheiratet war; nachdem dieser 1681 ebenfalls ohne einen Erben zu hinterlassen starb – sein einziger Sohn Wilhelm Ludwig war ihm bereits 1675 vorausgegangen – fiel es an die dritte Linie aus dieser Teilung, Kleeburg, was allerdings zu diesem Zeitpunkt nur ein theoretischer Gewinn war, da Zweibrücken im Zuge der Reunionen französisch besetzt war; erst 1697 konnte der Pfalzgraf von Kleeburg von Zweibrücken Besitz ergreifen, der allerdings als Karl XII. König von Schweden war, so dass für fast zwei Jahrzehnte schwedische Statthalter in Zweibrücken regierten.

Pfalz-Kleeburg – die „schwedischen Wittelsbacher"
Kleeburg war wie Landsberg in der Teilung des Jahres 1611 für den jüngsten Sohn Johanns I., Johann Casimir geschaffen worden. Seine Ehefrau Katharina war die Tochter König Karls IX. von Schweden, wodurch sein älterer Sohn Karl Gustav, der am Ausgang des Dreißigjährigen Krieges General in schwedischen Diensten war, in die Lage kam, 1649 von den schwedischen Ständen zum Thronfolger in Schweden gewählt zu werden. Durch den Thronverzicht der Königin Christine, der Tochter Gustav Adolfs, konnte er 1654 als Karl X. den Thron besteigen. Mit ihm beginnt die Reihe der „schwedischen Wittelsbacher", die auch den nachgeborenen Sohn Johann Casimirs, Johann Adolf, der unter Karl X. und Karl XI. schwedischer Reichsmarschall war, und dessen Söhne mit einschließt. Als begabter Feldherr konnte er die Machtbasis Schwedens in den Kriegen gegen Dänemark, Russland und Polen erweitern. 1660 folgte ihm nach einer längeren Vormundschaftsregierung sein Sohn Karl XI., der beim Tod seines Vaters erst fünf Jahre alt gewesen war, nach; er vermochte die seit dem Tod seines Vaters verloren gegangenen Posi-

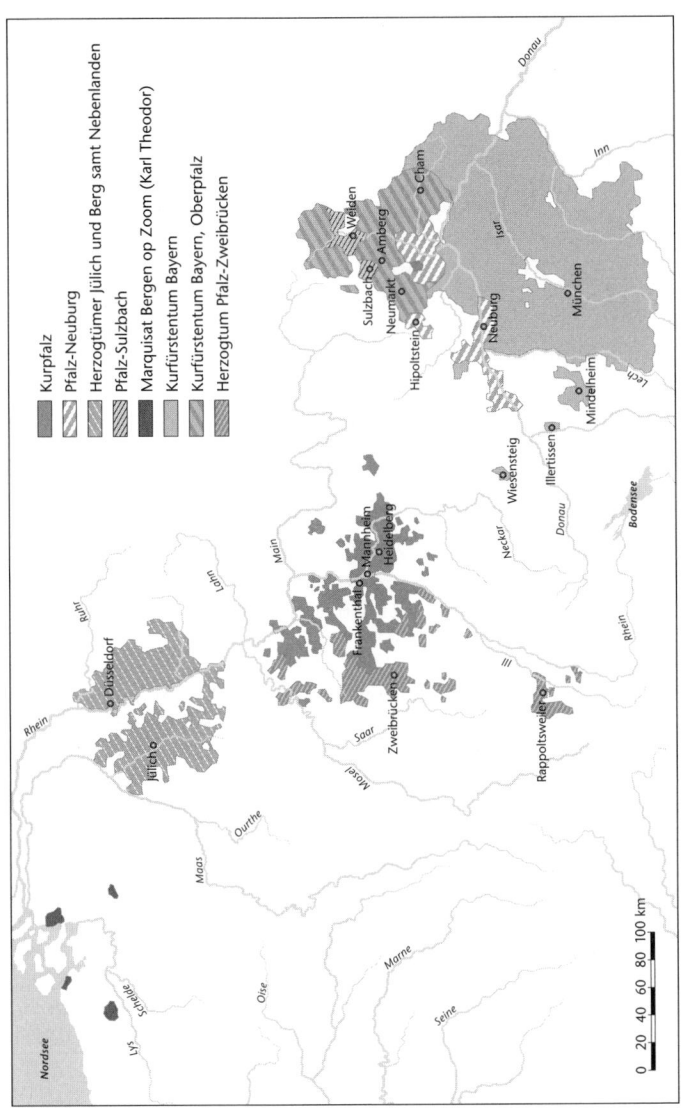

Karte 5: Die Lande der Wittelsbacher im 18. Jahrhundert

tionen Schwedens wieder zu gewinnen und gilt als der Begründer des Absolutismus in Schweden. 1697 kam schließlich sein Sohn Karl XII. an die Regierung, der die Politik seines Vaters und Großvaters fortzusetzen versuchte. Nach anfänglichen Erfolgen im 2. Nordischen Krieg, in dessen Verlauf er August den Starken in Polen absetzen konnte, überspannte er seine Ziele jedoch; der Angriff auf Russland 1708 missglückte, und Karl XII. konnte erst 1714 wieder nach Schweden zurückkehren, als der größte Teil der Gewinne seines Vaters wieder verloren gegangen war.

Als Karl XII. 1718 unverheiratet starb, erlosch die Linie der schwedischen Könige aus dem Haus Wittelsbach, nicht jedoch die Linie Kleeburg. Sein zweitgradiger Onkel Gustav Samuel – seinen dritten Namen Leopold nahm er erst bei seiner Konversion zum Katholizismus an –, der Sohn Johann Adolfs und eine etwas abenteuerliche Gestalt, kam als König von Schweden nicht in Frage, da er 1696 katholisch geworden war und sogar ein geistliches Amt angestrebt hatte; die meiste Zeit war er dagegen als Berufssoldat tätig. Das Herzogtum Zweibrücken, das die Linie Kleeburg 1681 geerbt hatte, und Kleeburg konnten ihm allerdings nicht streitig gemacht werden, so dass er als Herzog von Zweibrücken wieder in das Land seiner Vorfahren zurückkehrte. Mit seinem erbenlosen Tod 1731 kam in Zweibrücken die Linie Birkenfeld zum Zug.

Pfalz-Birkenfeld

Birkenfeld war das dritte Fürstentum, das aus der Teilung nach dem Tod Herzog Wolfgangs hervorging. Von den Pfalzgrafen von Birkenfeld stammen die Linien Bischweiler (1630) und Gelnhausen (1681) ab. Als die Linie Birkenfeld 1671 ausstarb, fiel das Fürstentum an die Linie Bischweiler, die nach dem Tod Gustav Samuel Leopolds von Zweibrücken-Kleeburg 1731 auch Zweibrücken erbte. Unter den Pfalzgrafen Christian III. und besonders seinem Sohn Christian IV. nahm Zweibrücken einen kulturellen Aufschwung; da letzterer keine Kinder hatte, folgte ihm der Sohn seines Bruders Friedrich Michael, Karl August, und schließlich dessen jüngerer Bruder Maximilian Josef nach, der als Maximilian I. König von Bayern wurde (s. u. S. 367–384). Birkenfeld stand während seiner ganzen Geschichte unter dem Einfluss Frankreichs, in dessen Offiziersdienst seine Herrscher im 18. Jahrhundert teilweise standen; dieser Umstand war auch maßgeblich dafür, dass Christian IV. und Friedrich Michael, die die letzten protestantischen Wittelsbacher waren, zum katholischen Bekenntnis übertraten und damit das Haus insgesamt wieder eine rein katholische Dynastie wurde.

Durch die Söhnelosigkeit Karl Theodors wurden Karl August und Maximilian Josef die letzten Erben des Hauses Wittelsbach, wodurch sie zum Ausgang des 18. Jahrhunderts in den Brennpunkt der Nachfolgefragen gerieten (s. u. S. 353–357).

5. Die Linie Pfalz-Sulzbach und der Ausklang der pfälzischen Linien

Die Vorgeschichte

Die Linie Pfalz-Sulzbach ist eine Nebenlinie der Linie Neuburg; ihre Geschichte beginnt erst mit dem Testament des Pfalzgrafen Philipp Ludwig von Neuburg 1614, nach dem Wolfgang Wilhelm seinen beiden jüngeren Brüdern August und Johann Friedrich Territorien auf dem Nordgau überlassen musste. Es entstanden so die kleinen Fürstentümer Sulzbach und Hilpoltstein, das aber nur bestand, so lange Pfalzgraf Johann lebte; nach seinem erbenlosen Tod 1644 fiel es an Sulzbach zurück. Da die Landeshoheit bei Neuburg verblieben war, konnte Wolfgang Wilhelm 1626/27 Sulzbach rekatholisieren, was aber 1649 durch den Sohn des lutherisch gebliebenen August – der im Krieg sogar als Offizier in schwedischen Diensten gestanden hatte –, Pfalzgraf Christian August, rückgängig gemacht wurde; im Kölner Vergleich 1652 wurde in Sulzbach das Simultaneum eingeführt, 1656 konvertierte Christian August indessen selbst zum Katholizismus. Dies war der Preis für die Entlassung Sulzbachs aus der neuburgischen Landeshoheit, die Philipp Wilhelm zugestand. Christian August pflegte überhaupt eine offene Einstellung zu anderen Konfessionen und Religionen, in seinem Fürstentum wurden zwei israelitische Gemeinden gegründet und die erste lateinische Ausgabe der Kabbala gedruckt.

Nach seinem Tod 1708 folgte ihm sein Sohn Theodor Eustach nach. Dieser hatte zwei Söhne, von denen der ältere, Josef Karl Emmanuel, noch vor dem Tod seines Vaters 1729 starb; er war mit der Tochter Karl Philipps verheiratet und damit der Vater der drei Enkelinnen des Kurfürsten, die mit ihren Ehen die weitere Geschichte des Hauses Wittelsbach bestimmen sollten. Zur Regierung in Sulzbach gelangte der jüngere Sohn Theodor Eustachs, Johann Christian, der jedoch nur ein Jahr nach seinem Vater 1733 starb. Er hinterließ mit Karl Theodor einen erst neun Jahre alten Sohn, der damit der Erbe Sulzbachs und als nächster Verwandter Karl Philipps im Mannesstamm auch der der Kurpfalz werden sollte. Durch seine Ehe mit der Tochter Josef Karl Emmanuels, Elisabeth Auguste, wurde dieser Anspruch zusätzlich besiegelt.

Schon seit 1733 war Karl Theodor ebenso wie seine spätere Gemahlin in Mannheim erzogen worden; die Regierung in Sulzbach hatte Karl Philipp als Vormund geführt. Mit dem Tod Karl Philipps 1742 trat er die Regierung in der Kurpfalz an; er vereinigte in seiner Hand die Kurpfalz und alle neuburgischen und sulzbachischen Lande, über seine Mutter hatte er außerdem Besitzungen in den Niederlanden. Dort war er auch 1724 geboren und bis 1733 erzogen worden, zudem hatte er an den Universitäten Löwen und Leiden studiert. Diese Orientierung sollte er niemals wirklich aufgeben, was seine Geschichte als Herrscher in Kurpfalzbayern deutlich beeinflussen sollte.

Der letzte pfälzische Kurfürst – Karl Theodor (1743–1777)
Karl Theodor war durchaus eine bedeutende Persönlichkeit. Der hoch gebildete, kunstsinnige Fürst, unter dessen Regierung die bereits zu den Zeiten Karl Philipps glanzvolle Residenz Mannheim ihre höchste Ausstrahlung erlangte, war für Bildung und Wissenschaft begeistert; er gründete in Mannheim die Akademien für Kunst und Wissenschaft, und förderte Musik und Theater. Er entsprach dem Bild eines Fürsten des aufgeklärten Absolutismus; persönlich religiös und streng katholisch – was ihn nicht daran hinderte, sich zahlreiche Mätressen zu halten –, dem Volk gegenüber distanziert, aber um sein Wohl besorgt, hatte er Sinn für Reformen und Aufbau; er hätte lieber im Frieden regiert als in einer Zeit, in der die Größe des Heeres das Gewicht eines Staates bestimmte. So war es auch immer sein Ziel, in den schwierigen Zeiten seiner Regierung seine Länder aus Kriegen und Allianzen herauszuhalten; dass das für die Pfalz und sogar Kurpfalzbayern zu seiner Zeit längst nicht mehr möglich war, war sein persönliches Unglück. Zu alledem war er wohl auch ein politischer Visionär; das sollte sich zwar erst 1777 zeigen, doch waren seine Ideen wohl schon älter.

Durch die Politik seines Vorgängers sah er sich in ein politisches System gestellt, in dessen Mittelpunkt die Zukunft des Hauses Wittelsbach stand. Er pflegte daher enge Beziehungen zu Zweibrücken und München, obwohl die Politik Max III. Josef nach 1744 seinen Vorstellungen nicht entsprach. Die Aufgabe des wittelsbachischen Kaisertums im Frieden von Füssen (s. o. S. 287) missbilligte er, er

blieb weiterhin bei einer ablehnenden Haltung gegenüber Habsburg
– er vermied sogar eine Gratulation an Franz I. zu dessen Kaiserwahl
– und nahm Fühlung mit Frankreich auf, mit dem er 1746 einen
Neutralitätsvertrag schloss. Seine Bemühungen galten schon damals
einem neutralen Bündnis der Reichsfürsten gegenüber Österreich
und Preußen, das aber an der Haltung Bayerns, das seit 1745 keine
politische Bewegungsfreiheit gegenüber Österreich mehr hatte,
scheiterte. Die Verständigung zwischen Österreich und Frankreich
1756 löste das Problem seiner Einstellung gegenüber beiden Mächten nur vorübergehend. Zu Beginn des Siebenjährigen Krieges
(s. o. S. 291 ff.) versuchte Karl Theodor weiterhin eine neutrale Position zu behaupten, die Bedrohung Jülich-Bergs durch preußische
Truppen brachte ihn aber letztlich doch in die Allianz mit den Gegnern Friedrichs II., aus der er sich erst 1763 durch bayerische Vermittlung lösen konnte; zusammen mit seinem bayerischen Vetter
gehörte er zu den treibenden Kräften für die Neutralität des Reiches,
die den Krieg beendete.

Die folgenden Jahre standen ganz im Zeichen der Regelung der
Nachfolge in den wittelsbachischen Territorien. Weder Karl Theodor noch Max III. Josef hatten einen Erben; sein einziger Sohn war
1761 wenige Tage nach der Geburt gestorben. Es kam daher zu der
1766 abgeschlossenen Sukzessionsordnung im Haus Wittelsbach
(s. o. S. 295–298), die auch die Länder der letzten Nebenlinie Zweibrücken mit einbezog. Mit dem Tod Maximilians III. Josef von Bayern 1777 sollte der Fall eintreten; das weitere Schicksal Wittelsbachs
und seiner Länder lag in der Hand Karl Theodors.

IV. Ein Zwischenspiel am Ende des alten Reiches: Kurpfalz – Bayern (1777–1799)

Mit den Tod Max III. Joseph gab es keine bayerischen Wittelsbacher mehr; ihre Rolle hatte nun die pfälzische Linie als die überlebende zu übernehmen, und sie wurde durch den Kurfürsten Karl Theodor repräsentiert, der neben den Herzögen von Zweibrücken nun das Haus allein vertrat. Es endet damit im Grunde auch die Geschichte der pfälzischen Linie, denn fortan gibt es dynastiegeschichtlich gesehen nur noch Wittelsbach; nach dem Tod Karl Theodors blieb nur noch die Linie Zweibrücken übrig, die das Haus – durchaus mit Erfolg – weiterführen konnte, und dass sie weiterhin mit dem Land Bayern verbunden bleiben sollte, ist eine der wesentlichen Entscheidungen der Zeit Karl Theodors.

Von den zahlreichen Eheverbindungen zwischen den Zweigen der beiden Linien abgesehen, die die verwandtschaftlichen Verbindungen immer wieder verstärkt und intensiviert hatten, standen sie sich nach der Deszendenz im Mannesstamm nicht mehr allzu nahe; der letzte gemeinsame Vorfahr war Herzog Ludwig der Strenge gewesen. Erst im 18. Jahrhundert rückten die beiden Linien wieder enger zusammen, seitdem sich eine genealogische Verengung des Stammbaumes bis hin zur Wiedervereinigung der Dynastie abzeichnete. Nun, 1777, war diese Realität, und Karl Theodor war der Spross des Hauses, dem die Hauptrolle in diesem historischen Moment zugefallen war. Das Erbe machte ihn zum drittmächtigsten Fürsten im Reich – nach dem König von Preußen und dem Kaiser, freilich mit einigem Abstand von diesen beiden. Auch bei seinem Besitz handelte es sich nicht um eine geschlossene Ländermasse, sondern um ein über den ganzen Westen des Reichs gespanntes und verstreutes Konglomerat von Herrschaften und Ländern, unter denen das Kurfürstentum Bayern das größte und einzig geschlossene war. Es war beileibe kein zentral organisierter Staat; das einzige gemeinsame Element war die Person des Fürsten, aber in seinen einzelnen Ländern hatte er immer nur eine Würde inne, war also entweder der Herzog von Bayern oder Pfalzgraf oder der Herzog von Jülich-Berg. Tatsächlich hatte jedes Fürstentum eine eigene Regierung – in München, Mannheim, Neuburg, Sulzbach und Düsseldorf – und eine Zentralregierung gab es mit der Ausnahme eines Hofrates, der in München tagte, nicht, so wenig wie es ein einheitliches Recht gab. Karl Theodor versuchte in Bayern die effizienteren pfälzischen Verwaltungsnormen zwar einzuführen, doch kam es auf diesem Weg nur zu einer teilweisen Reform, die Grundlagen waren zu heterogen, um die Administration beider Länder über einen Leisten zu schlagen.

Ein zentral organisierter und gelenkter Großstaat hätte den Wünschen des neuen Kurfürsten zwar durchaus entsprochen, aber in seinem weit verstreuten Territorienverband waren die Voraussetzungen für einen solchen nicht gegeben. Man hätte natürlich die relativ kleinen Fürstentümer Neuburg und Sulzbach, von denen eines an Bayern angrenzte und das andere inmitten der Oberpfalz lag, einfach zu Bayern schlagen können, damit wären wenigstens nur noch drei Teilstaaten zu regieren gewesen, aber Karl Theodor hatte viel weitreichendere Pläne. Seine Vorstellung galten einem Großreich am Rhein, von der Kurpfalz über Jülich-Berg und die österreichischen Niederlande bis an die Kanalküste. Ein geschlossener Komplex wäre das zwar auch nicht gewesen, vor allem die geistlichen Kurfürstentümer sowie das Hochstift Lüttich hätten das Territorium immer wieder unterbrochen, doch war es bereits eine weit verbreitete Meinung, dass deren Tage wohl gezählt seien. Karl Theodor nannte in seinen Planungen dieses imaginäre Großreich „Burgund", in einer nicht ohne historische Gründe gewählten Anlehnung an dieses Herzogtum des 15. Jahrhunderts, und er strebte damit nichts Geringeres an als ein souveränes Königreich von entsprechendem Gewicht, das geographisch wie politisch seinen Platz zwischen Frankreich und dem Heiligen Römischen Reich Deutscher Nation haben sollte. Die traditionelle Orientierung der Pfalz nach beiden Seiten hat hierbei sicher eine große Rolle gespielt und hätte ihm seine Position nach beiden Seiten sichern geholfen.

Nimmt man diesen Plan für sich, so ist ihm eine gewisse Faszination nicht abzusprechen. Die Einstellung Karl Theodors zu seinem bayerischen Erbe ist nur aus seiner historischen Situation zu verstehen, ebenso wie man auch die Haltung der Gegner seines Plans nicht aus dem heraus beurteilen kann, was durch ihren Erfolg verpasst oder gerettet wurde. Man kann es einem Fürsten nicht übel nehmen, wenn er ein Erbe wie das Bayern des späten 18. Jahrhunderts als eine Last empfand. Das Land war hoch verschuldet, aus der Sicht des von Handel und Verkehr begünstigter liegenden Westens des Reichs eher rückständig, und durch seine geographische Lage, die es dem Begehren des mächtigen Nachbarn aussetzte, war es eine Quelle ständigen Ärgers. Was aber ebenso gut zu verstehen ist, ist die Argumentation der Gegner, die die Pläne Karl Theodors auf den Plan riefen. Diese rekrutierten sich in erster Linie aus der leitenden Beamtenschaft in München, wo sich im Zeichen der Reformen zur Zeit Max III. Joseph ein bayerischer Patriotismus, zum Teil auch noch zurückgehend auf den Aufstand des Jahres 1705/06, herausgebildet hatte. Wenn Persönlichkeiten wie der Gründer der Bayerischen Akademie der Wissenschaften, Johann Georg Lori, von Nation sprachen, meinten sie nicht das Reich, sondern Bayern. Sie oder ihre Vorgänger hatten 1745 Kurfürst Max III. Joseph zum Frieden gedrängt, sie hatten die Verträge über die bayerisch-pfälzische Sukzessionsordnung ausgearbeitet, um die politische Selbstständigkeit für Bayern zu erhalten und damit eben nicht österreichisch zu werden; sie waren in bayerischer Geschichte alle wohl bewandert und bezogen gerade aus dieser Kenntnis ein staatliches Selbstgefühl, so, wie Maximilian I. mit seiner Förderung der bayerischen Historiographie hundertfünfzig Jahre zuvor es angestrebt hatte. Das Zentrum des Widerstandes befand sich am Münchner Hof um die Persönlichkeit der Witwe Herzog Klemens', Maria Anna; sie wollte die historisch gewachsene Gesamtmasse aller wittelsbachischen Territorien in der Hand ihrer zweibrücken-birkenfeldischen Erben wissen, die über ihre Schwester Franziska Maria Dorothea ihre leiblichen Neffen waren – genau wie auch die der Ehefrau Karl Theodors übrigens, die ihre andere Schwester war.

Karl Theodor handelte den Hausverträgen dabei keineswegs zuwider. Die Veräußerung von Landesteilen war grundsätzlich nicht verboten, so lange ein Tausch für das Ganze vorteilhaft war. Für die künftige staatliche Entwicklung Wittelsbachs war Bayern aus pfälzischer Sicht ein denkbar ungünstiger Zugewinn, den zu veräußern die Staatsräson gebot. Wenn man zu einem negativen Urteil über die Persönlichkeit Karl Theodors gelangt – und das ist trotz des eben Gesagten legitim – dann sollte es nicht um dieser Tauschpläne willen sein; es gibt hinreichend andere Gründe wie sein komplettes Versagen in den Jahren nach 1790, als es mit einer klügeren Politik durchaus möglich gewesen wäre, Bayern aus dem Krieg herauszuhalten und vielleicht den Dingen sogar einen ganz anderen Verlauf zu geben. Das Problem, das sich im Krieg gegen das revolutionäre Frankreich stellte, nämlich eine bayerische und eine pfälzische Politik nebeneinander zu treiben, überforderte Karl Theodor, der insgesamt kein besonders begabter Außenpolitiker war, völlig.

Er hatte bereits während des Jahres 1777 in Wien in diese Richtung vorgearbeitet, obwohl das Ableben Max III. zu dieser Zeit noch in keiner Weise zu erwarten war. Das war keineswegs als Affront gegen diesen gedacht; er wollte nur im Zweifelsfall nicht unvorbereitet den vollendeten Tatsachen gegenüberstehen, da ihm die österreichischen Okkupationspläne bekannt waren. Sein Gesandter in Wien, Baron Ritter, hatte lediglich den Auftrag zu Vorverhandlungen, die auf den Tausch ganz Bayerns gegen die Niederlande hinauslaufen sollten; alle Teilungs- und Vergleichsvorschläge des Kaisers sollte dieser dagegen ablehnen. Der unerwartete Tod des bayerischen Kurfürsten änderte die Sachlage aber vollkommen; jetzt musste rasch gehandelt werden, schon um Österreich, das seine Vorkehrungen für diesen Fall längst getroffen hatte, zuvorzukommen, und genau das lag Karl Theodor nun nicht im Mindesten. Trotzdem traf er bereits vier Tage nach dem Tod Max III. am 2. Januar 1778 in München ein. Die Ereignisse überstürzten sich geradezu; am 3. Januar 1778 unterzeichnete Baron Ritter, von der Regierung in Wien heftig bedrängt, eine Konvention, nach der Karl Theodor das ehemalige Straubinger Territorium und einige weitere Gebiete gegen die Überlassung von Luxemburg und Namur abtreten sollte, ein zu schwaches Angebot auch in den Augen des Kurfürsten. Bereits am 5. Januar, noch ehe Karl Theodor zugestimmt hatte, erhielten die österreichischen Truppen den Marschbefehl nach Bayern.

Aber auch in Wien war man nicht einhellig der Auffassung, dass die Sache nun ihren richtigen Weg ging. Vor allem Maria Theresia widersetzte sich den Plänen ihres Sohnes, nicht um der Idee einer politischen Selbstständigkeit Bayerns willen, sondern weil sie eine Einmischung Preußens befürchtete. Doch Joseph II. setzte sich durch, und bis zum 16. Januar 1778 besetzten österreichische Truppen weit größere Gebiete in der Oberpfalz und Niederbayern, als nach der Konvention Österreich zustand. Schon am 14. Januar hatte Karl Theodor, in Zugzwang gebracht, die so genannte Ritter'sche Konvention unterzeichnet; sie lief seinen Plänen eigentlich zuwider, aber er hoffte, in weiteren Verhandlungen seine eigentlichen Vorstellungen durchsetzen zu können.

Was er nach dem Wortlaut der Hausverträge jetzt unbedingt brauchte, war die Zustimmung seines Neffen Karl August, der Herzog von Zweibrücken und sein nächster Erbe war. Der war zwar von den Tauschplänen Karl Theodors unterrichtet und mit ihnen einverstanden, er ging aber von einem vollständigen Tausch Bayerns gegen die Niederlande aus. Ob Karl Theodor die Absicht hatte, ihn zu übertölpeln oder ob in der Eile übersehen worden war, ihn vom aktuellen Stand der Dinge zu unterrichten, ist nicht bekannt, jedenfalls wusste Karl August noch nichts von der Ritter'schen Konvention, als er die Reise nach München antrat und seinen leitenden politischen Berater, Baron Hofenfels, dorthin voraussandte, um seine Zustimmung zu bekunden. Als der das ominöse Dokument zu Gesicht bekam, sah er allerdings sofort, dass Karl Theodor und Karl August auf dem besten Wege waren, Joseph II. und Kaunitz auf den Leim zu gehen, und eilte postwendend seinem Dienstherrn entgegen, nicht ohne sich der Unterstützung durch die aufgestörten patriotischen Kreise in München zuvor versichert zu haben. Die hatten inzwischen auch Preußen eingeschaltet, Berlin reagierte prompt, und der König sandte in dem Grafen Goertz einen seiner besten Diplomaten zu ihrer Unterstützung nach München. Bei einem Zusammentreffen mit Karl August gelang es Hofenfels, der Herzogin Maria Anna und Goertz den Herzog dazu zu bewegen, das Dokument zu verwerfen und gegen die rechtlich unbegründeten Ansprüche Österreichs beim Reichstag Protest einzulegen. Einen Erfolg errang Karl August daneben auch in Paris, wo er die traditionell guten Beziehungen zwischen Frankreich und der Pfalz betonte und entsprechend freundliches Gehör fand. Begreiflicherweise wollte man dort von den Plänen Kurfürst Karl Theodors nicht viel wissen, und als Joseph II. um Bündnishilfe nachsuchte, erwiderte man in Paris nur kühl, dass von einer Hilfe im Falle von Expansionen Österreichs in dem Vertrag von 1756 nichts zu lesen sei, der Bündnisfall beziehe sich nur auf Angriffe auf österreichisches Territorium.

Das ganze Frühjahr und den halben Sommer 1778 herrschte an den Höfen in München, Wien und Berlin Verwirrung. Überall gab es zwei oder mehr Parteien, und abenteuerliche Tauschpläne, unter anderem unter Einbeziehung Galiziens, wurden erwogen, verworfen, wieder hervorgeholt und erneut abgetan. Eigentlich gab es nur noch zwei, die genau wussten, was sie wollten; Karl Theodor, für den nichts als der vollständige Tausch in Frage kam, und Friedrich II. von Preußen, der genau das nicht wollte. An einer neuerlichen Stärkung der Macht Österreichs war ihm so wenig gelegen wie an einer starken Position der Wittelsbacher am Niederrhein. Und er war der Einzige, der mit einem raschen Entschluss den ganzen Wirbel beenden konnte. Er tat es auf die ihm eigene und bis dahin noch immer erfolgreiche Weise, indem er im Juli 1778, nachdem schon seit Mitte März seine Drohung im Raum gestanden hatte, mit seinem Heer in Böhmen einmarschierte.

Zweimal im Laufe des 18. Jahrhunderts hatte Bayern einen Erbfolgekrieg geführt, nun war es selbst zum Gegenstand eines solchen geworden. Jetzt, als es um seine ureigenste Sache ging, stand es jedoch abseits, denn Karl Theodor erklärte sich für neutral. Er konnte ja auch nur abwarten; das Kriegsziel keiner der beiden Parteien war mit seinen politischen Plänen identisch. Allerdings beschränkte sich der Aufruhr im Gegensatz zu 1741 und 1756 diesmal auf die diplomatische Ebene, militärisch gehört dieser Krieg dagegen zu den historischen Petitessen; von Seuchen und Verpflegungsproblemen geplagt zog sich das preußische Heer schon im Oktober zurück, bleiben sollte für die Kampagne die Bezeichnung „Kartoffelkrieg" in Norddeutschland und der Begriff „Zwetschgenrummel" in Österreich. Wesentlich heftiger wurde über die ganze Zeit hinweg mit Tintenfass und Feder agiert; mehr als dreihundert Denkschriften wurden verfasst, und zwischen Wien und Zweibrücken wurden sämtliche Archive durchwühlt, in der vergeblichen Hoffnung, ein Dokument zu finden, mit dem sich der eigene Standpunkt untermauern lassen würde. Zwischen Sorgen und Hoffen verfolgten die Patrioten in München den Verlauf des Krieges und die ihn begleitenden diplomatischen Aktivitäten. Ihr eigener Einfluss war trotz des Ansehens Maria Annas begrenzt; was sie vermochten, war die Organisation eines passiven Widerstands in den von den Österreichern besetzten Gebieten, aber nüchtern denkende Menschen wie Lori oder Graf Tattenbach wussten gut genug, dass ein solcher auf die lange Sicht nicht entscheidend sein konnte. Aber sie behielten die von ihnen angeknüpften Fäden in der Hand; ihr Exponent in Zweibrücken war Hofenfels, auf den mehr Verlass war als auf den Herzog, nach Berlin lief die Verbindung unverändert über Goertz. Hofenfels war der heimliche Kopf einer antiösterreichischen Propaganda. Es war übrigens keineswegs der Fall, dass die ganze kurbayerische Regierung in einer Front gegen die Tauschpläne Karl Theodors stand. Einflussreiche Räte wie etwa Kreittmayer, ein nüchterner und kühler Realist ohne patriotische Sentiments, waren wie der Kurfürst der Ansicht, dass die wittelsbachische Ländermasse in ihrer bestehenden Form keine Möglichkeit zu einer modernen staatlichen Entwicklung bot und konnten eine Vereinigung mit Österreich, das immerhin längs der Grenzen nahezu ausschließlich von Stammesverwandten bewohnt wurde, nicht so schlimm finden, vor allem, da ihnen die aufgeklärte Innenpolitik Josephs II. nicht unsympathisch war. Aus der Sicht der Staatsphilosophie waren diese Gedanken sogar die moderneren, und es war eine seltsame Allianz, die sich da zusammenfand; um der modernen Staatsräson willen wollte man sich eines ancienten Fürstenselbstverständnisses bedienen.

Eine Friedensinitiative auf europäischer Ebene, an der sich unter anderen Russland und Frankreich beteiligten, die beide ebenfalls keine Vergrößerung Österreichs wünschten, führte im Mai 1779 endlich zum Frieden von Teschen. Er bedeutete für Bayern im Wesentlichen eine Bestätigung der wittelsbachischen Hausverträge; Österreich musste die von Reichs- und Erbrechts wegen erhobenen Ansprüche auf bayerisches Gebiet als unbillig zurücknehmen, erhielt für diesen Verzicht aber dennoch eine Entschädigung durch die Abtretung des Innviertels, eines östlich des Inns um die Städte Ried und Schärding liegenden Gebiets zwischen Braunau und Passau mit immerhin 80 000 Einwohnern. Die Rücknahme eines nicht gerechtfertigten Anspruchs wurde mit einem nicht gerechtfertigten territorialen Gewinn abgegolten, das war mit der Neutralität Karl Theodors und seiner Politik also erreicht worden. Sehr viel schlechter hätte aus der Sicht der bayerischen Patrioten die Regierung des neuen Kurfürsten kaum beginnen können, schon nach einem guten Jahr hatte Karl Theodor den größten Teil des Kredits, den er in München nach dem scheinbar so positiven Hausvertragswerk vor 1777 gehabt hatte, verspielt.

Die Anerkennung der Hausverträge bedeutete zunächst nur, dass Karl Theodor das bayerische Erbe, wenn auch geschmälert, in Besitz nehmen konnte. Dass er es auch behalten musste, stand nirgends, und insofern war in dieser Hinsicht nicht mehr erreicht als der Status quo. Ein künftiger Tausch war nicht ausgeschlossen und wurde auch systematisch von Karl Theodor vorbereitet. Er musste nach Lage der Dinge freilich inzwischen ein Angebot abwarten; was er vermochte, war sich der Gegner seines Projekts zu entledigen. Die führenden Köpfe der Patrioten wurden aus ihren Regierungsämtern entlassen, zum Teil wurden sie sogar aus München verbannt, Maria Anna erhielt Hofverbot. Die Dinge entwickelten sich scheinbar zu Ungunsten der Gegner; in Zweibrücken war Hofenfels entlassen worden, aus anderen Gründen allerdings, denn er hatte für seinen hoch verschuldeten Herrn kein Geld mehr auftreiben können. Durch seine großzügige Lebensweise, die seinen Einkünften in keiner Weise angemessen war, wurde Karl August überhaupt zu einem Problem für die Front gegen Karl Theodor, da er durch seine Schulden praktisch käuflich war. So kam es schon seit 1780 zu neuen Verhandlungen, die 1784 zu einem neuerlichen Vorstoß der beiden führten; verspielt wurden die Chancen allerdings durch Joseph II.

selbst. Da ihm Bayern als Tauschobjekt für die Niederlande als zu gering erschien, verfiel er auf den Plan, auch dem Erzbischof von Salzburg einen Tauschhandel anzubieten, Salzburg und Berchtesgaden – das diesem aber gar nicht gehörte, sondern reichsunmittelbar war – gegen Lüttich und Namur. Damit freilich verlagerte sich das ganze Projekt auf eine Ebene, auf der es von vorneherein zum Scheitern verurteilt war, da zur Auflösung eines geistlichen Staates das Reich und vor allem auch die Kurie ihre Zustimmung geben hätten müssen, und da wie dort war nicht mit einer solchen zu rechnen.

Zu einer Vorentscheidung kam es 1784; inzwischen hatte Kaunitz den Kaiser davon abzubringen vermocht, die bayerische Frage mit der Salzburger zu verknüpfen, und Karl Theodor einen Tausch ganz Ober- und Niederbayerns gegen die Niederlande mit der Ausnahme Luxemburgs und Namurs angeboten; zum ersten Mal lag dem Kurfürsten eine akzeptable Offerte aus Wien vor. Es setzte nun ein Wettlauf um die Zustimmung Karl Augusts als potentiellen Erben des Staatsgebildes ein, das aus den Plänen Karl Theodors hervorgehen sollte; für den zählte aber nur ein Argument, nämlich Geld. In Paris waren bayerische und pfälzische Agenten am Werk, vor allem die in München und Zweibrücken in Ungnade gefallenen Pfeffel und Hofenfels, und in Frankreich war man den Tauschprojekten alles andere als gewogen. Beide reisten nach Zweibrücken und feilschten mit dem russischen Gesandten, der im Auftrag Josephs II. verhandelte, um die Wette. Dieser bot für die Zustimmung 350 000 Gulden jährlich, Pfeffel und Hofenfels dagegen für die Ablehnung eine halbe Million, was natürlich das stärkere Argument war; sie gewannen damit mehr als nur die Ablehnung Karl Augusts für den Augenblick, sie erreichten die endgültige Entschließung des Herzogs, keiner Veräußerung eines wittelsbachischen Landes zuzustimmen. Hofenfels, der seinen ehemaligen Dienstherrn wie kein anderer kannte, hatte sich sein Vertrauen wieder erworben, und vermochte es nun auch, durch gezielte Indiskretionen die Regierungen im Reich und in ganz Europa in Aufruhr zu versetzen.

Tatsächlich bildete sich nun eine massive Fürstenopposition gegen die Pläne Österreichs. Unter der Führung der Kurfürsten von Hannover – womit England hinter der Bewegung stand – Sachsen und Mainz schlossen sich im Jahre 1785 eine große Anzahl von mittleren und kleineren Reichsständen zusammen mit dem erklärten Ziel, künftig die Veräußerung und Teilung von Reichsständen zu verhindern. Freilich konnte dieser Fürstenbund nicht ohne eine starke Führung bleiben, und naturgemäß wäre Kurpfalzbayern diese zugefallen, aber Karl Theodor war Partei, gegen seine Pläne richtete sich ja die Zielsetzung des Bundes. So blieb nur Preußen als Protektor, was sich schon deshalb anbot, da Friedrich II. zu den treibenden Kräften gehört hatte; damit verlor der Fürstenbund aber wieder den zukunftsweisenden Charakter als Bündnis eines dritten Deutschland. Wer im Gegensatz zum Kurfürsten der Pfalz und Bayerns dem Bund beitrat, war Karl August; als Herzog von Zweibrücken hatte er zwar kein großes Gewicht im Reich, aber als Erbe der gesamten wittelsbachischen Ländermasse. Es hatte sich inzwischen auch herausgestellt, wer nach ihm das Erbe antreten würde; sein einziger Sohn war 1784 verstorben, es blieb nun nur noch sein Bruder Max Joseph.

Ein baldiges Ableben Karl Theodors vorausgesetzt, hatte der Fürstenbund scheinbar alle Trümpfe in der Hand. Er hätte über sieben der neun Kurstimmen verfügt, und damit schien sogar die Möglichkeit eines neuerlichen wittelsbachischen Kaisertums nicht ausgeschlossen; den Plan verfolgte vor allem Friedrich II. Im Grunde sah er die Situation des Reiches völlig richtig; weder Österreich noch Preußen konnten auf die lange Sicht das Reich mehr zusammenhalten, beide standen schon längst für sich als kontinentaleuropäische Großmächte, die mit einem Großteil ihrer Macht außerhalb des Reiches standen, und beide brauchten das Reich längst nicht mehr. Das Reich hatte indessen eine wichtige Funktion, nämlich als Schutzbund der vielen mittleren, kleineren und kleinsten Staaten, die für sich allein nicht bestehen konnten, und folglich war es auch die einzig organische Lösung, dieses durch den Mächtigsten unter ihnen führen zu lassen, was allein Wittelsbach mit der Stärke seines Gesamtbesitzes vermochte. Noch einmal schien es zu einer historischen Aufgabe im Reich gerufen zu werden, doch hatte dieser Plan nur kurz Bestand; 1786 starb Friedrich II., Hofenfels, der bis zuletzt der Motor seiner Partei gewesen war, im folgenden Jahr. Wer seinen Gegnern diesen Gefallen noch nicht tat, war Karl Theodor, und auch Joseph II. lebte noch bis 1790; vorher war an eine Wendung in diesen Dimensionen überhaupt nicht zu denken. Tatsächlich geisterten in den Jahren nach 1786 wieder Tauschpläne durch die Kabinette Europas, wenn auch ohne noch einmal konkrete Formen anzunehmen. Die endgültige Entscheidung fiel schließlich 1789, und zwar – man kann fast sagen, wie üblich in der deutschen Geschichte des 18. Jahrhunderts – ganz woanders. Mit diesem Jahr und dem Ausbruch der Revolution in Frankreich tritt die europäische Geschichte in jene neue Phase, in deren Verlauf sich alles ändern sollte, was bis dahin Bestand und Gültigkeit gehabt hatte, weit mehr noch als dies 1648 der Fall gewesen war. Sie sollte letztlich auch das Schicksal Bayerns und die weitere Geschichte Wittelsbachs entscheidend beeinflussen.

Für den Augenblick hatte das Jahr 1789 jedoch noch eine andere Bedeutung. In diesem Jahr kam es in den österreichischen Niederlanden zu patriotischen Unruhen, die durch die bayerisch-niederländischen Tauschverhandlungen zwar nicht entscheidend, aber doch mit verursacht worden waren. Die tiefere Ursache lag im wachsenden Missvergnügen gegen die immer extremeren zentralistischen Tendenzen Josephs II., in deren Verlauf die ständischen Rechte, das historische Heiligtum der Niederländer, aufgehoben werden sollten. Nur wenige Tage vor dem Ausbruch der Gewalttätigkeiten in Paris kam es zum offenen Aufstand in den Niederlanden, durch den die österreichische Verwaltung abgesetzt wurde; die Niederlande erklärten sich für unabhängig. Damit war auch den Tauschplänen Karl Theodors die Grundlage entzogen; der Kurfürst blieb an sein ungeliebtes Land gebunden und das Land an ihn. Zwar gab es, nachdem der Nachfolger Josephs II., sein Bruder Leopold, 1790 die Niederlande nochmals erobern hatte können, noch einmal weitere Tauschpläne, doch gediehen sie nicht mehr so weit, dass sie für Aufregung zu sorgen vermochten, zumal sich Österreich fortan praktisch kein ganzes Jahr mehr durchgehend des Besitzes der Niederlande erfreuen konnte. Zudem hatten die beteiligten Parteien seit 1791 ganz andere Sorgen.

Bis dahin hatten die Mächte des Reiches gegenüber der Französischen Revolution nur die Rolle des Beobachters gespielt, wenn man davon absieht, dass sie die revolutionären Tendenzen auf eigenem Boden zu unterdrücken versuchten. Im Gegenteil, die Paralysierung Frankreichs durch die Wirren der Revolution schien vor allem den zwei Großmächten willkommen, die beide dadurch Handlungsfreiheit für ihre Politik im Osten zu gewinnen vermeinten. Nun war dies aber anders geworden; zum einen wuchs in Frankreich die Verstimmung, da sich auf dem Boden des Reichs zahlreiche Exilanten ungehindert sammeln konnten, was bis zur Aufstellung von Regimentern ging, die zu einer Konterrevolution bestimmt waren, und zum anderen protestierten die durch die Revolution betroffenen Stände – zu denen auch Zweibrücken gehörte – beim Reichstag dagegen, dass sie durch die Revolutionsregierung ihrer landesherrlichen Rechte im Elsass enthoben worden waren. Das hätte das Reich noch immer nicht in eine militärische Frontstellung gegen Frankreich gebracht, entscheidend war die innere Entwicklung in Frankreich, deren zunehmende Radikalisierung im Lauf des Jahres 1791 zur Konvention zwischen Österreich und Preußen führte.

Das Bündnis war defensiv angelegt; die wechselseitige Militärhilfe war nur für den Fall eines Angriffs von französischer Seite zugesagt.

Es war vor allem Kaiser Leopold II., der diesen Kurs steuerte, und er wusste sich darin durch den größten Teil der Reichsstände, vorrangig Kurpfalz-Bayern, unterstützt, während Preußen eine aggressivere Haltung einnahm. Noch schien der Krieg vermeidbar, als am 1. März 1792 Kaiser Leopold verstarb. Sein Sohn, Franz II., der im Juli zum Kaiser gewählt wurde, verfolgte einen anderen Kurs; auch er war von den Vorteilen eines aggressiven Vorgehens gegen Frankreich überzeugt, das er durch die Revolution für militärisch geschwächt hielt. Ihm wie auch Friedrich Wilhelm II. von Preußen wurde die Entscheidung durch die Vorgänge in Paris abgenommen; nach dem Sturz der Regierung durch die Girondisten standen dort die Zeichen auf Krieg. Man wähnte Österreich isoliert und sah daher für den Augenblick die besten Chancen, die Revolution über Frankreich hinaus zu verbreiten. Den Ausschlag gab der König von Frankreich, der sich nichts anderes erhoffte als eine Niederlage Frankreichs, in deren Gefolge die Revolution überwunden werden könnte – ein schwerer Trugschluss, der ihm nicht nur endgültig den Thron, sondern auch den Kopf kosten sollte. Am 20. April 1792 verkündete er die Kriegserklärung an Österreich; damit war der Bündnisfall gegeben. Das letzte Kapitel in der Geschichte des Alten Reiches war aufgeschlagen, und zugleich auch das letzte in der Geschichte des alten Bayern.

Im Spätsommer begannen die Kampfhandlungen, viel zu spät aus der Sicht der Verbündeten, denn die Revolutionsregierung hatte dadurch die nötige Zeit erhalten, um sich auf die Abwehr einzustellen. Tatsächlich waren den Verbündeten nicht mehr als kleine Anfangserfolge beschieden, schon im September 1792 kam die Wende, und im Oktober dieses Jahres marschierten die ersten Revolutionstruppen auf das Reichsgebiet. Zwar konnten sie durch die preußische Armee wieder über den Rhein zurückgeworfen werden, doch das linksrheinische Gebiet blieb in französischer Hand. Man hatte die Kraft der neu organisierten Revolutionsarmeen unterschätzt, doch für grundlegende militärische Umstellungen hatte man jetzt keine Zeit mehr. Erst im Laufe des Jahres 1793 sollte der Reichstag die allgemeine Volksbewaffnung beschließen, damit dem Beispiel Frankreichs folgend, doch mangelte es an der Durchführung, vor allem aber auch am Interesse in der Bevölkerung.

Bayern hatte sich aus dem Krieg herausgehalten; offiziell war es neutral. Während des Reichsvikariats zwischen dem Tod Kaiser Leopolds II. und der Wahl Franz' II. hielt sich auch das Reich unter dem maßgeblichen Einfluss Karl Theodors auf dieser Linie. Dafür gab es mehrere Gründe: Karl Theodor wusste um die exponierte Lage der

Pfalz, und zum anderen kam ihm ein Krieg auch deshalb ungelegen, weil in der Pfalz und in Bayern soeben erst eine Militärreform auf den Weg gebracht worden war; die immerhin 30 000 Mann starke Armee, die durchaus eine Verstärkung der Alliierten dargestellt hätte, war noch nicht in der Lage, aktiv in einen Krieg einzugreifen. Gewichtiger war freilich die Politik; wieder machten expansive Ideen Österreichs, die vor allem Franz II. verfocht, in München erhebliche Sorgen. Ohne Karl Theodor einzuschalten, wurde zwischen Österreich und Preußen bereits darüber verhandelt. Unter den nun gegebenen Umständen war das nicht mehr als eine Chimäre, aber es war Grund genug, sich die Möglichkeit einer Verständigung mit Frankreich offen zu halten. Die Neutralisierung der Pfalz nutzte jedoch nicht viel; als die französischen Soldaten die pfälzische Grenze erreichten, machten sie sich wohl nicht einmal die Mühe, die Tafeln mit der Aufschrift „Pfälzisches Neutralitätsgebiet" zu entziffern, der Pfalz ging es nicht anders als den übrigen Territorien links des Rheins, sie wurde regelrecht ausgesogen.

1793 konnte sich Karl Theodor nicht mehr aus dem Krieg heraushalten, denn inzwischen war auf das Drängen des Kaisers der Reichskrieg erklärt worden. Durch die Hinrichtung des Königs erschreckt, sammelte sich nun ganz Europa gegen Frankreich, auch das bisher abseits stehende England. Schon während der Frühjahrsoffensive konnten die linksrheinischen Teile des Reichs zurückerobert werden; eine weitere Neutralität hätte nun gefährlicher werden können als der Kriegseintritt. Karl Theodor zögerte den aktiven Eintritt in den Krieg dennoch so lang hinaus, wie es möglich erschien; erst als die alliierten Truppen schon dem Sieg nahe schienen, stießen die kurpfalzbayerischen Truppen zum Reichsheer, freilich nur noch, um den militärischen Umschwung mitzuerleben, in dessen Folge bis zum Herbst die alten Positionen wieder eingenommen waren. Wieder wurde der Kurfürst schwankend, aber den Absprung konnte er dennoch nicht wagen, der Ausgang des Krieges war völlig offen; 1794 sollte nach der Meinung der Alliierten sogar die entscheidende Offensive gegen Frankreich erfolgen, mit der man den Krieg zu beenden hoffte.

Was dann 1794 kam, war das glatte Gegenteil, und bis zum Herbst waren die französischen Truppen weiter vorgedrungen als je zuvor. Auch das war noch nicht die Entscheidung des Krieges, und Karl Theodor wusste daher auch noch immer nicht, in welche Richtung er sich orientieren sollte. Gegenüber dem noch nicht geschlagenen Österreich war eine Neutralität gefährlich, noch gefährlicher womöglich aber das Bündnis mit Österreich, wenn es den Krieg verlieren sollte. Das war deshalb nicht mehr auszuschließen, weil sich schon im Laufe des Jahres 1794 das Verhältnis zwischen Österreich und Preußen abgekühlt hatte, und Preußen seit Beginn des folgenden Jahres in Verhandlungen mit Frankreich stand; im April des Jahres 1795 kam es tatsächlich zum Sonderfrieden von Basel, mit dem sich Preußen seinen Frieden und die Neutralität erkaufte. Bayern konnte sich diesem Frieden nicht anschließen; wieder einmal war es die direkte Nachbarschaft Österreichs, die es jeden Spielraumes beraubte.

Dass diese Haltung richtig gewesen war, sollte sich noch am Ende des selben Jahres erweisen, das Österreich wieder in gesicherter Position sah. Es kam nun zum Waffenstillstand, so dass man vor der Gefahr einer französischen Besetzung vorerst sicher sein konnte; politisch gesehen hieß das aber nichts anderes, als dass man nolens volens mit Österreich kooperieren musste. Diese Situation sollte für die bayerische Politik in den kommenden zweieinhalb Jahrzehnten bestimmend werden; Gedeih war nur noch dadurch zu suchen, dass man stets auf der Seite des im Augenblick Mächtigeren stand und jederzeit zum Absprung bereit war.

Was das bedeutete, sollte sich im folgenden Jahr zeigen, in dem Bayern nur um Haaresbreite der Katastrophe entging. Als der Kaiser die Waffenruhe, die nur für das Reichsgebiet galt, aufkündigte, da er seine Truppen in Oberitalien entlasten wollte, die gegen Napoleon dort schwere Niederlagen erlitten hatten, überrannten die Franzosen innerhalb weniger Wochen ganz Süddeutschland. Bayern wurde zugleich von Westen und Norden her angegriffen; Karl Theodor floh nach Sachsen. In München war ein Regentschaftsrat zurückgeblieben, der Vollmachten zu Verhandlungen besaß. Nicht zuletzt auf Drängen der Landstände trat dieser mit den bereits vor München stehenden Franzosen in Waffenstillstandsverhandlungen ein, bei denen zu Pfaffenhofen ein Vertrag ausgehandelt wurde, der Bayern die Neutralität auferlegte, allerdings auch sechzehn Millionen Gulden Tribution abverlangte. Schlimmer als das, dessen Tragweite sich erst noch erweisen musste, war freilich die Gefahr, die im Falle einer Wendung des Krieges von einem solchen Vertrag ausgehen würde. Österreich würde, das hatte sich oft genug gezeigt, für eine Annexion Bayerns jedes Argument recht sein.

Zu seinem Glück konnte Karl Theodor die Unterzeichnung des Pfaffenhofener Vertrages so lange hinauszögern, bis sich das Kriegsgeschehen wieder wendete. In der Gegenoffensive der Österreicher wurden die Franzosen wieder über den Rhein geworfen. Bayern musste zurück an die Seite Österreichs; 60 000 Mann hatte nun der

Nachbar in Bayern stehen, was kaum eine Überlegung zuließ, was zu tun sei. In der Pfalz wiederum standen die Franzosen. Karl Theodor konnte nur auf einen baldigen Frieden hoffen, der ihn aus diesem Dilemma befreien würde. Dieser schien Anfang 1797 in greifbare Nähe gerückt, als sich Österreich und Frankreich erstmals zu Leoben und dann in Campoformio verständigten. Karl Theodor gehörte zu den am meisten betroffenen Reichsfürsten, ein großer Teil seiner Länder und die seiner potentiellen Erben lagen westlich des Rheins. Mit der Forderung auf deren Rückgabe trat Bayern auch zu den Verhandlungen anfangs Dezember 1797 in Rastatt an, wo der Friede zwischen dem Reich und Frankreich, der bei den Verhandlungen in Campoformio noch vertagt worden war, geschlossen werden sollte.

Erst jetzt erkannte Karl Theodor, dass er mit den diplomatischen und politischen Regeln des 18. Jahrhunderts nicht mehr operieren konnte. Die politische Ordnung Europas war dahin, das Reich stand vor dem Ende. Die Endphase des Alten Reiches hatte Preußen mit dem Frieden von Basel eingeleitet, denn ohne die preußische Truppenmacht war auf lange Sicht der Zustand von 1791 nicht mehr herzustellen; das Einzelinteresse hatte schon hier über die Verpflichtung zum Schutz des Reichs gesiegt. Franz II. hatte nun nachgezogen, indem er nur noch den Vorteil Österreichs suchte und ihn auf Kosten des Reiches durchsetzte. Der Kaiser hatte dieses nicht einmal mehr darüber informiert, was zwischen Österreich und Frankreich vereinbart worden war: Die Abtretung des gesamten Reichgebietes westlich des Rheins an Frankreich und die nur unter Verletzung oder besser Aufgabe des Reichsrechts mögliche Entschädigung der betroffenen Reichsfürsten durch säkularisierte geistliche Staaten. Der Kaiser hatte das Reich, ohne dieses zu befragen und es offen zu sagen, damit faktisch aufgelöst; die Verfassung war einseitig von ihm außer Kraft gesetzt. Über die Fürsten, die ihre Territorien links des Rheins besessen hatten, und über die geistlichen Fürsten wurde in diesem Zug verfügt wie über die Untertanen eines absolutistischen Despoten. Es blieb Karl Theodor unter diesen Umständen kein anderer Weg offen als auf die linksrheinischen wittelsbachischen Territorien zu verzichten und der Entschädigung durch geistliche Territorien zuzustimmen. Es kam vorerst noch lange zu keiner praktischen Umsetzung dieser Abmachungen und auch noch zu keinem Frieden; Rastatt mündete in einen neuen Krieg, in dem Bayern wieder auf der Seite Österreichs stehen musste.

Das faktische Ende des Reiches, dessen Vollzug sich noch ein Jahrzehnt hinziehen sollte, hätte eigentlich Anlass für eine radikale

Veränderung der Politik, im Inneren wie im Äußeren sein müssen. Aber dazu war der Kurfürst nicht mehr in der Lage. Zudem wusste Karl Theodor, dass er diese Politik nicht mehr für sich selbst und auch nicht für einen direkten Erben verfolgte. Zwar hatte er, 75 Jahre alt, 1795 noch einmal geheiratet, in der Hoffnung, seinem ungeliebten Erben Max Joseph Bayern doch noch aus den Händen zu nehmen, aber die Ehe mit einer österreichischen Prinzessin blieb erwartungsgemäß kinderlos. Alt und über sein politisches Schicksal, das ihm keinen seiner Pläne zu verwirklichen gegönnt hatte, verbittert starb Karl Theodor am 16. Februar 1799, wohl auch die Welt um sich nicht mehr verstehend.

Die Jubelrufe, in die das Volk bei der Nachricht über das Ableben des zuletzt nur noch Verhassten ausbrach, waren jedoch nichtsdestoweniger unangebracht. Die Lage Bayerns war gefährdeter denn je, der Krieg noch lange nicht zu Ende, und ob seine Nachfolger mit dem nötigen Geschick durch die tückischen Fahrwasser der Zeiten zu steuern vermochten, konnte noch niemand wissen, am allerwenigsten diese selbst. Das Volk der Residenzstadt München, das den einziehenden Kurfürsten Max IV. Joseph begeistert begrüßte, konnte zudem auch noch nicht ahnen, dass fern der Hauptstadt, außerhalb Bayerns, der Weg des Landes in die neue Zeit bereits eingeschlagen worden war, und dass die neuen Kräfte an der Spitze des Landes die Landkarten, auf denen dieser verzeichnet war, bereits mit sich führten. Das ist wörtlich zu verstehen; die Grundlage der künftigen bayerischen Politik war eine neue Landkarte des Reichs.

Tatsächlich bereitete sich schon seit 1795, als nach dem Tod Herzog Karl Augusts von Zweibrücken der Übergang des Erbes, dessen Umfang und Gestalt noch unklar waren, an Max Joseph manifest geworden war – denn an den von Karl Theodor noch gehegten Traum von einem direkten Erben glaubte niemand im Ernst – im Ansbacher Exil, in das sich der landlose hatte fliehen müssen, die Wende der bayerischen Geschichte vor. Ein völlig neues Denken trat zutage, alles war hier auf neuen Wegen, das Verhältnis von Fürst und Staat, von Fürst und Volk, von Volk und Staat; losgelöst vom dynastischen Denken und der Besitzmentalität entstand hier der Gedanke von einem Bayern als modernem und souveränem Staat. Vor allem eine Gestalt, die die Geschichte Bayerns im kommenden Vierteljahrhundert bestimmen sollte, hatte diesen Plänen ihren Stempel aufgedrückt: Maximilian von Montgelas. Er kannte Bayern, seine frühen Jahre hatte er als Beamter in der Regierung Karl Theodors verbracht, ehe er bei diesem in Ungnade gefallen war und mit sicherem Instinkt die Dienste des Erben gesucht hatte. Die Jahre in Ansbach hatten ihm Zeit gelassen, sich über die innen- wie außenpolitische Umgestaltung Bayerns, dessen anzustrebenden territorialen Umfang und seine Orientierung Gedanken zu machen. Dynamisch und entschlussstark, rigoros und von wenigen Sentiments belastet war er der kommende Mann. Dass er außenpolitisch auch noch ein ausgesprochener Glückspilz war, dem sich auch die halsbrecherischsten Manöver noch zum Vorteil wendeten, der bei Entscheidungen, bei denen die Chancen 50:50 standen, immer die richtige traf, konnte er selbst noch nicht wissen. Als er mit seinem Fürsten in München einzog, hatte er das neue Bayern praktisch fertig in der Aktentasche. Freilich war der Weg dahin noch weit und auch sehr gefahrvoll. Aber er wusste auch das, und das war wohl sein höchster Trumpf auf der Hand. Er wendete nicht nur die Geschichte Bayerns, sondern auch die seiner angestammten Dynastie Wittelsbach, und er bannte die fast ein Jahrhundert alte Gefahr, dass die beiden Begriffe sich voneinander lösen würden.

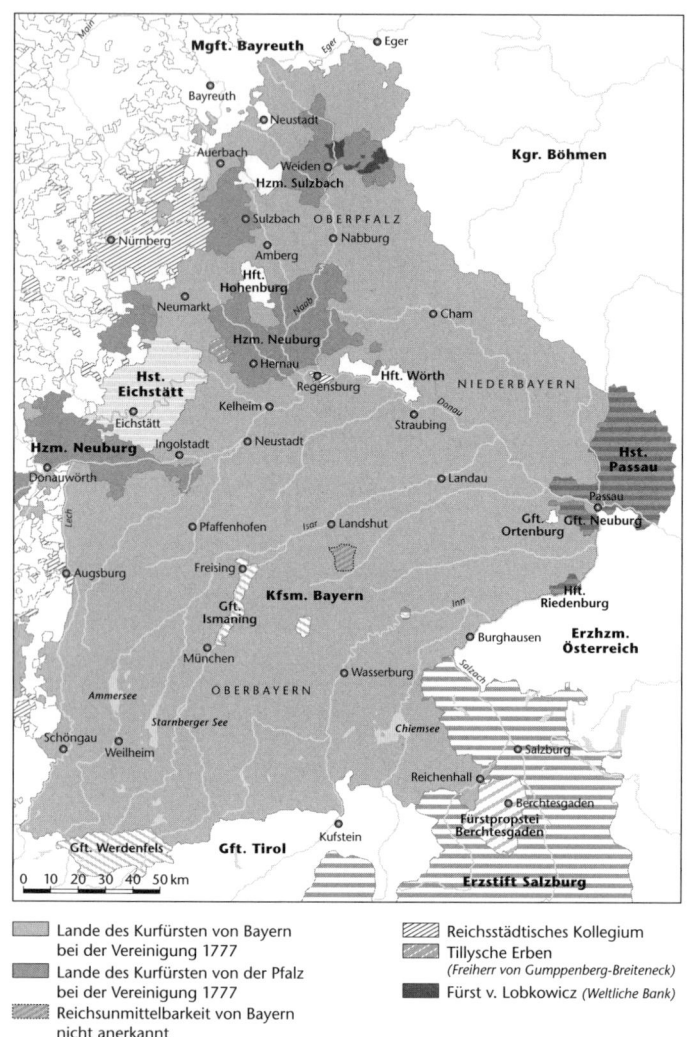

	Lande des Kurfürsten von Bayern bei der Vereinigung 1777		Reichsstädtisches Kollegium
	Lande des Kurfürsten von der Pfalz bei der Vereinigung 1777		Tillysche Erben *(Freiherr von Gumppenberg-Breiteneck)*
	Reichsunmittelbarkeit von Bayern nicht anerkannt		Fürst v. Lobkowicz *(Weltliche Bank)*

Karte 6: Bayern und die Oberpfalz im Jahre 1777

V. Die Könige

1. Das souveräne Königreich (1799–1864)

Das neue Bayern – Maximilian I. (1799–1825)

Selbstbehauptung zwischen Österreich und Frankreich
Die Ländermasse, die im Jahre 1799 als das wittelsbachische Erbe anzutreten gewesen wäre, war nach Österreich und Preußen die drittgrößte im Alten Reich. Allerdings handelte es sich zum beträchtlichen Teil um nur mehr theoretische Vorstellungen, denn schon seit dem Ende des ersten Revolutionskrieges war das linke Rheinufer durch französische Truppen besetzt, und im Frieden von Campoformio wurde seine Abtretung an Frankreich in einer vorerst geheimen Zusatzvereinbarung ausgehandelt, die im Frieden von Luneville vier Jahre und einen weiteren Krieg später besiegelt wurde. Für das Haus Wittelsbach bedeutete das, dass die linksrheinische Pfalz und die Herzogtümer Zweibrücken und Jülich verloren waren. In den übrigen Territorien war die Situation indessen nicht besser; das Herzogtum Berg und die rechtsrheinische Pfalz waren dem Zugriff Frankreichs jederzeit ausgesetzt, und selbst Bayern war ein besetztes Land, denn hier standen die Österreicher mit über 100 000 Mann. Es hatte den Anschein, als würde der schon durch fünf Jahrhunderte schwelende Gegensatz zwischen Habsburg und Wittelsbach nun endgültig ausgetragen, und zwar zu Gunsten des ersteren.

Dass es trotzdem nicht dazu kam, hatte mehrere Gründe. Zum einen befürchtete man, dass eine Annektierung Bayerns von der Bevölkerung nicht ohne Gegenwehr hingenommen werden könnte, was man im Augenblick nicht brauchen konnte, da der zweite Koalitionskrieg vor der Türe stand, und in diesem war die Waffenhilfe der kurpfalz-bayerischen Armee wertvoller als ein illoyales Bayern. Zum anderen empfahl es sich im Moment nicht, Preußen zu verärgern, das man für den bevorstehenden Krieg an die Koalition zu binden hoffte, und Preußen wiederum riet von einem solchen Schritt gegenüber Bayern ab. Eine Vertagung der Sache bis auf einen günstigeren Zeitpunkt nach dem Krieg schien für Wien also die beste Lösung zu sein.

So konnte trotz aller Fährnisse Max IV. Joseph als Kurfürst in München einziehen. Er galt als Hoffnungsträger, und seine Namensgleichheit mit Max III. Joseph – der sein Taufpate war – wurde fast als ein Programm für eine Rückkehr zu den besseren Zeiten vor Karl Theodor gesehen. In seiner Person kam ein Fürst, der durch seine Erziehung und seinen Lebensweg nicht zu einem solchen im Sinne seiner Zeit geformt worden war. Nach dem Urteil einiger Zeitgenossen nur mäßig gebildet, dem Namen nach Offizier, aber ohne militärische Erfahrung, eher eleganter Lebemann als regierender Fürst, war er von den Aufgaben, die sich ihm in Bayern stellten, eigentlich überfordert. Er verfügte aber über eine gewisse Leutseligkeit, die ihn zum einen populär machte und ihn zum anderen dazu befähigte, auf das Volk in kritischen Situationen moderierend einzuwirken; das war ein Charakterzug, der ihm mehrfach nützlich werden sollte. Nach der ersten Begeisterung über seine Regierungsübernahme war im Zeichen der fortdauernden Kriege und der radikalen Reformen seine Beliebtheit rasch zurückgegangen, er vermochte sie aber durch seine Persönlichkeit Zug um Zug wiederzugewinnen. Von den Staatsfinanzen verstand er dagegen nur wenig, überhaupt war sein Verhältnis zum Geld noch vom Ancien régime geprägt, denn auch mit seinem Privatvermögen ging er großzügiger um als es ihm eigentlich möglich gewesen wäre. Er war eine konservative Natur, die zäh am Reichspatriotismus festhielt. Geradezu redlich nimmt sich seine Treue zu geschlossenen Verträgen aus, und er hielt auch dann noch an ihnen fest, als ihm dies schon nichts mehr bringen konnte; ihm die notwendigen außenpolitischen Kurswechsel Bayerns abzuringen kostete Montgelas jedes Mal mühselige Überzeugungsarbeit. Seinem ersten Minister vertraute er sich völlig an, und nach dessen Sturz stand er weiter im Schatten, nun in dem seines Sohnes Ludwig I., mit dem er sich ihrer gegensätzlichen Naturen wegen nur schlecht verstand.

Regiert hat bis 1817 in erster Linie der leitende Minister, Maximilian Freiherr von Montgelas. Er war ohne Frage eine der bedeutendsten Gestalten der bayerischen Geschichte; drei Jahre lang hatte er die Regierungsübernahme seines Dienstherrn vorbereitet und dabei ein völlig neues Bayern entworfen, nicht nur in der Geographie, sondern auch in der inneren Organisation. Vorerst war an Reformen allerdings kaum zu denken, es galt, das soeben Erreichte zu sichern. Für den Augenblick gab es keine andere Möglichkeit als den Anschluss an Österreich, denn ein anderer Bündnispartner war nicht zu finden; Frankreich war zu dem Zeitpunkt noch nicht daran interessiert, sich Verbündete unter den deutschen Mittelstaaten zu suchen, und von Preußen war schon seit Jahren nichts anderes mehr zu bekommen als der Rat, sich möglichst mit allen Mächten gut zu stellen. Eine Rückversicherung konnte man bei Russland bekommen, und England ließ sich wenigstens dazu herbei, für die Unterstützung der antifranzösischen Koalition Bayern Subsidien zu gewähren. Das Bündnis mit Österreich erwies sich jedoch als nicht stabil; im Laufe des Jahres 1800 gab Österreich Bayern den Franzosen preis, von Bayern und von Italien aus angegriffen, schloss der Kaiser 1801 den Frieden von Luneville, in dem das linke Rheinufer endgültig an Frankreich abgetreten werden musste.

Nun war die Stunde gekommen, in der die schon seit der Mitte des 18. Jahrhunderts auf verschiedenen Ebenen und Zusammenhängen diskutierte Mediatisierung der geistlichen Territorien und die Säkularisation des kirchlichen Besitzes in die Realität umgesetzt werden musste. Selbst der Kaiser, der für die Integrität der geistlichen Reichsfürsten eigentlich der Garant hätte sein sollen, hatte Pläne für eine Mediatisierung entwickelt und schon 1797 Salzburg für Österreich gesichert. Im Februar 1803 kam es zum Reichsdeputationshauptschluss und damit zur Aufhebung der reichsunmittelbaren Fürstentümer und eines großen Teiles der Reichsstädte. Die Akte traf allerdings nur noch auf ein fait accompli, denn die Mächte hatten bereits die ihnen zugedachten Entschädigungen besetzt, auch bayerische Truppen waren in Marsch gesetzt worden. Freising, Passau, Würzburg, Bamberg, Augsburg und fast alle schwäbischen Reichsstifte und Reichsstädte sollten Bayern für die verlorenen Besitzungen links und rechts des Rheins entschädigen. Neben den linksrheinischen Territorien musste Bayern auch die rechtsrheinische Pfalz mit Mannheim und Heidelberg abgeben; Napoleon wollte aus Gründen des politischen Gleichgewichts in Süddeutschland drei große Staaten nebeneinander schaffen. In der ersten Runde der Neuordnung Deutschlands war damit für Bayern nur wenig mehr als eine Entschädigung zu gewinnen gewesen, da es per Saldo gerade einmal dreiunddreißig Quadratkilometer Staatsgebiet, allerdings gut 110 000 Einwohner hinzugewann; andere Staaten hatten Gewinne bis zum Achtfachen ihrer Verluste einheimsen können. Gegen diesen an sich geringen Gewinn wog aber viel schwerer, dass das neue Staatsgebiet Bayern geographisch näher lag als die verlorenen Besitzungen des Hauses Wittelsbach.

Im Verlauf der Verhandlungen in Paris hatte sich allerdings herausgestellt, dass eine Garantie für diesen Gewinn nur von Frankreich zu erlangen war. Die unmittelbare Nachbarschaft zu Österreich, die durch die Mediatisierung der Hochstifte Passau und Salzburg noch enger geworden war, trug auch jetzt wieder ihre Früchte. Österreich hatte nichts weniger beansprucht als Bayern bis an die Isar; aber selbst wenn diese Forderung nicht im Raum gestanden hätte, wäre ein Verbleiben an der Seite des Nachbarn nicht ratsam erschienen. Seit der Niederlage Ende 1800 standen französische Truppen im Land, seit 1802 war man durch Verträge mit Paris verbunden, und Frankreich erwies sich als weitaus konzilianterer Partner als Österreich.

Der Anschluss an Frankreich, der sich seit dem Jahre 1801 in mehreren Schriften abspielte, genoss in Bayern allgemein große Sympathien; unter den Gebildeten herrschte die Auffassung, dass Napoleon mit seiner militärischen Überlegenheit die sicherste Bank war, auf die man setzen konnte. Sein Frankreich, das sich die guten Seiten der Revolution zunutze gemacht und ihre finsteren Kapitel abgeschlossen hatte, galt als das Vorbild eines modernen Staatswesens. Es bedurfte zu einer Wendung Bayerns zu Frankreich auch der Bereitschaft dessen, diese anzunehmen; noch 1799 war sie nicht vorhanden gewesen, inzwischen hatten sich die Verhältnisse aber geändert. Mochten es auch unter dem Eindruck des bevorstehenden neuen Krieges die strategischen Überlegungen Napoleons gewesen sein, sich in Süddeutschland ein an Frankreich angrenzendes und bis an die Grenze zu Österreich reichendes Aufmarschgebiet zu schaffen, dessen politische Haltung für ihn gesichert war, im weiteren Verlauf entwickelte sich daraus ein politischer Plan. Es war keineswegs der Fall, dass Bayern mit fliegenden Fahnen zu Frankreich überging, Montgelas und noch mehr der Kurfürst waren sich bewusst, dass eine Parteinahme für Napoleon ein nicht weniger gefährliches Va-Banque-Spiel war als ein Verbleiben auf Seiten Österreichs. Die Neutralität wäre in jedem Fall zu bevorzugen gewesen, die war aber nicht zu erreichen. Aus dem neutralen Preußen, an das sich der Kurfürst noch zu dem Zeitpunkt, zu dem Napoleon bereits auf den Abschluss eines bayerisch-französischen Vertrags drängte, mit der dahingehenden Bitte gewandt hatte, war der Rat gekommen, Bayern müsse sich entweder an Frankreich oder an Österreich binden, einen dritten Weg würde der eine wie der andere der Kontrahenten wohl nicht zulassen.

Tatsächlich gab es für einen Anschluss an Frankreich keine Alternative mehr. Zu gut wusste Montgelas, dass Österreich selbst im Fall seines Sieges, den er jedoch für weniger wahrscheinlich einschätzte, eine Gefahr für Bayern darstellen würde. Dies konnte er dem König auch vermitteln, und als aus Wien alarmierende Nachrichten über den Aufmarsch österreichischer Truppen an der bayerischen Grenze kamen, gab er Montgelas den Weg frei, mit Frankreich zu verhandeln. Am 25. August 1805 wurde in Bogenhausen der nach diesem Vorort Münchens benannte Vertrag unterzeichnet, der nicht etwa von Frankreich diktiert wurde, sondern aus der Feder Montgelas' stammte. Bayern verpflichtete sich, Napoleon 20 000 Soldaten zu stellen, Frankreich wurde Schutzmacht für Bayern und garantierte damit dessen gegenwärtigen Besitzstand. Der Vertrag blieb vorerst geheim; der preußische Gesandte riet offenbar in Unkenntnis über den Stand der Dinge noch im September Montgelas zum Bündnis mit Frankreich. Noch fehlte die Unterschrift des Kurfürsten, und dieser hoffte, hin- und her gerissen zwischen der Realpolitik seines Ministers und seinem Reichspatriotismus – es war ihm sehr wohl klar, dass dieser Akt das Ende des Alten Reiches einleiten würde – immer noch auf eine Chance, neutral zu bleiben, notfalls auch mit Österreich als Garanten. Welch ein Partner Österreich aber gewesen wäre, offenbarte die Wiener Regierung selbst: als der Sondergesandte Fürst Schwarzenberg zwei Wochen nach der Unterzeichnung des Bogenhausener Vertrags nach München kam, hatte der nichts anzubieten als ein Ultimatum; Österreich könne den Bestand Bayerns nur dann garantieren, wenn sich die bayerische Armee unverzüglich mit der Österreichs vereinige, und die Neutralität sei nur möglich, wenn die bayerische Armee vollständig entwaffnet würde, was eine von vornherein als unannehmbar gedachte Forderung Wiens war. Dies erkannte auch Max IV., und die Verhandlungen waren nur noch ein Spiel auf Zeit, um die bayerische Armee zusammenziehen zu können. Am 28. September ratifizierte der Kurfürst den Bogenhausener Vertrag, und am selben Tag erhielt die bayerische Armee den Marschbefehl, sich mit den Truppen Napoleons zu vereinigen.

Die Kritik, die an der Wendung Bayerns im 19. Jahrhundert oftmals geübt worden ist – Treitschke sprach von „Niedertracht" – wurde inzwischen nicht nur aus bayerischer Sicht revidiert. Es gab für Bayern und für die beiden anderen süddeutschen Staaten im Augenblick keine andere Möglichkeit, ihre staatliche Existenz zu sichern. Im Reich war durch die Neutralität Preußens keine Macht mehr, an die sie sich hätten anlehnen können. Die Haltung Bayerns wurde maßgeblich für die beiden anderen süddeutschen Staaten; es war nicht nur der größte, er war unter ihnen auch der einzige Staat, der über eine nennenswerte Militärmacht verfügte. Innerhalb weniger Tage schlossen auch Baden und Württemberg entsprechende Verträge mit Frankreich.

Französische, bayerische und württembergische Truppen bereiteten am 17. Oktober bei Ulm den Österreichern eine erste Niederlage, von da an ging es weiter bis Wien und Austerlitz, wo Napoleon Österreich und Russland eine vernichtende Abfuhr erteilte, die den Krieg beendete. Bayern sah sich reich belohnt; im Vertrag von Brünn wurden ihm zahlreiche Territorien in Schwaben zugesprochen, vor allem aber erhielt es Tirol und Vorarlberg; gegen das Herzogtum Berg am Niederrhein, das noch zu Bayern gehörte, konnte die Markgrafschaft Ansbach eingetauscht werden. Wichtiger als das alles war das Recht, den Titel eines Königreiches anzunehmen, der mit der Souveränität verbunden war. Damit bestand nicht nur die Möglichkeit, sich über die landständische Verfassung hinwegzusetzen, die den erforderlichen Reformen im Wege stand, sondern auch, die als Enklaven im Land stehenden kleinen Reichsfürsten und Reichsritter zu mediatisieren.

Am 1. Januar 1806 wurde Bayern feierlich, aber unter merkwürdig bescheidener Wortwahl der Proklamation zum Königreich ausgerufen. Vorangegangen war am selben Tag ein Akt in der Residenz, dem außer Max IV. Joseph und dem Kronprinzen Ludwig drei leitende Staatsminister und die vier Chefs der Hofämter beiwohnten; Max IV. erklärte mit kurzen Worten, dass er zur Begründung der Unabhängigkeit Bayerns den Königstitel annehme. Montgelas war ausweislich des Protokolls dieser Versammlung, das von allen Anwesenden unterzeichnet wurde, nicht zugegen, auch Napoleon, der seit dem Vortag in München weilte, wohnte dem Akt nicht bei. Es sollte offensichtlich jeder Anschein einer Abhängigkeit von Frankreich vermieden werden. Man war indessen weit davon entfernt, im Gefühl nun endlich verwirklichter dynastischer Träume zu schwelgen, und man wusste auch nicht, ob und wie lange und in welchem Rahmen sich der Status quo überhaupt halten lassen würde. Die Stellung der drei süddeutschen Mittelstaaten im Reich war ungeklärt, auch wenn in Brünn bestimmt worden war, dass sie unverändert bleiben sollte. In der Praxis war jedoch die volle Souveränität, sollte sie nicht eine leere Phrase bleiben, damit nicht zu vereinbaren. Die Alternative eines Bundes zwischen den deutschen Mittelstaaten und Frankreich war nicht neu; Ähnliches hatte es schon 17. Jahrhundert einmal gegeben. Weitere Nahrung erhielt dieses Projekt aus einer Strömung, die schon im letzten Viertel des 18. Jahrhunderts eingesetzt hatte und unter anderem auf eine Anregung Goethes zurückging, nämlich die Vorstellung von einer lockeren Union des so genannten dritten Deutschlands, also der Klein- und Mittelstaaten, die nicht durch auswärtige Interessen belastet waren. Die Interessen der Befürworter eines Rheinbundes auf deutscher Seite und auf der Seite Frankreichs waren aber unterschiedlich. Die Deutschen dachten an eine tief greifende Reform der Reichsverfassung, in Paris sah man dagegen von Anfang an darin die Möglichkeit, auf diese Weise das Reich aufzulösen. Eine dritte Position nahmen Bayern und Württemberg ein, die in einem Zusammenschluss der Mittelstaaten einen Teil der eben erst gewonnenen Souveränität praktisch wieder aufgeben hätten müssen, und daher ein Bündnis mit Frankreich als militärische Allianz zwischen souveränen Staaten wünschten. Ihre Vorstellungen haben sich schließlich durchgesetzt; der Austritt aus dem Reich, den Frankreich bei den Verhandlungen forderte, erschien Montgelas – anders als dem König, der diesem Schritt lange widerstrebte – unter den herrschenden Gegebenheiten als reine Formsache. Die Gründung des Rheinbundes bedeutete das definitive Ende des Heiligen Römischen Reiches Deutscher Nation. Nachdem am 12. Juli 1806 sechzehn deutsche Fürsten die Rheinbundakte unterzeichnet hatten, erklärten sie am 1. August ihren Austritt aus dem Reich. Schon während der Verhandlungen hatte Kaiser Franz II. den Plan gefasst, die Kaiserkrone niederzulegen, er zögerte mit der Durchführung aber so lange, bis ihm die Initiative zur Auflösung des Reiches schon aus der Hand genommen worden war, und der offizielle Abdankungsakt am 6. August 1806, zu dem es erst nach einem Ultimatum Napoleons kam, war nur noch eine formelle Nachvollziehung des bereits Tatsache Gewordenen.

Es konnte jedoch nicht im Interesse Bayerns liegen, sich mit dem Rheinbund in ein Bündnissystem einzugliedern, in dem es für die Souveränität der einzelnen Mitglieder einen weit engeren Spielraum gab wie er im Reich bestanden hatte. Napoleon hatte wiederholt Interesse an der verfassungsmäßigen Ausgestaltung des Rheinbundes geäußert; dass er nie Gelegenheit dazu fand, sie durchzusetzen, bedeutete einen Zeitgewinn, den es zu nutzen galt, und zwar für sowohl für Montgelas, der zum Bündnis mit Napoleon vorerst keine Alternative sah und es nicht gefährden wollte, ohne ihm deshalb aber Bayern völlig auszuliefern, als auch für die erstarkende, deutlich unter dem Einfluss der Romantik stehende Opposition gegen Napoleon, die sich in München ausgebildet hatte und zu deren zentralen Gestalten der Kronprinz gehörte. Zunächst kamen zwar die Verhandlungen ohnehin nicht voran, da Napoleon mit dem Krieg gegen Preußen beschäftigt war, der mit der vernichtenden Niederlage Preußens endete. Bayern musste ihn mit seiner Armee unterstützen, was den augenblicklichen Interessen des Landes entsprach, da sich nach der Angliederung der Fürstentümer Ansbach und Bayreuth die Beziehungen zu Preußen abgekühlt hatten. Nach dem Frieden von Tilsit wurde Napoleon in der Rheinbundfrage jedoch aktiv. In richtiger Einschätzung, woher der Widerstand kam, beauftragte er Montgelas selbst mit einem Verfassungsentwurf. Der beeilte sich durchaus, einen solchen vorzulegen, doch billigte er den Mitgliedsstaaten eine solche Fülle an Eigenständigkeiten zu, dass der Entwurf für Frankreich unannehmbar war und Napoleon daraufhin zunächst sein Außenministerium mit der Erstellung eines Gegenentwurfs beauftragen musste. Die Gegenüberstellung der beiden Entwürfe blieb der Höhepunkt der Diskussion um die Verfassung des Rheinbundes, die lange genug gedauert hatte, bis unter dem Druck der aktuellen politischen Ereignisse das Projekt eines zentralstaatlichen Rheinbundes vorerst zurückgestellt werden musste. Die damit gewonnene Zeit wurde von den beiden Parteien, die es in Bayern gab, unterschiedlich genutzt. Ging es der oppositionellen Gruppe darum, ihre Positionen auszubauen und ihren Einfluss zu vermehren, bis eine passende Gelegenheit käme, das Joch des Franzosenkaisers abzuschütteln, so bedeutete es für den unmittelbarer denkenden Montgelas die Möglichkeit, den Plänen Napoleons in so vielen Bereichen wie möglich zuvorzukommen. Fieberhaft arbeitete er an einem Entwurf für eine bayerische Verfassung, um sie einer Aufoktroyierung der französischen Verfassung entgegenstellen zu können. Als es auf dem Fürstentag des Rheinbundes im Herbst 1808 zur erneuten Begegnung zwischen Napoleon und Montgelas kam, zeigte es sich, dass er mit seinen Befürchtungen recht gehabt hatte, denn nun stellte Napoleon genau die Forderungen, denen Bayern bereits zuvorgekommen war; das fait accompli, vor das er sich vor allem durch den bayerischen Minister gestellt sah, ergrimmte ihn nicht wenig.

Der Krieg des Jahres 1809, den Österreich gegen Frankreich und den Rheinbund führte, war im ideellen Sinne eigentlich der Beginn der Befreiungskriege, und Österreich hatte unter diesem Aspekt diesen Krieg auch schon seit geraumer Zeit diplomatisch vorbereitet; man erhoffte sich in Wien eine Volkserhebung in Deutschland und in der Folge den Abfall der Rheinbundstaaten von Frankreich. Die Napoleon feindlichen Kreise in Bayern spielten dabei eine große Rolle; in ihrem Mittelpunkt stand der Gesandte Österreichs in München, Graf Stadion, den mit Kronprinz Ludwig eine persönliche Freundschaft verband. Allerdings hatte man sich in Wien in zwei Dingen doch verschätzt. Für eine nationale Erhebung war die Stimmung noch nicht weit genug gereift, wenn auch die Bevölkerung Bayerns für den Kaiser von Frankreich keine sonderlichen Sympathien mehr empfand. Vor allem hatte man es jedoch in Wien versäumt, den Rheinbundstaaten entsprechende Zusagen hinsichtlich ihrer politischen Zukunft und ihrer Erwerbungen seit 1806 zu machen, und man hatte es nicht einmal für nötig gehalten, sich von dem drei Jahre zuvor noch offen vertretenen Plan zu distanzieren, Bayern zu annektieren, so dass bei der bayerischen Regierung das Misstrauen gegenüber Österreich weiterhin im Vordergrund stand. Zudem befanden sich noch immer französische Truppen im Land, ein Wechsel der Seiten war zu diesem Zeitpunkt ein völlig unkalkulierbares Risiko. Als am 9. April 1809 österreichische Truppen in Bayern einmarschierten und damit den Krieg eröffneten, stellte sich ihnen die bayerische Armee entgegen und konnte sie so lange aufhalten, bis Napoleon mit seinen Hauptstreitkräften zur Stelle war. Nach knapp zwei Wochen war für Bayern der Krieg vorüber, die Österreicher waren geschlagen, und die Truppen des Rheinbundes stießen zusammen mit den französischen ungehindert durch bis Wien; im Juni wurde der Waffenstillstand von Znaim geschlossen. Noch einmal hatte sich für Bayern die Allianz mit dem Kaiser der Franzosen bezahlt gemacht, und noch einmal konnte es territoriale Gewinne verbuchen, vor allem Salzburg und Berchtesgaden sowie das Innviertel. Dennoch war das Verhältnis zwischen Bayern und Frankreich nicht mehr das nämliche; der Empfang, der Napoleon 1809 in München zuteil wurde, war deutlich kühler als noch drei Jahre zuvor, als ihn das Volk als Retter vor der österreichischen Hydra gefeiert hatte. Auch die Regierung ging vorsichtig auf Distanz, die Stimmung glich sich der des Volkes an, das die Belastungen durch die Kriege nicht mehr länger zu tragen gesonnen war. Mit Unmut verfolgte man in München, wie Napoleon die österreichische Kaisertochter Marie Louise heiratete; man begann zu befürchten, dass man nur eine Figur auf dem Schachbrett des Imperators war, die notfalls auch geopfert werden konnte.

Was die Stimmung gegenüber diesem weiter gedämpft hatte, waren die Ereignisse im Verlauf des Tiroler Aufstandes 1809 gewesen; während seines Verlaufs hatte Kronprinz Ludwig mehrfach versucht, zwischen den Tirolern, denen er mental näher stand als seinen Verbündeten, und den französischen Befehlshabern zu vermitteln und sein Gewicht für eine maßvolle Behandlung Tirols geltend zu machen, was zu Spannungen zwischen ihm und Napoleon – bis hin zu der Drohung, den Kronprinzen standrechtlich erschießen zu lassen – geführt hatte; seine Abneigung gegen Frankreich und Napoleon insbesondere schlug darauf in eine offene Feindschaft um, die dem Einfluss der Gegner Napoleons in München noch mehr Gewicht verlieh.

Erst die katastrophale Niederlage Napoleons in Russland, in deren Verlauf die bayerische Armee so gut wie völlig vernichtet wurde, bewirkte den Umschwung, auf den seine Gegner seit Jahren gehofft hatten. Preußen, das durch die Wendung der Dinge Oberwasser gewonnen hatte, forderte Bayern ultimativ zu einem Parteiwechsel auf; diesen ohne eine Rückversicherung zu vollziehen, war aber um nichts weniger gefährlich als in den Jahren zuvor. Montgelas entschied sich in dieser prekären Lage dennoch zur faktischen Neutralität, indem er die rasch aufgestellte neue Armee im Land stehen ließ und die Reste der alten nach Bayern zurückbeorderte; unter den gegebenen Umständen, so beschied er kühl, sei an weitere Einsätze derselben außerhalb Bayerns nicht zu denken. Er nutzte den Vorteil aus, dass Bayern durch den Verlauf der Dinge in eine ähnliche Schlüsselrolle geraten war wie schon sieben Jahre zuvor; von seiner Haltung hing auch die Württembergs und Badens ab. Die endgültige Wende bewirkte der österreichische Staatskanzler Metternich, der größeres Geschick als wenige Jahre zuvor Stadion bewies, und die nun schon seit sieben Jahren gegebene Situation der süddeutschen Staaten zur Grundlage erklärte, auf der verhandelt werden müsse. In seinen ersten Fühlungnahmen mit München verlangte er nicht mehr als das, was Bayern schon eingeleitet hatte, nämlich die Neutralisierung seiner Armee; zugleich stellte er allen Verbündeten gegenüber klar, dass man in Wien nicht daran denke, den Besitzstand Bayerns und der anderen süddeutschen Staaten anzutasten, was er gezielt in Bayern durchsickern ließ. Damit hatten sich die Fronten völlig verdreht; jetzt garantierte Österreich, vor dem man im Bündnis mit Napoleon Schutz gesucht hatte, den Bestand Bayerns, während es nun in Preußen Kreise gab – vor allem um den Freiherrn von Stein – die eine Neuordnung Süddeutschlands unter der Zerschlagung der drei Staaten forderten. Im Sommer 1813 bemühte sich die bayerische Regierung ständig, Napoleon zu einem Verständigungsfrieden mit der Koalition zu bewegen, um der Gefahr einer Fehlentscheidung zu entgehen, wobei der Tonfall immer schärfer wurde. Notfalls müsse man, so ließ Montgelas verlauten, die zur Selbsterhaltung nötigen Maßnamen eben ohne Rückhalt in Paris ergreifen. Eine Wahl hatte man in München zu diesem Zeitpunkt längst nicht mehr, denn längs der bayerischen Grenzen standen 300 000 Mann österreichischer Truppen; für Montgelas ging es nur noch darum, Österreich, so lange es noch Interesse an einem Umschwenken Bayerns hatte, möglichst weitgehende Zusagen abzuringen.

Im Oktober, als auch der Widerstand des Königs, der sich lange geweigert hatte, gegenüber Napoleon vertragsbrüchig zu werden, überwunden war, kam es zu jenem historischen Vertrag von Ried zwischen Bayern und Österreich, der Bayern in das Lager der Alliierten brachte. Er bedeutet zugleich das Ende der Feindschaft zwischen Bayern und Österreich, sicherte die staatliche Existenz Bayerns und machte es für die folgenden Jahre zum gleichberechtigten Verhandlungspartner der großen Mächte. Mit einer respektablen Armee von 50 000 Mann, teilweise abgestellte österreichische Einheiten, stieß General Wrede noch im Oktober 1813 über Würzburg nach Frankfurt vor, wo er sich zwar bei Hanau eine Niederlage gegen Napoleon einhandelte, der Winterfeldzug nach Frankreich wurde dann aber ein einziger Siegeszug der Alliierten. Im März 1814 kapitulierte Paris, am 10. April dankte Napoleon ab, es war Frieden.

Im Sommer des Jahres 1814 begann zwischen Bayern und Österreich der Austausch der Territorien; Österreich erhielt Salzburg und Tirol, Bayern dafür Gebiete westlich des Rheins, die Österreich nach dem Sieg über Frankreich in Verwaltung genommen hatte. Zu einer Restituierung der alten Pfalz kam es dabei aber nicht; der so genannte Rheinkreis setzte sich etwa zur Hälfte aus kurpfälzischen Territorien und denen des Herzogtums Zweibrücken zusammen, wobei letzteres zusammen mit seiner Hauptstadt sogar zum großen Teil an Bayern fiel. Darüber hinaus bestand er aus mediatisierten kleineren Fürstentümern, dem rechtsrheinischen Teil des Hochstifts Speyer und der Reichsstadt Speyer, die Sitz der Bezirksregierung wurde. Ideell sah man aber in diesem Gebilde noch in den nächsten drei Generationen des Hauses die Keimzelle einer neuen wittelsbachischen Pfalz; die Hoffnung auf deren volle Restituierung wurde dadurch genährt, dass die rechtsrheinische Pfalz im Falle des Aussterbens der regierenden badischen Linie Bayern zugesagt wurde, was sich zwar nie realisieren ließ, aber doch immer wieder die bayerische Außenpolitik beschäftigen sollte.

Die Bilanz der Jahre seit 1799 konnte sich sehen lassen. Das alte Kurbayern hatte seinen Bestand ungeschmälert erhalten und vor allem seine staatliche Existenz, die mehr als einmal auf der Kippe gestanden hatte, behaupten können. Die Gebietsgewinne waren zum größten Teil direkt mit dem Kernland verbunden, das Staatsgebiet reichte vom Alpenrand bis über den Main hinaus, von der Salzach-Inn-Linie bis an die Iller. Die linksrheinische Pfalz war räumlich zwar vom Land getrennt, wog das durch ihre wirtschaftliche Bedeutung aber auf. Die volle Souveränität des Königreichs gab Bayern darüber hinaus eine Position, die es in dieser Form bis dahin in seiner Geschichte nie besessen hatte, und sie war nach innen

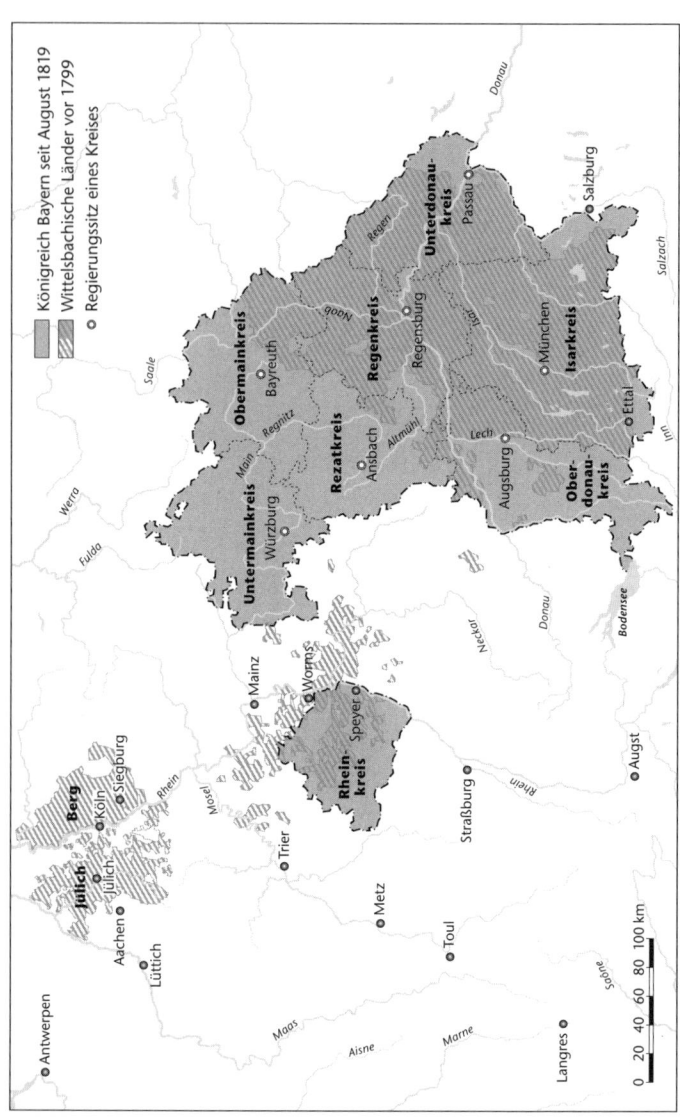

Karte 7: Das Königreich Bayern 1819

wie nach außen gleichermaßen wertvoll, um es zu einem modernen Staat zu machen.

Diese Souveränität wurde zum Leitmotiv der Politik für die kommenden Jahrzehnte. Bayern war mit Abstand der größte der deutschen Mittelstaaten; gegenüber den beiden Großmächten war es freilich nicht ebenbürtig, aber doch groß genug, dass es nicht übergangen werden konnte. Dies wurde deutlich, als es bei den Verhandlungen zur Gründung des Deutschen Bundes darum ging, wie weit dieser einen bundesstaatlichen Charakter annehmen sollte. Weder der König noch der leitende Minister wünschten einen Ausbau über ein militärisches Bündnis hinaus; eine Verfassung, ein Bundesgericht als Apellationsinstanz gegen Urteile der Gerichtsbarkeit des eigenen Landes entsprach nicht ihren Vorstellungen, und schon gar nicht wünschte man einen Bund, der in Gesetzgebung und Politik der Mitgliedsstaaten eingreifen konnte. Diese Linie war die konsequente Fortsetzung der bayerischen Stellung gegen den Ausbau des Rheinbundes, und der Beitritt Bayerns zum Deutschen Bund stand mehrfach in Frage. Begründet war die Haltung Montgelas' und Maximilians I., die letztlich auf eine permanente Opposition bei den Konferenzen hinauslief, im Misstrauen gegenüber den Großmächten, denen sie nicht zugestehen mochten, dass sie mit der verfassungsmäßigen Gestaltung Deutschlands ehrliche Absichten verfolgten; auf die lange Sicht hielt er eine gedeihliche Zusammenarbeit Österreichs und Preußens für nicht realisierbar. Ob sie sich geirrt haben oder nicht, kann nicht beantwortet werden; sicher ist, dass auch der Deutsche Bund, den sie letztlich zuließen, Deutschland über ein Vierteljahrhundert lang den Frieden sichern sollte, für Menschen ihrer Zeit eine beinahe unvorstellbare Spanne ohne Krieg und Zerstörung. Tatsächlich zeigte sich in ihrer Haltung aber auch, dass sich die Zeit, in der sie geboren und aufgewachsen waren, überlebt hatte. Ein Montgelas und auch ein König Maximilian I. hatten sich Sicherheit und Frieden nur unter dem Druck militärischer Bündnisse vorstellen können, eine andere Form des Zusammenhalts hatte es in ihren jungen Jahren nicht gegeben. Ein Zusammenschluss zur Befriedigung mentaler Bedürfnisse, und um den ging es nun, war ihnen fremd geblieben.

Ein neuer Staat
Es ging ihnen auch in einer anderen Beziehung so. Parallel zur gefahrvollen Außenpolitik mussten sie aus dem Bayern des Ancien Régime einen im Sinne ihrer Zeit modernen Staat zu machen. Dieses umfangreiche Werk war aus mehr als einem Grund notwendig.

Die Eingliederung der territorialen Gewinne, die zuletzt knapp die Hälfte des Staatsgebietes ausmachten, in einen gemeinsamen Staatsverband mit dem alten Kurbayern war noch nicht einmal der primäre Aspekt, wenn sie auch die meiste Arbeit erfordern sollte. Doch selbst wenn die Regierung des Kurfürsten Max IV. Joseph nicht mehr übernommen hätte als das alte Kurbayern, so wäre an einem ebenso weit gespannten wie tief greifenden Reformwerk nicht vorbeizukommen gewesen. Es ging um die grundlegende Umorientierung des staatlichen Gefüges, des ganzen Staatscharakters, und um die Ordnung der Finanzen, wobei das erste nicht ausschließlich dem Zweck des zweiten unterworfen war, wie dies in den Jahrhunderten zuvor meist der Fall gewesen sein mochte; die Neuorganisation des Staates war für Montgelas und seine Zeitgenossen ein Zweck, der um seiner selbst Willen zu verfolgen war. Es ging um nichts Geringeres als die Durchsetzung des modernen Staatsgedankens, wie ihn die Französische Revolution geschaffen hatte. Diese Grundsätze eines modernen Staates waren in Bayern wie auch in allen anderen Staatswesen an der Wende vom 18. zum 19. Jahrhundert jedoch nicht nur ein Ausfluss einer doktrinär als die richtige vertretenen Staatsauffassung, sie entsprachen auch ganz konkret den aktuellen Bedürfnissen. Das Bayern, das Max Joseph 1799 noch geerbt hatte, hätte unter den Umständen der Zeit kaum weiter existieren können. Die Verhältnisse waren dabei in Bayern nicht einmal schlechter als in den anderen Staaten des Ancien Régime, aber sie waren schlimm genug, um ein Reformwerk auch der Größenordnung, wie Montgelas es schon seit 1786 plante, zu rechtfertigen. Für die Staatsfinanzen, der *nervus rerum* auch schon im Ancien régime, war die Bezeichnung „zerrüttet" eine wohlwollende Umschreibung. Seit den politischen Abenteuern eines Max Emmanuel und eines Karl Albrecht hatte sich die Staatskasse nicht erholen können; 1801 waren die Schulden auf 28 Millionen Gulden angewachsen, denen jährliche Einnahmen von 5 Millionen gegenüberstanden. Das war indessen fast eine Kleinigkeit, verglichen mit dem, was durch die Erwerbungen seit dem Jahre 1803 noch hinzukommen sollte. Die freie Reichsstadt Nürnberg brachte die Mitgift von 22 Millionen Gulden Schulden mit, und noch einmal 28 Millionen handelte man sich durch die anderen Gebietsgewinne ein, ganz zu schweigen von den über zwei Jahrzehnte ununterbrochen anfallenden Kriegskosten und Kontributionen. Die Verwaltung war teilweise antiquiert; Administration und Jurisdiktion waren weitgehend miteinander verschmolzen und so organisiert, wie sie das Mittelalter nach der Entstehung der Landesherrschaft hinterlassen hatte. Es gab einige übergroße Landgerichte und solche, deren Verwaltung eine bessere Freizeitbeschäftigung war. Noch immer konnte es vorkommen, dass in einer Region für Hochgerichtsfälle das eine, für die niederen Sachen aber das benachbarte Landgericht zuständig war. Weit mehr als die Hälfte der Bevölkerung unterstand der niederen Gerichtsbarkeit des Adels und der Kirche. Die zentralen Behörden gehörten immer noch sämtlich zum Hof des Kurfürsten, an dem Hofrat, geheimer Rat, Hofkriegsrat, Hofzahlamt, Hofkriegskasse, geistlicher Rat, die Kanzlei und das Direktorium nebeneinander fungierten, und kaum ein Ressortchef, sofern es einen solchen im modernen Sinne gab, hatte einen Apparat zur Verfügung.

Das alles galt für das Kurfürstentum Bayern, und das war beinahe ein wohl organisiertes und geschlossenes Staatswesen. In den neu erworbenen Territorien gab es in vielen Fällen nicht einmal das, was eine Reform in Bayern noch relativ einfach gemacht hätte, nämlich eine flächendeckende Organisation wie die hohe Gerichtsbarkeit. Die geistlichen Territorien, die 1803 bayerisch wurden, nehmen sich im Geschichtsatlas als zwar nicht besonders große, aber doch relativ geschlossene Staaten aus; in Wahrheit war ein geistliches Territorium wie Bamberg oder Würzburg aber ein Durcheinander von Herrschaftsrechten. Dazwischen standen Reichsstifte, Reichsstädte, Reichsritter und Reichsdörfer, die wieder nur im seltenen Ausnahmefall kleine geschlossene Gebilde mit klaren Rechten und Kompetenzen waren. Es gab auch andere Beispiele; die hohenzollernschen Fürstentümer in Franken etwa waren einige Jahrzehnte unter der Verwaltung Preußens gewesen, ehe sie bayerisch wurden, und kamen damit als wohl geordnete Kleinstaaten unter die neue Regierung. Und überall galt ein eigenes Recht und eine eigene Ordnung, gab es eigene Rechte der Grundherren und eigene soziale Verhältnisse. Man hat Montgelas und seiner Regierung oft vorgeworfen, dass sie zu rigoros, zu wenig einfühlsam und ahistorisch vorgingen, allzu sehr dem zentralistischen Prinzip verpflichtet und auf den modernen Einheitsgedanken fixiert. Das ist zu einem gewissen Teil auch richtig; man muss sich allerdings auch vor Augen halten, welcher Arbeitsanfall zu bewältigen war. Den Staat nach modernen Grundsätzen umzubauen und aus seinen schließlich heterogenen Teilen zusammenzuschmieden konnte nur auf dem Weg einer rigorosen Abschaffung sämtlicher herkömmlichen Systeme und Rechtsgefüge und einem völligen Neuaufbau des Staates gelingen. Es waren in möglichst kurzer Zeit und praktisch zugleich die Aufhebung der Klöster, die Abschaffung der adeligen Sonderrechte und der ständischen Repräsentation, die Vereinheitlichung der Justiz, die Aufhebung der kommunalen Sonderrechte, der Ersatz der Zunftverfassung durch eine neue Gewerbeordnung, die Trennung von Justiz und Administration, der Aufbau einer neu strukturierten Verwaltung von den Ministerien bis zu den Ämtern, die Neuordnung des Steuersystems, wofür erst einmal alle besteuerungsfähigen Anwesen in Katastern erfasst werden mussten, die Neugestaltung des Schulwesens und der Lehrerbildung, die Grundlegung der religiösen Toleranz, da Bayern ja kein konfessionell homogener Staat mehr war, und die Zentralisierung des Fürsorgewesens durchzuführen; völlige Neueinführungen wie ein staatliches Vermessungswesen, die Schutzimpfungen und ein staatliches Versicherungswesen ergänzten das große Werk. Dass bei einer solchen Kumulation nicht alles gelingen konnte, liegt auf der Hand, zumal auch immer wieder einige Rücksichten zu nehmen waren wie gegenüber dem Adel, vor allem dem erst noch in den Staat zu integrierenden mediatisierten in den neubayerischen Gebieten. Er blieb in seiner gesellschaftlichen Stellung, musste aber die Gleichstellung in der Steuerpflicht und im Gerichtsstand hinnehmen; woran sich die Regierung noch nicht wagte, war die Aufhebung der grundherrlichen Gerichtsbarkeit des Adels.

Von allen Aspekten der Reformpolitik war der zwiespältigste die Säkularisation der Klöster. In diesem Zusammenhang trat doch mehr zu Tage als nur die Verfolgung einer notwendigen Neuordnung, hier handelte es sich auch um die Umsetzung einer Erscheinung des herrschenden Zeitgeistes, der die monastische Lebensform an sich als unnütz und überholt einschätzte. Die Aufhebung traf aus diesem Grund auch die über kein nutzbares Vermögen verfügenden Bettel- und Spitalorden, die gar keine Herrschaftsrechte aufweisen konnten und daher selbst dem striktesten Zentralismus nicht im Wege gestanden hätten. Dass die Säkularisation dann aber derart katastrophale Folgen haben sollte, war nicht abzusehen gewesen. Der Staat war durch die Ungunst der Zeiten auf Jahre nicht in der Lage, alle durch den Wegfall der Klöster als Sozial- und Bildungsinstitute, als Arbeits- und Forschungsstätten und Arbeitgeber entstehenden Lücken auszufüllen, so dass sich die Säkularisation zunächst wie ein Zerstörungswerk ausnimmt und auch vielfach schon unter den betroffenen Zeitgenossen so gesehen wurde. Die überhastete Durchführung brachte es mit sich, dass der finanzielle Gewinn, den der Staat aus ihr ziehen konnte, weit hinter den Erwartungen zurückblieb. Ein positiver Saldo ergab sich erst auf die längere Sicht, als die Pensionslasten für die Mönche und Nonnen, die der Staat zu tragen hatte, wegfielen; sie summierten sich auf rund eineinhalb Millionen im Jahr. Es fehlte in der Bevölkerung das Geld, um angebotenen Boden zu kaufen; vieles blieb ganz unverkäuflich oder war nur zu Schleuderpreisen an den Mann zu bringen.

Das große Reformwerk wurde erstmals in der Konstitution des Jahres 1808, entstanden in großer Eile, um Napoleon damit zuvorzukommen, zusammengefasst. Ihre Vorläufigkeit ist dabei unübersehbar; vieles in den grundlegenden Artikeln war sogar noch Zukunftsmusik und sollte erst ein Jahrzehnt später und manchmal auch gar nicht verwirklicht werden. Sie ist dennoch ein wichtiges Dokument der bayerischen Verfassungsgeschichte, betont sie doch zum ersten Mal die volle rechtliche Gleichheit aller Bürger des Staates und die Garantie der Unverletzlichkeit ihrer persönlichen Freiheit und ihres Besitzes. Die vorgesehene Nationalrepräsentation, bestehend aus 400 Mitgliedern, die durch die Vertretung der Kreise unter Mitwirkung des Königs in einem noch einmal durch einen steuerabhängigen Wahlzensus komplizierten Wahlverfahren bestimmt wurden, war noch weit entfernt von einer Volksvertretung. Sie hatte kein Initiativrecht, selbst das Recht, Gesetze zu beraten und zu beschließen, war stark eingeschränkt, womit sie noch hinter dem zurückstand, was die Stände im späten Mittelalter sich an Rechten erworben und nominell bis 1807 besessen hatten. Trotzdem war sie moderner, denn der König verpflichtete sich, diese Kammer wenigstens einmal im Jahr einzuberufen, und vor allem entsprach sie trotz des Zensusrechts, das nur Personen mit einem bestimmten Einkommen wählbar machte, dem Grundsatz der rechtlichen Gleichheit; im alten Ständesystem war auch der reichste Bauer nicht zur Repräsentation berechtigt gewesen. Nun dominierte zwar wieder nur eine bestimmte Gesellschaftsschicht, aber doch die, der man als Grundlage ihrer Dominanz den Ausfluss ihrer persönlichen Leistung unterstellen konnte und nicht mehr eine mit der Geburt zugefallene Vorrangstellung. Es ist anzumerken, dass die Volksvertretung nach der Konstitution des Jahres 1808 niemals in dieser Form zusammentrat, das erlaubte, wie es offiziell hieß, die Ungunst der Zeiten nicht. Zu einer Nationalrepräsentation kam es in Bayern erst mit der Verfassung des Jahres 1818, dann allerdings unter wesentlich veränderten Voraussetzungen.

Tatsächlich hat sich die Regierung, der Ministerialapparat, der ja noch im Aufbau begriffen war, und nicht zuletzt auch Montgelas selbst bei diesem Riesenbau übernommen, was den ersten Minister nach und nach um die Akzeptanz brachte. Die Missstimmung bei Hof und in der Bürokratie hatte mehrere Gründe; zum einen erwies er sich als wenig einsichtig, dass auch andere Ideen als seine eine gewisse Berechtigung hatten – die Romantiker zum Beispiel waren für ihn gefährliche Wirrköpfe – zum anderen erkannten einige einflussreiche Beamte, dass ein Teil der Probleme, die sie alltäglich zu bewältigen hatten, auch durch das System Montgelas bedingt waren, alles von oben und in der Zentrale zu bewältigen. Mit den immer weiter gehenden Reformen, den immer größeren Aufgaben für den Staat wurde der Apparat, den er zur Verfügung hatte, schwerfälliger; die Beamten waren trotz ihrer hohen Leistungsbereitschaft meistens überfordert, und der Ruf nach einer Reform der Reform stand schon im Raum, ehe die erste völlig abgeschlossen war. 1817 standen die Arbeiten für die neue Verfassung und das Konkordat mit der Kurie, das die kirchlichen Verhältnisse in Bayern neu regeln sollte, kurz vor dem Abschluss, als eine Verschwörung am Hof den Minister stürzte. Maßgeblich daran beteiligt war der Kronprinz Ludwig.

Reformer, Romantiker und Autokrat – Ludwig I. (1825–1848)

Ein aktiver Kronprinz
Man kann tatsächlich den Beginn des Zeitalters Ludwigs I. bereits jetzt, acht Jahre vor seinem Regierungsantritt ansetzen. Die Grundlinien der bayerischen Politik sind von dem Zeitpunkt an in vieler Hinsicht bereits von der Handschrift des künftigen Königs geprägt; das begann schon damit, dass es in Bayern nie wieder einen Minister gab, der eine solche Machtfülle auf seine Person vereinigen konnte. Der Sturz Montgelas' bedeutete dabei keineswegs einen völligen Umschwung der bayerischen Politik; der größte Teil der leitenden Beamten war auch schon vorher in ihrer Stellung gewesen, und die erste Position übernahm mit dem Justizminister Zentner sogar sein engster Mitarbeiter. Dennoch kam jetzt vieles endlich in Bewegung, was bis dahin durch die Auffassung Montgelas' blockiert worden war. Eine der wichtigsten Arbeiten in den ersten Monaten nach dem Sturz des Ministers war die Durchführung des neuen Gemeindeedikts, das die gemeindliche Selbstverwaltung zum Teil wiederherstellte. Eine andere Entscheidung, die unter einer Regierung Montgelas wohl sicherlich auch nicht in der Form gefallen wäre, war das nicht weniger dringende Konkordat mit dem Heiligen Stuhl. Die Einflussnahme Ludwigs auf die bayerische Politik in den letzten zehn Regierungsjahren seines Vaters und sein erfolgreicher Versuch, durch den Sturz des ersten Ministers das entscheidende Gewicht in ihr zu erringen, ist unter mehreren Gesichtspunkten zu verstehen.

Ludwig I. und Montgelas misstrauten sich persönlich gegenseitig, was dazu geführt hatte, dass der Minister den Kronprinzen kaum einmal verantwortliche Aufgaben übernehmen ließ; sogar Aufenthalte Ludwigs im Ausland oder beim Wiener Kongress besaßen nur inoffiziellen Charakter, und von der Innenpolitik versuchte er ihn völlig fernzuhalten. Das war für Ludwig I. nicht annehmbar, schließlich wurde im Reformwerk des Ministers der Staat, den er zu regieren haben würde, geformt und in seine internationalen Beziehungen gestellt, und es ging um die Verfassung, die er achten und mit der er regieren sollte. Auch wenn man sich davor hüten sollte, Ludwig eine tiefe Neigung zu staatlichem Denken und zur politischen Philosophie zu unterstellen, geduldiges Abwarten, was kommen würde, war nicht seine Art, und tief verwurzelte Grundsätze bestimmten ihn in seinen politischen Ansichten sehr wohl. Sie lagen denen eines Montgelas konträr, und zwar nicht nur von seinen eigenen gedanklichen Grundlagen her, da ihm der Staatsbegriff der Aufklärung völlig fremd geblieben war, sondern auch aus dem Wesen heraus. Ludwigs Staatsauffassung, die gemessen an seiner Zeit ein Extrem darstellte, war in einem hohen Maße auch Gefühlssache. Einig waren sie sich nur in einem Punkt, nämlich in der grundlegenden Linie der bayerischen Außenpolitik, in der beide in derselben Intensität und unter allen Umständen die Wahrung der Souveränität Bayerns verfolgten; dass sie das meistens in sehr unterschiedlicher Weise taten, ist nicht entscheidend. Was jedoch das Wesen des Staates an sich und vor allem das Verhältnis des Fürsten zum Staat anbelangte, waren größere Gegensätze als die zwischen Ludwig und Montgelas kaum vorstellbar; der Fürst war für Ludwig nicht der erste Diener des ihm übergeordneten Staates, sondern die Seele desselben, der Staat war damit kein Abstraktum, sondern ein Organismus, und Fürst und Staat verschmolzen damit wieder zu einer Einheit. Das ist keineswegs im Sinne eines Rückgriffs auf voraufklärerische Auffassungen zu verstehen; dass der Staat seines Zeitalters nicht mehr der des 17. Jahrhunderts war, war auch ihm selbstverständlich. Sein Einheitsbegriff von Fürst und Staat war durchaus originell, der Staat hatte in seiner Vorstellungswelt nicht mehr dem Wohl des Fürsten zu dienen, sondern vielmehr der Fürst dem Staat als der Gemeinschaft der Untertanen.

Diese Auffassung trägt zwar viele Züge der politischen Romantik an sich, doch ist Ludwig darin von der Romantik kaum beeinflusst. Er war in seinen jungen Jahren nur wenig mit ihr in Berührung gekommen, und die Frühromantiker waren ihm fremd; ob er jemals die Schriften Schlegels oder Adam Müllers gelesen hat, ist nicht bekannt, auch die Werke der romantischen Dichtung waren ihm nur wenig vertraut. Dafür war er jedoch ein eifriger Leser der deutschen Idealisten, vor allem Schillers, in dessen Werken sich seine Neigung zu den klassischen Idealen mit seiner Begeisterung für die Geschichte des mittelalterlichen Deutschland trafen. Das Wesen Ludwigs trägt wohl romantische Züge, Romantiker im eigentlichen Sinne war er aber nicht, er konnte ohne innere Konflikte eine gleich intensive Begeisterung für das deutsche Mittelalter, für das klassische Griechenland und für die italienische Renaissance, die er im Gegensatz zur griechischen Antike durch seine Italienreisen aus eigener Anschauung kannte, nebeneinander pflegen. Dabei war er in keiner dieser Richtungen erzogen worden; sein Erzieher, Josef Anton Sambuga, entsprach in seinen Auffassungen ganz der konservativen Richtung der katholischen Aufklärung und trug nur insofern der modernen Entwicklung Rechnung, als Glaube und Religion für ihn nicht zweckorientiert waren, sondern dem einzelnen Menschen wie dem Staat tief verwurzelte sittliche Grundlagen lieferten. Darin vor allem hat er Ludwig nachhaltig beeinflusst.

Noch tiefere Eindrücke als die Erziehung durch Sambuga hinterließ allerdings die kurze Zeit, die er an der Universität verbrachte. Er hörte in Göttingen, wo er den Staatstheoretiker Schlözer kennen lernte, und dann in Landshut, wo er mit allen dort lehrenden Gestalten in Berührung kam. Vor allem die Begegnung mit dem Historiker Johannes Müller, der vermutlich die Begeisterung für das Mittelalter in ihm erweckte, sowie mit dem Juristen Savigny wurden für ihn prägend. Die für seine Zukunft wichtigste Begegnung war die mit Sailer, der als der Initiator der Romantik in Landshut gelten kann. Um für den Rest seines Lebens in den Bann Sailers und seiner Einstellung zu Kirche und Religion zu geraten, genügte ihm ein einziges Semester; Sailer blieb auch sein erster Berater in allen Kirchenfragen. Dass umgekehrt die Schule Sailers zu ihrem großen Einfluss kommen konnte, war wiederum dem Einsatz Ludwigs zu verdanken.

Ludwig war mit seinen dreißig Jahren kein junger Mann mehr, als er zur Leitung der Politik drängte. 1786 in Straßburg geboren, hatte er als Kind die Revolutionskriege mit der Flucht seiner Familie nach Ansbach erlebt; in seinen Zwanzigern war er an der Seite Napoleons aktiv an den Kriegen beteiligt, den er zwar als militärisches Genie anerkannte, persönlich aber um so heftiger ablehnte, je mehr dieser um ihn warb, wie er generell gegenüber Frankreich eine tiefe Abneigung hegte. Die Wendung Bayerns in das Bündnis mit Frankreich hatte er scharf missbilligt, aber als unvermeidlich verstanden. In den Kriegen 1805/06 und 1809 erwies er sich als militärischer Befehlshaber, selbst über eine ganze Division, als recht begabt, was ihm die Anerkennung Napoleons einbrachte – in diesem einen Fall sogar zu seiner Befriedigung, da militärische Kompetenz die einzige Qualität war, die er ihm zubilligte. Dennoch blieb ihm der Krieg zuwider, die Armee war ihm nicht mehr als eine Notwendigkeit, deren erste Aufgabe es in seinen Augen war, durch ihre bloße Präsenz einen Krieg möglichst von vornherein zu verhindern.

So wenig er ein Soldat aus Neigung war, so wenig bedeuteten ihm auch andere fürstliche Vergnügungen, wenn man von seiner Anfälligkeit für weibliche Schönheit absieht, die Gegenstand zahlreicher Anekdoten geworden ist. Er nutzte die Zeit zu historischen und kunsthistorischen Studien und Sammlungen – die Glyptothek entstand unter Missbilligung seines Vaters schon während seiner Kronprinzenzeit – zudem vervollkommnete er seine Sprachkenntnisse. Nicht wenig Zeit verbrachte er auch mit Verfassungsentwürfen und Überlegungen zu einer Neuordnung Europas und Deutschlands. Seine ersten Sporen auf dem politischen Parkett hatte er sich als Statthalter in Würzburg und Salzburg verdient, wo er sich großer Popularität erfreute und auf diese Weise viel zur Integration Würzburgs in das neue Bayern beigetragen hat. Großen Verdruss bereiteten ihm die Vorgänge in Tirol, wo er das Unheil hatte kommen sehen, und wo er schon lang vor den allzu radikalen Reformen gewarnt hatte; dass ihm während des Aufstandes die Vermittlung nicht gelang, hat ihn sehr geschmerzt. Seine Erfolge sind um so erstaunlicher, als er keine gewinnende Persönlichkeit war; als Gesprächspartner war er seiner Schwerhörigkeit und eines angeborenen Sprachfehlers wegen eher schwierig, und in Diplomatenkreisen wurde er nicht geschätzt, da ihn sein hohes Selbstbewusstsein, seine Frühreife und seine herrische Natur immer wieder zu heftigen Ausbrüchen verführte, wovor er auch im Schriftlichen nicht gefeit war, seine Randvermerke in den Akten sind heute zuweilen recht erheiternd zu lesen, die Minister dürften seine Auslassungen weniger amüsiert haben.

Ludwig war ein harter Arbeiter. 14 Stunden am Schreibtisch zu sitzen war für ihn ein normales Pensum, und selbst seine Sommeraufenthalte in Bad Brückenau in der Rhön waren noch mit einer nur wenig reduzierten Regierungstätigkeit ausgefüllt. Vieles an seinem Regierungsstil wie an seiner Staatsauffassung gemahnt an Kurfürst Maximilian I., dem er sich innerlich auch verwandt fühlte; wie dieser – und wie kein anderer Herrscher Bayerns außer ihnen – versuchte er, geistiges Leben und Kunst im Sinne des Staates einzusetzen. Alle Fäden liefen in seiner Hand zusammen; es gab keine Entscheidung im Königreich, die nicht von ihm selbst getroffen worden wäre. So widerwillig er gegen die Verfassung, die er nicht selten als lästig empfand, auch sein konnte, gehalten hat er sich an sie in bemerkenswerter Konsequenz. Nicht nur, dass sie sein heiligstes Argument gegen jede Maßnahme des Deutschen Bundes war, auch in den inneren Belangen Bayerns blieb sie eine unverrückbare Größe.

Diese Verfassung, die 1818 erlassen worden war, gab ihm zwar wohl Spielraum als Monarch, sie schränkte seine Möglichkeiten aber doch auch um Einiges ein. Gegenüber der Konstitution des Jahres 1808 sah sie vor, dass die Stände des Königreichs, die durch den König wenigstens alle drei Jahre einzuberufen waren, jedem neuen Gesetz und jeder wesentlichen Änderung eines bestehenden erst zustimmen mussten, außerdem konnten gegen das Veto der Stände keine Steuern eingeführt oder erhöht werden. Darüber hinaus hatten die Stände Recht auf Einblick in die Haushaltspläne und die Abrechnungen und auf die Prüfung derselben, wobei allerdings nicht festgelegt wurde, in welcher Weise sie bei einem negativen Ergebnis gegen den Haushalt vorgehen sollten. Die Stände hatten also weder ein echtes Budgetrecht noch eine Gesetzesinitiative; aber auch die durch diese Verfassung zugestandenen Rechte gingen weit über das hinaus, was 1818 in Deutschland Verfassungsnorm war, eine ähnliche Stellung wie in Bayern gewannen die Stände etwa in Preußen erst drei Jahrzehnte später. Wichtig war die Immunität der Abgeordneten für die Dauer der Sitzungsperioden und ein Verbot, einen Abgeordneten für seine Haltung im Landtag zur Rechenschaft zu ziehen. Die Einflussnahme der Krone auf den Landtag war allerdings auf einem anderen Wege möglich, und zwar durch die Zusammensetzung der Repräsentation. Diese gliederte sich in zwei Kammern, deren erste, der Reichsrat, in ihrer Besetzung zum größten Teil der König bestimmte. Die Zweite Kammer setzte sich aus gewählten Abgeordneten zusammen. Diese wurden für sechs Jahre gewählt, sie hatten also mindestens während einer Periode zwei Landtage zu bestreiten; gewählt wurde getrennt nach ständischen Gruppen. Die Zahl der Abgeordneten, die ein Stand zu entsenden hatte, war von vornherein festgelegt. Abgeordnete wählten die Inhaber der Patrimonialgerichtsbarkeit, daneben gab es Abgeordnete der drei Universitäten des Landes, der Stadt- und Marktgemeinden, der Geistlichkeit beider Konfessionen und der bäuerlichen Grundbesitzer. Letztere hatten die Hälfte der Sitze inne, was trotz des krassen Missverhältnisses zum tatsächlichen Anteil der bäuerlichen Bevölkerung eine geradezu revolutionäre Neuerung war; diese – von verschiedenen Seiten mit Unmut begrüßte – Regelung war nur durch den persönlichen Einsatz des Kronprinzen einzubringen gewesen. Das aktive Wahlrecht war gebunden an ein jährliches Steueraufkommen von 10 Gulden, was einem Einkommen von mindestens 800 Gulden entsprach, das in etwa das durchschnittliche Aufkommen eines Bauern ausmachte. Die Verfassung wurde von den verschiedensten Gruppen mit Begeisterung aufgenommen, obwohl es sich bei ihr nicht um ein Produkt eines gemeinsamen Willens handelte, sondern um eine durch den König oktroyierte Verfassung. Es gab auch Gegner, sogar in Regierungskreisen, doch hielten diese sich vorerst im Hintergrund. Im Ausland wurde die bayerische Verfassung dagegen mit gemischten Gefühlen betrachtet, vor allem in Österreich; hier stand man den Verfassungsbewegungen in den Staaten des Deutschen Bundes skeptisch gegenüber, da die Entwicklung der Bundesverfassung und der Pläne, die Metternich mit dieser hegte, noch nicht abgeschlossen war. Während der Jahre 1817 und 1818 war die Nervosität in Wien ständig gestiegen, einer der Gründe war die Unruhe, die von den Universitäten ausging, wo die Studenten zunehmend Missmut über die Entwicklung oder besser Nicht-Entwicklung des Deutschen Bundes zu einem Bundesstaat zeigten. Wenn auch die Unruhe nicht annähernd so groß und gefährlich war, wie sie durch die Sicherheitsorgane empfunden und dargestellt wurde, ein Teil der ihr zugeschriebenen Gefahren war auch auf die der wahren Bedeutung der Bewegung kaum angemessene Lautstärke derselben zurückzuführen. Das Misstrauen Metternichs gegen die bayerische Verfassung schien sich zu bestätigen, als im Februar 1819 die erste bayerische Ständeversammlung eröffnet wurde. Zwar waren die Meinungsäußerungen einiger Abgeordneter, die in Wien Anstoß erregten, zum guten Teil nur das schiere Auftrumpfen Einzelner – die Meinung, dass die Kammer der Reichsräte überflüssig sei, war zwar das gute Recht dessen, der sie äußerte, eine praktische Bedeutung hatte diese Sentenz aber nicht – zum Teil wurden aber auch ernsthaft zu erwägende Überlegungen vorgebracht, etwa die, dass die Armee auf die Verfassung zu vereidigen sei und die Zensurvorschriften von der Abgeordnetenkammer ausgearbeitet werden müssten, oder gar Äußerungen, die im Rahmen einer freien Meinungsäußerung selbstverständlich sein müssten wie etwa die, dass der bayerische Militäretat vor dem Hintergrund der prekären Finanzlage des Landes nicht vertretbar sei.

Tatsächlich wären aber weder die Studentenunruhen noch die konstitutionellen Bestrebungen ein Grund gewesen, zu solchen Maßnahmen zu greifen, wie dies 1819 nach dem Mord an dem antiliberalen Publizisten Kotzebue geschehen ist. Sein Mörder, Karl

August Sand, war ein Mitglied des radikalen Flügels der Deutschen Burschenschaft. Die Regierungen, auch in München, reagierten mit Beunruhigung auf den Vorgang; auch den König hatte tiefe Besorgnis befallen. Die Bundespolitik Bayerns, die ja auf die Verhinderung einer Ausweitung der Bundeskompetenzen hin angelegt war, schien mit einem Mal vergessen. Bei der Karlsbader Ministerkonferenz im August des Jahres wurden eine Zensurverschärfung und die Überwachung der Universitäten durch Regierungskommissäre beschlossen; die Burschenschaft wurde verboten. Waren dies schon einschneidende Maßnahmen, so gingen die Wünsche Metternichs noch weiter; er drängte auf die Aufhebung des Artikels 13 der Bundesakte, die die Einführung von Verfassungen in den einzelnen Ländern vorsah, und darüber hinaus wieder auf die Einführung eines zentralen Bundesgerichts. Die Bestrebung, den Verfassungsartikel zu streichen, bedeutete jedoch, dass die bestehenden Verfassungen der Länder aufgehoben werden konnten. Diese Möglichkeit stieß sogar in München auf offenes Interesse, da inzwischen die Regierung infolge des Verlaufs des ersten Landtags über die Verfassung nicht mehr eben freundlich dachte; der König hatte sie ohnedies in der Form, in der sie 1818 erlassen worden war, nie gewünscht und sah sich in seiner Reserve nur bestätigt.

Es kam aber nicht dazu und auch zu keiner wirksamen Durchführung der Karlsbader Beschlüsse. Verantwortlich dafür war der Kronprinz, der erkannte, dass die Verfassung erlassen und damit nicht mehr revidierbar war, wollte man nicht schwere Unruhen riskieren. In der Befolgung der Karlsbader Beschlüsse sah er die Gefahr eines allzu großen Übergewichts des Deutschen Bundes. Wrede, dessen negative Haltung gegen die Verfassung weniger von Revolutionsängsten initiiert war als vielmehr durch seinen Verdruss über die scharfe Kritik einiger Abgeordneter an seiner Wehrpolitik, konnte von Ludwig umgestimmt werden, was deswegen wichtig war, weil er als Einziger einigen Einfluss auf den König hatte. Bei diesem wirkte das Zauberwort, mit dem ein kluger Taktiker beinahe alles von ihm erreichen konnte, und zwar die Besorgnis um die bayerische Souveränität. So schwenkte auch er wieder um, und Ludwig setzte sich, auch wenn er persönlich dabei im Hintergrund blieb, durch; die Publikation der Karlsbader Beschlüsse erfolgte in Bayern mit dem ebenso nichts wie alles sagenden Zusatz: „Sofern sie der Souveränität, der Verfassung und den bestehenden Gesetzen nicht entgegenstünden". In der Folge trafen die Karlsbader Beschlüsse Bayern nur mit verminderter Wucht. Es gab in den folgenden Jahren auch keinen zwingenden Anlass mehr für Verschärfungen, da an den

Universitäten sich keine größeren Zwischenfälle ereigneten und die beiden folgenden Landtage, verfassungsgemäß alle drei Jahre 1822 und 1825 einberufen, die anstehende Arbeit in geordneten Bahnen erledigten.

Reformen der Reform
Am 26. Oktober 1825 starb unerwartet der König. Die Trauer im Land war groß; die Tiefpunkte seiner Popularität während der Kriege waren längst vergessen. Sein Ableben beschloss eine Zeit, in der Bayern nicht nur überlebt, sondern auch seine äußere und innere Form gefunden hatte. Freilich hatte bereits 1817 hatte das Zeitalter König Ludwigs I. begonnen. Hier ist der Anfang der Linie der bayerischen Politik, die sich durch die nachfolgenden Jahrzehnte fortziehen sollte, nach innen wie nach außen, die Motive sollten sich nicht ändern. Die Souveränität Bayerns war das eine Heiligtum des neuen Königs, und seine Verfassung das andere. Und noch ein Leitmotiv der Regierung Ludwigs I. klang jetzt bereits kraftvoll an, und zwar der Unterschied zwischen theoretischem Gesetz und praktischem Handeln; Liberalität war für Ludwig nicht eine Frage der rechtlichen Grundlage, sondern eine des persönlichen Wollens. Auch das ungerechteste Gesetz stört niemand, so dachte er sinngemäß, wenn es nicht umgesetzt wird, und nach dieser Maxime hat er zu regieren versucht, lange Zeit mit Erfolg. Auf diese Weise konnten sich auch viele völlig heterogene Kreise ziemlich lang unter seiner Regierung wohlfühlen.

Der Regierungsantritt Ludwigs I. nimmt sich nach alledem aus wie der Absprung nach einem langen Anlauf, und er war dementsprechend kraftvoll. Dies hatte in seiner Umgebung und auch weit von München entfernt in den interessierten Kreisen jeder erwartet – Görres ließ ihm ein Mahnschreiben in der Form eines politischen Testaments des Kurfürsten Maximilian I. zukommen – dass der König indessen derart radikal durchgreifen würde, kam aber doch überraschend. Die einschneidendsten Maßnahmen wurden in der Finanzpolitik getroffen, wo sie auch dringend erforderlich waren, was aber nichts anderes bedeuten konnte, als dass in allen Bereichen drastische Einsparungen vorgenommen werden mussten. Es galt, eine Schuldenlast von über 80 Millionen Gulden abzubauen, die sich in den letzten Jahren immer weiter erhöht hatte, in jeder Finanzperiode war wieder ein Defizit zu verzeichnen gewesen. Wiederholt hatte der Kronprinz, in Sorge, vor lauter Schuldentilgungen nicht wirklich regieren zu können, vor einer Weiterführung dieser Wirtschaft gewarnt und Einfluss auf die Finanzen zu gewinnen versucht, jetzt war der Zeitpunkt gekommen zu zeigen, dass seine Warnungen aus berufenem Munde gekommen waren. Ludwig machte vor nichts Halt; eine seiner ersten Regierungshandlungen war, die Gehälter der Minister von 20 000 Gulden jährlich auf 12 000 Gulden herabzusetzen. Ebenso drastisch beschnitt er den Staatsrat, dem er zwar einen eng umrissenen Aufgabenbereich gab, in der Zusammensetzung und Besoldung aber erheblich reduzierte; die Position des Präsidenten wurde ganz gestrichen, den Vorsitz übernahm der König selbst. Auf allen Ebenen und in allen Gliederungen der Administration wurde der Personalstand reduziert. Der Staat musste sich von einem Teil seiner Aufgaben wieder trennen, Verwaltungsgänge sollten vereinfacht werden. Eine direkte Maßnahme war eine grundlegende Reform des Rechnungswesens, die in allen Bereichen Übersichtlichkeit und Kontrollierbarkeit der Finanzen herstellen sollte. Nicht weniger drastisch griff er in die Kosten für die Armee ein. Ludwig war nicht, wie er gerne hingestellt wird, ein der Verteidigung des Landes gegenüber eher gleichgültiger Monarch, der vor den Problemen, die die Finanzierung einer schlagkräftigen Armee stellte, sich in den persönlichen Pazifismus flüchtete, er strebte eine ideale Kombination von Kosten und Effizienz der Armee an. Insgesamt betrugen die Einsparungen bei der Armee im Jahr eine Million Gulden, was ein Siebtel des Militäretats ausmachte; dabei war es aber immer noch möglich, die 1801 zerstörte Festung Ingolstadt wieder aufzubauen und die Artillerie bis zu einem gewissen Grad zu modernisieren.

Die Reform der Verwaltung beschränkte sich nicht in einem radikalen Abbau mit dem alleinigen Ziel der Kostenreduzierung, es wurden auch durch eine Um- und Neugliederung die Instrumente geschaffen, die der König für seine lang gehegten Vorstellungen benötigte. Diese lagen in der Kulturpolitik, für die er im Innenministerium als oberster Kirchen- und Schulrat eine eigene Abteilung einrichten ließ, und zum anderen darin, dass er das öffentliche Bauwesen unter seine Kontrolle zu bringen suchte, indem er eine Sektion für das Bauwesen einrichtete.

Als Finanzminister gewann er den Grafen Armannsberg, der schon seit dem letzten Landtag unter Max I. zu den Kritikern der Finanzpolitik gehört hatte, und dessen Sachkenntnis und Entschlossenheit, die Finanzen zu sanieren, die ihm bald den netten Spitznamen „Sparmannsperg" eintragen sollten, sich der König sichern wollte. Dass er auch das Innenministerium leitete, begründete Ludwig I. damit, dass das Reformwerk ja Finanzen und Administration umfasste und daher auch unter einer Leitung stehen müsse. In aller

Eile wurde eine neue Steuergrundlage mit einheitlichen Normen entworfen, ein Plan für eine endgültige Bauernbefreiung entwickelt, und ein Gesetz, das die Gewinnung von Arbeitskräften erleichtern sollte, ebenso entworfen wie ein Gesetzeswerk, das eine Steigerung des Agrarertrages bewirken sollte. Bayern sollte, das war das erklärte Ziel des Königs, in wenigen Jahren der modernste Staat im Deutschen Bund werden, nicht zuletzt, um die Überlegenheit seiner Staatsauffassung unter Beweis zu stellen. Wenn man sich den Umfang vor Augen hält, den das Reformwerk hatte, kann es kaum verwundern, dass die Arbeiten nicht in allen Bereichen gleichermaßen vorankamen; schon Ende 1826, kaum ein Jahr nach dem großen Ansatz, war vieles ins Stocken geraten. Vor allem waren, und dies war der Unterschied zur letzten Reform des Staates unter Montgelas, diesmal auch Rücksichten auf das Land, auf die Repräsentation seiner Bürger zu nehmen, verkörpert im Landtag, der 1828 einzuberufen war.

Parallel zu diesen Anstrengungen lief die Kulturpolitik des Königs an. Hier stand, anders als die die Ordnung der Finanzen und die Straffung der Administration, wo doch im Wesentlichen das Werk Montgelas in einer ergänzten und korrigierten Weise abgeschlossen wurde, zusätzlich auch noch eine grundlegende ideelle Erneuerung auf dem Programm. Der verantwortliche Beamte war Eduard von Schenk, der den obersten Kirchen- und Schulrat leitete. Schenk war in seiner Studienzeit ein Schüler Savignys gewesen und mit der Landshuter Frühromantik in Berührung gekommen. Seine in einer tiefen Überzeugung wurzelnde christliche Grundanschauung und seine Auffassung von Staat und Fürst, vor allem aber der beiden gemeinsame Standort im Bann Sailers prädestinierten ihn in den Augen Ludwigs I. als den Leiter seiner Kulturpolitik. Dennoch war die Vorstellungswelt des Königs für die grundlegenden Maximen derselben allein maßgeblich. Sie war vielgleisig zu fahren, den Universitäten, allen voran die von Landshut nach München zu verlegende altbayerische, galt die Aufmerksamkeit ebenso wie dem Schulwesen, den Klöstern, die Ludwig wieder ins Leben zu rufen gedachte, nicht weniger als der institutionsübergreifenden Pflege der Bayerischen Geschichte und der Kunstförderung im weitesten Sinne. Fast immer waren in der Durchführung mehrere Überlegungen heterogenen Ursprunges einzubeziehen. Dies galt vorrangig für die Universität, deren Verlegung von Landshut nach München unter mehreren Intentionen zu verstehen ist. Zum einen erhoffte man sich eine Verbesserung des Austausches zwischen der Akademie der Wissenschaften und der Universität, zum anderen eine Verbesserung der

Arbeitsbedingungen für die Universität durch die naturwissenschaftlichen und geistigen Einrichtungen der Stadt wie der Hofbibliothek, weiterhin war die Verlegung eine der besten Gelegenheiten, die Professoren neu zu berufen und damit die geistige Verjüngung des Lehrkörpers vorzunehmen. Daneben galt die Verlegung dem Rang Münchens an sich, das Ludwig I. zu nichts geringerem als zur geistigen und kulturellen Hauptstadt für Deutschland machen wollte, damit ein Korrelativ zur politischen Zweitrangigkeit Bayerns schaffend. Dass man mit der hymnisch zum Ausdruck gebrachten Hoffnung auf die deutsche Jugend, die man in München zu versammeln gedachte, die Zukunft der Romantik doch weit überschätzte, konnte man nicht wissen. Am 15. November 1826 wurde die Universität in München feierlich eröffnet; die Verlegung war durch die vielen Neuberufungen beinahe eine Neugründung. Im Vorfeld waren Auseinandersetzungen zu überstehen gewesen, da einige der Persönlichkeiten, die für die Verlegung die treibenden Kräfte gewesen waren, versucht hatten, die Universität als eine katholische Universität neu zu gründen, was sich aber deshalb nicht empfahl, weil nicht für alle Fakultäten ausreichend qualifizierte katholische Professoren zur Verfügung standen, ganz abgesehen davon, dass man auch nicht jeden gewinnen konnte, den man sich wünschte. Aber eine konfessionelle Trennung der Universitäten – man hätte konsequenterweise Erlangen zur protestantischen Universität machen müssen – lag auch nicht im Sinn des Königs, der hier ganz der Linie Sailers verpflichtet war und überdies in seinen hochfliegenden Plänen an die ganze deutsche Jugend gedacht hatte. Dies schloss nicht aus, dass die Universität München einen eigenen, von den anderen Universitäten abgehobenen, und zwar vornehmlich einen christlich-konservativen Charakter besitzen würde; die in Landshut lehrenden Spätaufklärer hatten keine Chance, nach München berufen zu werden. Gegenüber den unter den Gelehrten verbreiteten liberal-kirchlichen Einstellungen jedoch zeigten sich Schenk wie auch der König tolerant.

Einer der Mittelpunkte der Universität wurde der auf den Lehrstuhl für Philosophie berufene Schelling, der sich seinerseits bewusst in den Dienst der Sache stellte, die eine Vermittlung der Notwendigkeit einer Grundlage aller Philosophie im Glauben sein sollte; auch wenn ihm dies letztlich nicht gelingen sollte, waren seine Vorlesungen ein gesellschaftliches Ereignis. Ein anderer Mittelpunkt, nicht nur der Universität, sondern auch der Münchner Gesellschaft, sollte jedoch der nach längerem Suchen auf den historischen Lehrstuhl berufene Joseph Görres werden, der nach seinem langen, gewundenen Lebensweg in München zur Ruhe kommen sollte. Für die Berufung Görres', der sich eher als Publizist denn als Wissenschaftler einen Namen gemacht hatte, nahm Ludwig I. erhebliche Probleme mit Preußen in Kauf, wo Görres seit mehr als einem Jahrzehnt per Steckbrief gesucht war. Es war Schenk – mehr als dem König – klar, dass Görres allein nicht einen Ruf Münchens als bedeutende Historikerschule begründen konnte, worauf aber Ludwig großen Wert legte. Die angestrebte Einrichtung einer historisch-kritischen Schule, wie sie Ranke vertrat, scheiterte daran, dass es nicht gelang, einen der herausragenden Gelehrten der Zeit, der diese Richtung vertreten hätte, für München zu gewinnen. Ähnliche Probleme stellten sich auch in anderen Fakultäten; die gelehrte Welt verhielt sich gegenüber der Universität München eher abwartend, wohl auch, weil die Zielrichtung der Institution nicht ganz klar erschien und weil man noch nicht einzuschätzen vermochte, wie sich das Engagement des Königs weiter entwickeln würde. Viele der Wunschkandidaten lehnten daher den Ruf ab; dass sich dennoch in München eine der ersten Universitäten Deutschlands, und zwar in allen Fakultäten, ausbilden sollte, lag in erster Linie daran, dass sich bald aus eigenen Kräften ein hervorragender Nachwuchs rekrutieren sollte und dass sich bald viele der jungen, noch weniger bekannten Kräfte, zu erstrangigen Vertretern ihres Faches entwickelten; eines der besten Beispiele ist der Jurist Georg Ludwig Maurer, der im Alter von 36 Jahren seinen Lehrstuhl in München übernahm.

War der Umbau der Universität in eine christliche Universität in liberaler Weise erfolgt, das heißt unter Verzicht auf enge Regulative und stattdessen im großen Vertrauen auf die Durchsetzungsfähigkeit der Synthese von Glauben und Wissen und auf die Selektions- und Rezeptionsfähigkeit der studierenden Jugend, so musste in den Schulen der neue Geist in härterer Gangart durchgesetzt werden. Im Staate Montgelas' war das Schulwesen in einem Maß den Idealen der Aufklärung angepasst worden, dass von einer religiösen Erziehung der Schüler keine Rede sein konnte. Es erfolgte vielmehr ein dem Namen nach katholischer oder evangelischer, aber kaum noch an den Grundsätzen des Christentums orientierter Moralunterricht, während in den anderen Fächern nur der blanke Utilitarismus herrschte. Die Aufgabe einer erneuerten religiösen Erziehung ging dabei über die Bildung der eigenen Persönlichkeit der Schüler in einem christlichen Sinne hinaus. Das galt nicht nur für die Volksschulen, sondern auch für die Gymnasien, die nach dem Plan des Gymnasialreformers Thiersch zusätzlich für die nachwachsende Bildungsschicht die Bildungsgrundsätze des Idealismus zu vermitteln hatten.

Die „Seele des Staates"
Im Bildungs- und Erziehungswesen gab es neben der ersten Grundlage in der christlichen Weltanschauung auch noch eine zweite, und zwar die des historischen Bewusstseins. Auch hier nahm der König das Maß an sich selbst; neben der Religion war für ihn die Begeisterung für die Geschichte Antrieb und Basis des Staatsbewusstseins. So sollte in der historischen Bildung der Weg über die eigene Geschichte, zunächst die des Heimatortes und dann die Bayerns zur allgemeinen Geschichte führen. In dieser Beziehung griffen die Pläne weit über das Erziehungs- und Bildungswesen hinaus; nicht nur der Jugend, sondern auch den Erwachsenen sollte ein historisches Bewusstsein vermittelt werden. Hierzu stand ein vielfältiges Instrumentarium zur Verfügung; neu zu errichtende Stätten der Erinnerung an die eigene Geschichte wie Denkmäler und Museen, die Pflege der historischen Stätten, für die 1827 die amtliche Denkmalpflege in Bayern begründet wurde, vor allem die regionalen und lokalen historischen Vereine als Fortbildungsinstitutionen für den Staatsbürger wurden im großen Stile initiiert und gefördert. Ludwig wendete nicht wenig Mittel und Mühen für dieses Ziel auf; Monumentaldenkmäler wie die Befreiungshalle oberhalb Kelheims, die Walhalla und die Ruhmeshalle waren seine eigenen Ideen, und auf seine Initiative gingen zahlreiche Einzeldenkmäler zurück, von denen Ludwig mehr errichten ließ als jeder andere bayerische Herrscher, die an die Größen der bayerischen, fränkischen und schwäbischen Geschichte und Kultur erinnern sollten. Auf seinen Wunsch wurde das Wappen des Königreichs zu einer Gesamtschau der historischen Zusammensetzung durch die Versinnbildlichung der einzelnen Teile Bayerns in den Wappenfeldern umgestaltet. In diesen Rahmen fällt auch die 1837 durchgesetzte Umbenennung der bayerischen Kreise, die durch den Gebrauch historischer Begriffe wie Ober- und Niederbayern, Oberpfalz, Franken und Schwaben die lange Geschichte dieser Regionen wieder in das Bewusstsein der Menschen zurückrufen sollten; er führte 1835 die große Titulatur des Königs ein, in der die Titel eines Pfalzgrafen bei Rhein und eines Herzogs von Franken und Schwaben erschienen, was zwar nicht unkritisiert bleiben sollte, vor allem aber von den historischen Vereinen auch mit Interesse begrüßt wurde.

Die Funktion von historischen Denkmälern hatten zumindest in einer Hinsicht auch die Klöster, die Ludwig I. wieder ins Leben rufen ließ, wofür er auch Widerstände in seinem Kabinett überwinden musste. Hier handelte er ganz in die Reihe seiner Vorfahren, denen er eine Rolle im ideellen Staatsgefüge zuwies. Konsequent war er dabei freilich nicht; die einseitige Bevorzugung der Benediktiner und der Bettelorden wird wohl der Rolle derselben für die Geschichte Bayerns gerecht, im Ganzen gesehen blieb eine Wiedererstehung der bayerischen Klosterlandschaft nur auf der Basis dieser Orden Stückwerk. Von den Jesuiten wollte der König ungeachtet ihrer Bedeutung für die bayerische Geschichte nichts wissen. Hier galt für ihn die ganz persönliche Neigung, das Bild, das er vom bayerischen Mittelalter hatte, und das sich in einer romantischen Verklärung auf ausgewählte Aspekte desselben konzentrierte. Höhepunkt dieser Neigung war es, dass er nicht nur Klöster wieder ins Leben ruf, sondern auch selbst mit St. Bonifaz in München, ganz dem Andenken seiner Ahnen verpflichtet, ein neues gründete, sein Eigenkloster, in dem er seine Grabstätte finden wollte.

In dieser großen Einheit von Wissenschaft, Religion und Staat, die seine ganze Kulturpolitik prägt, ist Ludwig I. nun doch Romantiker gewesen, und wenn auch diesem Plan auf die lange Sicht nur wenig Zukunft beschieden sein sollte, so ist ihm eine gewisse Größe nicht abzusprechen. Sieht man alles zusammen, was er in seinen ersten Regierungsjahren in Angriff genommen hat, so muss man trotz aller Vorbehalte bestätigen, dass er in seinen Vorstellungen vom Staat doch weit über den in der Zielsetzung utilitaristischen, in den Grundlagen aber abstrakten Staat der Spätaufklärung hinausgriff – gemessen am Denken seiner Zeit vielleicht viel zu weit. Denn bei aller Bewunderung für sein Gedankengebäude muss man auch feststellen, dass es vielen nicht verständlich wurde. Das lag nicht zuletzt daran, dass er und seine Mitarbeiter die Möglichkeiten der Erziehung überschätzten; hierin war er ein Kind der Aufklärung, so wenig ihm das selbst so vorkommen mochte.

Das musste er bereits im Verlauf des ersten Landtages seiner Regierungszeit erkennen, den er, früher als es die Verfassung erfordert hätte, schon im November 1827 eröffnete; die Eile entsprach der Notwendigkeit, die Entwürfe für die Reformen von den Ständen absegnen zu lassen. Der Landtag sollte bis zum August des folgenden Jahres dauern, und wenn auch insgesamt eine Reihe wichtiger Arbeiten erledigt werden konnte, so verlief er insgesamt doch enttäuschend für den König, der sich gleich mehreren oppositionellen Richtungen gegenübersah, während es eine völlig auf seiner Linie liegende Parteiung im Grunde nicht gab, und zwar weder in der Ersten noch in der Zweiten Kammer. Tonangebend waren die Vertreter der Richtung, die man im Sprachgebrauch des frühen 19. Jahrhunderts als Liberale bezeichnete und in der Tradition der Spätaufklärung standen, weswegen zu diesem Zeitpunkt noch ein erheblicher Teil der katholischen Geistlichkeit zu den wenigstens gemäßigt Liberalen zu rechnen war, der evangelische Klerus vertrat schon fast traditionell liberale Ideen. Sozial repräsentierte sie den größeren Teil des Bürgertums, vor allem zählten sich viele Beamte zu dieser Richtung. Die im Landtag am stärksten vertretene Gruppe war die der Konservativen, zu denen nahezu geschlossen die Bauern und die Patrimonialherren zu rechnen waren. Dass sie um diese Zeit dennoch nicht das politische Übergewicht hatten, lag daran, dass sie noch weniger geschlossen aufzutreten in der Lage waren als die Liberalen, und zum anderen, dass es ihnen vorerst noch an entsprechenden Führungsgestalten gebrach; zudem hatte sich im Zeichen der rasch dahinschreitenden Entwicklung noch kein echtes Programm der Konservativen entwickeln können.

Die Eröffnungsrede, die König Ludwig I. hielt, ließ die Abgeordneten ahnen, was auf sie zukam; der König sprach offen darüber, dass die bayerische Verfassung nicht frei von Mängeln und der Landtag angetreten sei, diese zu mindern und zu beheben – was bedeutete, dass auf die Abgeordneten 25 Gesetzesvorlagen warteten, unter denen sich einige hochbrisante Angelegenheiten befanden. Eine vollständige Durchsetzung des Programms, das sich in den Gesetzesvorlagen verbarg, hätte schon 1827 aus dem Königreich Bayern einen Staat geformt, wie er zwei Jahrzehnte später im Zeichen der Revolution geschaffen wurde, manches ging sogar noch darüber hinaus. Der König, so hieß es bald, sei liberaler als die von den Liberalen beherrschten Landtagskammern, und man müsse wohl die Verfassung vor ihm schützen. Das entsprach der Realität nicht ganz; so liberal war Ludwig nämlich nicht, auch wenn er Gesetze vorlegen ließ, die beispielsweise die Elemente der französischen Administration, die in der Pfalz noch gültig waren, auf ganz Bayern übertragen sollten, auch wenn er versuchte, dem bayerischen Adel ein System zu verpassen, das weitgehend dem des englischen entsprach. Was Ludwig dem Landtag vorlegte, waren nicht etwa Entwürfe, aus denen die Gesetze zu erarbeiten waren, sondern fertige Gesetze, die der Landtag genehmigen konnte oder nicht. Was nicht in seinem Sinne genehmigt wurde, unterblieb für diesmal ganz wie z. B. das Adelsgesetz. Vor allem erwartete der König uneingeschränkte Dankbarkeit für seine Leistungen und für sein Entgegenkommen, das er als der gütige und väterliche Lenker des Staates gewährte. Das konnte er angesichts der geringen Verbreitung seiner Vorstellungen vom Verhältnis des Fürsten zum Staate eigentlich in diesem Ausmaß nicht erwarten; dennoch zeigte er sich erstaunt darüber, wie gering der Konsens doch war und wie weit die Gegensätze gingen. Es kann freilich auch den liberalen Wortführern der Kammern nicht der Vorwurf erspart werden, den Bogen überspannt zu haben und oft in die Vorlagen des Königs und der Regierung mehr Misstrauen gesetzt zu haben, als diese es verdienten. Als bei der Eröffnung des Landtages bekannt gegeben wurde, dass endlich die Finanzen des Staates wieder geordnet seien, wurde ohne ein Wort der Begrüßung dieser Tatsache lediglich entgegnet, man erwarte die Vorlage der Rechnungen. Die Regierung hatte diese Vorlage dabei jedoch keineswegs zu fürchten, war seit 1825 war ein Aktivrest von 165 000 Gulden zu verzeichnen und die Staatsverschuldung um einige Millionen abgebaut worden. Erst recht musste es den König und Armannsperg erbittern, dass Rudhart, der Wortführer der liberalen Opposition, dennoch ein Defizit zu errechnen versuchte. Gänzlich zum Fiasko geriet die angestrebte Neufassung der Patrimonialgerichtsbarkeit. Dass er damit die konservative Opposition gegen sich aufbringen würde, hatte der König geahnt, dass es dieser aber gelingen würde, mit einer Wendung in das Grundsätzliche und der völlig hanebüchenen Behauptung, es handle sich bei ihr um ein Privateigentum und damit bei der Gesetzesvorlage um einen Versuch des Staates, die Rechte der Person und des Eigentums zu schmälern, auch die Liberalen gegen diese Vorlage zu mobilisieren, musste ihn erbittern.

Unmittelbar nach dem Schluss des Landtages 1828 bildete Ludwig das Kabinett um; Armannsperg, der in der Debatte um die patrimoniale Gerichtsbarkeit doch stark in das Kreuzfeuer liberaler Kritik geraten war, musste den Platz des Innenministers räumen und erhielt nun zum Finanz- das Außenministerium übertragen. Innenminister wurde nun Schenk, dessen bisherige Position eingespart wurde. Ludwig I. war bemüht, nicht den Gedanken aufkommen zu lassen, die Umbildung des Kabinetts sei ein Erfolg der Opposition gewesen; vielmehr betonte er, dass sich Armannsperg nicht in dem Maß, wie er es sich erhofft hatte, für die Durchsetzung seiner kulturpolitischen Linie als geeignet erwiesen hatte. Auf Schenk, der wahrscheinlich dem König seiner Streitigkeiten mit Armannsperg wegen selbst diesen Wechsel nahe gelegt hatte, setzte er diesbezüglich die größten Hoffnungen. Darüber hinaus war er jedoch ungeachtet seiner Enttäuschung fest entschlossen, den Kurs seiner Reformtätigkeit unverändert fortzusetzen. Die folgenden Jahre waren von einer fruchtbaren Tätigkeit des Königs wie der Regierung erfüllt; befreit von den Reibereien zwischen dem Innenminister und dem eigentlichen Leiter der Kulturpolitik kam vor allem letztere voran, die Berufungs- und Schulpolitik begann nun Wirkung zu zeigen.

Es ist eine oft diskutierte Frage, zu welchem Zeitpunkt der König sich von dem liberalen Reformpolitiker seiner ersten Jahre zu dem Autokraten wandelte, der er den größten Teil seiner Regierungszeit war; eine Wendung scheint sich in den Jahren 1830 bis 1832 erkennen zu lassen. Tatsächlich aber hat sich Ludwig in seiner Grundhaltung kaum geändert; sie war vor seiner scheinbaren Wende zur defensiv-konservativen Politik nicht so liberal gewesen, wie es den Anschein haben mag, und sie war auch nach diesem Zeitpunkt nicht so reaktionär, wie sie aus der modernen Perspektive aussehen mag. Dass die Fortentwicklung der bayerischen Verfassung nach 1832 noch langsamer vonstatten ging als zuvor war nicht die Schuld des Königs, der von seinen Projekten keines aufgegeben hatte, nach wie vor scheiterten die meisten Reformen im Landtag. Dass es die uneingeschränkte Zensurfreiheit nach 1832 in Bayern nicht mehr geben sollte, stellt vor dem Hintergrund der inneren Entwicklung der Presse einen geringeren Rückschritt dar, als man meinen möchte; hätte die Publizistik schon vor 1825 die schrillen Töne angeschlagen, die sie um 1830 zum Teil anstimmte, wäre ihr von Ludwig I. die zunächst gewährte Freiheit von vornherein nicht zugestanden worden. In seiner eigenen Gedankenwelt konnte er gar kein Reaktionär im eigentlichen Sinne sein, orientierte er sich doch nach wie vor an seinem Gebäude politischer Vorstellungen, wie es zuvor nie gebaut worden war und das er immer noch zu erbauen hoffte. Immerhin blieb Bayern bis 1848 ein Verfassungsstaat; auch der wachsende Verdruss des Königs über die Verfassung, der diese selbst gewollt hatte, das aber, was sich nun in ihrem Rahmen abspielte, nicht, wurde nie zum Anlass, sie aufzuheben, was sich andernorts durchaus ereignete.

Für die Haltung des Königs in den folgenden achtzehn Jahren gab es mehrere zutiefst menschliche Beweggründe, wenn sie auch nicht als Musterbeispiel politischer Klugheit dastehen können. Er hatte sich von Anfang an in der Vorstellung gewiegt, seine Reformpolitik würde ein solches Maß an Dankbarkeit erwecken, dass sich die Verfassung von selbst in seinem Sinn weiterentwickeln würde; als die Freiheit, die er gewähren wollte, anders gehandhabt wurde als er sich das vorgestellt hatte, war er zutiefst gekränkt. Ein zweiter Charakterzug des Königs, der mit den Jahren immer stärker in den Vordergrund trat, war seine unglückselige Neigung, auf Ablehnung mit Trotz zu reagieren; was immer ihm die Umgebung versagte, versuchte er zunächst erst recht durchzusetzen, sogar dann, wenn ihm die Sache an sich gleichgültig sein konnte. „Zurück kann ich nicht mehr, vermöchte mich selbst sonst nicht mehr zu achten!" ist eine in dieser Hinsicht typische Äußerung Ludwigs, die mehr als einmal überliefert ist. Was sich in Bayern in den Jahren von 1830 bis kurz vor 1848 abspielte, ist nicht nur eine konservative oder, wenn man denn so will, reaktionäre Phase des Königs gewesen, sondern eine konservative Periode des Landes. Mit Ausnahme des Landtages 1831 gewann das konservative Element in Bayern auch gesellschaftlich und politisch die Oberhand. Es ist zwar ein Irrtum zu glauben, dass dieser Umstand dem König das Regieren leichter machte – er war auch jetzt noch nicht so konservativ, dass die Konservativen nichts zu opponieren gefunden hätten – aber er sah sich wenigstens nicht mehr in diesem Ausmaß einer in allen Fragen ins Grundsätzliche gehenden und die Sachfragen damit oft völlig verdrehenden Opposition gegenüber wie bei seinen beiden ersten Landtagen.

Allerdings umfasste dieses erstarkte konservative Element, das vor allem den Landtagen einen anderen Charakter gab, nicht alle gesellschaftlichen Gruppen des Landes. Vornehmlich an den Hochschulen gewann der politische Radikalismus an Boden; die Deutsche Burschenschaft, die sich an den Universitäten Bayerns in mehreren, und je jüngeren, desto radikaleren Verbindungen organisiert hatte, stellte ein nicht ungefährliches Element dar. Die nationale Begeisterung hatte zum Teil den Boden der Studentenschwärmerei bereits verlassen; einige der Verbindungen waren auf dem Weg, sich zu revolutionären Clubs umzubilden, in die auch Vertreter des Bürgertums Eingang finden sollten, daneben wurden systematisch Kontakte zu anderen Kreisen, in denen revolutionäre Ideen gepflegt wurden, gesucht. In der Öffentlichkeit konnte dieses Gedankengut, das rasch in seinem Umfang und in seiner Zielsetzung ausuferte, vor allem in der Pfalz Fuß fassen, wo es auf eine Bevölkerung traf, die zum einen unter politischen Identifikationsschwierigkeiten litt, zum anderen aber sich seit Jahren mit einer wirtschaftlichen Notlage konfrontiert sah. Diese war zwar nur zu einem Teil durch die Regierung in München zu verantworten, der Ausbruch, der sich dann 1832 ereignete, ist dennoch verständlich.

Der Landtag 1831 war in nervöser Atmosphäre verlaufen, die Unruhe an den Universitäten hatte zugenommen. Im Jahr darauf kam es jedoch zu einem Ereignis, das den weiteren Gang der Geschichte, und zwar nicht nur der Bayerns, beeinflusste. In das historische Bewusstsein ist es als Hambacher Fest eingegangen, als erste große Artikulation des deutschen Nationalgefühls, als Startschuss zum aktiven Teil des Vormärz. Es hatte eine gewisse Initiativfunktion, da von da an Reaktion und Revolution sich in einer Spirale immer weiter hochspielten bis zur Entladung des Jahres 1848. Tatsächlich erreichte das große Fest in erster Linie eines, nämlich dass jetzt auch Ludwig I. die Sicherheit vor die sonst eifersüchtig gehütete Souveränität ging. Bayern arbeitete in der Verfolgung der revolutionären Tendenzen eng mit Wien zusammen und ließ dabei auch Bundeskompetenzen zu, die eine Einmischung in seine inneren Belange darstellten. An den Universitäten kam es zu Rügen für einige Professoren, viele Mitglieder der Münchner Burschenschaften wurden verhaftet. Bei den 142 Prozessen, die in Bayern anhängig waren, kam es zu einigen Todesurteilen gegen Mitglieder der Burschenschaft, die aber durch das Oberapellationsgericht in lange Freiheitsstrafen umgewandelt wurden.

Der Verlauf der folgenden Jahre, vor allem der Landtage, schien die Richtigkeit des Vorgehens von König und Regierung nachträglich zu bestätigen. Innenminister war seit dem Landtag 1831 Ludwig Fürst von Oettingen-Wallerstein, ein Fachmann in Verwaltungsfragen und konservativ-liberaler Hocharistokrat. Seinem politischen Geschick war es zu verdanken, dass der Landtag 1834 in einer anderen Stimmung verlief als die beiden vorangegangenen. Es konnten eine Reihe wichtiger Gesetze ohne wochenlange Debatten über Grundsatzfragen verabschiedet werden. Diese betrafen das Bankengesetz und vor allem die Schifffahrts-, Kanal- und Eisenbahnbaugesetze und damit die wirtschaftliche Entwicklung Bayerns. Die brisanten Gesetze der letzten zehn Jahre wurden dem Landtag erst gar nicht vorgelegt. Das sollte sich schon auf dem nächsten Landtag 1837 wieder ändern, der sich in den Verhältnissen der politischen Gewichte von den vorangegangenen unterschied. Die Konservativen hatten das Übergewicht, vor allem aber die am besten geschulten und in ihren Anschauungen sichersten Köpfe. Der Kreis um Görres übernahm in der Zweiten Kammer eindeutig die Führung, wobei er auch von protestantischer Seite Unterstützung finden sollte. Das war jedoch ein zweischneidiges Schwert; die Konservativen waren wohl frei von republikanischen und nationalen Ideen – was im Sinne des Königs und des Innenministers, bei einem Landtag aber von sekundärer Bedeutung war – dafür standen sie aber auch jeder Form liberaler Tendenzen völlig fern, womit sie die Rolle der Grundsatzopposition übernahmen, die zuvor die Liberalen gespielt hatten. Auch sie waren nicht bereit, sich das Budgetrecht entwinden zu lassen, weswegen es zum Streit um die Verfügung über die Erübrigungen, das heißt Überdeckungen, im laufenden Haushalt kam, die der König für sich beanspruchte. Große Tragweite für die Sache der Konservativen hatte der Umstand, dass Ludwig I. unmittelbar nach dem Landtag 1837 den Innenminister auswechselte, da ihn die zwiespältige Haltung Wallersteins in der Erübrigungsfrage verärgert hatte; Wallerstein hatte als Reichsrat in dieser Frage anders entschieden wie er sich als Minister dazu gestellt hatte. An seine Stelle trat nun Carl von Abel, der als Exponent des Kreises um Görres gelten konnte, ohne dass er sich je als dessen verlängerter Arm gebrauchen hätte lassen. Von einer Weiterentwicklung der Verfassung war unter dem Ministerium Abels nur mehr wenig zu spüren; die großen Pläne aus der Frühzeit Ludwigs I. schienen nicht mehr aktuell, und im Sinne Abels war eine Mitwirkung der Stände ohnehin nicht, er wünschte ihre Rolle auf den Wortlaut der Verfassung reduziert. Die Presse sah sich scharfen Maßnahmen ausgesetzt; Abel hielt ein Regieren ohne Zensur für unmöglich. Dies war gemessen an den Vorstellungen der Zeit noch nicht einmal eine extreme Position, entscheidend war, dass er die Zensur punktuell und in unterschiedlicher Intensität einzusetzen wusste.

Extrem waren auch die Positionen in der Kirchenpolitik. Die Zeiten der Irenik Sailers waren vorüber, an die Stelle eines christlichen Prinzips trat nun das katholische; der König mochte das zwar immer noch anders sehen, die Entwicklung war über seine Anschauungen bereits hinweggegangen. Wieder einmal sollte Ludwig I. ins Dilemma geraten; er hatte die Kreise, die diese Gedanken entwickelt hatten und verbreiteten, seinerzeit nach München verpflanzen lassen. Er hatte sie lange geschützt, und tat dies auch weiterhin, vor allem in den bevorstehenden großen Auseinandersetzungen der Kirchenpolitik. Zugleich aber musste er erkennen, dass sie ihm in manch einer Hinsicht entglitten waren. Es war keineswegs der Fall, dass die katholische Kirche und die ihr nahe stehenden Kreise, nach einer langen Vorbereitungszeit angetreten waren, wieder die Macht im Staate zu übernehmen. Liberale Journalisten sahen dies zwar so und schrieben entsprechende Kommentare, übersahen dabei aber, dass das zum Teil auch Reactio war, und ganz geflissentlich wurde übersehen, dass die Kirche und die ihr anhängenden Christen, wollte man den Liberalismus als politische Idee ernst nehmen, dasselbe Recht auf Äußerung und Umsetzung ihrer politischen Meinung besaßen wie alle anderen politischen Kräfte auch, und dass es den katholisch- konservativen Kreisen zustehen musste, von einer politischen Mehrheit entsprechenden Gebrauch zu machen.

Dass die katholisch-konservativen Kreise in München in dem Maß Oberwasser gewinnen konnten, wie sie es nach 1838 taten, war ein fragwürdiges Verdienst der Preußischen Regierung, die den Mischehenstreit in Preußen damit zu beenden versuchte, dass sie den

Erzbischof Droste-Vischering von Köln verhaften ließ. In den nachfolgenden Auseinandersetzungen wurde München zur Drehscheibe zwischen Berlin, Wien und Rom, und über München sollte auch die vorläufige Beilegung möglich werden. Gesellschaftlich und politisch hatte dieses Ereignis allerdings noch viel weiter tragende Folgen, nicht zuletzt auch deshalb, weil der König sich als der Schutzherr der deutschen Katholiken fühlte; unter seiner Ägide konnte daher eine extreme katholische Publizistik gedeihen. Görres trat mit seinem Athanasius, einer Kampfschrift gegen Preußen und gegen den Zeitgeist, nach langen Jahren wieder in das Licht der Publizistik; ein ständiges Organ katholisch-konservativer Kreise wurde in der Zeitschrift „Historisch-Politische Blätter für das katholische Deutschland" gegründet, die sich in einer ständigen Auflage von über 1000 Exemplaren verbreitete. In Berlin wurde dieser Sturm gegen die Preußische Kirchenpolitik mit Missvergnügen zur Kenntnis genommen, so dass es in der Folge zu ärgerlichen diplomatischen Verwicklungen kam; über Görres und seinen Umkreis konnte der König dabei seine schützende Hand halten. Der Aufruhr um das Kölner Ereignis bestimmte die Haltung der Konservativen auch in der Frage der nationalen Einheit; die großdeutsche Haltung der Konservativ-Katholischen entsprang nicht zuletzt dem Misstrauen, das das Vorgehen der preußischen Regierung gegen die Katholische Kirche entzündet hatte.

Die Ära Abel war weiter durch die wachsende Konfrontation zwischen den Konfessionen gekennzeichnet; der Landtag 1845 wurde sogar als konfessioneller Landtag bezeichnet, da hier zum ersten Mal die Gegensätze, in die sich die beiden Parteiungen hineinsteigerten, ausgetragen wurden. Ludwig I. begann die Entwicklung unheimlich zu werden; sein Festhalten an den Idealen eines Sailer führte zur wachsenden Opposition einer dem neu aufkommenden Ultramontanismus zuneigenden Kirche. Aus Unwissenheit oder im Vertrauen auf seine Stärke förderte er ihre Kandidaten noch längere Zeit – den Erzbischof Reisach von München, hatte er selbst aus Rom nach Bayern geholt –, an eine grundsätzliche Lösung des Problems dachte er jedoch nicht. Ludwig war ein strikter Vertreter des Staatskirchentums, wie es durch das Konkordat festgelegt war; er ernannte die Bischöfe der bayerischen Diözesen, die Kirche unterlag seiner Aufsicht, was so weit ging, dass vor der Publikation päpstlicher Enzykliken und der bischöflichen Hirtenbriefe das königliche Placet einzuholen war. Dass sich Ludwig gegenüber der Katholischen Kirche in jeder Form großzügig zeigte, konnte auf die Dauer aber keine Lösung sein, ihre Freiheit war eine Gnade des Königs, hatte aber keine gesetzliche Grundlage. Dies sollte noch bis in die letzten Jahre des Königreichs ein Konfliktherd bleiben.

1848

Es ist durchaus möglich, dass die historische Aufgabe Ludwigs I., die zu erfüllen er schon vor seinem Regierungsantritt begonnen hatte, nach der Mitte der Vierzigerjahre erfüllt war. Er war es gewesen, der den neuen bayerischen Staat mit einem inneren Leben erfüllt hatte, er hatte auch die Souveränität des Landes auf einen neuen Boden zu stellen vermocht. Obwohl er nur in zweiter Linie Außenpolitiker war, war seine Außenpolitik vielleicht der Teil seiner Politik, in der er am erfolgreichsten war. Das Zustandekommen des deutschen Zollvereins, das ihm sehr am Herzen gelegen war, kann man zum nicht geringen Teil seinem persönlichen Engagement zuschreiben, und auch hier erging es ihm wie bei seinem größten Erfolg in der Innenpolitik, der nachhaltigen Ordnung der Staatsfinanzen; er erntete den geringsten Dank dafür. Auch in seiner Kulturpolitik sind seine Leistungen aus der bayerischen Geschichte nicht wegzudenken; er gab München und Bayern ein eigenes Gepräge, seine Kunstförderung wurde für lange Zeit richtungsweisend, und auch dafür erhielt er wenig Anerkennung. Auch all das war schon vollendet, und auch in diesem Bereich waren von ihm keine neuen, entscheidenden Anstöße mehr zu erwarten, sondern eher Konflikte mit den Zeichen einer neuen Zeit, die ihm durch das jähe Ende seiner Regierung erspart bleiben sollten. Der frühreife und frühvollendete König alterte auch früh. Seine oft gezeigte Festigkeit des Willens, so schreibt Spindler, schlug immer öfter in einen bloßen Starrsinn um. Das zeigte sich dann deutlich in der Affäre um jene zwielichtige Tänzerin namens Lola Montez, die das letzte Kapitel seiner Regierung einleiten sollte. Um den Wünschen der ansehnlichen, aber recht dubiosen Person nach gesellschaftlicher Anerkennung zu genügen, trieb er mit nahezu pervers anmutender Lust an der Selbstzerstörung die Konfrontation mit der Gesellschaft, und zwar gerade mit der, deren Grundeinstellung seinen eigenen Intentionen am ehesten entsprach, so weit, bis er keine andere Möglichkeit mehr sah, als sich ihrer in einem Rundumschlag zu entledigen. Er blieb dabei zunächst scheinbar Sieger; der konservativ-katholische Kreis um Görres verlor jeden Einfluss, das Ministerium Abel stürzte über die Affäre. In einer jähen Wendung versuchte er sich erneut auf die liberalen Kräfte zu stützen, die er zuvor mit Hilfe der nun in die Wüste geschickten Konservativen mühsam zurückgedrängt hatte. Damit öffnete er selbst aber die Schleusen, aus denen sich nun der unaufhaltsame Strom ergießen sollte, der in die Revolution des Jahres 1848 münden sollte.

Nach einem eher harmlosen Auflauf in München, den der Bruder des Königs, Prinz Karl, mit dem Versprechen, der König würde den Landtag einberufen, unblutig beendete, ging alles seinen Weg. Am 6. März befahl der König die Zensur aufzuheben und die Armee auf die Verfassung zu vereidigen; die Entwürfe für eine Verfassungsreform, die dem Landtag vorzulegen waren, wurden eilig ausgearbeitet. Am 19. März, an dem Tag, an dem sich der König von Preußen genötigt sah, vor den Bahren der am Vortag auf den Barrikaden gefallenen Berliner Bürger den Hut zu ziehen, nahm in München der König seinen Hut, aus freien Stücken und ohne Zwang, da er in einem System, wie es jetzt unvermeidlich war, nach seinem Verständnis von seinem Amt nicht mehr König sein konnte und wollte. Das hatte keiner gewollt; im Gegenteil, überall, wo er während der Wirren des vorangegangenen Jahres persönlich erschienen war, hatte seine Gegenwart genügt, um das Volk in Hochrufe ausbrechen zu lassen. Man nahm ihm seine Abhängigkeit von der unverschämten Abenteurerin, die die bestgehasste Person in München war, nicht übel, er war sogar in der Lage, den Sturm der Studenten auf ihr Haus zu verhindern – bei seinem Auftreten wurde von den eben noch Steine werfenden Demonstranten spontan die Königshymne angestimmt – der ganze Zorn über diese Affäre entlud sich allein über dieses Weibsbild. Als sich am 19. März die Nachricht von der Abdankung Ludwigs I. in München verbreitete, waren, so berichten ernst zu nehmende zeitgenössische Beobachter, auf den Straßen weit mehr bestürzte Gesichter zu sehen als bei allen schlechten Nachrichten in den fünfzig Jahren zuvor. Großes Missbehagen rief die Abdankung Ludwigs auch in den anderen deutschen Ländern hervor.

Dennoch war die Affäre Montez nicht der einzige Grund für die Unruhen gewesen. Die Bürger nahmen die erregte Situation zum Anlass, sich auch gegen die politischen Umstände, wie sie die Zeit Abels geschaffen hatten, mit Vehemenz zu beschweren; die allgemeine Revolutionsstimmung, die in Europa herrschte, hatte auch München ergriffen, und die Forderungen, die erhoben wurden, klangen nicht anders als in den anderen Hauptstädten Deutschlands auch. Man wollte die freie Wahl, die Freiheit der Presse, die Ministerverantwortlichkeit und durchaus auch die Vertretung des Volkes im Bundestag. Was zu den Aufläufen führte, war die Halbheit der Versprechungen, die aus dem königlichen Kabinett zu hören waren, und die Einberufung der Stände auf den 31. Mai dauerte den Bürgern zu lange. Das galt in dieser Form auch nur für die Hauptstadt; in Ober- und Niederbayern tat sich zwar noch weniger als in München, anders verlief die Revolution aber in Franken, wo es lokal zum offenen Aufruhr kam, in Oberfranken und im Taubergrund wurden sogar einige Schlösser angezündet. Unruheherde waren auch einige Städte. Eine Umfrage des Innenministeriums ergab zwar vorwiegend politische Motive für den Aufruhr, allerdings waren zu diesem Zeitpunkt bereits die Stürme des Jahres 1849 über das Land gegangen, in denen sich in Franken und vor allem in der Pfalz, wo das nationalstaatliche Element auch 1848 bereits eindeutig dominiert hatte, eine Bewegung vorübergehend an die Spitze stellte, die eine Lösung von Bayern und ein Aufgehen Frankens und der Pfalz im Reich forderte. Die Erwartungen an die Revolution waren, sofern solche überhaupt vorhanden gewesen waren, in Bayern sehr unterschiedlicher Natur. Dem gemäßigt liberal gesinnten Bürgertum gemeinsam war in jedem Fall der Wunsch nach einer Reform der bayerischen Verfassung, unabhängig davon, wie stark das Motiv einer Umgestaltung des Deutschen Bundes zu einem Staat der Deutschen daneben war. Es ist für die Verteilung der politischen Interessen bezeichnend, dass nur die, die an einer Ausgestaltung Deutschlands im Sinne einer kleindeutschen Lösung Interesse hatten, sich im größeren Umfang an den Wahlen zur Frankfurter Nationalversammlung beteiligten; die Bauern Altbayerns blieben jedoch zum größten Teil abstinent, was dazu führte, dass von den 71 bayerischen Abgeordneten nur 11 der katholisch-konservativen Richtung zuzuordnen waren. Das sollte die Deutschlandpolitik der kommenden Jahre entscheidend beeinflussen.

Zwischen Revolution und Reich – Maximilian II. (1848–1864)

Verfassung, Soziales und Wissenschaft
Die Märzrevolution bedeutete für Bayern den Beginn einer neuen Ära. Die einschneidendste Veränderung war die Abdankung Ludwigs I. Sein ältester Sohn Maximilan II. wurde damit unversehens in die Regierungsverantwortlichkeit gestellt, in die er sich im Gegensatz zu seinem Vater dreißig Jahre zuvor nicht hineingedrängt hatte; Maximilian wäre von sich aus auch noch weitere zehn Jahre der Kronprinz geblieben. Die Macht war ihm, dies war eine Folge seiner langen Studienzeit, in der er an allen bedeutenden Universi-

täten Deutschlands die modernen Historiker seiner Zeit gehört hatte wie Ranke und Dahlmann, in erster Linie eine sittliche Verpflichtung, aber diese konnte auch warten. Der kühle, weder im Auftreten noch in der persönlichen Selbstsicherheit seinem Vater gleichende Mann fühlte sich noch nicht reif für sein Amt. Zudem war er durch die Einflüsse gerade der Universität Göttingen den liberalen Gedanken verbunden, was ihn zwar durch die Jahrzehnte in eine stete Opposition zu seinem Vater versetzt hatte – ihn zum Studieren nach Göttingen geschickt zu haben, reue ihn, soviel er Haare auf dem Kopf habe, bemerkte Ludwig I. einmal –, ihn aber auch nicht mit der Sicherheit erfüllte, ihm gegenüber im Recht zu sein. Eine andere Folge seiner überlangen Studien war eine ihn sein Leben lang prägende Gläubigkeit an die Wissenschaft. Seine größte Leidenschaft waren die Naturwissenschaften, aber auch die Staatswissenschaften, und sie waren ihm durchaus ein direktes Mittel zum Zweck, nicht anders als es seinerzeit die Geisteswissenschaften für seinen Vater gewesen waren. Einzig die Begeisterung für die Geschichte hatte er mit seinem Vater gemein, wobei zwischen Ludwig und dem neuen König aber große Unterschiede in der Auffassung bestanden; Maximilian II. war ein Anhänger der kritischen Geschichtswissenschaft. Ihr widmete er große Aufmerksamkeit, er wurde zum eigentlichen Begründer der Münchner Historikerschule. Der Staat und die Universitäten sollten von all dem großen Nutzen ziehen, in der Politik freilich führte diese Neigung immer wieder zum Zögern und zur Unsicherheit.

Ludwig I. hatte seinem Sohn die Bahnen vorgezeichnet, nicht nur in der noch zu behandelnden Deutschlandpolitik, sondern auch bei den inneren Reformen, die nun anstanden. Maximilian II. musste als König antreten, um die Versprechen, die sein Vater gemacht hatte, in die Tat umzusetzen. Es gelang tatsächlich, alle die Forderungen, die die Arbeit in den Landtagen jahrzehntelang bestimmt hatten, zu erfüllen, und zwar in einer der kürzesten Tagungsperioden vom 22. März bis Ende Mai 1848. Das wichtigste Vorhaben war das neue Wahlgesetz, das das Ständeparlament in ein Volksparlament umwandelte, zu dem jeder Staatsbürger wählen und gewählt werden durfte, der das 30. Lebensjahr vollendet hatte. Reservierte Mandate für bestimmte ständische Vertretungen gab es nun nicht mehr, das Prinzip der allgemeinen Wahl war damit praktisch durchgesetzt. Wohl war die Wahl noch nicht geheim, es wurde immer noch der Umweg über die Wahlmänner gegangen, und die Wahl an sich war nach wie vor öffentlich. Noch immer konnte der König den Landtag auflösen und einberufen, zu Letzterem war er auch nach wie vor turnusmäßig verpflichtet, und die Auflösung des Landtages wurde auch weiterhin als politisches Instrument gegen diesen gebraucht.

Der Landtag, der zwar offiziell immer noch unter seiner alten Bezeichnung Ständeversammlung lief, hatte aber auch neue Rechte erhalten. Herausragend ist dabei das Initiativrecht. Dies galt noch nicht in allen Bereichen, vor allem die Rechte der Krone wie etwa die Zivillisten waren vor den Initiativen des Landtages geschützt. Ein anderer Erfolg für den Landtag war die im Vormärz von den Liberalen beharrlich geforderte Ministerverantwortlichkeit, die nicht nur die Bewegungsfreiheit der Regierung, sondern auch die des Königs einschränkte; wo früher die Unterschrift des Königs genügt hatte, um ein Gesetz in Kraft zu setzen, war nun auch die des verantwortlichen Ressortministers erforderlich, der nun nicht mehr allein dem König, sondern auch dem Landtag – und nach dem Buchstaben der Verfassung sogar in erster Linie diesem – verantwortlich war. Im Prinzip sollte dieses System bereits ein Eingreifen des Königs in die ministerielle Verantwortlichkeit zurückdrängen und damit die konstitutionelle Monarchie in den Grundzügen bereits verwirklichen. Diese Forderung war die eigentliche und einzig direkte Spitze der Märzforderungen gegen Ludwig I. und sein Regierungssystem gewesen, und deswegen, weil ihm diese Neuerungen unvermeidlich erschienen, war er letztlich ja auch zurückgetreten. Er hätte diesen Schritt aber eigentlich nicht tun müssen, denn die Ministerverantwortlichkeit brachte nicht annähernd den Effekt, den sich ihre Vertreter erhofft hatten, und selbst Maximilian II. ließ sich auf die längere Sicht nur wenig davon beeindrucken, wobei er aber immer noch wesentlich leichter von seinen Positionen abzubringen war als sein Vater. Der König hatte nämlich den entscheidenden Hebel immer noch in der Hand, und auch Maximilian II. dachte gar nicht daran, ihn loszulassen, im Gegenteil, nachdem er erst einmal eine gewisse Sicherheit als König gewonnen hatte, waren die liberalen Grundsätze, die seine Studienzeit begleitet hatten, beinahe vergessen. Maximilian war nie ein radikaler Liberaler, aber als König konnte er nicht einmal gemäßigt liberal sein. Das lag nicht allein an ihm, sondern auch an den Gegebenheiten, in denen er zur Wahrung seiner Grundsätze, die nicht nur seine Stellung, sondern auch die Souveränität Bayerns betrafen, einen anderen Kurs steuern musste als er sich dies als Privatmann vorgestellt hatte. Nach wie vor war das königliche Kabinett der entscheidende Ort der Politik und nicht das Bureau des Ministers. Unter Maximilian musste man mit allen erdenklichen Einflüssen seiner unabhängigen und zuweilen völlig im

Dunklen bleibenden Berater rechnen, was manchen Minister, erst recht den leitenden und Außenminister bis 1859, von der Pfordten, nicht selten vor Probleme stellte.

Der Angelpunkt war, dass der Minister sein Amt nach wie vor ohne jede Mitwirkung des Parlaments vom König erhielt, und der König konnte ihn, ohne es zu fragen, jederzeit auch wieder entlassen. Die Verantwortlichkeit gegenüber dem Landtag entlastete den Minister nicht, sondern stellte eine zusätzliche Belastung dar; wohl konnte er sich auf den Landtag berufen, auch gegenüber dem König, aber das war in der Praxis weniger als eine graue Theorie, so lange der Landtag ihn gegen den König weder stützen noch stürzen konnte. Standen König und Landtag politisch in einem Widerspruch zueinander, hatte der Minister nur die Option auf den König. Schon gar nicht blieb in einer solchen Situation für den Minister die Möglichkeit eines dritten Weges, er konnte wohl vermitteln, aber auch dies nur, so lange der König dies in seinem Sinne sah. Dieser Grundsatz der ehrenhaften Loyalität galt einseitig für den Minister gegenüber dem König, der sich selbst zu einer solchen in keiner Weise verpflichtet sah. Er prägte auch das eigentümliche Verhältnis zwischen Maximilian II. und von der Pfordten: War der König sich dessen bewusst, dass er auf den ausgezeichneten Juristen nicht verzichten konnte, so war ihm zur rechten Zeit auch wieder dessen Verfassungstreue, in deren Folge er dem König wiederholt vermitteln musste, dass es ein Zurück in die Verhältnisse vor 1848 nicht mehr geben konnte, suspekt. Die Angebote eines Rücktritts nahm er dennoch bis 1859 niemals an, erst als sich von der Pfordten isoliert hatte, konnte sich der König entschließen, ihn für wenige Jahre zu entlassen.

Man kann bei alledem nicht sagen, dass Maximilian II. nur in ständiger Bereitschaft stand, das Ruder wieder in seinem Sinne herumzureißen, und alles, was in den ersten Monaten nach der Märzrevolution und auch weiter durch die Jahre an Reformen durchgeführt wurde, nur missmutig geschehen ließ. Tatsächlich war es so, dass sich der König einige der wichtigsten politischen Themen persönlich reservierte. Insgesamt war das Jahrzehnt, das das ungleiche Gespann Maximilian II. und von der Pfordten an der Spitze Bayerns sah, eines der maßvollen Reformen; ein großer Teil des Programms, das Ludwig I. am Beginn seiner Regierung entworfen hatte und das seinerzeit nur zu oft und so lange, bis der König die Geduld verloren hatte, durch kleinliche Streitereien in den Landtagen gescheitert war, wurde erst jetzt verwirklicht. Nun erst, noch im unmittelbaren Eindruck der Revolution, wurden die Elemente des Feudalismus beseitigt, ersatzlos und ohne Kompromisse; auch die Befürworter der Patrimonialgerichtsbarkeit konnten in diesem Relikt keinen rechten Sinn mehr sehen. Zugleich wurde eine generelle Reform der Jurisdiktion in Angriff genommen. Die Trennung von Justiz und Verwaltung, die ebenfalls schon ein ehrwürdiges Programm aus den Zeiten eines Montgelas' war, wurde endlich weitergeführt, und wenn die Durchführung sich aus mehreren Gründen auch noch bis 1861 hinziehen sollte, so wurden doch jetzt alle Hindernisse aus dem Weg geräumt. Es fielen auch die grundherrschaftlichen Lasten, das freie Eigentum der Bauern, wo bisher nur die Nutznießung bestanden hatte, war damit hergestellt. Wieder zeigte sich der Zwiespalt der Politik im heterogenen Bayern; in Altbayern wurde diese Reform fast gleichgültig hingenommen, in Franken und Schwaben war sie dagegen ein Gegenstand des größten Interesses, waren hier im Rahmen der Revolution doch die schwersten Ausschreitungen vorgefallen. Nun wurde der Stein des Anstoßes beseitigt, die Grundlasten wurden per Gesetz für verbindlich ablösbar erklärt, und wer die Ablösung nicht in einem entrichten konnte, konnte sie mit einem mäßigen Zinssatz entschädigen. Eine weitere Reform des Jahres 1848 war die Herstellung der vollen Pressefreiheit.

Dies alles, von der Reform des Landtages und der Regierung bis hin zur Grundentlastung, war die Arbeit des einen Landtages, der in der Folge der Revolution einberufen worden war. Der gemeinsame Wille zu einer tief greifenden Reform machte es möglich, ließ die Prinzipienreiterei uninteressant erscheinen. Der neue König hatte in der Eröffnungsrede, in der er sich auf die Gegebenheiten der Märzrevolution berief und ihre Forderungen als berechtigt anerkannte, soweit sie die Reform der Verfassung betrafen, die Route vorgegeben. Was herauskam, war tatsächlich ein Reformwerk, auf dessen Grundlagen weitergearbeitet werden konnte, und auf denen Zug um Zug auch die Souveränität des Volkes sich schließlich durchsetzen konnte. Gerade in Bayern war damit die Revolution mit am erfolgreichsten gewesen, das Königreich hatte eine der modernsten Verfassungen mit dem größtmöglichen Maß an Freiheit, Rechten und Mitwirkung der Untertanen bei der Gestaltung des Staates und des öffentlichen Lebens.

Es war aber beileibe nicht der Fall, dass unter Maximilian II. nur unter dem unmittelbaren Eindruck der Revolution Reformen durchgeführt worden wären. Sogar während der schärfsten Konfrontation nach der Ablehnung der Reichsverfassung setzte von der Pfordten eine wichtige Neuerung durch, die gesetzliche Verankerung der Versammlungs- und Vereinsfreiheit, ein unerhörter Vorgang vor dem Hintergrund des eben noch in der Pfalz und in Franken Geschehenen. Die Regierung konnte sich das leisten, nachdem der Aufstand niedergeschlagen und die Einheitsbewegung zusammengebrochen war. Von der Pfordten taktierte dabei geschickt, indem er zwar die so genannten Märzvereine auflösen und verbieten ließ, dies aber um des Zieles derselben Willen und nicht wegen der Sache an sich; die Gründung von Vereinen und das Recht der freien Versammlung wurde wenig später durch ein Gesetz geregelt. Man muss sich darüber im Klaren sein, dass das Recht auf Versammlung und die Gründung von Vereinen die Voraussetzung für die Entstehung politischer Parteien war; sie hat somit in einem entscheidenden Maße dazu beigetragen, dass sich in den kommenden Jahrzehnten der Bürger mit immer größeren Gewicht politisch artikulieren konnte.

In den folgenden zehn Jahren nach diesem umfassenden Werk gingen Regierung und Landtag wieder kleinere Schritte, was nicht heißt, dass ein Stillstand eingetreten wäre. Eine große Rolle spielte in diesen Jahren vor allem die Kulturpolitik, die der König zu seiner eigenen Sache gemacht hatte. Hier wirkte der Sohn am besten mit seinem Vater zusammen, Ludwig I. und Maximilian II. ergänzten sich. Die Kunst nahm unter dem Sohn nicht mehr die Position ein wie früher, dafür nahm er sich mehr der Literatur und vor allem der Wissenschaft an, vorrangig der Geschichte und der Naturwissenschaften. Die Berufungen an die Akademie und die Universität waren stets Chefsache. Sein größter Erfolg war die Berufung Justus von Liebigs auf den Lehrstuhl für Chemie; zusammen mit anderen Größen begründete er den Ruf der naturwissenschaftlichen Fakultät der Universität München. Für die medizinische Fakultät gelang mit Max Pettenkofer, der das erste Institut für Hygiene begründen sollte, eine bahnbrechende Berufung. Auch in den Geisteswissenschaften betrieb der König eine erfolgreiche Berufungspolitik, in der er unter anderen den Rechtsphilosophen Bluntschli und den Kulturhistoriker Wilhelm Heinrich Riehl, der der Begründer der wissenschaftlichen Volkskunde in München werden sollte, gewinnen konnte. Dagegen war sein Bemühen gerade in dem Fach, das ihm persönlich von allen geistigen Wissenschaften am nächsten lag, von Problemen belastet. Nicht, dass unter der Ägide Maximilians II. für die Geschichte nicht Großes geleistet worden wäre, vieles von bis heute bleibendem Wert, fest verankerte Institutionen mit großer Bedeutung wie etwa die Historische Kommission und die Historische Zeitschrift wurden in München gegründet. Bei all dem wirkte

Leopold von Ranke, dem der König seit seiner Berliner Studienzeit persönlich eng verbunden war, beratend und vermittelnd mit. Als es aber darum ging, ihn persönlich für die neu geschaffene Professur für Neuere Geschichte zu gewinnen – ein Fach, das bis 1856 an der Universität München überhaupt nicht vertreten war – winkte er ab. Maximilian II. war darauf entschlossen, wenigstens einen Schüler Rankes zu gewinnen, und nachdem unter diesen schon Giesebrecht und Waitz abgelehnt hatten, fiel die Wahl auf Heinrich von Sybel, den Ranke als den Geistvollsten seiner Schüler bezeichnete und der sich auch als ein äußerst tatkräftiger Organisator der Geschichtswissenschaft erwies, diese Vorzüge aber dadurch ausglich, dass er ein hartnäckiger Anhänger der kleindeutsch-preußischen Partei war und der bayerischen Trias-Politik in scharfer Ablehnung gegenüberstand. Mit seinen steten Stellungnahmen gegen die Trias-Politik, die ja letztlich auch die des Königs war, zog er sich nach und nach auch dessen Unmut zu, so dass es 1861 bereits zum Abschied kam. Für die Nachfolge konnte nun doch noch Wilhelm von Giesebrecht gewonnen werden, der, obwohl gebürtiger Preuße, eher die großdeutsche Richtung vertrat. Aus seiner Schule gingen mit Karl Theodor von Heigel und Sigmund von Riezler die Begründer der Bayerischen Geschichte als ein eigenes Fach hervor.

Eine seiner bedeutendsten Leistungen konnte Maximilian nur noch auf den Weg bringen, ihre Realisierung erlebte er aber nicht mehr. Der Bayerischen Akademie der Wissenschaften sollte eine Organisation der technischen Fächer in der naturwissenschaftlich-technischen Kommission entsprechen, eine Vorstellung, deren Bedeutung von dem Hintergrund der technischen Entwicklung und ihrer wissenschaftlichen Grundlagen kaum zu überschätzen ist. Die Grundidee stammte wohl von Justus von Liebig, der wie kein anderer seiner Zeit bereits die Parallelität von Grundlagenforschung und Praxis pflegte. Der Höhepunkt dieser Entwicklung war die Gründung der Technischen Hochschule in München. Die Eröffnung dieser Institution konnte erst 1868, also nach dem Tode Maximilians erfolgen, die entscheidende Initiative ging aber auf ihn zurück.

Die Pläne des Königs gingen noch darüber hinaus; hierzu zählte auch das lange gehegte, aber letztlich nicht verwirklichte Projekt einer Akademie der deutschen Sprache und Literatur nach dem Modell der Académie Francaise. Großes Interesse widmete der König der Grundlage der Kulturpolitik, also dem Schulwesen. Dieses wurde neu organisiert, nach einem Prinzip, das bis in das späte 20. Jahrhundert hinein gültig bleiben sollte. Gymnasien wurden neu gegründet, neu organisiert wurde auch das Lehrerbildungswesen.

Das gesamte, bisher nicht nach einheitlichen Grundsätzen organisierte und den Gemeinden unterstehende Berufs- und Gewerbeschulwesen wurde gestrafft, die Anstalten selbst erhielten damit den Charakter öffentlicher Schulen. Krönender Abschluss seines Bestrebens war die Gründung der Stiftung Maximilianeum, die bis heute existiert, eine aus seinem privaten Vermögen dotierte Stiftung zur Förderung hoch begabter Studenten, die in dieser über das Studium hinaus eine weitere Bildung erhalten sollten; sie sollte vor allem eine Pflanzstätte für hoch qualifizierte Spitzenbeamte werden. Ebenfalls auf eine Gründung Maximilians II. geht ein Orden zurück, der unter dem Namen Maximiliansorden für Wissenschaft und Kunst vor einigen Jahren wiederbelebt wurde als die höchste und exklusivste Auszeichnung, die der Freistaat Bayern für geistige Leistungen vergeben kann.

Das eigentümlich private Verhältnis, das Maximilian zu seiner ganzen Wissenschafts- und Kunstpolitik hatte, drückte sich in seiner Art und Weise aus, mit den von ihm Berufenen umzugehen. Die höchste informelle Auszeichnung für einen der von ihm berufenen Wissenschaftler oder Künstler war es, zu seinen weithin berühmten Symposien geladen zu werden, Herrenabende im kleineren Kreis mit einem einleitenden Diner und einem nachfolgenden Billardspiel, deren Zweck allein darin bestand, dass sich der König und die anderen Geladenen über die Arbeit der Künstler und Wissenschaftler informieren und austauschen konnten. Freilich hatte er hier seine Vorlieben; Theologen saßen, wenn man den Berichten glauben darf, nicht einmal an der Tafel, und Fragen der aktuellen wie auch der grundlegenden Politik waren als Gesprächsthema verpönt – dass er zur rechten Zeit der einzige Großdeutsche am ganzen Tisch war, pflegte er zu übergehen, angesagt war Wissenschaft und vielleicht auch noch Kulturpolitik.

Es wäre aber dennoch falsch, in Maximilian II. nur einen Kulturpolitiker zu sehen, noch dazu vielleicht einen, der aus einer Abneigung gegen die aktuellen Probleme seiner Zeit heraus sich in die eher abgeschiedene Welt der Wissenschaft und der Literatur geflüchtet hat. Sein zweites großes Anliegen neben der Kulturpolitik war nämlich die Sozialpolitik, ein Feld, das seit der Mitte des 19. Jahrhunderts in wachsender Intensität eine immer größere Brisanz entwickelte, die der König mit wachen Sinnen und einer erstaunlich guten Vorstellungskraft zielstrebig verfolgte. Hier kamen ihm in einem besonderen Maße seine Verbindungen zur Wissenschaft zugute, vor allem seine Arbeitsweise, in der den Programmen und Entscheidungen erst empirische Untersuchungen und Vorarbeiten voranzugehen hatten; so kannte er die gesellschaftlichen Auswirkungen der Industrialisierung, so unentwickelt sie in Bayern noch sein mochte, um ein Stück besser als so mancher Sozialtheoretiker. Das Programm, das der König mit seinen Beratern ausgearbeitet hatte, war Teil einer groß angelegten Sozialpolitik, die nicht nur eine finanzielle Grundlegung der Fürsorge und der Krankenvorsorge einführte, wobei bei den verschiedenen Fonds und Unterstützungsvereinen in erheblichem Umfang private Mittel des Königs für den Grundstock sorgten, sondern auch Stützungsmaßnahmen für die erst im Entstehen begriffene Industrie, in der Ansicht, dass eine Sicherung der Arbeitsplätze die beste Abwehr gegen die Verelendung der Arbeiterschaft sei. Hier wurde nun doch, wenn auch unausgesprochen, eine der schon 1837 erhobenen Grundforderungen der katholisch-konservativen Kreise des Vormärz zur Maßgabe, die sich mental mit der Industrialisierung nur abfinden wollten, wenn das System aus Kapital und Arbeit sich an den moralischen Forderungen einer patriarchal-christlichen Weltanschauung orientierte. Tatsächlich gelang es der bayerischen Regierung durch langfristige Planungen, die Wirtschaftskrise des Jahres 1857 in Bayern nur in abgeschwächter Form spürbar werden zu lassen. Hierin bewies der König großen Weitblick: Um 1860 waren in Bayern von den insgesamt bereits über vier Millionen Einwohnern ganze 30 000 Fabrikarbeiter, also noch nicht einmal ein Prozent; dass sich dies in absehbarer Zeit aber ändern würde, war dem König bewusst. Er selbst förderte die Entwicklung der Industrie nach Kräften, wobei er, unter dem Einfluss Liebigs, eine Vorliebe für die chemische Industrie hatte. Die Sorge galt daneben den Lebensumständen des einzelnen Arbeiters; so wurde die Lizenz für die Gründung eines Industriebetriebes von der Einrichtung einer Arbeiterunterstützungskasse abhängig gemacht. 1856 war bereits mehr als die Hälfte der Arbeiter in Bayern durch solche Kassen für den Notfall abgesichert, mehr schlecht als recht zwar, aber doch besser als gar nicht. Die Pläne des Königs gingen noch weit darüber hinaus; in einem Gremium aus Industriellen und Sachverständigen wurde über die Gründung eines Arbeiterunterstützungs- und Sparvereins für das ganze Königreich beraten. Durch die persönliche Initiative des Königs und mit Mitteln aus seinem Privatvermögen wurden in Nürnberg billige Arbeiterwohnungen errichtet. Maximilian II. handelte hier in Übereinstimmung mit den Forderungen, die der erste bayerische Arbeiterkongress 1849 in Nürnberg erhoben hatte, und die Maßnahmen und Vorlagen wurden nach ministeriellen Erhebungen über die Lebensbedingungen der Arbeiterschaft erarbeitet, an die Stelle einer punktuellen Hilfe sollte ein durchgegliedertes System treten. Dass es zu einer vorbildlichen Sozialgesetzgebung in Bayern dennoch nicht kam, lag ausgerechnet am Landtag, dessen liberale Mehrheit nach der Gewalttour der Märzreformen kein Interesse mehr an komplexen Gesetzgebungswerken zeigte. Die Mehrheit der Liberalen vertrat einen besitzbürgerlichen Standpunkt, auf Seiten der Katholisch-konservativen war das Echo insgesamt positiver, was aber nicht ausreichte. Dass das Gesetz zur Einschränkung der Kinderarbeit in Industrie und Landwirtschaft – wo sie im überwiegend agrarischen Bayern das größere Problem darstellte – überhaupt den Landtag passieren konnte, lag nur daran, dass es als ein Teil des neuen Polizeistrafgesetzbuches, an dem nun wieder ein größeres Interesse herrschte, vorgelegt worden war.

Überhaupt hatte sich das Verhältnis zwischen König und Landtag seit 1848 bis 1859 stetig verschlechtert. Wiederholt löste der König den Landtag vorzeitig auf, einmal, 1858, sogar noch ehe er überhaupt in die Verhandlung der Gesetzesvorlagen eingetreten war. Mehr als einmal konnte der König seine wichtigsten politischen Schritte nur noch auf dem Wege von Verordnungen durchsetzen, was den Landtag – obwohl dieser zu einem erheblichen Teil selbst daran die Schuld trug – noch mehr erboste. Am Widerstand der Abgeordnetenkammer scheiterte mehrfach die Reform und Modernisierung der Armee, für die nach Einschätzung des Stabes und des Kriegsministers 15 Millionen erforderlich gewesen wären, und obwohl von der Pfordten in seiner Vorlage für den Landtag des Jahres 1855 in richtiger Einschätzung der Stimmung den Betrag bereits halbiert hatte, drückten ihn die Abgeordneten noch um eine weitere Million herunter, was zum Rücktritt des Kriegsministers führte; der Ausgang des Krieges 1866 war nicht zuletzt auf diese Versäumnisse zurückzuführen. 1859 waren die Spannungen in einem Maße angewachsen, dass der König keinen anderen Weg mehr sah, als den leitenden Minister von der Pfordten auf dessen eigenes Rücktrittsangebot hin zu entlassen; er wurde gegen den Bundestagsgesandten Schrenck-Notzing ausgetauscht, ein Mann der konservativen Richtung und damit eigentlich noch weniger nach dem Geschmack der Liberalen, der Wechsel verminderte die Spannungen aber doch so weit, dass nun wenigstens die Justizreformen den Landtag passieren konnten.

Trotz der Enttäuschung, die die Arbeit mit dem Landtag dem König bereitet hatte, trieb er seine Planungen in der Sozial- und Wirtschaftspolitik noch weiter voran; sie umfassten eine Reform des Gewerberechts, der Gemeindeverwaltung, einen noch einmal weitergehenden Ausbau der Armenfürsorge und eine Reform des Heimatrechts. In seiner letzten großen Thronrede zur Eröffnung des Landtages 1863 breitete er diese Pläne aus; ihre Umsetzung in die Tat sollte er nicht mehr erleben. 1864 starb er, erst 54 Jahre alt, und in mehr als einer Hinsicht zu früh. Er war sicher derjenige unter den bayerischen Königen des 19. Jahrhunderts, dessen Vorstellungen am weitesten über das Hier und Jetzt hinausgingen, zu weit aber für seine Zeitgenossen, unter den Liberalen seiner eigenen Volksvertretung nicht weniger als unter seinen fürstlichen Standesgenossen. Das Bayern, das ihm vorgeschwebt hatte, und das er zum Teil hatte verwirklichen können, ein wirtschaftlich hoch entwickeltes und dabei sozial im Rahmen seiner Zeit bereits fortschrittliches Land nötigte nur wenigen seiner Zeitgenossen Hochachtung ab. Gerade dem aber hatte sein ganzes Interesse gegolten, hier zeigte er Nüchternheit, Sachverstand – wozu auch seine Neigung, sich viele Meinungen kompetenter Persönlichkeiten anzuhören, zu zählen ist – und Weitblick. Die Grundlagen der noch jungen, aber schon weit entwickelten katholischen Soziallehre waren ihm ebenso vertraut wie der noch jüngere Sozialismus, und er hatte sich für erstere entschieden. Die zahlreichen Initiativen des Königs in der Sozialpolitik fanden zwar nicht das erhoffte Echo in der politisch tragenden Schicht, sehr wohl aber bei anderen, teils privaten, teils korporativen Initiatoren; namentlich die katholische Kirche griff die Ideen des Königs auf, die ihrer eigenen Soziallehre nahe standen. In die Regierungszeit Maximilians fallen die meisten der Initiativen, die von dieser Seite ausgingen, und die sich später zu einem weit reichenden und solide gebauten System verdichteten. In dieser Hinsicht war seine Politik beispielgebend; ihm wäre es freilich sympathischer gewesen, wenn der Staat alle diese Aufgaben übernommen hätte, und wenn die legislative Grundlegung eines sozialen Netzes gelungen wäre.

Großdeutsch, Kleindeutsch, Trias ...
Man sagt, dass Ludwig I. kein Außenpolitiker war, was insofern stimmt, als er auf diesen Bereich den geringeren Teil seiner Kräfte verwendete; man muss aber auch zugeben, dass Ludwig I. in der Außenpolitik kaum gefordert wurde. Wie er sich in den Stürmen, denen sein Sohn ausgesetzt war, bewährt hätte, muss dahingestellt bleiben. Maximilian II. war aber gezwungen, sich außenpolitisch zu engagieren, und das kostete ihn zuviel Kraft, zumal für ihn die Aussage, kein Außenpolitiker gewesen zu sein, in vollem Umfang zutrifft. Die strikt und in immer neuen Anläufen verfolgte Trias-Politik war für ihn nur ein Mittel, für Bayern und sich selbst eine

möglichst große Bewegungsfreiheit zu erhalten, die er für sein innenpolitisches Programm benötigte, bei dem er keine Einmischungen eines übergeordneten Staates brauchen konnte.

Auch hier hatten sich die Zeiten geändert. Die Blüte der Münchner Spätromantik war lange vorüber; 1848 war Görres verstorben, und Nachwuchs aus der jüngeren Generation hatte es für die Münchner Romantiker nicht gegeben. Was von ihr geblieben war, war eine dezidierte und immer mehr erstarkende konservativ-katholische Gesinnung, die sich in der allmählich Konturen annehmenden politischen Landschaft als eigene Kraft etablieren konnte, die das Zeitgeschehen mit wachen Sinnen beobachtete und zu aktiven Maßnahmen durchaus bereit war. Das wäre kaum möglich gewesen, wäre im Münchner Vormärz nicht der geistige Grundstock dafür gelegt worden. Das nachrevolutionäre Bayern baute in mancher Hinsicht auf dem Bayern des Vormärz auf, und es zeigte sich jetzt, dass man vor 1848 in Bayern ein Stück weiter gewesen war als anderswo. Die Jahre bis 1871 waren eine Zeit gesellschaftlicher und mentaler Veränderungen; so wie sich der Kampf um die Mitgestaltung der Bürger am Staat verschärfte, verschärfte sich auch das Bewusstsein um die Problematik der Zukunft der Deutschen. Einem nüchternen Betrachter musste klar sein, dass es das Deutschland des Deutschen Bundes auf die lange Sicht nicht mehr geben würde können, und ebenso musste es klar sein, dass es die historische Rolle, die Bayern im Bund gespielt hatte, nicht mehr geben konnte. Die lange gehegten, aber nie zu einem politischen Modell ausgebauten Vorstellungen von einer Rolle Bayerns für eine deutsche Nation wurden nun plötzlich aktuell, und mehr als das, sie wurde nun zu einer für das Königreich existenziellen Frage.

Es war ferner auch klar, dass sich Bayern von der deutschen Entwicklung, wie immer sie auch verlaufen würde, aus mehreren Gründen nicht abkoppeln konnte. Am schwerwiegendsten waren die wirtschaftspolitischen Überlegungen, die auch bereits vor der Revolution in der Diskussion um das Verhältnis der deutschen Staaten untereinander aus bayerischer Sicht stets tonangebend gewesen waren. Bayern war durch die geographische Situation, die sich zum einen durch die territoriale Trennung der Pfalz von der Hauptmasse des Landes ergab, zum anderen durch die historisch bedingte wirtschaftliche Orientierung Frankens nach Osten, Westen und Norden sowie der Pfalz den Rhein auf- und abwärts praktisch gezwungen, Handels- und Zollbeziehungen zu den auswärtigen Nachbarn dieser Regionen zu erhalten. Aus dieser Situation heraus ist es zu erklären, weshalb Ludwig I., nachdem er sich zuerst mit dem Gedanken länger anfreunden hatte müssen, zu den hauptsächlich treibenden Kräften für das Zustandekommens des Deutschen Zollvereins gehört hatte. Das Ergebnis war ganz nach seinem Geschmack gewesen, die Gleichberechtigung der Partner, die auf hartnäckiges Betreiben Bayerns zu einem Gegenstand der Vereinbarungen geworden war, sicherte deren Souveränität; die Äußerung des preußischen Finanzministers, dass damit Preußen eine Schlüsselstellung für die Führung unter den deutschen Staaten gewonnen habe, überging er, die darin enthaltene Drohung – aus Sicht der frühen dreißiger Jahre noch mit Recht – für übertrieben haltend.

Die politischen Beziehungen zu den deutschen Staaten waren vor 1848 unterschiedlicher Natur gewesen. Das Verhältnis zu Österreich war bis 1832 kühl; nach den Befreiungskriegen war aus dem Bündnis ein eher gedämpftes Nebeneinander geworden, Bayern war Wien zu liberal, Wien wieder war München zu hegemonial eingestellt. Das sollte sich erst in den dreißiger Jahren ändern, als nach dem Hambacher Fest Bayern sich enger an Wien anschloss und sich im Zeichen der Kölner Wirren das Verhältnis zu Preußen verschlechterte. Man war sich zwar über die ganzen Jahre hin in Berlin und München nicht sehr nahe gestanden, die Invektiven eines Freiherrn von Stein und der hohe Preis, den Bayern für die Erhaltung Sachsens an Preußen zu bezahlen gehabt hatte, waren nicht vergessen. Einen tieferen oder mental begründeten Gegensatz zwischen Bayern und Preußen hatte es aber nicht gegeben, außerhalb der Regierung nahm man Preußen kaum zur Kenntnis. Erst in den Jahren nach 1840 wurde die Stimmung in der Münchner Gesellschaft zunehmend antipreußisch, was jedoch Ludwig I. nicht gern sah; immerhin kam Marie, die Frau des Kronprinzen, aus Preußen, und selbst auf dem Höhepunkt der Kölner Wirren durften offiziöse Zeitungen nicht allzu deutlich gegen Preußen Stellung beziehen. Wer sich ungehindert in wüsten Angriffen auf Preußen ergehen durfte, waren dagegen Görres und andere Meinungsführer unter den Konservativen; der große gesellschaftliche Einfluss, über den gerade sie verfügten, war für die Verbreitung der feindseligen Stimmung gegen Preußen maßgeblich, und die Vorgänge während der Märzrevolution in Berlin hatten ebenfalls keine Sympathien zu wecken vermocht. Es hieße die Bedeutung dieser Stimmung aber doch zu überschätzen, wenn man die Ablehnung, auf die die Führungsansprüche Preußens nach 1848 beim König wie bei der Regierung stießen, auf sie zurückführt, hier spielten auch andere Momente eine Rolle. Im Grunde misstraute die Regierung in München Preußen wie Österreich gleichermaßen, und beides gleichermaßen mit Recht. Eine Option blieb Bayern noch, und für diese entschied man sich auch, nämlich die, dass sich den beiden Großmächten in einer Kooperation der anderen Mächte ein drittes Deutschland gegenüberstellte. Die zweite Reihe der deutschen Länder, also die Königreiche Bayern, Württemberg, Hannover und Sachsen, das Großherzogtum Baden und die hessischen Fürstentümer stellten zwar auch unter Einbeziehung der vielen Kleinstaaten nicht einmal ein Drittel der Bevölkerung, aber doch genügend, um zusammen eine Kraft darzustellen, über die man nicht hinweggehen hätte können.

Bayern wäre unter ihnen als dem mit Abstand größten Mittelstaat eine Führungsrolle zugefallen, allerdings waren die Beziehungen zu ihnen gemischt. Zu Sachsen waren sie noch am Besten, auch zu Württemberg war das Verhältnis halbwegs gut nachbarschaftlich; in Hannover war man jedoch Bayern nicht sonderlich gewogen, da man ihm Einflüsse auf die im eigenen Land mühsam unterdrückte Verfassungsbewegung unterstellte. Zum Großherzogtum Baden waren die Beziehungen dagegen geradezu miserabel, und zwar schon seit dem Wiener Kongress. Die Ursache hierfür war die bayerische Anwartschaft auf die rechtsrheinische Kurpfalz, die bei einem Aussterben der 1815 regierenden Linie aktuell geworden wäre. Es ging dabei für Bayern zum einen um die Verbindung über Unterfranken zum linksrheinischen Landesteil, zum anderen, und das war für Ludwig I. sogar noch wesentlicher, um die Wiedergewinnung eines uralten, seit dem 13. Jahrhundert wittelsbachischen Territoriums. Dem standen auf badischer Seite aber unmittelbar vitale Interessen gegenüber, da das kurpfälzische Territorium das wirtschaftlich bedeutendste Gebiet des Großherzogtums und außerdem der größere Teil des Landes war; sein Verlust hätte Baden zu einer kaum noch drittrangigen politischen Größe schrumpfen lassen. Vor diesem Hintergrund kann es kaum verwundern, dass man von badischer Seite alles versuchte, um dies zu verhindern; schon unmittelbar nach den Verträgen um die Kurpfalz war das badische Hausgesetz erlassen worden, das das Großherzogtum für unteilbar und die morganatische Nebenlinie Baden-Hochberg für erbberechtigt erklärte. Trotz der von den Großmächten und widerwillig auch von Bayern formal anerkannten Rechtmäßigkeit dieses Gesetzes behielt sich Bayern eine Option auf die Kurpfalz vor, und zwar in der Form eines Entschädigungsanspruchs auf andere Gebiete. In dieser Frage soll Ludwig I. trotz seiner sonst so oft betonten Friedensliebe sogar mit dem Gedanken an eine militärische Intervention gespielt haben. So bestand in Süddeutschland ein Misstrauen gegen einen Führungsanspruch Bayerns, der leicht als bayerische Großmachtpolitik interpretiert werden konnte.

Das sollte auch in der Nationalversammlung eine Rolle spielen. Sogar großdeutsch orientierte Abgeordnete standen dem Entwurf eines dritten Deutschland ablehnend gegenüber, und am wütendsten gebärdeten sich die einem preußischen Erbkaisertum zuneigenden Vertreter; Droysen konnte sich nicht genug tun, vor der seiner Meinung nach lächerlichen Großmannsucht Bayerns zu warnen. Von einer Erneuerung des Rheinbundes war dabei die Rede, einem erneuten Verrat an der Nation durch ebendiese Fürsten, die zu Beginn des Jahrhunderts das Reich bereits durch ihr Verbrechen zerstört hatten, was historisch zwar völliger Unsinn war, aber ausreichte, um es zu einer eingehenden Debatte dieser Idee gar nicht erst kommen zu lassen. Bayern war an die deutsche Frage jedoch keineswegs ohne Vorbereitung herangegangen. Nicht nur, dass der neue König in seiner Kronprinzenzeit, in der er sich mit politischen Analysen und Plänen befasst hatte, bereits die Trias-Pläne rezipiert hatte, es gab in Bayern eine klare und in den Grundzügen erstaunlich moderne Direktive. Ihr Grundsatz war, dass es ein Deutschland ohne Österreich nicht geben dürfe, und dass es nicht durch eine einseitige Maßnahme der Regierungen entstehen dürfe, sondern nur im Zusammenwirken mit dem Volk. Dieses müsse beim Deutschen Bund in der Form einer Delegiertenkammer eine Vertretung bekommen, und über dieser stehe ein Präsidium, das von den größeren deutschen Staaten abwechselnd geführt werde. Bemerkenswert sind die Umrisse des Bundeszwecks; über den bisherigen hinaus sollen Gesetze für ein einheitliches Zivil-, Straf- und Handelsrecht sorgen, der Schutz der Nationalität und der Verfassungen garantiert, eine deutsche Wehrverfassung geschaffen, ein Zollsystem aufgerichtet werden. Das Dokument trägt die Unterschrift König Ludwigs I.; dieses Programm war eine Initiative des Königs, es war ihm im Gegensatz zur Reform der Verfassung nicht durch die Revolution abgerungen worden, nun konnte er es nur noch als politisches Vermächtnis seinem Sohn hinterlassen. Es war einer der tragischen Aspekte der Revolution in Bayern wie auch in Deutschland, dass hinter diesem Programm nicht mehr die Persönlichkeit dessen stand, der es in raschen Zügen entworfen hatte, als es darum ging, um seine Verwirklichung zu kämpfen. Inwiefern ihm ein größerer Erfolg beschieden gewesen wäre als seinem Nachfolger, muss dahingestellt bleiben; Maximilian II. besaß zwar nicht die Persönlichkeit seines Vaters und war im hohen Maße von seinen Beratern abhängig, klare Vorstellungen, vor allem in dieser Frage, hatte aber auch er. Sein erster Berater in außenpolitischen Fragen war neben von der Pfordten Wilhelm von Doenniges, den er als Professor für Geschichte nach München geholt hatte, der ebenfalls über die Triaspolitik Theorien entwickelte, aber oft voreilig handelte und in der Entscheidung zwischen Groß- und Kleindeutschland sich als unsicherer Kantonist erweisen sollte; so arbeitete er 1849 eilig eine Proklamation der Annahme der Reichsverfassung aus, als der König bereits entschlossen war, diese abzulehnen.

Die Nationalversammlung ging den Weg, der vorgezeichnet erschien, und die dabei entstehende Reichsverfassung konnte die Zustimmung Bayerns nicht finden. Am 23. April lehnten König und Regierung die Verfassung ab, unter anderem auch des für Bayern nicht akzeptablen Ausschlusses Österreichs wegen. Maximilian II. riskierte mit dieser Entscheidung bewusst eine Zerreißprobe, denn die Ablehnung erfolgte gegen die Mehrheit des Landtages, der bald darauf aufgelöst wurde; die bayerischen Abgeordneten in der Paulskirche wurden zurückbeordert. Die Ablehnung erregte jedoch den Zorn in den neubayerischen Gebieten, in der Pfalz kam es sogar zu einem Aufstand, und in Franken zu lokalen Demonstrationen, die aber wenigstens kein militärisches Eingreifen erforderlich machten wie in der Pfalz, wo preußische Truppen die Revolte niederwarfen, was Bayern gegenüber Preußen für die folgenden Jahre in eine unbequeme diplomatische Situation brachte. Die Stimmung in Altbayern war anders gelagert, hier hätte im Falle einer Annahme der Reichsverfassung Ähnliches in umgekehrter Richtung gedroht. Maximilian hatte von der Neuorganisation des Deutschen Bundes seine eigenen Vorstellungen; an seiner Spitze sollte in keinem Fall eine Hegemonialmacht stehen, sondern ein Direktorium, das von den führenden Staaten, also den beiden großen Mächten und den größeren Mittelstaaten, kollegial geleitet werden sollte. Das Direktorium sollte den Oberbefehl über die gemeinsame Armee haben und den Bund nach außen vertreten. Ohne Vertretung des Volkes kam auch dieses Modell nicht aus, wobei es über die Ideen Ludwigs I. hinausging, da Maximilian an eine allgemein und frei gewählte Nationalversammlung dachte, die in allen gemeinsamen Angelegenheiten die legislative Kompetenz haben sollte. Es war kein kühner Plan, aber ein wohl durchdachter, und ein auf diesen Fundamenten errichteter Staat wäre zwar nicht zum Aufstieg zur Weltmacht in der Lage gewesen, aber völlig ausreichend für die Sicherung der vitalen Interessen aller Deutschen.

Die Haltung Bayerns im Ringen um die deutsche Einheit, das sich bis zur vorläufigen Entscheidung des Jahres 1866 fortsetzen sollte, war damit festgelegt. Dass sich Bayern in der Diskussion um eine Reichsverfassung meist als Störfaktor erweisen sollte, lag an seinem Festhalten an einer möglichst weitgehenden Einbeziehung Österreichs, die zur Wahrung seiner berechtigten Interessen notwendig war. Erschwerend bei allen Versuchen Bayerns, seinen Vorstellungen größeres Gewicht zu verleihen, war das schon erwähnte latente Misstrauen seiner süddeutschen Nachbarn, zu dem sich das der Kleinstaaten gesellte. Hieran trug nicht zuletzt auch der König schuld, der die Ideen seines Vaters in Bezug auf das Großherzogtum Baden wieder aufgriff und an eine Aufteilung desselben zwischen Bayern und Württemberg dachte, wobei er für Bayern die alte Pfalz wiederzugewinnen trachtete; auch erwog er eine Mediatisierung kleinerer Länder. Hinter diesen nicht von diplomatischer Klugheit zeugenden Ideen stand Dönniges, der aus der Position des unabhängigen Beraters heraus leicht derartige Pläne entwickeln konnte. Im bayerischen Fahrwasser segelten – eher missmutig, aber wenigstens überhaupt – Hannover und Sachsen, was ausreichend war, um die preußischen Pläne regelmäßig zu durchkreuzen. Nach 1850 stellte sich ein neues Problem, nämlich das Wiedererstarken Österreichs nach der Niederwerfung der nationalen Erhebungen, die den Vielvölkerstaat seit 1848 paralysiert hatten. Der neue Leiter der österreichischen Politik, Fürst Schwarzenberg, fühlte sich stark genug, um in der deutschen Frage wieder die Führung zu übernehmen. Er nahm die Sache von einer anderen Seite her in Angriff, indem er dazu einlud, den Bundestag des alten Deutschen Bundes wieder zu beschicken. Bayern griff den Vorschlag auf, da aus der Sicht der Münchner Regierung sowohl die bayerische Souveränität als auch die unmittelbaren Interessen der Deutschen in diesem immer noch am besten gesichert erschienen. Es ging dem österreichischen Kanzler um eine Schwächung Preußens, mit dem Ziel, es in den Bund zurück zu zwingen; eine dritte Macht unter der Führung Bayerns konnte er aber so wenig brauchen wie Preußen. Bayern konnte zwar gelegentlich eine Rolle als Vermittler spielen, wenn es aber um entscheidende Fragen ging, blieb ihm stets nur die Option einer Parteinahme. So musste sich Bayern, auch gegen Warnungen der europäischen Mächte, für die Aufnahme Gesamtösterreichs, also unter Einschluss der dem alten Reich nicht zugehörenden Gebiete, in den Deutschen Bund einsetzen, was die Rolle der Mittelstaaten wie auch die Preußens weiter verringern musste; die Chancen einer mittelstaatlichen Politik waren auf Null gesunken.

Die Koinzidenz der Entscheidung in der deutschen Frage mit dem innenpolitischen Reformwerk war vielleicht die persönliche Tragik Maximilians II. Viele Maßnahmen, die seine Popularität, über die er durchaus verfügte, wieder dämpften, wurden durch die

Verknüpfung der Deutschlandpolitik mit der bayerischen Politik, aus der sich weder die Liberalen noch die Konservativen völlig lösen konnten, notwendig, illiberale Schritte gegenüber der Presse zum Beispiel; auch der Widerstand, auf den von der Pfordten im Landtag wiederholt stieß, war auf seine konsequente Haltung in der deutschen Frage bestimmt, durch die der Minister bei linksliberalen Kreisen von vorneherein persona non grata war. Dass aus diesem Grund dann auch innenpolitische Themen blockiert wurden, zeugt nicht eben von großer politischer Einsicht, der Minister und der König mussten damit aber leben.

Gemessen an seinem innenpolitischen Programm, an seiner Kultur- und Sozialpolitik ist es ungerecht, wenn Maximilian II. bis heute in einer breiten Öffentlichkeit als eine farblose Gestalt zwischen seinem Vater und seinem Sohn dasteht; es kann einem durchaus begegnen, dass unbedarfte Zeitgenossen Ludwig II. gleich auf Ludwig I. folgen lassen. Sicher fehlte es ihm an der Faszination, die die zwei anderen auszeichnet. Er erreichte schon die Popularität seines Vaters nicht, und die seines Sohnes war für ihn in einer unerreichbaren Ferne; was Ludwig II. gegenüber seinem Volk und seinem Land sich leisten konnte, hätte Maximilian II. niemals wagen dürfen. Sein Vater urteilte nach Maximilians Tod, er sei rechtzeitig gestorben, um seinen Ruhm zu wahren. Hierin drückte sich in erster Linie die Enttäuschung aus, die Ludwig über die Entscheidung in der deutschen Frage empfand, und vermutlich hat er sich hierin geirrt. Der inzwischen alt und noch unbeweglicher als zuvor gewordene König hat die Reichsbegeisterung, die nach 1860 auch weite Teile Bayerns wieder erfasste, unterschätzt oder sie, seinem Hang gemäß, ganz ignoriert. Den Lauf der Dinge zu ändern, hätte aber Maximilian II. wohl kaum vermocht, die entscheidenden Fehler, sofern es in dieser Entwicklung für ein Land der Größe Bayerns überhaupt einen entscheidenden Fehler zu machen gab, waren zu diesem Zeitpunkt längst gemacht, erspart wurde durch seinen frühen Tod dem König die eigene Enttäuschung darüber, dass es ihm nicht möglich gewesen wäre, die Ereignisse des Jahres 1866 und in der Folge des Jahres 1871 zu verhindern.

2. Bayern im Deutschen Reich (1864–1918)

Die Monarchie im Schatten

Mit dem Thronwechsel des Jahres 1864 tritt in der Geschichte des Königreichs Bayern ein Wandel ein, indem sich die Könige und Regenten aus der Gestaltung der Politik wieder zurückzogen; es trat fast wieder die Konstellation ein, wie sie zum Beginn des Königreichs bestanden hatte, in der der König die Regierung weitgehend seinem leitenden Minister überließ. Zwar ist die Auffassung, dass Ludwig II. sich schon früh aus der Politik zurückzog, durch die Forschung neuerdings revidiert worden, doch anders als sein Vater und Großvater hat er kein eigenes Programm eingebracht. Ludwig I. und Maximilian II. waren mit Vorstellungen und Ideen – im Falle des Ersteren kann man sogar sagen mit Visionen – angetreten, von Ludwig II. kann man das jedoch so wenig behaupten wie von seinen Nachfolgern. Bei Luitpold und seinem Sohn Ludwig III. mag das auf das hohe Alter zurückzuführen sein, in dem sie an die Spitze des Staates gelangten, bei Ludwig II. war das aber nicht der Fall, hier liegt dieses Manko in seiner Persönlichkeit. Er hatte zwar wie jene politische Überzeugungen, entwickelte aber keine Ideen für die weitere Ausgestaltung des Staates; was in seiner Frühzeit an Reformen umgesetzt werden sollte, ging noch auf die Pläne seines Vaters zurück. Ein zähes Festhalten am monarchischen Prinzip und am Staatskirchentum sowie das distanzierte Verhältnis zum Deutschen Reich waren keine Ideen, mit denen sich im ausgehenden 19. Jahrhundert eine aktive Politik betreiben ließ; mit diesen Grundsätzen konnte man nur reagieren, aber nicht regieren. Diese Diskrepanz zwischen der Rolle, die sie nach der bayerischen Verfassung hätten spielen müssen, und der, die sie tatsächlich spielten, höhlte das monarchische Prinzip zusehends aus, so dass es um Ende keine politische Größe mehr war. Ungleich größere Bedeutung hatten Ludwig II. und Luitpold zwar für die Mentalitätsgeschichte, doch verschob sich durch diese das Verhältnis der Bevölkerung zur Monarchie auf ein anderes, nicht mehr von der Rationalität beherrschtes Feld. In den folgenden Abschnitten wird daher die Politik nicht mehr im Mittelpunkt stehen, denn sie war nicht mehr die der Wittelsbacher, sondern die ihrer Minister.

Ein Märchenkönig?
Ludwig II. (1864–1886)

Das „Leiden am Reich"

Die Gestalt König Ludwigs II. ist aus der bayerischen Geschichte nicht wegzudenken, auch wenn wir uns auf den historischen König und die nüchternen Tatsachen beschränken und das üppige, sich selbst nährende Biotop der Legenden um ihn außer Acht lassen. Das ist um so erstaunlicher, als es keine konkrete Leistung gibt, als er kaum Erfolge aufzuweisen hat, die dies rechtfertigen würden. Die unerklärliche Faszination seiner Person, die sich von Anfang an geheimnisumwittert präsentierte, war kein Programm, sie war nicht auf äußere Wirkung angelegt, denn er konnte mit seiner Popularität nie wirklich umgehen; sie war tatsächlich ein Teil seiner Persönlichkeit. Seine wachsende Menschenscheu, die zu Beginn seiner Regierung noch keine krankhaften, sondern nur exzentrische Züge trug, steigerten den verbreiteten Nimbus des einsamen Königs immer weiter. Er stillte – und stillt wohl bis heute – den Durst der Menschen nach einem außerhalb und über der gewöhnlichen Welt stehenden Königtum, ein Mittelding von Mensch aus Fleisch und Blut und Sagengestalt, einen König, wie es ihn in der Geschichte des Abendlandes nie gegeben hatte und nie hatte geben können; er konnte so als ein entrückter Scheinkönig im Bewusstsein seines Volkes existieren, die Minister und die Mitglieder des Staatsrates wussten es indessen schon früh besser und haben es auch in ihrem Sinne bis hin zur Schamlosigkeit zu nutzen verstanden. Möglicherweise war es auch der scharfe Kontrast zu seinem Vater, der ihm von Anbeginn den Zuneigungsvorsprung verschaffte. Gegen den kühlen, rationalistischen Maximilian, der nicht nur in seiner Erscheinung der Faszination entbehrte, sondern auch mit seiner Wissenschaftsgläubigkeit vielen seiner Zeitgenossen Unbehagen einflößte, präsentierte sich der erst 18 Jahre zählende Jüngling als eine ansehnliche Gestalt, groß, stattlich, mit schönen Gesichtszügen und dunklen Locken. Den stark übergewichtigen und von seiner Krankheit gezeichneten Mann der späteren Jahre haben nur mehr wenige zu Gesicht bekommen, und am wenigsten das Volk, dem er als der junge König im Gedächtnis blieb; auch hier trug seine selbst gewählte Isolation zu seiner eigenen Legende bei. In diese zog er sich, zuerst seltener, dann aber in zunehmendem Maße schon bald zurück; es mag sein, dass er sich, erst einmal mit der vollen Wirklichkeit und Widrigkeit des politischen Alltags konfrontiert instinktiv überfordert fühlte und die Flucht in eine innere Welt antrat. Dem Konflikt zwischen dem herrscherlichen Anspruch, den er von seinem Großvater ererbt hatte, und zwischen der Praxis einer Regierung im Rahmen des Konstitutionalismus konnte er nur durch eine völlig irrationale Übersteigerung seiner eigenen Rolle als König begegnen, und als sie sich gegenüber der Realität nicht als möglich erwies, ließ er diese hinter sich. Anders als sein Vater und Großvater, die ihre Begeisterung für die Kunst bei dem einen und für die Wissenschaft bei dem anderen den Interessen des Staates dienstbar gemacht hatten und als ein Teil ihres Programms gesehen hatten, hatte Ludwig II. bei seinen persönlichen Neigungen für Musik, Theater und Kunst – wobei letztere bald anachronistische Züge annehmen sollte – stets nur seine eigene innere Befriedigung im Sinn; die großzügige Bau- und Sammlertätigkeit Ludwigs I., auch wenn er mit ihr seine persönlichen Ideen verfolgte, war dem Staatszweck untergeordnet, Ludwig II. indessen schuf mit seinen kuriosen Bauten stets nur seine eigenen Refugien und zuweilen auch seine Kulissen. Dass sie heute zu den größten Attraktionen Bayerns gehören, kann man ihm nicht zugute halten – wie das heute nicht selten geschieht; ihn selbst hätte diese Aussicht vermutlich zutiefst irritiert.

Seine mangelnde politische Begabung war ihm bei seinem Regierungsantritt vielleicht noch nicht einmal im vollen Umfang bewusst, und wenn er auch nur geringe Neigung zu diesem Amt verspürte, so gestattete er sich diesbezüglich kein Ausweichen. Unmittelbar nach der Thronbesteigung legte er noch großen Eifer an den Tag, und schaffte in konzentrierter Arbeit eine Fortsetzung dessen, was sein Vater begonnen hatte. Die Schul- und Sozialpolitik wurden weitergeführt, alles sah nach einer konsequenten Fortsetzung dessen aus, was man in Bayern seit 1848 als fortschrittliche Politik kannte. Eine grundlegende Reform erfuhr unter dem Eindruck der Niederlage von 1866 die Armee, die allgemeine Wehrpflicht wurde endlich als persönlich zu leistende Pflicht des einzelnen Bürgers aufgefasst, so dass es fortan nicht mehr zulässig war, sich durch Geldzahlungen dem Wehrdienst zu entziehen. Schon vier Jahre später, 1870/71, bewährte sich die Reform, die bayerische Armee erwies sich in den Kämpfen in Frankreich als schlagkräftig und zuverlässig. Auch Ludwig II. musste sich mehrfach gegen den Landtag stellen, und zur Auflösung vor der Aufnahme der eigentlichen Arbeit kam es auch unter seiner Regierung. Allerdings begann sich hinsichtlich der Zusammensetzung des Landtages in den ersten Jahren der Regierung Ludwigs II. ein grundlegender Wandel abzuzeichnen, der zum einen auf die sich durchsetzende politische Organisation der Parteien zurückzuführen war, zum anderen aber auch auf die Verschiebung der politischen Gewichte. Vor allem die konservativen Kreise hatten zum ersten Mal seit dem Zerfall des Görreskreises wieder eine Organisation gefunden. Das geistige Rückgrat der Organisation war ein Relikt aus der Zeit Görres', die Historisch-Politischen Blätter, die in Edmund Jörg einen Herausgeber mit großem Organisationstalent gefunden hatten. Die aus der katholischen Sammlungsbewegung später hervorgehende Patriotenpartei, ab 1887 unter der Bezeichnung „Zentrum", wurde schnell zu einem maßgeblichen politischen Faktor, bei den Landtagswahlen 1869 kam sie erstmals auf jene über 50 % der Sitze, die bis 1912 sicher bleiben sollten. Auch die Liberalen hatten inzwischen zu einer Organisationsform gefunden, allerdings nicht in nur einer Partei, sondern in drei, von denen die Fortschrittspartei die eigentlich tragende Gruppe war, die lange hinter den Patrioten die zweite Kraft im Parlament stellte. Die Sozialdemokratie spielte zu der Zeit, obwohl die ersten Arbeitervereine bereits im Entstehen waren und eine verhältnismäßig rasche Verbreitung fanden, politisch noch keine große Rolle, die Belange der Arbeiterschaft vertraten eher die Patrioten als sie selbst, in der Fortschrittspartei dominierte dagegen die bürgerlich-liberale Auffassung. Zwar konnten sich durch die Ausschließlichkeit der direkten Mandate bedingt noch lange freie Kandidaten bei den Landtagswahlen durchsetzen, doch war die Parteiendemokratie bereits auf den Weg gebracht. Mit dem Übergewicht der Patrioten seit 1868 ergab sich erstmals seit den Ministerien Schenk und Abel wieder die problematische Konstellation, dass Regierung und Landtag in unterschiedlichen Lagern standen, nur dass diesmal nicht ein konservatives Ministerium gegen eine liberale Mehrheit, sondern eine liberale Regierung gegen eine konservative stand.

Der junge König war von Anfang an kaum in der Lage, die politische Entwicklung zu verfolgen und vor allem entsprechend einzuschätzen; der leitende Minister und Außenminister, nach einer Pause von einigen Jahren seit seinem Rücktritt wieder von der Pfordten, war für die Politik Bayerns bestimmend, der König hatte nur noch die Verantwortung dafür. In München verfolgte man weiterhin die Vorstellung eines großdeutschen Reiches, wozu nach wie vor eine mittelstaatliche Politik der Schlüssel sein sollte. Das erschien freilich noch weniger möglich als je zuvor, die österreichische Politik ging noch mehr über die Interessen der Mittelstaaten hinweg, und das Preußen Bismarcks verfolgte seinen Kurs bereits mit einer Klarheit, die das Ziel schon erkennen ließ. Graf Mensdorff, der neue leitende Minister in Wien, fühlte sich Bismarck durch die beiden gemeinsame Ablehnung des Liberalismus wie auch durch die Geringachtung des dritten Deutschland innerlich verwandt – was ein Fehler war, denn diese scheinbaren Gemeinsamkeiten überdeckten die Machtpolitik des Preußen. Scheinbar im Streit um die Holsteinische Nachfolge auf derselben Seite stehend, brachen die beiden Großmächte ein- um das andere Mal das Bundesrecht, an dem von der Pfordten nicht weniger stur festhielt, auch dann, als durch den Gasteiner Vertrag, in dem Österreich praktisch schon ausgeschaltet worden war, diese Haltung bereits sinnlos geworden war. Die preußische Annexion Holsteins war kaum mehr auf diplomatischen Wege zu vermeiden; Bismarck war bereits in Verhandlungen mit Italien und Frankreich eingetreten, um sich für den Fall einer von ihm längst angestrebten militärischen Entscheidung gegen Österreich abzusichern. Von der Pfordten agierte in dieser gespannten Lage immer hilfloser, zuletzt Bismarck offen die Handlungsfreiheit in Norddeutschland, aber auch in Italien überlassend, zugleich aber auch Österreich, das er eben noch düpiert hatte, die Beteiligung Bayerns an der Bundesexekution gegen Preußen zusichernd. Damit war er es, der trotz aller hektischen Aktivitäten nach allen Seiten den Weg zum deutschen Krieg frei machte, und zuletzt gab die Stimme Bayerns auch noch den letzten Ausschlag für den Bundeskrieg gegen Preußen, auf den als einzige Macht Preußen selbst vorbereitet war, und zwar sowohl militärisch als politisch.

Das Ergebnis dieses Krieges, der kurz, aber folgenreich war, kann als bekannt vorausgesetzt werden. Österreich schied aus dem Reich der Deutschen aus; das waren immerhin 18 Millionen Menschen, die entweder Deutsche waren oder aber auf einem Boden lebten, der durch Jahrhunderte zum alten Reich gehört hatte. Preußen wurde durch die Einverleibung Hannovers zur erdrückenden Übermacht im nördlichen Deutschland und konnte seine Stellung am Rhein noch weiter ausbauen. Bayern und die Mittelstaaten gerieten durch die zum Teil mitverschuldete, zum Teil aber auch nur mitterlittene Niederlage in jene verzweifelte Abhängigkeit von Preußen, aus der nur noch der rasche Eintritt in den Norddeutschen Bund und damit später in das Reich Bismarcks einen Ausweg bot. Die bayerische Armee leistete sich noch nach der österreichischen Niederlage bei Königgrätz, mit der der Krieg an sich noch nicht entschieden hätte sein müssen, eine kapitale Blamage, indem sie sich gegen ein unterlegenes preußisches Korps in Franken eine völlig selbstverschuldete Niederlage einhandelte, mit der sich aber die bayerische Politik die Blamage ersparte, einen Sieg nicht ummünzen zu können, denn es gab keinerlei Pläne für ein weiteres Vorgehen. Von der Pfordten hatte von Anfang an nicht an einen militärischen Erfolg geglaubt, auch nicht an einen Österreichs; aus einer solchen Einschätzung heraus diese Situation aber heraufbeschworen zu haben, legt schonungslos die Schwäche dar, unter der die Politik Bayerns seit mehr als eineinhalb Jahrzehnten litt. Grollend und nicht selten verzweifelt hatte Ludwig I., zum Privatier verdammt, miterleben müssen, wie sein Sohn und sein Enkel das Schiff des Königreichs in jenen Hafen schlingern ließen, den er niemals ansteuern hatte wollen.

Es ist durch neuere Forschungen widerlegt, dass sich Ludwig II. schon 1866 aus den Regierungsgeschäften zurückzog und dem Ministerium die Politik überließ. Dagegen spricht schon, dass er bis 1880 sechsmal den leitenden Minister auswechselte, öfter als jeder seiner drei Vorgänger; auf von der Pfordten folgte Hohenlohe, auf diesen Bray-Steinburg, den Hegnenberg-Dux ablöste, diesen wieder Pfretzschner und ihn schließlich Lutz, der ihn überleben sollte. Die politische Linie bleibt dabei konsequent; liberal, konfessionell neutral, staatskirchlich und kleindeutsch, nach 1871 dann föderalistisch. Alle standen gegen eine konservative Mehrheit des Landtages, die weit stärker ausgefallen wäre, wären nicht durch Verschiebungen der Wahlkreise den Liberalen deutlich mehr Mandate zugefallen als ihnen nach absoluten Stimmen zugekommen wäre. Der König, darin auch durch Bismarck beeinflusst, wehrte sich gegen die Parteiendemokratie, in der die Mehrheit der Wähler die Partei der Regierung bestimmt, die Zusammensetzung der Regierung sollte nach dem monarchischen Prinzip Sache des Königs bleiben. Dennoch schwankte er einmal; 1875 erwog er ernsthaft, ein konservatives Ministerium einzusetzen – beileibe nicht um ein Einvernehmen zwischen Landtagsmehrheit und Regierung herzustellen, sondern weil er seine föderalistische Linie von einem solchen als besser vertreten ansah –, nahm dann aber doch wieder davon Abstand, aus welchen Gründen, ist unsicher.

Gegen eine Untätigkeit in Staatsangelegenheiten spricht auch der Umfang der von Ludwig II. getroffenen Entscheidungen, die nach Zehntausenden zählen und sich wie zu Zeiten seines Großvaters oft mit Kleinigkeiten befassen wie der Form der bayerischen Ehrenzeichen für die Armee. Er wirkte jedoch auch auf sein Ministerium in wesentlichen Fragen entscheidend ein wie im Kulturkampf, dem er in Bayern einen wesentlich weniger heftigen Verlauf zu geben vermochte wie im übrigen Reich. Noch 1886 hat er täglich ein Dutzend Schriftstücke unterschrieben und weiterleiten lassen.

Vollends in der Entscheidung über die Gründung des Reichs 1870/71 handelte er, aus der Einsicht heraus, dass der Gang der

Dinge nicht aufzuhalten sein werde und darüber hinaus in der vagen Hoffnung, als Verbündeter Preußens diesen zumindest im Sinne Bayerns beeinflussen zu können, gegen die Regierung; den Mobilmachungsbefehl erteilte der König gegen die Mehrheit im Ministerium. Er hatte zu dem Zeitpunkt sogar noch eigene Pläne für das künftige Deutschland, dachte an einen mit dem Norddeutschen Bund locker assoziierten Südbund, hatte bei den Versailler Verhandlungen, die Bray führte, dann aber doch nicht genügend Energie, um an ihm festzuhalten und entschied sich für den Anschluss an Preußen und damit den Eintritt in das Reich; wenige Monate hatten genügt, um zweiundzwanzig Jahre bayerischer Deutschlandpolitik gegenstandslos werden zu lassen. Am 17. Dezember 1870 unterschrieb der König die „unseligen" Verträge, „traurig und verstimmt", wie er selbst zugibt, nachdem er schon im November den Brief unterzeichnet hatte, der dem König von Preußen die Kaiserkrone antrug. Er gefiel sich nicht in der Rolle, die ihm von kleindeutsch gesinnter Seite angetragen wurde, dass er damit eine Schlüsselposition in einem Akt von welthistorischer Bedeutung einnahm; gegenüber seinem Bruder Otto begründet er seinen Schritt mit schlichten Sachzwängen, und man muss feststellen, dass er damit doch die Sachlage klarer sah als manch ein Vertreter der konservativen Opposition. Ein Freund des Reichs und vor allem Preußens wurde er nie; der Kaiserproklamation in Versailles blieb er fern, er hasste den Kronprinzen Friedrich, und mit Vergnügen verfolgte er, wie nebensächlich die Münchner Gesellschaft den 80. Geburtstag des Kaisers nahm.

Dennoch ging er bei der Ausgestaltung des Reichs in den folgenden Jahren immer wieder in die Offensive; die Wahrung der bayerischen Reservatrechte, der Gesetzgebungskompetenz, selbst der Gestaltung der Uniform der bayerischen Armee lagen ihm nahe und veranlassten ihn, auf das Ministerium einzuwirken. Auch Personalentscheidungen über die Berufung der Minister hinaus traf der König selbst und nicht immer im Sinne der ministeriellen Vorlagen. Der König schien also so zu regieren, wie es ihm die Verfassung zuwies. Die andere Seite ist freilich, in welcher Form er das tat. Im Stil des nahezu ausschließlich schriftlichen Verkehrs mit der Regierung gleicht er seinem Großvater, sonst aber in nichts. Wie er immer wieder sich und anderen eingestand, war es ihm eine reine Last, litt er unter seinen Pflichten, die er mit immer größerem Widerwillen erfüllte. Die Minister bekamen ihn schon seit 1870 persönlich kaum mehr zu Gesicht, seine Entscheidungen leiteten die Kabinettssekretäre weiter.

Die Tragödie
Eine offene Frage ist jedoch, wer hinter den Entscheidungen des Königs tatsächlich stand. Ludwig II. schrieb seine Signate nicht wie sein Großvater selbst, er unterschrieb sie nur; die Rolle der Kabinettssekretäre bleibt dabei im Dunkeln. Noch weniger lässt sich ermessen, welche Rolle seine wenigen Vertrauten spielten. Richard Wagner etwa, in dessen Musik und Dichtung sich der König regelrecht flüchtete, Passagen aus seinen Opern sind als Stimmungswiedergaben in sein Tagebuch eingegangen – die dort gefundene Gralserzählung wurde von den gutachtenden Psychiatern in Unkenntnis der Urheberschaft als Beweis für seine Geisteskrankheit gewertet – und der ihn in seiner Sicht des Königtums bestärkte; der Münchner Philosophieprofessor Huber, der ihm in seinen ersten beiden Regierungsjahren als Privatissime-Gesprächspartner diente und im Zusammenhang mit der Reichsgründung einen erheblichen Einfluss auf ihn hatte; Bismarck, mit dem er häufig korrespondierte – persönlich begegnet sind sie sich nie – und der ihn in seinem Beharren am monarchischen Prinzip bestärkte. Bismarck unterstützte die persönlichen Leidenschaften des Königs mit regelmäßigen Zahlungen aus dem Welfenfonds, auch wenn diese wohl nicht den primären Ausschlag zu seiner Zustimmung zu den Versailler Verträgen und dem Kaiserbrief gaben. Andere Einflüsse sind schwer auszumachen, in vielem, das haben Forschungen um seine Regierungstätigkeit gezeigt, war er zumindest bis 1880 viel eigenständiger als man lange anzunehmen bereit war.

Die krause, in kein System zu fassende Mischung der Stile, die sich auch schon bei Ludwig I. findet, allerdings in einer wesentlich fundierteren Form, übersteigerte sich bei Ludwig II. in das Extreme. Den König umgab eine Mixtur aus deutschem Mittelalter und Ancien Régime oder aus dem von beiden, was er dafür hielt, letztlich eine historisch unwirkliche Traumwelt – und vor allem umgab ihn nur diese, denn Menschen kamen in ihr immer weniger vor. Privataufführungen in der Hofoper, nächtliche Spaziergänge und Schlittenfahrten, um nicht angestarrt zu werden, waren seine Zerstreuungen. In München hielt er sich nur noch auf, wenn es nicht zu vermeiden war. Sein von Anfang an irreales Herrscherideal nahm übersteigerte Züge an; Mitglieder des eigenen Hauses wie Prinz Luitpold wurden gemaßregelt, wenn sie ihm gegenüber seiner Meinung nach zu familiäre Töne anschlugen, mehrfach bezeichnete er sie als seine Untertanen. Die Kabinettssekretäre, die seine Verbindung zur Außenwelt aufrecht erhalten mussten, hatten extrem zu leiden, einer von ihnen, Ziegler, quittierte schließlich den Dienst, weil es in der Umgebung des Königs nicht mehr auszuhalten war. Das war 1883; danach wurden auch die Kabinettsekretäre nicht mehr vorgelassen, und die Anweisungen des Königs wurden nun von untergeordnetem Personal oder Bedienten weitergeleitet.

Es war jedoch nicht der bedenkliche Gesundheitszustand des Königs, der dem seit 1880 leitenden Minister Lutz durch die Berichte der Kabinettsekretäre bekannt war, der schließlich zu seiner Absetzung führte, es war die prekäre finanzielle Situation Ludwigs II., in die er sich mit seiner Bautätigkeit gebracht hatte. Die königlichen Bauten waren keine Staatsbauten, sondern von der Zivilliste zu bestreiten, die trotz der viereinhalb Millionen Mark, die er als Apanage jährlich bezog, für die Fülle an Projekten nicht ausreichte – die Schlösser Neuschwanstein und Herrenchiemsee wurden gleichzeitig gebaut –, zumal er ja auch seine Hofhaltung zu bezahlen hatte. Zwischen 1880 und 1884 waren über sieben Millionen Mark Schulden aufgelaufen, trotz der Zuwendungen Bismarcks, die noch einmal durch eine Anleihe, die der Finanzminister vermittelte, gedeckt werden konnten, ein Jahr später waren erneut sechs Millionen Defizit zu verzeichnen. Die Lage wurde kritisch; die ersten gerichtlichen Klagen gegen die königliche Kabinettskasse waren anhängig, es drohte tatsächlich eine Zwangsvollstreckung gegen den König. Der Landtag lehnte die Übernahme der Privatschulden Ludwigs ab, Bismarck wollte keine weiteren Zahlungen mehr leisten, zum einen, weil auch seine Möglichkeiten nicht unerschöpflich waren, zum anderen vielleicht aber auch, weil er nicht mehr an Ludwig als König festhalten wollte. Versuche des Ministeriums, Ludwig II. zu einer sparsamen Haushaltsführung zu bewegen, scheiterten an der Ablehnung des Königs, der sich in seiner Majestät beleidigt fühlte und mit Entlassung des Ministeriums drohte; die Schritte, die er zu ihrer Umsetzung einleitete, stellten allerdings seine Regierungsunfähigkeit nur noch deutlicher unter Beweis, denn er hatte praktisch keine Vorstellung mehr davon, wie er ein neues Ministerium einsetzen sollte – unter anderem schickte er seinen Friseur auf die Suche nach einem leitenden Minister. Dennoch musste Lutz unter diesen Umständen um seine Stellung fürchten, was unmittelbar den letzten Akt des Dramas auslösen sollte

Die bayerische Verfassung sah die Möglichkeit durchaus vor, im Fall der Regierungsunfähigkeit einen König seines Amtes zu entheben; Lutz verhandelte bereits mit Prinz Luitpold, der als dem König nächstverwandter Wittelsbacher als Regent in Frage kam. Luitpold zögerte wie die anderen Mitglieder des Hauses lange; die verheerende Wirkung eines solchen Vorganges in der Öffentlichkeit war nicht schwer auszurechnen. Als er schließlich doch zustimmte, konnten die letzten Schritte vollzogen werden; die vier profiliertesten Psychiater Bayerns wurden am 7. Juni um ein Gutachten über den Geisteszustand des Königs ersucht, dessen Erstellung genau einen Tag dauerte; keiner der Ärzte hatte ihn persönlich gesehen, sie urteilten allein aufgrund der Aktenlage. Es lautete auf Paranoia, und bereits einen Tag später wurde die Regentschaft Luitpolds verkündet. Der weitere Verlauf war nur noch eine tragische Groteske; Ludwig II. setzte sich noch zur Wehr und ließ die nach Neuschwanstein gereiste Enthebungskommission, zu der zwei Minister und die Ärzte gehörten, durch die örtliche Gendarmerie, die ihm tatsächlich gehorchte, verhaften und gab Befehl, sie zu erschießen, was die Gendarmen aber nun doch nicht wagten. Erst am 12. Juni konnte Ludwig II. nach Schloss Berg am Starnberger See verbracht werden, wo er unter der Aufsicht Dr. Guddens, des führenden Psychiaters in Bayern, in Abgeschlossenheit verwahrt werden sollte. Am folgenden Tag, dem Pfingstsonntag, vollendete sich der Leidensweg des Königs, indem er zusammen mit Gudden im Starnberger See den Tod fand; sie waren zu einem Spaziergang aufgebrochen, den Gudden zu einem vertraulichen Gespräch, eine seiner Therapiemethoden, nutzen wollte. Der Vorgang selbst konnte damals wie heute nicht geklärt werden; am wahrscheinlichsten ist es, dass der König selbst den Tod suchte – Selbstmordgedanken hatte er seit langem wiederholt geäußert – und den Arzt, der ihn zurückhalten wollte und dem er körperlich weit überlegen war, mit in den Tod riss. Denkbar wäre bei seinem zuletzt an den Tag gelegten Zustand und seiner Bereitschaft zum Widerstand gegen seine Absetzung auch ein missglückter Fluchtversuch, der im nur 12° warmen Wasser zwangsläufig zum Tod führen musste. Diese nüchternen und vor der Kulisse, die Ludwig II. für seine Person geschaffen hatte, beinahe banalen Erklärungen haben, das zeigt sich bis heute immer wieder, gegen die Legende nur wenig Chancen. Die zahllosen Spekulationen und geheimnisschwanger ausgemalten Theorien über seinen Tod, die sofort zu kursieren begonnen hatten, wuchern ungehemmt weiter bis zum blühenden Nonsens, der im Rahmen einer ernsthaften historischen Darstellung nicht weiter zu berücksichtigen ist.

In diesem ist dagegen etwas anderes anzumerken: Die Tragödie Ludwigs II. offenbarte in aller Härte die Schwäche des monarchischen Prinzips. Das politische System Bayerns, wie es unter Maximilian I. geschaffen worden war, erforderte eine starke Persönlichkeit als König. Im Grunde hatten nur Ludwig I. und Maximilian II. damit umzugehen gewusst, der zweite schon weniger als der erste; Maximilian I. war eine solche zwar auch nicht gewesen, doch hatte er wenigstens ein politisches Genie zur Verfügung, das ihm dieses Problem abnahm. Ludwig II. war eine solche Persönlichkeit aber überhaupt nicht, und ein Genie hat in seinem Ministerium nicht gedient; Lutz besaß zwar einen ausgeprägten Machtinstinkt, der ihm auch über den Tod des Königs hinaus die Macht sicherte, die Schwächen des Königs wusste er aber nur zu nutzen, nicht jedoch auszugleichen. Das Prinzip der königlichen Erbfolge, das einen zum Regieren nicht Geeigneten dazu verdammt hatte, weil er eben als der erste Sohn eines Königs zur Welt gekommen war – und Ludwig II. sah das so –, stellte damit auch das monarchische Prinzip im Ganzen in Frage. Tatsächlich begannen in der Gesellschaft diese Gedanken immer mehr um sich zu greifen. Daran konnte auch der Nimbus Ludwigs II. nichts ändern, dieser hatte mit seiner Eigenschaft als Monarch nichts zu tun, sondern mit seiner menschlichen Tragik, und das nahm die politische Führungsschicht durchaus wahr. Das Drama Ludwigs II. war auch ein Drama der Monarchie.

Das letzte Leuchten – Prinzregent Luitpold (1886–1912)

Die Familie
Seit dem Beginn des 19. Jahrhundert hatte das Haus Wittelsbach, das dieses genealogisch nur noch mit Müh' und Not erreicht hatte, wieder einen starken Stamm. Maximilian I. hatte zwar nur zwei Söhne, Ludwig I. und Karl, Ludwig dagegen vier, neben König Maximilian II. Otto, Luitpold und Adalbert. Die unglücklichen Söhne Maximilians II. hatten keine Kinder, auch Otto, über den noch einiges anzumerken sein wird, blieb kinderlos, Luitpold und Adalbert hingegen hatten je zwei Söhne. Neben der königlichen gab es noch die herzogliche Linie, eine weitere Nebenlinie der Linie Birkenfeld mit ursprünglichem Sitz Gelnhausen; auch in ihr gab es männliche Nachkommen. Zu Teilungen und territorialen Zersplitterungen wie in den früheren Jahrhunderten konnte dieser Reichtum im Zeichen des neuen Staatsbegriffs nicht mehr führen; die nachgeborenen Prinzen hatten eine nach ihrem Rang im Haus Wittelsbach gestaffelte Apanage und saßen in der Ersten Kammer des Landtages, viele betätigten sich als ranghohe Offiziere in der bayerischen Armee. Ein einziger der bayerischen Prinzen bestieg einen auswärtigen Königsthron, Otto, der zweite Sohn Ludwigs I., der der

erste König von Griechenland wurde; das politische Abenteuer, das mehr eines seines begeistert philhellenischen Vaters war, ging unglücklich aus, und Otto verbrachte seine letzten Jahre in der Bamberger Residenz, zu einer griechischen Linie der Wittelsbacher ist es nicht gekommen. Die Nachwirkungen der Entwicklungspolitik, die unter seiner Regierung mit bayerischer Unterstützung in Griechenland betrieben wurde, zahlreiche klassizistische Bauten in Athen, die Restaurierung der Akropolis und die Gründung der Universität Athen, beanspruchen einen höheren Erinnerungswert als das Königtum Ottos heute besitzt.

Die Töchter, ungleich mehr als Söhne, versorgten die Dynastien Europas und Deutschlands, aber auch Fürsten- und Grafenfamilien in Bayern mit Ehefrauen; es gab preußische, sächsische und sizilianische Königinnen aus dem Haus Wittelsbach, die berühmteste von allen ist wohl die Tochter des Herzogs Max, Elisabeth, die mit Kaiser Franz Josef von Österreich verheiratet war. Das Haus Wittelsbach war weiterhin eine europäische Dynastie; die Nebenlinie Zweibrücken, die bis 1800 eine wesentlich bescheidenere Heiratspolitik verfolgt hatte, übernahm diese Rolle der bayerischen und der kurpfälzischen Linie in einem praktisch nahtlosen Übergang.

Ein Regent für das Volk
Nach dem unglücklichen Ausgang Ludwigs II. war an sich sein jüngerer Bruder Otto in der Thronfolge der nächste, doch war dieser schon seit Jahren unheilbar geisteskrank und lebte abgeschieden in Schloss Fürstenried; für eine Nachfolge kam er nicht in Frage, weswegen mit der Absetzung Ludwigs II. sein Onkel Luitpold die Regentschaft antrat, die er bewusst bis zu seinem Tod unter der Bezeichnung beibehielt, obwohl er sich deshalb mit einem Bruchteil der königlichen Apanage zufrieden geben musste. Als dritter Sohn Ludwigs I. war er nach der Geburt der Söhne Maximilians II., in der Thronfolge an die fünfte Stelle abgerutscht; dass sich Ludwig I., mit Maximilian II. mehr als einmal unzufrieden, gewünscht hätte, Luitpold möge ihm oder wenigstens seinem ältesten Sohn auf dem Thron nachfolgen, konnte daran nichts zu ändern. Die Rolle, die er im Staat dann spielen sollte, hätte Ludwig I., hätte er seine Regentschaft noch erlebt – er starb 1868 – von seiner Vorliebe für Luitpold vermutlich abrücken lassen, denn ein König in seinem Sinne war Luitpold sicher nicht, und er wäre es auch in den Jahren nach 1848 nicht geworden. Luitpold hatte von Kindesbeinen an die militärische Laufbahn eingeschlagen, die für ihn nicht nur eine einem Prinzen angemessene Beschäftigung war, sondern ein Beruf; er hatte seine Offiziersausbil-

dung bei der „bürgerlichen" Artillerie erhalten, kommandierte 1866 im Krieg eine Division und wurde zuletzt Generalinspekteur des bayerischen Heeres, als der er seine Modernisierung durchführte. Er fühlte sich als Soldat und trug fast ständig die Uniform der bayerischen Armee; das änderte sich erst mit der Regentschaft, während der er sich häufig bewusst bürgerlich gekleidet zeigte. Der Politik galt sein erstes Interesse nie, in der Ständekammer ist er kaum aktiv geworden, er übernahm jedoch gelegentlich repräsentative Aufgaben wie bei der Kaiserproklamation in Versailles; lediglich während der Revolution 1848 agierte er als Vermittler und Berater, zog sich aber dann wieder zurück.

Es ist nicht bekannt, ob Luitpold in den letzten Jahren vor dem Tod Ludwigs II. mit seiner Thronfolge gerechnet hat. An sich wäre der Gedanke nahe gelegen; der König war schon beinahe 40 Jahre alt und nicht verheiratet, möglicherweise homoerotisch veranlagt – es gibt eine Äußerung Ludwigs gegenüber Johannes Huber, die diese Interpretation zulässt und im königlichen Haus sicher bekannt war; dass er Nachkommen haben würde, konnte man in seinen letzten Lebensjahren nicht mehr erwarten. Sein Bruder Otto war regierungsunfähig und ebenso kinderlos; der nach ihnen nächstfolgende ältere Bruder Luitpolds, Otto, war 1862 kinderlos verstorben, womit Luitpold wieder zum Thronfolger nach Ludwig II. geworden war. Das einzige, was ihm den Gedanken ferner rücken musste, war sein eigenes Alter, er zählte bereits über 60 Jahre, und es war daher damit zu rechnen, dass Ludwig II. ihn überleben würde; für die Thronfolge kam deswegen eher sein ältester Sohn Ludwig in Frage. Es ist also nicht erstaunlich, dass Luitpold 1886, als die Ablösung Ludwigs II. plötzlich im Raum stand, nicht mit Begeisterung auf den Plan einging, abgesehen von seiner loyalen Haltung, die die Absetzung eines Königs als einen geradezu ungeheuerlichen Vorgang erscheinen ließ, mit dem er sich erst befassen musste. Die Gründe für sein Umschwenken kennen wir nicht; es ist aber zu vermuten, dass ihn die Erläuterungen Lutz' über eine sonst bevorstehende Katastrophe des monarchischen Systems und einen nicht mehr zu korrigierenden Popularitätsverlusts des Hauses dazu bewog, die Aufgabe zu übernehmen, die sich ihm so unversehens gestellt hatte. Die Anfrage des ersten Ministers, ob er ihn im Amt belassen würde, hat er vermutlich als dessen Bereitschaft zur Weiterführung gewertet und es als Erleichterung empfunden, nicht unverzüglich mit der Bildung einer neuen Regierung sein Amt antreten zu müssen, so dass er sich auf die Wiederherstellung des Ansehens seines Hauses beschränken konnte, ein Geschäft, dem er sich gewachsener fühlte.

Tatsächlich war er darin ungewöhnlich erfolgreich; unter den Wittelsbachern des 19. Jahrhunderts genießt er bis heute nach Ludwig II. die größte Popularität, und sie ist nicht nur ein Resultat der Identifikation seiner Regierungszeit mit der „guten" alten Vorkriegszeit, die in den unsicheren Jahren nach 1918 erfolgte, er erlangte sie schon zu seinen Lebzeiten, nachdem er die schwierigen Anfangsjahre überwunden hatte, in denen er vielfach als der Schuldige am unglücklichen Ende Ludwigs II. angesehen wurde. Er erreichte sie jedoch mit ganz anderen Mitteln als der rätselhaft-unsichtbare König, nämlich durch eine bis dahin ungewöhnliche und zuvor nur von seinem Großvater König Maximilian I. an den Tag gelegte Volksnähe. Prinzregent Luitpold war nahezu allgegenwärtig, er schritt feierlich bei der Münchner Fronleichnamsprozession einher, nahm eigenhändig auf dem Oktoberfest Preisverleihungen vor, verlieh durch seine Teilnahme Denkmalenthüllungen und Festakten offiziellen Charakter, hörte sich geduldig Preisgedichte an und amüsierte sich über kindliche Verstöße gegen die Etikette; bei seinen Jagdausflügen trat er in sprichwörtlich bescheidener Kleidung auf. Seine Extravaganz beschränkte sich auf eiskalte Bäder. Das war keineswegs nur Inszenierung oder das auf eine Rolle als gütiger Landesvater abzielende Programm eines sich bewusst volksnah gebenden Repräsentanten, es entsprach auch seiner Natur; dass er es ablehnte, zu Lebzeiten in München ein Denkmal errichtet zu bekommen, war nicht auf äußere Wirkung angelegt. Selbst seine Regierungsgeschäfte versah er in dieser leutseligen Form; er ließ die vortragenden Minister und Kabinettsekretäre nicht wie üblich vor seinem Schreibtisch stehen, sondern bat sie an den Besprechungstisch und bot ihnen Zigarren an, die in seiner Gegenwart geraucht werden durften. Seine Begeisterung für die Kunst konzentrierte sich auf das zeitgenössische Schaffen, an dem München in seinen Jahren reichen Anteil hatte, und brachte ihn, als er den Ankauf moderner Kunstwerke durch den Staat durchzusetzen versuchte, wiederholt in den Konflikt mit dem Landtag. Seine Hofhaltung hatte dabei jedoch durchaus einen königlich-grandseigneuralen Glanz; Hofbällen, Galaempfängen und Diners mit Diplomaten, Künstlern und Gelehrten war er keineswegs abgeneigt, auch hier glich er vieles wieder aus, was der sich in die Einsamkeit flüchtende Ludwig II. verspielt hatte. Seine Regentschaft fügte sich mit dem künstlerischen und literarischen Niveau Münchens, das in diesen Jahren seinen Höhepunkt erlebte und die Stadt in eine Spitzenposition im kulturellen Deutschland brachte, zu einem beeindruckenden Gesamtbild zusammen.

In seiner Neigung, ein ebenso volkstümlicher wie glanzvoller Repräsentant des Königreichs zu sein, und in seiner Apolitizität wäre er der geeignete Regent gewesen, um die wittelsbachische Monarchie auf eine neue, modernere Grundlage zu stellen; doch dazu vermochte er sich nicht durchzuringen. Wie für alle seine Vorgänger waren seine staatskirchlichen Auffassungen das grundlegende Problem, sie verhinderten die Kooperation mit der Landtagsmehrheit der Zentrumspartei und zwangen ihn so zum Festhalten am monarchischen Prinzip, das nach einer politischen Natur des Regenten verlangt hätte. Luitpold wich den großen Herausforderungen seiner Zeit – die Industrialisierung, das Wachstum der Städte und die daraus resultierenden Probleme – meist aus; sich damit zu beschäftigen war Sache der Regierung und mehr noch der bayerischen Ministerialbürokratie, von der die wesentlichen Initiativen ausgingen; nicht nur das preußische, auch das bayerische Beamtentum hatte seine Tradition, und die bedeutete ein stilles und effizientes Arbeiten im Interesse des Ganzen, begründet hatte sie einst Ludwig I., und er hatte dem Land damit gerade für die Spätphase der Monarchie etwas ungemein Wichtiges gegeben. Allein in der Kulturpolitik, die in Bayern jedoch einen hohen Rang hatte, wurde die Hand des Regenten spürbar. Erst im beginnenden 20. Jahrhundert sollte in die bayerische Verfassung Bewegung kommen; 1906 wurde durch ein Bündnis zwischen dem Zentrum und der SPD, die seit 1899 im bayerischen Landtag vertreten war, eine Wahlkreisreform durchgesetzt. Das Ministerium blieb jedoch noch bis 1912, dem Todesjahr des Prinzregenten, liberal und damit eine Minderheitsregierung, dann wurde mit Georg von Hertling zum ersten Mal ein Vertreter der Landtagsmehrheit zum leitenden Minister berufen. Dieser Schritt, hinter dem bereits Kronprinz Ludwig stand, war jedoch nicht im Zuge eines Wechsels zum parlamentarischen Prinzip erfolgt, sondern um eine ernsthafte Regierungskrise beizulegen, und Hertling war ungeachtet seiner Zugehörigkeit zum Zentrum kein Freund des parlamentarischen Systems.

Die historische Bedeutung Prinzregent Luitpolds liegt damit wie die Ludwigs II. allein im Ideellen, in der Identifikation des Landes mit seinem Regenten. Wie bei diesem jedoch war sie im hohen Maß auf seine Persönlichkeit konzentriert; der Monarchie als Staatsform vermochte er keine neuen Anstöße zu geben. Aber das hatte im Grunde auch niemand von ihm erwartet; als er im Dezember 1912 im Alter von 91 Jahren starb, herrschte im Land tiefe Trauer. Dass er der letzte Monarch Bayerns war, der in seiner Würde sterben sollte, ahnte noch niemand.

Das Ende der Monarchie – Ludwig III. (1912–1918)

Bürgerkönig und „Millibauer"
Hatte schon zwischen Ludwig II. und dem Prinzregenten Luitpold ein scharfer Kontrast bestanden, so brachte der Wechsel auf den Sohn Luitpolds im Jahre 1912 einen noch größeren mit sich. Gemeinsam hatten sie im Grunde nur ihre Distanz zum Reich, die aber allen Wittelsbachern des 19. Jahrhunderts gleich eigen ist, und ihre Volksnähe, die bei Ludwig III. jedoch ein Ausmaß annahm, dass sie im Bürgertum und bei den Bauern keine Begeisterung mehr hervorzurufen vermochte; weit größere Sympathien besaß er interessanterweise bei der Sozialdemokratie. Der „Millibauer von Leutstetten", wie er nicht ohne Gehässigkeit genannt wurde, da er seit 1875 auf dem von ihm gekauften Gut Leutstetten bei Starnberg das Leben eines Gutsbesitzers geführt hatte, obwohl er seit 1886 der Thronfolger war, hatte in seinem Auftreten tatsächlich kaum das Format, das im Deutschen Reich als das eines Königs galt; seine Nachlässigkeit in der Kleidung und seine sichtbare Distanz zu jeder Form des Militarismus gaben Anlass zu Witzen und Karikaturen. In dieser Hinsicht fiel er sogar in seiner engeren Familie aus dem Rahmen; sein Vater war Offizier gewesen, seine Brüder nahmen hohe Generalsränge in der bayerischen Armee ein ebenso wie sein Sohn Ruprecht, und zwar nicht nur im Rahmen ihrer Verpflichtungen als Mitglieder des königlichen Hauses, sondern als engagierte Berufsmilitärs. Bei Ludwig findet sich davon nichts; zwar diente auch er als Offizier in der Armee, nach seiner schweren Verwundung 1866 zog er sich, 21 Jahre alt, aus dieser aber weitgehend zurück, die Uniform trug er nur zu Anlässen, bei denen sie unumgänglich war. Noch größer waren die Unterschiede aber im Charakter; anders als sein Vater war er kein unpolitischer Mensch, seine persönlichen Interessen bewegten sich auf einer Ebene, die ihn zu einem engagierten Herrscher hätten machen können, der aktiv Politik trieb und das Land, das er regierte, gestaltete. Er hatte Rechtswissenschaft und Nationalökonomie studiert, befasste sich mit Verkehrspolitik, Energieversorgung und Landwirtschaft, engagierte sich für die Gründung des Deutschen Museums und des Münchner Ausstellungsparks und war Ehrenvorsitzender einschlägiger Vereine. Die Anerkennung seiner fachlichen Kompetenz ist nicht nur unter dem Aspekt höflicher Ehrerbietigkeit zu sehen. Seine Haltung gegenüber dem Reich war so distanziert wie die sei-

ner Vorgänger; dem preußischen Anspruch auf die alleinige Führung und Repräsentation, in dem die Bundesfürsten nur allzu gern nach außen als Vasallen des Kaisers hingestellt wurden, trat er mit Entschiedenheit entgegen, 1870 hatte er freilich aus nüchterner Einsicht für die Annahme der Versailler Verträge gestimmt. Er suchte sogar auf der parlamentarischen Ebene die politische Betätigung; 1871 kandierte er für die Patriotenpartei bei den Reichstagswahlen und demonstrierte auch gegenüber seinem eigenen Haus damit eine vom staatskirchlichen Kurs unabhängige Haltung. Die Berufung Hertlings 1912 erfolgte auf seinen maßgeblichen Einfluss hin. Er hätte vielleicht tatsächlich eine Verfassungsreform hin zur parlamentarischen Regierung erreichen und die Monarchie zu einer repräsentativen Institution machen können.

Genau hier tritt jedoch sein persönliches Dilemma an den Tag. Es fehlte ihm jeder Sinn für die Form der Repräsentation, die im Stil der Zeit lag. Ludwig wollte ein Bürgerkönig sein, der durch untadelige Lebensführung überzeugte. Der Hofhaltung, wie sie noch sein Vater betrieben hatte, konnte er wenig Geschmack abgewinnen, die prächtigen Feste in der Residenz gehörten der Vergangenheit an, an ihre Stelle traten Kegelabende mit Münchner Bürgern. Er residierte meistens im Wittelsbacher Palais, in das umzuziehen Ludwig I. 1848 noch als Zumutung empfunden hatte, und dass ihn die Revolution 1918 in der Residenz und nicht in seiner eigentlichen Wohnung überraschte, war darauf zurückzuführen, dass das Palais gerade renoviert wurde.

Ludwig III. war 1912 noch einmal zwei Jahre älter, als es sein Vater bei der Übernahme der Regentschaft 1886 gewesen war. Da Otto, der Bruder Ludwigs II. noch lebte – er starb erst 1916 – kam auch auf ihn zunächst nur die Regentschaft zu; es gab jedoch von Anfang an Bestrebungen, diese durch ein Königtum zu ersetzen. Der Plan ging nicht in der Hauptsache von Ludwig III. aus – obwohl auch er, nicht zuletzt finanzielle, Interessen daran haben musste –, sondern vom leitenden Minister von Hertling; die dafür erforderliche Verfassungsänderung konnte erst im zweiten Anlauf im Herbst 1913 durchgesetzt werden, da sich die Zentrumsfraktion beim ersten Mal dagegen gestellt hatte. Das Festhalten an der Linie Maximilians II. war rein emotional bedingt, denn dass eine Fortsetzung der Monarchie nur von der Linie Luitpolds zu erwarten war, war eigentlich jedem bewusst; der König, so wurde argumentiert, könne seine Krone nicht einem Landtagsbeschluss verdanken.

Krieg und Revolution
Dass der neue König seine Vorstellungen über die Gestaltung des Landes nicht verwirklichen konnte, lag nicht an ihm, sondern am Lauf der Zeit; der Erste Weltkrieg wies ihm eine Rolle zu, auf die er nicht vorbereitet war. Bei Ausbruch des Krieges konnte er dem Reich nur folgen; seine Möglichkeiten, auf den Gang der Dinge einzuwirken, waren begrenzt, der Bundesratsausschuss für auswärtige Angelegenheiten, in dem allein er sich hätte artikulieren können, hatte keine Entscheidungsbefugnis. Es wäre jedoch auch eine Entscheidung gegen das Volk gewesen, das von der im ganzen Reich herrschenden Kriegsbegeisterung erfasst worden war. Als Ludwig III. vom Balkon des Wittelsbacher Palais aus seine Treue gegenüber dem Reich formulierte, antwortete ihm frenetischer Jubel. Er war auch persönlich kein Gegner des Krieges gewesen, von der Gerechtigkeit der Sache war er durchaus überzeugt, seine Abneigung gegen den preußischen Militarismus war eher eine Stilfrage. Dass er sich in den ersten Monaten des Krieges wiederholt für bayerische Gebietsgewinne im Falle der Annektierung besetzter Länder aussprach, hatte allerdings auch noch einen anderen Hintergrund: Für ihn ging es dabei auch darum, den Ländern ein größeres Gewicht gegenüber Preußen zu verschaffen; in dieser Hinsicht blieb er seiner Linie gegenüber dem Reich treu. Doch auch darin hätte er sich mit einer anderen Haltung gegen das Volk des Reiches wie auch Bayerns gestellt, das geradezu ein Zentrum annexionistischer Tendenzen war. Der König verfolgte seine Ideen sogar noch über das Jahr 1916 hinaus weiter, als die Kriegslage den Diskussionen allmählich die Grundlagen entzog.

Mehr getrieben als aus eigener Überzeugung stimmte er zuletzt auch der großen Verfassungsreform zu, die im November 1918 beschlossen wurde, nachdem bereits seit Ostern 1917 die Vorbereitungen gelaufen waren. Sie hätte das Königreich Bayern von einer konstitutionellen Monarchie in eine parlamentarische überführt; der König und der Staatsrat beschlossen das Gesetz am 4. November 1918, die Zweite Kammer des Landtages am 6., und für den 8. November war die Zustimmung der Ersten Kammer vorgesehen. Am 7. November brach in München die Revolution aus, die Reform war einen Tag vor ihrer Verabschiedung Makulatur.

Die Revolution hätte sie allerdings nicht aufgehalten. Die Probleme der Bevölkerung waren durch die Belastungen des Krieges anders gelagert; eine katastrophale Versorgungslage, die verzweifelte Lage an der Front, die schrecklichen Verluste – Bayern hatte über 180 000 Tote zu beklagen – hatten eine allgemeine Kriegsmüdigkeit hervorgerufen. Das wirkte auf die Monarchie zurück; die offensichtliche Unfähigkeit der Regierung, den Krieg zu beenden, führte zu einem erdrutschartigen Autoritätsverlust; auch die, die innerlich an der Monarchie festhielten, konnten in ihrer aktiven Verteidigung keinen Sinn mehr sehen. Was sich in München im November 1918 zusammenscharte, war in der Hauptmasse auch nicht zum Sturz der Monarchie angetreten, sondern zu einer Friedensdemonstration. Dabei wurde von radikalen Rednern, allen voran Eisner, zwar die Abdankung des Kaisers gefordert, von Ludwig III. war aber nicht die Rede; der Friede konnte ja auch so wenig von Bayern ausgehen, wie der Krieg von ihm ausgegangen war, Bayern konnte so wenig wie vor vier Jahren eine entscheidende Rolle spielen. Als Kurt Eisner nach der Versammlung auf der Theresienwiese mit seinen radikalen Kräften Zug um Zug alle entscheidenden Stellen in München besetzte, traf er jedoch auch auf keine Gegenwehr; die Mehrheit der Demonstranten war friedlich nach Hause gegangen.

Für eine Verteidigung der Residenz, vor der sich eine tobende Menge versammelt hatte, oder eine Rückgewinnung der zentralen Positionen fanden sich keine zuverlässigen Truppenteile mehr; was an Einheiten der bayerischen Armee in München lag, war entweder von den revolutionären Soldaten und Matrosen entwaffnet worden oder irrte, einer militärischen Führung ledig, ziellos umher. Ludwig III. floh auf Anraten des letzten königlichen Ministerpräsidenten Dandl aus München nach Anif bei Berchtesgaden, verbittert und enttäuscht. Wenige Tage später, am 13. November entband er die bayerischen Beamten von ihrem Treueeid; seine offizielle Abdankung als König erfolgte nicht.

Epilog

738 Jahre wittelsbachischer Monarchie in Bayern waren zu Ende gegangen; der letzte König hatte kampflos aufgeben müssen, die Umstände der Zeit hätten einen Kampf um die Krone auch nicht erlaubt und nur sinnlose Opfer gebracht. Ein Erhalt der bayerischen Monarchie wäre im Deutschland der Jahre nach 1918 auch nur um den Preis einer bayerischen Separierung vom Reich möglich gewesen, in dem ein König in Bayern zum Anachronismus geworden wäre.

Was blieb, war eine innere Verbundenheit vieler Menschen mit der Monarchie und vor allem der Dynastie, und diese sollte in den folgenden Jahren eher neue Nahrung bekommen als austrocknen. Der jungen Republik fehlte in den Augen vieler der Erfolg, die sie gegen die bald schon nostalgisch verklärte „gute alte Zeit" legitimieren hätte können, abgesehen von nicht wenigen, die der Republik auch aus legitimistischen Gründen ihre Gefolgschaft verweigerten. Sie sammelten sich in verschiedenen Gruppierungen wie etwa der „Bayerischen Königspartei", in der sich jedoch auch bald abenteuerliche Gestalten mit ganz anderem politischen Hintergrund fanden; eine größere politische Bedeutung erlangten sie indessen nie. Die Unzufriedenheit mit der Reichsregierung brachte den Monarchisten auch immer wieder Zulauf aus den Reihen der bayerischen Separatisten. Die Mehrheit der bayerischen Monarchisten bewegte sich jedoch eher im Bereich der „Vernunftrepublikaner", die sich zwar aus ihren loyalen Bindungen an das Königshaus nicht zu lösen vermochten, das Ende des monarchischen Zeitalters aber als nun einmal gegeben ansahen; solche gab es in der Ministerialbürokratie ebenso wie in der Regierung, in der hohen Geistlichkeit – bekannt ist die Kontroverse zwischen dem Münchner Erzbischof Kardinal Faulhaber und Konrad Adenauer auf dem Katholikentag 1922 – wie in der einfachen Bevölkerung. Als Ludwig III. 1921 starb, verfolgten viele tausend Menschen an den Straßen den Trauerzug durch die Münchner Innenstadt, als wäre einem regierenden Monarchen die letzte Ehre zu erweisen. Ernsthafte Versuche zu einer Wiederinstallierung der Monarchie gab es indessen kaum; nur zweimal sollten die Wittelsbacher im Mittelpunkt politischer Erwägungen stehen, jedes Mal in einer ernsthaften Krise des bayerischen Staates. Schon im Herbst 1923 wurde von monarchistischen Kreisen in der Bayerischen Volkspartei mit dem Kronprinzen Ruprecht Fühlung aufgenommen, dieser jedoch, ein kühler und überlegener Kopf, der sich durchaus privatim mit Politik und Verfassungsfragen befasste, versagte sich, nicht zuletzt aus der Einsicht heraus, dass eine Monarchie nicht ohne schwere Kämpfe durchzusetzen gewesen wäre – vor allem auch gegen das Reich, in dessen Verfassung es für eine Monarchie in einem Land keinen Platz gab – letztlich aber auch im Bewusstsein, dass auch ein König die Probleme nicht würde lösen können. Die Krone wieder zu erringen ohne dem Land wirklich eine politische Alternative bieten zu können, widersprach seinem Verantwortungsgefühl. Anders stellte er sich im Februar 1933 zu dieser Frage; jetzt war es eben dieses Verantwortungsgefühl für das Land, das ihn dazu bewog, seine Bereitschaft zur Übernahme des Amtes eines Generalstaatskommissars für Bayern zu bekunden, als Ministerpräsident Held zur Vermeidung der nationalsozialistischen Machtübernahme in Bayern diesen Weg ins Auge fasste. Das Generalstaatskommissariat war jedoch keine verkappte Monarchie, sondern ein von der bayerischen Verfassung für die Bewältigung von Staatskrisen vorgesehenes Instrument, zu dessen Einsatz auch die SPD ihre Zustimmung gegeben hatte. Held zögerte jedoch so lange, bis der Plan von der politischen Wirklichkeit überrollt worden war; seine Aussichten auf einen Erfolg waren vor dem Hintergrund der Gewaltbereitschaft der Nationalsozialisten ohnehin nicht hoch einzustufen. Über diese beiden in einer jeweils extremen politischen Situation zu sehenden Gelegenheiten hinaus hielten sich die Wittelsbacher von der Politik jedoch fern; 1923 war eine Einigung mit dem Freistaat Bayern über die Vermögensverhältnisse des Hauses Wittelsbach getroffen worden, die für ihre materiellen Verluste entschädigt wurden und als Gegenleistung ihren privaten Kunst- und Archivbesitz in der Form einer Stiftung der Öffentlichkeit zugänglich machten. Die Regelung wahrte beiden Partnern das Gesicht und war ungleich anständiger als das, was sich etwa die junge Republik Österreich mit seiner aus der Geschichte abgetretenen Dynastie leistete.

Während des Dritten Reiches sahen sich die Wittelsbacher trotz ihrer Abstinenz von der praktischen Politik verfolgt; sie standen dem NS-Regime ablehnend gegenüber, wovon man seitens der Partei eine Signalwirkung auf die Bevölkerung befürchtete. Ein großer Teil der Mitglieder des Hauses wurde in Haft genommen oder musste in das Ausland fliehen. Auch nach dem Ende des zweiten Weltkrieges hatte die Präsenz der Wittelsbacher in Bayern keine politische Dimension; die Ausübung eines Bundestagsmandats durch ein Mitglied des Hauses – Prinz Konstantin 1965–1969 – ist nichts weiter als die Wahrnehmung eines demokratischen Grundrechts, das einem Wittelsbacher zusteht wie jedem anderen Staatsbürger auch. Es erfolgte zwar bis heute kein offizieller Thronverzicht, doch führte der Sohn Ruprechts, Albrecht, die Bezeichnung „Kronprinz", die dieser nach 1918 beibehalten hatte, nicht weiter, er nahm den bis heute vom Familienoberhaupt geführten Titel „Herzog von Bayern" an.

Weit wichtiger als eine politische ist heute die Stellung, die das Haus Wittelsbach im historischen Bewusstsein des Landes Bayern einnimmt. Als sich ihre Belehnung mit dem Herzogtum Bayern im Jahre 1980 zum achthundertsten Mal jährte, wurde mit einer Ausstellung an drei Orten, die mehrere Hunderttausend Besucher anzog, und wissenschaftlichen Colloquien ein Wittelsbacher-Jahr arrangiert. Sie repräsentieren über sieben Jahrhunderte der bayerischen Geschichte und damit in etwa die Hälfte der Zeit, die diese insgesamt umfasst, und auch das moderne Bayern wäre in mancher Hinsicht ohne das Wirken der Wittelsbacher nicht denkbar. Das ist durchaus aus der wissenschaftlichen Perspektive der Geschichtsforschung zu sehen und nicht etwa aus dem romantisch-nostalgischen, bis zum Überdruss kommerzialisierten Bild eines weißblau-königlichen Bayern heraus, in dem die Geschichte des Landes auf ganze zwei Jahrzehnte konzentriert und in einem verkitschten, oft schamlos vermarkteten Zerrbild eines tragischen Königs gespiegelt wird. Auch die ernsthafte und nüchterne, ihren Tiefpunkten nicht ausweichende Beschäftigung mit der Geschichte des Hauses Wittelsbach führt zu dem Ergebnis, dass das Andenken und das aus diesem resultierende gesellschaftliche Ansehen der Dynastie gerechtfertigt ist.

Das gilt, wie zu Beginn dieses Buches gesagt, jedoch nur für Bayern; in den übrigen vormals wittelsbachischen Landen ist die Erinnerung heute weitaus schwächer, von einigen Orten mit einer lokalen Memorialkultur wie in der ehemals bayerischen Pfalz abgesehen. Dort ist das Bewusstsein der wittelsbachischen Vergangenheit fast ausschließlich eine Angelegenheit der professionellen Landesgeschichtsforschung, nicht aber ein Teil des breiten historischen Empfindens. Das ist aber weder den Wittelsbachern noch den Bürgern dieser Länder anzulasten, sondern dem Verlust der Kontinuität, der nach 1800 eintrat; wittelsbachische Lande kamen an Baden, an Württemberg, zum großen Teil an Preußen, Birkenfeld zeitweise sogar an Oldenburg, Länder mit einer eigenen Geschichte also. Die neuen Potentaten hatten an der wittelsbachischen *memoria* ihrer neu gewonnen Territorien begreiflicherweise kein Interesse, sie hatten eigene Memorien zu vertreten und zum Teil auch erst zu erfinden. Nach 1945 brach die Kontinuität erneut ab; die Gestaltung der Bundesländer nahm auf historische Zusammenhänge noch weniger Rücksicht als die Gestaltung Deutschlands während des Wiener Kongresses. Das macht letztlich auch den Unterschied zwischen der bayerischen Geschichte und der Geschichte der anderen Bundesländer aus; die Formulierung „Eingedenk seiner mehr als tausendjährigen Geschichte" in der Präambel der bayerischen Verfassung ist keine leere Phrase, sondern eine historische Tatsache, und eine solche bietet auch der *memoria* der das Land am längsten regierenden Dynastie den entsprechenden Nährboden.

Auch in Bayern, das sei nicht verschwiegen, musste diese Erinnerungskultur in der uns gewärtigen Form im 19. Jahrhundert erst geschaffen werden, und das war zu einem großen Teil das Werk Ludwigs I., für den sie ein Teil seiner Staatsideologie war. Ohne eine entsprechende Substanz hätte aber auch er sie nicht zu begründen vermocht – und diese Substanz waren sechseinhalb Jahrhunderte Geschichte.

Quellen- und Literaturauswahl

Vorbemerkung:
Zu allen im Buch genannten historischen Persönlichkeiten liegen bis einschließlich dem Anfangsbuchstaben „S" entsprechende Artikel in der Neuen Deutschen Biographie vor; gute Informationsressourcen v. a. zur Personengeschichte bietet auch das Internet.

Abkürzungen:
ZBLG: Zeitschrift für Bayerische Landesgeschichte
ZHF: Zeitschrift für historische Forschung
SchR: Schriftenreihe zur Bayerischen Landesgeschichte
MHS: Münchener Historische Studien
JB: Jahrbuch

Grundlegende Werke, Handbücher, Sammelbände und Ausstellungskataloge:
(Die meist zahlreichen Beiträge werden nicht einzeln zitiert)
Doeberl, Michael, Entwickelungsgeschichte Bayerns, München 1931.
Kraus, Andreas, Geschichte Bayerns. Von den Anfängen bis zur Gegenwart, München² 1988.
Riezler, Sigmund von , Geschichte Baierns, Neudruck Aalen 1964.
Schaab, Meinrad, Geschichte der Kurpfalz, Bd. I–II, Stuttgart 1988/92.

Brandmüller, Walter, Handbuch der Bayerischen Kirchengeschichte, Bd. I–III, St. Ottilien 1991–1998.
Spindler, Max/Kraus, Andreas (Hg.), Handbuch der Bayerischen Geschichte Bd. II–IV, München² 1981–2004.

Das Haus Wittelsbach und die europäischen Dynastien. Internationales Kolloquium des Instituts für Bayerische Geschichte vom 27.–30. Mai 1980, in: ZBLG 44, 1981, Heft 1.
König Ludwig I. von Bayern, Fragen zur Forschung. Kolloquium an der Universität München, in: ZBLG 58, 1995, 89–140.
König Maximilian II. von Bayern 1848–1864. Hg. vom Haus der Bayerischen Geschichte, Rosenheim 1988.
Ludwig der Bayer als bayerischer Landesherr. Kolloquium des Lehrstuhls für Bayerische Geschichte an der Ludwigs-Maximilians-Universität München und der Generaldirektion der staatlichen Archive Bayerns, in: ZBLG 60, 1997, Heft 1.
Schrott, Ludwig, Die Herrscher Bayerns. Vom ersten Herzog bis zum letzten König, München ²1967, 226–235.

Bäumler, Suzanne/Brockhoff, Evamaria/Henker, Michael (Hg.), Von Kaisers Gnaden. 500 Jahre Pfalz-Neuburg, Augsburg 2005.

Erichsen, Johannes/Puschner, Uwe (Hg.), „Vorwärts, vorwärts sollst Du schauen..." Geschichte, Politik und Kunst unter Ludwig I., München 1986.

Glaser, Hubert (Hg.), Wittelsbach und Bayern. Katalog der Ausstellung 12. Juni–5. Oktober 1980, Bd. I–III, München 1980.

Götz, Norbert/Sack-Simitzies, Clementine (Hg.), Die Prinzregentenzeit. Katalog der Ausstellung im Münchner Stadtmuseum, München 1988.

Koch, Rainer/Stahl, Patricia (Hg.), Wahl und Krönung in Frankfurt am Main. Kaiser Karl VII. 1742–1745, Frankfurt/M. 1986. Kurfürst Klemens August. Landesherr und Mäzen des 18. Jahrhunderts. Ausstellung im Schloss Augustusburg zu Brühl 1961, Köln 1961.

Wolf, Peter/Henker, Michael/Brockhoff, Evamaria/Steinherr, Barbara/Lippold, Stephan (Hg.), Der Winterkönig. Friedrich V., Der letzte Kurfürst aus der oberen Pfalz, Augsburg 2003.

Quellenwerke:

Dokumente zur Geschichte von Staat und Gesellschaft in Bayern, hg. von der Kommission für Bayerische Landesgeschichte, Abt. I: Altbayern, München ab 1974 (noch nicht abgeschlossen).

Heeg-Engelhardt, Ingrid, Das älteste bayerische Herzogsurbar. Analyse und Edition (Quellen und Erörterungen zur Bayerischen Geschichte 37) München 1990.

Koch, Adolf/Wille, Jakob (Hg.), Die Regesten der Pfalzgrafen bei Rhein, 4 Bde., Innsbruck 1887–1913.

Kraus, Andreas (Hg.), Signate König Ludwigs I. von Bayern (Materialien zur Bayerischen Landesgeschichte 1–6), München 1987–1994.

Monumenta Wittelsbacensia (Quellen und Erörterungen zur Bayerischen Geschichte, Alte Folge 5/6) München 1957/62.

Pfeilschifter, Georg (Hg.), Acta reformationis catholicae ecclesiam Germaniae concernentia saeculi XVI. Die Reformverhandlungen des deutschen Episkopats von 1520 bis 1570, Regensburg 1959–1974.

Rall, Hans, Hg., Wittelsbachische Hausverträge des späten Mittelalters (SchR 71), München 1987.

Einzeldarstellungen:

Ackermann, Konrad, Testamente als Elemente territorialer Religionspolitik. Die letztwilligen Verfügungen der pfälzischen Kurfürsten Friedrich III. (1559–1576) und Ludwig IV. (1576–1583), in: Ackermann, K./Schmid, A./Volkert, W.(Hg.) Bayern. Vom Stamm zum Staat. FS Andreas Kraus zum 80. Geburtstag, München 2002, 361–398.

Albrecht, Dieter, König Ludwig II. und Bismarck, in: HZ 270, 2000, 39–64.

Ders., Maximilian I. von Bayern 1573–1651, München 1998.

Ders., Bayern und die pfälzische Frage auf dem westfälischen Friedenskongreß, in: HZ Suppl. 26, 1998, 461–468.

Ammerich, Hans, Landesherr und Landesverwaltung. Beiträge zur Regierung von Pfalz-Zweibrücken am Ende des Alten Reiches (Veröff. d. Komm. f. Saarl. Landesgesch. und Volksforschung 11) Saarbrücken 1981.

Aretin, Karl Otmar von, Kurfürst Karl Theodor (1778–99) und das bayerische Tauschprojekt. Ein Beitrag zur Geschichte des bayerischen Staatsgedankens der Montgelaszeit, in: ZBLG 25, 1962, 745–800.

Arnswaldt, Verena von, Die Beendigung der Regentschaft in Bayern 1912/13, in: ZBLG 30, 1967, 859–893.

Baader, Berndt Philipp, Der bayerische Renaissancehof Herzog Wilhelms V. (1568–1579). Ein Beitrag zur bayerischen und deutschen Kulturgeschichte des 16.Jahrhunderts, Leipzig/ Straßburg 1943.

Bary, Roswitha von, Henriette Adelaide von Savoyen. Kurfürstin von Bayern, München 1980.

Bauer, Richard, Max I. Joseph. Der König und seine Residenzstadt, in: Schmid, A./Weigand, K., Die Herrscher Bayerns 295–309.

Bezzel, Irmgard, Wolfgang Wilhelm von Pfalz-Neuburg und die pfälzische Kur, in: Neuburger Kollektaneenblatt 112, 1959, 3–20.

Baumstark, Reinhold (Hg.), Rom in Bayern. Kunst und Spiritualität der ersten Jesuiten. Katalog zur Ausstellung des Bayerischen Nationalmuseums München, 30. April bis 20. Juli 1997, München 1997.

Ders., Albrecht V. Der Renaissancefürst und seine Sammlungen, in: Schmid, A./Weigand, K., Die Herrscher Bayerns 173–188.

Bayern, Adalbert von, Die Wittelsbacher. Geschichte unserer Familie, München ²1995.

Ders., Max I. Joseph von Bayern. Pfalzgraf, Kurfürst, König, München 1957.

Bayern-Ingolstadt, Bayern-Landshut 1392–1506. Glanz und Elend einer Teilung, Ingolstadt 1992.

Beckenbauer, Alfons, Eine Momentaufnahme aus der europäischen Geschichte. Die Polenhochzeit in Landshut, in: Verh. d. Hist. Vereins f. Niederbayern 120/121, 1994/1995, 9–51.

Ders., Ludwig III. von Bayern. Ein König auf der Suche nach seinem Volk, Regensburg 1987.

Bekh, Wolfgang J., Ein Wittelsbacher in Italien. Das unbekannte Tagebuch Kaiser Karls VII., München 1971.

Benker, Gertrud, Ludwig der Bayer. Ein Wittelsbacher auf dem Kaiserthron, München 1980.

Bilhöfer, Peter, Nicht gegen Ehre und Gewissen. Friedrich V., Kurfürst von der Pfalz – der Winterkönig von Böhmen, Mannheim phil. Diss. 2000.

Bleibrunner, Hans, Niederbayern. Kulturgeschichte des bayerischen Unterlandes, Bd. 1, Landshut ²1982.

Boer, Dick de, Ein Dreieck wird gespannt. Der Weggang Albrechts von Bayern-Straubing in die Niederlande im Licht der Territorienbildung, in: JB d. Hist. Vereins f. Straubing und Umgebung 89, 1987, 33–56.

Ders., Straubing, das neue und alte Gesicht einer Stadt im altbayerischen Kernland. Festschrift aus Anlass des 750. Gründungsjubiläums, Straubing 1968.

Botzenhart, Christof, „Ein Schattenkönig ohne Macht will ich nicht sein". Die Regierungstätigkeit König Ludwigs II. von Bayern (SchR 142) München 2004.

Brandenstein, Christof v., Urkundenwesen und Kanzlei, Rat und Regierungssystem des Pfälzer Kurfürsten Ludwig III. (Veröff. d. Max-Planck-Inst. f. Gesch. 71) Göttingen 1983.

Brunner, Max, Die Hofgesellschaft. Die führende Gesellschaftsschicht Bayerns während der Regierungszeit König Maximilians II., München 1985.

Burkhardt, Johannes, Der Dreißigjährige Krieg, Frankfurt/M. 1992.

Busley, Hermann-Joseph, Zur Finanz- und Kulturpolitik Albrechts V. von Bayern. Eine Studie zum herzoglichen Ratsgutachten von 1557, in: Iserloh, E./Repgen, K. (Hg.): Reformata Reformanda. Festgabe für Hubert Jedin zum 17. Juni 1965, Münster 1965, 209–235.

Büttner, Frank, Bildung des Volkes durch Geschichte. Zu den Anfängen öffentlicher Geschichtsmalerei in Deutschland, in: Mai, E. (Hg.), Historienmalerei in Europa. Paradigmen in Form, Funktion und Ideologie, Mainz 1990, 77–94.

Ders., Ludwig I. Kunstförderung und Kunstpolitik, in: Schmid, A./Weigand, K., Die Herrscher Bayerns 310–329.

Ders., Neuschwanstein. Der Weg Ludwigs II. in die „Königskatastrophe", in: : Schmid, A./Weigand, K., Schauplätze der Geschichte in Bayern, München 2003, 330–353.

Cramer-Fürtig, Michael, Landesherr und Landstände im Fürstentum Pfalz-Neuburg. Staatsbildung und Ständeorganisation in der ersten Hälfte des 16. Jahrhunderts, (SchR 100) München 1996.

Demel, Walter, Der bayerische Staatsabsolutismus 1806/08–1817. Staats- und gesellschaftspolitische Motivationen und Hintergründe der Reformära in der ersten Phase des Königreichs Bayern (SchrR 76) München 1982.

Dirrigl, Michael, Maximilian II., König von Bayern 1848–1864, München 1984.

Doeberl, Michael, Bayern und Frankreich. Vornehmlich unter Kurfürst Ferdinand Maria, München 1900/1903.

Edel, Andreas, Der Kaiser und die Kurpfalz. Eine Studie zu den Grundelementen des politischen Handelns bei Maximilian II. (1564–1576), Göttingen 1997.

Elhardt, Rudolf, Max III. Joseph. Kurfürst zwischen Rokoko und Aufklärung, München 1996.

Ettelt, Beatrix, Bayern-Ingolstadt, Bayern-Landshut 1392–1506, Ingolstadt 1992.

Dies., Kanzlei, Rat und Regierung Ludwigs des Reichen von Bayern-Landshut 1450–1479 (SchR 97), München 1996/1999.

Flohrschütz, Günther, Zur Genealogie der Grafen von Scheyern, in Fried, P. (Hg.), Jahrbuch für bayerisch-schwäbische Geschichte 1995. Beiträge und Berichte, Sigmaringen 1996, 59–72.

Fried, Pankraz, Die Chronik des Abtes Konrad von Scheyern (1206–1225) über die Gründung des Klosters Scheyern und die Anfänge des Hauses Wittelsbach, Weißenhorn 1980.

Fries-Kurze, Barbara, Pfalzgraf Wolfgang Wilhelm von Neuburg, in: Lebensbilder aus dem bayerischen Schwaben 8, 1961, 198–227.

Fuchs, Peter, Kurfürst Karl Theodor von Pfalzbayern (1724–1799), in: Baumann, K. (Hg.), Pfälzer Lebensbilder, Speyer 1977, Bd. 3, 65–105.

Gigl, Caroline, Die Zentralbehörden Kurfürst Karl Theodors in München 1778–1799 (SchR 121), München 1999.

Glaser, Hubert (Hg.), Kurfürst Max Emanuel. Bayern und Europa um 1700, München 1976.

Gollwitzer, Heinz, Ludwig I. von Bayern. Königtum im Vormärz. Eine politische Biographie, München 1986.

Götz, Norbert, Aspekte der Denkmalpflege unter Ludwig I. von Bayern, in: Nerdinger, W. (Hg.), Romantik und Restauration. Architektur in Bayern zur Zeit Ludwigs I. 1825–1848, München 1987, 44–53.

Grauert, Hermann, Die Anfänge der Regentschaft in Bayern, in: Hochland 8/2, 1911, 257–289.

Greipl, Egon Johannes, Karl Albrecht. Der zweite wittelsbachische Kaiser, in: Schmid, A./Weigand, K., Die Herrscher Bayerns 250–263.

Haas, Rudolf/Probst, Hansjörg. Die Pfalz am Rhein. 2000 Jahre Landes-, Kultur- und Wirtschaftsgeschichte, Mannheim 1984.

Hacker, Rupert (Hg.), Ludwig II. von Bayern in Augenzeugenberichten, Düsseldorf ²1966.

Hanisch, Manfred, Für Fürst und Vaterland. Legitimitätsstiftung in Bayern zwischen Revolution 1848 und deutscher Einheit, München 1991.

Hanslick, Eduard/Wagner, Jürgen, Ludwig II. König von Bayern (1845–1886). Internationale Bibliographie zu Leben und Wirkung, Frankfurt/M. u.a. 1986.

Hartmann, Peter Claus, Der bayerische Reichskreis im Zeichen konfessioneller Spannungen und türkischer Bedrohung. Die Zeit der letzten Regierungsjahre Herzog Wilhelms V. (1594–1598), in: ZBLG 60, 1997, 599–616.

Ders., Karl Albrecht – Karl VII. Glücklicher Kurfürst – Unglücklicher Kaiser, Regensburg 1985.

Hauser, Wilhelm, Pfalzgraf Wolfgang Wilhelm und der pfalz-neuburgische Landtag, in: Neuburger Kollektaneenblatt 133, 1980, 233–249.

Heigel, Karl Theodor v., Die Vermählung des Kurfürsten Ferdinand Maria mit Adelaide von Savoyen und die Beziehungen zwischen Bayern und Savoyen 1648–1653, in: Ders., Abhandlungen zur neueren Geschichte Bayerns. Neue Folge, München 1890, 1–47.

Ders., Der österreichische Erbfolgestreit und die Kaiserwahl Karls VII., Nördlingen 1877.

Ders., Das Project einer Wittelsbachischen Hausunion unter schwedischem Protectorat 1667–1697, in: Quellen und Abhandlungen zur neueren Geschichte Bayerns, München 1884, 1–50.

Heil, Dietmar, Die Reichspolitik Bayerns unter der Regierung Herzog Albrechts V. (1550–1579), Göttingen 1998.

Heim, Manfred, Ferdinand Maria. Die italienische Heirat, in: Schmid, A./Weigand, K., Die Herrscher Bayerns 218–230.

Heimers, Manfred Peter, Die Trikolore über München. Vorgeschichte, Ablauf und Folgen der französischen Besetzung 1800/1801, München 2000.

Hesse, Horst, Gesetzgeber und Gesetzgebung in Bayern 1848–1870, Weilheim 1984/1987.

Hesse, Werner, Hier Wittelsbach – hier Pfalz. Die Geschichte der pfälzischen Wittelsbacher von 1214–1803, Landau/Pfalz 1986.

Heydenreuter, Reinhard, Der landesherrliche Hofrat unter Herzog und Kurfürst Maximilian I. von Bayern (SchR 72) München 1981.

Hofmann, Siegfried, Urkundenwesen, Kanzlei und Regierungssystem der Herzoge von Bayern und Pfalzgrafen bei Rhein 1180 bzw. 1214 bis 1255 bzw. 1294 (MHS, Abt. Gesch. HW 3), Kallmünz 1967.

Hofmann, Siegfried/Straub, Theodor (Hg.), Das Herzogtum Bayern-Ingolstadt, Ingolstadt 1980.

Hojer, Gerhard/Rall, Hans, Max Emanuel, der Blaue König, München 1979.

Holzfurtner, Ludwig, Altötting. Von der Pfalz zum Wallfahrtsort, in: Schmid, A./Weigand, K., Schauplätze der Geschichte in Bayern, München 2003, 41–54.

Ders., König Otto von Griechenland – Die praktizierte Philhellenie Ludwigs I. von Bayern, in: Reitzenstein, W.-A. v. (Hg.), Bayern und die Antike. Wissenschaftliche Festschrift zum 150. Bestehen des Maximiliansgymnasiums München, München 1999, 139–161.

Hopfenmüller Annelie, Der Geistliche Rat unter den Kurfürsten Ferdinand Maria und Max Emanuel von Bayern (1651–1726), München 1985.

Huber, Alexander, Das Verhältnis Ludwigs des Bayern zu den Erzkanzlern von Mainz, Köln und Trier (MHS Abt. Gesch. HW 21) Kallmünz 1983.

Huber, Alfons/Prammer, Johannes (Hg.), 1100 Jahres Straubing 897–1997. Vortragsreihe, Straubing 1998.

Hundt, Barbara, Ludwig der Bayer. Der Kaiser aus dem Hause Wittelsbach, 1282–1347, München 1989.

Hüttl, Ludwig, Caspar von Schmid (1622–1693), ein kurbayerischer Staatsmann aus dem Zeitalter Ludwigs XIV., München 1971.

Ders., Ludwig II. König von Bayern. Eine Biographie, München 1986.

Ders., Max Emanuel, der Blaue Kurfürst. Eine politische Biographie, München 1976.

Immler, Gerhard, Maximilian I. Der Große Kurfürst auf der Bühne der europäischen Politik, in: Schmid, A./Weigand, K., Die Herrscher Bayerns 202–217.

Ders., Die Bewertung der Friedenspolitik des Kurfürsten Maximilian I. von Bayern 1639–1648 in der Historiographie (MHS Abt. Bayer. Gesch. 13) Kallmünz 1989.

Junkelmann, Marcus, Kurfürst Max Emanuel von Bayern als Feldherr, München 2000.

Ders., Max Emanuel. Herrschaftsrepräsentation und Selbststilisierung, in: Schmid, A./Weigand, K., Die Herrscher Bayerns 231–249.

Ders., Theatrum Belli. Die Schlacht von Höchstädt 1704 und die Schlösser von Schleißheim und Blenheim, in: Arte et Marte. In memoriam Hans

Schmidt. Eine Gedächtnisschrift seines Schülerkreises, Bd. 1, Herzberg 2001.

Kaufhold, Martin, Gladius spiritualis. Das päpstliche Interdikt über Deutschland in der Regierungszeit Ludwigs des Bayern (1324–1347), Heidelberg 1994.

Kluckhohn, August, Ludwig der Reiche, Herzog von Bayern, Nördlingen 1865.

Körner, Hans-Michael, Ludwig I. (1786–1868) und Ludwig II. (1845–1886). Anmerkungen zur bayerischen Geschichte im 19. Jahrhundert anlässlich des Gedenkjahres 1986 in: Schönere Heimat 75 (1986), 267–276.

Ders., Ludwig III. von Bayern (1913–1918), in: Schwaiger, G. (Hg.), Christenleben im Wandel der Zeit, Bd. 2: Lebensbilder aus der Geschichte des Erzbistums München und Freising, München 1987, 215–231.

Ders., Ludwig III. Totengräber der Monarchie?, in: Schmid, A./Weigand, K., Die Herrscher Bayerns 376–388.

Ders., Parlamentarisierung und Eigenstaatlichkeit. Gibt es um 1900 eine Wende in der bayerischen Politik? in: Becker, W./Chrobak, W. (Hg.), Staat, Kultur, Politik. Beiträge zur Geschichte Bayerns und des Katholizismus. Festschrift zum 65. Geburtstag von Dieter Albrecht, Kallmünz 1992, 287–299.

Ders., Staat und Geschichte im Königreich Bayern 1806–1918 (SchR 96), München 1992.

Kramer, Ferdinand, Oberbayern. Grundzüge seiner Geschichte in Mittelalter und Neuzeit, München 1994.

Ders., Bayerns Erhebung zum Königreich. Das offizielle Protokoll zur Annahme der Königswürde in Bayern am 1. Januar 1806 in: Ackermann, K./Rumschöttel, H. (Hg.), Bayerische Geschichte – Landesgeschichte in Bayern. Festgabe für Alois Schmid zum 60. Geburtstag (ZBLG 68, 2005) 815–834.

Kraus, Andreas, Maximilian I. Bayerns großer Kurfürst, Graz, Wien, Köln, Regensburg 1990.

Krauss, Marita, Herrschaftspraxis in Bayern und Preußen im 19. Jahrhundert. Ein historischer Vergleich. Frankfurt/New York 1997.

Krauss, Sylvia, Die politischen Beziehungen zwischen Bayern und Frankreich 1814/15–1840 (SchR 87) München 1987.

Krauss-Meyl, Sylvia, Das „Enfant terrible" des Königshauses. Maria Leopoldine, Bayerns letzte Kurfürstin (1776–1848), Regensburg 1997.

Kremer, Renate, Die Auseinandersetzungen um das Herzogtum Bayern-Ingolstadt 1438–1450 (SchR 113), München 2000.

Krieger, Karl-Friedrich, Bayerisch-pfälzische Unionsbestrebungen vom Hausvertrag von Pavia (1329) bis zur wittelsbachischen Hausunion vom Jahre 1724, in: ZHF 4, 1977, 385–413.

Krüger, Peter, Die Beziehungen der Rheinischen Pfalz zu Westeuropa 1576–1582. Dier auswärtigen Beziehungen des Pfalzgrafen Johann Casimir, München, phil. Diss. 1964.

Kuhn, Manfred, Pfalzgraf Johann Casimir von Pfalz-Lautern 1576–1583, Otterbach 1559.

Kühn-Steinhausen, Hermine, Johann Wilhelm, Kurfürst von der Pfalz, Herzog von Jülich Berg (1658–1716), Düsseldorf 1958.

Kurze, Barbara, Pfalzgraf Ottheinrich, in: Schwäbische Lebensbilder 3, 195, 244–268.

Lanzinner, Maximilian, Fürst, Räte und Landstände. Die Entstehung der Zentralbehörden in Bayern 1511–1598 (Veröff. d. Max-Planck-Inst. f. Gesch. 61), Göttingen 1980.

Ders., Herrschaftsausübung im frühmodernen Staat. Zur Regierungsweise Herzog Wilhelms V. von Bayern, in: ZBLG 51, 1988, 77–99.

Liebhart, Wilhelm, Bayerns Könige. Königtum und Politik in Bayern, Frankfurt/M. ²1997.

Ders./Heydenreuter, Reinhard/Hanslick, Eduard, Ludwig II. zwischen Wirklichkeit und Verklärung. Ein Beitrag zum 100jährigen Todestag des Königs, Augsburg 1986.

Lojewski, Günther von, Bayerns Weg nach Köln. Geschichte der bayerischen Bistumspolitik in der zweiten Hälfte des 16. Jahrhunderts, Bonn 1962.

Luin, Elisabeth Jeanette, Das künstlerische Erbe der Kurfürstin Adelaide in ihren Kindern, Enkeln und Urenkeln, in: Goetz, Walter (Hg.), Festgabe für Seine Königliche Hoheit Kronprinz Rupprecht von Bayern, München 1953, 152–179.

Markmiller, Fritz, „Als es zu Dingolfing gut lutherisch war." Niederbayerische Pfarreien des Isar-, Vils-, Kollbach-, Bina- und Aitrachtals im Reformationszeitalter, in: Beiträge zur Geschichte des Bistums Regensburg 33, 1999, 99–372.

Meinhard, Olbrich, Die Politik des Kurfürsten Karl Theodor von der Pfalz zwischen den Kriegen (1748–1756), Bonn 1966.

Menzel, Michael, Ludwig der Bayer. Der letzte Kampf zwischen Kaisertum und Papsttum, in: Schmid, A./Weigand, K., Die Herrscher Bayerns 106–117.

Merz, Johannes, Max II. Die soziale Frage, in: Schmid, A./Weigand, K., Die Herrscher Bayerns 330–342.

Metzger, Edelgard, Leonhard von Eck (1480–1550), Wegbereiter und Begründer des frühabsolutistischen Bayern, München/Wien 1980.

Miethke, Jürgen, Kaiser und Papst im Spätmittelalter. Zu den Ausgleichsbemühungen zwischen Ludwig dem Bayern und der Kurie in Avignon, in: ZHF 10, 1983, 421–446.

Möckl, Karl, Die Prinzregentenzeit. Gesellschaft und Politik während der Ära des Prinzregenten Luitpold in Bayern, München/Wien 1972.

Ders., Prinzregent Luitpold von Bayern (1886–1912), in Schwaiger, G. (Hg.), Christenleben im Wandel der Zeit, Bd. 2: Lebensbilder aus der Geschichte des Erzbistums München und Freising, München 1987, 200–214.

Moeglin, Jean-Marie, Les ancêtres du prince. Propagande politique et naissance d'une histoire nationale en Bavière au Moyen Age (1180–1500), Genf 1985.

Moers-Messmer, Wolfgang von, Heidelberg und seine Kurfürsten. Die große Zeit der Geschichte Heidelbergs als Haupt- und Residenzstadt der Kurpfalz, Ubstadt-Weiher 2001.

Moraw, Peter, Die kurfürstliche Politik der Pfalzgrafschaft im Spätmittelalter, vorzugsweise im späten 14. und frühen 15. Jahrhundert, in: JB f. westd. Landesgesch. 9, 1983, 75–97.

Mörz, Stefan, Aufgeklärter Absolutismus in der Kurpfalz während der Mannheimer Regierungszeit des Kurfürsten Karl Theodor (1742–1777), Stuttgart 1991.

Moser, Dietz-Rüdiger, Karl Theodor. Der Kurfürst und die Schönen Künste, in: Schmid, A./Weigand, K., Die Herrscher Bayerns 279–294.

Müller, Günter, König Max II. und die soziale Frage, München 1964.

Müller, Theodor/Reissmüller, Wilhelm (Hg.), Ingolstadt. Die Herzogsstadt, die Universitätsstadt, die Festung, Ingolstadt 1974.

Müller, Waltraud, „Zur Wohlfahrt des gemeinen Wesens." Ein Beitrag zur Bevölkerungs- und Sozialpolitik Max III. Josephs (1745–1777), München 1984.

Müller, Winfried, Max III. Joseph. Absolutismus oder Aufklärung?, in: Schmid, A./Weigand, K., Die Herrscher Bayerns 264–278.

Nerdinger, Winfried (Hg.), Leo von Klenze. Architekt zwischen Kunst und Hof 1784–1864, München/London/New York 2000.

Ders., Weder Hadrian noch Augustus. Zur Kunstpolitik Ludwigs I., in: Ders. (Hg.), Romantik und Restauration. Architektur in Bayern zur Zeit Ludwigs I. 1825–1848, München 1987, 9–16.

Parker, Geoffrey, Der Dreißigjährige Krieg, Frankfurt/New York 1987.

Pflicht, Stephan, Kurfürst Carl Theodor von der Pfalz und seine Bedeutung für die Entwicklung des deutschen Theaters. Die Begründung des Mannheimer und des Münchener Nationaltheaters im Zusammenhange wittelsbachischer Kultur- und Bildungspolitik im Zeitalter der Aufklärung, Reichling/Obb. 1976.

Pitzke, Christine, Eine „welsche Prinzessin" in München. Die bayerische Kurfürstin Henriette Adelaide 1636–1676, München 1999.

Press, Volker, Das wittelsbachische Kaisertum Karls VII. Voraussetzungen von Entstehung und Scheitern, in: Kraus, Andreas (Hg.), Land und Reich, Stamm und Nation. Probleme und Perspektiven bayerischer Geschichte. Festgabe für Max Spindler zum 90. Geburtstag Bd. 2 (SchR 79), München 1984 201–234.

Ders., Calvinismus und Territorialstaat. Regierung und Zentralbehörden in der Kurpfalz 1559–1619, Stuttgart 1970.

Ders., Die zweite Reformation in der Kurpfalz, in: Schilling, H. (Hg.), Die reformierte Konfessionalisierung in Deutschland – Das Problem der zweiten Reformation, Gütersloh 1986, 104–129.

Prinz, Friedrich, Ludwig der Bayer – München, Avignon und Rom, in: Ders., Bayerische Miniaturen, München 1988, 48–66.

Rall, Hans, König Ludwig II. und Bismarcks Ringen um Bayern 1870/71 (SchR 67) München 1973.

Ders., Kurbayern in der letzten Epoche der alten Reichsverfassung (SchR 45) München 1952.

Ders., Kurfürst Karl Theodor. Regierender Herr in sieben Ländern, Mannheim. Leipzig/ Wien/Zürich 1993.

Ders./Petzet, Michael, König Ludwig II. Wirklichkeit und Rätsel, München ⁷1985.

Ders. und Rall, Marga, Die Wittelsbacher in Lebensbildern, Graz 1986.

Rädle, Herbert, Der Reichsfürst und sein Kaiser. Eine Lebensbeschreibung des Pfalzgarfen Friedrich II. (1482–1556) nach Hubert Leodius (Neumarkter historische Beiträge 1), Neumarkt 1998.

Rankl, Helmut, Das vorreformatorische landesherrliche Kirchenregiment in Bayern (1378–1526), München 1971.

Raumer, Kurt v., Die Zerstörung der Pfalz von 1689 im Zusammenhang mit der französischen Rheinpolitik, Neustadt/Saale 1982.

Reidelbach, Hans, König Ludwig I. von Bayern und seine Kunstschöpfungen, München 1888.

Ders., Ludwig Prinz von Bayern. Ein Lebens- und Charakterbild, München 1905.

Reutter, Rolf, Der pfälzische Erbfolgekrieg 1688–1697. Tagebuch des erbachischen Oberamtmanns Adolf Friedrich von Pfreundt, in: Geschichtsblätter Kreis Bergstraße 21, 1988, 77–143.

Riedner, Otto, Ludwig III., in: Deutsches Biographisches Jahrbuch 4 (1929), 318–341.

Riezler, Sigmund von, Zur Würdigung Herzog Albrechts V. von Bayern und seiner inneren Regierung, in: Abh. D. Königl. Bayer. Ak. D. Wiss., Hist. Kl. 21, München 1894, 65–132.

Rilling, Stephanie, Studien zu Heinrich dem Reichen von Bayern-Landshut, in: Verhandlungen des Historischen Vereins für Niederbayern 116/117, 1990/1991, 141–208.

Roggendorf, Hermann Josef, Die Politik der Pfalzgrafen von Neuburg im Jülich-Klevischen Erbfolgestreit, in: Düsseldorfer Jahrbuch 53, 1968, 1–211.

Rolf, Bernhard, Südwestdeutschland und das Reich 1449–1476. Die Politik des Pfalzgrafen und Kurfürsten Friedrich des Siegreichen, Heidelberg, phil. Diss. 1981.

Rumschöttel, Hermann, Ludwig II. Das Leiden am Reich, in: Schmid, A./ Weigand, K., Die Herrscher Bayerns 343–358.

Sammer, Marianne, Wilhelm V. Katholische Reform und Gegenreformation, in: Schmid, A./Weigand, K., Die Herrscher Bayerns 189–201.

Schaab, Meinhard, Die Wiederherstellung des Katholizismus in der Kurpfalz im 17. und 18. Jahrhundert, in: Zeitschr. f. Gesch. d. Oberrheins 114, 1966, 147–205.

Schlütter-Schindler, Gabriele, Ludowicus Primogenitus. „Optimus Princeps futurus?" in 3BLG 54, 1991, 623–665.

Schmid, Alois, Karl VII. (1742–1745), in Schindling, A./Ziegler, W. (Hg.), Die Kaiser der Neuzeit 1519–1918. Heiliges Römisches Reich, Österreich, Deutschland, München 1990, 215–231.

Ders., Krise und Modernisierung im Herzogtum Bayern an der Schwelle zur Neuzeit: der Landshuter Erbfolgekrieg (1503–1505), in: Weber, W. (Hg.), Der frühmoderne Staat in Ostzentraleuropa, Augsburg 2000, 125–147.

Ders., Max III. Joseph und die europäischen Mächte. Die Außenpolitik des Kurfürstentums Bayern von 1745–1765, München 1987.

Ders., Die frühen Wittelsbacher. Grundlegung des Landes Bayern, in: Schmid, A./Weigand, K., Die Herrscher Bayerns 91–105.

Ders./Weigand, Katharina (Hg.) Die Herrscher Bayerns. 25 historische Portraits von Tassilo III. bis Ludwig III., München 2001.

Schmid, Peter, Ratispona metropolis Baioariae. Die bayerischen Herzöge und Regensburg, in: Ders. (Hg.), Geschichte der Stadt Regensburg, Regensburg 2000, Bd. 1, 51–101.

Ders., Kelheim. Der Mordanschlag auf Herzog Ludwig I. 1231, in: Schmid, A./Weigand, K., Schauplätze der Geschichte in Bayern, München 2003, 119–133.

Schmidt, Hans, Die Kurpfalz unter den Häusern Neuburg und Sulzbach, in: Mannheimer Hefte 1962, 19–28.

Ders., Kurfürst Karl Philipp, Mannheim 1963.

Schnurrer, Ludwig, Urkundenwesen, Kanzlei und Regierungssystem der Herzöge von Niederbayern 1255–1340 (MHS Abt. Gesch. HW 8) Kallmünz 1972.

Schormann, Gerhard, Der Dreißigjährige Krieg, Göttingen ²1993.

Schreiber, Friedrich A. W., Geschichte des Bayerischen Herzogs Wilhelm V. des Frommen nach Quellen und Urkunden dargestellt. Ein Beitrag zur vaterländischen Geschichte, München 1860.

Schrott, Ludwig, Der Prinzregent. Ein Lebensbild aus Stimmen seiner Zeit, München 1962.

Schubert, Ernst, Ruprecht von der Pfalz (1400–1410), in: Vorträge und Forschungen XXII, 1987, 135–184.

Schütz, Alois, Die Prokuratorien und Instruktionen Ludwigs des Bayern für die Kurie 1331–1345 (MHS Abt. Gesch. HW 11), Kallmünz 1973.

Ders., Die Verhandlungen Ludwigs des Bayern mit Benedikt XII. Ein Beitrag zum päpstlichen Anspruch auf Approbation des Römischen Königs 1335–1337, in: ZBLG 60, 1997, 253–315.

Schweickert, Alexander (Hg.), Kurpfalz (Schriften zur politischen Landeskunde 25), Stuttgart/Berlin/Köln 1997.

Schwertl, Gerhard, Die Beziehungen der Herzöge von Bayern und Pfalzgrafen bei Rhein zur Kirche 1180–1294, München 1968.

Seelig, Lorenz, Die Ahnengalerie der Münchner Residenz, in. Glaser, Hubert (Hg.), Quellen und Studien zur Kunstpolitik der Wittelsbacher vom 16. bis zum 18. Jahrhundert, München 1980, 253–327.

Sellin, Volker, Kurfürst Karl Ludwig von der Pfalz. Versuch eines historischen Urteils, Mannheim 1980.

Silbernagl, Isidor, Albrecht IV., der Weise, und seine Regierung, München 1857.

Sing, Achim, Die Memoiren König Maximilians II. von Bayern 1848–1864 (SchR 112), München 1997.

Ders., Die Wissenschaftspolitik Maximilians II. von Bayern (1848–1864). Nordlichterstreit und gelehrtes Leben in München, München 1996.

Spindler, Max, Die Anfänge des bayerischen Landesfürstentums (SchR 26), München 1937.

Spitzelberger, Georg, Das Herzogtum Bayern-Landshut und seine Residenzstadt 1392–1503, Landshut 1993.

Sprinkart, Alfons, Kanzlei, Rat und Urkundenwesen der Pfalzgrafen bei Rhein und Herzöge von Bayern 1294–1314 (Beih. d. Regesta Imperii 4) Köln 1986.

Stahleder, Erich, Niederbayern als Staat (1250–1505), Landshut 1970.

Stauber, Reinhard, Staat und Dynastie. Herzog Albrecht IV. und die Einheit des Hauses Bayern um 1500, in: ZBLG 60, 1997, 539–565.

Ders., Die Herzöge von München. Die Wiederherstellung der Landeseinheit, in: Schmid, A./Weigand, K., Die Herrscher Bayerns 142–157.

Ders., Herzog Georg von Bayern-Landshut und seine Reichspolitik (MHS Abt. Bayer. Gesch. 15), Kallmünz 1993.

Staudinger, Karl, Geschichte des kurbayerischen Heeres unter Kurfürst Karl Albrecht, Kaiser Karl VII. und Kurfürst Max III. Joseph 1726–1777, München 1908/1909.

Steiner, Jürgen, Die Kurwürde während des Dreißigjährigen Krieges 1618–1648, Speyer 1985.

Stockbauer, Jakob, Die Kunstbestrebungen am Bayerischen Hofe unter Herzog Albert V. und seinem Nachfolger Wilhelm V., Wien 1874.

Stierhof, Horst, Zweibrücken und Neuburg – Historische und kulturelle Beziehungen, in: Weber, W. (Bearb.), Das Herzogtum Zweibrücken und die Französische Revolution, Mainz 1989, 65–70.

Störmer, Wilhelm, Die innere Konsolidierung der wittelsbachischen Territorialstaaten in Bayern im 15. Jahrhundert, in: Seibt, F./Eberhard, W. (Hg.), Europa 1500. Integrationsprozesse im Widerstreit, Stuttgart 1987, 175–194.

Straub, Eberhard, Repraesentatio maiestatis oder churbayerische Freudenfeste. Die höfischen Feste in der Münchner Residenz vom 16. bis zum Ende des 18. Jahrhunderts, München 1969.

Ders., Herzog Ludwig der Bärtige von Bayern-Ingolstadt und seine Beziehungen zu Frankreich in der Zeit von 1391 bis 1415 (MHS, Abt. Bayer. Gesch. 7), Kallmünz 1965.

Strich, Michael, Das Kurhaus Bayern im Zeitalter Ludwigs XIV. und die europäischen Mächte, München 1933.

Svoboda, Karl J., Eine kurfürstliche Winterreise nach Italien. Die Reise des Grafen von Veldenz alias des Kurfürsten Carl Theodor von der Pfalz von Mannheim nach Rom im Jahre 1774/75, Ubstadt-Weiher 1998.

Ders., Prinzessinnen und Favoritinnen. Kurpfälzische Frauengestalten, Mannheim 1989.

Thomas, Heinz, Ludwig der Bayer (1282–1347). Kaiser und Ketzer, Regensburg 1993.

Traeger, Jörg, Der Weg nach Walhalla. Denkmallandschaft und Bildungsreise im 19. Jahrhundert, Regensburg 1987.

Veit, Probst: Machtpolitik und Mäzenatentum: Friedrich der Siegreiche als Wegbegleiter des deutschen Frühhumanismus, in: Mannheimer Geschichtsblätter 3, 1994, 201–214.

Wagner, Fritz, Kaiser Karl VII. und die großen Mächte 1740–1745, Stuttgart 1938.

Weber, Hermann, Die Politik des Kurfürsten Karl Theodor von der Pfalz während des Österreichischen Erbfolgekrieges (1742–1748), Bonn 1956.

Weigand, Katharina, Krone und Tracht – Dynastie und Heimat: das Beispiel der Häuser Wittelsbach und Habsburg, in: Dies. (Hg.): Heimat. Konstanten und Wandlungen im 19./20. Jahrhundert, Vorstellungen und Wirklichkeiten, München 1997, 165–178.

Dies., Prinzregent Luitpold. Die Inszenierung der Volkstümlichkeit?, in: Schmid, A./Weigand, K., Die Herrscher Bayerns 359–375.

Weinfurter, Stefan, Die Einheit Bayerns. Zur Primogeniturordnung des Herzogs Albrecht IV. von 1506, in: Dickerhoff, H. (Hg.), Festgabe für Heinz Hürten zum 60. Geburtstag, Frankfurt/M. 1988, 225–242.

Ders., Herzog, Adel und Reformation. Bayern im Übergang vom Mittelalter zur Neuzeit (ZHF 10, 1983) 1–39.

Ders., Der Aufstieg der frühen Wittelsbacher (Geschichte in Köln 14, 1983) 13–46.

Weis, Eberhard, Montgelas 1759–1799. Zwischen Revolution und Reform, München ²1988.

Weiß, Dieter J., Die Staatsauffassung Kronprinz Rupprechts von Bayern. Ein Verfassungsentwurf aus dem deutschen Widerstand, in: Ackermann, K./Schmid, A./Volkert, W.(Hg.) Bayern. Vom Stamm zum Staat. FS Andreas Kraus zum 80. Geburtstag, München 2002, 547–560.

Weitlauff, Manfred, Die bayerischen Herzöge Wilhelm IV. und Ludwig X. und ihre Stellung zur Reformation Martin Luthers, in: Beiträge zur altbayerischen Kirchengeschichte 45 (2000), 59–110.

Ders., Die bayerischen Wittelsbacher in der Reichskirche, in: Römische Quartalschrift 87, 1992, 306–326.

Ders., Wilhelm IV. und Ludwig X. Die Auseinandersetzung mit der Lehre Luthers, in: Schmid, A./Weigand, K., Die Herrscher Bayerns 158–172.

Ders., Die Anfänge der Ludwig-Maximilians-Universität München und ihrer theologischen Fakultät (1472) und deren Schicksal im Reformationsjahrhundert, in: Münchener Theologische Zeitschrift 48 (1997), 333–369.

Wild, Joachim, Die Herzöge von Straubing und Ingolstadt. Residenzstädte auf Zeit, in: Schmid, A./Weigand, K., Die Herrscher Bayerns 118–129.

Wöbking, Wilhelm, Der Tod König Ludwigs II. von Bayern, Rosenheim 1986.

Woeckel, Gerhard P., Pietas Bavarica. Wallfahrt, Prozession und Ex voto-Gabe im Hause Wittelsbach in Ettal, Wessobrunn, Altötting und der Landeshauptstadt München von der Gegenreformation bis zur Säkularisation und der Renovatio Ecclesiae, Weißenhorn 1992.

Wolgast, Eike, Die Universität Heidelberg 1386–1986, Berlin/Heidelberg 1986.

Wüst, Günter, Pfalz-Mosbach 1410–1499, Geschichte einer pfälzischen Seitenlinie unter besonderer Berücksichtigung der Territorialpolitik, Heidelberg phil. Diss. 1976.

Ziegler, Walter, Das Testament Herzog Albrechts V. von Bayern (1578), in: Greipl, E. J./Schmid, A./Ziegler, W. (Hg.), Aus Bayerns Geschichte. Forschung als Festgabe zum 70.Geburtstag von Andreas Kraus, St. Ottilien 1992, 259–309.

Ders., Die Herzöge von Landshut. Die reichen Verlierer, in: Schmid, A./Weigand, K., Die Herrscher Bayerns 130–141.

Ders., Studien zum Staatshaushalt Bayerns in der zweiten Hälfte des 15. Jahrhunderts. Die regulären Kammereinkünfte des Herzogtums Niederbayern 1450–1500, München 1981.

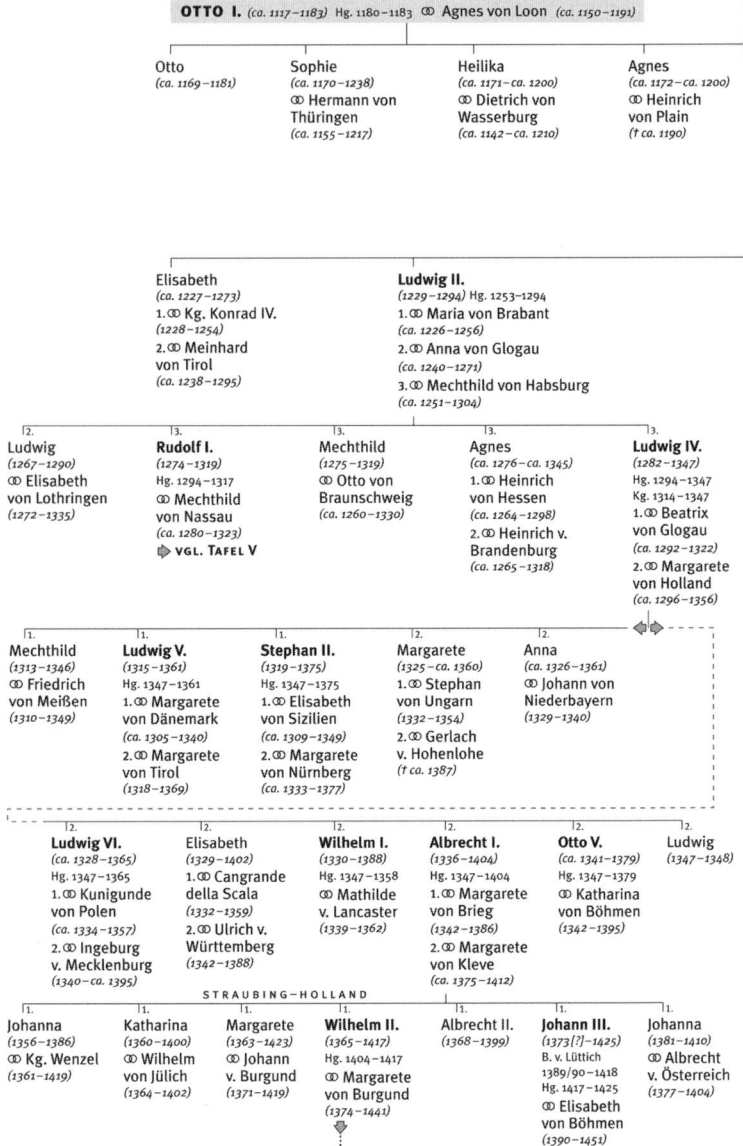

Tafel I: Das Haus Wittelsbach bis zum Ende des 14. Jahrhunderts

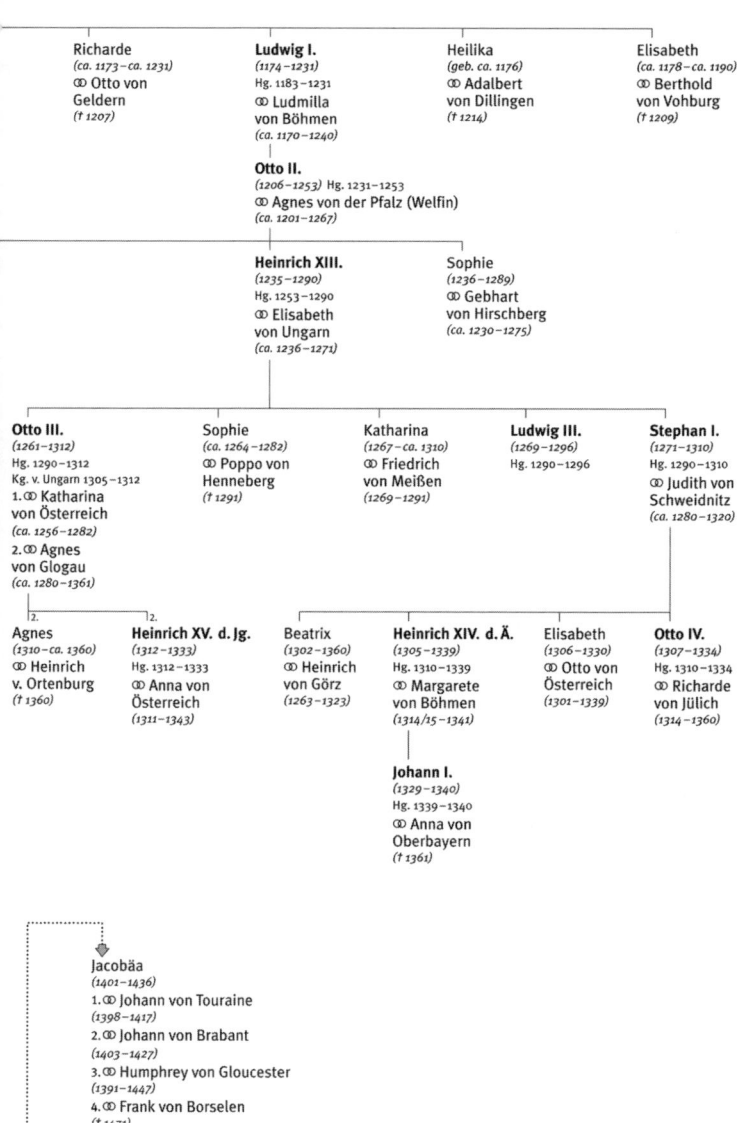

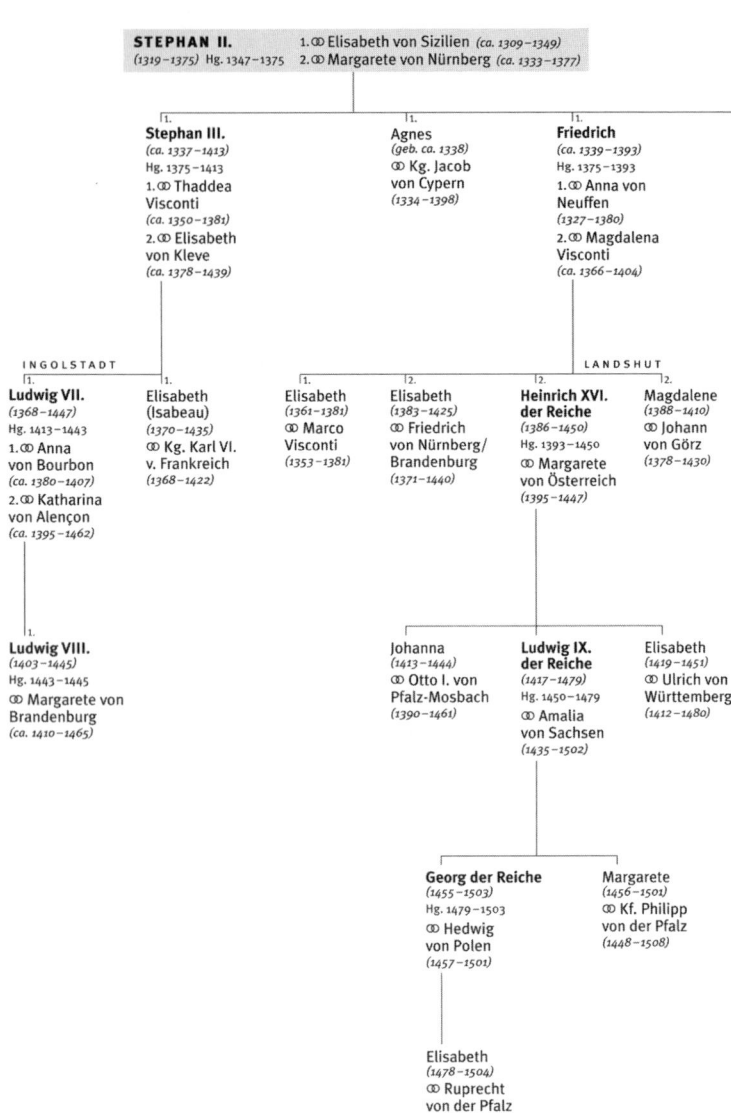

Tafel II: Die bayerischen Wittelsbacher im 15. Jahrhundert I: Die Linien Ingolstadt und Landshut

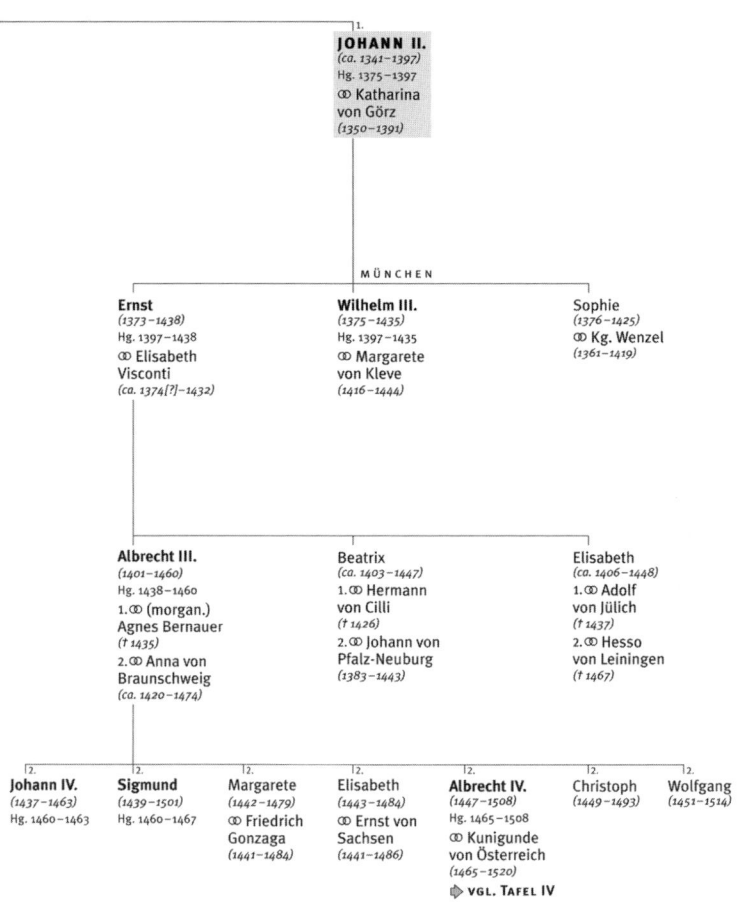

Tafel III: Die bayerischen Wittelsbacher im 15. Jahrhundert II:
Die Linie München

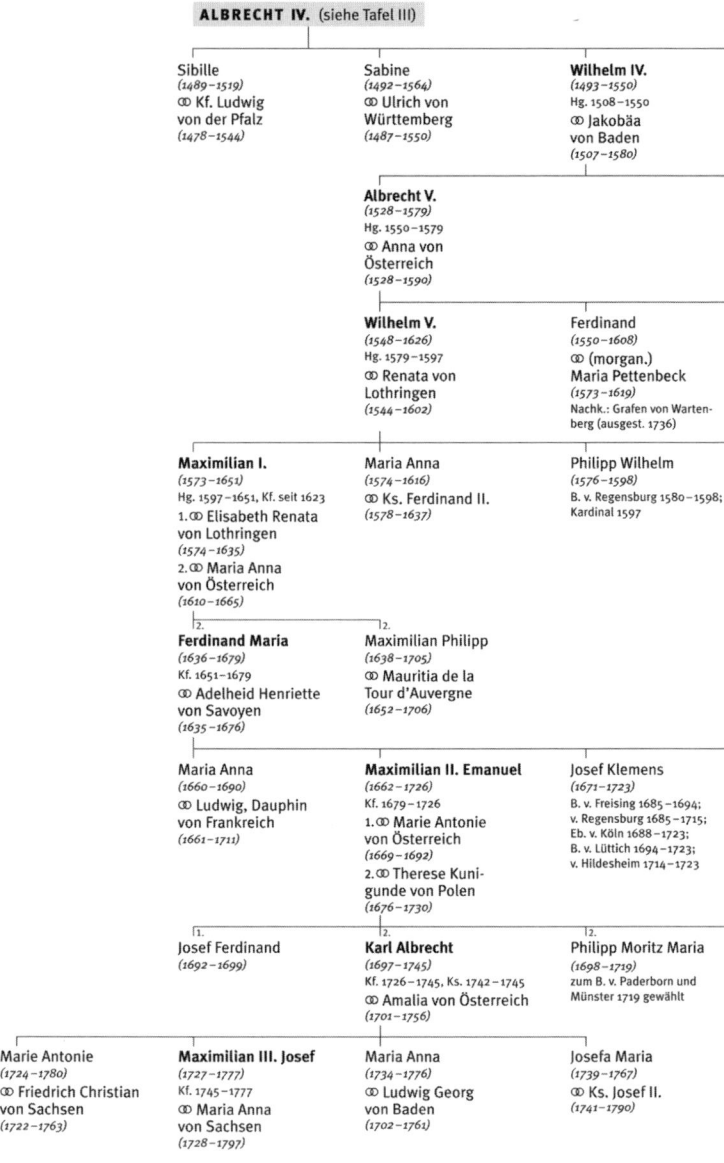

Tafel IV: Die bayerischen Wittelsbacher von 1500–1777

Ludwig X.	Ernst	Susanne
(1495–1545)	*(1500–1560)*	*(1502–1543)*
Hg. 1516–1545	Administraotr von Passau 1516–1540; ebenso von Salzburg 1540–1554	1. ⚭ Kasimir von Brandenburg *(1481–1527)* 2. ⚭ Ottheinrich von Pfalz-Neuburg *(1502–1559)*

Mechthild
(1532–1565)
⚭ Philibert
von Baden
(1536–1569)

Marie	Ernst
(1551–1608)	*(1554–1612)*
⚭ Karl von Österreich *(1540–1590)*	B. v. Freising seit 1566; v. Hildesheim seit 1573; v. Lüttich seit 1581; v. Münster seit 1585; Eb. v. Köln seit 1583

Ferdinand	Albrecht VI.	Magdalene
(1577–1650)	*(1584–1666)*	*(1587–1628)*
Eb. von Köln, B. v. Hildesheim, Lüttich und Münster 1612–1650; v. Paderborn 1618–1650	⚭ Mechthild von Leuchtenberg *(1588–1634)*	⚭ Wolfgang Wilhelm von Pfalz-Neuburg *(1578–1653)*

Maximilian Heinrich	Albrecht Sigmund
(1621–1688)	*(1623–1685)*
Eb. von Köln, B. v. Hildesheim und Lüttich 1650–1688; v. Münster 1683–1688	B. v. Freising 1651–1685; v. Regensburg 1669–1685

Violanta Beatrix
(1673–1731)
⚭ Ferdinand von Medici
(1663–1713)

⎯2. Ferdinand	⎯2. Klemens August	⎯2. Johann Theodor
(1699–1738)	*(1700–1761)*	*(1703–1763)*
⚭ Maria Anna von Pfalz-Neuburg *(1693–1751)*	B. v. Regensburg 1716–1719; v. Münster u. Paderborn 1719–1761; Eb. v. Köln 1723–1761; B. v. Hildesheim 1724–1761; v. Osnabrück 1728–1761; Hoch- u. Deutschmeister 1732–1761	B. v. Regensburg 1721–1763; v. Freising 1727–1763; v. Lüttich 1744–1763; Kardinal 1746
Klemens *(1722–1770)* ⚭ Maria Anna von Pfalz-Sulzbach *(1722–1790)*		

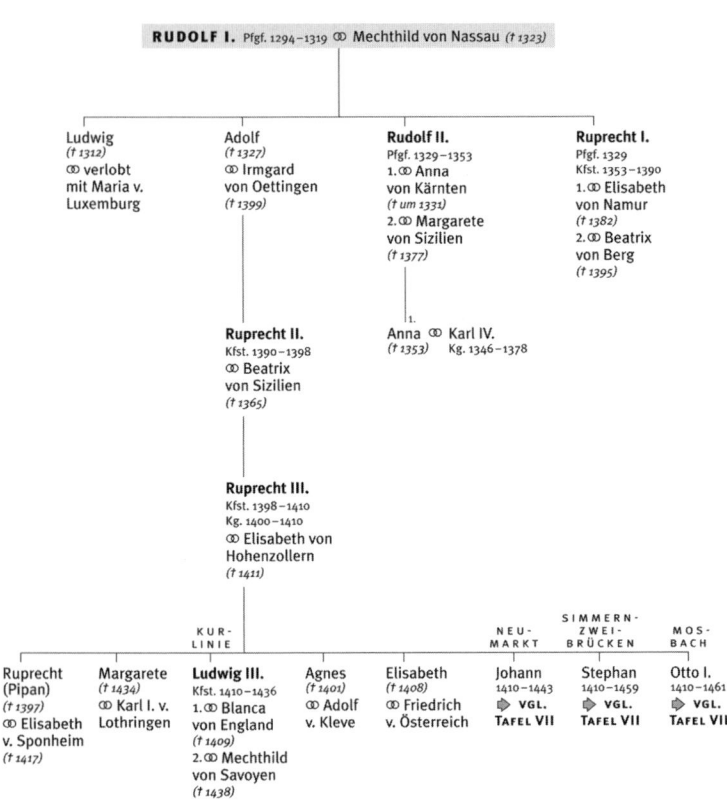

Tafel V: Die rheinischen Pfalzgrafen aus dem Haus Wittelsbach bis zur Landesteilung 1410

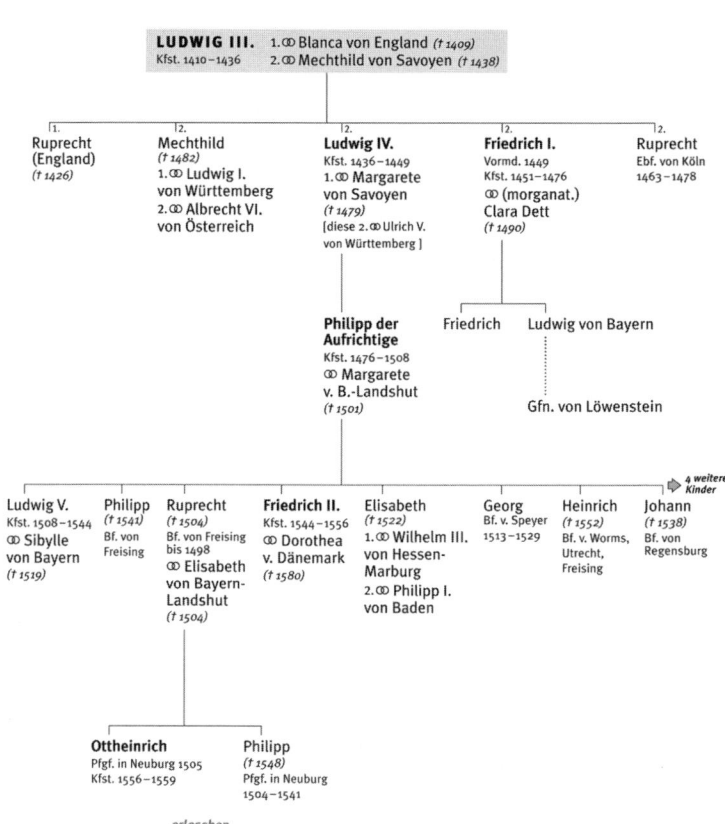

Tafel VI: Die Heidelberger Kurlinie 1410 bis 1556

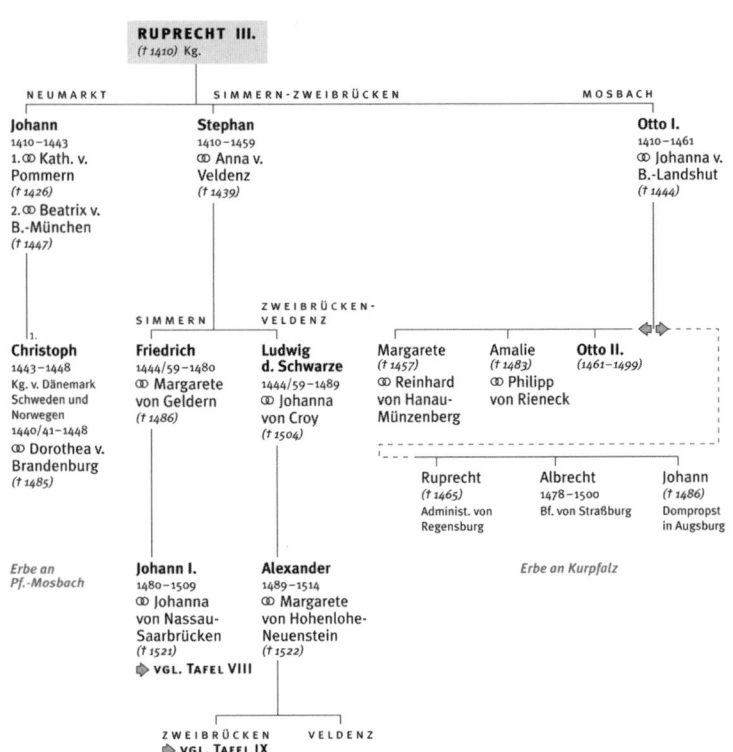

Tafel VII: Die pfälzischen Nebenlinien im 15. Jahrhundert

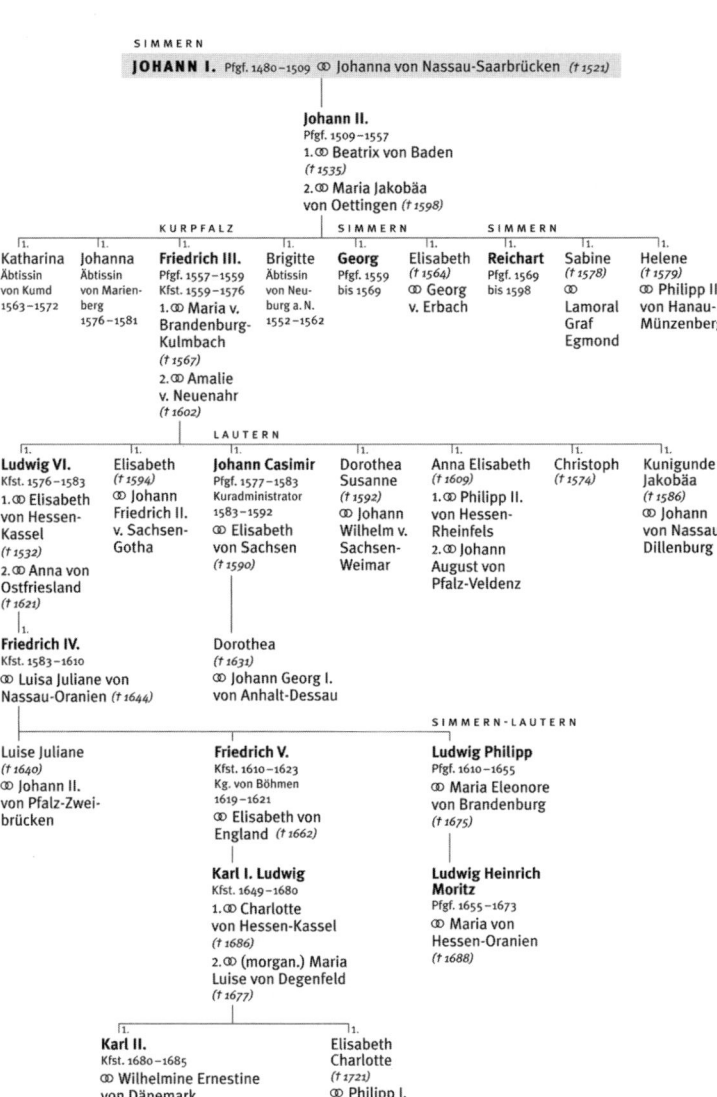

Tafel VIII: Die Kurlinie Pfalz-Simmern

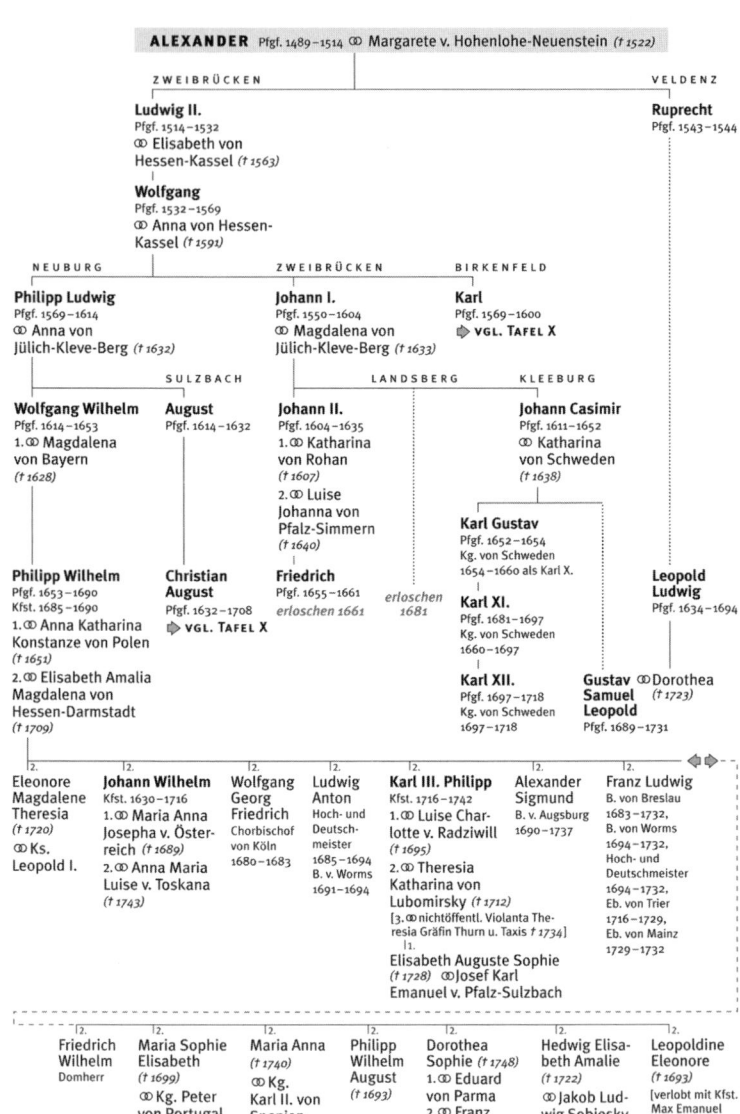

Tafel IX: Pfalz-Zweibrücken und die Kurlinie Pfalz-Neuburg

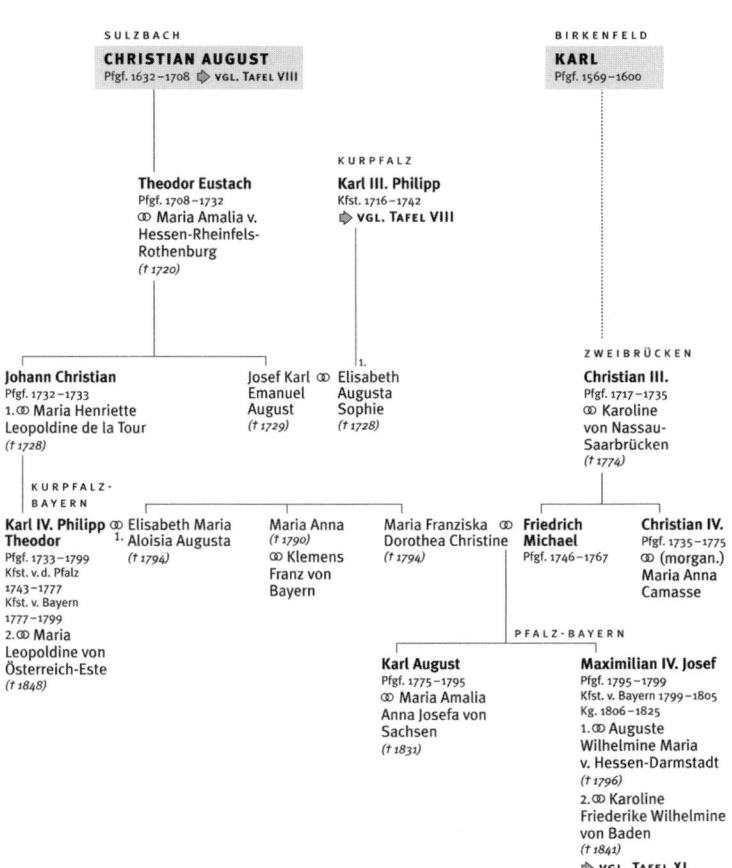

Tafel X: Die Kurhäuser Pfalz-Sulzbach und Pfalz-Birkenfeld

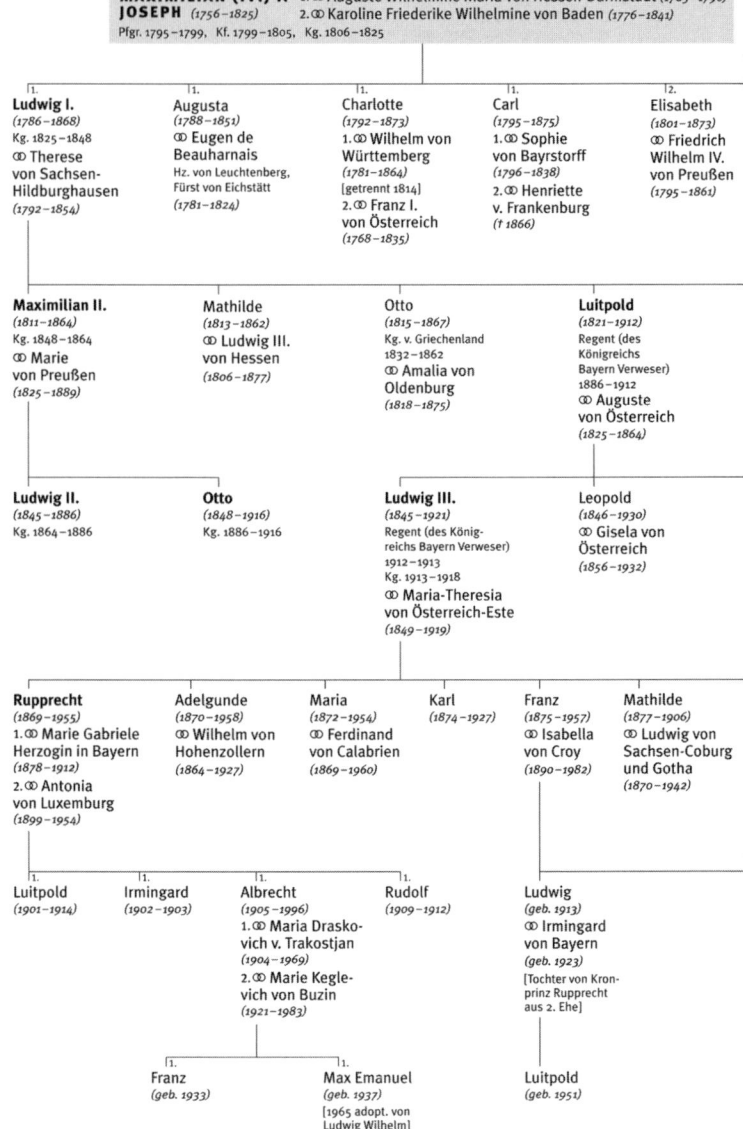

Tafel XI: Das Königshaus

2.	2.	2.	2.
Amalie *(1801–1877)* ⚭ Johann von Sachsen *(1801–1873)*	**Sophie** *(1805–1872)* ⚭ Franz Karl von Österreich *(1802–1878)*	**Maria** *(1805–1877)* ⚭ Friedrich August II. von Sachsen *(1797–1854)*	**Ludovika** *(1808–1892)* ⚭ Maximilian Hz. in Bayern *(1808–1888)*

Adelgunde *(1823–1914)* ⚭ Franz V. von Modena *(1819–1875)*	**Hildegard** *(1825–1865)* ⚭ Albrecht von Österreich *(1817–1895)*	**Alexandra** *(1826–1875)* Äbtissin des St. Anna-Damenstifts München	**Adalbert** *(1828–1875)* ⚭ Amalie von Spanien *(1834–1905)*

Therese *(1850–1925)*	**Arnulf** *(1852–1907)* ⚭ Theresia zu Lichtenstein *(1850–1938)*

Hildegard *(1881–1948)*	**Wolfgang** *(1879–1895)*	**Wiltrud** *(1884–1975)* ⚭ Wilhelm von Urach *(1864–1928)*	**Helmtrud** *(1886–1977)*	**Gundelinde** *(1891–1983)* ⚭ Johann Georg von Preysing-Lichtenegg-Moos *(1887–1924)*	**Heinrich** *(1884–1916)*

Maria *(geb. 1914)* ⚭ Peter Heinrich von Orléans und Braganza *(1909–1981)*	**Adelgunde** *(1917–2004)* ⚭ Zdenko von Hoenning-O'Caroll *(geb. 1906)*	**Eleonore** *(geb. 1918)* ⚭ Konstantin von Waldburg-Zeil *(1909–1972)*	**Rasso** *(geb. 1926)* ⚭ Theresia von Österreich-Toskana *(geb. 1931)*

Franz Joseph *(geb. 1957)* Pater Florian	**Wolfgang** *(geb. 1960)*	**Christoph** *(geb. 1962)*

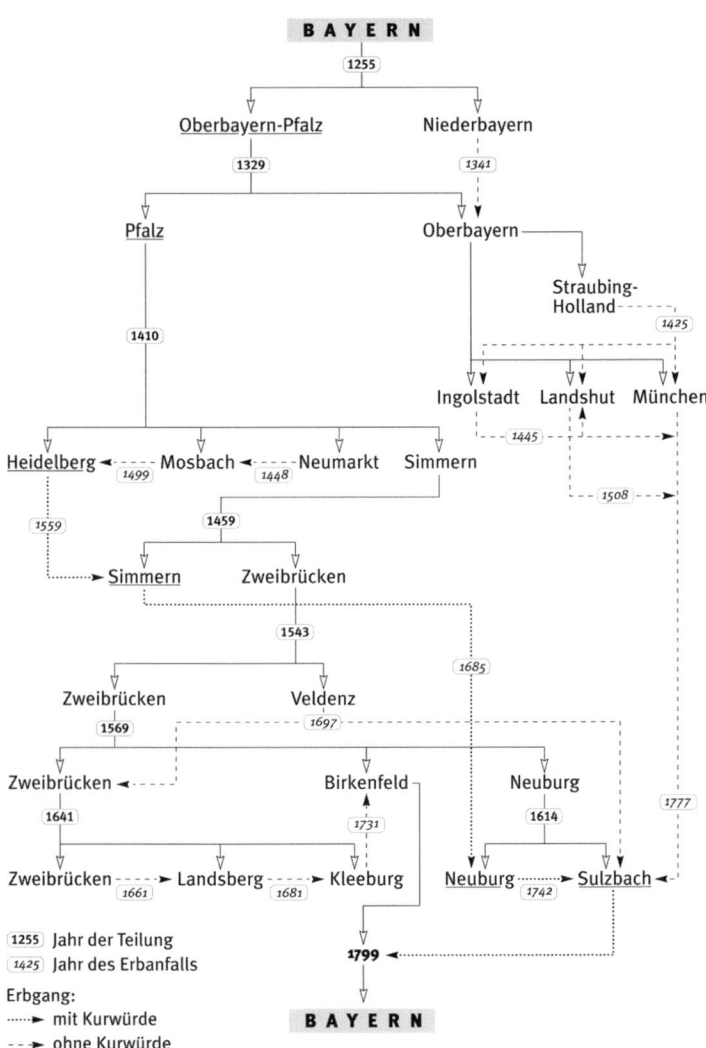

Tafel XII: Das Haus Wittelsbach – Übersicht über die Linien

Personen- und Sachregister

Vorbemerkung:
In das Register wurden aufgenommen:
1. Personen
2. Orte und Länder, so weit die Belegstellen mit der Geschichte des Hauses Wittelsbach in direktem Zussammenhang stehen
3. Als Sachbegriffe Bündnisse, Verträge, Friedensschlüsse u. Ä.

Mitglieder und Nachkommen des Hauses Wittelsbach sind fettgedruckt.
Die Verweise auf die Tafeln beziehen sich auf die Stammtafeln S. 462–476.

Abkürzungen:

Bs	Bischof
EB	Erzbischof
Fst	Fürstentum
Gem	Gemahlin
Gf	Graf
Gft	Grafschaft
Hg	Herzog
Hzt	Herzogtum
Kf	Kurfürst
Kg	König
Kl	Kloster
Ks	Kaiser
Mkgf	Markgraf
Pfgr	Pfalzgraf

Abel, Carl v., 403ff.
Adalbert, Prinz 435
Adenauer, Konrad 444
Adolf von Nassau, Kg 58, 61f.
Adolf, Pfgr. 72, Tafel V
Agilolfinger 16
Agnes, Gem Hz **Ottos** I. 23, 32, Tafel I
Agnes, Pfalzgräfin, Gem Hg **Ottos II.** 27, Tafel I
Albert III. Gf v. Bogen 24, 26
Albrecht I., Kg 56, 58, 61–64
Albrecht II., Kg 116, 120
Albrecht I. Hg 91–94, Tafel I
Albrecht II., Hg Tafel I

Albrecht III., Hg 108, 114f., 117, 119f., 125, Tafel III
Albrecht IV., der Weise, Hg 117, 125–130, 198, 314, 316, Tafel III/IV
Albrecht V., Hg 156, 159–183, Tafel IV
Albrecht, Hg v. Bayern 446, Tafel XI
Albrecht Achilles, Mgf v. Ansbach 121–124
Alexander, Hg von Zweibrücken 343, Tafel VII/IX
Altötting 31
Amberg 302, 322f., 325, 327

Andechs, Gfen v. 16, 20, 24, 26f., 29f., 33, 36
Anhalt, Fst. Christian von 206, 208f., 327ff. 331
Anna Maria von Pfalz-Neuburg, Kgin v. Spanien 254, Tafel IX
Anna von Kleve, Gem Hz **Stephans III**. 109, Tafel II
Anna, Gem Karls IV. 303, 305, Tafel V
Anna, Gem Hg Albrechts V. 156
Anna, Tochter Hg Ulrichs v. Württemberg 147
Armannsberg, Ludwig Gf v. 392f., 399
Arnulf, Hg 16, 20
Aspelt, Peter v., Erzbischof von Mainz 81
Augsburg, Domkapitel 19
– Religionsfrieden 162
– Kl St. Ulrich und Afra 19
Augsburger Allianz 250f.
August, Pfgr v. Sulzbach 336, 347, Tafel IX
Aventinus 132

Babenberger 16, 34
Babo v. Scheyern 17
Baden 148, 178, 293, 371, 376, 420
Baden-Baden, Mkgf Phillip v. 178
Baden-Durlach 178 ,211
Baden-Württemberg 13
Balduin, EB von Trier 81, 86, 89
Bamberg 26, 124, 161, 369, 436
Bärwalde, Vertrag zu 218
Basel, Sonderfrieden 1795 362
Bauernkrieg 142ff., 317
Bayerische Königspartei 444
Behaim, Albert 38f.
Bela IV., König von Ungarn 43
Benedikt XII. 87f.
Berchtesgaden, Fürstpropstei 190
Bernauer, Agnes, Gem Hg **Albrechts III**. 108, 114
Bernried, Kl 19
Biburg, Kl 19
Bingen, Kurverein v. 1424 309

Birkenfeld, Fst 343, 346f.
Bischweiler, Fst 346
Bismarck, Otto Fst v. 428ff., 432f.
Bluntschli 412
Bogenhausen, Vertrag v. 1805 371
Böhmen 38, 72, 206–210, 328–331
Bonifaz IX. 105
Brandenburg, Mkgft 76f., 82, 88, 91–94, 155, 203
Bray-Steinburg, Otto Gf v. 430f.
Brixen, Bs v. 33
Brünn Vertrag von 1805 372
Brüssel 251, 318
Bucer Martin 317
Burschenschaft 389f., 401f.

Calvinismus, Calvinisten 177, 213, 319–326
Campoformio, Frieden v., 363
Canisius, Petrus 176
Cham, Mkgfen v. 25
Christian August, Pfgr v. Sulzbach 347, Tafel IX
Christian II. Kg v. Dänemark 318
Christian IV., Kg v. Dänemark 215
Christian IV., Hg von Zweibrücken 297, 346, Tafel X
Christian III. Pfgr v. Birkenfeld 211, 346, Tafel X
Christoph, Pfgr v. Neumarkt, Kg v. Dänemark 311, Tafel VII
Christoph, Hz v. Württemberg 147, 153
Clemens V. 88
Clemens VII. 104
Confessio Augustana 150
Confutatio 150
Contzen, Johann Adam 200f.

Dachau, Burg 15
Dachau, Gfen v. 19
Dandl, Otto 443
Degenfeld Maria Luise von, 2. Gem Kf **Karl Ludwigs** 335
Dett Clara, Gem Kf **Friedrichs** I. 311ff.
Deutscher Bund 389ff., 418–424

Deutscher Krieg 1866 429f.
Dillingen, Gfen von 50
Doenniges, Wilhelm von 421ff.
Donauwörth 122, 202
Droste-Vischering, Clemens v. EB von Köln 404
Droysen, Gustav v. 421
Düsseldorf 13, 204, 337, 340, 342

Eberhard, Gf v. Württemberg 101
Ebersberg, Gfen v. 16, 19
Ebersberg, Kl 19
Eck, Johannes 137f. 140f., 150, 158
Eck, Leonhard v. 135f., 143, 147f., 151, 153–158
Eck, Simon Thaddäus v. 167, 172
Eichstätt Bs v. 100, 111, 122f.
Eisner, Kurt 443
Ekbert, Bs von Bamberg 26
Eleonore, Gem Ks Leopolds I. 340, Tafel IX
Elisabeth Auguste Sophie, Tochter d. Kf **Karl Philipp** 342, Tafel IX
Elisabeth Auguste, Gem d. Kf **Karl Theodor** 348, Tafel X
Elisabeth, Gem d. Pfgf **Ruprecht** 129, 314, Tafel II
Elisabeth, Gem d. Kf **Friedrichs** V. 328, Tafel VIII
Elisabeth, Gem Ks Franz Josephs v. Österreich 436, Tafel XI
Elisabeth, Tochter Hg **Otto**s II. 39, Tafel I
Elsass 13, 95, 359
Ensdorf, **Kl** 19
Eppensteiner 17
Ernst, Bs. v. Passau 136, Tafel IV
Ernst, EB v. Köln 179, 187–190, Tafel IV
Ernst, Hg 103, 107, 109, 113f.
Eugen V. 310
Eugen, Prinz von Savoyen 258f.

Falkenstein, Gfen v. 33
Faulhaber, Michael v. Kardinal 444
Felix V. 310

Ferdinand I., Ks. 148f., 151, 153, 155, 161f.
Ferdinand II., Ks. 177f., 206–213, 216f., 224, 331
Ferdinand III., Ks. 216f., 224, 230, 234f.
Ferdinand IV., Kg 231, 233f.
Ferdinand Maria, Kf 228–243, Tafel IV
Ferdinand, Hg 297, Tafel IV
Ferdinand, EB v. Köln 190, 202, Tafel IV
Fleury, André, Kardinal 271, 276
Foedus Catholicorum 154
Fontainebleau, Vertrag 1632 219f.
Fontainebleau, Vertrag von 1714 263f., 266, 271
Franz I. Stephan von Lothringen, Gem Maria Theresias, Ks 272, 276, 287f.
Franz II., Ks 360f.
Franz I. Kg v. Frankreich 149, 316
Französische Revolution 358–365
Freher Marquard 201
Freising, Hochstift 17, 19f.
Freundschafts- und Defensiv-Tractat 1761 298
Freyberg, Pankraz v. 170ff.
– Wieland v. 113
Friedberg, Burg 45
Friedrich I. Barbarossa, Ks 21, 23f.
Friedrich II., Ks 25, 28, 34, 36ff., 40
Friedrich III., Ks. 120–124, 126f., 311
Friedrich Wilhelm I., Kg v. Preußen 281
Friedrich II., Kg von Preußen 269, 278f., 291, 294f., 354f., 358
Friedrich IV. der Schöne, Kg 63, 70, 74, 81–84
Friedrich, Hg 95, 98–102, Tafel II
Friedrich I., der Siegreiche, Kf 115, 119, 124, 311ff., Tafel VI
Friedrich II. Kf 317ff., Tafel VI
Friedrich III., Kf 177, 321ff., Tafel VIII

Friedrich IV., Kf 301, 325ff., Tafel VIII
Friedrich V. Kf 206, 208–214, 328–332, Tafel VIII
Friedrich, Hg von Zweibrücken 321, 344, Tafel IX
Friedrich Casimir, Hg von Zweibrücken 343
Friedrich, Pfgr v. Simmern 343, Tafel VII
Friedrich Ludwig, Pfgr v. Landsberg 344
Friedrich der Streitbare, Hg von Österreich 34, 36f.
Friedrich Michael, Pfgr von Birkenfeld 342, Tafel X
Fürstenberg, Wilhelm Egon von 250
Füssen, Frieden von 1745 287ff.

Geisenfeld, Kl 19
Gelnhausen, Fst 346
Gemeindeedikt 1817 384
Georg, d. Reiche, Hg 126, 128, 314, Tafel II
Georg Podiebrad, Kg von Böhmen 122ff.
Gewold, Christoph 200f.
Giesebrecht, Wilhelm von 413
Goertz, Johann Eustach Gf v. 354ff.
Goethe, Johann Wolfgang v. 372
Goldene Bulle 96, 300, 325
Görres, Joseph v. 391, 394f., 402–405, 418f.
Gudden, Dr. Bernhard v. 434
Gunther von Schwarzburg, Kg 97
Gustav Adolf, Kg v. Schweden 217ff., 331
Gustav Samuel, Pfgr v. Kleeburg 346, Tafel IX
Guttenberg, Fst 343

Haager Allianz 1674 241
Habsburg, Habsburger 17, 56, 84, 94, 126, 144f., 156, 207f.
Hambacher Fest 401f.
Hannover 265, 277, 357, 420
Haslang, Gf v. 293

Hausunion 261–267, 270, 289
Haziga, Gem Gf **Ottos** v. Scheyern 17ff.,
Hedwig,, Gem **Georgs** d. R. 118, Tafel II
Heidelberg 13, 211, 299, 301, 337, 341f., 369
 – Heilig-Geist-Kirche 319
 – Universität 305f., 313, 317, 319, 325f., 333
Heidelberger Stallung 100
Heidelberger Bund 161f.
Heigel, Karl Theodor v. 413
Heinrich VI., Kg 24
Heinrich (VII.), Kg 29, 32, 36f.
Heinrich VII., Kg 67–70, 83
Heinrich Raspe, Kg 39
Heinrich IV., Kg v. Frankreich 203f.
Heinrich XII., der Löwe, Hg 21, 45
Heinrich XIII., Hg 41–59, 63, Tafel I
Heinrich XIV., Hg 73–76, Tafel I
Heinrich XV., Hg 73ff., Tafel I
Heinrich XVI., der Reiche, Hg 102, 105, 108–115, Tafel II
Heinrich, Hg von Kärnten 67, 78
Heinrich, Mkgf von Istrien 26
Held, Heinrich 445
Henriette Adelaide, Gem Kf **Ferdinand Marias** 229f., 235f., 246
Hermann, Gf v. Kastl 17
Hermann von Niederaltaich 16, 26, 30
Hermann von Stahleck, Pfgr 28
Herrenbund 100
Herrenhausener Allianz 265
Hertling, Georg v. 441
Hessen 13, 152f., 157, 221
Hofenfels, Johann Christian v. 354–358
Hohenwaldeck-Miesbach. 187
Holland, Gft 77, 91f.
Huber, Johannes 432, 437
Humanismus, Humanisten 132, 314
Hus, Jan 309
Hussiten 115, 310

Ickstatt, Johann Adam von 274, 286
Immerwährender Reichstag 238
Indersdorf, Kl 19
Ingolstadt, Hzt 102, 105, 109, 115
— Universität 158, 174, 194
Isabeau de Baviere 104, Tafel II

Jesuiten 174ff., 185ff., 194, 199ff.
Jobst, Mkgf v. Mähren 105
Johann, Kg v. Böhmen 70, 72, 74, 78, 82
Johann I. Hg 75, Tafel I
Johann II., Hg 95, 101ff., Tafel III
Johann III., Hg 125, Tafel I
Johann IV., Hg Tafel III
Johann Wilhelm, Kf 339f., Tafel IX
Johann I., Pfgr v. Simmern 321, Tafel V/VII/VIII
Johann II. Pfgr v. Simmern 321, Tafel VII/VIII
Johann, Pfgr von Neumarkt 111, 307, 309ff., Tafel VII
Johann, Hz v. Zweibrücken 324, 327, 344, Tafel IX
Johann Adolf, Pfgr v. Kleeburg 344, 346
Johann Casimir Pfgr v. Lautern, Kuradministrator 189, 323, 325f., Tafel VIII
Johann Casimir, Pfgr. v. Kleeburg 344, Tafel IX
Johann Christian, Pfgr v. Sulzbach 347, Tafel X
Johann Friedrich, Pfgr v. Sulzbach 347, Tafel X
Johann Zapolya 149, 152
Johannes XXII. 82–88
Jörg, Edmund 428
Josef Karl Emmanuel, Pfgr v. Sulzbach 342, Tafel X
Josefa Maria, Gem Josephs II. 295, Tafel IV
Joseph Ferdinand, Hg 251f., 254ff., Tafel IV
Joseph I., Ks 255, 260
Joseph II., Ks. 294ff., 353–359

Joseph Klemens, EB v. Köln 249f., Tafel IV
Jülich-Berg 13, 204, 342, 367
Jülich-Kleve 202ff.
Junge Pfalz 129, 316, 319, 336

Kaiserslautern, Fst 323f.
Kapuziner 186, 199
Karl IV., Ks 80, 89, 93–99, 300, 302ff.
Karl V., Ks. 147–158, 161f., 316
Karl VI., Ks 255, 260–264, 271f., 274
Karl VII., Ks > Karl Albrecht
Karl X., Kg v. Schweden 232, 344, Tafel IX
Karl XI., Kg v. Schweden 344, Tafel IX
Karl XII. Kg v. Schweden 344, 346, Tafel IX
Karl II., Kg V. Spanien 239, 248, 252, 254f.
Karl Robert, Kg v. Ungarn 65f.
Karl Albrecht, Kf 255, 267–281, 342, Tafel IV
Karl Ludwig Kf 232, 236, 331–335, Tafel VIII
Karl II., Kf 335, Tafel VIII
Karl III. Philipp Kf 266, 341f., 347f., Tafel IX/X
Karl IV. Theodor Kf 297f., 348–365, Tafel X
Karl August,
Herzog von Zweibrücken 297, 346f., 354–358, Tafel X
Karl von Anjou 48
Karl, EHz 177
Karl, Prinz 406, Tafel XI
Karlmann, Kg 30
Karlsbader Beschlüsse 389ff.
Karolinger 16,
Kaunitz, Wenzel Anton Gf v. 296, 354, 357
Kelheim, Befreiungshalle 396
Kleeburg, Fst. 343–346
Klemens August, EB v. Köln 266, 271, 282, 342, Tafel IV

481

Klemens, Hg 297, 342, Tafel IV
Klesl, Melchior, Kardinal 205ff.
Köln EB 13, 187ff., 204, 250, 266, 313, 336, 342
Kölner Ereignis 404, 419
Konkordat 1583 190
– 1817 384
Konrad IV., Kg 37–42, 45
Konradin 41f., 44–48
Konstantin, Prinz 446
Konstanz, Konzil 110ff., 308f.
Konstanzer Liga 1415 111f.
Konstitution 1808 383f.
Kontrabund 146f.
Kotzebue, August v. 389
Kreittmayer, Wigoläus v. 355
Krumper Hans 201
Kühbach Grafen von 17
Kühbach, Kl 19
Kunigunde, Gem **Albrechts IV.** 127, Tafel III
Kurpräzipuum 307

Ladislaus V., Kg v. Ungarn 65
Landsberg, Fst 343
Landsberger Bund 192
Landsberger Vertrag 1349 91
Landshut 45, 183
– Hzt 108, 113, 116, 125, 128f., 314ff.
Landshuter Erbfolgekrieg 314ff.
Lang, Matthäus, Kardinal, EB v. Salzburg 142
Lauterbach, Wiguläus Hundt von 162
Lauterecken, Fst 343
Leopold, Ks. 231, 234, 236, 240, 247ff., 253,340
Leopold II. Kaiser 359f.
Leopold Ludwig, Pfgf v. Veldenz 343, Tafel IX
Liberale, Liberalismus 397ff., 403
Liebig, Justus von 412f.
Liga, Katholische 202–221
Linzer Vertrag, 1534 154
Liselotte von der Pfalz 405f.
Lori, Johann Georg 352, 355

Lorsch, Kl 28
Ludmilla, Gem Hz **Ludwigs I** 26, 47, Tafel I
Ludwig der Bayer, Ks > Ludwig IV., Hg
Ludwig XII. König von Frankreich 314
Ludwig XIV. Kg v. Frankr. 230, 234, 238–242, 245ff., 249–252, 254–260, 273, 334f.
Ludwig I., Kg 372, 374f., 384–408, 410, 417–421, 424f., 427, 435f., 447, Tafel XI
Ludwig II., Kg 424–438, Tafel XI
Ludwig III., Kg 440–444, Tafel XI
Ludwig I., der Kelheimer, Hg 22–32, 47, 57, Tafel I
Ludwig II., der Strenge, Hg 32, 41–59, 61f., Tafel I
Ludwig III., Hg 61, Tafel I
Ludwig IV., Hg 59–93, 77, 201, 301, Tafel I
Ludwig V., der Brandenburger, Hg 77, 91ff., Tafel I
Ludwig VI., der Römer, Hg 91ff., Tafel I
Ludwig VII., der Gebartete, Hg 102f., 105, 107–117, 122, Tafel II
Ludwig VIII., der Höckrige, Hg 113f., Tafel II
Ludwig IX., der Reiche, Hg 115, 117–125, 311, Tafel II
Ludwig X., Hg 129–132, 135ff., Tafel IV
Ludwig, Sohn Hz **Ludwigs II.** 59, Tafel I
Ludwig III., Kf 112, 306–309, Tafel V/VI
Ludwig IV., Kf 309f., Tafel VI
Ludwig V. Kf 145, 148, 316f., Tafel V
Ludwig VI., Kf 323ff., Tafel VIII
Ludwig Heinrich Moritz, Pfgr v. Simmern-Lautern 332, Tafel VIII

Ludwig, Pfgr v. Zweibrücken-
Veldenz 123, 313, 321, 343,
Tafel VII
Ludwig Philipp, Sohn **Friedrichs**
IV. 331f., Tafel VIII
Luitpold, Prinzregent 425,
432–440, Tafel XI
Luitpoldinger 16
Luneville, Frieden von 369
Luther, Martin 137ff., 317
Lutheraner, Luthertum 138f.
Lüttich 182, 357
Lützelstein, Fst 343
Lutz, Heinrich v. 430, 433,
437
Luxemburger 68, 74, 88, 97

Magdalena, Gem **Wolfgang
Wilhelms** 336, Tafel IV
Mainz Erzbischof von 50, 86f., 205f.,
306ff., 313, 337
Mannheim 13, 334, 338, 340f., 348,
369
Mansfeld, Ernst v. 211, 215
Marbacher Bund 1404 306
Margarete Theresia,
Mutter Marie Antonies 248
Margarethe Maultasch, Gem Hz
Ludwigs V. 78, 93f., Tafel I
Maria, Gem d. **Kf Friedrich III**.
321, Tafel VIII
Maria Anna, Gem **Max** III. 290
Maria Anna, Gem d Hg **Klemens**
352, 354, 356, Tafel X
Maria Franziska, Gem **Friedrich
Michaels** von Birkenfeld 342,
Tafel X
Maria Josepha, T. Karls VI. 263
Maria Theresia 263f., 271, 274–279,
287f., 353
Maria von Brabant, Gem Hz
Ludwigs II. 43, Tafel I
Marie Amalie, Gem Kf **Karl
Albrechts** 263f., Tafel IV
Marie Antonie, Gem Kf **Max
Emmanuels** 247f., 252, 254,
Tafel IV

Marie Antonie, T. Kf **Karl
Albrechts** 267, Tafel IV
Marius, Wolfgang,
Abt von Aldersbach 138
Marlborough, John Churchill,
Hg v. 258f.
Marly, Vertrag von 1729 271
Marsilius von Padua 79
Märzrevolution 1848 405ff., 418ff.
Matthias, Ks 205ff., 329
Maurer, Georg Ludwig 395
Maximilian I., Ks 127ff., 135f.,
145ff.
Maximilian II., Ks 176f., 182, 329
Maximilian I., Kg 297, 346f.,
367–384, Tafel XI
Maximilian II., Kg 407–426,
Tafel XI
Maximilian I., Kf 21f., 180,
192–228, 233, 329ff., Tafel IV
Maximilian II. Emmanuel, Kf
239, 243–268, 340, Tafel IV
Maximilian III. Joseph, Kf 271,
280–298, 349, Tafel IV
Maximilian IV. Joseph > **Maximilian I.**, Kg
Maximilian Heinrich, EB v. Köln
249, Tafel IV
Maximilian Philipp, Hg 245,
Tafel IV
Maximilianeum, Stiftung 414
Maximiliansorden 414
Maxlrain, Wolf v. 170ff., 178
Mayr, Dr. Martin 123
Mazarin, Jules Kardinal 232, 234ff.
Meinhard, Hg 78, 93f.
Meinhard, Gf v. Görz 39
Meinhard, Gf v. Tirol 51, 56f.
Melanchthon, Philipp 322
Meranien, Herzöge v. > Andechs
Mercy, Francois 223
Metternich, Fosef Fürst v. 376, 389f.
Montgelas, Maximilian v. 364–385
Moritz, Hg v. Sachsen 157f., 161
Mosbach, Fürstentum 299, 307
Mühldorf, Schlacht 1322 73, 62
– Synode 140f., 162

Müller, Johannes 386
München, Hzt 102, 105, 107f., 114, 117, 124
- Deutsches Museum 440
- Residenz 44, 200
- Kl St. Bonifaz 397
- St. Michael in 185, 193
- Technische Hochschule 413
- Universität 393ff.
Münchener Friede 1313 69

Napoleon 369–377
Nationalsozialisten 445
Nationalversammlung 1848 407, 421f.
Neiffen, Berthold von 83
Neuburg am Inn, Gft 27
Neumarkt, Fst 299, 307, 310f.
Niederbayern, Hzt 42, 45ff., 53–56, 67–70, 73–76, 91, 94f.
Niederlande 91f., 248–261, 275, 348, 351f., 357ff.
Nikolaus V. 85, 310
Ninguarda, Feliziano, Nuntius 176
Nordgau 25
Nordrhein-Westfalen 13
Nürnberg, Reichsstadt 98, 380
- Bgf v. 54, 111, 113f., 121
- kaiserliches Landgericht 121f.
Nürnberger Bund 1537 154f.

Oberbayern, Hzt 42, 44f., 59, 65, 73, 79, 91f., 94f.
Oberösterreich 210
Oberpfalz 227, 259, 301, 307, 310f., 322
Oettingen-Wallerstein, Ludwig Fürst v. 402f.
Olevianus 322
Oranien, Wilhelm von 251, 254f., 327
Orlando di Lasso 160
Ortenburg, Gfen v. 170ff., 178
Osiander 319
Österreich 24, 34, 37–40, 47, 155
Ottheinrich Kf 128, 316–320, 336, Tafel VI

Otto IV., Kg 22, 25–28
Ottokar II. Kg v. Böhmen 46–56
Ottokar Przemisl, Kg v. Böhmen 24, 34
Otto, Kg 431, 436, 441, Tafel XI
Otto, Kg v. Griechenland 435f., Tafel XI
Otto I., Hg 21ff., Tafel I
Otto II., der Erlauchte, Hg 29, 32–42, 57, 96, Tafel I
Otto III., Hg 54, 58f., 63, 65ff., 69f., Tafel I
Otto IV., Hg 73ff., Tafel I
Otto V., der Faule, Hg 91–96, 102, Tafel I
Otto I., Pfgr v. Mosbach 307, 309, Tafel V/VII
Otto II., Pfgr v.Mosbach 314, Tafel VII
Otto VIII. Hg von Meranien, 33
Otto, Bs von Freising 16
Otto, Hochstiftsvogt v. Freising 16
Otto, Pfalzgraf (+ 1208) 26

Passau Bs v. 53, 182, 190, 369
Passauer Vertrag 1552 319
Patrimonialgerichtsbarkeit 399, 410f.
Patriotenpartei 428, 441
Paul III. 154
Pavia, Hausvertrag 1329 72f., 76, 299
Perusa, Graf 274
Pettenkofer, Max 412
Pfalz 27ff., 44, 72f., 225ff., 299–349
Pfälzischer Erbfolgekrieg 250ff., 338
Pfalz-Neuburg, Fst 13, 129, 155, 157f., 203f., 336–342
Pfeffel, Christian Friedrich 357
Philipp von Schwaben, Kg 25f.
Philipp II., Kg v. Spanien 161f.
Philipp III. Kg v. Spanien 207
Philipp IV., Kg v. Spanien 252
Philipp V., Kg v. Spanien 256, 264
Philipp I., Kf 311–316, Tafel II/VI
Philipp Ludwig, Pfgr v. Neuburg 327, 336, 347, Tafel IX

Philipp Wilhelm, Hz v. Jülich-Berg u. Pfgr v. Neuburg, KF 232, 234f., 249, 334f. 337ff., Tafel IX
Philipp, B. v. Regensburg 190, Tafel IV
Philipp, Pfgr. v. Neuburg 316, Tafel VI
Pisa, Konzil 111, 306
Pius IV. 173
Prag, Fenstersturz 1618 330
Prag, Frieden von 1635 221f.
Pragmatische Sanktion 264, 285
Primogeniturgesetz 1506 129f., 132
Primogenitur, pfälzische 305

Ranke, Leopold von 395, 408, 413
Rastatt Frieden von 1714 261
Rastatt, Frieden 1797 363
Regensburg, Reichsstadt 23, 29, 45, 99, 127f.
 – Kl St. Mang in 19
 – Bs v. 111, 321
 – Burggrafen v. 23, 30, 45
 – Konvent 1524 141
Reichenhall 29
Reichard, Hg v. Zweibrücken 326, Tafel VIII
Reichsdeputationshauptschluß 369
Reisach, Karl August Gf v., Erzbischof von München, 404
Religionsmandat 140, 143, 174, 187,
Restutionsedikt 216, 222, 225
Revolution 1918 42f.
Rheinbund 372–377
 – 1658 237f., 240
Rheinkreis 377
Rheinland-Pfalz 13
Rhens, Kurverein 1338 88
Richard von Cornwall, Kg 46f., 50
Richelieu, Kardinal 214ff., 218ff., 222
Ried, Vertrag von, 1813 377
Riehl, Wilhelm Heinrich 412
Ritter, Baron 353
Rom 84f.

Romantik 385f., 394, 418
Rothenburg, Frieden 1377 99
Rottenbuch, Kl 49
Rudhart, Ignaz v. 399
Rudolf I. Kg 49–58, 61f.
Rudolf II., Ks. 182, 205, 329
Rudolf I., Hg 58f., 61–65, 68–72, 81, 302, Tafel I/V
Rudolf II., Pfgr. 96, 302ff., Tafel V
Rudolf, Hg v. Österreich 56
Rupertinische Konstitution 305
Ruprecht I., Pfgr 72, 302ff., Tafel V
Ruprecht II., Pfgr 72, 100f., 302ff., Tafel V
Ruprecht III., Pfgr, Kg 103ff., 303, 305ff., Tafel V/VII
Ruprecht, Kronprinz 445, Tafel XI
Ruprecht Pipan 308, Tafel V
Ruprecht, Bischof von Regensburg, 320
Ruprecht, EB Köln 313, Tafel VI
Ruprecht, Sohn **Friedrichs** V. 332
Ruprecht, Sohn d. Pfgr **Philipp** 128, 314, Tafel II/VI
Ryswick Vertrag zu 1697 251, 338

Saalfeld, Vertrag 1531 152, 154
Saarland 13
Sabine, Gem Ulrichs v. Württ. 146f., Tafel IV
Sachsen Kurfürsten von 155
Sailer, Michael, Bs v. Regensburg 386
Säkularisation 382f.
Salzburg, EB v. 53, 101, 142, 190, 202
Sambuga, Josef Anton, 386
Sand, Karl August 389f.
Savigny, 386
Schatzgeyer, Kaspar 137
Schelling, Friedrich Wilhelm 394
Schenk, Eduard von 393f., 399
Scheyern, Burg 15–18, 20
 – Kl 15, 18
 – Vertrag 1532 153f.

Schmalkalden, Bund v. 152f., 154, 156ff., 318
Schmid, Kaspar v. 229, 242, 245
Schwäbischer Bund 128, 145f., 148, 153f.
Schwäbischer Städtebund 97–100
Schwarzenberg, Karl Fst v. 371
– Felix Fst v. 1850 423
Schweden 14, 343–346
Scultetus 330
Sickingen Franz von 317
Siebenjähriger Krieg 293f.
Sigismund, Ks. 103, 105, 116, 307f.
Sigmund, Hg 125, Tafel III
Sigmund, Hg v. Tirol 126
Simmern, Fürstentum 299, 307, 320f.
Sozialdemokratie, SPD 439, 445
Spanischer Erbfolgekrieg 251–261
Speyer 377
Sponheim, Gft 307
Stadion, Friedrich Gf v. 374
Stadler, Daniel 286
Staufer 23, 31, 34f., 50
Stefan, Kg von Ungarn 49
Stefling Landgrafen von 25
Steiermark 38, 47, 54
Stein, Karl v. 376
Steingaden, Kl 49
Stephan I., Hg 70, Tafel I
Stephan II., Hg 91–95, Tafel II/III
Stephan III., der Kneißl, Hg 95, 97–105, 108, 110f., 306, 309, Tafel III
Stephan, Pfgr v. Simmern 307, 320, 343, Tafel V/VII
Straubing, Herzogtum 92, 94, 102, 109, 111f.
Sulzbach, Fürstentum 299, 342f., 347ff.
Sulzbach, Gfen v. 23
Sybel, Heinrich von 413

Tattenbach, Joseph Gf. v. 355
Täufertum 143, 187, 319
Teschen, Frieden von 1779 356

Theodor Eustach, Pfgr von Sulzbach 342, 347, Tafel X
Therese Kunigunde, Gem Kf **Max Emmanuels** 255, Tafel IV
Thiersch, Friedrich v. 395
Tilly, Johannes Tserclaes Gf. v. 210f., 215, 217ff.
Tirol 77f., 88, 91, 126ff.
Tiroler Aufstand 1809 375, 387
Törring, Ignaz Felix Gf v. 278
Trias-Politik 417–424
Trient, Konzil 167, 171, 173
Trier, EB 266, 271
Truchsess von Waldburg, Gebhard, EB v. Köln 188f.

Ulrich, Hg von Württemberg 145ff., 153
Unertl, Franz Josef v. 274
Ungarn 43, 47, 65ff.
Union v. Ahausen 1608 202–211, 327–331
Urban VI. 104
Ursinus 322

Valley, Burg 15, 19,
Veldenz, Gft 307, 343
Verfassung, bayer. 1818 388f., 400
– 1848 408–411
Versailles Kaiserproklamation 431
– Vertrag von 1701 257f.
Vervaux, Johannes 200f.
von der Pfordten, Ludwig 410ff., 416, 429f.
Vorderösterreich 126f., 275f.

Wagner, Richard 432
Waldemar, sog. 303
Wallenstein, Albrecht v. 215ff. 219ff.
Wartenberg 19
Wasserburg, Gfen v. 33
Welfen 16
Wenzel, Kg 99–104, 304ff.
Wenzel II., Kg v. Böhmen 65ff.
Wenzel III., Kg v. Böhmen 67f.
Werner von Epstein, EB v. Mainz 50f.

Wertheim-Löwenstein, Fürsten v. 311ff.
Westfälischer Frieden 224–227
Wiener Allianz 265, 270
Wilhelm von Holland, Kg 39f.
Wilhelm I., Hg 91–94, Tafel I
Wilhelm II., Hg Tafel I
Wilhelm III., Hg 103, 107f., Tafel III
Wilhelm IV., Hg 129–159, Tafel IV
Wilhelm V., Hg 177, 180–194, Tafel IV
Wilhelm, Pfgr von Bischweiler 297
Wilhelm Ludwig, Pfgr v. Landsberg 344
Wilhelm III., Gf v. Hennegau-Holland 77
Wilhelm von Ockham 78
Wittelsbach, Burg 15
Wittelsbacher Ausgleichsfond 445
Wittenberg 143

Wolfgang, Hg 133, 135, Tafel III
Wolfgang, Hg v. Zweibrücken 327, 336, Tafel IX
Wolfgang Wilhelm, Pfgr von Neuburg 204, 324, 327f., 336f., 347, Tafel IX
Wolfratshausen, Gft. 27
Worms, Hochstift 28
– Reichstag 1521 138ff., 148
Wrede, Karl Philipp Fst v. 377, 390
Württemberg 120, 145ff., 153f., 293, 372, 376, 420, 423, 446
Würzburg, Fürstbistum 121, 123f., 369, 387

Zentner, Georg Friedrich v. 384
Zentrumspartei 440ff.
Zollverein, Deutscher 405, 419
Zweibrücken, Hzt 13, 297, 299, 307, 343–347, 349, 367, 377

Fachliteratur Geschichte

Manfred Hollegger
Maximilian I. (1459-1519)
Herrscher und Mensch einer Zeitenwende
2005. 320 Seiten mit 13 Abb. Kart. € 18,–
ISBN 3-17-015557-1
Urban-Taschenbuch, Band 442

Die Heirat Maximilians mit Maria von Burgund 1477, die weitgehende Behauptung des burgundischen Erbes gegenüber Frankreich, die Wahl Maximilians zum Römischen König 1486 und die spanisch-habsburgische sowie die habsburgisch-ungarische Doppelhochzeit 1496/97 bzw. 1515, welche den Grundstein für das Reich Karls V. bzw. für die Donaumonarchie legten, brachten die Habsburger nach den vielen Rückschlägen im 14. und 15. Jahrhundert wieder zurück auf den Weg zu gesamteuropäischer Bedeutung.

Der Autor: *Dr. Manfred Hollegger* ist Mitarbeiter der Forschungsstelle für Geschichte des Mittelalters bei der Österreichischen Akademie der Wissenschaften, Graz.

Hansmartin Schwarzmaier
Baden
Dynastie – Land – Staat
2005. 304 Seiten. Kart. € 19,80
ISBN 3-17-018551-9
Urban Taschenbücher, Band 607

Mit dem Namen „Baden" ist ein geschichtlicher Weg von tausend Jahren verbunden. Er beginnt mit der Burg oberhalb von Baden-Baden und ihren Erbauern und beschreibt die Herrschaftsentwicklung der Markgrafen von Baden seit dem Hochmittelalter. In der napoleonischen Zeit entwickelt sich das Land zum modernen Staat und füllt als Großherzogtum Baden jenes Gebiet aus, das bis zum Ende des Zweiten Weltkrieges auf der Landkarte verzeichnet ist, seit 1918 als Republik. Die wechselvollen Schicksale des Landes, das sich schrittweise von seiner Dynastie löste, aber auch im Zeichen moderner Staatlichkeit für seine Bewohner ein Gefühl der Zusammengehörigkeit entwickelte, werden in diesem Buch nachvollzogen.

Der Autor: *Prof. Dr. Hansmartin* Schwarzmaier war Leiter des Badischen Generallandesarchivs in Karlsruhe und ist Honorarprofessor an der Universität Heidelberg.

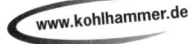
www.kohlhammer.de

W. Kohlhammer GmbH · 70549 Stuttgart